澳門基金會 资助出版
FUNDAÇÃO MACAU

前沿性 · 国际性 · 原创性

BLUE BOOK OF CLEAN ENERGY
THE INTERNATIONAL CLEAN ENERGY INDUSTRY
DEVELOPMENT REPORT(2019)

IFCE Macao
智库年度报告

清洁能源蓝皮书

BLUE BOOK OF
CLEAN ENERGY

国际清洁能源产业发展报告
（2019）

The International Clean Energy Industry
Development Report（2019）

国际清洁能源论坛（澳门）

主　编／苏树辉　刘吉臻　韩文科

副主编／周　杰　谢小平　李振国

中国言实出版社

图书在版编目（CIP）数据

国际清洁能源产业发展报告 . 2019 / 国际清洁能源论坛编 . —— 北京：中国言实出版社，2020.2

ISBN 978-7-5171-3415-2

Ⅰ . ①国… Ⅱ . ①国… Ⅲ . ①无污染能源－能源发展－研究报告－世界－ 2019 Ⅳ . ① F416.2

中国版本图书馆 CIP 数据核字（2020）第 018265 号

责任编辑　佟贵兆
责任校对　霍　瑶

出版发行　中国言实出版社
　　　　地　　址：北京市朝阳区北苑路 180 号加利大厦 5 号楼 105 室
　　　　邮　编：100101
　　　　编辑部：北京市海淀区北太平庄路甲 1 号
　　　　邮　编：100088
　　　　电　话：64924853（总编室）　64924716（发行部）
　　　　网　址：www.zgyscbs.cn
　　　　E-mail：zgyscbs@263.net
经　销　新华书店
印　刷　北京九州迅驰传媒文化有限公司
版　次　2020 年 4 月第 1 版　2020 年 4 月第 1 次印刷
规　格　710 毫米 ×1000 毫米　1/16　38 印张
字　数　540 千字
定　价　98.00 元　ISBN 978-7-5171-3415-2

《国际清洁能源产业发展报告（2019）》
编委会

主　编　苏树辉　刘吉臻　韩文科

副主编　周　杰　谢小平　李振国

编委（排名不分先后）：

苏树辉　论坛理事长，葡萄牙驻香港名誉领事，澳门博彩控股有限公司
　　　　副主席兼行政总裁

刘吉臻　论坛大会副主席兼专家委员会主席，中国工程院院士

韩文科　论坛副理事长，国家发展和改革委员会能源研究所原所长、研
　　　　究员

谢小平　论坛副理事长，黄河上游水电开发有限责任公司董事长

李振国　论坛副理事长，隆基绿能科技股份有限公司总裁

袁国林　论坛大会副主席，中国长江三峡集团有限公司原副总经理

贺　禹　论坛执行理事长，中国广核集团有限公司董事长

毕亚雄　论坛副理事长，中国南方电网有限责任公司副总经理

聂　凯　论坛副理事长，中国葛洲坝集团股份有限公司原董事长

武　钢　论坛副理事长，全国政协委员，新疆金风科技股份有限公司
　　　　董事长

黎振强　论坛副理事长，澳门基金会行政委员会委员，澳门归侨总会永
　　　　远会长

编者简介

国际清洁能源论坛（澳门）是一个由部分全国政协委员和专家学者发起的非营利性国际组织和公益性社会团体（简称 IFCE）。论坛自 2012 年 4 月成立以来，积极履行"普及清洁能源、提高能源效率、发展节能型经济、建设低碳型社会、实现可持续发展的生态文明社会为目标"的使命，以促进和深化世界各国在清洁能源和节能环保领域的交流、协调与合作为任务，为我国参与能源、气候、环境的国际治理，推动落实联合国 2030 可持续发展议程，以及 2030 议程与"一带一路"倡议的对接做贡献。在全国政协和澳门特别行政区政府的支持下，论坛在清洁能源和节能环保领域的技术研发、市场推广以及投资合作上发挥越来越重要的独特作用，同时作为一个重要的可持续发展智库在国际上的影响力越来越大，已发展成为我国推动能源革命和生态文明建设的一个重要国际平台。

第九届及第十二届全国政协常委、澳门生产力暨科技转移中心主席杨俊文任论坛大会主席；全国政协常委、澳门中华总商会会长马有礼任论坛大会执行主席；九届全国政协委员、中国长江三峡集团有限公司原副总经理袁国林任论坛大会副主席；十二届全国政协委员、中国工程院院士刘吉臻任论坛大会副主席兼能源专家委员会主席；第九届及第十二届全国政协委员、澳门博彩控股有限公司副主席兼行政总裁苏树辉任论坛理事长；十二届全国政协委员、中国广核集团有限公司董事长贺禹任论坛执行理事长。南方电网、三峡集团、东方电气集团、葛洲坝集团、黄河上游水电、隆基绿能科技、新疆金风科技、浙江省能源集团、国家发改委能源研究所、澳门基金会等单位的领导分别担任论坛副理事长。

论坛现有来自海内外能源、电力、节能、环保、汽车、工程技术、金融投资等行业的工商领袖以及高等院校和科研院所的专家学者等理事近两百名。中国经济社会理事会作为论坛指导单位，联合国有关机构、国际能源署、国际可再生能源署、澳门基金会、澳门贸易投资促进局、澳门环境保护局和澳门能源业发展办公室作为论坛支持单位参与论坛活动。人民政协网和中国能源报为论坛重要的战略合作伙伴。

论坛是一个"官产学"的清洁能源产业研究平台，也是一个"产学研"的清洁能源技术交流平台，更是一个技术与资本对接的清洁能源项目合作平台。主要任务是：研究清洁能源政策；支持清洁能源研发；普及清洁能源市场；推动清洁能源投资。具体任务如下：

1. 召开年会、研讨会以及其他学术讨论会，讨论世界清洁能源发展和节能环保的重要问题；对于能源与环境发展有关的技术经济政策、贸易政策和法律法规进行跟踪研究，及时向有关国家和地区的政府部门反映清洁能源和节能环保行业和企业的意见和要求。

2. 提出地区性或全球性的倡议，呼吁各国政府对清洁能源和节能环保给予更多关注和支持。促进和加强各国政府与商业实体之间在清洁能源开发和利用方面的合作关系。为有关国家和地区的政府制定清洁能源和节能环保行业发展规划、产业发展与技术政策、法律法规及行业改革与发展方向等提供建议和咨询服务。

3. 编辑出版《清洁能源蓝皮书》。蓝皮书是以年度发展报告形式针对全球清洁能源领域包括技术、政策、市场、产业等层面热点问题的研究成果。探索创办清洁能源网站、可持续发展研究院和论坛学术刊物，努力将论坛建成一个国际性的高端智库。

4. 通过论坛建立工作网络，增进区域内外企业之间的联系；搜集和发布相关国际清洁能源经济和技术信息，跟踪了解国内外市场动态，为会员单位提供信息服务；组织会员单位、行业企业参观学习、交流及商务考察活动；为企业开拓市场提供咨询服务；开展有助于实现论坛宗旨的会议展览、信息交流、经济技术评估、教育培训、电子商务等各类活动。

5. 致力于清洁能源的技术创新力和产业竞争力的提高。组织国际清洁能源领域专家，对拥有较高市场需求的应用性技术难题进行联合研发，并进行重点孵化和培育，吸引产业基金和风险投资积极参与重点项目投资。促进全球清洁能源领域高新技术的研发和成果转化，以提升清洁能源的技术性、生态性、经济性和应用性等综合竞争力。

B 目录

第三篇　能源技术创新与实践

序言

作为世界上最大的能源生产和消费国，中国正在深入推进能源生产和消费革命，推动以自主创新为主的新旧发展动能转换，推动能源高质量发展，加快能源清洁低碳转型，以保障中国经济社会的可持续发展和国家能源安全。与此同时，当前世界正处于百年未有之大变局，国际能源格局也在加速演变，不稳定不确定因素持续上升。在这样的背景下，能源问题无疑是全社会共同关注的问题。

高质量发展是经济持续健康发展的必由之路，而能源作为经济发展的重要支撑力量，在推进高质量发展中的作用不言而喻。2014年，习近平总书记提出了推进能源消费、供给、科技、体制四个革命和加强国际合作的能源革命战略思想，为推进能源转型发展，构建清洁低碳、安全高效能源体系提供了基本遵循。大力发展清洁能源是推动能源革命、改善能源结构、保障能源安全、推进生态文明建设的重要任务，也是对"创新、协调、绿色、开放、共享"发展理念的积极践行。

中国政府制定了一系列政策措施支持清洁能源产业发展，近年来中国在太阳能、风能、生物质能和其他清洁能源领域取得显著成效。2018年，中国的光伏、风电发电装机位居世界前列，中国已成为世界最大的风电场；氢能、核能产业也发展迅速，核能发电同比增长18.96%。可以看到，更加清洁、高效的能源体系正在逐步形成，中国正在以切实的行动彰显大国担当。在乐见成效的同时，我们也须意识到，清洁能源产业发展仍面临诸多问题，光伏发电、风电平价上网是大势所趋，风电消纳问题依然突出，诸多不确定性因素还制约着核能发展，氢能还面临运储等方面的技术瓶颈。

未来中国清洁能源发展潜力巨大，任重道远。无论对政府、企业还是科技研发部门而言，都有很长的路要走。从政府的层面来看，政府应充分发挥宏观调控和系统规划作用，破除制约清洁能源发展的瓶颈，制定和完善清洁能源支持的政策体系，解决风电、光伏发电消纳以及核电、氢能健康有序发展面临的问题。在行业和企业层面，企业应承担技术创新的主体责任，进一步加大技术研发投入，推进产学研合作，加强国际清洁能源产业技术合作与交流，突破风电、光伏、储能、氢能、核能、节能等新技术瓶颈，提升我国在新能源产业技术领域的国际竞争力。

国际清洁能源论坛（澳门）长期致力于研究清洁能源政策、支持清洁能源研发、推动清洁能源投资、普及清洁能源市场，自2013年始连续出版《清洁能源蓝皮书》11本，为能源可持续发展和构建生态文明社会作出了重要的贡献。

清洁能源产业高质量发展既是实现"两个一百年"奋斗目标的重要基础，也是改善人类生态环境、守住绿色家园的必由之路。让我们共同努力，为实现中华民族伟大复兴的中国梦而奋斗！

论坛大会副主席兼专家委员会主席，中国工程院院士 刘吉臻

论坛副理事长，国家发改委能源研究所原所长、研究员 韩文科

2019 年 10 月 30 日

B BLUEBOOK

第一篇
中国能源产业展望

我国电力市场化改革目标模式及市场主体研究

曾鸣 刘英新 王小璇 [1]

摘要：

电力市场化改革的终极目标是实现资源的优化配置，我国电力市场化改革应借鉴国外发达国家的改革经验，并结合我国实际情况，提出符合我国国情、适合电力行业可持续发展的电改目标模式。2002 年电力市场化改革以后，我国市场模式初步实现了厂网分开，2015 年我国开始实施新一轮电力市场化改革，将逐步过渡到批发市场和零售市场模式，放开售电侧市场，在下游引入更多的市场主体。下面分别从总体框架、市场架构、主体权责三个方面对我国电力市场化改革目标模式进行详细研究。

关键词：

电力市场化改革；目标模式；架构分析

一、我国电力市场化改革目标模式总体框架

为了实现"引导电力工业持续、健康、协调发展，保障电力消费者和投资者的利益，使社会利益最大化"的电改目标，应充分理解并深度结合新一轮电力市场化改革的相关政策文件规定，从交易机制、价格改革以及监管模式等方

---

[1] 曾鸣，硕士，华北电力大学能源与电力经济研究咨询中心主任，北京市"电力市场教学团队"负责人，华北电力大学博士生导师。刘英新，博士，华北电力大学。王小璇，硕士，华北电力大学。

面入手，明确我国电力市场化改革目标模式，研究电力工业如何有效的引入竞争的一种路径模式，确立基于市场规则的竞争监督，构建一个有序、开放、竞争的电力市场。参见图1。

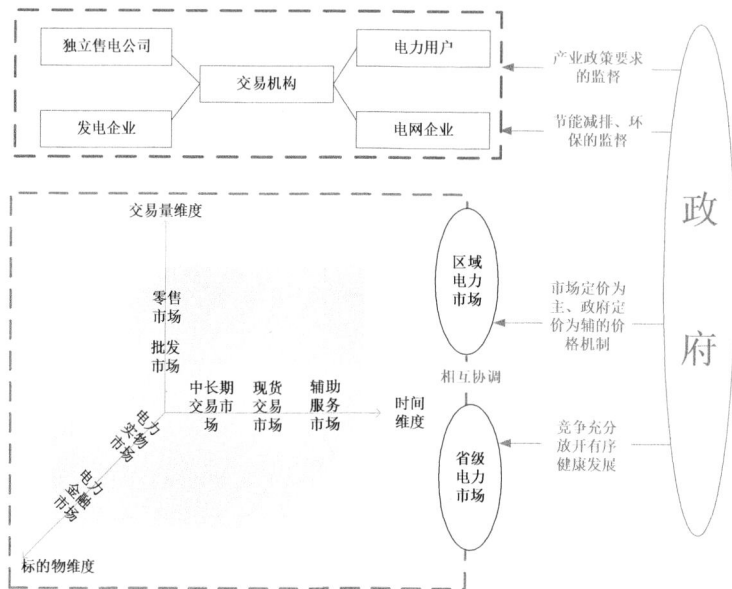

图 1　我国电力市场化改革目标模式的总体框架

资料来源：作者自绘

　　从上面的电改目标模式框架图可以看出，我国电力市场化改革的目标模式可概述为"引入市场竞争，强化监督管理，在理顺电价形成机制的基础上构建竞争充分、开放有序、健康发展的市场体系，实现较大范围内的资源优化配置"。即以中长期交易市场为主，现货交易市场为补充，辅以辅助服务市场，构建涵盖电力批发和零售市场，逐步发展电力金融市场的市场化体系，并以市场机制和政府监督两种手段促进电网公司、发电企业、交易机构、售电公司等市场主体的规范有序发展，在维持各方利益平衡的基础上实现电力行业的可持续发展和社会效益最大化。

　　从市场架构来看，结合《关于推进电力市场建设的实施意见》配套文件的相关规定，目标模式下我国电力市场主体主要包含各类发电企业、供电企业（含地方电网、趸售县、高新产业园区和经济技术开发区等）、售电企业和用户等，各类市场主体应满足国家节能减排和环保要求、符合产业政策要求。另外，为充分明确我国电力市场化改革的具体目标模式，本报告研究认为，还必须明确各市场主体的功能定位，准确把握其业务范围及定位，在政府机构的协调、监督中积极承担起业务界面内的各项权责。

二、目标模式下我国电力市场架构分析

《关于进一步深化电力体制改革的若干意见（中发〔2015〕9号）文》（以下简称"9号文"）发布以来，"三放开、一独立、三强化"改革思路的提出进一步加速了电力市场化改革的进程。在此背景下，明确电力市场主体、捋顺各主体之间的相互关系对于稳步推进电力市场建设工作至关重要。鉴此，本小节主要对未来电力市场化改革目标模式下的电力市场主体构成及各主体之间的业务界面进行分析。

（一）目标模式下我国电力市场主体构成分析

电力市场主体是指进入电力市场，有独立经济利益和经营财产，享有民事权利和承担民事责任的法人和自然人。按照新电改配套文件《关于推进电力市场建设的实施意见》的相关政策规定，未来电力市场主体包括各类发电企业、供电企业（含地方电网、趸售县、高新产业园和经济技术开发区等）、售电企业和电力用户等。各主体协调配合共同参与电力市场中的电力交易，形成完整有效的市场机制并接受政府机构的监管。下面，本报告针对政策文件中规定的市场主体，即发电企业、电网企业、独立售电公司、电力用户、交易机构的功能定位以及权利责任进行进一步研究分析。

1.发电企业的功能定位及权责分析

传统的发电企业功能定位较为单一，仅作为电力供应链条的起始供应端——电力生产者。随着发用电计划放开，电力市场竞争加剧，电力生产消费方式开始以电力用户需求为导向。未来的目标模式下，发电企业作为主要电力生产和供应商的角色不变，但为了顺应能源改革新形势，应通过监管约束强化

节能减排，规定新能源装机和发电比例，同时激励和推动发电企业大力发展含分布发电的微电网建设，加快发电企业产业结构转型。具体而言，未来发电企业定位分为以下几个方面。

（1）电能供应商随着能源领域科技创新，新能源并网逐步推进。优化能源结构，提高可再生能源发电和分布式能源系统发电在电力供应比例是目标模式下的主要发展方向之一。未来，发电企业作为电能产业链条的供应端，具有天然的资源优势，应严格执行国家节能和环保排放标准，公平承担社会责任，探索多元化的能源供应形式，通过拓展业务范围，开发售电领域。另外，积极响应电改"9号文"对发电企业开展电力直接交易的鼓励政策，主动与优质大用户确立合作关系也是发电企业未来发展所需。

（2）辅助服务供应商

电力辅助服务是电力市场运营的重要内容，是电力系统安全运行的保证。电改"9号文"提出建立辅助服务分担共享新机制，完善并网发电企业辅助服务考核机制和补偿机制。因此，发电企业可以结合自身发电特性，自愿与电力用户签订保供电协议、可中断负荷等合同，通过提供辅助服务业务，获得相应经济补偿。

综上，新背景下发电企业将不仅仅是电力生产者，新型的能源供应商和辅助服务供应商的定位也给发电企业带来了新的市场权利和义务，如表1所示。

表1　目标模式下发电企业的权责分析

权利	义务
①自主选择参与或退出不同电量等级的电能交易市场，与电力用户、售电公司签订电能交易合同； ②自主协商除输配电价之外的售电电价； ③与电网企业协商制定与合同相关的发电生产计划和设备检修计划，并查阅与履行交易相关的关口计量数据； ④有权在适当区域进行配网投资前期规划，并有序开展建设； ⑤有权按照法定程序组建售电公司，取得售电牌照后进行售电	①积极落实《大气污染防治行动计划》等条例及实施细则的要求，以"环保优先"理念和举措，紧抓清洁发电和低能耗发电，履行环保责任； ②淘汰小火电，建设大机组容量的火电厂，并有序、大力地开发以水能、风能等可再生能源，提高能源利用率； ③向市场交易机构缴纳一定的供电合约保证金； ④遵循电网企业的调度安排，发生紧急情况时，按照交易中心和调度中心指令，调整发电计划； ⑤自觉接受外界监督，积极配合政府以及社会相关部门监督工作的有序展开。

资料来源：作者整理

2. 电网企业的功能定位及权责分析

在售电市场放开，引入竞争性售电的新型市场模式下，电网企业在输电领域主要职能不变，承担电力系统的保底供电服务并按照政府核定的输配电价收取过网费，但是企业需要改变传统盈利模式，重新定义电网功能和收益机制。

（1）负责电力调度，保证主网安全稳定运行

主网的安全稳定运行是一切电力交易发生的基本保障，为此，电网公司应当充分发挥自身调度部门的高度反应能力，根据实际情况果断调整电网运行方式，滚动修编事故应急预案，进行经济、科学地电力调度。

调度是电力系统中最重要的公共治理机构，具有电网运行指挥、事故处理、方式安排、交易实现等一系列公共职能，为保障整个电力系统的安全稳定，应当由电网在多层监督的情况下实行电力调度权。具体而言，有以下两点原因：首先，新能源并网发电日益成熟，尤其是集中式可再生能源的消纳必然要通过大电网调度得以实现。合理运用电网调度权有利于确保新能源电力的收购消纳，实现全国范围内的能源优化配置。其次，未来电力市场中将开展现货交易，而现货交易方式对发、用电之间的快速平衡要求更高，短时间内来不及交易的由调度中心进行调度。

由此可得，"交易中心要相对独立，调度中心则出电网负责"是此次电力市场化改革的目标模式之一。为此，电网企业应公平公正行使电力调度权，负责电网系统安全，保障电网公平无歧视开放，按国家规定履行电力普遍服务义务。

（2）提供电能输配服务，按规定收取过网费

如上所述，目标模式市场下，电网企业依然具有进行电能输送的主要职能，无歧视的对合同交易电量提供公平的输送。

配套文件《关于推进输配电价改革的实施意见》中对"理顺电价形成机制，推进输配电价改革"提出了具体意见。总体而言，电力市场化起步阶段，输配电价采用单位电量过网费模式；随着改革深入，输配电价逐步过渡到按"准许成本加合理收益"原则，分电压等级核定。在此期间，电网企业应积极配合输配电价改革工作，客观真实地提供输配电成本检监审和价格核定所需的各种资

料，接受政府有关部门监督。

未来，电网企业应当在保障电网安全和不影响其他用户正常供电的前提下，按照规定的程序、内容和质量要求向用户提供供电服务，并按照政府规定收费。

（3）售电业务

目前，相关改革文件中允许电网企业成立售电公司参与竞争性售电，即电网企业同时被赋予了公共事业单位属性（负责输电和保底售电服务）和市场化企业属性（参与竞争性售电业务）的双重属性。在这种模式下，能够在市场建设初期发挥电网企业在管理经验、客户服务和技术研发等方面优势，树立标杆，从而带动市场新进售电公司降本增效，增强市场活力。

当然，电网企业参与市场竞争应当遵循市场规则，不违背监管要求，确保公平竞争的基础上，充分发挥自身的竞争优势，通过降本增效、优化服务等方式最终提高消费者效益。

（4）提供普遍服务

未来，新电改政策下，电网企业营利模式将发生改变，其基本属性也将随之转变，突出了其公共事业属性，即在不违反相关规定情况下，电网企业承担社会普遍服务责任。概括来讲，电网企业应向营业区内各用户提供电力普遍服务，无歧视地向市场主体提供报装、计量、抄表、维护、收费等各种供电服务，向市场提供实时生产、交易、用能信息，保证电网平台的公平开放。另外，电网企业还应当承担分布式电源电能收购，承担供电营业区内相关的电力统计，承担市场主体电费结算责任，保证交易电费资金安全。

（5）提供辅助服务，保证电能质量

大规模储存技术的缺乏使得电力系统需要依靠相应的辅助服务来保证发电和负荷电力的实施平衡，保证电力系统以可靠性为前提的基本电力输送。电网企业作为电力市场的主要主体之一，应当积极参与电力辅助服务工工作，尤其是其他市场主体顾及不到的市场范围，保障系统安全运行，保证电力供应质量。

（6）提供增值服务

增值服务是指根据用电客户需要，为客户提供超出标准化服务范围的服务。

该类服务主要以客户为中心，以提高客户满意度和价值增长为目标，在为客户持续创造价值的同时，给实施主体带来短/长期利益。

电网公司处于联络供需各方的天然枢纽地位，并且拥有网络基础设施和大数据资源，因此在配置整合供、需两侧资源方面具有显著优势，应当在未来充分发挥其优势，发展综合能源提供服务，为有意愿用电用户提供多样化的增值服务。

（7）提供保底服务

电网拥有输配网的电网运营权，应确保居民、农业、重要公用事业和公益性服务等用电，承担其供电营业区内保底供电服务。电网作为保底供应商的含义有三：一是电网企业承担保底服务，辖区内不愿意或因故无法接受第三方售电公司供电服务的用户可由电网企业直接供电，供电电价受国家管控；二是售电公司终止经营或无力提供售电服务时，电网企业在保障电网安全和不影响其他用户正常供电的前提下，按照规定的程序、内容和质量要求向相关用户供电，并按照政府规定收费；三是营业区内社会资本投资的配电公司无法履行责任时，由政府指定其他电网企业代为履行；四是在执行保底供电时，电网企业存在电网安全运行和保证其他用户供电安全性的约束。参见表2。

表2　目标模式下电网企业的权责分析

权利	义务
①在竞争性电力交易市场中提供输配电服务，并按照合同约定，向发电企业收取输配电服务费、国家规定由电网企业代收的政府性基金及附加。 ②获得交易双方履行合同义务的相关信息、资料，并能够查阅相关关口计量数据； ③协调参与电能交易的市场主体对输电通道的使用； ④对电力交易数据进行规整、结算；	①在输电网开放条件下，向市场交易主体公平开放电网，确保所有发电市场主体无障碍、无差别准入，按规定的服务质量标准提供输配电服务； ②按照国家有关规定及时向交易双方披露与履行输配电服务合同相关的其他信息。 ③自觉接受外界监督，积极配合政府以及社会相关部门监督工作的有序展开。

资料来源：作者整理

3. 独立售电公司的功能定位及权责分析

"9号文"中明确指出，未来多元化的售电主体主要由以下几类构成：（1）传统的电网公司；（1）由发电企业组建的售电公司；（3）由原来的节能、电力设备建造安装公司组建的售电公司；（4）依托区域用户群组建的售电公司；

（5）完全由社会资本成立的独立售电公司。应当注意的是，本课题所论述的"独立售电公司"均指除电网公司组建的售电公司之外的独立售电公司。随着多元化的市场主体进入售电领域，售电侧市场竞争激烈，独立售电公司面临较为严峻的市场形势。为此，公司应当对自身进行准确定位，大力发展优势业务。总体而言，独立售电公司业务主要分为以下两大方面。

第一，售电业务。独立售电公司能够通过自身发电或者市场买电进行竞争性售电业务，因此，各独立售电公司可以通过降本增效措施降低售电电价，从而提升售电市场竞争力。

第二，提供增值服务。除了传统的售电业务，售电公司还应当基于云计算、大数据技术等先进科技技术，充分利用能源互联网，了解不同类型电力用户所需的多样能源诉求，为用户提供用电诊断、合同能源管理、综合能源解决方案服务等多项增值服务，这也是未来独立售电公司赢取用户、赚取利润的主要方式。参见表3。

表3　目标模式下独立售电公司的权责分析

权利	义务
①自主选择参与或退出不同电量等级的电能交易市场，与电力用户、发电企业签订电能交易合同；②在与电力用户交易过程中，自主协商除输配电价之外的售电电价；③有权在适当区域进行增量配网业务进行投资，并有序开展建设；	①向市场交易机构缴纳一定的供电合约保证金；②自觉接受外界监督，积极配合政府以及社会相关部门监督工作的有序展开。

资料来源：作者整理

4.电力用户的功能定位及权责分析

售电侧改革放开了部分电力用户的选择权限。对于电力用户而言，未来其获取电能及相关服务的渠道主要有三种：（1）与发电企业签订双边合约，参与电力直接交易。但这种方式需要用户具备一定的准入条件，而且以工业用户为主；相关用户必须符合国家产业政策，能耗和排放也要达到国家标准。（2）进入零售市场，与区域内能够满足自身需求的售电公司签订购售电合同，进行电力交易。为推进售电侧市场的逐步放开，应分阶段、分类别地有序放开用户选择。根据国际经验，首先放开大用户的购电选择权，增强其在市场中的议价能力，使其能够通过竞价降低自身用电成本；其次，在输配电价机制比较完善，交叉补贴问题被妥善处理后，再逐步放开中小用户的选择权。（3）用户接受保底供电服务。价格按照国家规定执行，比较稳定。参见表4。

表 4　目标模式下电力用户的权责分析

权利	义务
①自主选择参与或退出电能交易市场，与发电企业或售电公司签订电能供应合同； ②查阅与履行交易相关的关口计量数据。	①向市场交易机构缴纳一定的保证金； ②发生紧急情况时，按照交易中心和调度中心指令，协商调整用电计划，并获得相应补偿。

资料来源：作者整理

5. 交易机构的功能定位及权责分析

"9号文"中明确规定，在目标市场模式下，要实现市场交易机构的相对独立，将原来由电网企业承担的交易业务与其他业务分开，加强政府监管，形成规范运行、公平公正的交易平台。经深入解读电改"9号文"以及《关于电力交易机构组建和规范运行的实施意见》配套文件，本报告认为，交易机构相对独立有以下两层意思。

首先，交易机构应实现独立。在电力市场化发展过程中，为实现发用电各方自主交易和电价市场化，需要专门设立一个交易平台和场所。从国际市场化改革经验来看，电力交易与电网运营、调度功能分离是一种广泛采用的模式，并且其实施效果较为显著。因此，交易机构独立于电网企业有利于为发电企业和用户直接交易搭建统一、便捷的平台，有利于形成"多买多卖"的市场格局，有利于信息公开、公平交易和市场监管。其次，此处的独立是指相对独立。目前，电网投资建设并拥有电力交易数据信息平台，若交易机构完全独立于电网企业，将导致数据与实际运营衔接不够顺畅快速，可能阻碍交易计划保证供需实时平衡。并且，为实现交易机构独立的三个市场基础条件（灵活合理的价格机制；严格完整的监管体系；强大、统一、灵活的大电网交易平台）尚不能形成，因此建立相对独立的电力交易机构是较为可取的过渡手段。另外，利用现有机构和平台组建相对独立的电力交易机构，不改变目前行业的组织结构和安全责任体系，这种改革模式的实施难度较小，改革成本较低，能够最大限度地集合市场各主体的改革共识，逐步推动改革的步伐。

为组建并确保交易机构的相对独立性，应采取以下的保证措施。

一是准确界定电力交易机构的功能职责。电力交易机构主要功能是服务电能交易，主要负责市场交易平台的建设、运营和管理；负责市场交易组织，提供结算依据和相关服务，汇总电力用户与发电企业自主签订的双边合同；负责市场主体注册和相应管理，披露和发布市场信息等。

二是规定电力交易机构的组织形式。可以采取电网公司相对控股的公司制、子公司制等形式，还可以吸纳第三方机构、发售电企业及电力用户参股，从而进一步提高交易机构的独立、公正、客观性。

三是组建市场监督与管理机构。组建由电网企业、发售电企业和电力用户等代表参与的市场监督与管理机构，负责研究讨论交易机构章程、交易和运营规则，协调电力市场相关事项等，与政府监管一起构建"纵横联动"的协同监管机制，旨在维护市场"三公"，保障市场主体的合法权益。

四是确保交易和调度衔接性。交易机构主要负责市场交易组织，调度机构主要负责实时平衡和系统安全，短期和即时交易由交易机构和调度机构共同实现。交易机构按照市场规则，基于安全约束，编制交易计划，用于结算并提供调度机构；而调度机构向交易机构提供安全条件和线路潮流等基础数据，进行安全校核，形成调度计划并执行。整个过程中，应保证交易与调度之间高效的信息交流。参见表5。

表5 目标模式下交易机构的权责分析

权利	义务
①根据国家有关法规规定和输配电服务合同约定，在保证电网安全、稳定运行的前提下，按照有关规程、规范，调度运行有关电力设备，满足交易双方对输配电线路的需求；②为积极响应国家对新能源、可再生能源并网的政策支持，优先调度新能源发电。	①向市场交易主体收取一定的供电合约保证金；②按照国家有关规定及时向交易双方披露有关电力调度信息以及与履行输配电服务合同相关的其他信息。③自觉接受外界监督，积极配合政府以及社会相关部门监督工作的有序展开。

资料来源：作者整理

6. 政府的功能定位及权责分析

党的十八届三中全会通过的《中共中央关于全面深化改革若干重大问题的决定》指出，经济体制改革的核心问题是处理好政府和市场的关系，使市场在资源配置中起决定性作用和更好发挥政府作用。因此，我们提出，针对我国电力市场化改革，同样应当在更深程度更大范围内发挥市场在资源配置中的决定性作用，正确处理政府和市场的关系。未来大规模可再生能源并网、市场化的电力系统环境下，在规划和运行层面同时实现目标模式下电力系统总体优化是政府在未来市场发展中应当所面临的挑战性问题。为确保新型电力市场模式的安全、稳定运行，必须坚持政府的顶层规划功能、节能减排的推动功能以及市场监管等功能。

（1）致力于新型电力治理体系管理框架的顶层设计

"9号文"要求，政府要在市场杠杆的运用、市场机制的设计以及改革目标的实现等多方面发挥主导性甚至决定性作用，即充分发挥"看得见的手"的强大功能，设计、构建与改革目标衔接的现代化法律、政策和监管体系。其中，目标模式对市场的监管要求相对复杂，不仅有中央政府监管部门对央企的监管，还有地方政府对相关市场主体的监管。两者的监管应相互协调，不能互相冲突。未来我国政府应从上至下建立完善的售电市场监管体系，并要着重突出以下几个方面：①保证监管高度，监管部门应足够顶层，减少寻租空间；②维持监管深度，监管规则要明确并详细，保证落地且有深度，杜绝监管真空；③拓宽监管广度，监管部门要有监管的延伸性，不可各环节独立监管，造成脱节；④强化监管效度，要明确监管机构的独立性，兼顾中央监管部门和地方监管部门的责权分工。

（2）要加强电力系统整体规划

"9号文"明确指出，应切实加强电力行业的统筹规划，政府部门要认真履行电力规划职责，优化电源与电网布局，加强电力规划与能源规划、地方规划与全国规划之间的有效衔接。在"互联网+"背景下，能源互联网概念及运营模式逐步被提出并加以落实。当前，政府应当密切结合能源互联发展模式，全面支持并推动综合资源规划模式的实施。即充分运用智能电网技术，实施"源—网—荷—储"协调规划和运行的体制机制政策，通过微网、智能配电网及能源互联网等技术将数量庞大、形式多样的电源进行灵活、高效的组合应用，从而实现各种发电资源以及"发-输-配-售"四部分之间的协调互补，也就是"横向源源互补，纵向源网荷储协调"。只有在这种规划机制下，才能降低"双侧随机性"对电力系统安全稳定运行的不利影响，同时实现清洁能源的高效开发利用。

（3）实施并监管市场化电价机制

地方政府应当根据国家能源局依法组织制定的电力市场规划、市场规则和市场监督办法，依法履行电力监管职责，对市场操纵力、公平竞争、电网公平开放、交易行为、市场化电价机制等情况实施监管，对电力交易机构和电力调度机构执行市场规则的情况实施监管。特别地，针对输配电价定价机制，政府应全面调查电网的输配电资产、成本以及企业效益情况，按照"准许成本加合理收益"原则，初步测算输配电价水平，推进输配电价改革工作。针对批发、零售和辅助服务电价，政府应努力推进电力市场竞争体制机制的完善，尽快形成市场化定价。

（4）调整产业结构，优化能源结构

早在2013年，为更好地适应转变经济发展方式的需要，中国产业结构的调整进入了关键期，其中，针对电力行业也进行了导向性政策调整。随后，优化能源结构，积极发展核电和可再生能源等非化石、低碳能源成为"十三五"期间的主要任务，《国务院办公厅关于印发能源发展战略行动计划（2014–2020年）的通知》（发改基础〔2016〕2795号）中提到，要优化能源结构，积极发展天然气、核电、可再生能源等清洁能源，降低煤炭消费比重，推动能源结构持续优化。此外，本轮电改的核心价值取向是建立一个绿色低碳、节能减排和更加安全可靠、实现综合资源优化配置的新型电力治理体系，推动我国电力生产结构、消费结构及技术结构的整体转型，这意味着节能减排将是此次电改的核心诉求之一。为此，在目标模式下，政府机构应当秉承我国能源、产业发展新理念和新要求，构建新能源消纳市场，推动以水电、核电等为代表的清洁能源发展，从以下两个方面对电力市场的经济、绿色运行提供保证。

第一，支持保护新能源并网。可再生能源发电的价格较高，与火力发电相比，竞争优势较小，需要有特殊的政策来保护。因此，对于新能源、可再生能源的发电并网，政府应当给予行政和市场两方面的支持。首先，从行政手段而言，政府应当给予新能源适当补贴与支持；从市场手段而言，完善碳减排标准，推进碳交易市场建设，也将对新能源发展起到推动作用。

第二，促进绿色消费，鼓励绿色合作项目：通过实施鼓励性的生态补偿政策，采取排污收费、高污染产品收费以及环保责任经济处罚等手段，政府可以强化企业在生产经营全过程中的低碳生态责任，并对其形成强力的监督威慑，最终实现低碳经济的不断发展。

（5）完善法律法规的修订、构建

1996 年开始实行的《中华人民共和国电力法》已不能适应当前的电力工业环境。为有序推进电力市场化改革，确保其平稳健康发展，需要完善《中华人民共和国电力法》及其配套法规，有法律依据，才能进入实质操作阶段，真正体现依法治国的执政理念。参见表 6。

表 6   目标模式下政府的权责分析

权利	义务
①按照"准许成本加合理收益"原则单独核定输配电价； ②优先发展新能源发电，对可再生能源发电执行保护性政策； ③经全面调查分析，积极争取电力市场化改革的综合性试点。	①宏观把握电力市场管理体系的顶层规划； ②对发电企业、电网企业、售电公司以及交易机构实行积极有效的市场监管工作； ③加快电力法规政策的完善与制定。

资料来源：作者整理

（二）目标模式下各市场主体及政府的业务界面分析

从上述市场主体的功能定位及权责分析中可得，目标模式下电力市场的买方主体为电力用户，他们是电力商品的购买者、消费者构成的市场需求方；卖方主体为包括分布式发电供应商在内的发电企业、供电企业和售电公司，他们是电力商品的生产者、供应者，为电力市场客户提供各类电力和服务；中间机构主要是指电力交易机构（即电力交易中心）和电力调度机构，负责辖区内电力市场的建设和管理工作。电力市场主体的构成及相关关系可总结如下图 2 所示。

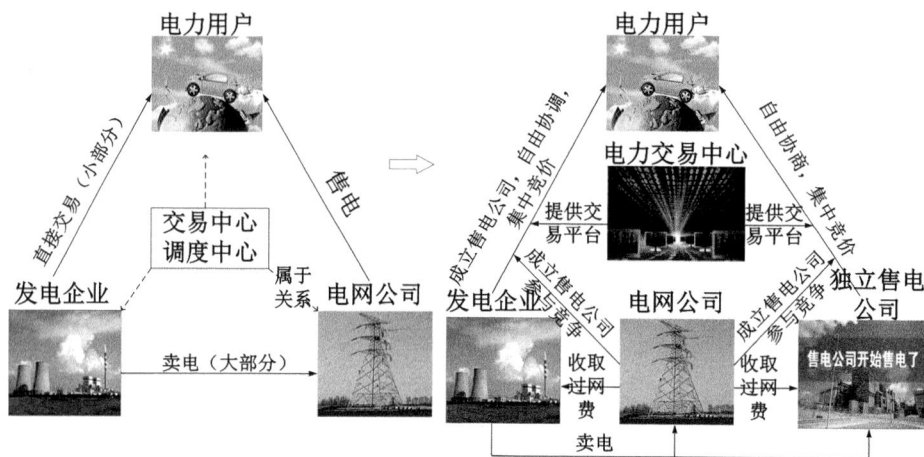

图 2　新电改前后电力市场各主体间关系对比图

资料来源：作者自绘

从图 2 中可以看出，发电企业和各类主体成立的售电公司均可采用自由协商或者集中竞价的方式参与电力购售交易，共同向电力用户提供电力商品和相应服务，电力用户具备与其议价的能力并可自由选择与之交易的卖方主体。其中，发电企业向电网企业和售电公司提供所需电量，电网企业则以输配电价向发电企业和售电公司收取其参与交易电量的过网费。电力交易中心主要向市场中交易的买卖主体提供自由协商和集中竞价的交易平台，实时发布电力交易信息，对交易过程进行管理和控制。

基于目标模式下我国电力市场架构的研究分析，本报告认为，对于电网企业而言，如何处理好与调度机构、交易机构、售电公司等主体间的协调关系是新型市场环境下电网企业应当关注的重要问题之一。

首先，调度机构将依然是电网公司的一部分，协同电网输配功能保证电力安全、稳定、高效地从供应端流向需求端。

其次，新电改中提出交易机构与电网企业相对独立，即交易机构的管理运

图 1　我国电力市场化改革目标模式及市场主体研究

营需要与电网企业的其他业务相分离，同时依托电网企业现有基础条件，发挥各类市场主体积极性，鼓励具有相应技术与业务专长的第三方参与，建立健全科学的治理结构。再次，电网企业也可以参与市场化售电，电网企业下属的售电公司可以借助电网公司的营销大数据，积极参与售电市场，但应注意与交易业务相分离，保证交易机构的相对独立性。

最后，独立售电公司售电业务的顺利进行离不开电网企业提供的计量、维修等输配电服务，电网企业并为此收取输配电费用，代国家收取政府性基金。同时，鉴于电网企业负有国企所具有的社会责任，当售电公司终止经营或无力提供售电服务时，电网企业在保障电网安全和不影响其他用户正常供电的前提下，按照规定的程序、内容和质量要求向相关用户供电，并向不参与市场交易的工商业用户和无议价能力用户供电，按照政府规定收费。

中国光伏产业发展现状与展望

江华　金艳梅　叶幸　韩鹏[1]

摘 要：

近年来，光伏产业技术水平不断提升，制造成本快速下降，光伏发电应用在全球范围内呈现星火燎原之势，新兴市场风起云涌。全球光伏制造业继续向我国及东南亚地区转移，我国在全球光伏领域内制造大国的地位持续巩固并在进一步加强。2018 年，虽然我国光伏应用市场需求减缓，但在海外市场拉动下，我国光伏各环节产业规模仍保持增长，新增和累计光伏装机容量仍继续保持全球第一。展望 2019 年，在政策的引导下，我国的光伏产业将由粗放式发展转向精细化发展的新阶段，由拼规模、拼速度、拼价格转向拼质量、拼技术、拼效益转变的新阶段。我国光伏产业在新的形势下将会进一步加强技术创新，进一步加快提质、降本、增效的步伐，以求平价上网能够在更大的范围内得以实现。本文立足 2018 年我国光伏产业的多晶硅、硅片、电池片、组件等各个环节的发展现状，对我国光伏产业的整体状况进行了评价，对 2019 年做了展望。

---

[1]　江华，硕士，中国光伏行业协会主任研究员。金艳梅，硕士，中国光伏行业协会行业发展部主任。叶幸，硕士，中国光伏行业协会行业发展部研究员。韩鹏，中国光伏行业协会行业发展部研究员。

关键词：

　　光伏发电；产业；应用；政策；技术

一、2018 年我国光伏产业发展整体概况

　　近年来，在政策引导和市场需求的双轮驱动下，我国光伏产业快速发展，产业规模迅速扩大，产业链各环节市场占有率多年位居首位。光伏产业已经成为我国为数不多可以同步参与国际竞争，并有望达到国际领先水平的战略性新兴产业，也成为我国产业经济发展的一张崭新名片和推动我国能源变革的重要引擎。

　　2018 年，虽然我国光伏应用市场需求减缓，但在海外市场拉动下，我国光伏各环节产业规模仍保持增长。我国多晶硅有效产能超过万吨的企业有 11 家，产能利用率保持在较高水平，产量为 25.9 万吨，同比增长 7.0%，占全球多晶硅产量的 58.1%；组件产能 130.1 吉瓦，产量 84.3 吉瓦，同比增长 12.3%，硅片、电池、组件国内产量占全球总产量比重都在 70% 以上。参见表 1。

表 1   2018 年全球及我国光伏产品发展情况（单位：万吨、吉瓦）

		多晶硅	硅片	电池片	组件
中国	产能	38.7	146.4	128.1	130.1
	产量	25.9	107.1	85	84.3
我国产量全球占比		58.1%	93.1%	74.8%	72.8%

注：包括保税区进口为 14.5 万吨。

数据来源：中国光伏行业协会[1]整理，2019 年 3 月。

　　2018 年，我国光伏新增装机冲高回落，但新增和累计光伏装机容量继续保持全球第一。2018 年光伏新增装机为 4426 万千瓦，同比下降 16.6%，占全球光伏新增装机的 40% 以上，累计装机容量达 1.74 亿千瓦。全年发电量 1775 亿千瓦时，占我国全年总发电量的 2.6%，同比提高 0.8 个百分点。

---

[1]　中国光伏行业协会（英文名称为 China Photovoltaic Industry Association，CPIA）。

2018 年，我国光伏产品出口总额为 161.1 亿美元，同比增长 10.9%，创"双反"以来最高。其中硅片、电池片、组件出口额分别为 23.2 亿美元、8.0 亿美元、129.9 亿美元，分别同比下降 24.9%、19.2% 和同比增长 24.4%。各环节出口量再创新高，出口量分别约为 46.3 亿片（约 22.5 吉瓦）、4.8 吉瓦和 41.6 吉瓦，均同比增长。

2018 年，在差异化竞争和光伏领跑基地建设的双轮驱动下，骨干企业加大了工艺研发和技改投入的力度，生产工艺水平不断进步。产品效率方面，规模生产的单多晶电池基本采用高效技术，其中多晶电池全面应用黑硅技术，单晶领域则大规模普及 P 型背面钝化电池（PERC）技术，预计 2—3 年内在多晶领域也将全部由背面钝化电池技术替代。大规模生产的单多晶电池平均转换效率也分别从 2010 年的 17.5% 和 16.5% 提升至 2018 年的 21.8% 和 19.2%。在组件环节，半片、叠瓦、大硅片等技术已经开始规模化应用，显著摊薄了每瓦组件成本。与此同时，得益于金刚线切割技术和硅片薄片化技术的大规模应用，硅耗大幅下降。多晶硅料生产已步入规模经济效益阶段，在产的多晶硅企业规模普遍在万吨以上，多晶硅生产平均综合能耗下降至 71 千瓦时/千克硅，骨干企业甚至已低于 63 千瓦时/千克硅，多晶硅生产的全成本降至 41.4 元/千克。

在生产工艺技术进步、生产的优化布局以及原辅材等各环节降本压力带动下，2018 年领先企业单晶背面钝化电池组件成本降至 1.44 元/瓦左右，光伏发电系统初始全投资成本降至 4.92 元/瓦左右，度电成本降至 0.31—0.55 元/千瓦时，预计 2019 年光伏发电系统初始全投资成本可下降至 4.50 元/瓦左右。结合近年来出台的下调补贴、竞价上网等相关政策，未来市场竞争将在资源配置中发挥更大的作用，在光资源较好的地区光伏上网电价有望低于燃煤标杆电价。

二、2018 年我国光伏发电市场发展概况

近年来，我国光伏产业充分利用自身技术基础和产业配套优势，加快技术进步和成本下降的步伐，推动了我国光伏发电应用规模持续快速增长，并在全

球领跑。我国已成为全球最大的光伏应用市场，光伏发电新增规模连续 6 年全球第一，累计装机规模连续 4 年位居全球第一。

（一）光伏发电开发建设情况

1. 整体情况

2018 年，我国太阳能光伏发电新增装机容量 4426 万千瓦，尽管出现回落，但太阳能光伏发电继续引领新增电源装机增长，连续第二年超过煤电位列各类电源新增装机规模之首，占全年电源新增装机容量的 36%。其中，集中式电站新增装机容量约 2330 万千瓦，分布式光伏新增装机容量约 2096 万千瓦。

2018 年，我国太阳能光伏发电累计装机容量达到 17400 万千瓦，同比增长 34%，占全部电源装机的比重已超过 9%。其中，集中式电站 12384 万千瓦，分布式光伏 5062 万千瓦。参见图 1。

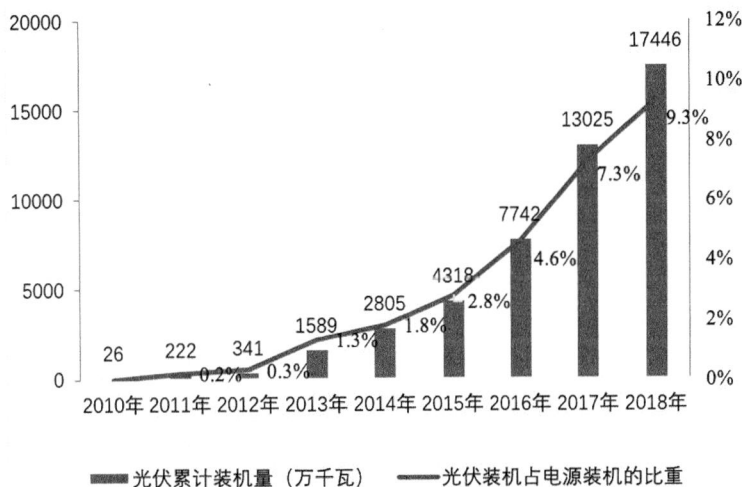

图 1 2010—2018 年我国太阳能光伏发电累计装机容量及占比

数据来源：国家能源局，2019 年 4 月。

2. 发展特点

（1）光伏新增规模布局相对比较均衡

2018 年，从新增装机分布来看，"三北"地区的占比由 2017 年的 30.5% 提高至 41.6%，中东部和南方地区占比由 2017 年的 69.5% 下降至 58.4%。2018

年全国有 8 个省区新增装机容量超过 200 万千瓦，其中，江苏、河北、浙江、山东新增装机超过 300 万千瓦。参见图 2。

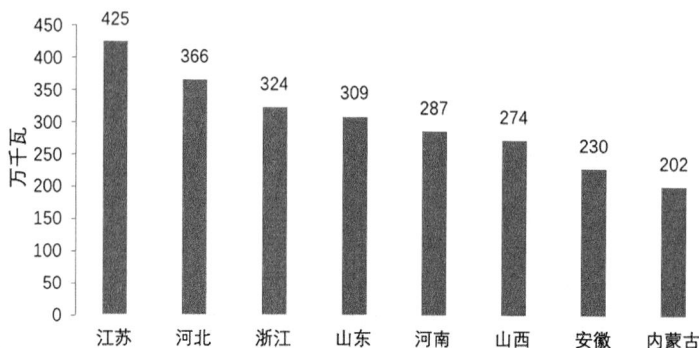

图 2 2018 年新增光伏发电装机超过 200 万千瓦的省区

数据来源：国家能源局，2019 年 4 月。

（2）光伏开发布局向中东部转移趋缓

2018 年，从累计装机分布来看，"三北"地区的占比由 2017 年的 49.6% 下降至 48.2%，中东部和南方地区占比由 2017 年的 50.4% 小幅上升至 51.8%。2018 年全国有 9 个省区累计装机容量超过 900 万千瓦，其中山东、江苏、河北、浙江、安徽超过 1000 万千瓦。参见图 3。

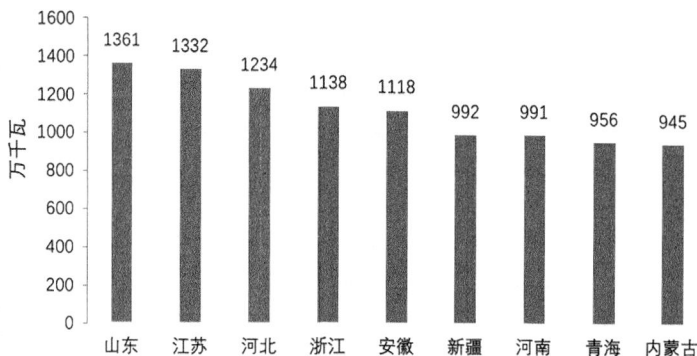

图 3 2018 年累计光伏发电装机超过 900 万千瓦的省区

数据来源：国家能源局，2019 年 4 月。

（3）分布式光伏基础保持快速增长

2018 年，我国分布式光伏发电新增装机容量 2096 万千瓦，同比增长 7.8%，占全部太阳能发电新增装机容量的 47.4%。截至 2018 年年底，分布式光伏发电累计装机容量 5061 万千瓦，同比增长 71%。分布式光伏仍主要集中在"三华"（华东、华北、华中）地区，合计占分布式光伏总容量 90%。参见图 4。

图 4 2017 年和 2018 年分布式光伏累计容量分布

数据来源：中国光伏行业协会整理，2019 年 4 月。

（二）光伏发电运行消纳情况

1. 整体情况

2018 年全国太阳能光伏发电量 1775 亿千瓦时，同比增长 50%，占全国总发电量的 2.6%，同比提高 0.8 个百分点。其中青海省太阳能光伏发电量占全部发电量的比重达到 16.3%，成为全国太阳能光伏发电量占比最高的省份。参见图 5。

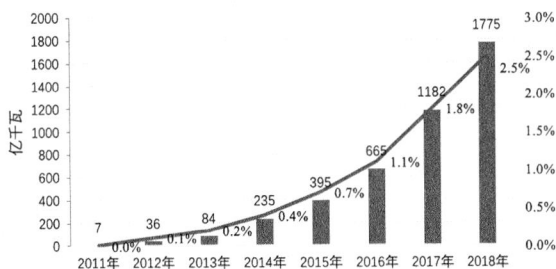

图 5 2011—2018 年我国太阳能光伏发电逐年发电量及占比

数据来源：国家能源局，2019 年 4 月。

2018 年，我国太阳能光伏发电设备平均利用小时 1212 小时 [1]，比上年提高 8 个小时（国家能源局数据为平均利用小时数 1115 小时，同比增加 37 小时）。东北三省光伏发电设备平均利用小时数均明显提高，黑龙江、吉林、蒙东均已超过最低保障收购小时数；华北的冀北、山西、蒙西利用小时数均出现下滑，且开始低于最低保障性收购小时数；西北的甘肃利用小时数明显提高，接近二类地区最低保障性收购小时数。参考图 6。

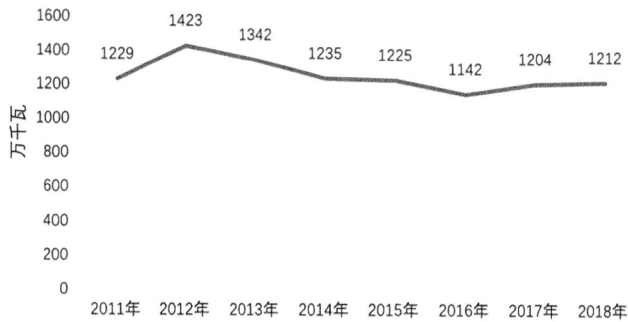

图 6　2011—2018 年光伏发电逐年设备利用小时数

资料来源：国家电网，2019 年 4 月。

2018 年全国光伏发电消纳形势得到显著改善，全国弃光电量 54.9 亿千瓦时，同比减少 18.0 亿千瓦时，弃光率 3%，同比下降 2.8 个百分点。其中东北电网光伏消纳形势显著改善，全年光伏发电利用率达到 99.2%（弃光率 0.8%），基本不弃光；华北电网全年光伏发电利用率达到 99.7%（弃光率 0.3%）；西北电网全年光伏发电利用率达到 91.5%（弃光率 8.5%），其中青海、宁夏光伏发电利用率超过 95%，甘肃光伏发电利用率 90%，只有新疆光伏发电利用率仅为 84%（弃光率 16%）。

2. 市场环境监测评价机制

根据国家能源局发布的《2018 年度光伏发电市场环境监测评价结果》：

第一，有 3 个地区光伏消纳形势恶化，其中西藏由橙色转红色，四川由绿色转橙色，山东由绿色转橙色；

---

[1]　采用国家电网数据。

第二，多数地区光伏消纳形势维持不变，其中一类资源区的甘肃嘉峪关、武威、张掖、酒泉、敦煌、金昌，新疆哈密、塔城、阿勒泰、克拉玛依，甘肃除Ⅰ类外其他地区，新疆除Ⅰ类外其他地区继续处于红色预警区；内蒙古除赤峰、通辽、兴安盟、呼伦贝尔以外地区，河北承德、张家口、唐山、秦皇岛，青海除Ⅰ类外其他地区，青海海西，北京，天津，云南，上海，福建，海南，重庆继续处于橙色预警区；山西省内三类地区均继续处于绿色区域。

第三，有两个地区光伏消纳形势向好，其中内蒙古的赤峰、通辽、兴安盟、呼伦贝尔，陕西省内各区域均由橙色转为绿色。参见表2。

表2　2018年度光伏发电市场环境监测评价结果

资源区	地区	2016年	2017年	2018年
Ⅰ类资源区	宁夏	红色	红色	橙色
	青海海西	橙色	橙色	橙色
	甘肃嘉峪关、武威、张掖、酒泉、敦煌、金昌	红色	红色	红色
	新疆哈密、塔城、阿勒泰、克拉玛依	红色	红色	红色
	内蒙古除赤峰、通辽、兴安盟、呼伦贝尔以外地区	橙色	橙色	橙色
Ⅱ类资源区	北京	橙色	橙色	橙色
	天津	橙色	橙色	橙色
	四川	橙色	绿色	橙色
	云南	橙色	橙色	橙色
	内蒙古赤峰、通辽、兴安盟、呼伦贝尔	橙色	橙色	绿色
	河北承德、张家口、唐山、秦皇岛	绿色	橙色	橙色
	山西大同、朔州、忻州、阳泉	橙色	绿色	绿色
	陕西榆林、延安	橙色	橙色	绿色
	青海除Ⅰ类外其他地区	橙色	橙色	橙色
	甘肃除Ⅰ类外其他地区	红色	红色	红色
Ⅲ类资源区	新疆除Ⅰ类外其他地区	红色	红色	红色
	山西除Ⅱ类外其他地区	橙色	绿色	绿色
	陕西除Ⅱ类外其他地区	橙色	橙色	绿色
	上海	橙色	橙色	橙色
	福建	橙色	橙色	橙色
	山东	绿色	绿色	橙色
	海南	橙色	橙色	橙色
	重庆	橙色	橙色	橙色
	西藏	橙色	橙色	红色

资料来源：国家能源局，2019年4月。

三、2018 年我国光伏产业链发展情况

近年来，我国光伏产业充分利用自身技术基础和产业配套优势快速发展，逐步取得国际竞争优势并不断巩固，目前已形成了从高纯硅材料、硅锭 / 硅棒 / 硅片、电池片 / 组件、光伏辅材辅料、光伏生产设备到系统集成和光伏产品应用等完整的产业链，产业规模迅速壮大。参考图 7。

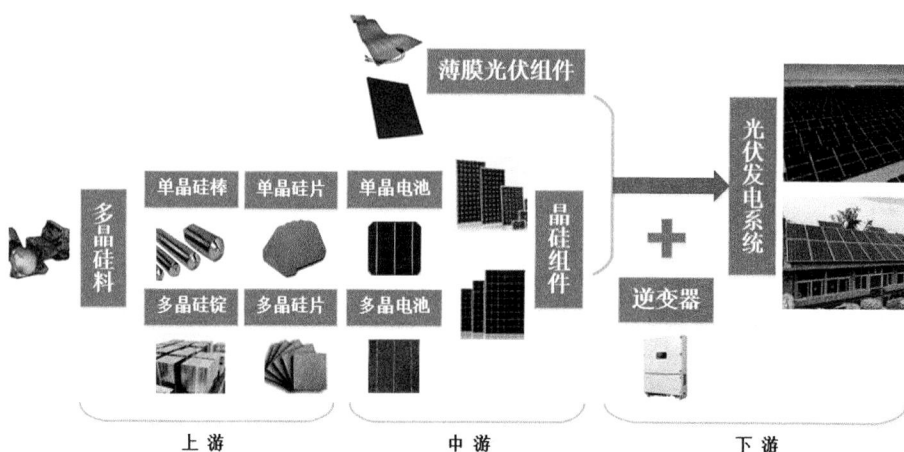

图 7 光伏产业链构成

资料来源：中国光伏行业协会整理，2019 年 1 月。

（一）多晶硅

1. 整体情况

2018 年全球多晶硅有效产能 62.8 万吨，多晶硅产量 44.6 万吨；其中我国多晶硅有效产能 38.7 万吨，产量 25.9 万吨，占比全球总产量达 58.1%，居世界首位。一方面，由于下游硅片环节主要产能集中在中国，我多晶硅自给率不断提高，挤压了海外多晶硅企业市场；另一方面，我国本土多晶硅企业在成本竞争力与产品质量上不断取得提升，规模持续扩大，全球多晶硅产业进一步向中国转移。参见图 8。

图 8　2005—2018 年全球和中国多晶硅产量

数据来源：中国光伏行业协会整理，2019 年 2 月。

2. 发展特点

（1）规模效应显著

一般而言，千吨级多晶硅企业生产成本普遍在 25 美元 / 千克左右，而万吨级生产线成本则可以控制在 15 美元 / 千克以下。2018 年 "531" 新政后，多晶硅价格大幅下跌，万吨级以下生产线，已没有盈利空间，有些能耗高的企业甚至陷入严重亏损状态，面临淘汰。2018 年我国多晶硅开工企业平均产能利用率 66.9%，同比下降 20 个百分点。特别是 "531" 新政后，多家企业止盈转亏，部分企业开始停产甚至破产，行业内检修停产的多晶硅产能一度达到 40% 以上。不同规模企业间的产能利用率分化较为显著，其中多数万吨级以上领先企业产能利用率仍处在较高水平，部分万吨以下企业由于投产较早，

设备陈旧，企业竞争力薄弱，下半年产能利用率仅在 50% 以下。截至 2018 年底，全球在产多晶硅企业 30 余家，中国在产企业从年初的 22 家减少为 17 家，落后产能退出加速。

（2）西部扩产加速

2017 年以来，多晶硅行业的核心竞争已从技术主导，向追求低廉能源要素成本竞争转变。新疆、内蒙古等西北部地区由于具有电力价格低廉、能源相对丰富、投资成本较低等优势，吸引了包括新特能源、保利协鑫、东方希望、大全等多家领先多晶硅企业向当地投资或转移新产能。2018 年，新疆成为全

国多晶硅的投资热点，新增多晶硅产能 7.3 万吨 / 年，占 2018 年新增 11.0 万吨产能的 66.4%，包括已有产能和正在筹划的新上多晶硅项目，新疆多晶硅产能预计在 2019 年将占中国多晶硅的半壁江山。预计低廉的能源价格优势将引起新一轮多晶硅行业的激烈竞争和淘汰，世界多晶硅市场格局将迎来新的变化。

（3）进口情况

2018 年，太阳能级多晶硅进口量达到 14.5 万吨（包括自保税区进口的 2 万吨），同比下降 7.1%（2017 年，15.6 万吨）。月均进口量在 1.2 万吨，其中仅 6 月份多晶硅进口量不足万吨。其中：从韩国进口 5.0 万吨，较 2017 年的 7.1 万吨相比减少 29.6% 以上，但仍占累计总进口量的 30% 以上。受双反征税的影响，韩国多晶硅产量中进入中国市场的量明显减少，这得益于 2018 年中国商务部对韩国多晶硅双反税率的调整。从进口价格来看，2018 年进口均价为 14.9 美元 / 千克，受国内需求减弱影响，6 月起多晶硅价格急速下滑，从年初最高 19 美元 / 千克，下降到年底 10—11 美元 / 千克，年内降幅超过 40%。参考图 9。

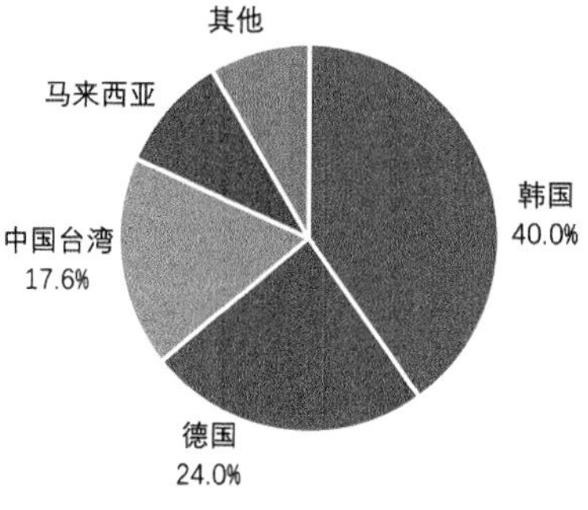

图 9　2018 年从各国家 / 地区多晶硅进口量占比情况

数据来源：中国光伏行业协会整理，2019 年 4 月。

（二）硅片

1. 整体情况

2018 年，我国大陆硅片产能约 146.4 吉瓦，同比增长 39.4%，一方面来自单晶硅片项目投资扩产，另一方面受益于技术进步带来的产能攀升。我国大陆硅片产量约 107.1 吉瓦，同比增长 16.8%，占全球硅片产量的 93.1%，在全球硅片领域占据绝对主导地位，其中单晶硅片产量为 49.2 吉瓦，多晶硅片产量为 57.9 吉瓦，占比分别为 45.9% 和 54.1%。参考图 10。

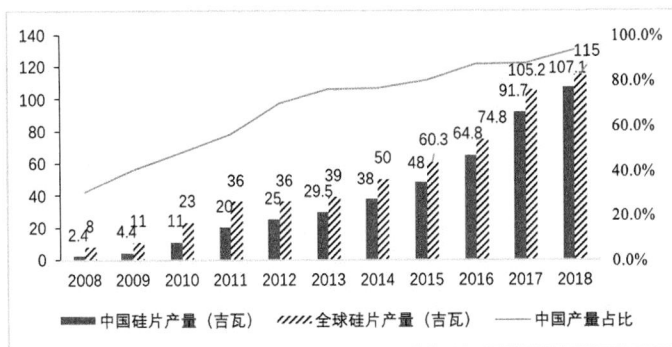

图 10 2008—2018 年全球硅片产能 / 产量

数据来源：中国光伏行业协会整理，2019 年 4 月。

从生产区域看，多晶硅片生产主要集中于东部地区，这些地区同时也是我国晶硅电池片及组件生产集中地。而单晶硅片生产主要集中于西部地区，尤其是单晶拉棒环节。据统计，2018 年单晶拉棒产能超过 75 吉瓦，其中除了晶澳太阳能的 3.9 吉瓦拉棒产能位于河北外，其他产能均位于西部地区。隆基还利用云南较低的水电，在当地布局了 10 吉瓦拉棒及 10 吉瓦切片产能。

2. 发展特点

（1）硅片环节成本快速下降

2018 年，硅片环节成本大幅下降。非硅成本方面，企业通过优化晶体生长工艺，硅片切割薄片化，细小化金刚线及磨粒尺寸，提升硅片品质等手段，降低非硅成本。据某公司财报显示，2018 年切片环节平均单位非硅成本同比下降 27.81%。硅料成本方面，随着国内多晶硅新增产能的释放，国内多晶硅供应品质不断提升，价格优于进口产品，助力硅片生产成本不断下降。参见

图 11。

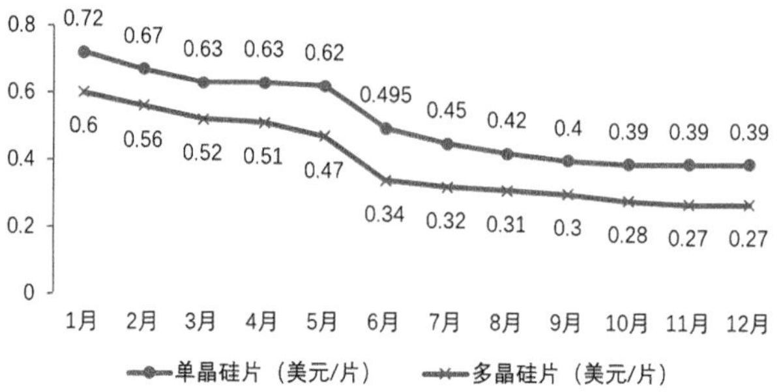

图 11　2018 年单晶／多晶硅片价格月度走势图

数据来源：中国光伏行业协会整理，2019 年 4 月。

（2）切片环节基本全面实现了金刚线切割技术的转换

金刚线切割技术具有切割速度快、硅片品质高、成本低、切割液更环保等优点。在单晶领域，2017 年已全面取代砂浆切片技术。在多晶领域的应用需要解决铸锭过程中形成的碳化硅硬质点和电池工艺的制绒技术问题。2018年，在黑硅技术的逐步成熟及下游黑硅电池生产线规模化投产的带动下，多晶硅片金刚线切割技术得以迅速推广。根据《中国光伏产业发展路线图（2018年版）》，2018 年多晶硅片金刚线切割占比达到 95%，2019 年将全面取代砂浆切割。保利协鑫、阿特斯等主要企业 2018 年底全部实现多晶硅片金刚线切割。

（3）出口情况

2018 年硅片出口呈现"量增价减"现象。全年我国硅片出口额约 23.2亿美元，同比下降 24.9%；出口量 46.3 亿片（约 22.5 吉瓦），同比增长 5.6%，约占我国硅片产量的 21.0%。从出口量情况看，37% 为单晶硅片，63% 为多晶硅片，与 2017 年相比单晶硅片占比进一步提升，随着应用端对于高效单晶产品的逆向需求，从 9 月份开始单晶硅片和多晶硅片出口量占比出现反转。参见图 12。

图 12　2018 年硅片月度出口情况

注：柱状图形为硅片出口量。

资料来源：中国光伏行业协会整理，2019 年 3 月。

（三）电池片

1. 整体情况

2018 年，中国大陆电池片总产能为 128.1 吉瓦，同比增加 54.7%，占全球产能 73.7%；产量约为 85 吉瓦，同比增加 18.1%，约占全球产量的 74.8%，较 2017 年提升超近 6 个百分点。产能超过吉瓦的企业已经达到了 31 家，其中排名前五的企业产能均超过了 5 吉瓦，另有数个 10 吉瓦级电池片基地正在建设过程中。从全国布局来看，2018 年全国太阳能电池片产能分布在 21 个省（直辖市、自治区）。2018 年太阳能电池产量排名前五的地区是江苏省、浙江省、安徽省、陕西省、江西省。参见图 13。

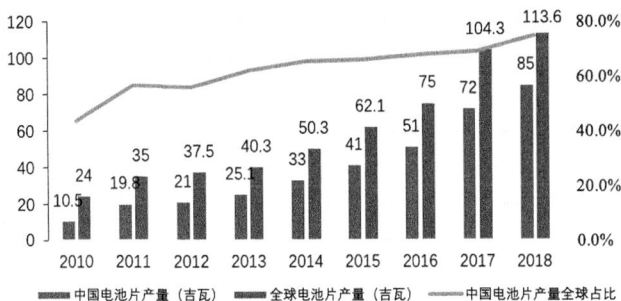

图 13　2010—2018 年全球电池片产量与我国电池片产量及全球占比情况

数据来源：中国光伏行业协会整理，2019 年 4 月。

2. 发展特点

（1）专业化电池片厂商开始崛起

不同于往年厂商垂直一体化发展特点，2018 年电池片领域中如通威、爱旭等专业化电池片生产企业开始崛起，在全球电池片生产格局中迅速占有重要地位，通威 2018 年底电池片产能已扩大至 12 吉瓦，跃居全球第一；爱旭电池片产能提升至 5.4 吉瓦，成功跻身全球前五；此外，展宇、英发、阳光中科等专业化电池厂商，都在快速扩大其电池片生产规模。

（2）高效电池成为发展重心

在国家《光伏制造行业规范条件》和"领跑者"计划的推动下，产业技术进步显著，各种晶硅电池片生产技术进步迅速。2018 年，规模化生产的多晶硅电池平均转换效率达到 19.2%，使用背面钝化电池技术的单晶和多晶黑硅电池效率提升至 21.8% 和 20.3%，较 2017 年分别提高 0.5% 和 0.3%。参见表 3。

表 3　2018 年不同技术类型电池片转换效率

分类	技术类型	平均转换效率
多晶	BSF P 型多晶黑硅电池	19.2%
	背面钝化电池 P 型多晶黑硅电池	20.3%
	背面钝化电池 P 型准单晶电池	21.6%
P 型单晶	背面钝化电池 P 型单晶电池	21.8%
N 型单晶	N-PERT+TopCon 单晶电池（正面）	21.5%
	硅基异质结 N 型单晶电池	22.5%
	背接触 N 型单晶电池	23.4%

数据来源：中国光伏行业协会整理，2019 年 3 月。

（3）出口情况

2018 年，我国电池片出口至 150 多个国家和地区，全年电池片出口额约为 8.0 亿美元，同比下降 18.9%，占全部光伏产品总出口额的 5%。电池片出口量约为 4.8 吉瓦[1]，同比增长 17.1%。从月度出口情况看，月均出口额约为 6700 万美元，在"531"后电池片价格快速下滑的背景下，出口额降幅相对不大，

---

[1] 因统计口径调整，将 2017 年电池片出口量调整为 4.1 吉瓦。

主要原因是出口量在"531"后呈现波动中增长趋势，"531"前后月均出口量增长46%。参见图14。

图14 2018年电池片月度出口情况

数据来源：中国光伏行业协会整理，2019年3月。

（四）组件

1. 整体情况

2018年，全球光伏组件产能190.4吉瓦，产量115.8吉瓦，其中晶体硅组件产量占比超96.8%，组件生产制造布局进一步向亚洲地区倾斜，亚洲地区组件产能、产量占全球份额均超过90%。中国大陆组件产能约130吉瓦，占比全球总产能68.3%；组件产量约84.3吉瓦，产出占比99%以上为晶体硅电池组件，占全球总产量72.8%。组件产能的增加一方面源于电池片转换效率的提高，另一方面则由于光伏市场快速扩大，优势企业产品供不应求，驱使其进一步扩充产能。参见图15。

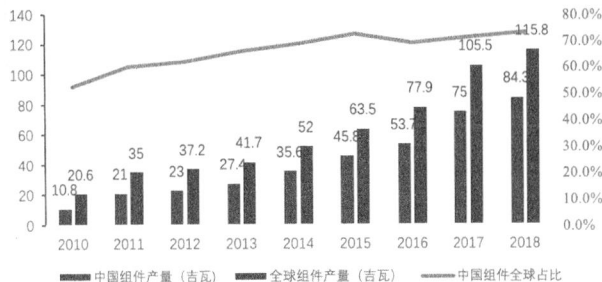

图15 2010—2018年全球组件产量与我国组件产量及全球占比情况

数据来源：中国光伏行业协会整理，2019年4月。

2.发展特点

（1）产品性能持续快速提升

随着组件价格快速下降，高效产品性价比快速提升，叠加国内领跑者项目持续推动，国内对于高效光伏组件产品的市场需求越来越大。为满足市场供应，主要光伏组件企业均已规模化导入量产背面钝化电池、选择性发射极（SE）、半片、多主栅等技术的组件产品，反光贴膜/反光焊带、铜加厚焊带、白色光伏电池封装胶膜（如EVA）等高效物料清单（BOM）成功导入量产，主流晶硅组件效率进一步提升。目前，领先企业单晶组件应用背面钝化电池技术后60片版型量产功率可达到310瓦，研发功率则在330瓦以上；多晶组件60片版型量产功率可达到290瓦左右，研发功率在310瓦以上。参见表4。

表4　2018年不同技术类型组件效率情况

	类别	组件功率（瓦）	平均转化效率
多晶组件	BSF多晶组件	275	16.8%
	黑硅多晶黑硅组件	280	17.1%
	黑硅+背面钝化电池 多晶组件	295	18.0%
单晶组件	BSF单晶组件	285	17.4%
	背面钝化电池 P型单晶组件	305	18.6%
N型单晶组件	N-PERT单晶组件（正面）	310	18.9%
	异质结N型单晶组件	320	19.6%
	背接触N型单晶组件	340	20.8%
M瓦T技术（采用背面钝化电池片）	M瓦T黑硅多晶组件	305	18.6%
	M瓦T单晶组件	315	19.2%

数据来源：中国光伏行业协会整理，2019年4月。

（2）企业加大海外市场开拓力度

随着海外新兴光伏市场的不断扩大，各组件企业不断加大海外市场开拓力度，加上国内光伏市场缩减以及欧盟"双反"的取消，企业更多制定以海外市场为主导的市场策略，组件海外出货占比与出货量持续增长，部分企业海外市场出货占比达70%以上。其中，海外业务成熟的晶科能源海外出货占比达

80%，晶澳太阳能海外出货占比也超过了 60%。

（3）出口情况

2018 年我国光伏组件出口额 129.9 亿美元，同比增长 24.4%；出口量 41.6 吉瓦，同比增长 32.1%。组件出口额、出口量出现"双增"的原因，一方面，由于国内应用需求减少，企业组件生产更多输向海外市场；另一方面，伴随组件价格大幅下滑，应用端成本下降，光伏发电在许多国家成为最具成本竞争力的电力产品，不仅推动了中东、南美等新兴光伏市场的崛起，也刺激了欧洲传统市场的复苏。主要企业在四季度出货量明显增长。参见图 16。

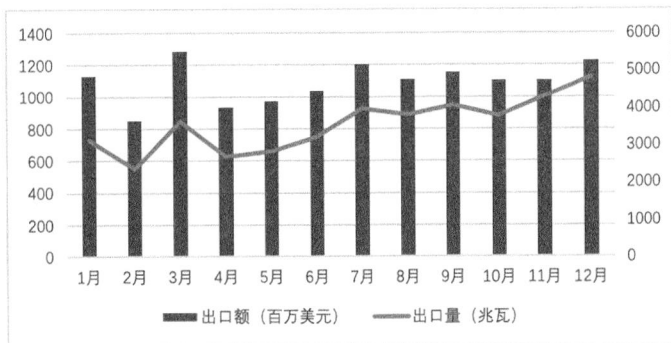

图 16　2018 年组件月度出口情况

数据来源：中国光伏行业协会整理，2019 年 4 月。

四、2018 年光伏行业相关政策

2018 年是我国光伏发电政策机制巨大变动之年，这些变动包括既有政策规定和实施方案上"量"的调整，也有创新机制提出和实施等"质"的变化。具体来看有调整和创新规模管理机制、电价和补贴继续依据成本退坡、加强市场环境监管等。

（一）发展目标和规模管理

2018 年 5 月 31 日，国家发展改革委、财政部、国家能源局颁布了《关于2018 年光伏发电有关事项的通知》（发改能源〔2018〕823 号）（以下简称

823号文件），严格的规模管理政策引发了光伏发电并网商业化市场发展10年以来最大的市场震动。在规模管理方面，主要是两点：一是暂不安排2018年普通光伏电站建设规模；二是2018年安排1000万千瓦左右规模用于支持分布式光伏项目建设，并明确各地5月31日（含）前并网的分布式光伏发电项目纳入国家认可的规模管理范围，未纳入国家认可规模管理范围的项目，由地方依法予以支持。

政策颁布和实施后，短期内对整个光伏行业形成了冲击，资本市场波动更大。但从宏观层面看，光伏产品价格和光伏发电成本迅速下降，市场发展回归理性，新一轮优胜劣汰的产能整合开始，从长期看对光伏产业的健康发展是有利的。

（二）监测评价

2017年12月，国家能源局颁布《关于建立市场环境监测评价机制引导光伏产业健康有序发展的通知（国能发新能〔2017〕79号）》，标志继风电后，政府部门对光伏发电也按年度定期开展市场环境监测评价，管理方面更强调宏观和事前预警、事中监测、事后评价，目的是优化光伏发电建设运营环境，引导企业理性投资。监测评价结果周期性发布，对后续光伏电站总体开发规模和布局带来较大影响。无论是已经启动实施的光伏无补贴平价上网项目，还是政策尚在讨论中的全国电价相关排序的竞争配置项目，还是特高压外送等国家组织实施的专项工程或示范项目等，均需要满足监测预警管理等要求，监测评价结果是重要依据之一。

（三）电价退坡

2018年内国家价格主管部门分别在年初和6月两次调整光伏发电标杆电价和"自发自用、余量上网"模式的分布式光伏发电度电补贴水平，光伏发电去补贴进程持续推进，经过2018年两次调整，光伏发电标杆电价降低了0.15元/千瓦时，Ⅰ、Ⅱ、Ⅲ类资源区电价水平（2018年6月起）分别为0.5、0.6、0.7元/千瓦时（含税，下同，见图3）；分布式光伏发电度电补贴水平降低了0.1元/千瓦时，2018年6月起为0.32元/千瓦时。参见表5。

表5　2018年光伏发电相关政策机制调整情况

序号	印发单位	文件名称	文号	印发时间
1	国家发展改革委、财政部、国家能源局	关于2018年光伏发电有关事项的通知	发改能源〔2018〕823号	2018年5月31日
2	工业和信息化部、住房和城乡建设部、交通运输部、农业农村部、国家能源局、国务院扶贫办	关于印发《智能光伏产业发展行动计划（2018-2020年）》的通知	工信部联电子〔2018〕68号	2018年4月11日
3	国家发展改革委、国家能源局	关于印发《清洁能源消纳行动计划（2018-2020年）》的通知	发改能源规〔2018〕1575号	2018年10月30日
4	工业和信息化部	关于修订《光伏制造行业规范条件（2018年本）》的公告	中华人民共和国工业和信息化部公告〔2018〕02号	2018年1月15日
5	国家能源局	关于2017年度全国可再生能源电力发展监测评价的通报	国能发新能〔2018〕43号	2018年5月1日
6	国家可再生能源信息管理中心	关于发布2018年上半年光伏发电市场环境监测评价结果的通知	——	2018年9月10日
7	国家可再生能源信息管理中心	关于发布2018年前三季度光伏发电市场环境监测评价结果的通知	——	2018年11月30日
8	国家发展改革委、国家能源局	关于积极推进风电、光伏发电无补贴平价上网有关工作的通知	发改能源〔2019〕19号	2019年1月7日
9	财政部、国家发展改革委、国家能源局、国务院扶贫办	关于公布可再生能源电价附加资金补助目录（光伏扶贫项目）的通知	财建〔2018〕25号	2018年3月7日
10	国家能源局、国务院扶贫办	关于印发《光伏扶贫电站管理办法》的通知	国能发新能〔2018〕29号	2018年3月26日
11	国家能源局	关于减轻可再生能源领域企业负担有关事项的通知	国能发新能〔2018〕34号	2018年4月2日
12	财政部、国家发展改革委、国家能源局	关于公布可再生能源电价附加资金补助目录（第七批）的通知	财建〔2018〕250号	2018年6月11日
13	财政部	关于拨付可再生能源电价附加补助资金（光伏扶贫项目）的通知	财建〔2018〕74号	2018年3月30日

资料来源：中国光伏行业协会整理，2019年4月。

五、2019 年光伏产业发展展望

在国家相关政策的扶持下，我国光伏产业规模稳步的扩大，技术创新持续进步，出口增速不断提升，在当前光伏行业面临发展的新形势下，挑战与机遇并存，在高质量发展的新要求下，光伏产业需坚持推进技术进步，降低发电成本，减少补贴依赖，完成我国光伏行业从规模化发展向高质量发展的重要转变。

（一）光伏产业规模稳中有升

展望 2019 年，在光伏发电成本持续下降和新兴市场快速兴起等因素的推动下，全球光伏市场仍将保持在较高水平，预计全年全球光伏应用市场需求将达到 120 吉瓦以上。装机量较大的国家或地区依然会是中国、美国、印度、日本和欧洲。新兴市场，如土耳其、墨西哥、埃及、韩国、中国台湾等市场规模也在加速扩大。我国光伏新增装机量预计在 35—45 吉瓦之间，装机规模趋稳。光伏应用方式也将从"粗放式"向"精细化"方向发展，光伏应用深度与广度将继续拓展。参见图 17、图 18。

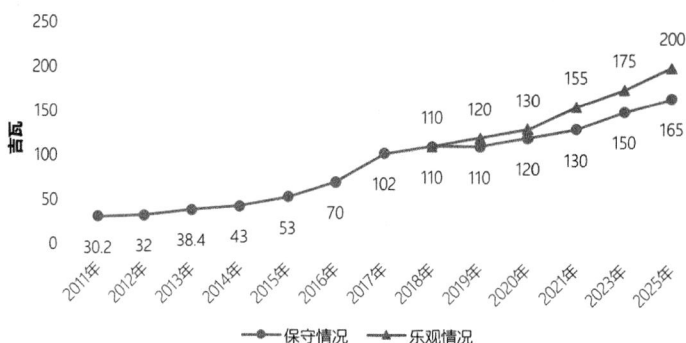

图 17　2011—2018 年全球光伏年度新增装机规模以及 2019—2025 年新增规模预测

数据来源：中国光伏行业协会，2019 年 1 月。

图 18　2011—2018 年国内光伏年度新增装机规模以及 2019—2025 年新增规模预测

数据来源：中国光伏行业协会，2019 年 1 月。

（二）技术水平不断提升

展望 2019 年，从海外市场看，各国对高效产品的需求不断增大；从国内来看，2019 年技术领跑基地项目的并网也会拉动高效产品的市场需求，因此，技术进步仍将是产业发展的主题。预计产业化生产的 P 型背面钝化单晶电池转换效率将超过 22%，主流组件产品功率将达到 310 瓦以上；单晶将逆转市占；普通电池技术将逐渐被使用背面钝化电池技术的高效电池技术所替代；半片、叠瓦等组件技术将如此前的双面电池技术一样，逐步加大市场占比，预计 2019 年出货量将在 10 吉瓦量级。参见图 19。

	2018年	2019年	2020年	2021年	2023年	2025年
其他技术市场占比	0.7%	0.8%	0.8%	0.9%	1.0%	1.0%
背接触电池市场占比	0.1%	0.2%	0.5%	1.0%	3.0%	5.0%
异质结电池市场占比	0.7%	1.0%	3.0%	5.0%	7.5%	10.0%
N-PERT电池市场占比	5.0%	8.0%	10.0%	15.0%	17.0%	18.0%
PERC电池市场占比	33.5%	50.6%	55.7%	60.8%	60.9%	61.0%
BSF电池市场占比	60.0%	39.4%	30.0%	17.3%	10.6%	5.0%

图 19　2018—2025 年不同电池技术市场占比变化趋势

数据来源：中国光伏行业协会，2019 年 1 月。

（三）行业竞争更加理性

展望 2019 年，行业的价格竞争将更加务实和理性。从技术发展驱动来看，2017-2018 年的价格降幅主要受益于金刚线切片技术的普遍应用以及背面钝化电池规模化量产带来的产品转换效率的大幅度提升，企业生产成本的降幅能够支撑产品价格的大幅下滑。但 2019 年至目前为止，仍未看到能够导入现有生产线，大幅降低生产成本的新的量产化技术，因此预计成本下降空间较前两年会有所收窄，价格竞争也将更加理性。从 2018 年末至 2019 年初的产品价格来看，甚至开始出现一定程度的回升。从全球来看，随着我国光伏企业海外市场的开拓力度不断扩大，国外市场对产品价格的打压愈加明显，全球价格更加扁平化，已基本不存在高利润市场，价格下滑幅度也有限。

（四）行业整合继续推进

展望 2019 年，行业整合将继续推进。多晶硅方面，2019 年新增产能持续释放，中东部地区硅料因成本原因将逐步淘汰，西部地区硅料厂商受益于电价优势规模将逐步扩大。硅片方面，隆基、中环、协鑫、晶科四巨头格局初现，而且随着高效电池产能越来越多，下游对硅片品质的要求正在提升，这提高了单晶硅片环节的进入门槛，产业集中度也将进一步提升。电池片方面，通威、隆基、爱旭、展宇等异军突起，排名电池产能产量前列，中国台湾地区电池产能逐渐落幕。

（五）出口占比进一步提高

海外光伏市场，光伏发电在很多国家成为具有成本竞争力的电力产品，推动了中东、南美等新兴光伏市场崛起及欧洲传统市场的复苏，主要市场，如美国、日本、印度等也保持稳定。海外市场成为拉动上游制造业出货需求的主导。2019 年 1—2 月的组件出口量约为 9.6 吉瓦，是同期的 1.75 倍，约占产量的 80%（2017 年同期 68%）。据了解，部分龙头企业 2019 年上半年订单都已排满，其中 90% 的订单来自海外。预计 2019 年光伏行业对外出口占比将进一步提高。

B 3

中国风电产业发展现状和展望

施鹏飞[1]

摘要：

　　2018年，中小型风电整体行业经济效益略有下滑，生产容量和产值均有下降。并网风电保持稳定增长态势，仍是火电和水电之后的第三大电源。风电装机的地区分布趋向电力负荷中心转移，中南和华北地区占比出现增长。海上风电取得突破进展。2018年中国新增风电装机容量占世界市场份额的45%，是世界最大的风电市场。

　　本报告简要介绍了为解决风电产业发展中的问题出台的一些政策措施，如缓解弃风限电、推进分散式风电发展、降低风电项目的非技术成本、推行竞争方式配置风电项目以及积极推进风电无补贴平价上网有关工作等。

　　由于各项推进风电健康发展的政策逐步落实，风电"十三五"规划的发展目标可以提前完成。随着弃风限电明显缓解，项目成本下降，分散式风电将提速发展；海上风电积极稳妥开发；在风能资源优越的地区具备平价上网的风电项目将启动，率先跨入风

---

[1] 施鹏飞，教授级高级工程师，国际清洁能源论坛（澳门）理事，现任中国风能协会名誉主任。

电无补贴平价新时代。

关键词：

风力发电； 风电机组； 海上风电； 弃风限电； 相关政策

一、中小型风电

中小型风电包括离网型和分布式并网应用的风电，一般单机容量 100 瓦到 500 千瓦。

根据中国农机工业协会风力机械分会提供的数据，2018 年中小型风能设备行业产业发展统计的 13 家整机企业代表了当前行业的主流。它们是上海致远、南京欧陆、内蒙古博洋、浙江华鹰、青岛安华、安徽蜂鸟、广州红鹰、山东华业、新高昆山、山东佳利、宁夏风霸、杭州瑞利和国能风电。

2018 年中小型风能设备制造行业数据是：全年生产量约为 7.04 万台，与 2017 年同比增加 11.75%，生产容量为 4.9 万千瓦，同比减少 2.8%；生产总值 5.28 亿元，同比减少 16.3%；产品销售台数 6.95 万台，同比增加 11%，销售容量为 4.6 万千瓦，同比增加 11.3%；销售额 5.03 亿元，同比下降 7.75%。2018 年整个行业经济效益比 2017 年略有下滑，上交税额减少，从业人员也有所减少。

总体上由于市场需求减少，生产容量和产值均有较大幅度下降，有些企业停产或转产。2018 年中小型风能设备行业产业发展指标见表 1。

表 1　2018 年中小型风能设备行业产业发展指标

指　标	2017 年	2018 年	同比增减变化率
生产台数（万台）	6.3	7.04	11.8%
生产容量（万千瓦）	4.97	4.92	−2.8%
生产总值（亿元）	6.14	5.28	−16.3%
销售台数（万台）	6.26	6.95	11.0%
销售容量（万千瓦）	4.17	4.64	11.3%
销售金额（亿元）	5.42	5.03	−7.8%
出口台数（万台）	0.51	0.512	0.4%
出口容量（万千瓦）	1.4.	1.56	11.7%
出口金额（万美元）	3279	3002.3	−9.2%

数据来源：风力机械分会。

另有三家中型风电机组部件配套企业提供数据，包头天隆生产永磁发电机容量达到 2445 千瓦，销售额为 435 万元，出口量达 2080 千瓦，出口金额 17.54 万美元；合肥为民和济南明德两家企业生产控制器、逆变器和控制逆变一体机容量约 15778 千瓦，销售额为 2122 万元，出口容量达到 9854 千瓦，出口金额 95 万多美元。

2018 年单机容量 200 瓦至 2 千瓦的小型风电机组仍是销售产品的主流机型，200 千瓦至 330 千瓦中型风电机组开始少量销往国外。

二、并网风电

（一）风电场建设和运行

1. 风电新增和累计装机容量

根据中国风能协会、风力机械分会和国家可再生能源中心对风电机组吊装容量的统计，2018 年新增风电装机容量 2114 万千瓦，同比增长 7.5%，风电累计装机容量达到 2.1 亿千瓦，同比增长 11.2%，保持稳定增长态势。

吊装容量是完成风电机组整体吊装的风电机组容量，不考虑风电机组是否并网发电。数据主要由整机制造商提供，一般可以反映设备制造的成果。

并网容量是并网发电（含调试）风电机组容量，作为电力行业统计的依据。

据国家能源局 2019 年 1 月 28 日发布的"2018 年风电并网运行情况"，2018 年新增并网风电装机容量 2059 万千瓦，累计并网装机容量达到 1.84 亿千瓦，占全部发电装机容量的 9.7%。风电年发电量 3660 亿千瓦时，占全部发电量的 5.2%，比 2017 年提高 0.4 个百分点。

由于中国风电场建设速度高于电网接入系统建设进度，所以风电机组吊装容量和并网容量的差别较大。2013 年至 2018 年新增和累计装机容量分别见表 2 和表 3。

表 2　2013 年至 2018 年 新增 装机容量（万千瓦）

年度	新增 吊装容量	新增吊装 年增长率	新增 并网容量	新增吊装与并网 容量差别
2013	1609	24.2%	1449	160
2014	2320	44.2%	2016	304
2015	3075	32.5%	2940	135
2016	2337	−24.0%	2120	217
2017	1966	−15.9%	1503	463
2018	2114	7.5%	2059	55

数据来源：吊装容量来自中国风能协会，并网容量 2017 年以前来自水电总院，2017 年及以后来自国家能源局。

表 3　2013 年至 2018 年 累计 装机容量（万千瓦）

年度	累计 吊装容量	累计吊装 年增长率	累计 并网容量	未并网容量	未并网容量 比例
2013	9141	21.4%	7716	1425	18.5%
2014	11461	25.4%	9732	1729	17.8%
2015	14536	26.8%	12671	1865	14.7%
2016	16873	16.1%	14791	2082	14.1%
2017	18838	11.6%	16367	2471	15.1%
2018	20953	11.2%	18426	2527	13.7%

数据来源：吊装容量来自中国风能协会，并网容量 2017 年以前来自水电总院，2017 年及以后来自国家能源局。

本报告 2016 年及以前的风电并网容量数据来自水电水利规划设计总院（水电总院）发布的年度"中国风电建设统计评价报告"，由于从 2017 年起不再发布，故本报告 2017 年风电并网容量数据来自国家能源局或中国电力企业联合会（中电联）。

2. 中国是世界最大的风电市场

根据全球风能理事会（GWEC）统计，2018 年全世界的新增风电装机容量5130 万千瓦，同比减少 3.6%，见表 4；累计风电装机容量达到 5.91 亿千瓦，年增长率为 9.6%，见表 5。

表 4　2013 年至 2018 年 世界风电 新增 装机容量（万千瓦）

年度	2013	2014	2015	2016	2017	2018
新增 装机容量	3602	5168	6363	5460	5249	5130
年增长率	−20.0%	43.5%	23.1%	−14.2%	−3.9%	−3.6%

数据来源：GWEC。

表 5　2013 年至 2018 年 世界风电 累计 装机容量（亿千瓦）

年度	2013	2014	2015	2016	2017	2018
累计 装机容量	3.19	3.70	4.33	4.87	5.40	5.91
年增长率	12.7%	16.0%	17.0%	12.5%	10.8%	9.6%

数据来源：GWEC。

2018 年中国新增风电装机容量占世界市场份额的 45%，累计风电装机容量占世界市场份额的 36%，均居第一位，是世界最大的风电市场。2018 年世界风电新增和累计装机容量前 5 名的国家分别见表 6 和表 7。

表 6　2018 年 世界风电 新增 装机容量 前 5 名的国家（万千瓦）

国家	中国	美国	德国	印度	巴西
新增 陆上	2120	759	240	219	194
新增 海上	180	0	97	0	0
新增 装机容量	2300	759	337	219	194
新增 市场份额	44.8%	14.8%	6.6%	4.3%	3.8%

数据来源：GWEC。

表7 2018年世界风电累计装机容量前5名的国家（万千瓦）

国家	中国	美国	德国	印度	法国
累计 陆上	20680	9664	5318	3513	1531
累计 海上	459	3	638	0	0
累计 装机容量	21139	9667	5956	3513	1531
年增长率	12.2%	8.5%	6.0%	6.6%	11.3%
累计 市场份额	35.7%	16.3%	10.1%	5.9%	2.6%

数据来源：GWEC。

3. 风电在全国电力结构中的比例逐年上升

从2013年到2018年装机容量由6.1%升至9.7%，上网电量由2.5%升至5.2%，是火电和水电之后的第三大电源，正在由替代能源向主力能源转变。2013年至2018年风电装机容量和上网电量在电力工业中的比例见表8。

表8 2013年至2018年 风电装机容量和上网电量在电力工业中的比例

年度	风电累计并网容量（亿千瓦）	全国电力装机容量（亿千瓦）	风电装机容量比例	风电年发电量（亿千瓦时）	全国电力年发电量（亿千瓦时）	风电年发电量比例
2013	0.77	12.58	6.1%	1357	53473	2.5%
2014	0.97	13.70	7.1%	1550	55459	2.8%
2015	1.27	15.08	8.4%	1841	56045	3.3%
2016	1.48	16.46	9.0%	2375	59874	4.0%
2017	1.64	17.77	9.2%	3057	64179	4.8%
2018	1.84	18.99	9.7%	3660	68449	5.2%

数据来源：风电数据2017年以前来自水电总院，2017年及以后风电数据和历年全国电力数据来自中电联。

4. 风电装机的地区分布

与 2017 年相比，2018 年我国中南地区和华北地区占比出现增长，中南地区占比由 23% 增长到 28%，华北地区占比由 25% 增长到 26%；西北地区和西南地区均出现减少，其中西北地区占比由 17% 下降到 14%；华东和东北地区占比维持不变。

东北、华北和西北合称"三北"地区，弃风限电最为严重，包含了 2017年评估投资预警为红色的黑龙江、吉林、内蒙古、宁夏、甘肃和新疆等省区，不核准新项目，风电新增装机容量所占比例明显下降。

2015 年至 2018 年中国各地区的风电新增装机容量所占比例见表 9。

表 9　2015 年至 2017 年中国各地区的风电新增装机容量所占比例

地区	华东	中南	东北	华北	西北	西南	"三北"
2015	13%	9%	6%	20%	38%	14%	72.0%
2016	20%	13%	3%	24%	26%	14%	64.0%
2017	23%	23%	3%	25%	17%	9%	51.0%
2018	23%	28%	3%	26%	14%	6%	43.2%

数据来源：中国风能协会。

5. 风电装机的省（区、市）分布

2018 年新增风电装机容量超过 100 万千瓦的省区有河北、河南、江苏、青海、山西、山东、广西和内蒙古，累计风电装机容量超过 1000 万千瓦的省区有内蒙古、新疆、河北、山东、甘肃、山西和宁夏（见表 10）。

表 10　2018 年分省（区、市）风电装机容量（万千瓦）

序号	省（区、市）	新增吊装容量	新增吊装容量市场份额	序号	省（区、市）	累计吊装容量	累计吊装容量市场份额
1	河北	262.1	12.4%	1	内蒙古	3057.0	14.6%
2	河南	234.9	11.1%	2	新疆	1991.2	9.5%
3	江苏	179.6	8.5%	3	河北	1744.8	8.3%
4	青海	168.0	7.9%	4	山东	1414.2	6.7%
5	山西	163.3	7.7%	5	甘肃	1311.5	6.3%
6	山东	144.1	6.8%	6	山西	1194.9	5.7%
7	广西	114.1	5.4%	7	宁夏	1074.0	5.1%
8	内蒙古	106.2	5.0%	8	江苏	939.6	4.5%
9	湖北	88.3	4.2%	9	辽宁	878.8	4.2%
10	湖南	85.4	4.0%	10	云南	863.5	4.1%
11	广东	76.0	3.6%	11	黑龙江	669.2	3.2%
12	辽宁	66.6	3.1%	12	河南	595.6	2.8%
13	四川	51.0	2.4%	13	吉林	549.0	2.6%
14	江西	49.9	2.4%	14	湖南	482.7	2.3%
15	福建	48.5	2.3%	15	广东	480.6	2.3%
16	宁夏	47.6	2.3%	16	贵州	463.7	2.2%
17	新疆	46.7	2.2%	17	陕西	457.7	2.2%
18	贵州	41.9	2.0%	18	青海	443.7	2.1%
19	陕西	37.6	1.8%	19	湖北	412.7	2.0%
20	安徽	34.7	1.6%	20	福建	347.5	1.7%
21	浙江	19.3	0.9%	21	广西	340.4	1.6%
22	重庆	14.0	0.7%	22	四川	297.0	1.4%
23	天津	12.9	0.6%	23	安徽	262.9	1.3%
24	云南	10.3	0.5%	24	江西	259.3	1.2%
25	上海	10.0	0.5%	25	浙江	169.7	0.8%
26	吉林	1.2	0.1%	26	上海	80.8	0.4%
27	甘肃	0.2	0.0%	27	天津	60.6	0.3%
28	黑龙江	0	0.0%	28	重庆	56.0	0.3%
29	海南	0	0.0%	29	海南	34.5	0.2%
30	北京	0	0.0%	30	北京	19.3	0.1%
31	西藏	0	0	31	西藏	0.8	
	全国	2114	100.0%		全国	20953	100.0%

数据来源：中国风能协会。

6.海上风电装机

2018 年，中国海上风电取得突破进展，新增装机共 436 台，新增装机容量达到 166 万千瓦，同比增长 42.7%；累计装机达到 444 万千瓦。2018 年共有 7 家制造企业有新增装机，其中，上海电气新增装机容量最多，共吊装 181 台，容量为 72.6 万千瓦，占比达到 43.9%。2018 年中国风电制造企业新增和累计海上装机容量分别见表 11 和表 12。

表 11　2018 年中国风电制造企业新增海上装机容量

制造企业	单机容量（MW）	新增装机台数	新增装机容量（万 kW）	新增市场份额
上海电气	4	180	72	43.9%
	6	1	0.6	
	上海电气汇总	181	72.6	
远景能源	4	25	10	24.3%
	4.2	72	30.24	
	远景能源汇总	97	40.24	
金风科技	2.5	35	8.75	24.2%
	3.3	81	26.73	
	6.45	5	3.23	
	6.7	2	1.34	
	金风科技汇总	123	40.05	
明阳智能	3	23	6.9	5.5%
	5.5	4	2.2	
	明阳智能汇总	27	9.1	
GE	6	3	1.8	1.1%
联合动力	3	4	1.2	0.7%
湘电风能	5	1	0.5	0.3%
总计		436	165.5	100.0%

数据来源：中国风能协会。

表 12　2018 年中国风电制造企业累计海上装机容量

制造企业	累计海上装机容量 （万千瓦）	累计市场份额
上海电气	226.2	50.9%
远景能源	78.4	17.6%
金风科技	77.5	17.4%
华锐风电	17.0	3.8%
中国海装	14.4	3.2%
明阳智能	13.3	3.0%
联合动力	6.6	1.5%
湘电风能	6.3	1.4%
GE	1.8	0.4%
东方电气	1.5	0.3%
太原重工	1.0	0.2%
三一重能	0.4	0.1%
总计	444.4	100.0%

数据来源：中国风能协会。

江苏省海上风电装机容量位居全国首位，新增装机容量达到 96 万千瓦，新增容量市场份额占 57.9%；累计装机达到 313 万千瓦，累计容量市场份额占 70.4%。2018 年分省市海上风电装机容量见表 13。

表 13　2018 年分省（市）海上风电装机容量（万千瓦）

省市	新增装机容量 （万千瓦）	新增市场份额	省市	累计装机容量 （万千瓦）	累计市场份额
江苏	95.8	57.9%	江苏	312.9	70.4%
浙江	15.6	9.4%	上海	40.5	9.1%
福建	15.4	9.3%	福建	28.9	6.5%
河北	12.4	7.5%	浙江	20.0	4.5%
上海	9.9	6.0%	河北	16.0	3.6%
辽宁	9.3	5.6%	广东	11.8	2.7%
广东	7.1	4.3%	辽宁	10.0	2.2%
——	——	——	天津	2.9	0.7%
			山东	1.5	0.3%
总计	165.5	100.0%	总计	444.5	100.0%

数据来源：中国风能协会。

7. 风电场主要运行指标

（1）年利用小时数（年等效满负荷小时数）

是风电场的年上网电量除以装机容量得到的参数，与风能资源、机组运行效率和弃风限电等因素有关，和机组实际运行时间无关。一般应当在 2000 小时左右。

2018 年，全国风电平均利用小时数 2095 小时，同比增加 147 小时。2018 年，全国风电平均利用小时数较高的省市分别是云南（2654 小时）、福建（2587 小时）、上海（2489 小时）和四川（2333 小时）。

（2）弃风限电有所好转

弃风率是指受供电负荷水平和电网调峰的影响，风电场出力被调度运行管理的水平。即仅由于电网调度因素造成损失的上网电量与应上网电量之比。2018 年全国风电平均利用小时数 2095 小时，同比增加 147 小时；全年弃风电量 277 亿千瓦时，同比减少 142 亿千瓦时，平均弃风率 7%，同比下降 5 个百分点，弃风限电状况明显缓解。

2018 年，弃风率超过 8% 的地区是新疆（弃风率 23%、弃风电量 107 亿千瓦时），甘肃（弃风率 19%、弃风电量 54 亿千瓦时），内蒙古（弃风率 10%、弃风电量 72 亿千瓦时）。三省（区）弃风电量合计 233 亿千瓦时，占全国弃风电量的 84%。

弃风的原因在技术上是风能资源具有波动和间歇的属性，目前对风电场出力预测的水平虽然有所提高，还是难以完全准确，中国电力系统中能够灵活调峰的燃气电站和抽水蓄能电站很少，煤电装机比例高达 60%，而调峰能力较差，在北方的热电厂取暖期保证供热同时发电，挤占风电空间。跨省区的特高压输电线路建设滞后，已投产的特高压输电线路尚未达到设计能力，实际送出的风电电量较少，技术上还有些问题正在解决。

在体制机制上缺乏鼓励煤电调峰的辅助服务政策，以省内电力平衡的煤电计划电量制度都不利于风电等消纳。促进跨省区消纳新能源电量的市场化机制尚未建立，各省消纳外省输入的新能源电量意愿不强。

2011 年至 2018 年中国风电年平均利用小时数和弃风率变化情况见表 14。

表 14　2011 年至 2018 年中国风电年平均利用小时数和弃风率

年度	2011	2012	2013	2014	2015	2016	2017	2018
利用小时数	2048	1959	2074	1908	1731	1806	1948	2095
同比增减	-125	-89	115	-166	-177	75	142	147
上网电量（亿千瓦时）	715	1008	1357	1551	1863	2375	3057	3660
弃风电量（亿千瓦时）	121	208	162	149	339	497	419	277
弃风率	14.5%	17.1%	10.7%	8.8%	15.4%	17.3%	12.1%	7%
同比增减	9.5%	2.6%	-6.4%	-2.7%	7.0%	2.3%	-5.2%	-5.0%

数据来源：2017 年以前来自水电总院，2017 年及以后来自国家能源局。

8. 风电产业后市场的兴起

中国已有约 1.8 亿千瓦的风电机组投入运行，大约形成 1.3 万亿元固定资产，如何保证这些设备在 20 年寿命期内正常发电、提高效益，使投资获得应有回报，促使运行维护的后市场开始兴起。按照装机资产 1.0%—1.5% 估算，现有后市场的规模约每年 130 亿元—200 亿元，而且随着装机规模逐年增加。

当前参与这个后市场的主体有开发商的运维团队、整机制造商运维团队、第三方运维服务机构、零部件及消耗品（油品）供应商等。开发商运维团队属于风电场业主自行运维的模式，具有业务内部化，受合同方制约少，保留固有运行机制的特点，但也存在国有企业体制局限，管理成本高，专业人才容易流失的问题。整机制造商承担运维业务的优势在于精通本企业产品技术性能，保证服务质量，可是对其他企业产品则相对稍差一些。第三方专业化运维公司相对独立，将运维作为主营业务，有利于对风电场业主拥有的多家制造商机组提供服务，机制灵活，收费相对较低。然而对于整个风电场集约化信息化管理能力还欠缺，而且当前缺乏相应的标准和规范，没有进入和考核门槛，服务质量有待提高。

经过几年发展风电后市场初具规模，管理机制逐步完善，技术和服务水平提升，向精细化深入。各种运维模式扬长避短，在市场中共存，业主自行运维占 50%、制造商承担运维占 30%，其余 20% 是第三方运维公司的份额。

（二）风电场开发商

中国风电场投资和开发商主要是中央和地方国有发电企业、能源投资企业，民营和国外企业较少，有的参股到国有控股的项目公司。2018 年，中国风电有新增装机的开发企业共 90 多家，前 15 家装机容量合计接近 1531 万千瓦，占比达到 72.4%。截至 2018 年底，前 10 家开发企业累计装机容量合计超过 1.4 亿千瓦，占比达到 70%。

2018 年部分风电开发商新增和累计装机容量及份额见表 15。

表 15　2018 年 部分开发商 新增和累计 风电装机容量

开发商	新增容量（万千瓦）	新增份额（%）	开发商	累计容量（万千瓦）	累计份额（%）
国电投	251.8	11.9%	国能投	3979.7	19.0%
国能投	211.6	10.0%	华能集团	2021.5	9.6%
华润集团	197.6	9.3%	大唐集团	1799.9	8.6%
华能集团	118.5	5.6%	国电投	1619.6	7.7%
中广核	117.1	5.5%	华电集团	1371.9	6.5%
大唐集团	110.7	5.2%	中广核	1296.1	6.2%
天润	88.0	4.2%	华润集团	865.1	4.1%
中国电建	77.1	3.6%	天润	642.6	3.1%
华电集团	69.8	3.3%	中国电建	602.3	2.9%
景泰	58.7	2.8%	三峡集团	474.2	2.3%
协和	53.4	2.5%			
新天绿色能源	52.8	2.5%			
三峡集团	51.0	2.4%			
国家电网	38.8	1.8%			
北控	34.4	1.6%			
其他	583.2	27.6%	其他	6279.9	30.0%
总计	2114.5	100%	总计	20953	100%

数据来源：中国风能协会。

注： 国能投的统计为国电集团和神华集团的数据之和。

华能集团的统计为华能新能源和其他分公司数据之和。

华电集团的统计为华电国际、华电新能源及其他分公司数据之和。

华润集团的统计为华润电力和华润新能源的数据之和。

中国电建统计为中水电、中水顾问和中水建数据之和。

（三）风电设备制造业

1.国内市场

2018 年当年新增装机超过 200 万千瓦的制造商有金风科技、远景能源和明阳智能。累计装机容量超过 1000 万千瓦的制造商有 7 家，其中金风科技累计装机容量达到 4941 万千瓦，占国内市场的 23.6%。

2018 年各制造商新增和累计装机容量及市场份额见表 16。

表 16 2018 年风电机组制造商 新增和累计 装机容量及市场份额

序号	制造商	新增容量（万千瓦）	市场份额	序号	制造商	累计容量（万千瓦）	市场份额
1	金风科技	670.72	31.7%	1	金风科技	4941	23.6%
2	远景能源	418.05	19.8%	2	联合动力	1890	9.0%
3	明阳智能	262.36	12.4%	3	明阳智能	1715	8.2%
4	联合动力	124.35	5.9%	4	华锐风电	1652	7.9%
5	上海电气	114.13	5.4%	5	远景能源	1611	7.7%
6	运达风电	84.69	4.0%	6	东方电气	1307	6.2%
7	中国海装	81.30	3.8%	7	上海电气	1131	5.4%
8	湘电风能	55.10	2.6%	8	湘电风能	975	4.7%
9	Vestas	54.00	2.6%	9	中国海装	909	4.3%
10	东方电气	37.50	1.8%	10	运达风电	656	3.1%
11	中车风电	29.95	1.4%	11	Vestas	648	3.1%
12	南京风电	29.70	1.4%	12	华创风能	495	2.4%
13	Siemens Gamesa	27.69	1.3%	13	Siemens Gamesa	492	2.3%
14	三一重能	25.40	1.2%	14	中车风电	432	2.1%
15	华仪风能	22.78	1.1%	15	三一重能	349	1.7%
16	GE	15.83	0.7%	16	GE	251	1.2%
17	航天万源	14.60	0.7%	17	华仪风能	236	1.1%
18	华创风能	14.20	0.7%	18	航天万源	185	0.9%
19	许继风电	12.00	0.6%	19	京城新能源	168	0.8%
20	中人能源	10.00	0.5%	20	许继风电	166	0.8%
21	太原重工	5.00	0.2%	——	——	——	——
22	华锐风电	4.95	0.2%		其他	744	3.6%
	合计	2114	100%		合计	20953	100.0%

数据来源：中国风能协会。

近 5 年，风电整机制造企业的市场份额集中趋势明显，排名前五的风电整机企业新增装机市场份额由 2013 年的 54.1% 增长到 2018 年的 75%，增长了 20.9%；排名前十的风电整机企业新增装机市场份额由 2013 年的 77.8% 增长到 2018 年的 90%，增长了 12.2%。

2013 年至 2018 年制造商新增容量市场份额集中度变化情况见表 17。

表 17　2013 年至 2018 年制造商新增容量市场份额集中度变化情况

	2013	2014	2015	2016	2017	2018
前 5 名市场份额	54.1%	55.3%	58.3%	60.1%	67.1%	75%
前 10 名市场份额	77.8%	80.3%	81.2%	84.2%	89.5%	90%

数据来源：中国风能协会。

2. 国际市场

在开拓国际市场方面，2018 年，4 家制造商分别向 8 个国家出口风电机组 131 台，容量为 37.6 万千瓦，同比减少 41%。其中，金风科技出口量最大，出口到 6 个国家，合计 88 台，容量为 27.4 万千瓦；其次是远景能源，出口到 1 个国家，共 30 台，容量 7.5 万千瓦。2018 年中国风电整机制造商当年出口到国际市场情况见表 18。

表 18　2018 年中国风电整机制造商当年出口到国际市场情况

制造商	出口国家	单机容量（千瓦）	已发运台数	汇总容量（万千瓦）	市场份额
金风科技	巴西	1500	11	27.36	72.7%
	泰国	2500	4		
	哈萨克斯坦	2500	2		
	土耳其	3400	3		
	阿根廷	3200	24		
		3400			
	澳大利亚	3000	44		
		3200			
		3570			
	金风科技汇总		88		
远景能源	印度	2500	30	7.5	19.9%
东方电气	埃塞俄比亚	2500	8	2.0	5.3%
华锐风电	土耳其	1500	5	0.75	2.0%
总计			131	37.61	100%

数据来源：中国风能协会。

截至 2018 年底，中国风电机组累计出口共计 1838 台，累计容量达到 359 万千瓦，出口到 34 个国家，较 2017 年新增加 1 个国家（阿根廷）；其中向美国出口的风电机组容量最多，占出口总容量的 15%。其次是澳大利亚、巴基斯坦和南非，出口占比分别为 14%、12% 和 8%。2018 年中国风电整机制造商当年和累计出口到的国家及市场份额见表 19。

表 19　2018 年中国风电整机制造商当年和累计出口到国际市场情况

国家	当年出口容量（万千瓦）	市场份额	国家	累计出口容量（万千瓦）	市场份额
澳大利亚	15.35	40.8%	阿根廷	7.84	2.2%
阿根廷	7.84	20.8%	智利	7.7	2.1%
印度	7.5	19.9%	墨西哥	7	2.0%
埃塞俄比亚	2	5.3%	保加利亚	5.2	1.4%
土耳其	1.77	4.7%	巴西	5.1	1.4%
巴西	1.65	4.4%	罗马尼亚	5	1.4%
泰国	1	2.7%	伊朗	5	1.4%
哈萨克斯坦	0.5	1.3%	黑山共和国	4.6	1.3%
——	——	——	菲律宾	4	1.1%
当年总计	37.6	100%	法国	3.7	1.0%
			西班牙	3.6	1.0%
国家	累计出口容量（万千瓦）	市场份额	俄罗斯	3.5	1.0%
			塞浦路斯	2	0.6%
美国	55.2	15.4%	厄瓜多尔	1.7	0.5%
澳大利亚	51.35	14.3%	白俄罗斯	0.9	0.3%
巴基斯坦	42.7	11.9%	哈萨克斯坦	0.7	0.2%
南非	29.9	8.3%	芬兰	0.5	0.1%
巴拿马	27	7.5%	古巴	0.5	0.1%
埃塞俄比亚	22.4	6.2%	摩洛哥	0.4	0.1%
土耳其	14.17	3.9%	英国	0.4	0.1%
瑞典	13.4	3.7%	丹麦	0.4	0.1%
泰国	12.2	3.4%	玻利维亚	0.3	0.1%
印度	11.1	3.1%	乌兹别克斯坦	0.1	0.0%
意大利	9.2	2.6%	累计总计	358.8	100%

数据来源：中国风能协会。

3. 2018 年风电机组制造商的发展状态

第一类是 2018 年新增装机容量超过 300 万千瓦前两名的企业，金风科技遥遥领先，达到 670 万千瓦，远景能源后来居上，新增装机 418 万千瓦。这两家企业市场份额占 2018 年的 52%，比 2017 年提高 10 个百分点。它们的共同特点是开放包容，依托在欧洲和国内强大的研发创新能力加上严格管理，坚持高质量产品及合理价格的同时，很早就为客户提供风电项目全寿命周期解决方案，从风电场风能资源评估，机位选址，定制化机型供应到智能运行维护管理等，使业主能够获得最大的投资回报，因而取得越来越多用户的认可。

第二类是 2018 年新增装机容量在 80 万千瓦和 300 万千瓦之间的制造商，包括不断进取机制灵活的民营企业明阳智能，还有具备雄厚央企技术经济实力背景的制造商，包括联合动力、中国海装、上海电气，以及运达风电等。

第三类是 2018 年新增装机容量在 15 万千瓦和 75 万千瓦之间的制造商，有湘电风能、Vestas、东方电气、中车风电、Siemens Gamesa、三一重能、华仪风能和 GE 等。外国品牌制造商拥有技术优势，但是价格较高，保持了较小的市场份额。

其他市场份额更小的风电机组制造商，将面临并购重组的整合。

4. 风电机组机型统计

风电机组平均功率持续增加。2018 年中国新增装机的风电机组平均功率 2200 千瓦，同比增长 3.4%；截至 2018 年底，累计装机的风电机组平均功率为 1700 千瓦，同比增长 2.5%。

2018 年，中国新增风电机组中，2000 千瓦以下（不含 2000 千瓦）新增装机市场容量占比为 4.2%，2000 千瓦风电机组装机占全国新增装机容量的 50.6%，2000 千瓦至 3000 千瓦（不包含 3000 千瓦）新增装机占比达 31.9%，3000 千瓦至 4000 千瓦（不包括 4000 千瓦）机组新增装机占比达到 7.1%。

截至 2018 年底，中国风电累计装机中，2000 千瓦以下（不含 2000 千瓦）累计装机容量市场占比达到 48.1%，其中，1500 千瓦风电机组累计装机容量占总装机容量的 41.6%，同比下降 4.2 个百分点。2000 千瓦风电机组累计装机容量占比上升至 36.6%，同比上升 1.6%。

2018 年不同单机容量的风电机组新增与累计装机容量比例见表 20。

表 20　2018 年不同单机容量的风电机组新增与累计装机容量比例

机组单机容量（千瓦）	新增装机容量比例		同比变化	累计装机容量比例		同比变化
	2017	2018		2017	2018	
小于 1500	0	0	0	5.9%	5.3%	−0.6%
1500	6.2%	4.2%	−3.1%	45.8%	41.6%	−4.2%
1600—1900	1.1%			1.4%	1.2%	−0.2%
2000	59.0%	50.6%	−8.4%	35.0%	36.6%	1.6%
2100—2900	26.1%	31.9%	5.8%	8.9%	11.2%	2.3%
3000—3900	2.9%	7.1%	4.2%	2.1%	2.6%	0.5%
4000—5900	4.7%	5.8%	1.1%	1.0%	1.5%	0.5%
6000 及以上	0	0.3%	0.3%			

数据来源：中国风能协会。

2018 年吊装的最大海上风电机组中，有金风科技研发的 6700 千瓦机型、上海电气和 GE 的 6000 千瓦机型等。

（四）2018 年出台主要的相关风电产业政策

针对弃风限电、风电项目非技术成本偏高等顽疾，以及推进风电平价上网，2018 年国家发展改革委和国家能源局出台了一系列政策措施，对各种电源、电网、用户侧和体制机制进行综合整治。

1. 缓解弃风限电

（1）提升电力系统调节能力

当前，我国电力系统调节灵活性欠缺、电网调度运行方式较为僵化等现实造成了系统难以完全适应新形势要求，大型机组难以发挥节能高效的优势，部分地区出现了较为严重的弃风、弃光和弃水问题，区域用电用热矛盾突出。

为实现我国提出的 2020 年、2030 年非化石能源消费比重分别达到 15%、

20% 的目标，保障电力安全供应和民生用热需求，需着力提高电力系统的调节能力及运行效率，从负荷侧、电源侧、电网侧多措并举，重点增强系统灵活性、适应性，破解新能源消纳难题，推进绿色发展。

国家发展改革委和国家能源局发布了《关于提升电力系统调节能力的指导意见》，以下简称《指导意见》。

首先要求加快推进电源侧调节能力提升，包括实施火电灵活性提升工程，"十三五"期间，提升电力系统调节能力 4600 万千瓦，力争部分电厂达到国际先进水平，机组不投油稳燃时纯凝工况最小技术出力达到 20%—30%；推进各类灵活调节电源建设，到 2020 年，抽水蓄能电站装机规模达到 4000 万千瓦。

其次科学优化电网建设，包括加强电源与电网协调发展，组织相关方确定电力消纳市场、送电方向，同步制定接入电网方案，明确建设时序。加快新输电通道建设："十三五"期间，跨省跨区通道新增 19 条，新增输电能力 1.3 亿千瓦，消纳新能源和可再生能源约 7000 万千瓦。

指导意见还要求增强受端电网适应性；提升电力用户侧灵活性和加强电网调度的灵活性。明确提高跨区通道输送新能源比重，力争"十三五"期间，"三北地区"可再生能源跨区消纳 4000 万千瓦以上。

水电和风电输电通道同时送入的受端省份，应研究水电和风电通道送电曲线协调配合方式，充分发挥风电和水电的互补效益，增加风电通道中风电占比。

（2）发布清洁能源消纳行动计划（2018—2020 年）

工作目标是 2018 年，清洁能源消纳取得显著成效；到 2020 年，基本解决清洁能源消纳问题。

具体指标如下：

2018 年，确保全国平均风电利用率高于 88%（力争达到 90% 以上），弃风率低于 12%（力争控制在 10% 以内）；

2019 年，确保全国平均风电利用率高于 90%（力争达到 92% 左右），弃风率低于 10%（力争控制在 8% 左右）；

2020 年，确保全国平均风电利用率达到国际先进水平（力争达到95% 左右），弃风率控制在合理水平（力争控制在5% 左右）。

主要措施有以下几个方面：

优化电源布局，合理控制电源开发节奏。优化各类发电装机布局规模，清洁能源开发规模进一步向中东部消纳条件较好地区倾斜，优先鼓励分散式、分布式可再生能源开发。

有序安排清洁能源投产进度。严控新增煤电产能规模。创新交易模式，鼓励合约以金融差价、发电权交易等方式灵活执行，在确保电网安全稳定运行情况下，清洁能源电力优先消纳、交易合同优先执行。

推进跨省区发电权置换交易，确保省间清洁能源电力送电协议的执行，清洁能源电力可以超计划外送。在市场模式设计中充分考虑清洁能源具有的边际成本低、出力波动等特性。电力现货市场建设试点从 2019 年起逐步投入运行。

完善非水可再生能源电价政策。进一步降低新能源开发成本，制定逐年补贴退坡计划，加快推进风电发电平价上网进程，2020 年新增陆上风电机组实现与煤电机组平价上网。

落实清洁能源优先发电制度。逐步减少燃煤电厂计划电量，为清洁能源发电让出空间。

（3）国家发展改革委和国家能源局提出实行可再生能源电力配额制，2019 年改为建立健全可再生能源电力消纳保障机制。

（4）国家能源局发布 2019 年度风电投资监测预警结果

根据对各省（区、市）2018 年风电开发建设和运行状况的监测，以及2019 年风电消纳条件的预测分析，2019 年度风电开发投资预警信息如下：新疆（含兵团）、甘肃为红色区域。内蒙古为橙色区域，山西北部忻州市、朔州市、大同市，陕西北部榆林市以及河北省张家口市和承德市按照橙色预警管理。其他省（区、市）和地区为绿色区域。

红色区域暂停风电开发建设。已核准的项目暂缓建设，已纳入规划且列入各年度实施方案未核准的风电项目暂停核准，电网企业停止受理缓建项目和暂停核准项目的并网申请。橙色区域暂停新增风电项目。绿色区域依规划有序建设。

对于预警由红色、橙色转为绿色的吉林、黑龙江两省，省级能源主管部门要提出 2019 年度风电建设实施方案，报国家能源局论证后有序组织建设。

2. 推进分散式风电发展

（1）分布式发电管理办法

本办法所指分布式发电是指接入配电网运行，发电量就近消纳的中小型发电设施，以及有电力输出的能源综合利用系统。

以各个电压等级接入配电网的风能、太阳能、生物质能、海洋能、地热能等新能源发电等属于本办法适用对象；分布式发电应遵循因地制宜、清洁低碳、安全高效、分散布局、就近利用的原则，充分利用当地可再生能源和综合利用资源，替代和减少化石能源消费。

鼓励企业、专业化能源服务公司和包括个人在内的各类电力用户投资建设并经营分布式发电项目，豁免分布式发电项目发电业务许可。

对于以 35 千伏及以下电压等级接入配电网的分布式发电，电网企业应按专门设置的简化流程办理并网申请，并提供咨询、调试和并网验收等服务。

市场交易，开展分布式发电与配电网内就近电力用户的电力交易，电网企业承担分布式发电的电力输送并配合有关电力交易机构组织分布式发电市场化交易。

（2）分散式风电项目开发建设暂行管理办法

分散式风电项目是指所产生电力可自用，也可上网且在配电系统平衡调节的风电项目。

国家关于分布式发电的政策和管理规定均适用于分散式风电项目。

鼓励各类企业及个人作为项目单位，在符合土地利用总体规划的前提下，投资、建设和经营分散式风电项目。鼓励开展商业模式创新，吸引社会资本参与分散式风电项目开发，充分激发市场活力。

地方各级能源主管部门会同国土、环保、规划等部门和相关企业，依据当地土地利用总体规划和风能资源、电网接入、清洁能源消纳能力等开发建设条件，制定当地分散式风电开发建设规划。

全面拓宽应用领域，鼓励分散式风电项目与太阳能、天然气、生物质能、地热能、海洋能等各类能源形式综合开发，提高区域可再生能源利用水平。

各地方要简化分散式风电项目核准流程，建立简便高效规范的核准管理工作机制，鼓励试行项目核准承诺制。

在满足国家环保、安全生产等相关要求的前提下，开发企业可使用本单位自有建设用地（如园区土地），也可租用其他单位建设用地开发分散式风电项目。

分散式风电项目申请核准时可选择"自发自用、余电上网"或"全额上网"中的一种模式。自发自用部分电量不享受国家可再生能源发展基金补贴，上网电量由电网企业按照当地风电标杆上网电价收购，其中电网企业承担燃煤机组标杆上网电价部分，当地风电标杆上网电价与燃煤机组标杆上网电价差额部分由可再生能源发展基金补贴。

创新投融资机制。鼓励各类企业、社会机构、农村集体经济组织和个人参与投资分散式风电项目，实现投资主体多元化。

积极开展商业模式创新。在农民自愿的前提下，可以将征地补偿费和租用农用地费作为资产入股项目，形成集体股权，并量化给农村集体经济组织成员。

鼓励项目所在地开展分散式风电电力市场化交易试点，允许分散式风电项目向配电网内就近电力用户直接售电。

3. 降低风电项目的非技术成本

为减轻可再生能源企业（含其他机构和个人投资者，以下同）投资经营负担，促进可再生能源成本下降，支持可再生能源相关实体经济健康发展，国家能源局发出关于减轻可再生能源领域企业负担有关事项的通知。

严格执行可再生能源发电保障性收购制度。对符合并网安全技术标准的项目，不得自行暂停、停止受理项目并网申请或拒绝已办理并网手续的项目并网运行。电网企业应与符合规划以及年度建设规模（年度实施方案）且规范办理并网手续的项目单位签订无歧视性条款的符合国家法规的并网协议，承诺按国家核定的区域最低保障性收购小时数落实保障性收购政策（国家未核定最低保障性收购小时数的区域，风电、光伏发电均按弃电率不超过 5% 执行），因技术条件限制暂时难以做到的，最迟应于 2020 年达到保障性收购要求。

电网企业负责投资建设接网工程。所有可再生能源发电项目的电能计量装置和向电网企业传送信息的通信设施均由电网企业出资安装。

电力市场化交易应维护可再生能源发电企业合法权益。电网企业应与可再生能源发电企业签订优先发电合同。

优化投资环境，降低可再生能源开发成本。减少土地成本及不合理收费。村集体可以土地折价入股等方式参与项目投资，降低土地成本，并将所得收益用于支持村集体公益事业和增加农民收入。

通过绿色金融降低企业融资成本。

制止纠正乱收费等增加企业负担行为。各级地方政府有关部门不得向可再生能源投资企业收取任何形式的资源出让费等费用，已向风电、太阳能发电、生物质能等可再生能源项目违规收取资源出让费（或有偿配置项目，以下同）的地区，应按照"谁收取，谁退还"的原则，在本通知发布一年内完成清退。

转变风电设备质量风险控制方式，鼓励以风电设备质量保险替代风电设备质量保证金。

另外在 2018 年度风电建设管理有关要求的通知中，也强调有关地方政府部门在风电项目开发过程中不得以企业援建和捐赠等名义变相向企业收费，不得强制要求项目直接出让股份或收益用于应由政府承担的各项事务。

4.推进风电平价上网

（1）推行竞争方式配置风电项目

国家能源局关于 2018 年度风电建设管理有关要求的通知中要求，从 2019 年起，各省（自治区、直辖市）新增核准的集中式陆上风电项目和海上风电项目应全部通过竞争方式配置和确定上网电价。

分散式风电项目可不参与竞争性配置，逐步纳入分布式发电市场化交易范围。

积极推进就近全额消纳风电项目。特别要鼓励不需要国家补贴的平价上网项目。

风电项目竞争配置指导方案规定的条件包括：公开竞争优选；接入消纳保障；电价由竞争确定，各项目申报的上网电价不得高于国家规定的同类资源区标杆上网电价；以及优化投资环境等。

竞争要素应包含项目方案及技术先进性、前期工作深度、上网电价等。规定企业承诺的上网电价不应高于项目所在区域的风电标杆上网电价。

企业测算提出合理收益条件下的 20 年固定上网电价作为申报电价。

各省级能源主管部门自行制定竞争配置评分细则，可采取综合评分法，其中电价权重不得低于 40%。

（2）积极推进风力发电无补贴平价上网有关工作

国家发展改革委和国家能源局要求开展平价上网项目和低价上网试点项目建设；优化平价上网项目和低价上网项目投资环境。

保障优先发电和全额保障性收购。对风力发电平价上网项目和低价上网项目，电网企业应确保项目所发电量全额上网，并按照可再生能源监测评价体系要求监测项目弃风状况。如存在弃风情况，将限发电量核定为可转让的优先发电计划。经核定的优先发电计划可在全国范围内参加发电权交易（转让），交易价格由市场确定。

鼓励平价上网项目和低价上网项目通过绿证交易获得合理收益补偿。风力发电平价上网项目和低价上网项目，可按国家可再生能源绿色电力证书管理机制和政策获得可交易的可再生能源绿色电力证书（以下简称绿证），通过出售绿证获得收益。

促进风力发电通过电力市场化交易无补贴发展。

（五）并网风电发展前景

由于政策规定 2021 年底前投产的海上风电项目可以维持标杆上网电价，以后将通过竞争较低电价方式获得项目，沿海各省集中核准大量海上风电项目，形成"抢装潮"，在产业链供应能力不足和建设经验尚未成熟的情况下，存在较大的质量隐患，需要节制建设进度，当前的重点是探索最佳技术和经济方案，使海上风电的成本降下来，为将来大规模发展打好基础。

风电发展"十三五"规划明确了到 2020 年的发展目标，全国风电并网装机确保达到 2.1 亿千瓦以上，2020 年风电上网电量 4200 亿千瓦时。"十三五"期间的布局是加快开发中东部和南方地区风电。到 2020 年，中东部和南方地区陆上风电装机规模达到 7000 万千瓦，"三北"地区风电装机规模确保 1.35 亿千瓦以上，其中本地消纳新增规模约 3500 万千瓦。另外，利用跨省跨区通道消纳风电容量 4000 万千瓦（含存量项目）。积极稳妥推进海上风电开发。到 2020 年，海上风电开工建设 1000 万千瓦，确保建成 500 万千瓦。

2019 上半年，全国新增并网风电装机容量 909 万千瓦，累计并网装机容量达到 1.93 亿千瓦。2019 上半年，全国风电发电量 2145 亿千瓦时，同比增长 11.5%[1]；如果下半年风电上网电量仍然达到 2100 亿千瓦时，风电"十三五"规划 2020 年 4200 亿千瓦时的发展目标可能提前一年完成。

2019 年 5 月，国家发展改革委、国家能源局联合印发《关于建立健全可再生能源电力消纳保障机制的通知》，以《可再生能源法》为依据，提出建立健全可再生能源电力消纳保障机制。核心是确定各省级区域的可再生能源电量在电力消费中的占比目标，即"可再生能源电力消纳责任权重"。目的是促使各省级区域优先消纳可再生能源，加快解决弃水弃风弃光问题，同时促使各类市场主体公平承担消纳责任，形成可再生能源电力消费引领的长效发展机制。

---

[1]　国家能源局：《2019 年上半年风电并网运行情况》，2019 年 7 月。

随着弃风限电明显缓解，项目成本下降，分散式风电，特别是在工业园区自发自用为主的分布式风电将提速发展；北方除了风电红色或橙色投资预警的省区，风能资源优越具备平价上网的风电项目将扬帆起航，率先跨入风电平价新时代。

2018年10月，国家可再生能源中心等机构发布了《中国可再生能源展望2018》（CREO2018），以建设"清洁低碳、安全高效"的现代化能源体系为目标，展示了中国能源系统从化石能源向可再生能源转型的可行路径和必要步骤。关于风力发电的前景，展望中的主要论点是：中国一次能源需求量将在2025年前达峰，风能和太阳能将逐渐成为能源系统中的主导能源；到2050年，风能和太阳能将成为最廉价和最丰富的电力来源，能源供应以可再生能源为主导，主要是电力部门中的风能和太阳能；确保可再生能源的有效系统整合是电力系统发展的首要挑战；风能和太阳能主导未来的发电投资。

以达到《巴黎协议》的碳约束为蓝图远景，回溯倒逼所需的能源发展路径，展望中设置了到2050年全球变暖的温升控制在2摄氏度以内的情景，即"低于2℃"情景，以2017年的实际数据分别预测2035年和2050年时一次能源需求量，发电装机容量和发电量。摘录相关风电的数据见表21。

表21　"低于2℃"情景中的一次能源需求量、发电装机容量和发电量

		一次能源需求（亿吨标煤）		电力装机（亿千瓦）		发电量（万亿千瓦时）	
		总量	风能	总装机	风电装机	总发电量	风电发电量
2017	数量	43.60	0.40	17.46	1.63	6.313	0.328
	占比	100%	0.92%	100%	9.34%	100%	5.20%
2035	数量	41.67	6.34	53.66	18.26	13.324	5.159
	占比	100%	15.21%	100%	34.03%	100%	38.72%
2050	数量	34.83	9.35	68.14	26.64	15.324	7.612
	占比	100%	26.84%	100%	39.10%	100%	49.67%

数据来源：国家可再生能源中心。

预测的数据显示出未来的趋势，中国的一次能源需求总量下降，而其中风能的比重上升，从 2017 年的不到 1% 增加到 2050 年的 27%；电力装机和发电量将持续增长，特别是风电发电量的比重上升迅猛，从 2017 年的 5.2% 升至 2050 年的 49.7%，接近全部发电量的一半。预示风力发电在建设"清洁低碳、安全高效"的现代化能源体系中将发挥重要作用。

中国地热资源分布与开发利用 [1]

汪集暘　孔彦龙　程远志

摘要：

能源与环境是目前社会面临的两大主要问题，为减缓气候变化、保障能源安全和可持续发展，亟须调整能源结构，其中可再生能源的开发利用最具发展前景。地热资源作为一种可再生清洁能源，为最现实和最具竞争力的资源之一，目前正受到国际社会前所未有的高度重视，开发利用地热资源对于国家能源结构调整、节能减排和改善环境具有重要的现实意义和深远的影响，预计"十三五"期间，我国地热供暖（制冷）面积新增11亿平方米。然而，随着国内地热能开发热潮的高涨，一系列的问题随之出现，尤其是开发思路不清，亟须进行系统研究。本文首先概述我国地热学发展与地热资源应用现状，然后分析地热能的优势，重点分析我国地热资源分布特征，最后针对我国地热资源分布特征，立足于国家需求，提出地热资源开发思路，供管理部门与地热产业界等参考。

关键词：

地热资源；分布特征；开发与利用；发展趋势

---

[1]　汪集暘，博士，中国科学院院士，中国科学院地质与地球物理研究所研究员。孔彦龙，博士，中国科学院地质与地球物理研究所副研究员。程远志，博士，中国科学院地质与地球物理研究所助理研究员。

一、引言

地热资源作为一种极具竞争力的清洁和可再生能源，可替代化石燃料，用于室内供暖与发电等，促进区域经济发展。规模开发利用是应对全球气候变化和节能减排的需要，且其巨大的资源储量决定了地热能必然成为人类未来的重要替代新能源之一[1]。地热资源按深度划分可分为浅层，中深层和超深层地热资源。浅层地热能通过钻孔热交换器（Borehole Heat Exchangers，BHE）及热泵得以开发利用，其深度范围一般为200米以浅，包括土壤层及浅层含水层。中深层地热资源一般介于200米和3000米之间，按照开采系统还可细分为水热系统中的对流换热系统（在含水层中布置开采井和回灌井）和传导换热系统（深井换热系统–BHE）。超深层地热资源埋深通常超过3000米，可为干热岩或水热系统。

在我国，地热资源的开发始于20世纪70年代，尤以水热型开采为主，用于供暖和洗浴。受石油危机驱动，大量的地热田得以开发，并由此而带来了全国地热资源的评价。通过几十年的工作，我国大陆的热背景及地热资源分布逐渐明朗。

伴随着我国地热资源的大规模开发，地热学包括地热资源的理论与应用研究均在我国取得了巨大的进步，如地球动力学研究的地热学证据[2]、大型岩溶热储成因与评价研究[3]、热储工程中的采灌井距经济性评价[4]与深井换热效率评

---

[1] 汪集旸、胡圣标、庞忠和、何丽娟、赵平、朱传庆、饶松、唐晓音、孔彦龙、罗璐、李卫卫：《中国大陆干热岩地热资源潜力评估》，《科技导报》2012年第32期，第25–31页。

[2] He L., "Thermal regime of the North China Craton: Implications for craton destruction," Earth-Science Reviews, 2015, Vol.140, pp14–26.

[3] 庞忠和、胡圣标、汪集旸：《中国地热能发展路线图》，《科技导报》2012年第32期，第18–24页。

[4] Kong Y., Pang Z., Shao H.and Kolditz O., "Optimization of well-doublet placement in geothermal reservoirs using numerical simulation and economic analysis," Environmental Earth Sciences, Vol.76, 2017, p118.

估[1]。庞忠和等[2]总结了近些年来的地热学的理论进展，指出过去20年来，我国地热研究经历了由浅入深、从今到古的发展历程，为国家能源与安全建设作出了巨大贡献。2015年汪集晹等出版了《地热学及其应用》一书，全面总结了近些年来地热学的理论与应用工作。

近年来，国家颁布多项政策支持地热发展。如2013年1月10日颁布国能新能〔2013〕48号文《国家能源局、财政部、国土资源部、住房和城乡建设部关于促进地热能开发利用的指导意见》；2014年6月25日颁布国能综新能〔2014〕497号《国家新能源综合司、国土资源部办公厅关于组织编制地热能开发利用规划的通知》；2017年1月23日印发了《地热能开发利用"十三五"规划》，规划指出，在"十三五"时期，新增地热能供暖（制冷）面积11亿平方米，其中：新增浅层地热能供暖（制冷）面积7亿平方米；新增水热型地热供暖面积4亿平方米。新增地热发电装机容量500兆瓦。到2020年，地热供暖（制冷）面积累计达到16亿平方米，地热发电装机容量约530兆瓦。2020年地热能年利用量7000万吨标准煤，地热能供暖年利用量4000万吨标准煤。京津冀地区地热能年利用量达到约2000万吨标准煤。

然而，随着国内地热能开发热潮的高涨，一系列的问题随之出现，尤其是开发思路不清，譬如应当注重地热供暖还是地热发电？应当是开发水热系统还是开发干热岩？本文将在评述中国地热资源分布特征的基础之上，重点讨论中国地热资源的开发思路，供管理部门与地热产业界等参考。

二、地热能的优势

地热能优势显著（表1），主要有以下几方面。第一，资源量巨大。据国土资源部的评价结果，水热型地热资源每年可开采量折合标准煤18.65亿吨，

---

[1] 孔彦龙、陈超凡、邵亥冰、庞忠和、熊亮萍、汪集晹：《深井换热技术原理及其换热量评估》，《地球物理学报》2017年第12期，第4741–4752页。

[2] 庞忠和、黄少鹏、胡圣标、赵平、何丽娟：《中国地热研究的进展与展望（1995–2014）》，《地质科学》2014年第3期，第719–727页。

相当于我国 2015 年煤炭消耗的 50%；336 个地级以上城市浅层地热能资源每年可开采量折合标准煤 7 亿吨，相当于我国 2015 年煤炭消耗的 19%[1]。汪集暘等对我国大陆干热岩计算的结果显示资源总量为 2.09×10^{25} 焦耳，折合标煤 7.15×10^{6} 亿吨。若按 2% 的可开采资源量计算，相当于中国 2010 年能源消耗总量的 4400 倍。第二，能源利用效率高。在新能源和可再生能源大家族中，地热能发电的能源利用效率最高（平均 73%），在一些国家或地区可达 90% 以上，地热发电平均利用效率达 73%，为太阳光伏发电的 5.2 倍，风力发电的 3.5 倍且可靠性强，既可作为基本载荷，亦可作为调峰载荷。

第三，成本具有竞争性。与太阳能、风能与生物质能等其他可再生能源相比，地热发电成本较低[2]。

第四，CO_2 减排优势明显。与传统的锅炉供暖相比，利用热泵供暖其 CO_2 排量至少可减少 50%；若热泵所需电力来自可再生能源（如水力发电或其他），则 CO_2 减排量可达 100%。

表 1　不同可再生能源的优势对比

可再生能源	利用系数	发电成本	资源量	基础载荷
地热能	73%	2–10 美分 / 度	大	稳定
太阳能（光伏）	14%	25–160 美分 / 度	巨大	不稳定
风能	21%	4–8 美分 / 度	巨大	不稳定
生物质能	52%	3–12 美分 / 度	大	准稳定

资料来源：United Nations Development Programme, United Nations Department of Economic and Social Affairs, World Energy Council, "World Energy Assessment: Overview 2004 update," 2004.

---

[1] 王贵玲、张薇、梁继运、蔺文静、刘志明、王婉丽：《中国地热资源潜力评价》，《地球学报》2017 年第 4 期，第 449–459 页。

[2] United Nations Development Programme, United Nations Department of Economic and Social Affairs, World Energy Council, "World Energy Assessment: Overview 2004 update," 2004.

三、我国地热资源分布特征

我国处于两个全球性地热带上，西南地区的喜马拉雅地热带是地中海—喜马拉雅地热带的一段，而东部的台湾地热带则属于环太平洋地热带的一部分。在这样的大地构造背景和区域地热背景下，西南形成了喜马拉雅地热带上的高温对流型地热系统，东部形成了台湾高温地热带上高温对流型地热系统。这两个地热带属于板块边缘地热带。除此之外，全国其他地区，形成了大量的广泛分布的中低温地热系统，其中包括：大型沉积盆地中的中低温传导型地热系统，隆起山区的中低温对流型地热系统。这些属于板块内部地热带（图1）。

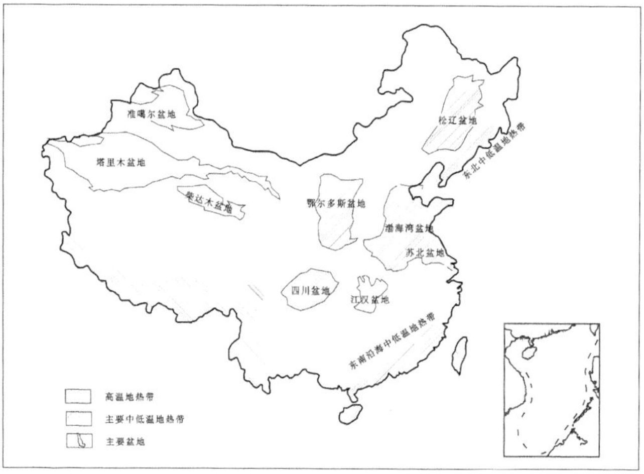

图1　我国主要地热系统分布[1]

资料来源：庞忠和、胡圣标、王社教、徐佩芬、王光杰、杨峰田：《地热系统与地热资源》，载汪集暘主编：《地热学及其应用》，北京：科学出版社2015年版，第257-376页。

---

[1]　庞忠和、胡圣标、王社教、徐佩芬、王光杰、杨峰田：《地热系统与地热资源》，载汪集暘主编：《地热学及其应用》，北京：科学出版社2015年版，第257-376页。

　　我国大型沉积盆地中蕴含丰富的中低温地热资源。从成因类型上看，它们以中低温传导型地热系统为主，在局部地带，由于受到断裂活动的影响，形成传导—对流的亚类。我国主要沉积盆地的地热状态由东至西，依次为热盆、温盆和冷盆分布。东部的松辽盆地、渤海湾盆地、苏北盆地等属于热盆，地热资源丰富。

　　在沉积盆地地热系统中，主要热储类型有砂岩孔隙型热储和基岩裂隙—岩溶型热储。其中，裂隙—岩溶型地热储的开发利用条件更加优越。图 2 将我国的碳酸盐岩分布叠加在大地热流图（用以反映热背景）上，表明我国碳酸盐岩的分布总面积占陆地面积的三分之一，裸露面积约为 90 万平方公里，隐伏面积达 250 万平方公里以上。基于岩溶发育程度的差异，我们采用类比法，以雄县地热系统和苏北地热系统为参照，估算了全国岩溶热储地热资源潜力，结果为 5000 亿吨左右标准煤，可见潜力巨大。

　　从图 2 中可以看出，雄安新区和北京市均在岩溶型热储覆盖的渤海湾盆地内。图 2 中的热流背景也显示出了雄安新区较好的热背景。未来，在雄安新区和北京市副中心，地热能均将大有作为[1]。

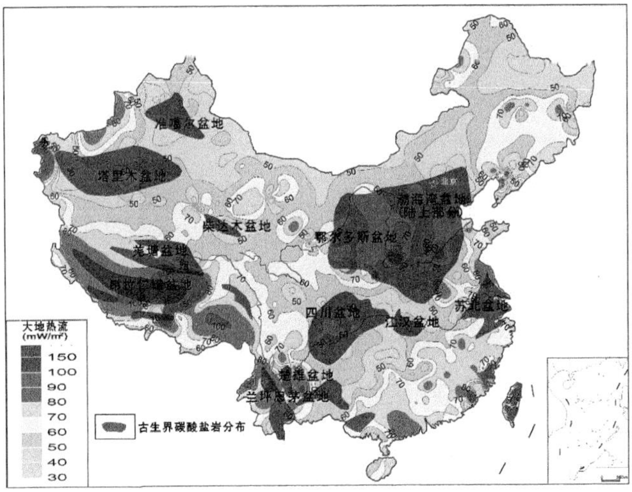

图 2　我国大陆岩溶热储分布示意图 [2]

---

　　[1]　庞忠和、孔彦龙、庞菊梅、胡圣标、汪集暘：《雄安新区地热资源与开发利用研究》，《中国科学院院刊》2017 年第 11 期，第 1224–1230 页。

　　[2]　庞忠和、胡圣标、汪集暘：《中国地热能发展路线图》，《科技导报》2012 年第 32 期，第 18–24 页。

资料来源：庞忠和、胡圣标、汪集暘：《中国地热能发展路线图》，《科技导报》2012年第32期，第18-24页

四、开发利用思路

针对我国地热资源分布特征，立足于国家需求，我们提出以下地热资源开发思路。

第一，"热"、"电"并举，以"热"为主。即基于我国地热资源分布特征以及我国用热需求，地热供暖（及其他用热形式）与地热发电要同时开展，但应以供热为主。

第二，"深"、"浅"结合，由"浅"及"深"。即中深层地热能与浅层地热能互相结合，因地制宜，充分利用地热资源。利用中深层地热能的优势是占地面积小，但其缺点是资源分布不均；而浅层地热能的优势是受地域限制小，但占地面积大，且有可能产生冷/热堆积等问题。将二者有机集合，有利于充分利用地热资源。

第三，"东"、"西"兼顾，"西"电"东"热。即我国东部、西部均可利用地热能，西部，尤其是西藏地区要将地热发电重视起来，而东部地区则侧重于热的利用。如前所述，我们国家大陆西部高温地热丰富，地热发电成本较之东部地区更为合适，且能够为地方用电需求做出重大贡献；而东部地区，从我国北方一直到南岭以南都有清洁供暖需求，该区域中低温地热资源丰富，恰可用于供暖。

第四，"干"、"湿"有度，先"湿"后"干"。即干热岩和水热型地热资源应有所侧重，要先尽量利用水热型地热资源，而后再进行干热岩的开发。一方面，我国水热型地热资源丰富，开发利用程度不高，仍有大幅利用空间；另一方面，干热岩开发成本较高，现阶段进行商业化开发还不现实，应首先进行科学研究，在技术具备后，再进行商业化开发。

第五，"天"、"地"合一，"动"、"静"结合。即地热与其他可再生

能源互补综合利用，实现较高的能源使用效率，称为"地热+"。"天"（太阳能）"地"（地热能）合一，"动"（风能）、"静"（地热能）结合，加速我国新能源和可再生能源发展。

B 5

中国天然气产业发展现状与展望

黄庆　侯昕明[1]

摘　要：

中国天然气行业正处于我国天然气市场化改革的重要变革阶段，伴随着我国天然气管网公司的成立，我国将形成"X+1+X"的市场化运营体制，即管住中间、放开两头的行业新模式，这也为行业发展和投资孕育了诸多新机遇。天然气作为清洁能源将对我国大气环境的改善产生重要影响，也将优化我国一次能源的结构。未来十年中国天然气消费量将持续保持高增长，随着我国国有企业体制改革的推进，以及外商投资的开放，我国天然气行业的发展孕育着新的活力。在政策红利下，天然气基础设施投建速度有望在"十四五"加速，中国有望依托于强大的基础设施网络，构建出公平开放、交易透明的交易体系和价格中心点。

关键词：

天然气；液化天然气；中国；消费量；供应量；进口量；政策；投资

---

[1]　黄庆，山东气库电子信息科技有限公司总经理兼首席信息官，具有15年中国燃气市场信息、价格和咨询经验，曾主导并参与多个国内外燃气行业研究和战略规划项目。侯昕明，任职于中石油天然气销售公司北方分公司，毕业于北京理工大学，具有多年天然气行业从业经验。

一、概述

天然气是主要的化石清洁能源，是改善我国大气污染的主要抓手之一。天然气未来在我国一次能源的优化过程中将具有举足轻重的地位，天然气在一次能源中的占比将从目前的 7.5% 上升到 15% 的左右。

中国天然气消费量未来 5 年复合增长率为 8.2%，2023 年中国天然气表观消费量约为 4191.5 亿立方米，是 2018 年的 1.48 倍。

2014 年开始，中国政府着手天然气市场化改革，形成管住中间、放开两头的市场化运行体制。2018 年开始中国开始准备建立国家管网公司，预计 2019 年 10 月，国家天然气管网公司将于北京挂牌成立。在此背景下，中国天然气未来将面临基础设施公平、开放使用的新业态局面，更多的投资主体将参与天然气上下游的投资。巨大的产业投资机遇和前景，吸引着国内外的诸多企业积极进场。

二、中国天然气政策分析

2019 年天然气政策除了继续推进天然气的发展以外，重心向上游基础设施建设和中游储气库建设转移，以确保天然气供应的稳定性。而下游天然气的发展速度则有所放缓，从强制煤改气向"宜煤则煤、宜气则气"的方向转移，以确保在天然气供应稳定的情况下继续推进消费增长。天然气市场化改革持续推进，进一步落实"管住中间，放开两头"的改革目标，为天然气"十四五"的市场化长远目标打下坚实基础。

预计 2019 年 10 月，国家石油天然气管网公司将于北京挂牌成立。随着我国管网公司的成立，我国天然气的管道将实现运销分离。国有大型油气企业全资或控股的、设计最高工作压方大于 4 兆帕 (MPa) 的全部天然气管道及其附属设施，部分储气库和液化天然气 (LNG) 接收站，国有大型油气企业的管网调度业务，国有大型油气企业在省级管网公司中所持股权，将纳入国家管网公司。

中游基础设施将在未来几年实现完全无歧视的公平开放使用，我国天然气将吸引更多的主体进行上下游的基础设施投资，从而形成"X+1+X"的市场化运营体制。参见图1。

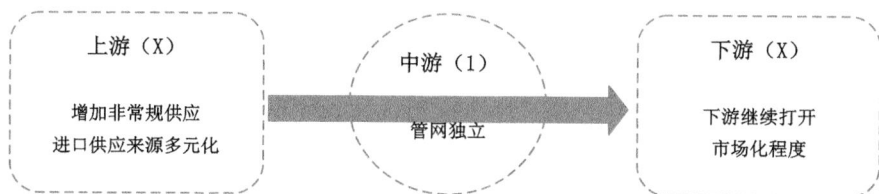

图1　"X+1+X"市场化运营体制

资料来源：作者根据公开政策整理

如图2所示，我国天然气市场化改革历经六年，我国政府部门出台了各类政策推进改革进度。2019年管网公司的挂牌成立，将使2020年成为我国市场化改革的关键时期。"十三五"的最后一年，将伴随着诸多法律法规和监管措施的出台，进入"十四五"市场化改革的真正实施落地阶段。

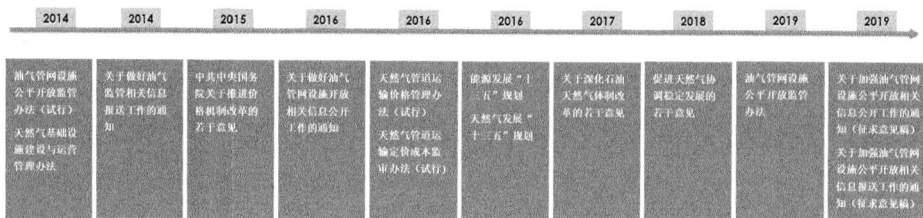

图2　天然气市场化改革趋势

资料来源：作者根据公开政策整理

中国天然气的市场化改革，将把传统的天然气市场格局转变为互联互通的新市场格局。如图3所示，未来随着中间基础设施的公平开放使用，诸多主体将打破中间环节使用阻力，直接进行上下游和多元化的合作，以市场竞争的方式开创新的市场共赢格局。参见图3。

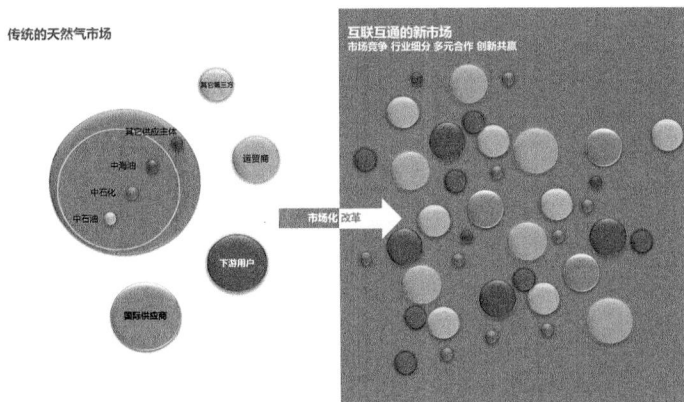

图 3　天然气市场化改革趋势

资料来源：作者根据多年工作经验整理

　　从未来政策改革方向来看，上游方面，仍需坚持陆地与海域并举、常规与非常规并重的发展方向，加快非常规天然气增储上产和大规模开发，促进天然气储量产量快速增长。尽快建立和完善天然气矿业权的招投标制度，推进投资主体多元化。加强液化天然气进口，完善天然气进口格局，实现进口气源和进口方式的多元化。加快推进签订高水平的投资协定，提高对外投资便利化水平，会在一定程度上利于国内企业走出去，寻找更多优质廉价天然气资源，提高天然气供应安全稳定性。

　　中间环节，继续推进天然气管道、进口液化天然气（LNG）接收站等基础设施的公平开放；加大储运设施建设进度、完善落实储气设施责任到企业的落地制度；建立统一开放的现代天然气交易平台，研究制定市场交易规则，建设各具特色的地区性市场，逐步融合形成全国统一的天然气市场。

　　下游方面，积极开发天然气消费市场，促进天然气发电、分布式能源合理发展。完善规划和技术标准，促进交通用气快速发展。通过加强环境和质量监管，继续促进天然气替代分散煤炭、汽柴油的使用。

　　随着我国天然气的市场化改革，未来我国天然气的进口定价机制也将逐步转变。由市场化体制所交易而生成的价格将成为我国进口和国内交易的基准价。中国有望依托于强大的中间设施和交易网络，构建出公平开放、交易透明的交易体系和价格中心点。参见图4。

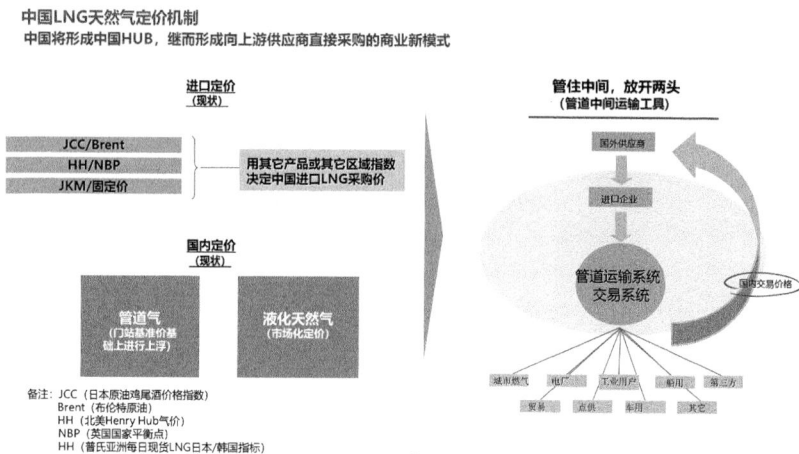

图4 中国天然气定价中心

资料来源：作者根据多年工作经验整理

二、中国天然气产业现状分析

2013—2017年，我国天然气整体保持快速增长。2018年，中国天然气表观消费量达2832亿立方米，同比增长18.34%，天然气消费量增速依旧保持高位。参见图5。

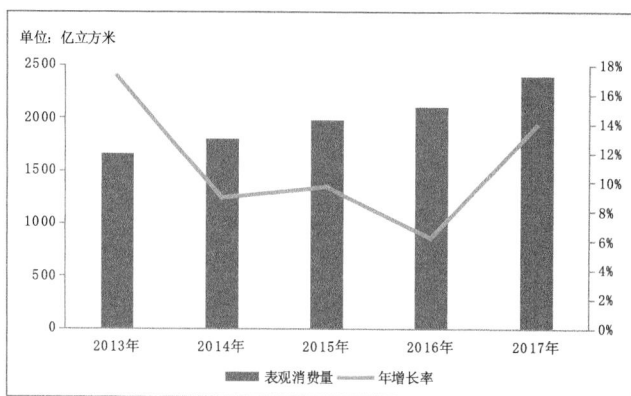

图5 中国天然气表观消费量（2013—2017年）

资料来源：国家统计局

但是，我国天然气的产量增速和进口量增速远远无法匹配天然气下游消费的增速。这也导致 2017 年冬季，我国出现了供需失衡的状态，我国液化天然气价格一度出现暴涨的局面。如图 6 所示，2018 年我国天然气进口依存度达到43.7%。2018 年我国天然气供应的主要来源为 56.3% 国产，17.7% 管道气进口，26% 液化天然气（LNG）进口。

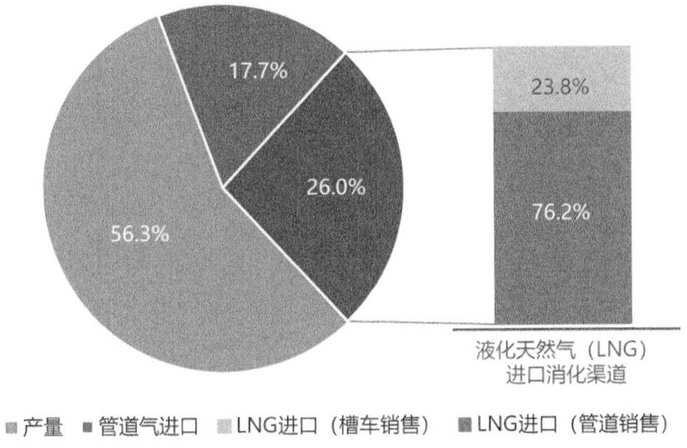

■产量 ■管道气进口 ■LNG进口（槽车销售）■LNG进口（管道销售）

图 6　2018 年中国天然气供应来源

资料来源：国家统计局、海关总署、气库

三、中国天然气行业趋势展望

据气库预测数据显示，到 2023 年，中国天然气表观消费量约为 4191.5 亿立方米，是 2018 年的 1.48 倍，5 年复合增长率为 8.2%。中国天然气产量约2160.3 亿立方米，复合增长率为 6%，是 2018 年的 1.34 倍。中国进口天然气总量将达 2076.2 亿立方米，是 2018 年的 1.65 倍，5 年复合增长率为 10.5%。中国出口总量将达 45 亿立方米，预计将是 2018 年的 1.3 倍，5 年复合增长率为 4.5%。

（一）中国天然气消费量预测

2019 年至 2023 年期间，随着天然气市场化进程的推进，市场参与主体有望进一步多元化，将给行业发展带来更多的机遇：一方面，"两头放开、管住中间"的改革思路更加清晰，基础设施投资保持高增速；另一方面，政策对天然气的扶持不断增加，煤改气将持续进行，天然气在一次能源比重不断加大。据气库预测，2023 年中国天然气表观消费量约为 4191.5 亿立方米，是 2018 年的 1.48 倍，5 年复合增长率为 8.2%。

气库预计，"十三五"期间鼓励天然气发展的政策有望持续发布，从天然气上、中、下游各方面继续完善行业结构、补齐制约行业发展的短板，从而为天然气发展保驾护航。

值得注意的是，为了跟国家统计局统计口径保持一致，预测并不包含煤制天然气、焦炉煤气和页岩气，如果包含这些，预计天然气消费量和产量均有一定幅度提升。参见图 7。

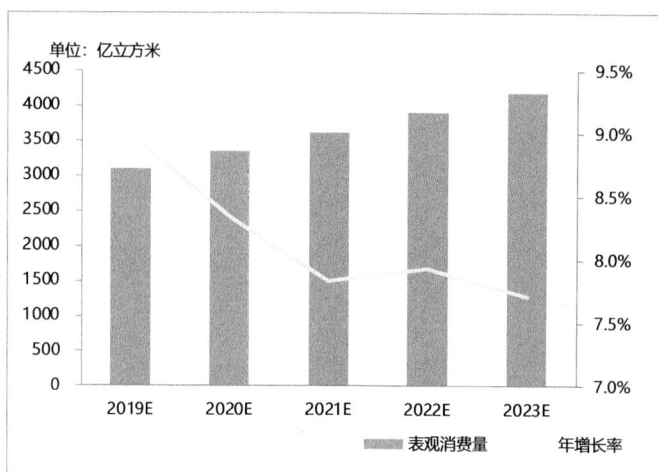

图 7　中国天然气表观消费量预测（2019E—2023E）

注：E 表示预测

资料来源：气库

国家发改委等 13 部委联合发布《加快推进天然气利用的意见》（以下简称《意见》）提出发展定位和目标：逐步将天然气培育成为我国现代清洁能源体系的主体能源之一，将北方地区冬季清洁取暖、工业和民用"煤改气"、天然气调峰发电、天然气分布式、天然气车船作为重点，全面推进天然气市场发展。

《意见》同时提出实施天然气发电工程，并将分布式能源作为天然气发电的重点。要求在大中城市具有冷热电需求的能源负荷中心、产业和物流园区、旅游服务区、商业中心、交通枢纽、医院、学校等推广天然气分布式能源示范项目。

《意见》指出天然气汽车重点发展公交、出租、长途重卡，以及环卫、场区、港区、景点等作业和摆渡车辆等。

可以看出未来我国天然气市场发展的重要领域是"煤改气"、发电、交通，重点区域是京津冀等大气污染防治区域。在此影响下，中国天然气下游消费结构将继续发生转变。参见图8。

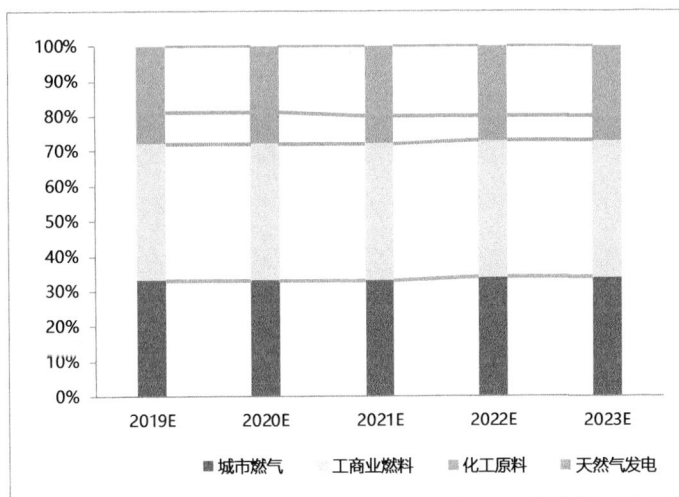

图8　中国天然气下游消费结构变化 (2019E—2023E)

注：E 表示预测

资料来源：气库

总体来看，未来交通板块的扶持政策将逐步落地，加上一方面城市人均用气量仍有提升空间，另一方面城市燃气在三四线城市也将自然增长，城市燃气的天然气消费量也将上升，消费占比小幅提升；受益于政策扶持，工商业燃料板块、燃气发电板块的天然气消费量将稳步上升，消费占比稳中有升；化工原料板块由于受到政府限制，且随着天然气价格的上涨，成本优势不再，消费量和消费占比均有下降。

工商业燃料方面，根据《加快推进天然气利用的意见》，工业企业要按照各级大气污染防治行动计划中规定的淘汰标准与时限，在"高污染燃料禁燃区"重点开展 20 蒸吨及以下燃煤燃油工业锅炉、窑炉的天然气替代，新建、改扩建的工业锅炉、窑炉严格控制使用煤炭、重油、石油焦、人工煤气作为燃料。同时，鼓励玻璃、陶瓷、建材、机电、轻纺等重点工业领域天然气替代和利用。在工业热负荷相对集中的开发区、工业聚集区、产业园区等，鼓励新建和改建天然气集中供热设施。气库预计到 2023 年，工商业燃料消费占比为 39%，与 2018 年基本持平，消费量将有较大增长。

燃气发电方面，2018 年政府工作报告中提出，今年继续淘汰关停不达标的 30 万千瓦以下煤电机组，为清洁能源发展留下空间。在大力发展天然气分布式能源、天然气调峰电站的同时，政策也鼓励在京津冀及周边、长三角、珠三角、东北等大气污染防治重点地区具有稳定热、电负荷的大型开发区、工业聚集区、产业园区等适度发展热电联产燃气电站。从趋势来看，鼓励发电机组贴近需求侧、提升负荷中心电力安全保障水平的供电方式将给天然气发电带来更多机会。在这些政策利好下，燃气发电用气将稳步增长。但是多数地区的气电发展依旧面临亏损和气源保障的问题，因此气库预测，2023 年，燃气发电用气预计占天然气消费量的 20%，较 2018 年仅增长 2 个百分点。

城市燃气方面，随着三四线城市的燃气普及率提高以及新型城镇化建设持续推进，完善城镇燃气公共服务体系，支持城市建成区、新区、新建住宅小区及公共服务机构配套建设燃气设施，加强城中村、城乡接合部、棚户区燃气设施改造及以气代煤的发展，城市气化率水平正逐步提高。同时，伴随大气污染防治的进展，天然气在公共交通、货运物流、船舶燃料中的比重也将有所提升。据气库预测，到 2023 年，城市燃气天然气用量占消费总量的 34%，较 2018 年微增 1 个百分点。

化工原料方面，由于属于限制及禁止类下游用户，几乎没有新项目上马，随着天然气价格的上涨，以天然气为原料的项目较其他原料将不再有价格优势，开工率难有保障。预计到 2023 年，化工原料仅占天然气消费量的 7%，较 2018 年下降 3 个百分点。

（二）天然气产量预测

在需求增长的拉动下，天然气供应将维持稳定的增长，但基于常规气田需要保证有序开采，而非常规天然气整体开采难度仍较大，天然气产量增幅较为有限。2018 年，油价继续维持上升态势，企业对天然气的投资热情进一步好转，这在天然气上游及进口环节中均得到较为明显的体现。不过，由于天然气上游勘探开发需要的周期较长，中国自有气源能力受限，非常规开采存在技术等瓶颈，预计短期内很难看到天然气产量的快速增长。

未来五年，据气库预测，中国天然气产量的复合增长率为 6%。预计到 2023 年，中国天然气产量约 2160.3 亿立方米（包含常规天然气和煤层气），是 2018 年的 1.34 倍。如果考虑煤制天然气、焦炉煤气、页岩气等其他非常规天然气，预计天然气产量还会有一定提升。参见图 9。

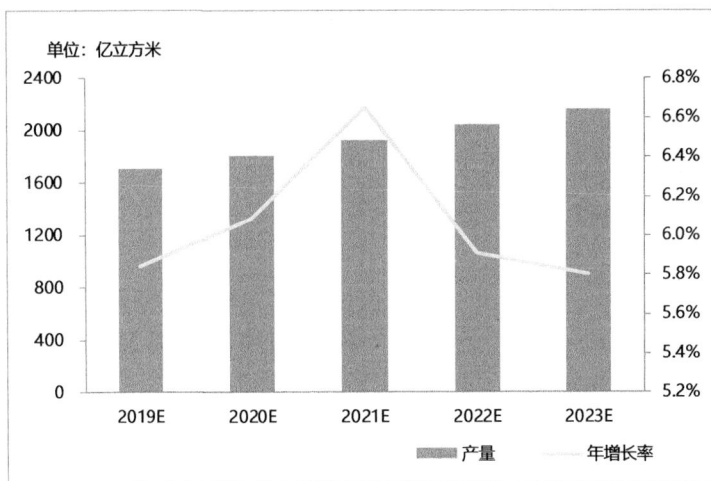

图 9　中国天然气产量预测（2019E—2023E）

注：E 表示预测

资料来源：气库

天然气上游开发方面，国务院在 2018 年 9 月出台的《关于促进天然气协调稳定发展的若干意见》（以下简称《意见》）中要求，各油气企业全面增加国内勘探开发资金和工作量投入，确保完成国家规划部署的各项目标任务，力争到2020年底前国内天然气产量达到2000亿立方米以上。

《意见》同时要求，严格执行油气勘查区块退出机制，全面实行区块竞争性出让，鼓励以市场化方式转让矿业权，完善矿业权转让、储量及价值评估等规则。这在2018年1月新疆维吾尔自治区首次以挂牌方式出让油气区块探矿权中已经有所体现。最终，申能股份有限公司、新疆能源（集团）石油天然气有限责任公司、中曼石油天然气集团股份有限公司分别成功竞得3个区块的探矿权。

具体到常规天然气方面，在下游天然气需求快速增加的助力下，国内已投气田生产积极性颇高，保证了天然气产量的稳定增长。此外，2018年，中海油、中石化在天然气勘探方面有所突破。例如，中海油南海西部陵水17-2气田开发项目启动会召开，标志着我国首个深水自营千亿方级大气田正式进入开发建设阶段；中石化勘探分公司在川东北元坝构造的风险探井元坝7井试获超百万立方米高产工业气流，取得元坝地区新层系勘探重大突破。新发现的气田有望在未来投入生产。

非常规天然气方面，国家对非常规天然气的发展十分重视，在《关于促进天然气协调稳定发展的若干意见》中提出，研究将中央财政对非常规天然气补贴政策延续到"十四五"时期，将致密气纳入补贴范围。作为煤层气生产大省的山西省，2018年出台了《关于印发山西省深化煤层气（天然气）体制改革实施方案的通知》，在勘查开采准入、竞争出让制度、竞争出让制度等方面做出了长期规划，将有利于当地煤层气未来的开发生产。页岩气方面，以中石化、中石油为代表的上游勘探企业在页岩气方面的资本支出并未缩减，也取得了一定的成果。煤制气和焦炉煤气2018年的发展相对有限，这与这两个行业在生产、原料方面存在的环保问题不无关系，预计未来这两个板块增长空间不会有太大变化。

（三）天然气进出口预测

未来五年，天然气下游消费继续维持较快增长，但国内非常规天然气实现完全商业开发尚需时日，常规天然气产量增速较小，供需缺口需要大量依赖进口天然气填补。据气库预测数据显示，到 2023 年，中国进口天然气总量将达 2076.2 亿立方米，是 2018 年的 1.65 倍，5 年复合增长率为 10.5%。

进口管道气方面，未来五年，管道天然气仍将是十分重要的进口渠道，目前中亚天然气管道 D 线和中俄天然气管道正处于建设阶段。中亚天然气管道 D 线建成后，中亚天然气管道的整体输气能力将达到 850 亿立方米 / 年。2018 年 6 月 6 日，吉尔吉斯斯坦与中国政府签订了《中吉天然气管道建设运营合作修政府间协议改补充议定书》，吉尔吉斯斯坦——中国天然气管道建设项目将在 2018 年底前完成国家鉴定，于 2019 年底开始修建从土库曼斯坦向中国输送天然气的过境管道，工期预计需要三年。吉中天然气管道是中亚 D 线的一部分，途径路由为土库曼斯坦—乌兹别克斯坦—塔吉克斯坦—吉尔吉斯斯坦—中国。

此外，中俄天然气管道也取得较大进展。该管道中国境内段起自黑龙江省黑河市中俄边境，止于上海市，途经黑龙江、吉林、内蒙古、辽宁、河北、天津、山东、江苏、上海等 9 省区市，拟新建管道 3170 公里，并行利用已建管道 1800 公里，并配套建设地下储气库。工程按分段核准、分期建设，计划 2019 年 10 月北段（黑河—长岭）具备投产条件，2020 年底全线建成投产。

截至 2018 年 7 月，中俄东线天然气管道北段（黑龙江黑河—吉林长岭）工程已完成 51%，穿越黑龙江江底和讷木尔河的两处咽喉隧道盾构工程进展顺利。从目前进展来看，中俄天然气境外段将于 2019 年 12 月 1 日起正式供气，比原计划早 20 天。前五年的供气量为 50 亿—300 亿立方米 / 年，按照每年 50 亿立方米递增，第六年起每年合同气量为 380 亿立方米。

进口液化天然气方面，由于中国 2017 年冬季出现较大的天然气供需缺口，大量中国企业对于液化天然气接收站的投资热情回升明显。2018 年，福建漳州、江苏盐城、浙江宁波二期、天津二期液化天然气接收站都已开工建设。政策同样给予了较大支持，2018 年 8 月，交通运输部办公厅印发了《环渤海地区液化天然气码头重点布局方案 (2022 年)》，明确在环渤海地区扩建新建 7 处 16 个液化天然气泊位。2020 年开始，民用接收站将陆续投运，我国进口液化天然气接转能力将达到 1 亿吨 / 年左右，约合 1400 亿立方米（按单吨液化天然气气化

1400 立方米天然气计算）。参见图 10。

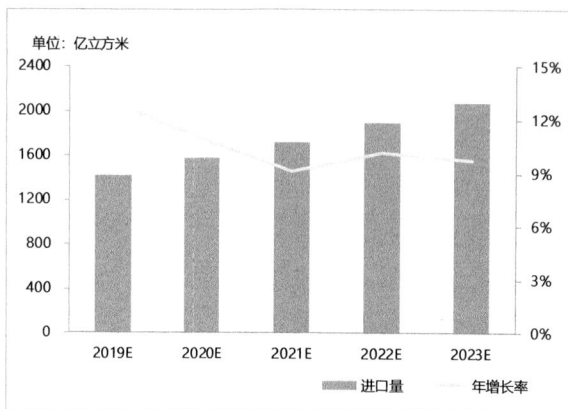

图 10 中国天然气进口量预测（2019E—2023E)

注：E 表示预测资料来源：气库

出口方面，未来五年，中国天然气将继续向香港和澳门两地出口，但是增长幅度较小。据气库预测数据显示，到 2023 年，中国出口总量将达 45 亿立方米，预计将是 2018 年的 1.3 倍，5 年复合增长率为 4.5 %。参见图 11。

香港与澳门市场容量相对较小，因此，天然气需求量增幅有限。

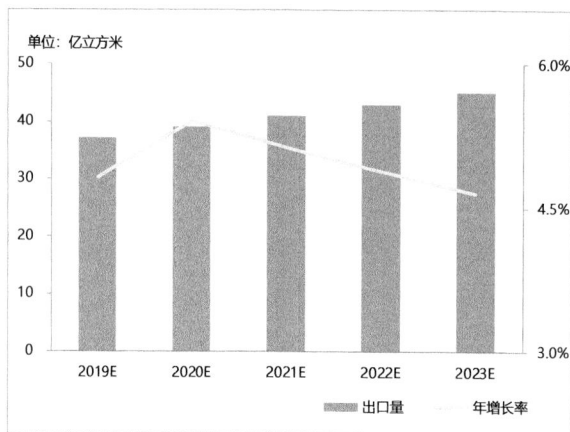

图 11 中国天然气出口量预测（2019E—2023E)

注：E 表示预测

资料来源：气库

四、中国天然气产业机会及前景

中国天然气市场投资前景广阔，市场机遇巨大。中国天然气未来将面临基础设施公平、开放使用的新业态局面，更多的投资主体将参与天然气上下游的投资。未来 10 年中国天然气消费量将持续保持高增长，随着我国国有企业体制改革的推进，以及外商投资的开放，我国天然气行业的发展孕育着新的活力。

如图 12 所示，未来中国天然气的投资战略将朝着产业一体化的方向转移，这也将构建出企业参与天然气产业布局的竞争优势。

越来越多的国外天然气企业将参与中国的市场投资和合作，而越来越多的下游企业也将参与到上游的直接采购中。

中国天然气未来的市场化将为企业提供多元合作、互联互通产业新机会和前景。

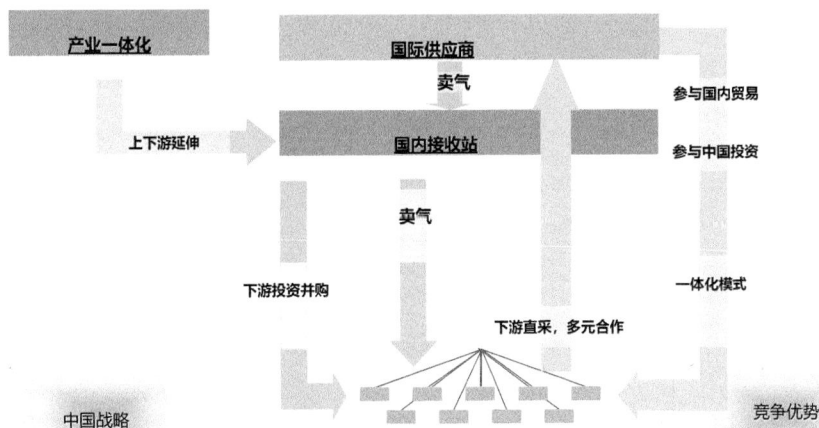

图 12 中国天然气投资战略

资料来源：作者根据多年经验整理

结论

"十三五"期间，我国天然气市场化改革处于准备阶段，而"十四五"期间，是我国天然气市场化改革的落地实施阶段。

气库预测，未来五年到十年，中国天然气将继续保持高速增长，国内非常规气生产步入上升周期，进口依存度越来越高，以确保下游需求的增长。

中国天然气政策继续出台扶持天然气上中下游全面发展。中国政府将继续出台市场化改革相关文件，从管网独立、价格监审等角度不断加码，推进"放开两头、管住中间"的战略。

中国天然气市场的发展面临巨大机遇期，创新共赢合作将成为"十四五"时期的关键词，中国天然气市场化定价的智慧交易模式将收获成效。

天然气企业将继续"一体化投资布局"战略和"多元合作共赢"投资战略并行，以面对市场化改革带来的新机遇。

在一次能源结构调整的大背景下，在中国环境治理的迫切需求下，中国天然气市场发展潜力巨大。愈来愈多的社会资本将继续进入我国天然气市场上、中、下游，新一轮投资黄金期将在 2020 年拉开帷幕，全面进入"十四五"天然气公平开放的投资期。

B 6

"十四五"中国核电产业发展展望[1]

吴珂[2]

摘要

当今世界正在经历百年未有之大变局，我国能源发展正处于转型变革的关键时期，面临着前所未有的机遇和挑战。"十四五"是我国"两个一百年"奋斗目标的历史交汇期，也是全面开启社会主义现代化强国建设新征程的重要机遇期。作为"清洁低碳、安全高效"现代能源体系中的重要组成部分，我国核能高质量发展已步入战略机遇期，然而核能发展仍面临诸多不确定因素。鉴于目前世界能源格局及核能发展面临诸多不确定因素，可以预见在"十四五"期间，核电发展将面临更加错综复杂的国内外环境，同时也将面临机遇与挑战并存的重要战略机遇期。2019年是"十四五"规划的启动年，2019年也是我国核电项目正常审批的重启年。展望"十四五"，中国核电产业仍然大有可为。

关键词：

中国；核电；"十四五"规划；展望；

---

[1] 文中涉及的中国核电行业信息均不包括中国台湾地区，文中涉及的统计数据如无特殊说明均来源于中电联公开信息。

[2] 吴珂，中广核工程有限公司高级工程师。

一、引言

　　"十三五"伊始，核电发展面临国内外新的形势：世界能源格局深刻调整，供求关系总体缓和，应对气候变化进入新阶段，新一轮能源革命蓬勃兴起。我国经济发展步入新常态，能源消费增速趋缓，发展质量和效率问题突出，供给侧结构性改革刻不容缓，能源转型变革任重道远。在这种大背景下，核电的发展也进入到关键时期，如何适应市场化改革的要求，提高经济性和竞争力，将是核电后续发展将要面临的严峻挑战。"十三五"是我国核电发展的重要调整转型期，是核电技术迭代、核电安全全面升级的重要时期，也是我国核电从"引进来"到"走出去"的重要战略转型期。

　　发展核能是优化我国能源结构、建设美丽中国、应对全球气候变化的战略选择。目前，我国已经成为全球核电发展最快的国家，核能产业进入一个新的发展时期。安全高效推进核能产业的可持续发展，是当前及今后我国核能界的重要职责和使命。在2019年"十四五"规划编制的启动年，本文回顾"十三五"中国核电发展的概况，对"十四五"中国核电发展的未来进行展望，为关心中国核电发展的朋友们提供参考。

二、"十三五"中国核电行业发展概况

（一）全国核电发电量持续创新

　　截至2018年12月31日，我国投入商业运行的核电机组共44台，装机容量达到44645.16兆瓦电力（额定装机容量）。其中，2018年新投入商业运行机组为7台（详见表1），装机容量为8838.00兆瓦电力。

表 1 2018 年 1—12 月投入商运的核电机组信息

省份	核电厂名称	机组号	开工日期	首次并网日期	商业运行日期
江苏省	田湾核电厂	3 号机组	2012 年 12 月 27 日	2017 年 12 月 30 日	2018 年 2 月 15 日
		4 号机组	2013 年 9 月 27 日	2018 年 10 月 27 日	2018 年 12 月 22 日
广东省	阳江核电厂	5 号机组	2013 年 9 月 18	2018 年 5 月 23 日	2018 年 7 月 12 日
	台山核电厂	1 号机组	2009 年 11 月 18 日	2018 年 6 月 29 日	2018 年 12 月 13 日
浙江省	三门核电厂	1 号机组	2009 年 4 月 19 日	2018 年 6 月 30 日	2018 年 9 月 21
		2 号机组	2009 年 12 月 15 日	2018 月 24 日	2018 年 11 月 5 日
山东省	海阳核电厂	1 号机组	2009 年 9 月 24 日	2018 年 8 月 17 日	2018 年 10 月 22 日

资料来源：中国核能行业协会网站

2018 年全年，核能发电量为 2944 亿千瓦时，同比增长约为 18.96%，创造历史最高水平。2018 年，核能发电量约占全国总发电量 70095.24 亿千瓦时的 4.2%，与燃煤发电相比，核能发电相当于减少燃烧标准煤约 9096.62 万吨，减少二氧化碳排放约 23833.16 万吨、二氧化硫排放约 77.32 万吨、氮氧化物排放约 67.32 万吨，相当于植树造林约 1025.15 万公顷。

自 1994 年我国首台核电机组投运至 2018 年底，核能发电量已累计 19674.75 亿千瓦时。与燃煤发电相比，核能发电相当于减少燃烧标准煤约 6.02 亿吨，减少二氧化碳排放 16.10 亿吨、二氧化硫排放约 512.78 万吨、氮氧化物排放约 446.42 万吨，相当于植树造林约 6858 万公顷。

我国自 2010 年核电机组规模化投运以来，核电发电量增加较快。2010 年至 2018 年底，我国共投运核电机组 33 台，总装机容量 3551.1 万千瓦，机组数量占总投运核电机组的 75.0%，装机容量占比 79.54%。2019 年 6 月，广东台山 2 号机组、广东阳江 6 号机组具备商运条件，投入商运的核电机组达到 47 台。2019 年 1-6 月全国累计发电量为 33672.80 亿千瓦时，运行核电机组累计发电量为 1600.14 亿千瓦时，约占全国累计发电量的 4.75%。

（二）在运核电机组保持安全稳定运行

截至 2018 年 12 月 31 日，我国在运 44 台核电机组，累积运行时间达到

311.31 堆年。秦山核电基地（包括秦山一期、二期、三期和方家山核电厂）的商运核电机组累积运行时间超过 160 堆年。核电机组累积运行时间由高到低依次是大亚湾核电基地（包括大亚湾和岭澳核电厂）、田湾核电厂、宁德核电厂、红沿河核电厂、阳江核电厂、福清核电厂、昌江核电厂、防城港核电厂、三门核电厂、台山核电厂和海阳核电厂。

2018 年，全国投入商运的 44 台核电机组继续保持安全稳定运行，取得良好业绩。44 台商运核电机组和 1 台已并网机组（海阳 2 号机组）共计发生 32 起 0 级运行事件，没有发生 1 级及以上运行事件（国际核事故分级表把核事故共分为 7 级，其中将对安全没有影响的事故划分为 0 级，影响最大的事故评定为 7 级，1 级到 3 级被称为核事件，4 级到 7 级被称为核事故），主要运行技术指标保持国际前列。各运行核电厂未发生较大及以上安全生产事件、环境事件、辐射污染事件，未发生火灾爆炸事故，未发生职业病危害事故。各运行核电厂放射性流出物的排放量远低于国家标准限值，环境空气吸收剂量率控制在当地本底辐射水平涨落范围内。环境监测表明，核电厂对周围环境没有带来不良影响。

与世界核电运营者协会（WANO）规定的性能指标对照，在全球 400 余台运行机组中，我国运行机组 80% 的指标优于中值水平，70% 达到先进值，与美国核电机组水平相当，且整体安全指标逐年提升（如图 1 所示）。

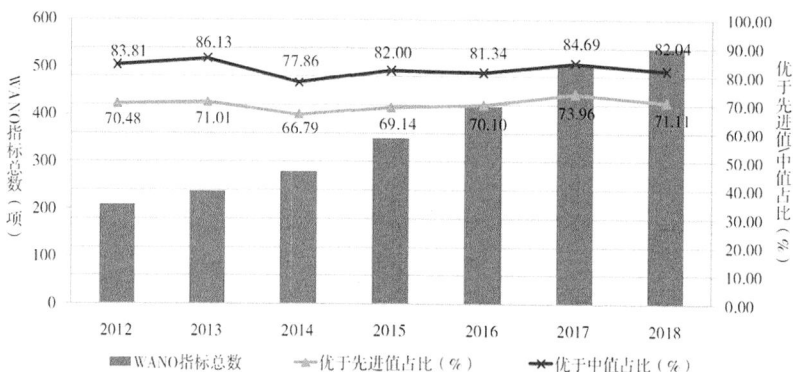

图 1　中国核电机组世界核电运营者协会（WANO）指标

资料来源：国务院新闻办，《中国的核安全》白皮书，2019 年 9 月

（三）核电工程建设进展顺利

2018 年，我国在建核电工程整体上稳步推进，各在建核电项目安全、质量、进度、投资、技术、环境保护等方面均得到有效控制。AP1000 和 EPR 全球首堆建成投产，"华龙一号"全球首堆示范工程——福清核电厂 5 号机组安装工作顺利，质量和进度总体受控；高温气冷堆核电站示范工程取得核材料许可证，为首次装料和顺利投产创造了良好条件。核电建设全面进入三代技术时代。

截至 2018 年 12 月底，我国在建核电机组 13 台，总装机容量 1403 万千瓦，在建的核电机组包括红沿河核电厂 5、6 号机组，福清核电厂 5、6 号机组，阳江核电厂 6 号机组，海阳核电厂 2 号机组，台山核电厂 2 号机组，防城港核电厂 3、4 号机组，田湾核电厂 5、6 号机组，石岛湾核电厂高温气冷堆核电站示范工程和霞浦示范快堆工程。根据中国电力企业联合会《2018 年全国电力工业统计快报》，2018 年核电建设工程投资完成 437 亿元，2017 年完成 454 亿元，同比下降 3.8%。

（四）具有中国自主知识产权的核电技术海外拓展取得重大进展

"十三五"期间，以"华龙一号""国和一号"为代表的自主知识产权核电技术海外市场拓展取得重大进展。我国已成功向巴基斯坦出口 7 台核电机组，其中恰希玛核电厂一期工程 4 台机组已全面建成。"华龙一号"海外首堆——巴基斯坦卡拉奇核电厂 2 号机组于 2018 年 9 月 5 日完成了堆内构件的首次入堆；卡拉奇核电厂 3 号机组于 2018 年 9 月 5 日顺利完成压力容器吊装。

与此同时，中国广核集团有限公司（以下简称中广核）与法国电力集团、英国政府签订的英国布拉德维尔 B 项目将采用的"华龙一号"三代核电技术，已于 2018 年 11 月结束英国的通用设计审查（GDA）第二阶段全部工作，正式进入第三阶段。第三阶段计划用 13 个月的时间完成对建造前安全报告（PCSR）、建造前环境报告（PCER）以及通用核安保报告（GSR）三个综合性报告的审查，以及完成英国版"华龙一号"的设计改进项。

（五）核电装备产业积极"走出去"

随着我国自主产权的核电技术在海外市场拓展中取得突破，中国的高端核电装备项目也以此为依托，积极装备"走出去"，不断提升中国制造的国际影响力。

巴基斯坦华龙一号全球首堆装备供货顺利推进。上海电气核电设备有限公司承接法国法马通公司分包的南非 KOEBERG 项目 6 台蒸汽发生器，标志着我国首次实现核岛主设备的完全商业化出口。

我国积极参与国际热核聚变实验反应堆（ITER）研究，承担的国际热核聚变实验反应堆采购包制造任务全部签署得到落实，严格按照时间进度和标准，高质量地交付了有关制造设备和部件，受到国际热核聚变实验反应堆参与各方的充分肯定，为国际大科学工程提供"中国智慧"。

截止 2018 年 6 月，在英国辛克利角 C（HPC）项目上，共计 21 家中国企业通过资格预审，还有 25 家企业正在资格审查中，12 家企业获得 HPC 合同或者分包。

中核和中广核研发的数字化控制系统（DCS）产品出口阿尔及利亚，应用于 B1/B2 改造项目。中广核研发的安全级 DCS 产品为韩国古里 3&4、韩光 1&2 号核电机组棒控系统改造项目供货。

（六）核燃料循环支撑核电可持续发展

2018 年，我国核燃料产业生产运行保持稳定，部分环节产业能力进一步增强，市场化、国际化步伐进一步加大，科技研发取得积极进展，竞争力不断提升，核设施及核活动安全、受控。铀矿勘查取得积极进展，进一步提升了铀资源保障能力；勘查技术逐步升级，部分勘查装备自主化取得新突破；国内铀矿采冶项目保持安全稳定运行；推进国内铀资源开采资质放开试点；核燃料加工生产线保持安全稳定运行，在建项目稳步推进；自主品牌核燃料组件正在加快发展；自主知识产权锆合金商业化进程迈出关键一步。

三、"十四五"中国核电产业发展展望

（一）中国核能发展阶段与核安全战略

2019 年 9 月，首次发布的《中国的核安全》白皮书中明确指出，中国

核能的发展第一次写进五年发展规划始于第六个五年规划中明确提出建设30万千瓦核电站的内容。从此之后，一直到"十三五"，每一次国民经济与社会发展的五年计划中都有核电相关的规划内容。中国的核安全战略目标也经历了从起步发展、适度发展、积极发展到现今的安全高效发展阶段。详见表2。

表 2 中国核能发展阶段与核安全战略

发展阶段	规划名称	规划有关内容	开工核电项目	核安全战略目标
起步发展	国民经济与社会发展第六个五年计划（1981—1985年）	建设30万千瓦核电站。研制30万千瓦核电站设备。	秦山核电厂1号机组	按国际核安全标准和监督管理模式建立核安全监管体系，实施独立核安全监督。
	国民经济与社会发展第七个五年计划（1986—1990年）	有重点、有步骤地建设核电站。	大亚湾核电厂1、2号机组	
适度发展	国民经济与社会发展十年规划和第八个五年计划（1991—1995年）	实行因地制宜、水火电并举和适当发展核电的方针。五年内重点建设秦山核电二期工程。研制60万千瓦核电机组大型成套设备。有计划地新建、扩建和改建一批大中型电站（包括水电、火电和核电）。	秦山第二核电厂1、2、3、4号机组	把安全放在核能发展的首位，始终贯彻"安全第一、质量第一"的方针。
	国民经济与社会发展"九五"计划和2010年远景目标（1996—2000年）	贯彻因地制宜、水火并举、适当发展核电的方针。大力推进核技术的和平利用，重点发展核电，配套建设核燃料循环体系。开展低温核供热技术研究开发工作。	岭澳核电厂1、2号机组，秦山第三核电厂1、2号机组，田湾核电厂1、2号机组	
	国民经济与社会发展第十个五年计划（2001—2005年）	适度发展核电。支持发展大型燃气轮机、大型抽水蓄能机组、核电机组等新型高效发电设备。	岭澳核电厂3、4号机组	

（续表）

发展阶段	规划名称	规划有关内容	开工核电项目	核安全战略目标
积极发展	国民经济与社会发展第十一个五年计划（2006—2010年）	积极发展核电。	红沿河核电厂1、2、3、4号机组，宁德核电厂1、2、3、4号机组，福清核电厂1、2、3、4号机组，阳江核电厂1、2、3、4号机组，方家山核电厂1、2号机组，三门核电厂1、2号机组，海阳核电厂1、2号机组，台山核电厂1、2号机组，昌江核电厂1、2号机组，防城港核电厂1、2号机组	核安全是国家安全的重要组成部分，只有确保核安全，才能保障核能可持续发展。
安全高效发展	国民经济与社会发展第十二个五年计划（2011—2015年）	在确保安全的基础上高效发展核电。重点在东部沿海和中部部分地区发展核电。强化核与辐射监管能力，确保核与辐射安全。	高温气冷堆核电站示范工程，田湾核电厂3、4号机组，阳江核电厂5、6号机组，红沿河核电厂5、6号机组，田湾核电厂5、6号机组，福清核电厂5、6号机组，防城港核电厂3、4号机组	坚持理性、协调、并进的中国核安全观，坚定不移增强自身核安全能力，继续致力于加强核安全政府监管能力建设，加大核安全技术研发和人力资源投入力度，坚持培育和发展核安全文化。
	国民经济与社会发展第十三个五年计划（2016—2020年）	以沿海核电带为重点，安全建设自主核电示范工程和项目。加速开发新一代核电装备和小型核动力系统、民用核分析与成像技术。开工建设一批沿海新的核电项目，加快建设田湾核电三期工作。积极开展内陆核电项目前期工作。加快论证并推动大型商用后处理厂建设。核电运行装机容量达到5800万千瓦，在建达到3000万千瓦以上。推进核设施安全改进和放射性污染防治，强化核与辐射安全监管体系和能力建设。		

资料来源：《中国的核安全》白皮书，2019年。

党的十八大以来，中国的核安全事业进入安全高效发展的新时期。习近平主席提出理性、协调、并进的核安全观，强调发展和安全并重，倡导打造全球核安全命运共同体，为新时期中国核安全发展指明了方向，为推进核能开发利用的国际合作、实现全球持久核安全提供了中国方案。展望"十四五"，安全高效发展依然是核电发展的前提和保障。

（二）"十四五"核电发展的新形势

当今世界正在经历百年未有之大变局，我国能源发展正处于转型变革的关键时期，面临着前所未有的机遇和挑战。"十四五"是我国"两个一百年"奋斗目标的历史交汇期，也是全面开启社会主义现代化强国建设新征程的重要机遇期。作为"清洁低碳、安全高效"现代能源体系中的重要组成部分，我国核能高质量发展已步入战略机遇期，然而核能发展仍面临诸多不确定因素。鉴于目前世界能源格局及核能发展面临诸多不确定因素，可以预见在"十四五"期间，核电发展将面临更加错综复杂的国内外环境，同时也将面临机遇与挑战并存的重要战略机遇期。

1. "十四五"核电行业面临的重大机遇

（1）核电依然存在较大发展空间

2018年8月底，中国电力企业联合会发布了《电力发展"十三五"规划中期评估及滚动优化研究专题调研报告》，对"十三五"电力市场发展、规划执行情况进行了分析与评估，也对"十三五"后期规划滚动调整、提出了建议。报告对2020年及中长期电力需求进行了研究，根据我国经济社会发展、电能替代等进行了电力电量预测，预计2020年全社会用电量达7.6万亿千瓦时左右，用电平均增速为5.9%（2018年全社会用电量为68449亿千瓦时，增长8.5%）；预计2025年、2030年、2035年我国全社会用电量分别达到9.2万亿、10.5万亿、11.4万亿千瓦时，三个五年期间年均增速分别为4.0%、2.5%、1.7%。详见表3。

表3　全国及各区域用电量及增速（单位：亿千瓦时）

地区	2015 年	2020 年	十三五增速	2025 年	十四五增速	2030 年	十五五增速	2035 年	十六五增速
全国	56935	75977	5.9%	92431	4.0%	104763	2.5%	114230	1.7%
华北	13844	17806	5.2%	20624	3.0%	22847	2.1%	24460	1.4%
华东	13567	17837	5.6%	21252	3.6%	23080	1.7%	24012	0.8%
华中	7080	9710	6.5%	12118	4.5%	13997	2.9%	15310	1.8%
东北	3989	5029	4.7%	6013	3.6%	6888	2.8%	7625	2.1%
西北	6017	8792	7.9%	11852	6.2%	14852	4.6%	17613	3.5%
西南	2908	4003	6.6%	4832	3.8%	5559	2.8%	5970	1.4%
南方	9530	12800	6.1%	15740	4.2%	17540	2.2%	19240	1.9%

资料来源：《电力发展"十三五"规划中期评估及滚动优化研究专题调研报告》

该报告结合电力需求预测、各类电源发展思路与原则，给出了不同类型电源装机容量预测结果，见表4。

表4　中长期电源规划（单位：亿千瓦）

	2015 年	2017 年	2020 年	2025 年	2030 年	2035 年
总装机	15.25	17.77	21	27	32	36
常规水电	2.97	3.13	3.44	4.07	4.6	4.8
抽水蓄能	0.23	0.29	0.3	0.68	0.89	1.11
核电	0.27	0.36	0.53	0.89	1.37	2.07
风电	1.31	1.60	2.2	3.5	5.0	6.0
太阳能发电	0.42	1.30	2.0	3.1	4.3	6.0
气电	0.66	0.76	0.95	1.79	2.35	2.74
煤电	9.0	9.80	11.0	12.4	13.0	12.8
生物质及其他	0.39	0.53	0.55	0.58	0.6	0.63
非化石能源发电装机比重	35%	38%	41%	46%	51%	55%

资料来源：《电力发展"十三五"规划中期评估及滚动优化研究专题调研报告》

2019 年 7 月，中国核电发展中心与国网能源研究院的《我国核电发展规划研究》（以下简称研究）出版。研究采用国家能源局发展规划司 2016 年研究课题《我国中长期电力需求展望与预测模型研究》结果中的方案，即 2020、2030、2050 年全社会用电量分别为 7.0 万亿、9.0 万亿和 11.7 万亿千瓦时。该研究以规划期内全社会电力供应总成本最低为目标，以能源供应能力、电力电量平衡、系统运行、环境空间等为约束条件，进行系统优化，给出了全国电力流及电源配置方案。其基准情景下，2035年全国发电总装机达到32.9亿千瓦，发电量9.83万亿千瓦时，各区域电源装机情况详见表5。

表5 2035年各区域电源装机 （单位：亿千瓦）

区域	水电	煤电	气电	核电	风电	太阳能	生物质及其他
全国	4.71	11.47	1.38	1.69	6.23	5.32	0.28
华北	0.04	2.41	0.23	0.11	0.96	0.86	0.06
东北	0.13	0.71	0.04	0.18	0.93	0.22	0.03
华东	0.21	1.63	0.47	0.75	0.71	0.78	0.09
华中	0.58	1.29	0.06	0.10	0.35	0.46	0.04
西北	0.48	2.73	0.12	0.00	1.55	1.78	0.01
西南	1.78	0.42	0.06	0.00	0.17	0.24	0.01
蒙西	0.03	1.00	0.02	0.00	0.83	0.49	0.00
南方	1.47	1.29	0.37	0.56	0.72	0.50	0.04

资料来源：《我国核电发展规划研究》

与中电联报告相比，因2035年电力电量预测值较低，相应电源装机总容量较小。但无论是中电联还是中国核电发展中心报告中均可看出，核电依然在国内有较好的发展空间。

（2）低碳清洁能源发展的趋势

事实上，中国的经济发展和能源需求均步入了"新常态"，经济结构的转变、强劲能源效率政策实施和人口变化带来的综合效率给中国的能源需求带来了深远的影响。按照国家生态文明建设战略部署，以及大气污染防治和应对气候变化目标及《巴黎协定》中已经承诺减排的目标，我国加快低碳清洁能源发展势在必行。

尽管近年来，随着清洁能源产业不断发展壮大，风电、光伏等装机和发电量比重快速提升。但目前由于中国现有的电力系统的接纳能力不足，弃风、弃光率达到约15%。同时，核电站在电力安全，在电网稳定方面的贡献是风能和太阳能光伏（PV）等间歇性可再生能源不可取代的。在2017年国际能源署《世界能源展望——中国特别报告》中预测，核能在中国的地位会继续增长——到2030年中国将超过欧盟和美国，成为全球核能发电的领导者。

（3）建设创新型国家的基本方略

"十四五"时期，是全面实现创新引领发展的关键期，也是全球第四次工业革命的重要战略机遇期。面对日趋复杂的国际形势，只有科技创新发展才能突破大国战略遏制。

同时，科技创新也是实现我国经济高质量发展的核心驱动力。高质量发展要特别依赖高质量科技发展，当前，我国已经成为世界科技大国，正处于从创新型国家行列向创新型国家前列迈进的关键时期。"十四五"时期要实现科技创新在全面创新中的引领作用，为实现我国到 2035 年跻身创新型国家前列奠定坚实基础，为如期实现 2035 年基本现代化目标提供全面支撑。

在核电领域，以"华龙一号"和"国和一号"为代表的具有我国自主知识产权的三代核电技术已在中国开工建设。整体建设情况良好，其中福清的华龙一号首堆建设打破了国际三代核电首堆建设的拖期魔咒，建设顺利，预计 2020 年可建设投产。这为后续"十四五"自主知识产权核电技术在国内的批量化建设打下了坚实的基础。

2. "十四五"核电行业面临的重大挑战

面临历史性机遇，核电产业的未来发展也面临诸多挑战。

（1）国际核电整体环境愈加复杂

福岛核事故对全球核电发展影响尚未完全消除，德国、瑞士等国家的弃核减缓了一部分国家开发利用核电的计划和节奏，传统核电巨头美国西屋公司、法国阿海珐公司陷入经营困境，国际核电技术进入技术迭代期，新建设的三代核电机组拖期超概严重，使得核电显得太贵，建不起；韩国和日本核电公司分别在国内遭遇政治贬核和严重事故的打击，法国出于能源多元化考虑推出的减核政策等更是给未来核电发展带来一些不确定性。最近几年来，国际原子能机构（IAEA）、国际能源署（IEA）等国际机构虽然都给出未来核电将继续增长的预测，但预计的发展目标较以前有所调低。在当前的国际大环境下，使得国家对原有的核电发展规模目标持谨慎态度。

（2）全球单边主义和贸易保护主义兴起对未来核电技术布局及产业发展

带来一定影响

近年来，世界经济发展不确定、不稳定因素增多，单边主义、贸易保护主义抬头，多边贸易体制面临严峻挑战，正常的国际经贸活动受到负面干扰。从当前中美贸易战的焦点来看，美国的矛头所向并非当前中国对美国出口额最大的一些行业，而是中国正处于快速发展过程中的高新技术行业。

美国的做法与经济全球化、与联合国倡导的包容发展，是格格不入的。工业革命以来，任何一个制造业大国都不可能依赖封闭的国内市场实现产业升级，也不可能依靠封闭的国内市场而成为创新型国家。尽管中国政府仍将坚持改革开放的基本逻辑，促进"一带一路"合作，积极应对地缘政治的不确定性。但是中短期来看，由于国际政治局势的变化对未来中国核电技术布局及产业发展带来的影响依然不容小觑。

（3）国内核电发展节奏起伏较大

"十二五"期间核准/开工备选机组22台，其中已核准/开工机组13台，合计13584兆瓦，未核准/开工机组9台。"十三五"开局时因受福岛核事故影响，2011年、2013年、2014年、2016年四年无核准机组，而2015年仅一年就核准了八台机组。这对刚刚通过批量化建设形成的国内核电产业链造成了很大的影响。

一直到2019年，我国才正式开启新的常规核电项目审批。2019年1月30日，漳州核电一期项目1号、2号机组，以及惠州太平岭核电一期项目1号、2号机组获得核准，均采用"华龙一号"融合方案。近日获悉，国家电投山东荣成核电项目获批（两台），采用CAP1400技术路线（国和一号）。

（4）电力市场改革给核电带来的压力

2015年3月，新一轮电力体制改革在中国全面深化改革的大背景下，再次拉开了帷幕。我国电力市场化改革逐步加快，在增量配电改革、电力现货市场建设、交易机构股份制改革等方面都取得了积极进展。2018年全年市场化电量达到2.1万亿千瓦时，在全社会用电量中占比30%，比上年提高4个百分点。随着改革推进，市场化因素将在电力系统中占据更重要的地位，核电参与市场化交易的进程也将加快。

中国的核电技术正处在三代自主核电的迭代更新期，"华龙一号"等技术很多都是首堆首次建设，设计不固化等带来的建设风险尚未消化，又需要直面竞价上网等新的电价机制。核电设备利用小时数下降，预期收益的下行压力加大，给核电带来了较大的压力。

3. "十四五"核电发展展望

展望"十四五"，中国核电产业在积极应对挑战，抓住机遇时，更需关注以下几点。

（1）继续加大核电的科技创新

在国家创新驱动发展战略的指引下，通过自主创新和引进、消化、吸收、再创新，我国较快地掌握了世界先进核电技术，具备了10万、30万、60万、100万、150万千瓦级核电技术开发能力，成功地实现了由"二代"向"三代"的技术跨越。以"华龙一号"和"国和一号"（CAP1400）成功研发为标志，我国已成为继美国、法国、俄罗斯等核电强国之后，少数几个掌握自主三代核电技术的国家之一。但是后续自主先进核电技术仍需进一步优化设计，以提高经济竞争力。

同时一些"卡脖子"的关键技术、核心部件和基础材料仍需加大攻关，核电行业仍需进一步提高自主制造能力和水平。需积极发挥市场作用，认清国内装备制造差距与自身短板，坚持开放发展，积极维护好同法国等核电大国与关键供应商的关系，建立多元化合作伙伴，互利共赢开展合作与交流，加快吸收借鉴对方的先进技术，更高层次完善多渠道保障体系。在当前严峻的中美贸易摩擦形势下，"十四五"这一任务尤其重要。

另一方面，近年来模块化小型堆研发在国际社会广受关注。美国能源部支持 mPower、Nuscale 两种模块化小型堆设计；俄罗斯 KLT40S 浮动核电站处于调试阶段，预计今年完工，RITM——200 核动力破冰船首艘"北极号"2013 年开工、2016 年下水。多个国家纷纷表达了对于模块化小型堆的关注。然而目前国内小型堆研发尚未走出"大堆小型化"的局限，应用前景不明朗。而具备固有安全、高度智能、极度简化、工厂预制、模块配置等特征的小型核能装置或可作为分布式能源，实现规模化应用，目前尚需许多攻关。[1]

（2）主动适应电力市场新要求。随着三代技术首批项目陆续建成，系统设计、关键设备制造、施工建造、调试等各阶段的技术、工艺流程均得到验证和固化，为后续三代核电关键设备国产化、标准化以及批量化建设奠定了良好基础。后续批量化建设的三代核电技术项目，可分摊首批项目技术引进、工程建设和设备国产化过程中已投入的部分费用，减轻企业压力，同时可及时利用首堆经验反馈，降低后续机组造价。今后核电发展的市场空间将很大程度上取决于核电的经济竞争力。

因此，核电行业要增强成本意识和市场意识。在争取落实国家保障核电安全消纳政策、保障核电上网电量的同时，核电企业需要主动加快适应进一步开放竞争的电力市场的新要求，主动降本增效，积极推进优化设计和工程组织优化，在批量化中降低建造成本。同时加大核电改进投入，积极研究推动核电运行成本优化，从技术改造更新、优化项目建设管理、有效降低财务成本、加强备品备件管理、提高安全运行能力、合理降低燃料成本、建立健全激励机制等各方面积极采取应对措施。

（3）始终坚持安全发展

安全是核电的生命线，确保核电安全是全行业共同的责任。要始终把安全放在核电工作的首位，加强核安全文化建设，落实核安全责任，健全管理体系和制度，将"安全第一、质量第一"的方针落到实处，持续提升核电安全水平，确保核电安全万无一失。

经过30多年持续不断的发展，中国核电从无到有、从小到大，自主建设和引进消化吸收再创新同步进行，实现了三代核电技术设计自主化、重要关键设备国家产化。

目前在我国，虽然核电在建装机规模位居世界第一，但核能装机规模和发

---

[1] 中国核电发展中心副主任荣健：《我国核电安全高效发展需做好五个融合》，《中国电力报》2019年4月24日。

电量占比相对较低，核能发电比例还远低于美国等发达国家，甚至远低于世界平均水平，核电布局也仅在沿海省份，内陆核电正在研究论证阶段。由于受煤炭生产能力及环境等因素制约，根据机构预测，我国煤电装机规模在 10 ~ 12 亿千瓦左右较为合适，考虑其余电力缺口由清洁能源发电补齐，发展核电是解决我国能源基本问题、保障能源安全的有效措施。核电作为除火电以外另一种主力基荷电源，是确保我国能源安全、结构优化的重要战略选择。

展望"十四五"，以"华龙一号"为代表的自主知识产权核电项目将有一大批新的核电项目开工。核电发展战略有望稳定持续，中国核电产业在"十四五"仍然大有可为。

加快发展核能，促进能源供给侧改革

李勇　陈红涛　尹向勇 [1]

摘要：

党的十九大提出了到 21 世纪中叶把我国建成富强民主文明和谐美丽的社会主义现代化强国的发展目标，加快生态文明体制改革，建设美丽中国，推进绿色发展，壮大清洁能源产业、推进能源生产和消费革命，构建清洁低碳、安全高效的能源体系。本文分析了我国能源供给侧结构性改革的背景、核能发展现状，提出了加快发展核能，促进能源供给侧改革的有关建议。

关键词：

能源；供给侧结构性改革；核能；政策建议

党的十九大报告提出了到 21 世纪中叶把我国建成富强民主文明和谐美丽的社会主义现代化强国的发展目标。加快生态文明体制改革，建设美丽中国成为当前重要的工作。与以往党的历次全会关于能源工作的阐述不同，党的十九大报告把能源保障放在生态文明体制改革中，体现出了新时代我国能源发展已处于一个新的历史时期。经过多年发展，我国能源行业已从作为经济社会发展、新型工业化的重要支撑这种追求"量"的保障，提升到了生态文明建设中重要一环这种追求"质"的改善。能源行业发展已从需求保障转向供给侧质量提升，

---

[1] 李勇，中国广核集团研究中心主任。陈红涛、尹向勇，中国广核集团研究中心研究员。

推进绿色发展，壮大清洁能源产业、推进能源生产和消费革命，构建清洁低碳、安全高效的能源体系，成为当前及今后一段时期主要的任务。2017年全国能源工作会议提出了推进能源供给侧结构性改革，2018年度中央经济工作会议和全国能源工作会议再次强调了能源供给侧结构性改革。着力推进能源清洁消纳和开发利用，着力补上能源供给侧结构上的短板，是当前需要能源发展主要考虑的重点。

一、我国能源供给侧结构性改革的背景

当前，我国能源行业发展面临新格局，表现为增速趋缓、结构性失衡、国际产业竞争力不强。

（一）经济新常态下带来的能源消费需求形势发生变化

一是经济增速由高速向中高速转变，同时经济增长所需的能耗下降，能源需求增长放缓；二是自然生态和环境承载能力堪忧，部分地区环境承载能力已达到或接近上限，雾霾治理仍处于攻坚阶段，中东部地区雾霾面积持续扩大，北方地区秋冬季雾霾高发现象难以解决，散煤治理替代和居民高质量供暖等成为需要协调解决的问题，能源供给结构调整和质量的改善刻不容缓。

（二）化石能源产能普遍过剩

一是煤炭产能严重过剩，大幅超过消费需求，公认的过剩数据在10亿吨以上，供求关系严重失衡，虽然2016年至2017年煤炭过剩产能退出取得了压减5亿吨的重要成果，但276日限产制度的实施带来了煤炭紧平衡和煤价大幅上行；二是电力总装机容量与最高发电电力之比接近2，保障裕度过大，弃水、弃风、弃光等问题突出，电网利用率低，其中2016年火电利用小时数创1978年以来最低水平并进一步下降，2017年火电利用小时数略有回升，在建和核准规模庞大；三是全国原油加工产能利用率不足70%，设备开工率不足2/3。

（三）绿色低碳能源的"有效供给"不足，存在短板

"供需错位"导致结构性失衡是当前能源行业面临的主要问题。一是

2017 年我国非化石能源消费占比为 14.2%，距离我国应对全球气候变化的 2020 年双目标中的 15% 仍有差距。而我国在巴黎气候大会上做出了应对全球气候变化的自主贡献承诺：二氧化碳排放 2030 年左右达到峰值并争取尽早达峰，单位国内生产总值二氧化碳排放比 2005 年下降 60%-65%，非化石能源消费占比 20%。显然，目前水平距离这一目标差距较大。二是风、光、水、核都存在着利用受限问题，电网送出和消纳存在硬件和制度上的短板，保障性消纳落实困难。三是油气对外依存度过高，尤其是清洁天然气自主供应保障能力不足。2017 年我国跃升为全球第一原油进口大国，对外依存度达到 67.4%；2017 年我国也成了全球液化天然气（LNG）进口第二大国，预计未来几年内也将成为全球最大的天然气进口国。虽然我国建成了中亚天然气、俄气西线、俄气东线以及沿海液化天然气（LNG）接受站等天然气供应体系，四川页岩气等开采取得了开门红，但 2017 年北方供暖地区天然气短缺等反映出我国能源安全保障供应问题。

（四）在日益加剧的国际能源技术竞争中竞争力有待提升

近期，全球技术创新在经历了国际金融危机后的短暂低潮后开始活跃，而能源领域的技术创新更是进入了高度活跃期。创新已成为未来各国能源行业竞争中取胜的关键，全球主要经济体都在加大能源技术创新，力争抢占技术进步先机、实现能源产业技术引领。美国页岩气革命就得益于其技术创新的成果。而全球太阳能、风能、地热能等可再生能源开发、存贮和传输技术创新步伐加快，成本不断降低，竞争能力日益增强。我国能源领域的科技创新也取得了一定的成绩，在风机制造、光伏组件、核电重大装备、新能源汽车等技术上实现了部分赶超甚至引领，在"互联网 +"能源、储能材料领域进行了有益探索，传统的煤电企业在超洁净排放、灵活性改造技术等方面也进行了有益的探索，为自己争取了最大可能空间。各国在核电技术等一些关键核心技术上也在争取取得新突破，以抢占全球先机。

（五）强国发展需要有更多高品质的能源供给

专家解读 2035 年初步建成社会主义现代化强国的基本目标之一是迈入全

球高收入国家行列，同时经济总量全面超越美国，成为全球第一大经济体。建设社会主义现代化强国的中长期目标意味着有更多的高品质能源消费需求。

二、核能在能源供给侧可以发挥更大作用

（一）核电是经济强国重要的能源供给支撑来源

100万千瓦煤电机组年耗煤量在300万吨左右，对铁路或港口的依赖程度非常高；天然气发电厂虽然运行清洁程度和灵活度优于煤电厂，但天然气发电对管道和存储设施要求很高，并且电力需求高峰与民用天然气的高峰高度重合。与煤电和天然气发电相比，核电燃料密度高，燃料消耗量小，对外部基础设施的依赖程度比较低，核燃料价格总体波动相对较小，通常被各国视作本地可靠能源和电力供应来源。而中国煤炭铁路运输通常受到春节、夏秋收等大宗农产品运输以及线路检修的影响，导致季节性供应紧张。

普遍重视多元化能源战略和低碳能源战略的经济合作与发展组织（OECD）发达经济体中，多国坚持发展核电，2017年欧盟核电发电占比达到25.6%，是第一大电源和第一大低碳电源，年减少碳排放超过7亿吨，占碳排放减排的50%以上。2017年美国核能发电占比达到20.7%，是第一大非化石能源。我国核能发电装机仅3580万千瓦左右，装机占比约2%，发电量占比也仅3%左右，加快核电发展，提升至全球平均水平以上，对于我国新时代能源安全保障具有重要意义。

（二）核能可为供暖以及综合能源供应提供更好支撑

目前，我国清华大学核能与新能源技术研究院等建低温核能供热堆供暖多年，技术已具有推广价值，但该技术并未得到广泛推广。我国淮河—秦岭以北的17个省市自治区都是采暖地区，国土面积占到60%以上，人口数约7亿。这一区域冬季采暖城镇居民多实现了以煤为主的化石能源集中供热，农村多为散煤供暖，少量采用电供暖。供暖季各种散煤锅炉和燃烧带来了严重的空气污染问题，每年消耗煤炭已超过5亿吨，完全可以通过大量使用核能供热替代，

降低大气污染物排放。我国南方地区有大量的化工印染供暖需求以及居民、开发区集中供冷需求，南海有着大量的海岛综合用能需求，这些都可以通过核能来实现供应。

（三）核能利用可促进高端制造产能集成

核技术可靠性和安全性等质量要求高，核电还是我国较早实现与国际标准接轨的行业。核电装备制造水平往往是一个国家高端制造产品的体现，推动核能应用可以促进国家装备制造、仪器仪表、仪控系统、材料、化工方面都产业环节技术进步，促进自主核能研发和利用，有助于我国这些行业在质量管理上达到并赶超国际高端制造的水平，进而实现高端制造业的技术引领。

（四）核电工期长可兼顾阶段性去过剩产能和未来电力增长的需求

按照每年增长 6–8 台百万千瓦级核电机组年新增发电量约 450 亿 –600 亿千瓦时，约满足全国 1/4–1/2 左右的全社会用电增长（年用电量增长 2%–3% 的增速，年用电量增长 1200 亿 –1950 亿千瓦时），成为我国满足未来清洁电力需求增长的主力军，并发挥投资大的特点，可有效促进地方投资增长、拉动经济发展。

核电工期一般为 5–6 年，当前开始启动核电规模化建设，将不会加剧"十三五"期间电力供大于求的矛盾、恶化当前能源供给侧结构性问题。因此核电可以成为以"时间换空间"、保障中长期电力供应的良好利器。

（五）我国核电已具备规模化发展的条件

目前，无论是检查规模、在建规模还是发展前景而言，我国已成为核电大国，并成为全球三代核电发展的产业中心。我国核电已经基本实现了跟跑向并行跑的转变，在运营和工程建设方面实现了全面领先，在设计上完成了初步具有全球竞争力的完全自主知识产权核电产品设计，在装备制造上形成了主要装备自主供应 10—12 台套 / 年的产能，在核燃料方面实现了多元供应保障能力。

三、国家对于能源供给侧结构性改革以及核能发展进行了相关部署

（一）中央对于能源供给侧结构性改革做出了重要部署

《中华人民共和国国民经济和社会发展国家第十三个五年规划纲要》提出[1]：深入推进能源革命，着力推动能源生产利用方式变革，优化能源供给结构，提高能源利用效率，建设清洁低碳、安全高效的现代能源体系，维护国家能源安全。统筹水电开发与生态保护，坚持生态优先，以重要流域龙头水电站建设为重点，科学开发西南水电资源。继续推进风电、光伏发电发展，积极支持光热发电。以沿海核电带为重点，安全建设自主核电示范工程和项目。加快发展生物质能、地热能，积极开发沿海潮汐能资源。完善风能、太阳能、生物质能发电扶持政策。优化建设国家综合能源基地，大力推进煤炭清洁高效利用。限制东部，控制中部和东北，优化西部地区煤炭资源开发，推进大型煤炭基地绿色化开采和改造，鼓励采用新技术发展煤电。加强陆上和海上油气勘探开发，有序开放矿业权，积极开发天然气、煤层气、页岩油（气）。推进炼油产业转型升级，开展成品油质量升级行动计划，拓展生物燃料等新的清洁油品来源。

《能源发展"十三五"规划》[2]提出：紧紧围绕统筹推进"五位一体"总体布局和协调推进"四个全面"战略布局，牢固树立和贯彻落实创新、协调、绿色、开放、共享的发展理念，主动适应、把握和引领经济发展新常态，遵循能源发展"四个革命、一个合作"的战略思想，顺应世界能源发展大势，坚持以推进供给侧结构性改革为主线，以满足经济社会发展和民生需求为立足点，以提高能源发展质量和效益为中心，着力优化能源系统，着力补齐资源环境约束、质量效益不高、基础设施薄弱、关键技术缺乏等短板，着力培育能源领域新技术新产业新业态新模式，着力提升能源普遍服务水平，全面推进能源生产

---

[1] 引自《中华人民共和国国民经济和社会发展第十三个五年规划纲要》。

[2] 引自国家发展改革委、国家能源局：《能源发展"十三五"规划》（发改能源〔2016〕2744号）。

和消费革命，努力构建清洁低碳、安全高效的现代能源体系，为全面建成小康社会提供坚实的能源保障。推动能源供给侧结构性改革，以五大国家综合能源基地为重点优化存量，把推动煤炭等化石能源清洁高效开发利用作为能源转型发展的首要任务，同时大力拓展增量，积极发展非化石能源，加强能源输配网络和储备应急设施建设，加快形成多轮驱动的能源供应体系，着力提高能源供应体系的质量和效率。

党的十九大将"美丽"和"富强民主文明和谐"并列为社会主义现代化强国目标限定词，确立了新时代我国生态文明建设的宏伟蓝图和到2035年生态环境根本好转、美丽中国目标基本实现的战略路径。十九大报告还把能源发展作为生态文明建设的主要内容，强调要推进绿色发展。报告提出要建立绿色低碳循环发展的经济体系，壮大节能环保产业、清洁生产产业，推进能源生产和消费革命，构建清洁低碳、安全高效的能源体系。这实际上将能源发展定位从"量"调整为"质""量"并举，形成了一条供给侧结构性改革主线。中央经济工作会议明确提出加快建设创新型国家，全面启动科技创新2030年重大项目，并明确了能源供给侧结构性改革的要求。

全国能源工作会议提出把美丽中国建设作为责任担当，部署继续深入推动能源供给侧结构性改革。全国能源工作会议还提出加快实施创新驱动战略，通过超越跨越的科技创新体系建设，打造新时代能源体系的第一动力。一是加快实施能源科技重大专项，二是推动能源装备创新发展，三是完善能源科技创新机制。通过积极发展新兴能源产业，推动能源生产消费新模式、新业态发展。

十三届全国人大一次会议上政府工作报告提出，深入推进供给侧结构性改革。发展壮大新动能，加快制造强国建设，继续破除无效供给；把握世界新一轮科技革命和产业变革大势，深入实施创新驱动发展战略，不断增强经济创新力和竞争力；巩固蓝天保卫战成果，今年（2018年）二氧化硫、氮氧化物排放量要下降3%，重点地区细颗粒物（PM2.5）浓度继续下降；深入实施军民融合发展战略，深化国防科技工业改革，推进污染防治取得更大成效。

（二）"安全高效发展核电"是我国能源供给侧结构性改革的重要组成部分

《能源发展"十三五"规划》[1]提出"安全高效发展核电"：在采用我国和国际最新核安全标准、确保万无一失的前提下，在沿海地区开工建设一批先进三代压水堆核电项目。加快堆型整合步伐，稳妥解决堆型多、堆型杂的问题，逐步向自主三代主力堆型集中。积极开展内陆核电项目前期论证工作，加强厂址保护。深入实施核电重大科技专项，开工建设 CAP1400 示范工程，建成高温气冷堆示范工程。加快论证并推动大型商用乏燃料后处理厂建设。适时启动智能小型堆、商业快堆、60 万千瓦级高温气冷堆等自主创新示范项目，推进核能综合利用。2020 年运行核电装机力争达到 5800 万千瓦，在建核电装机达到 3000 万千瓦以上。

《能源生产和消费革命战略（2016—2030）》（发改基础〔2016〕2795 号）提出，2050 年能源消费总量基本稳定，非化石能源占比超过一半，建成能源文明消费型社会。初步分析，在这一战略指引下，未来全社会用电量增量应该主要依靠增量靠清洁能源，核电将成为能源供给侧结构性调整的主力，风电、太阳能和核能等清洁能源将成为能源主力，煤电将逐步退出基荷电力，核能成为绿色基荷主力，核能消费占比将达到 10% 以上，达到全球平均水平。专家预测 2030 年国内核电装机空间在 1.2 亿—1.5 亿千瓦，2050 年达到 4 亿千瓦左右。

根据环保部环境规划院研究成果，要实现十九大提出的到 2035 年初步实现美丽中国目标，需要实现以下环境目标：社会经济发展与环境实现协调发展，资源消耗、污染排放和经济增长稳定脱钩，单位 GDP 能耗、水资源消耗和资源消耗水平总体达到当前世界先进水平；主要污染物排放减少到 1000 万吨以下水平，空气和水体中主要污染物浓度总体下降 50% 左右，气、水、土等主要环境质量全面达到国家标准，全国大气环境质量基本实现世界卫生组织第二阶段标准，珠三角实现第二阶段标准，全国水环境基本实现按功能区达标，土壤

---

[1] 引自国家发展改革委、国家能源局：《能源发展"十三五"规划》（发改能源〔2016〕2744 号）。

环境风险实现有效管控；进一步降低温室气体排放强度，2030 年左右温室气体排放总量达峰后进一步降低；生态系统进入全面恢复阶段，生态环境质量稳定改善，进入良性循环；生态环境保护得到了全社会的广泛认可。要实现这一环境目标，初步测算 2035 年前我国核电仍需要保持快速规划发展，年开工 6 到 8 台，实现 1.5 亿—2.0 亿千瓦核电装机。

四、当前我国核能发展还面临诸多问题

近几年，按照党中央国务院的统一部署，我国能源供给侧结构性改革取得了较好成绩，清洁能源装机规模和占比持续增长，清洁能源发电量持续增长，但核电发展却出现了停滞不前的格局，主要表现在以下几个方面。

（一）部分省市核电消纳困难，利用率有待提高

截至 2018 年 12 月 31 日，我国[1]投入商业运行的核电机组共 44 台，装机容量达到 44645.16 兆瓦（额定装机容量），位列世界第三，装机增长较大，但装机增长伴随的是核电机组未能应发尽发。与核电机组可发电能力相比，2016 年、2017 年全国差距分别达到 10.62%,8.71%，尤其是在辽宁、海南、广西等地差距分别达 31.39%,22.5%,16.55%，利用率有待提高。尽管国家发改委于 2017 年 2 月出台了《保障核电安全消纳暂行办法》（发改能源〔2017〕324 号），但地方政府在具体执行中也没有很好予以贯彻落实，以辽宁、福建、广西为例，按照上述办法测算出的保障发电小时分别为 7093,7203 和 6425，但实际三省的发电利用小时数仅为 5274,6974 和 5810，仅为保障利用小时的 74.4%,96.8%,90.4%。

这种弃核在国际上鲜见，并带来了系列后果。一是会显著降低核电对国家温室气体减排的贡献；二是将造成宝贵的战略资源浪费，核电按固定周期更换燃料，减载和停备将直接导致核燃料不能充分利用就被废弃，而且极大增加了废料后处理的难度和成本；三是增大运行风险和放射性废物总量，核电机组频

---

[1]　引自国家发展改革委、国家能源局：《能源发展"十三五"规划》（发改能源〔2016〕2744 号）。

繁启停和调节带来的热疲劳，将增加安全控制设备故障风险，以及燃料组件破损概率、发生人因失误的概率，放射性废物排放量也会成倍增加；四是对核电安全改进投入以及后续可持续发展产生不利影响，核电初投资巨大，投运后运营初期面临巨大的资金压力，利用小时数低带来利润的大幅降低，影响核电集团的融资和再投资能力。

（二）核电可持续发展明显滞后

截至 2018 年 12 月底，我国在建核电机组 13 台，总装机容量 1403 万千瓦 [1]。尽管我国继续引领了全球核电发展，但 2016、2017、2018 年连续三年民用核电项目零核准，如 2018 至 2020 年核电新开工规模不能实现规模化开工（年开工装机规模 1000 万千瓦以上）的话，"十三五"核电发展规划完成的可能性已不大。

核电开工规模的大起大落给核电产业链发展带来了重大扰动，影响未来的可持续发展。近两年核电零核准开工导致东方电气等三大动力装备制造企业以及一重、二重等核电产能闲置 50% 以上，部分核心专业的员工流失率达到 15% 以上，如不及时调整，将影响到未来 2035 年 1.5 亿—2.0 亿千瓦、2050 年 4.0 亿千瓦的装机目标实现。

（三）核电的市场竞争力面临重大挑战

目前，全球新能源技术进步迅速，发电成本逐步下降，各地新能源发电项目招标中屡创新低（如表 1 所示）；我国风电、太阳能发展"十三五"规划已明确提出了发电侧、用电侧平价上网目标，近期在光伏领跑者计划者项目招标中，部分企业报出了 0.39 元 / 千瓦时的低价，而国家能源局已在推进风电平价上网示范工作。未来在低碳能源的竞争力将持续提升，对核电形成新的强大竞争压力。

---

[1] 2018 年底在建核电机组包括红沿河核电厂 5、6 号机组，福清核电厂 5、6 号机组，阳江核电厂 6 号机组，海阳核电厂 2 号机组，台山核电厂 2 号机组，防城港核电厂 3、4 号机组，田湾核电厂 5、6 号机组，石岛湾核电厂高温气冷堆核电站示范工程和霞浦示范快堆工程。

表 1　近期部分国际新能源招标结果列表（除英国海上风电外，单位：美分 / 千瓦时）

光伏			陆上风电		
地点	拟建时间	招标电价	地点	拟建时间	招标电价
秘鲁	2017 年	4.8	摩洛哥	2018 年	3.0
墨西哥	2018 年	3.6	墨西哥	2020 年	1.77
迪拜	2019 年	2.99	海上风电（英镑 / 兆瓦时）		
智利	2019 年	2.91	英国	2022 年	差价合约电价（CfD）行权价 57.5
墨西哥	2020 年	1.97	德国	零补贴	

资料来源：作者根据网上公开信息整理

五、加大核能在我国能源供给侧结构性改革作用的几点建议

（一）坚决贯彻执行绿色低碳能源发展战略

要加快推动核电等清洁能源逐步替代化石能源，使之成为我国的主体能源，从而真正建设起我国清洁低碳、安全高效、多元化的现代能源体系。具体来说，国家能源主管部门要在发展规划、电力市场安排等方面加大力度，优先核电、可再生能源发展和消纳，如：一是加速电能替代工作；二是加速落后煤电机组淘汰；三是原则上中东部地区禁止新上煤电机组；四是加大核能在供暖和分布式综合利用中的利用；五是加大考核常规煤电机组的热电改造，推进优先发电权试点进一步优化，明确优先发电权热电机组热电比不达标的考核力度；六是结合各省弃风、弃光、弃水、弃核情况的综合评估，将其与后续发展规划盘子衔接，确保新增装机空间合理，新增空间以清洁能源为主。

（二）完善电力市场机制，鼓励利用核能

一是在《节能低碳电力调度办法》中把核电列为第一类优先调度电源，在计划电量以及市场安排上优先考虑清洁能源，加大核电替代存量煤电的基荷不发，切实落实将煤电定位从基荷电源转向能源的辅助和服务；二是研究实施相关配套市场机制，如加快推动绿证、碳交易、强制配额等制度性措施，调整清

洁能源和化石能源的市场竞争力，探索建立减免收清洁能源电力消费的交叉性补贴、政府性基金，鼓励用户选择使用清洁能源电力消费，促进核电等清洁能源得到充分利用；三是督促辽宁、广西、福建等省份落实《保障核电安全消纳暂行办法》，明确核电按基本负荷运行，确保核电应发满发。

（三）加快推动核能创新，改善核电安全经济性

随着能源供给侧结构性改革推进，能源的商品属性将在有效竞争的能源市场体系构建中得到充分体现，市场将在资源配置中起决定性作用，光依靠战略和规划来确保核电在能源供给中的地位是不够的，必须推动核电创新。具体来建议如下：一是坚持机制创新，制订鼓励自主知识产权核电技术的批量化建造，通过批量化加速国产化装备制造全面替代和提质、降本和增效，有效降低核电造价。二是鼓励关键核电工程技术攻关，全面推进核电装备及工程建造等技术创新发展，如加大模块化建造技术、开顶法施工等技术在核电中的应用，通过工厂化制造有效节省现场工期、提升建造质量，从而节约成本；各国纷纷在加大新材料、新工艺的研发应用，如在燃料包壳、容错燃料、3D 打印、模锻技术方面进行技术研发，抢占后续改善核电安全经济性先机。三是进一步鼓励运营领域的技术和管理创新，如研发数字电站，推进大数据、机器人和人工智能技术在核电站的应用，核电站实体保卫管理，环境应急技术等方面的研发工作，鼓励行业内加强同类型机组的运维备件及应急资源共享管理等，切实降低核电运维成本。

中国电力市场转型的挑战和对策

林江　尼基特·阿比扬卡（Nikit Abhyankar）　刘栩 弗洛伊兰·西弗恩特斯
（Froylan Sifuentes）[1]

摘要：

中国电力系统的二氧化碳（CO_2）排放占全球二氧化碳排放的13%。目前，中国已开始实施市场导向的电力行业改革。本文模拟了中国南方电网区域的电力系统调度，考察了市场化运行对经济和环境的影响。我们发现，在所有南方电网省份，市场化运营可以提高效率、降低成本，2016年，相比于基准情景，实施省内和区域电力市场可使整个地区的批发电力成本降低35%，其中大约有60%可以通过在区域内建立独立的省内市场来实现，其余的可以通过在不扩大输电能力的情况下建立区域市场来实现。批发市场的收入足以收回发电固定成本；但可能需要对现行支付机制进行财务重组。通过调度更高效的火电机组和水电/可再生能源消纳，电力市场还有助将南方电网的二氧化碳排放量减少10%。随着中国可再生能源发电量的增加，不断扩展传输能力的区域电力市场，所带来的效益会持续增加。

关键词：

中国；南方电网；电力市场改革；调度模式；二氧化碳排放

---

[1] 林江，劳伦斯伯克利国家实验室科学家，加州大学伯克利大学农业与资源经济系。尼基特·阿比扬卡（Nikit Abhyankar），劳伦斯伯克利国家实验室。刘栩，劳伦斯伯克利国家实验室。弗洛伊兰·西弗恩特斯（Froylan Sifuentes），劳伦斯伯克利国家实验室。该文英文版已发表于《Resources Conservation and Recycling》

一、引言

截至 2018 年末，中国的电力系统总装机容量约 18 亿千瓦[1]，是世界上最大的电力系统。中国电力系统的二氧化碳（CO_2）排放占全国能源相关二氧化碳排放的 45%，约为全球二氧化碳排放的 13%[2]。中国电力系统去碳化是减少中国乃至世界能源系统二氧化碳排放的重要任务，对中国其他经济领域，如交通、工业、建筑业的减排也十分重要。

2015 年以来，中国开始了新一轮电力行业改革，以扩大市场在资源配置中的作用。改革的重点领域包括发展市场化批发价格、建立单独的输配电电价、引入零售电业竞争、扩大省际和区域电力交易。改革如果成功，可以带来巨大的经济和减排效益，显著增加可再生能源发电量，加快中国向低碳电力系统的转型[3], [4]。

2017 年 8 月，国家发展改革委、国家能源局确定 8 个省（区）为电力批发市场第一批试点，其中包括了南方电网区域（以广东起步）、蒙西、浙江、山西、山东、福建、四川和甘肃[5]。在目前的改革中，批发市场试点大多数是省内市场，跨省的直接交易只有少量尝试；然而，在改革中需要解决的许多问题，如可再生能源整合和资源充足率问题，都是区域性的。因此，在现有的省内市场模式之外，探索更多的经济和环境效益是很重要的。其他地方的经验表明，采用更广泛的平衡区域理念具有巨大的经济、可靠性和环境效益。"plainCitation"："(Greening the Grid，Denholm，and Cochran 2015；Gog-

---

[1]　China Electric Power Statistical Report，January 22，2019，http://www.cec.org.cn/guihuayutongji/tongjxinxi/niandushuju/2019-01-22/188396.html.

[2]　IEA，Global Energy & CO2 Status Report 2017，https://www.iea.org/publications/freepublications/publication/GECO2017.pdf.

[3]　Lin Jiang，"China's Electricity Switch Won't Be Swift or Painless，" Nature 562，October，39，2018，https://doi.org/10.1038/d41586-018-06894-0.

[4]　Lin，Jiang，Fredrich Kahrl，Jiahai Yuan and Liu Xu，"Economic and Carbon Emission Impacts of Electricity Market Transition in China: A Case Study of Guangdong Province，" Applied Energy，No. 238，2019，pp.1093-1107.

[5]　National Energy Administration："Notice on Piloting Electricity Wholesale Markets，"September1 5，2017，http://www.nea.gov.cn/2017-09/05/c_136585412.htm.

gin et al. 2018；Holttinen et al. 2007；Corcoran，Jenkins， and Jacobson 2012；Kirby and Milligan 2008

本文评估了电力系统市场化调度的影响、电力市场从省内向区域的扩展以及跨省输电能力的扩展。我们以南方电网区域作为案例进行研究，主要是因为该地区各省之间业已建立起有效的电力交易[1]。因此，在短期内转向基于市场的电厂调度是可行的。我们使用一种先进的生产成本模型（PLEXOS），对南方电网的每小时电厂调度进行了模拟，模拟了从当前实际操作到全区域市场的各种调度规则情景。对于每种情况，我们都会评估对市场总成本、生产成本和二氧化碳排放量的影响。

论文的其余部分安排如下。第二部分回顾了评估电力均衡范围区域化和系统调度市场化的经济影响所使用的资料。第三部分介绍我们的方法和数据。第四部分介绍我们的主要结果，第五部分介绍敏感性分析。最后，第六部分讨论结论和政策含义。

二、文献资料回顾

在扩大电力平衡区的好处与成本方面已有大量研究。一般来说，一个较大的平衡区，在其他一切保持不变的情况下，可以降低系统成本，并通过降低与装机容量相关的峰值负荷来提高电网可靠性，从而减少最昂贵机组的运行时间和所需运行储备[2][3][4]。它还增加了负荷系数和最小系统负荷，同时通过地理和时间差

---

[1] 南方电网地区位于中国东南部，包括广东、广西、贵州、云南和海南五省。该地区2016年生产总值占全国GDP的17%），该地区的电力负荷（约1000 TWh/年）占全国总负荷的20%以上。南方电网公司拥有并运营该地区的输电网络，而发电资产大多由省内发电公司拥有。煤电和水电在当前发电中占主导地位，这将在本文后面的章节中详细描述。——作者注

[2] Smith，J. Charles，Michael R. Milligan，Edgar A. DeMeo and Brian Parsons，"Utility Wind Integration and Operating Impact State of the Art，" IEEE Transactions on Power Systems，Vol. 22，No.3，pp. 900 - 908，2007，https://doi.org/10.1109/TPWRS.2007.901598.

[3] DeCesaro，J.，K. Porter，and Exeter Associates，"Wind Energy and Power System Operations: A Review of Wind Integration Studies to Date，" The Electricity Journal，Vol. 22，No.10，2009，p.15.

[4] King，J.，B. Kirby，M. Milligan，and S. Beuning，"Flexibility Reserve Reductions from an Energy Imbalance Market with High Levels of Wind Energy in the Western Interconnection，" NREL/TP-5500-52330，1028530，2011，https://doi.org/10.2172/1028530.

异减少了相对负荷变化。此外，更大的平衡区减少了满足爬坡的容量需求，增加了灵活发电的机会，从而降低了为负载服务的总体成本 [1][2][3][4][5][6][7]。现有的文献资料大多针对在美国和欧洲的电力系统。在中国，很少或没有文献涉及此类问题。

对美国而言，太平洋西北国家实验室的研究人员发现，引如一个能源不平衡市场（EIM）参与西北电力联营（NWPP）的平衡机制，每年可为西北电力联营节省4000万至7000万美元。敏感性分析显示：减少平衡机制集体资源以满足小时内的平衡需求对生产成本的影响，进一步增加每年2亿至2.3亿美元的潜在节约 [8]。另一项研究集中在为美国西部互联引入能源不平衡市场的潜在好处上，发现每年节省的资金大部分在9500万美元到2.94亿美元之间 [9]。实际上，覆盖美国西部8个平衡区的西部能源不平衡市场自2014年成立以来，已经节省了5.64亿美元 [10]。

研究人员发现，提高电网可靠性的其他策略包括改善区域市场准入、跨更

[1] EnerNex Corporation, Dale Osborn, Chuck Tyson, Zheng Zhou and Ken Wolf: "2006 Minnesota Wind Integration Study," 2006.

[2] European Climate Foundation, "Roadmap 2050: Practical Guide to a Prosperous, Low-Carbon Europe, Volume 1 — Technical and Economic Analysis," 2010, http://www.roadmap2050.eu/attachments/files/Volume1_fullreport_PressPack.pdf.

[3] GE Energy, and NREL, "Western Wind and Solar Integration Study," NREL/SR-550-47434, 981991, 2010, https://doi.org/10.2172/981991.

[4] Gramlich, Robert and Michael Goggin, "The Ability of Current U.S. Electric Industry Structure and Transmission Rules to Accommodate High Wind Energy Penetration," 6, 2008.

[5] Holttinen, H., Peter Meibom, Antje Orths, Frans van Hulle, Bernhard Lange, M. O'Malley and Jan Pierik, et al. "Design and Operation of Power Systems with Large Amounts of Wind Power. Final Report, IEA WIND Task 25, Phase One 2006–2008," IEA Wind Task 25, 2007, https://www.vtt.fi/inf/pdf/tiedotteet/2009/T2493.pdf.

[6] Kirby, B., and M. Milligan, "Facilitating Wind Development: The Importance of Electric Industry Structure," NREL/TP-500-43251. National Renewable Energy Laboratory, 2008.

[7] Miller, N. and G. Jordan, "Impact of Control Areas Size on Viability of Wind Generation: A Case Study for New York," Pittsburgh, PA: American Wind Energy Association, 2006.

[8] Samaan, Nader A., Rich Bayless, Mark Symonds, Tony B. Nguyen, Chunlian Jin, Di Wu and Ruisheng Diao, et al, "Analysis of Benefits of an Energy Imbalance Market in the NWPP," PNNL-22877, 1097941, 2013, https://doi.org/10.2172/1097941.

[9] Milligan, M., K. Clark, J. King, B. Kirby, T. Guo and G. Liu, "Examination of Potential Benefits of an Energy Imbalance Market in the Western Interconnection," NREL/TP-5500-57115, 1071943, 2013, https://doi.org/10.2172/1071943.

[10] "Western Energy Imbalance Market," https://www.westerneim.com/pages/default.aspx.

图 8　中国电力市场转型的挑战和对策

大区域共享调度和区域控制错误责任[1]。在未来，随着可再生能源普及率的提高，增加平衡区规模带来的好处会被放大。最近开展的为提高可再生能源占比而进行的市场改革的研究表明，应朝着增加灵活性和扩大地理区域的方向发展[2]。

　　至少有三个因素影响电网市场扩张的效益和成本。第一个因素是与输电扩建项目相关的附加成本，这些项目可能会与跨多个小平衡区的管理整合相平行。如果在增加给定平衡区规模时不需要输电新投资，那么系统成本降低和可靠性提高是非常可观的[3]。科科伦（Corcoran）等研究了横跨不同联邦能源管理委员会的区域进行输电能力扩展互联的成本和效益。他们发现，在大多数情况下，额外的输电成本超过了收益。最具成本效益的互联方案是通过相对较短的传输项目整合多个小区域。由于他们的假设不包括燃料多样性、价格不确定性和由于拥堵造成的能源价格差异，因此需要对电力传输的影响进行更多的研究，特别是关于跨其他地区和系统的假设。影响较大平衡区域电网效益的第二个因素是利益的时间尺度。米勒（Miller）和乔丹（Jordan）发现聚合负载在每小时的时间区间内提供了适度的好处，但在 5 分钟区间和每分钟区间提供了更显著的好处[4]。第三个因素是沿更复杂平衡区域层架构的信息传输效率。特别是，迈克菲（McAfee）和麦克米伦（McMillan）认为，随着层级架构的增长，在信息点和决策点之间传输私有信息的成本也会增加[5]。如果不能有效降低信息传输成本，平衡区域规模的增加可能会受到规模效应不经济的影响。

[1]　Smith, J. Charles, Michael R. Milligan, Edgar A. DeMeo and Brian Parsons 2007 "Utility Wind Integration and Operating Impact State of the Art, " IEEE Transactions on Power Systems, Vol. 22, No.3, pp.900－908, 2019, https://doi.org/10.1109/TPWRS.2007.901598.

[2]　Goggin, Michael, Rob Gramlich, Steven Shparber, Nelson Mullins Riley, Scarborough Llp, and Alison Silverstein, "Customer Focused and Clean, Power Markets for the Future, " Wind Solar Alliance, 2018, https://windsolaralliance.org/wp-content/uploads/2018/11/WSA_Market_Reform_report_online.pdf.

[3]　Corcoran, Bethany A., Nick Jenkins, and Mark Z. Jacobson, "Effects of Aggregating Electric Load in the United States, " Energy Policy, No. 46, July, 2012, pp.399－416, https://doi.org/10.1016/j.enpol.2012.03.079.

[4]　Miller, N., and G. Jordan, "Impact of Control Areas Size on Viability of Wind Generation: A Case Study for New York, " Pittsburgh, PA: American Wind Energy Association, 2006.

[5]　McAfee, R. Preston, and John McMillan, "Organizational Diseconomies of Scale, " Journal of Economics & Management Strategy, Vol.4, No.3, pp.399－426, 1995, https://doi.org/10.1111/j.1430-9134.1995.00399.x.

　　大量研究还表明基于市场的经济电力调度可降低成本。格林和纽伯里发现，在英国电力现货市场，更多的竞争导致了更低的电力成本[1]。斯卡乐（Cicala）研究了将市场化调度引入美国电力控制领域的效果，发现放松管制使运营成本降低约20%（每年30亿美元），并使地区电力交易增加约20%[2]。其他研究人员发现，重组可导致发电厂生产成本降低和实质性的效率提高[3]。斯卡乐（Cicala）还发现在解除监管的市场里煤电厂的燃煤价格比未解除监管的要下降12%[4]。林江等研究了中国广东省在过渡到电力市场的过程中经济和碳排放的影响，发现电力改革给消费者带来了显著支出节省[5]。魏一鸣等采用优化模型定量分析了经济调度对燃煤电厂的影响。他们发现，燃煤电厂之间的热效率存在重大差异，而且，随着经济调度，平均电价随着发电用煤减少而降低[6]。

　　对能源批发市场的一个批评声音是"缺钱"。在竞争激烈的纯能源市场中，发电厂通常只能回收其边际成本。因此，财务重组和市场效益的重新分配对于发电厂收回其固定容量成本是必要的[7]。林江等在广东省探讨了这一问题，并

[1] Green, Richard J., and David M. Newbery, "Competition in the British Electricity Spot Market," Journal of Political Economy, Vol.100, No.5, pp.929 - 53, 1992.

[2] Cicala, Steve, "Imperfect Markets versus Imperfect Regulation in U.S. Electricity Generation," w23053. Cambridge, MA: National Bureau of Economic Research, 2017, https://doi.org/10.3386/w23053.

[3] Fabrizio, Kira R., Nancy L. Rose, and Catherine D. Wolfram, "Do Markets Reduce Costs? Assessing the Impact of Regulatory Restructuring on US Electric Generation Efficiency," The Ameirican Economic Review, Vol. 97, No.4, 2007, pp.31.

[4] Cicala, Steve, "When Does Regulation Distort Costs? Lessons from Fuel Procurement in US Electricity Generation," American Economic Review, Vol.105, No.1, pp.411 - 44, 2015, https://doi.org/10.1257/aer.20131377.

[5] Lin, Jiang, Fredrich Kahrl, Jiahai Yuan, and Liu Xu, "Economic and Carbon Emission Impacts of Electricity Market Transition in China: A Case Study of Guangdong Province," Applied Energy, No. 238, 2019, pp.1093 - 1107.

[6] Wei, Yi-Ming, Hao Chen, Chi Kong Chyong, Jia-Ning Kang, Hua Liao, and Bao-Jun Tang, "Economic Dispatch Savings in the Coal-Fired Power Sector: An Empirical Study of China," Energy Economics, No. 74, August 2018, pp.330 - 42, , https://doi.org/10.1016/j.eneco.2018.06.017.

[7] Joskow, Paul L., "Capacity Payments in Imperfect Electricity Markets: Need and Design," Utilities Policy, Capacity Mechanisms in Imperfect Electricity Markets, Vol.16, No.3, 2008, pp.159 - 70, https://doi.org/10.1016/j.jup.2007.10.003.

得出结论，有必要建立机制，使发电厂能够收回其固定成本[1]。本文还评估了批发市场的收入是否足以支付所有发电厂的生产和固定成本。

三、方法

我们用 PLEXOS 模拟 2016 年南方电网发电厂每小时电力调度。我们模拟了南方电网的五个节点，每省一个：广东、广西、贵州、云南、海南，见图1。我们同时模拟了与其他电网的区域交换，如与西南电网或中部电网。使用 2016 年各省发电机组实际发电数据、以及跨省区输入/输出中的消纳数据，我们校订了模型中的关键参数（可用性，调度限制等）。

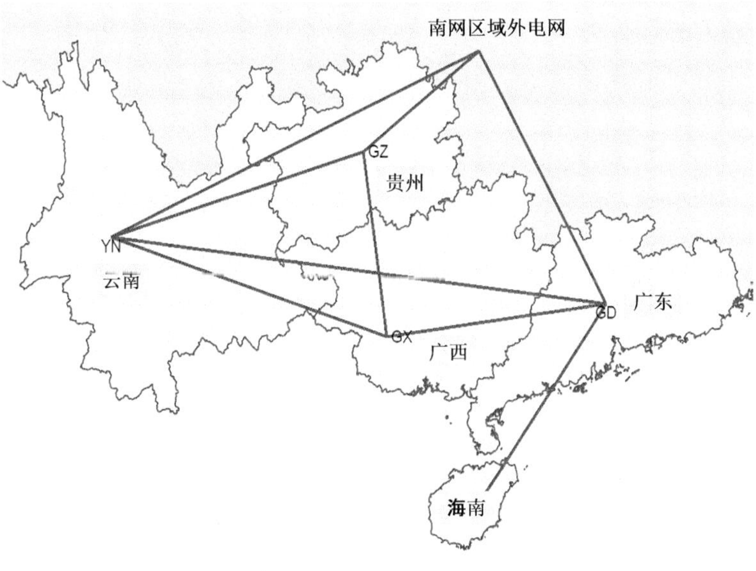

图1 南方电网五个节点以及网外节点

资料来源：作者自绘

---

[1] Lin, Jiang, Fredrich Kahrl, Jiahai Yuan, and Liu Xu, "Economic and Carbon Emission Impacts of Electricity Market Transition in China: A Case Study of Guangdong Province," Applied Energy, No. 238, 2019, pp.1093 – 1107.

（一）模型

我们用 PLEXOS 以每小时解析度模拟南方电网的运行。PLEXOS 是一个行业标准软件，由 Energy Exemplar 公司开发，在世界各地被电力公司和运营商广泛使用。PLEXOS 采用混合优化整数来降低能够满足给定负荷的成本，负荷即由电网的物理参数（如发动机容量，缓变率，传输限制）和经济参数（如燃料价格，启动成本，输入输出限制）给定。针对下面所提及的每一个情景，我们以每小时解析度模拟南方电网 2016 全年的运行，并报告本模型的关键输出，如发电厂调度、传输、省际流量、生产电价和批发电价、水电和其他可再生能源消纳、二氧化碳排放，等等。

（二）情景

我们设立了三个情景来评估南方电网中省内和区域电力市场的影响。情景的如下顺序显示了市场约束的逐步释放。

第一，基线。基线情景模拟南方电网系统 2016 年的实际火电调度、省际输入输出和水电调度限制。

第二，省内市场。在这个情景中，我们模拟在南方电网中建立一个省内市场。我们假设在各省内部，电厂调度是基于市场的，也就是基于最小成本。然而，既有的管理省际电力进出口的合同以及水电调度的限制条件被假定为与基线情景情况一致。

第三，区域市场。在这个情景中，我们模拟在南方电网中建立一个全网范围的区域市场。我们假设当前的省际合同重新谈判，整个南方电网的系统调度基于最小成本进行优化。现有的传输限制会继续作用于省际传输流量。

（三）数据与关键参数

1.电力需求

我们采用《中国电力统计年鉴 2017》中 2016 年各省的实际电力消费数据。我们根据 2016 年各省冬夏季典型日负荷形态、月用电量、假定冬夏季持续长度以及周末与工作日用电量比值，构建了各省每小时负荷曲

线 [1][2], [3], [4], [5], [6], [7], [8], [9], [10]。

2. 水利发电

我们采用固定水力发电法进行建模，通过历史月份额限定每月进口电量和水电发电量，并假定一天当中峰谷用电比率，确定各省的小时水力发电调度值。因为我们只掌握广东的水力发电数据，我们假定其他各省的水力发电情况相同。由于广东占南方用电需求的 50% 以上，我们相信这个假设不会对结果有显著影响。在月能源消费预算相同的条件下，我们还通过使用灵活水电调度，进行敏感性分析。

3. 太阳能和风能

对每一个省，我们从 SWITCH-China 模型中抽取其光伏和风能发电的小时概况，分别在各省 10 个具有最佳资源禀赋的站点（即 10 个最佳光伏站点和 10 个最佳风能站点），使用其小时光照和风速数据进行模拟 [11], [12]。

4. 发电厂运行参数

发电厂运行参数，如热耗率、缓变率和最小稳定发电水平，是用发电机组

[1] Q. Cai，J Li，Y. Wang，Q. Sun，M. Xie，J. Deng，and M. Liu，"Load Characteristics of Guangdong Power Grid，" Guangdong Electric Power，2014.

[2] "Key Statistics of Guangdong，" 2016，http://www.gdstats.gov.cn/tjsj/zh/gmjjzyzb.

[3] 云南省统计局：《云南经济运行数据——统计数据》，2017，http://www.stats.yn.gov.cn/tjsj/。

[4] 贵州总计局：《贵州 2016 年统计月报》，2017 年，http://www.gz.stats.gov.cn/tjsj_35719/sjcx_35720/tjyb_35721/index_1.html。

[5] 《上半年广西全社会用电量 634 亿千瓦时 居民用电保持高增长》，人民网，2016 年 7 月 25 日，http://gx.people.com.cn/n2/2016/0725/c179430-28726182.html。

[6] 海南省政府：《海南省 2016 年统计月报》，2017 年。

[7] Zhang，Xiuzhao，and Hongli Yan，"Studies on Load Characteristics of Yunnan Power Network，" Yunnan，China: Yunnan Electric Power，2014.

[8] Yang，Zhuo，and Bo Li，"Load Characteristics Analysis and Forecasting in Guangxi Power Grid，" Guangxi Electric Power，2014.

[9] Li，Xiaolu，"Analysis of Load Forecasting in Guizhou Power Grid，" 17，Guizhou Electric Power Technology，2014.

[10] Lv，Yi，"Load Curve and Trend in Hainan Power Grid，" 24，China Science and Technology Information，2013.

[11] He，Gang，and Daniel M. Kammen，"Where，When and How Much Wind Is Available? A Provincial-Scale Wind Resource Assessment for China，" Energy Policy，No.74，November 2014，pp.116-22. https://doi.org/10.1016/j.enpol.2014.07.003.

[12] He，Gang，and Daniel M. Kammen，"Where，When and How Much Solar Is Available? A Provincial-Scale Solar Resource Assessment for China，" Renewable Energy，No. 85，January 2016，pp.74-82，https://doi.org/10.1016/j.renene.2015.06.027.

历史性能数据、热耗率与成本监管指令、国际基准和其他相关资料，以及通过与系统操作员针对实际操作讨论后估算的[1][2][3][4]。

5. 燃料价格

我们使用各省 2016 年的实际煤炭价格[5]。煤炭价格表现出明显的逐月变化（参见图 2）。不过，不同省份的变化趋势都极为相似。在所有省份，煤炭价格在 1—8 月区间都很平缓，在 9—12 月，价格上升大约 20%—40%。煤炭价格贵州最低，广西则最高。

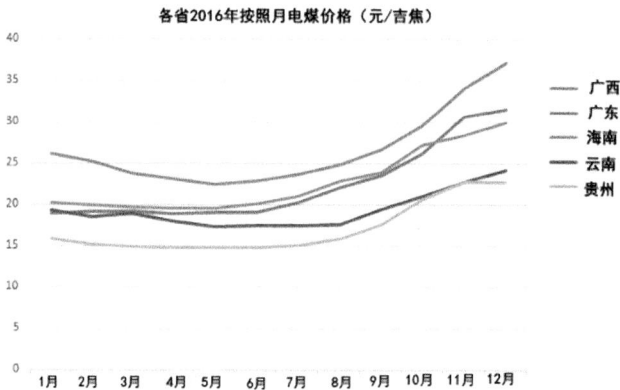

图 2　各省 2016 年按月煤炭价格

资料来源：中国国家发展和改革委员会

我们没有 2016 年各省天然气价格的月度数据，因此使用了 2016 年广东省天然气年平均价格（54.4 元 / 吉焦）进行各省计算。我们相信这不会对计算结果有重大影响，因为燃气发电相对于燃煤发电所占比重极小。

6. 与其他地区电网的交换

[1]　Abhyankar, Nikit, Anand Gopal, Colin Sheppard, Won Young Park, and Amol Phadke, "Techno-Economic Assessment of Deep Electrification of Passenger Vehicles in India," 60, 2017.

[2]　Liu, Shucheng, Phase I – A Direct Testimony of Dr. Shucheng Liu on Behalf of the California Independent System Operator Corporation R.13–12–010, California, U.S. 2014.

[3]　Liu, Shucheng, "A Bulk Energy Storage Resource Case Study Updated from 40% to 50% RPS," presented at the CAISO 2015–2016 Transmission Planning Process, 2015.

[4]　California ISO, "2015–2016 Transmission Plan, 2016, http://www.caiso.com/documents/board-approved2015–2016transmissionplan.pdf.

[5]　中国国家发展和改革委员会：《中国电煤价格指数（CTCI）》，2019，http://jgjc.ndrc.gov.cn/zgdmjgzs.aspx?clmId=syjgzs6。

在所有情景下，我们假设与其他地区之间电力输入输出和 2016 年的实际流量相同。2016 年实际数字来自《2016 年电力行业统计汇编》[1]。

7. 燃料二氧化碳排放系数

我们使用政府间气候变化专门委员会[2]的煤炭和天然气二氧化碳排放系数，汇总在表 1。

表 1 燃料二氧化碳排放系数

燃料	排放系数	单位
煤炭	95.42	t CO2/TJ
天然气	56.151	t CO2/TJ

资料来源：政府间气候变化专门委员会

（四）模型校准和数据

我们对模型的关键参数进行校准，如最小年发电量、水电和可再生能源削减，以便基线情景结果与各省机组实际调度量以及 2016 年的省际交易量相匹配（误差率为 10%）。2016 年的实际数据来自中国电力工业协会。校订结果见表 2。

表 2 模型校准：南方电网机组发电与省际传输的模拟基线情景与 2016 年实际数据比较

总发电量或输入输出（十亿千瓦时 /yr)	2016 年实际	基线情景（模拟 2016 年）
核电	87	86
燃煤	503	500
天然气	0	1
水电	404	394
风能 + 光伏	31	29
水电和可再生能源消减	32	36
发电总计	1024	1010
主要省际流量		
总发电量或输入输出（十亿千瓦时 /yr)	2016 年实际	基线情景（模拟 2016 年）

[1] 中国电力协会：《2016 年电力行业统计汇编》，2017 年。

[2] IPCC，Revised 1996 IPCC Guidelines for National Greenhouse Gas Inventories，1997.

（续表）

广西至广东	8	6
贵州至广东	55	60
云南至广东	110	100

资料来源：中国电力工业协会和分析结果

四、主要结果

（一）模拟发电混合和边际成本

市场化运作可使火电机组的调度效率更高，总体生产成本更低。在基准情景（当前调度方式）中，无论边际成本如何，所有燃煤发电机都以类似的容量因数运行，导致高度非优化调度，并造成大量弃水、弃风、弃光现象（5%—10%）。

表3显示了在所有情景下南方电网区域按能源分类的年发电总量。在基线情景下，燃煤发电量占全区域总发电量50%，同时约8%的水电和可再生能源发电被迫消减；然而市场化调度机制降低了燃煤发电量：省内市场降低7%（基于省内的市场），区域市场降低10%（考虑传输限制后的区域市场）。与此同时，核能发电，具有极低的边际成本，在所有情景中增加了约25%，水力发电增加了9%，弃水、弃风、弃光电量下降了83%。

表3 南方电网2016年按能源和情景分类的年发电量（十亿千瓦时/年）

来源	基线	省内市场	区域市场
核能	86	107	107
煤炭	500	465	450
天然气	1	0	0
水力	394	413	425
风力	22	19	22
光伏	7	6	6
总发电量	1010	1010	1010
水力和可再生能源消减	36	21	6

资料来源：作者计算

图3按照生产边际成本将发电厂年度调度分组。在市场化调度下，发电厂

以小于 160 元 / 兆瓦时的边际成本发更多的电，发电厂以大于 160 元 / 兆瓦时的成本却发电更少。结果是，生产总成本和电力批发价格明显下降。

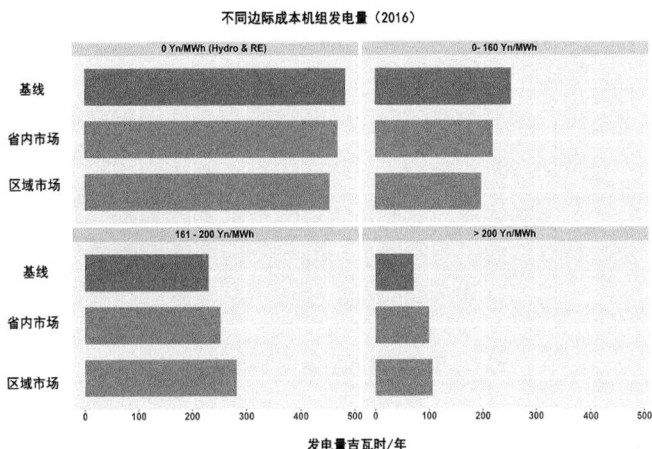

不同边际成本机组发电量（2016）

图 3　2016 南方电网按边际成本的年发电量

资料来源：作者分析结果

（二）市场化调度的经济收益

在发电厂市场化（最低成本）调度的情况下，南部电网区域的电力批发总成本比按目前的发电厂计划调度做法减少了 20%—35%（见图 4）。建立省内市场对降低成本贡献最大（20%），其次是建立区域市场（再多降低 15%）。相对于基线，建立省内市场降低了所有省份的批发成本，而当市场实现区域化时（即从省内市场过渡到区域市场时），成本降低了再降低 10%—41%。广东省的降幅最低（约 10%），表明该省已经从该地区其他省份进口了大量电力。

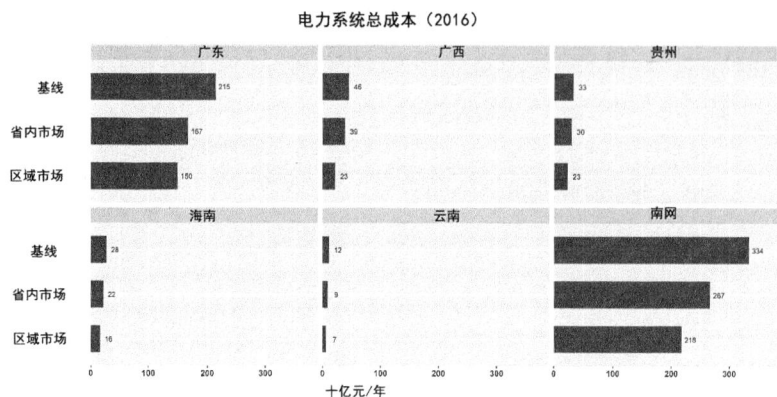

图4　2016南方电网电力年批发成本

资料来源：作者计算分析结果

（三）省内发电和省际传输

这里我们针对每一个情景描述省内发电和省际传输。在2016年的基线情景下，广东发电量最高达3830亿千瓦时，其次是云南为2710亿千瓦时(参见图5)。广东同时是电力净输入省，分别从广西、海南、云南和其他网外区域输入电力。在广东、贵州、海南，煤电主宰发电，而广西和云南则是水电主宰。省际电力传输的最大量是在广东与广西之间，净传输量由西向东约1190亿千瓦时。

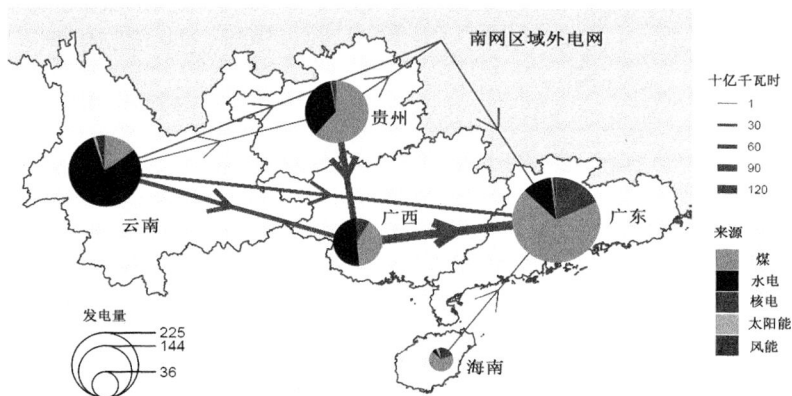

图5　基线情景下南方电网电力发电与省际传输

资料来源：分析结果

在省内市场情景下，各省的总发电量和各省之间的电力输入输出量没有变化（参见图6）。反而是，各省的发电都被优化以实现最低成本，这导致了发电结构的变化。例如，虽然煤炭仍然主导广东发电，但该省的煤炭发电量（与基线情景相比）减少了70亿千瓦时，而核能发电量则对等增加。云南的煤炭发电量从400亿千瓦时减少到250亿千瓦时，水力发电量从2160亿千瓦时增加到2350亿千瓦时。总体而言，在这种省内市场情景下，该地区的煤炭发电量减少，水力发电量增加。

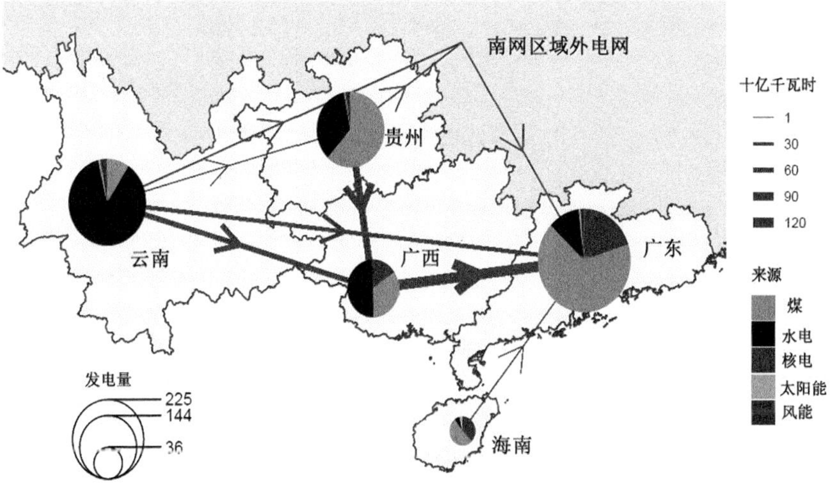

图6　省内市场情景下南方电网电力发电与省际传输

资料来源：分析结果

区域市场情景产生了更显著的发电量与传输量的变化（参见图7）。与基线情景相比，广东省省内发电总量从3830亿千瓦时减少到3520亿千瓦时，煤炭发电量从2640亿千瓦时减少到2260亿千瓦时。云南省发电量从2710亿千瓦时增加到2790亿千瓦时，水力发电量从2160亿千瓦时增加到2470亿千瓦时。广西的省内发电量从1200亿千瓦时减少到900亿千瓦时，减少的大部分是煤炭发电量。另一方面，贵州省发电量从2060亿千瓦时增加到2620亿千瓦时，大部分增长来自煤炭发电量。省际传输也发生了重大变化。例如，广西至广东的输电量从1190亿千瓦时增加到1530亿千瓦时，而贵州至广西的输电量从 77 0 亿千瓦时增加到 136 0 亿千瓦时。在区域市场条件下，广西成为向广东输电的枢纽，同时却降低了本地发电量。

图 7　区域市场情景下南方电网电力发电与省际传输

资料来源：作者分析结果

（四）降低二氧化碳排放

由于弃水现象的显著减少和火电机组的更有效运行，市场化调度大大减少了南方电网的二氧化碳排放量（参见图 8）。创建一个省内市场，即便有水电调度和传输能力限制，与当前排放量（基线情景）相比，二氧化碳排放量减少了 7%。建立一个跨区域市场，二氧化碳排放量可再进一步减少 3%。

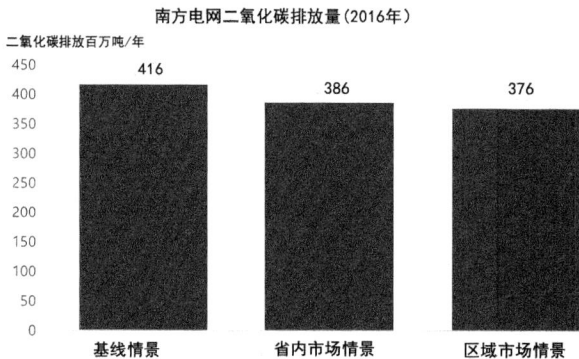

图 8　2016 年南方电网年二氧化碳排放

资料来源：作者分析结果

（五）固定成本回收

南方电网区域当前的发电电价/合同价格明显高于发电厂的固定成本（主要是投资成本及固定运营维护成本）和可变成本（燃料和可变运营维护）总额。在市场化经济调度下，批发电力总成本（即发电机组总收入）显著降低（参见图4）。然而，市场收入仍然足以满足省内市场和区域市场情景下的发电机组总成本（固定和可变）（参见图9）。

十亿元/年

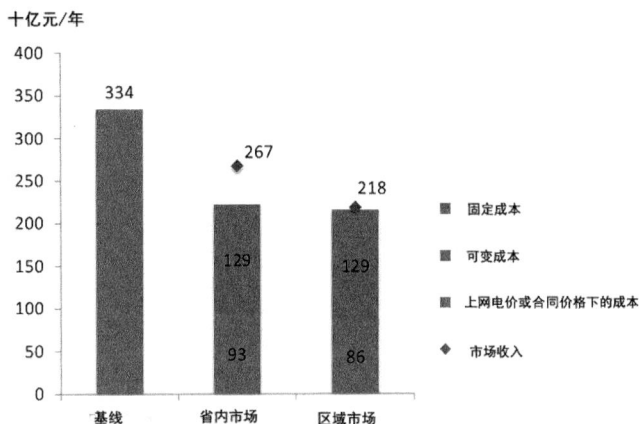

图 9 2016 年南方电网年市场总收入及发电机组总成本

资料来源：作者分析结果

在省内市场情景下，市场总收入为 2670 亿元/年，高于发电机总成本的 2220 亿元/年；在区域市场情景下，发电机总收入降至 2180 亿元/年，仍略高于发动机总成本的 2150 亿元/年，意味着区域和省内市场收入足以在系统层面收回发电机固定成本。为确保在单个发电厂层面收回固定成本，可能需要对当前合同/付款安排进行财务重组；评估此类重组的细节不在本文的范围内。

五、敏感性分析

为了检验研究结果的稳健性，我们通过改变煤炭价格、改变各省之间的输电能力，改变水电调度限制条件，进行了敏感性分析。

（一）提高煤炭价格

由于燃煤发电占南方电网总发电量的近50%，煤炭价格上涨会影响市场价格，从而影响市场化调度所带来的节约。如果煤炭价格上涨25%，在省内市场情景下，平均市场价格上涨近12%，在区域市场情景下，平均市场价格上涨10%。因此，在省内市场情景下，负荷成本增加到2960亿元/年，在区域市场情景下，负荷成本增加到2400亿元/年。假设发电电价（仅可变成本部分）也会增加，以反映较高的煤价，则基线情景下的总负荷成本将增加约7%，达到3560亿元/年。因此，与基线情景相比，省内市场情景下总批发电力成本将下降17%，区域市场情景下批发电力成本下跌33%。这些百分比的减少比我们的核心分析中（低价煤）的减少要小，分别是在省内市场情景下减少了20%，在区域市场情景下减少了35%；见图4。

（二）新输电投资（加传输）

在这里，我们假设对跨省输电容量进行新的投资，并且在区域市场情景下，可用输电容量增加了现有容量的50%。这一扩展使其他省份能够从云南获得更廉价的水电，从贵州获得廉价的煤电，这降低了净输入省份（广东、广西和海南）的成本，但增加了云南和贵州的总输出量和电力成本。然而，在区域市场情景加传输敏感案例下，所有省份的成本仍然低于基线情景下的成本。当对整个区域进行汇总时，加传输敏感性案例中的附加成本的降低仅比核心区域市场情景的低3.2%，这表明考虑到该区域当前的资源组合和负荷，这种方法的价值有限。然而，随着可再生能源的普及和负荷的增长，扩展输电能力的作用价值可能会很大。最后，加传输案例能推动电力系统运营产生重大变化。在省一级层面，新增加的输电能力使广东广西减少自行发电量，转而增加从云南和贵州等电力便宜的省份输入电力变得更加经济。例如，广东的总发电量从3830亿千瓦时减少到2930亿千瓦时，其中大部分是由于煤炭发电量从2640亿千瓦时减少到1670亿千瓦时（与基线情景相比）；云南和贵州因此成为新的最大和第二大发电省。云南的发电量从2710亿千瓦时增加到3120亿千瓦时（主要来自水电增加），贵州的发电量从206太瓦时增加到2960亿千瓦时（主要来自煤电增加）；增加的发电量大部分输出到广东。随着跨省输电能力增强，由西向东的输电量增加，其中广西是通往广东的输电枢纽。

（三）灵活的水电调度

由于水电占南方电网总发电量的近 40%，其调度受限对电力批发成本和系统运行有显著影响。为了探索更灵活的水电调度的好处，我们允许水电站相对于基线情景中所模拟的固定调度偏离 25%；但维持每月能源预算限制不变。在区域市场情景下，额外的灵活性对水电的影响很小，但电网运行的变化很大。首先，煤炭发电调度变得明显平缓。水电站在高峰时段增加出力，在非高峰时段减少出力，从而使火电站的爬坡和循环明显减少。尽管煤炭总发电量几乎保持不变，但更便宜的煤电被调度得更多。其次，由于贵州拥有南方电网地区最廉价的煤炭资源，贵州对广西和广东的煤电输出有所增加。最后，大部分昂贵的天然气发电调度被取消。结果是，在区域市场灵活水电调度案例下，批发电力成本降至 2060 亿元 / 年，比核心区域市场情景低 6%，比核心基线情景低 38%。

（四）区域市场情景敏感性分析总结

图 10 总结了区域市场情景下批发电力成本对敏感性分析案例的影响。除了上述三种情况外，它还展示了一种既有灵活的水电投资又有额外输电投资的情况。在这种情况下，批发电力成本比核心的区域市场情景低 10% 左右。

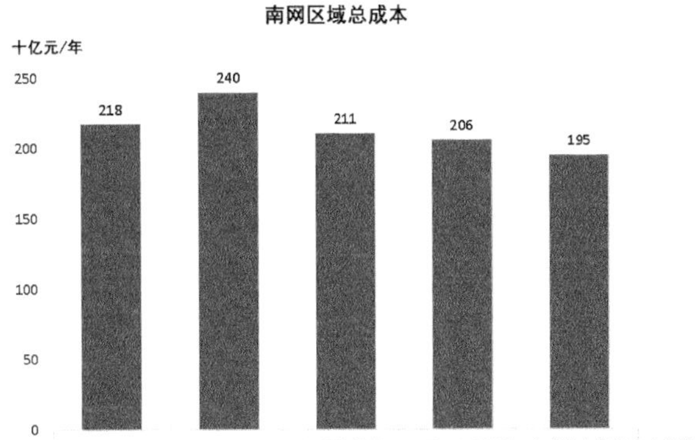

南网区域总成本

图 10　2016 年南方电网负荷成本关键参数敏感性分析

资料来源：作者计算分析结果

六、结论和政策含义

在许多发达经济体中，在大型均衡区域内有组织的批发市场能提供多种好处：降低服务消费者的成本，改善可再生能源的整合，减少环境碳足迹。我们的研究结果表明，中国南方电网的市场化运营可以在所有省份提高效率和降低成本，使整个地区的批发电力成本降低35%。通过建立独立的省内市场，维持现有的省际输入输出水平，即可实现大部分的成本节约，这表明电力市场可以在结合适当的固定成本回收安排的情况下，提供近期效益。

市场驱动的全系统电力成本降低可能有助于为固定成本补偿提供必要的资源。此外，在电力批发市场中，与边际成本最低的发电机组的交易将以市场价格结算，发电机组固定成本得以收回，而不必把固定成本附加于批发电力成本。大部分的补偿是边际成本高的发电机组或那些根本没有被调度的发电机组所需要的。我们对固定成本的初步分析表明，低成本发电机组有足够的收入盈余来收回其固定成本并补偿高成本发电机组，这可能需要对现有合同 / 支付机制进行财务重组。然而，这一问题还需要进一步的研究。

在省一级中，广东从市场受益最大，主要是因为它即使是在基线情景下，也使用了高成本煤电，并输入了30%以上的能源。由于在该地区煤炭成本最高，广西成本降低的最大来源是将省内市场扩大为区域市场，因为广西可以因此输入更便宜的贵州煤电和云南水电。随着区域市场的发展，广西煤电明显下降。贵州由于拥有该地区最便宜的煤炭，建立省内市场只会略微降低成本。在区域市场中，贵州大量输出额外的煤电并从云南输入水电，但这些交易受到输电条件的限制。一旦这些限制消除，其他省份将大量进口贵州煤电，这降低了区域净成本，但会增加贵州的成本。输电条件受限情况的改善，使水电发电量大幅增加，云南省因此受益。输电能力扩大使其他省份能够更多地从云南输入，这在降低区域成本的同时增加了云南的成本。由于更高效的火电调度和避免弃水、弃风、弃光，电力市场还可以使南方电网的二氧化碳排放量减少10%，使电力市场成为纳入中国电力行业最具成本效益的脱碳战略之一。

市场化机制的环境和经济价值会随着时间的推移增加。例如，我们基于2016年电力系统的分析显示，在扩大区域市场输电过程中，区域批发电力成本和二氧化碳排放量仅略有下降，然而，随着中国增加可再生能源发电以实现环境目标，一个输电范围业已扩大的区域市场可能有助于降低成本和提高效益。这个问题需要进一步的研究。最后，如果中国建立一个电力部门碳市场，将需要有市场化电价以实现碳价格的传递。随着碳价格被计入发电成本，并且太阳能、风能和储能技术成本继续下降，电力市场将有助于大规模整合可再生能源，并加快向清洁电力系统的过渡。

B.9

我国北方农村地区清洁取暖补贴政策现状与建议

吕连宏　张志麒　王健　罗宏[1]

摘要：

我国北方地区冬季以燃煤为主的取暖用能结构是影响区域大气环境质量的重要原因之一。为切实改善区域大气环境质量，我国在以京津冀及周边地区为重点的北方农村地区开展了大规模清洁取暖改造工作。本文总结了"2+26"城市清洁取暖政策实施总体情况和清洁取暖技术应用情况，梳理了现行财政补贴政策，剖析了当前北方农村地区清洁取暖改造面临的主要问题，计算不同技术路径选择情况下"2+26"城市及整个北方农村地区清洁取暖所需财政补贴资金规模，为未来清洁取暖的技术路径选择及补贴政策的制定提供参考。测算结果表明，现行补贴标准下，补贴资金投入额的差异主要来源于清洁取暖技术路径及农居建筑节能性能的差异，使用热泵类设备并进行建筑节能改造对降低补贴资金的投入有积极影响。中央财政的支持对于减轻地方财政资金压力具有重要意义，对于已大规模推进农村清洁取暖改造并已制定补贴政策的地区，在现行补贴政策有效期截止后仍需要继续制定新

[1] 吕连宏，博士，正高级工程师，中国环境科学研究院能源与环境研究室室主任，主要研究领域为能源环境政策，曾获首届中国能源研究会优秀青年能源科技工作者奖。张志麒，硕士研究生，中国环境科学研究院。王健，硕士，中国环境科学研究院工程师。罗宏，博士，研究员，国际清洁能源论坛（澳门）理事，中国环境科学研究院能源与环境经济领域首席专家。

的补贴政策，各地应在农户可接受、政府可承担的前提下逐步实现补贴退坡。

关键词：

　　　大气污染防治；清洁取暖；补贴政策；北方农村地区

　　以煤炭为主的能源消费结构是我国二氧化硫、氮氧化物、烟尘等污染物排放量巨大并造成区域性复合型大气污染的重要原因。为了切实改善大气环境质量，近年来我国在燃煤、工业、扬尘及机动车等领域开展了大量工作，污染物排放标准不断升级，区域大气环境质量开始出现逐步好转态势，但与发达国家相比，仍有巨大差距，特别是北方地区冬季的大气污染问题仍较为突出，分析其原因除了与大气扩散条件的变化有关以外，与我国北方冬季以燃煤为主的取暖用能结构也是密不可分的。

　　为了解决大气污染问题，2017 年开始，多部门共同推动北方地区清洁取暖工作，中央财政累计投入数百亿元，完成散煤治理任务 1000 多万户。按照国家能源局发布的最新统计数据，北方地区冬季清洁取暖率达到了 50.7%，替代散烧煤约 1 亿吨，减排二氧化硫 78 万吨、氮氧化物 38 万吨、非化学有机物 14 万吨、颗粒物 153 万吨[1]。通过两个采暖季的实践，清洁取暖取得显著成效，大气污染物排放持续下降，空气质量达标天数逐年增长，为打赢蓝天保卫战作出了应有贡献。

一、北方农村地区清洁取暖政策实施现状

（一）清洁取暖政策总体实施情况

1.北方地区总体情况

根据《北方地区冬季清洁取暖规划（2017—2021 年）》（以下简称《规划》），

---

[1]　《"2+26"城市冬季清洁取暖率已达 72% 对大气污染物减排贡献非常突出》，《北京日报》2019 年 9 月 22 日，http://www.xinhuanet.com//2019-09/22/c_1125023604.htm.

截至 2016 年底，我国北方地区城乡建筑取暖总面积约 206 亿平方米，其中农村建筑取暖面积 65 亿平方米，占总面积的 31.5%。而从能源消费结构来看，目前我国北方地区供暖能源以燃煤为主，取暖用煤年消耗量约 4 亿吨标准煤，而其中散烧煤和低效小锅炉用煤约占 50%，主要分布在农村地区。

2017 年发布的《京津冀及周边地区 2017—2018 年秋冬季大气污染综合治理攻坚行动方案》对京津冀大气污染传输通道城市清洁取暖替代散烧煤工作提出改造目标：2017 年 10 月底前需完成电代煤、气代煤 300 万户以上，拉开了北方地区大规模清洁取暖改造工程的序幕。2018 年 6 月 13 日，李克强总理在部署实施蓝天保卫战三年行动计划时指出，要科学合理、循序渐进有效治理污染、坚持从实际出发，因地制宜选择合理的清洁取暖方式，确保群众安全温暖过冬。

2018 年，我国北方清洁取暖替代范围的重点城市在京津冀大气污染传输通道"2+26"城市的基础上，增加了汾渭平原的 11 个城市，中央财政支持的北方清洁取暖试点城市由 12 个扩展至 35 个，覆盖了除北京以外的 27 个"2+26"城市和 7 个汾渭平原城市。根据 2019 年 9 月发布的《中国散煤综合治理调研报告 2019》显示，2018 年全年我国共削减散煤使用量约 6100 万吨，其中民用散煤领域贡献了 28%，主要来自于"2+26"个通道城市和汾渭平原 11 个城市的农村清洁取暖改造。2018 年重点区域清洁取暖改造近 614.75 万户，超额完成目标 40%，替代民用散煤约 1680 万吨。民用散煤治理政策趋向理性，宜电则电、宜气则气、宜煤则煤、宜热则热的"四宜"原则得到逐步落实，对改善区域大气环境质量起到了重要作用。

2. "2+26"城市总体情况

京津冀大气污染传输通道"2+26"城市是北方农村地区清洁取暖改造的先驱和重点区域，目前已取得积极进展。根据各省公开数据，截至 2017 年底，"2+26"城市清洁取暖改造累计完成量达 562.5 万户，其中 2016 年及以前完成 80 万户，

2017年计划完成394.3万户[1]，实际完成482.5万户。在已完成清洁取暖改造的用户中，使用天然气供暖和使用电供暖的比例约为7:3，使用生物质能、地热能等可再生能源进行清洁取暖改造的用户较少。2017年底各省"2+26"城市农村清洁取暖改造完成的具体户数见表1。

表1　2017年"2+26"城市/省清洁取暖改造用户数量（单位：万户）[2][3][4][5][6][7][8][9]

城市/省	气代煤	电代煤	合计	气代煤用户占比
北京市	13.5	56.1	69.6	19.5%
天津市	54.0	50.6	104.6	51.6%
河北省	231.8	21.9	253.7	91.4%
山东省	48.0	9.0	57.0	84.2%
山西省	25.8	3.4	29.2	88.5%
河南省	13.4	34.9	48.3	27.7%
合计	386.6	175.9	562.5	68.7%

资料来源：根据京津冀及周边地区各省市秋冬季大气污染综合治理攻坚行动方案、冬季清洁取暖工作方案及相关新闻报道等公开资料整理。

2018年，"2+26"城市共新增农村清洁取暖改造用户358.7万户，主要集中在河北省和河南省，选取路径也从电供暖、天然气供暖向多元化发展，尚不

[1] 环保部：《京津冀及周边地区2017-2018年秋冬季大气污染综合治理攻坚行动方案》，http://file.china-nengyuan.com/999/news_editor/files/2017/08/201708281552_85543300.pdf。

[2] 《山西省人民政府办公厅关于印发山西省2017—2018年秋冬季大气污染综合治理攻坚行动方案的通知》，http://www.shanxi.gov.cn/sxszfxxgk/sxsrmzfzcbm/sxszfbgt/flfg_7203/bgtgfxwj_7206/201710/t20171012_338877.shtml。

[3] 山东省生态环境厅：《山东省环境状况公报2017》。http://xxgk.sdein.gov.cn/xxgkml/hjzkgb/201806/t20180615_1362080.html。

[4] 《天津市人民政府关于印发天津市居民冬季清洁取暖工作方案的通知》，2017年11月29日，http://gk.tj.gov.cn/gkml/000125014/201711/t20171129_75276.shtml。

[5] 仝晓波、晋陕蒙：《气源地闹"气荒"》，《中国能源报》2017年.12月25日，第2版。http://paper.people.com.cn/zgnyb/html/2017-12/25/content_1826136.htm。

[6] 信娜：《今冬供暖全市新增40.77万煤改电用户 用电补贴首次直发到户》，《新京报》2017年11月19日，http://www.bjnews.com.cn/news/2017/11/14/464205.html。

[7] 原北京市农村工作委员会：《关于〈2018年北京市农村地区村庄冬季清洁取暖工作方案〉的政策解读》，2018年5月18日，http://www.beijing.gov.cn/zhengce/jiedu/34/1856673/1573427/index.html。

[8] 刘飞、姚杰、田梦、王潇：《河北政府新闻办"强力攻坚秋冬季大气污染综合治理坚决打赢河北蓝天保卫战"新闻发布会全程实录》，长城网，2018年1月7日，https://baijiahao.baidu.com/s?id=1588909902912252780&wfr=spider&for=pc。

[9] 宋习凌、张晓婷、李凌云：《河南电力"煤改电"物资供应保障工作纪实》，《中国电力报》2017年11月27日，http://www.cpnn.com.cn/zdzg/201711/t20171127_1032757.html。

具备条件的 297.82 万户采用了洁净型煤替代的方式进行了改造。各城市清洁取暖改造方式及对应用户数如表 2 所示。

表 2 2018 年"2+26"城市 / 省清洁取暖改造用户数量（单位：万户）

地区	气代煤	电代煤	集中供暖	其他可再生能源	合计	洁净型煤替代
北京市	2.00	13.00	0	0	15.00	30
天津市	15.02	3.59	0.07	0	18.68	0
河北省	142.32	29.91	0	0	172.23	145
山西省	9.13	3.09	8.99	7.29	28.50	0
山东省	24.03	12.77	8.22	0.00	45.02	79
河南省	1.99	69.01	0	8.30	79.30	43.82
合计	194.49	131.37	17.28	15.59	358.73	297.82

资料来源: 根据京津冀及周边地区各省市秋冬季大气污染综合治理攻坚行动方案、冬季清洁取暖工作方案及相关新闻报道等公开资料整理。

综合来看，截至 2018 年底，"2+26"城市共完成农村地区气代煤、电代煤改造 888.36 万户，按户均采暖用煤 3 吨计算[1]，共减少散煤使用约 2665 万吨，占采暖用散烧煤总量的 13% 左右。从区域分布来看，河北省（8 个通道城市）是"2+26"城市双替代工作的主战场（参见图 2），改造完成量占总完成量的 48%。

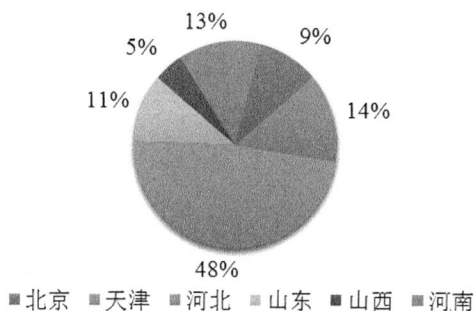

图 2 "2+26"城市双替代规模分布

资料来源: 根据京津冀及周边地区各省市秋冬季大气污染综合治理攻坚行动方案、冬季清洁取暖工作方案及相关新闻报道等公开资料整理。

---

[1] 中国煤控研究项目散煤治理课题组：《中国散煤综合治理调研报告》，自然资源保护协会，2018 年。

从减煤途径来看，以气代煤为主，占比约65%。清洁取暖改造路径的选择存在区域差异性，河北省、山东省、山西省更偏向于使用天然气替代农村散烧煤供暖，气代煤用户分别占本省总用户的87.8%、84.4%和76.8%，而北京市和河南省则更偏向于电供暖，电代煤用户分别占本省总用户的81.0%和87.1%。参见图3。

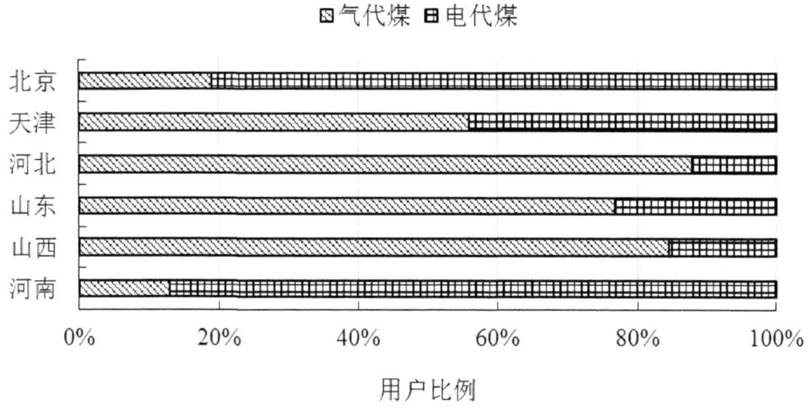

图3　分地区清洁取暖改造路径选择比例

资料来源: 根据京津冀及周边地区各省市秋冬季大气污染综合治理攻坚行动方案、冬季清洁取暖工作方案及相关新闻报道等公开资料整理。

（二）清洁取暖技术应用情况

根据使用能源种类的不同，可将常用的农村户用清洁取暖方式分为电采暖、天然气采暖、可再生能源采暖以及清洁煤采暖。根据采用技术的不同，电采暖又可分为电直热供暖（电热水锅炉、碳晶板电采暖、电热膜采暖、发热电缆采暖）、蓄热式电供暖（蓄能电采暖器、电蓄热锅炉）、土壤源热泵、低温空气源热泵，虽然土壤源热泵和低温空气源热泵是以土壤和空气作为热源，但由于其运行过程中的主要消耗品为电力，因此也归为电采暖范畴。天然气采暖的方式通常包括燃气热水锅炉和燃气壁挂炉两种，燃气热水锅炉功率较大，通常适用于较大面积的集中供暖，如宾馆、酒店、浴池、小区等，农宅分布较为分散，因此燃气壁挂炉更为适用。太阳能采暖系统的原理是通过集热器将太阳能转化为热能，以水作为储热介质，并通过散热部件向室内供暖，由于其受天气等不确定因素的影响较大，因此在实际应用中通常与其他采暖系统相结合，常采用的太阳能复合采暖系统包括太阳能＋土壤源热泵／空气源热泵／燃气设备／清洁煤。各类技术的投资情况、设计安装难度、适用范围等特征如表3所示。

表3　北方地区常见清洁采暖技术特征[1][2]

采暖设备	设备投资	运行费用	设计安装难度	适用范围	技术优势
电直热供暖	0.9万—1.4万元/户	50元/m2.a	发热电缆和电热膜需对房屋墙壁或地面进行改造	建筑能耗低、电力供应充足、经济条件较好、户内人员较少的农户	即开即用，灵活度高
蓄能式电暖器	低于1万元/户	42元/m2.a	直插直用，无须户内改造，难度低	较广，无明显不适用地区	充分利用峰谷电价优惠
蓄热式电锅炉	2.5万元/户	39元/m2.a	直接利用户内散热器采暖末端，改造对生活影响较小	较广，无明显不适用地区	充分利用峰谷电价优惠
空气源热泵	3万元/户	19元/m2.a	安装较简单，无须布孔场地和设备机房，施工周期短	不适用于极寒地区以及温度低、湿度大的地区	部分型号可实现冷暖双供，运行成本低效率高
土壤源热泵	3.5万元/户	15元/m2.a	户内安装难度低，户外施工难度受地质条件影响大	适宜于打井条件便利的平原等地区	效率较空气源热泵高，部分型号可实现冷暖双供
燃气壁挂炉	1.6万元/户	33元/m2.a	可利用户内散热器采暖末端或地暖，改造对生活影响较小	在燃气管网1500米范围之内，或具有CNG、LNG的村庄	可同时提供生活热水并解决炊事用能问题
太阳能复合采暖系统	多种技术联合使用，初投资高	低	较复杂，改造对生活影响较大	适用于太阳能资源较为丰富的区域，在经济收入水平较高的地区或新农村新民居建设过程中使用	在太阳能资源丰富的地区或时段，辅助能源的消耗量小，且可同时满足生活热水供应

资料来源：根据《北京市新能源和可再生能源技术应用评价》《散煤治理与清洁取暖工作指南——基于京津冀清洁能源改造项目研究》研究报告整理。

[1]　北京节能环保中心：《北京市新能源和可再生能源技术应用评价》，2015年6月。

[2]　清洁空气创新中心、北京市环境保护科学研究院：《散煤治理与清洁取暖工作指南——基于京津冀清洁能源改造项目研究》，2017年11月。

综合考虑各类技术的改造难度、技术成熟情况及各地资源禀赋、经济状况等多方面因素，目前各地广为推行的清洁取暖设备包括蓄能式电暖器、空气源热泵和燃气壁挂炉三类，各地出台的价格和补贴政策也基本围绕这三类技术制定。中国煤控研究项目散煤治理课题组于2017年11月开展的一项调查显示，2017年的清洁取暖工作取得了一定的成效，但北方农村地区冬季取暖仍以燃煤为主的局面并未发生根本变化[1]。在参与调研的农户中，仍有62%的居民使用燃煤炉具。当然，清洁取暖工作取得的进步也有目共睹：农村地区清洁取暖方式正在向多元化改变，居民用能习惯和消费方式正在发生转变。参见图1。

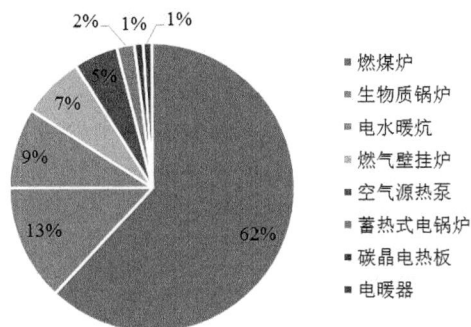

图1　北方农村地区采用清洁采暖技术结构

资料来源：《中国散煤综合治理调研报告2018》

（三）清洁取暖补贴政策实施现状

清洁取暖工程是一个庞大的政府工程，更是一个重要的民生工程。在此工程中，能够产生巨大的环境效益，但是由于其高投资和外部性，若全部由市场推动，则工程进度将非常缓慢，因此需要政府的干预。

表4为截至2018年底各地清洁取暖支持政策的部分汇总，从文件数量来看，各级政府对清洁取暖改造的重视程度非常高，从文件内容看，除提出明确改造计划外，各级政府主要通过价格政策、补贴政策来改变清洁取暖的相对价格，从而推动清洁取暖改造。

---

[1]　中国煤控研究项目散煤治理课题组：《中国散煤综合治理调研报告》，自然资源保护协会，2018年。

通过对政策文件的梳理和提取，形成各地清洁取暖补贴标准汇总于表5和表6，鉴于部分省内各市补贴标准不一，为方便统计分取已公布的最高补贴标准。

表4 各级政府清洁取暖支持政策部分汇总

政策名称	发布单位	发布时间
国家层面		
打赢蓝天保卫战三年行动计划	国务院	2018年6月27日
关于开展中央财政支持北方地区冬季清洁取暖试点工作的通知	财政部、住房城乡建设部、环境保护部、国家能源局	2017年5月16日
北方地区清洁供暖价格政策意见	国家发展改革委	2017年9月19日
汾渭平原2018—2019年秋冬季大气污染综合治理攻坚行动方案	生态环境部、发展改革委、工业和信息化部、公安部、财政部、自然资源部、住房城乡建设部、交通运输部、商务部、市场监管总局、能源局、山西省人民政府、河南省人民政府、陕西省人民政府	2018年10月23日
省市层面		
2018年北京市农村地区村庄冬季清洁取暖工作方案	北京市人民政府办公厅	2018年4月14日
关于本市清洁采暖用电用气价格的通知	北京市发展和改革委员会	2017年11月2日
天津市2017—2018年秋冬季大气污染综合治理攻坚行动方案	中共天津市委办公厅、天津市人民政府办公厅	2017年8月25日
天津市居民冬季清洁取暖工作方案	天津市人民政府	2017年11月21日
关于加快实施保定廊坊禁煤区电代煤和气代煤的指导意见	河北省人民政府	2016年9月23日
关于清洁供暖有关价格政策的通知	河北省发展和改革委员会	2017年10月27日
关于转发《国家发展改革委关于印发北方地区清洁供暖价格政策意见的通知》的通知	河南省发展和改革委员会	2017年10月25日
河南省2018年大气污染防治攻坚战实施方案	河南省人民政府办公厅	2018年2月6日
河南省电能替代工作实施方案（2016—2020年）	河南省发展和改革委员会、河南省财政厅、河南省环境保护厅、河南省工业和信息化委员会等11部门	2016年8月5日
河南省天然气替代煤专项方案（2016—2020年）	河南省发展和改革委员会、河南省财政厅、河南省环境保护厅等10部门	2016年9月6日

政策名称	发布单位	发布时间
关于居民峰谷分时电价政策有关事项的通知	山东省物价局、山东省经济和信息化委员会	2017 年 10 月 31 日
山东省农村地区散煤清洁化治理行动方案	山东省煤炭工业局、山东省经济和信息化委员会、山东省环境保护厅、山东省财政厅、山东省工商行政管理局、山东省质量技术监督局	2016 年 8 月 1 日
山东省落实《京津冀及周边地区 2017—2018 年秋冬季大气污染综合治理攻坚行动方案》实施细则	山东省人民政府办公厅	2017 年 9 月 26 日
山东省 7 个传输通道城市清洁采暖气代煤电代煤工作实施方案	山东省住房和城乡建设厅	2017 年 9 月 30 日
关于我省 2018-2019 年采暖季"煤改电"用电价格及有关事项的通知	山西省发展和改革委员会	2018 年 10 月 30 日
关于推进城乡采暖"煤改电"试点工作实施方案的通知	山西省人民政府办公厅	2016 年 4 月 26 日
关中地区散煤治理行动方案（2019—2020 年）	陕西省人民政府办公厅	2019 年 4 月 11 日
吕梁市 2018 年清洁取暖改造工作方案	吕梁市人民政府办公厅	2018 年 5 月 14 日
临汾市 2018 年冬季清洁取暖实施方案	临汾市人民政府办公厅	2018 年 5 月 15 日
运城市 2018 年冬季取暖"煤改气""煤改电"行动方案	运城市人民政府办公厅	2018 年 6 月 1 日
关于进一步明确我省清洁供暖价格政策有关问题的通知	吉林省物价局	2018 年 2 月 23 日
…………	…………	…………

资料来源：根据国家及地方政府网站公开文件整理。

表 5　各省市电能替代民用散煤补贴标准汇总

地区	设备补贴	用电补贴
北京	蓄能类电取暖设备每户最高补贴 5940 元，热泵类电取暖设备每户最高补贴 24000 元	谷段用电补贴 0.2 元／度，农户负担 0.1 元／度，每个采暖季每户最高补贴 2000 元。
天津	蓄能式电暖器或直热式电暖器每户最高补贴 4200 元，空气源热泵每户最高补贴 32000 元／户	采暖期用电补贴 0.2 元／度，每个采暖季每户最高补贴 1600 元
河北	设备购置安装（含户内线路改造）投资补贴 85%，每户最高 7400 元	采暖期用电补贴 0.2 元／度，每个采暖季每户最高补贴 2000 元
山东	蓄热式电采暖补贴 85%，每户最高 5700 元	采暖期用电补贴 0.2 元／度，每个采暖季每户最高补贴 1200 元

地区	设备补贴	用电补贴
山西	空气源热泵补贴94%，最高不超过2.74万元/户；高效电锅炉、蓄热式电暖气和热库补贴89%，最高不超过1.44万元/户。	采暖期用电补贴0.2元/度，每个采暖季每户最高补贴2400元
河南	给予"电代煤"设备购置补贴，每户最高不超过3500元	采暖期用电补贴0.3元/度，每个采暖季每户最高补贴900元
陕西	购买电取暖设备费用给予一次性财政补贴，补贴比例为费用总额的60%，每户最高补贴3000元	采暖期用电补贴0.25元/度，每个采暖季每户最高补贴1000元

资料来源：根据各省市散煤替代补贴相关文件整理。

表6 各省市天然气替代民用散煤补贴标准汇总

地区	设备等补贴	燃气补贴
北京	住户取暖终端设备由市财政按照购置价格的1/3进行补贴，补贴金额最高2200元，区财政可在此基础上自行制定补贴标准。市、区二级财政对壁挂炉设备购置费用补贴90%，最高补贴8100元	市财政燃气补贴0.38元/立方米，补贴上限820 m³，最高补贴311.6元，补贴形式为等值气量补贴，在此基础上根据用气量，区财政再对居民进一步补贴。每户最高补贴2100元，两项合计最高补贴2411元。
天津	户内取暖设施燃气壁挂炉购置安装，最高投入6200元/户，每户发放户内取暖用暖气片补贴1500元，由区财政负担	采暖期不再执行阶梯气价，给予1元/立方米的气价补贴，每户最高补贴气量1200立方米
河北	按户燃气设备购置安装投资的70%给予补贴，每户最高补贴金额不超过2700元。给予建设村内入户管线户均最高4000元投资补助。	给予采暖用气1元/立方米的气价补贴，每户每年最高补贴气量1200立方米
山东	设备购置补贴2000元/户，其他配套设施（如村（居）内管网建设、户内燃气计量表、燃气泄漏报警切断装置、灶前阀等）安装补贴3000元/户。	给予采暖用气1元/立方米的气价补贴，每户每年最高补贴气量1200立方米，用气不足1200立方米的据实补贴
山西	补贴居民壁挂炉购置费用5000元/户。减免居民燃气工程费3000元/户	每个采暖期对每户补贴燃气费用2400元。居民清洁供暖用气执行居民用气价格，不执行阶梯气价
河南	每户最高燃气设备购置补贴不超过3500元。	采暖用气1元/立方米的气价补贴，每户每个采暖季最高补贴气量900立方米
陕西	按户燃气设备购置安装投资的60%给予补贴，每户最高补贴金额不超过3000元。	采暖用气补贴1元/立方米，每户最高补贴1000立方米

资料来源：根据各省市散煤替代补贴相关文件整理。

（四）存在的主要问题

目前，北方农村地区清洁取暖改造在技术、管理及用户层面存在如下问题。

技术层面。现阶段，清洁取暖成本与居民的实际支付能力或承受能力存在较大差距，导致政府需要大量投入补贴资金，以保证清洁取暖工作的启动和持续。因此，升级清洁取暖技术、降低清洁取暖成本是技术层面所面临的主要问题。

管理层面。大规模的"煤改气""煤改电"增加了各级地方政府的财政负担。从近期补贴资金需求量来看，各地对于中央财政资金的需求依然存在。随着清洁取暖改造范围的扩大，地方财政的资金压力将越来越大，中央财政的支持范围和力度也应有所提升。从长远来看，探索更多非现金激励政策模式，构建可持续发展的机制，尽可能降低财政补贴强度，形成"企业为主，政府推动，居民可承受"的清洁取暖商业模式是未来管理层需考虑的主要问题。另外，2017年全国性"气荒"问题的出现也暴露出部分地区散煤替代工作缺乏与天然气管网建设部门、电网公司的统筹协调问题，解决清洁能源季节性供需矛盾也是管理层面所面临的问题之一。

用户层面。电力、天然气用于农村供暖的成本较高，增加了农民负担。随着未来清洁供暖工作向更大范围的农村地区推进，降低成本的问题日益突出，在煤改电、煤改气的补贴政策逐步退坡后，居民存在供暖成本升高的担忧。在补贴需逐步降低至退出的预期下，如何降低补贴标准、确立何种水平的补贴标准降低幅度成为政府所面临的重要问题。但各地经济水平、资源禀赋等不尽相同，居民取暖成本也各不相等，因此，各地实行同一水平的清洁取暖补贴政策显然是不现实的。北方清洁取暖试点的中央补贴时效只有3年，第一批12个城市试点的补贴将于2020年4月结束，优化现有补贴政策和保障后补贴时代散煤治理效果是当下面临的迫切难题。

二、近期北方农村地区清洁取暖改造补贴投资测算

（一）户均改造投入测算

清洁取暖费用与采暖技术、采暖面积、采暖时长、建筑节能情况等因素有关，北京节能环保中心以北京农村地区典型节能住宅为例对清洁取暖的施工及运行投资进行了估算，其计算采用的相关指标参数如表 7 所示。由于北京农村地区建筑节能改造工作起步较早，房屋保温性能较其他地区更高，因此，在计算其他地区农村清洁采暖能源消耗量时，应在此标准上适当提升。根据我国建筑节能发展规划，从 1986 年起逐步实施节能 30%、50% 和 65% 的建筑节能设计标准 [1]，即强制要求新建节能建筑的节能量达 30%、50%、65%，部分区域，如北京市已开始实行 75% 的建筑节能标准。和城镇建筑相比，农村建筑的节能水平较低，因此估算《北京市新能源和可再生能源技术应用评价》中采取的典型节能住宅的节能量为 50%—65%，即通过技术措施，将采暖能耗在当地基准能耗的基础上节能 50%—65%。而对于未经建筑节能改造的农村住宅，其节能量计为 0%，即对于非节能建筑，其采暖能耗（燃料实物消耗量）比节能建筑高 1—1.85 倍。在后文对于清洁取暖能耗的估算中，将分别以 50% 和 65% 作为北京市典型节能住宅的节能标准，估算未经建筑节能改造的农宅清洁取暖能耗。

表 7 北京农村地区典型节能住宅相关指标参数

指标	单位	参数
采暖面积	m2	91.6
采暖时长	天	120
外墙 / 外门 / 外窗 / 屋顶传热系数	W/m2·℃	0.65/2.5/2.65/0.5
常压小时换气次数	h–1	0.5
采暖季累计热负荷	kWh	9864
采暖季设计热负荷	W	4910
采暖季累计热负荷指标	kWh/m2	106.59
建筑物耗热量指标	W/m2	36

资料来源：北京节能环保中心《北京市新能源和可再生能源技术应用评价报告》

---

[1] 李丹：《建筑保温隔热材料的研究进展》，《绿色环保建材》2016 年第 11 期，第 10 页。

1.施工阶段投资

施工阶段的投资主要包含设备投资和配套基础设施两部分，其中设备投资主要指采暖技术的供热热源设备、各类辅助设备、管路系统及供热末端等部分的投资。配套基础设施投资主要指在清洁能源采暖技术使用过程中，为满足其安装、运行条件，进行配套的燃气管线、电力设施增容等建设所投入的费用。

参照《北京市新能源和可再生能源技术应用评价》，采用不同的清洁取暖方式会产生不同的成本，目前广泛推行的还是电代煤和气代煤两种方式，其中电代煤的主要应用形式有空气源热泵、蓄能电锅炉、蓄热式电采暖器三种，各类设备投资及其配套设施投资见表8。

表8　主要清洁取暖方式设备及配套设施投资情况

清洁取暖应用类型	设备投资（元/户）	配套设施投资（元/平方米）
空气源热泵	30390	410
蓄能电锅炉	25007	410
蓄热式电采暖器	8200	410
燃气壁挂炉	15368	350

资料来源：北京节能环保中心《北京市新能源和可再生能源技术应用评价报告》

2.运行阶段

运行阶段所产生的费用主要包括热源消耗燃料费用、系统辅助设备的耗能产生的费用、折旧与检修费三个部分。其中，热源消耗燃料费用包括燃气锅炉的耗气量、电采暖及热泵的耗电量、煤炉具的耗煤量等费用；系统辅助设备的耗能产生的费用包括水泵、燃气锅炉等设备运行的耗水、耗电量；维检费指根据供暖系统中产品、配件等进行系统年维护的成本，包含维护材料费、人工费。本文维检费按设备初投资的1.5%估算。此外，运行费用还应包括设备的折旧费，即依据设备使用年限及初始费用计算得出的年均折旧费用，考虑到目前大部分清洁取暖设备的设计使用年限均在10—20年之间，时间跨度较大，而清洁取暖技术正处于快速更新阶段，未来设备折旧后成本的变化情况尚难以预测，因此本文中暂不计算该部分费用。估算的各类技术运行能源消耗量及维检费用见

表 9。表中，低值、中值、高值分别代表节能建筑、以 50% 为节能建筑标准的非节能建筑、以 65% 为节能建筑标准的非节能建筑所对应的相关参数。

表 9 各类技术运行能源消耗量及维检费用

清洁取暖应用类型	燃料实物消耗量 (a⁻¹)			辅助设施实物耗量 (a⁻¹)	单位面积燃料消耗量 (m²·a⁻¹)			维检费（元·a⁻¹）
	低值	中值	高值		低值	中值	高值	
空气源热泵	3288 千瓦时	6576 千瓦时	9394 千瓦时	768 千瓦时	35.90 千瓦时	71.80 千瓦时	102.32 千瓦时	455.85
蓄能电锅炉	10383 千瓦时	20766 千瓦时	29592 千瓦时	960 千瓦时	113.35 千瓦时	226.70 千瓦时	323.05 千瓦时	375.11
蓄热式电采暖器	10383 千瓦时	20766 千瓦时	29592 千瓦时	0	113.35 千瓦时	226.70 千瓦时	323.05 千瓦时	123.00
燃气壁挂炉	1160 立方米	2341 立方米	3307 立方米	768 千瓦时	12.67 立方米	25.34 立方米	36.11 立方米	230.52

资料来源: 根据北京节能环保中心《北京市新能源和可再生能源技术应用评价报告》数据估算。

（二）清洁取暖目标用户测算

根据《北方地区冬季清洁取暖规划（2017—2021 年）》（以下简称《规划》），到 2019 年，北方地区清洁取暖率将达到 50%，替代散烧煤 7400 万吨。到 2021 年，北方地区清洁取暖率达 70%，替代散烧煤 1.5 亿吨。在"2+26"重点城市形成天然气与电供暖等替代散烧煤的清洁取暖基本格局，2019 年，在农村地区达到 40% 以上的清洁取暖率，2021 年，农村地区清洁取暖率达 60% 以上。对于"2+26"城市以外的农村地区，优先利用地热、生物质、太阳能等多种清洁能源供暖，有条件的发展天然气或电供暖，适当利用集中供暖延伸覆盖。2019 年，清洁取暖率达 20%，2021 年，清洁取暖率达到 40% 以上 [1]。

根据《规划》中对于不同类型城市农村地区清洁取暖率的规划情况，结合各省农村人口数及户均人数（2017 年），可分别计算各省市近期农村清洁取暖改造户数目标情况（参见表 10）。对于提前超额完成目标用户量的城市，以已

---

[1] 《北方地区冬季清洁取暖规划（2017—2121 年）》，http://www.gov.cn/xinwen/2017–12/20/5248855/files/7ed7d7cda8984ae39a4e9620a4660c7f.pdf。

完成改造的用户量为准。

2019 年北方地区农村清洁取暖改造目标为 2546.8 万户，2021 年为 4251.1 万户。至于各省市中气代煤和电代煤用户的比例，《规划》中并无相关规定，因此用天然气供暖和电供暖面积发展目标之比近似估算。

表 10　各地区近期农村清洁取暖改造目标（单位：万户）

地区	2019 年清洁取暖改造目标			2021 年清洁取暖改造目标		
	电代煤	气代煤	合计	电代煤	气代煤	合计
北京市	68.1	16.1	84.7	68.1	16.1	84.7
天津市	54.2	69.0	123.2	54.2	69.0	123.2
河北省	336.7	447.7	784.4	511.5	680.3	1191.8
山东省	167.0	222.2	389.2	280.9	373.6	654.5
山西省	89.4	118.8	208.2	160.9	213.9	374.8
河南省	167.3	222.5	389.8	295.1	392.4	687.5
其他北方城市	243.5	323.8	567.3	487.0	647.6	1134.6
合计	1126.2	1420.1	2546.8	1857.7	2392.9	4251.1

资料来源：根据《北方地区冬季清洁取暖规划（2017—2021 年）》规划目标值，结合各省农村人口数及户均人数估算。

（三）现行补贴标准下清洁取暖改造投资测算

根据前文对户均清洁取暖改造投资的测算情况，以及各城市已确定的补贴标准，可对比得出不同地区对于煤改电、煤改气改造工程的户均实际投入水平，将其与各城市煤改电、煤改气工程完成情况结合，可计算出 2018 年各城市用于设备补贴及运行补贴的总投资情况。由于除"2+26"城市以外的其他北方城市清洁取暖改造起步较晚，各城市并未全部制定本城市的清洁取暖补贴标准，且目前改造完成量也较小，因此本部分仅计算"2+26"城市的清洁取暖补贴实际投入水平（参见表 11）及补贴总投资情况（参见表 12）。计算结果显示，对于各城市 2018 年新增的农村煤改气、煤改电用户，各省市设备补贴投资在 129.0 亿元至 165.0 亿元之间，其中，燃气设备总投资 62.1 亿元，电采暖设备根据类型的不同所需总投资也不同，若全部使用热泵类设备，则共需要设备补贴 102.9 亿元，若全部采用蓄能类设备或其他电采暖设备，则共需设备补贴 66.9 亿元。对于管网建设的补贴，目前只对天然气管网、接驳有补贴，所需补贴总额 71.4 亿元。

运行补贴方面，各城市不仅需对 2018 年新增用户进行补贴，还需发放 2017 年及以前完成的清洁取暖费用补贴，经测算，若全部以北京地区典型节能建筑为标准，且在电采暖地区全部选择热泵类设备，"2+26"城市在 2018 年共需发放清洁取暖运行补贴 100.3 亿元，其中电代煤运行补贴 26.8 亿元，气代煤运行补贴 73.4 亿元。若无保温措施，且以蓄能类设备作为电采暖技术路径，则供需发放清洁取暖运行补贴 123.9 亿元，其中电代煤运行补贴 46.3 亿元，气代煤运行补贴 77.6 亿元。分地区、分项目补贴额情况见表 13。

表 11　清洁取暖户均实际补贴（单位：元）

补贴类型		北京	天津	河北	山东	山西	河南
设备补贴	热泵类	24000	30390	7400	5700	27400	3500
	蓄能类	5940	4200	7400	5700	14400	3500
	燃气类	8100	7700	2700	2000	5000	3500
天然气管网、接驳补贴		9000	1500	4000	3000	3000	/
运行补贴	天然气 低值	1876	1200	1200	1200	2062	900
	天然气 中值	2699	1200	1200	1200	2865	900
	天然气 高值	2699	1200	1200	1200	2865	900
	热泵 低值	862	862	862	862	862	900
	热泵 中值	1723	1600	1723	1200	1723	900
	热泵 高值	2000	1600	2000	2000	2400	900
	蓄能式电取暖设备 低值	2000	1600	2000	1200	2400	900
	蓄能式电取暖设备 中值	2000	1600	2000	1200	2400	900
	蓄能式电取暖设备 高值	2000	1600	2000	1200	2400	900

资料来源：根据前文数据整理计算。

表12 2018年新增清洁取暖改造用户施工阶段补贴总额（单位：亿元）

省/市	设备补贴			天然气管网、接驳补贴
	热泵类	蓄能类	燃气类	
北京	30.0	7.4	2.0	2.3
天津	10.9	1.5	11.6	2.3
河北	22.1	22.1	38.4	56.9
山东	7.3	7.3	4.8	7.2
山西	8.5	4.4	4.6	2.7
河南	24.2	24.2	0.7	0.0
合计	102.9	66.9	62.1	71.4

资料来源：作者根据前文数据整理计算。

表13 2018年清洁取暖运行补贴总额（单位：亿元）

省/市	天然气			热泵			蓄能式电取暖设备
	低值	中值	高值	低值	中值	高值	
北京	3.0	4.3	4.3	5.9	11.8	13.7	13.7
天津	8.3	8.3	8.3	4.7	8.7	8.7	8.7
河北	44.9	44.9	44.9	4.5	8.9	10.4	10.4
山东	8.6	8.6	8.6	1.9	2.6	2.6	2.6
山西	7.2	10.0	10.0	0.6	1.1	1.5	1.5
河南	1.4	1.4	1.4	9.4	9.4	9.4	9.4
合计	73.4	77.6	77.6	26.8	42.5	46.3	46.3

资料来源：作者根据前文数据整理计算。

综合计算设备补贴、天然气管网、接驳补贴和运行补贴，2018年，"2+26"城市清洁取暖工程总补贴额在320.1亿元至360.3亿元之间。在现行补贴标准下，补贴额的差异主要来源于所选择的电采暖技术路径和房屋是否进行了节能改造两方面。蓄能类电采暖在2018年的前期改造投资约66.9亿元，房屋是否经过节能改造对须发放的电采暖运行补贴并无影响，因为蓄能类电采暖运行的最低耗电量已达各地所制定的电采暖补贴最高标准，即46.3亿元。而热泵类电采暖的前期改造投资约102.9亿元，若无房屋节能改造每年运行补贴约42.5至46.3亿元，节能改造后每年运行补贴为26.8亿元。

从补贴资金来源看，中央财政会对清洁取暖试点城市提供部分资金支持，根据财政部等多部门联合发布的《关于开展中央财政支持北方地区冬季清洁取暖试点工作的通知》，直辖市每年安排 10 亿元，省会城市每年安排 7 亿元，地级城市每年安排 5 亿元，除北京市外，其余"2+26"城市均在试点城市名单之列，2018 年共可获得 148 亿元的资金支持，若这部分资金全部用于发放农村清洁取暖补贴，则可减少地方清洁取暖补贴资金压力 41% 以上，这对地方财政意义重大。但实际上这部分资金的支持项目还包括取暖用燃煤小锅炉整治、用户端建筑节能改造、超低能耗建筑建设等，各城市所需的清洁取暖补贴总投资额在 172.1 亿元以上。对于剩余的资金缺口，除河北省部分城市存在省、市、县三级补贴外，其他各地通常由省、市二级财政或市、县（区）二级财政按一定比例分担，补贴资金可能会对地方财政造成较大压力。

（四）近期北方农村地区清洁取暖改造补贴投资测算

鉴于现阶段清洁取暖的成本与居民的实际支付能力或承受能力存在较大差距，所以财政补贴是推行清洁取暖的必要手段。由于各地清洁取暖改造进度及补贴标准不一，而"2+26"城市作为北方地区清洁取暖改造的先行区域，其财政支持政策对于其他北方城市的政策制定具有一定的参考价值。本节以前文梳理的"2+26"城市各项补贴标准的中位数为补贴依据，计算北方农村地区清洁取暖目标用户量水平下的补贴总投资额。

2019 年北方农村地区清洁取暖改造目标为 2546.8 万户，2021 年为 4251.1 万户，所需各类补贴的投资额如表 14 所示，若全部使用蓄能类设备作为电取暖方式，至 2019 年，北方地区一共需要设备、管网等一次性补贴 2150.37 亿元，年运行补贴 373.13 亿元，2021 年需设备、管网等一次性补贴 3115.15 亿元，年运行补贴 621.53 亿元。若使用热泵类设备作为电取暖方式，则 2019 年和 2021 年的前期一次性补贴投入各需提高 1112.69 亿元、1835.41 亿元，而在不进行农居节能改造的情况下，热泵类清洁取暖的年运行补贴与蓄能类设备持平或略低，在进行农居节能改造后，2019 年的清洁取暖年运行补贴将降低 90.10 亿至 105.68 亿元，2021 年的年运行补贴将降低 148.62 亿至 174.33 亿元。在不考虑贴现率的情况下，采用热泵类设备所节省的运行补贴最短能在运行 11 年后弥补其所需的前期一次性补贴的提高。

由"2+26"城市清洁取暖补贴资金需求量的测算结果可知，在推进清洁取暖改造的过程中，中央财政的支持对于减轻地方财政资金压力具有重要意义。在整个北方地区，目前中央财政每年拨付至清洁取暖试点城市的奖补资金合计168亿元，试点示范期为三年，三年累计奖补资金504亿元，覆盖2019年北方农村地区清洁取暖改造各项补贴所需投资总额的14.5%至20.0%。随着改造范围的扩大，地方财政的资金压力也将继续扩大，中央财政的支持范围和力度也应有所提升。

表14　近期北方农村地区清洁取暖改造各项补贴投资（单位：亿元）

补贴项目		2019年	2021年
设备补贴	热泵类	1768.134	2916.589
	蓄能类	655.448	1081.181
	燃气类	603.543	1016.983
年运行补贴	热泵类－低值	97.033	160.059
	热泵类－中值	187.129	308.675
	热泵类－高值	202.716	334.386
	蓄能类	202.716	334.386
	燃气类	170.412	287.148
管网、接驳补贴	燃气类	891.38	1016.983

资料来源：作者根据前文数据整理计算。

三、结论与政策建议

（一）结语

从政府的角度来看，清洁取暖补贴投入资金总额高，地方财政压力较大。2018年，"2+26"城市清洁取暖工程总补贴额在319.8亿元至359.7亿元之间。在现行补贴标准下，造成补贴额差异的主要原因在于电采暖技术路径的选择和房屋是否进行了节能改造两方面。

以"2+26"城市现有的补贴政策为标准，整个北方农村地区若全部使用热泵类设备作为电取暖方式，则2019年和2021年的前期一次性补贴投入比使用蓄能类设备高1112.69亿元、1835.41亿元，而在不进行农居节能改造的情况下，热泵类清洁取暖的年运行补贴与蓄能类设备持平或略低，在进行农居节能改造后，2019 年的清洁取暖年运行补贴将降低 90.10 至 105.68 亿元，2021 年的年运行补贴将降低 148.62 亿至 174.33 亿元。从长期运行的角度来看，使用热泵类设备并进行建筑节能改造对降低补贴资金的投入有着积极影响。

（二）政策建议

对北方农村地区清洁取暖的政策建议如下。

第一，中央财政的支持对于减轻地方财政资金压力具有重要意义。目前中央财政每年拨付至清洁取暖试点城市的奖补资金与北方农村地区清洁取暖改造各项补贴投资总额相比略显不足。随着改造范围的扩大，地方财政的资金压力将越来越大，中央财政的支持范围和力度也应有所提升。

第二，对于已大规模推进农村清洁取暖改造并已制定清洁取暖补贴政策的地区，如"2+26"城市，在现行补贴政策有效期截止后，有必要继续制定新的清洁取暖补贴政策。若补贴资金压力较大，可通过由省、市、县（区）三级财政分担的形式缓解，也可通过创新补贴计算形式，如参考晋城市对取暖费用1200 元至 2400 元区间进行全额补贴的方式，即将降低补贴门槛改为设立补贴门槛等，提升农户的清洁取暖支付意愿，从而在满足农户需求的前提下，降低补贴标准，缓解财政资金压力。除此之外，还可区分不同农户的清洁取暖经济承受能力，对目前清洁取暖费用在家庭总年收入中占比较高的农户进行精准补贴，对经济承受能力较高的农户，可适当减少补贴的发放，从而实现缓解补贴资金压力的目的。

第三，对于尚未大规模推进农村清洁取暖改造的地区，建议不要急于求成，可以优先给建筑保温性能较好或经济实力较强的农户进行改造，通过一段时间的清洁取暖体验后在农户中形成良好的口碑，以增强其他农户进行清洁取暖改造的意向。对于保温性能较差的老旧农房，不宜强制性地推进清洁取暖，而应兼顾清洁取暖与建筑节能改造，若农户的改造意向不强，可以通过发放部分补贴的形式加以引导。若地方财政压力较大，也可以参照第二点中分级财政分担、创新补贴计算形式、精准补贴等方法加以缓解。

　　第四，对于清洁取暖补贴标准的制定和调整，各地应在农户可接受、政府可承担的前提下，尽量逐步实现补贴退坡。而在补贴退坡的同时，可采用提高补贴政策的宣传强度、加强环保知识的普及、宣传清洁取暖设备的正确使用方式等手段来保持农户对清洁取暖的积极态度。

中国发展氢能与燃料电池产业的思考与建议

高勇[1]

摘要

燃料电池作为一种古老而新兴的能源使用方式，从诞生至今（2019年）已有180年的历史。百年探索和百年不变的选择诠释了什么是不可或缺的技术。燃料电池是人类迄今为止发现的唯一最有综合优势的满足人类生存和发展需求的技术途径。氢能的核心价值之一就在于真正意义上提高一次可再生能源的利用率，使之成为国家能源结构中最安全、最具生命力的主体成分。随着氢能燃料电池产业链上的各项技术和工艺的快速优化整合和完善提高，电源或动力系统的成本在 5 ~ 10 年内将呈现阶梯式下降：→1500元/千瓦→元500/千瓦或更低，一场席卷全球的颠覆性能源革命即将真正到来。本文提出五个方面的建议：（1）全球视野，整合资源；（2）制定发展目标；（3）自主的路径与务实的步骤；（4）确保政策连贯性和可持续性；（5）完善法律保障措施。

关键词：

清洁能源；氢能；能源革命；燃料电池；可再生能源；电源；储能；动力

[1] 高勇，毕业于西北工业大学航空发动机专业和加拿大麦吉尔大学（McGill University）化学工程学专业，获航空工程硕士和化学工程硕士。现任上海恒劲动力董事长，总经理兼首席技术官。

百年跌宕，涅槃重生

（一）起源和创意

意大利物理学教授伏打 (Alessandro Volta) 于 1800 年发表《论不同金属材料接触所激发的电》并由此发明了伏打电池，英国化学家尼科尔森 (W. William Nicholson) 与好友解剖学家卡莱尔 (A. Carlyle) 随即发明电解制氢，人类从此开始了电化学的研究。一个英国人格罗夫 (William Grove) 显然从前辈的成就中受益匪浅，对自制的蓄电池通电时也在两极分别收集到氢气和氧气。接下来，格罗夫的创意和前辈不同，他开始好奇地研究尼科尔森电解水产生氢氧的逆向过程，即能否使用气体氢和氧反过来产生电呢？通过反复实验发现：在阴阳极两端输入气体氢和氧确实可以产生电！1839 年格罗夫的逆向思维发明了气体电池！

格罗夫的发明不同于热机 + 电机的发电方式，使用气体化学能直接发电的新奇概念推动了电化学领域的深入研究和探索。从奥斯特瓦尔德 (Friedrich Wilhelm Ostwald) 到能斯特 (Walther Hermann Nernst) 和哈珀 (F. Haber) 等，许许多多科学家和工程师 (包括涌现出的一批诺贝尔化学奖获得者) 锲而不舍的努力，开拓性的研究奠定了坚实的燃料电池电化学理论基础。后来的人们把格罗夫的发明确立为直接把燃料中的化学能变成电能的，与火电、水电和核电相提并论的，第四种发电技术。

（二）激情和失败

格罗夫的发明极大地激发了建造气体电池的热情，数十年里吸引了欧洲各国许多科学家和工程师的尽心竭力和大量资金的投入。到了 19 世纪 80 年代，著名英国化学家蒙德 (Ludwig Mond) 和他的助手兰格 (Carl Langer) 不畏前人的失败，坚持反复尝试用空气和工业煤气制造一个能提供电能的装置，并直接将气体电池改称为"燃料电池" (Fuel Cell)。这一新名称也随着他们的努力和发明而诞生并沿用至今。从 1839 年问世后的百年里，燃料电池历经了无数激情投入和不懈努力，但面对设计理论的不完善，预期性能和效率难以实现，特别是成本高昂等困难和挑战，燃料电池工程实践的种种尝试却始终没能走出实验室。事实上应该看到，19世纪末20世纪初出现了若干新技术，如直流（DC）发电机通过机械能（主要通过热能转换）也同样把化学能转化成电能，而且其大规模工业和生活应用的优势无可争议。社会主流的大批科学家和工程师们被吸引到热机＋电机的技术和应用开发中，燃料电池的可行性和价值受到严重质疑，建造实用性燃料电池的激情面对的是冷遇和失败……

（三）辉煌和困惑

在第一次第二次工业革命的热机＋电机技术的推动下经济和社会生活都得到快速发展和提高，随之而来的是，人类社会发展对能源需求的快速增长和资源日显短缺再次形成了寻找高效利用能源的方式的原动力和新需求，驱使人类重新尝试开发燃料电池这一高效率发电装置。自20世纪30年代初英国工程师培根(Francis T.Bacon)，瑞士科学家包尔(Emil Baur)以及苏联工程师德维尤(O. K. Davtyan)等通过不懈努力，发明了各种新型电极材料和燃料电池的结构，燃料电池逐渐再次从概念进入实用，其中培根发明的实用性燃料电池结构（1939年）尤为典型，开创性地奠定了近代燃料电池的设计原理和基础。20世纪中叶以来燃料电池诸多实用性发明逐步取得进展，美国、欧洲国家、日本等国，包括中国，都分别开始探索各种不同类型燃料电池的实用可行性。不同类型的燃料电池——碱性(AFC)、磷酸(PAFC)、质子交换膜(PEMFC)、熔融碳酸盐(MCFC)、固体氧化物(SOFC)——相继出现。最有标志性的成就是：通用电气（GE）公司在20世纪60年代制作的燃料电池被美国国家航空航天局（NASA）率先使用在航天阿波罗飞船上。这是人类在长达百年的燃料电池的开发探索中最伟大的原创性成就。不过，从培根的发明到美国国家航空航天局的应用历经30多年实用性探索，燃料电池依然由于昂贵的成本和复杂的设计而无法进入规模化工业应用。种种失望之声再次认为燃料电池"没有商业利用价值"。人类在寻求高效率用能装置的持续努力历经150年努力后再次遭遇困惑而徘徊不前。

（四）成功和否定

1973年第一次石油危机的爆发，石油价格飙升暴露了经济发展对能源的依赖性。能源危机直接导致的全球经济危机迫使各国开始严肃考虑能源的利用率，并着力改善提高各类用能装置的效率。化石能源之外的能源和高效率的能源使用方式再次成为探索的目标。美国、加拿大、日本等工业国家的政府和企业纷纷尝试燃料电池的应用开发。新一轮燃料电池追梦再次拉开序幕。

　　这期间最具代表性的追梦人之一当属巴拉德(Geoffrey Ballard)。他的开创性努力引发了燃料电池的复兴运动并被誉为"氢先生"。《时代》杂志曾命名他为"这个星球的英雄"(Hero of the Planet)。从1979年创办加拿大巴拉德动力公司以来，以质子交换膜（PEMFC）燃料电池为核心技术方向，连续成功开发了包括分布式发电站、便携式电源、家用电热联供发电系统、潜水器（潜水艇雏形）、大巴车以及各种型号轿车等大量的燃料电池样机和实用型产品。巴拉德首创的家用电热联产燃料电池于2005年首先卖到日本首相小泉纯一郎家里，是日本"ENE-FARM"项目的前身；巴拉德在美国（包括中国），特别是在欧洲10个城市的数十辆大巴车队率先实现商业化运营；巴拉德的250千瓦分布式发电站曾经是最成功的商业化项目；可以说巴拉德的技术不仅领先全球整个燃料电池行业，而且在20世纪90年代中期至21世纪前8年的十多年里，引领和促进了全球各工业国家的燃料电池开发热潮，真正意义上把燃料电池领入工业化实现进程。惨烈的历史是：尽管巴拉德公司创新了如此多的技术和可观的商业化成功，随着狂热资本泡沫的消退，所积累的大量技术和工艺制作成就也随之被无情地否定了。

　　问题究竟出在哪里？燃料电池技术上失败了吗？没有；巴拉德仅是资本杜撰的故事吗？不是。问题出在资本贪婪和投机的本性上。资本的想象力从来都是疯狂的，而任何工程技术的发展速度从来都是循序渐进和逐步积累的。技术的渐进式发展和资本的突变式涨跌毫无相关性。巴拉德股价暴涨超过200美元也暴跌至1美元以下，难道证明巴拉德的技术成就也瞬间消失了吗？"技术尚未成熟"和"成本过高"只是两个方便的理由用来安慰舆论和赔了钱的股民们。燃料电池的故事并没有因华尔街的抛弃而结束。

（五）错失和骄傲

早在 20 世纪 90 年代初，为减少排放梅赛德斯公司就开始尝试使用氢作为燃料。1991 年推出的 F100 曾经是经典的高科技集成的概念车，配置的最亮眼的技术之一就是的氢燃料六缸发动机。梅赛德斯公司于 1993 年和巴拉德签署协议开发紧凑型高功率密度燃料电池的电堆，进而于 1995 年（包括福特）入股巴拉德公司成为主要股东。该公司一度被赞誉眼光独到，先行掌控燃料电池这一具有颠覆性战略意义的技术，堪称燃料电池技术的先行者。人们要问先行者为何没有成功呢？看看梅赛德斯入股掌控巴拉德期间公司一系列经营决策，不难得到答案。首先，巴拉德所有车动力项目之外的项目被逐一砍掉。潜艇开发项目在获得加拿大和德国国防部标书后被放弃；合资项目如 250 千瓦分布式发电项目，在花费超 2000 万加元建成的生产线后没有投产就被砍掉；股东阿尔斯通的诉讼拖了很久才庭外调解；再如家用电热联产发电项目也一再被排斥，幸好日本股东出钱接手项目。看看如今日本 ENE-FARM 的成功光环里还有创始人的影子吗？再看车动力方面，所有争取盈利的努力无果而终后，没有了自主盈利渠道，巴拉德蜕变成梅赛德斯和福特的研发部门，靠股东的研发费活着。合资纠结了 12 年后，巴拉德终于和梅赛德斯分家并剥离业务。梅赛德斯和福特另行成立了汽车燃料电池公司 (Automotive Fuel Cell Cooperation，AFCC) 专营车用动力。直到十年后 2018 年解散，汽车燃料电池公司无一辆商用车问世。回看历史，丰田和本田从 20 世纪 90 年代后期才寻求和巴拉德合作开发质子交换膜（PEMFC）燃料电池动力系统。作为后来者，两家分别在五到六年里大量购买巴拉德电堆进行测试研究，并以此建立和完善自主研发能力。在持续研发了十多年后两家公司相继推出商业化燃料电池车。不算师出同门，也是先后出自同一起点，为什么先行者却在十多年后远不及后来者？正如梅赛德斯一名高管在谈到丰田的进步惊讶了全球时曾感叹：并非燃料电池技术方向有问题，而是这家老牌的公司包袱过重，控制和开发新技术可以，但自我淘汰盈利的燃油车主业太难！成本过高和设施缺失等质疑对任何刚刚兴起的新技术和新业态来说都是事实，对于固守传统利益的集团来说，质疑的目的只是拒绝改变和扼杀进步的借口。丰田和本田应该也有和梅赛德斯同样的顾虑？寻求改变是出于他们的睿智？是对能源安全和环境污染的忧心？或者福岛灾难也迫使日本在能源战略上重新定位？不得而知。总之，历史再一次嘲笑了先行者的错失，也见证了后来者的骄傲。

（六）百年不变的选择

综上所述，从格罗夫、奥斯特瓦尔德、能斯特到哈珀等先驱们的开拓，从培根、包尔、德维尤到巴拉德等探索者的追求，再到奔驰、福特到丰田、本田等实业家的工业实践，如此众多的科学家和工程师、诺贝尔奖获得者、著名的企业和个人精英所代表的全人类前赴后继奋斗了 180 年，堪称科学技术发展历史上的经典。人类为何对氢能燃料电池如此情有独钟？为何无论遭遇什么质疑和否定，氢能燃料电池总能涅槃重生？答案只有一个：需求。在经济增长和能源危机压力下，人类对高效率使用能源与日俱增的需求，在全球温升和环境污染的生存压力下，人类对控制温升、降低环境污染和消除雾霾如饥似渴的需求。是这些需求一次又一次选择了氢能燃料电池。百年探索和百年不变的选择诠释了什么是不可或缺的技术。具有独特魅力的燃料电池是人类迄今为止发现的唯一最有综合优势的，能满足人类生存和发展需求的技术途径。如同丹珂燃烧的心，无论招致多少责难和仇恨，始终是带领人们走出黑暗的唯一希望……

可持续发展的必由之路

（一）日益严重的生存危机

人类在寻求经济增长的进程中正一步步面临生存危机，近半个世纪前，罗马俱乐部在《增长的极限》报告（1972）中预测，"人类生态足迹的影响因子已然过大，生态系统反馈循环已经滞后，其自我修复能力受到严重破坏，若继续维持现有的资源消耗速度和人口增长率，人类经济与人口的增长只需百年或更短时间就将达到极限"。这个预言曾遭遇一片哗然，被讥为耸人听闻的无稽之谈。但近半个世纪过去了，"增长极限"的预言一再被证实。数据表明：现在的全球人口（74亿）是1970年（37亿）的两倍；1973年全球的能源消耗油当量为60.4亿吨，到2018年全球能源消耗油当量为138.64亿吨，而2018年一次能源消耗增长2.9%，为2010年以来最高，可以推算出2019年至少增长4.021亿吨油当量。即：现在的全球能源消耗（大于140亿吨油当量）是1970（大于60亿吨油当量）年的两倍多，人均可耕地面积急剧减少。二氧化碳排放造成温室效应并导致灾难性气候，威胁人类安全，还引发冰川融化和海水上涨。人类可居住陆地减小的主要危害来源于二氧化碳。现在的二氧化碳排放量（321亿吨当量）是1970年二氧化碳排放量（28.7亿吨当量）的11倍。走向危机的趋势还源于如下事实。

1. 能源生产是污染与二氧化碳的主要来源

污染与温室效应对环境有负面影响，并威胁人类健康。世界资源研究院(World Resource Institute)通过联合国环境署发表的《排放差距报告》(Emission Gap Report)对二氧化碳贡献进行了排位，位列前五的是：产能（35%）；工业（18%）；交通（13%）；农业（11%）；楼宇（8%）显而易见，现有的一次化石/碳氢化合物能源的开采和通过燃烧生产二次能源（电能、燃料）是造成二氧化碳排放最主要的来源。这就是说，广泛大量使用的电能绝非清洁的能源。

中国日益增长的能源需求和机动车数量以及工业的迅速扩张，导致空气质量严重恶化，对人体健康和生态系统产生了负面影响。2019绿色和平组织和空气质量监控程序 Air Visual 发表的最新报告指出，全世界空气污染最严重的50城市中，有47个位于印度和中国。而且在空气最差的前五个城市，印度包办第一、二、四、五名。新疆和田成为全球第八，中国第一污染城市。推及前100污染的城市，中国更是占据了56个。中国的空气污染每年造成的经济损失，基于疾病成本估算相当于国内生产总值的1.2%，基于支付意愿估算则高达3.8%。

2. 燃烧方式进行能量转换效率低下并造成极大浪费

根据热力学定律与卡诺定律，燃烧化石燃料进行能量转换（如发电）不仅排放大量二氧化碳，而且能量转换效率仅在 30% 左右。2016 年，艾波比集团公司（Asea Brown Boveri，ABB）在《能源效率——通往可持续能源外来的快速通道》报告中表明，从化石能源生产的能源到达最终消费者只有 20%：化石能源开采耗能 5%，由于燃烧，在化石能源发电的过程中能量损失 65%（热电联产的能量损失仍然有 55%），输配电环节的电力损失在 9%。燃煤取热、燃气取热、内燃机交通工具，如燃油汽车与燃油飞机都是燃烧用能的低效例子。由于主要能量转换方式是燃烧，不可再生的化石能源在能量转换过程中浪费巨大。

3. 化石能源难以保障能源安全

根据《BP 世界能源统计年鉴 2019》（BP Statistical Review of World Energy 2019）提供的数据，2018 年一次能源消费最多的国家是中国和美国，分别为 3305 Mtoe 和 2301 Mtoe(Mtoe，百万吨油当量)，分别占世界总量的 23.8% 和 16.6%。中国能源消费快速增长，能源需求严重依赖进口，导致中国面对严峻的能源安全形势。而化石能源采产峰值何时到来一直备受关注，即使较为乐观的地质学家也担忧化石能源采产的峰值会在 2030 年前后到达。无论是否到达峰值，经济与社会发展都不会止步，能源需求只会有增无减。只要化石能源的供给无法相应地有增无减，而是从平稳倒向稀缺，化石能源的价格飙升在所难免。除非有效地利用非化石能源，中国以及人类社会经济发展所需要的最基本的能源安全都势必岌岌可危，人类将再次面临为争夺化石能源的危机或者战争。

4. 能源获取能力低下导致经济增长乏力

对于经济发达地区来说获取能源的方式有多种选择，如：电网、天然气管道、可再生能源等，这使得他们的经济活动更为多样，效率也较高。经济落后地区的广大农业人口及偏远边区人口的能源获取方式十分局限，低效、污染的能源获取和使用方式限制了这些地区的经济发展。如何改变和提高经济欠发达地区的能源获取能力，对于改变经济发展不平衡状况至关重要

（二）一次可再生能源面临的困境

一次可再生能源，如太阳能、水能、风能、地热能、生物质能等，给人类

带来了希望。充分开发利用一次可再生能源毫无疑问是能源保障的最生动最有价值的途径，这对每个国家，特别是矿物资源短缺、高耗能、能源依赖进口的国家，都十分重要。但历经几十年的发展，人类发现一次可再生能源存在诸多无法回避、必须解决的关键问题。

1. 地域和环境气候因素

一次可再生能源不可避免的都有间歇性与周期性特征。不同地域的能源获取效果截然不同；自然气候的突然变化（阴天下雨、无风、枯水期等）都会导致减少或失去能源获取能力。自然界的周期性变化（如昼夜、季风等）都会直接影响能源产量。容易想的解决方法是储能。常用的方法有水势能储能、地下注气储能、蒸汽储能、蓄电电池储能等。但无一例外，这些储能方法大都因成本与空间限制以及自损耗过大等原因，长期以来一直难以规模化发展。

2. 传输和存储的困难

在常规能源结构中，一次不可再生能源除了可以生产电能来满足各种能源用途，还能生产燃料（汽油、柴油等）来满足流动性的能源用途。与此相比，一次可再生能源则无法直接生产燃料（或称携能产品，也称二次含能体能源）。一次可再生能源因此无法有效提供完整的能源服务，尤其是流动性服务。一次可再生能源这一结构性缺失是导致其无法成为能源结构中主体的致命短板之一。

3. 能源体系间的利益冲突

除了传统能源体系对现有直接利益的保护意识以及垄断性能源企业体制上造成的难以改革的"惯性"，再加上观念上的误区，即可再生能源终将取代化石能源，利益冲突必然形成。误区消除之前，质疑和反对都属正常的无奈。目前的格局是可再生能源发电量 6.7%，而化石能源（燃烧）发电量 93.3%。这个现状不改变，必然限制《巴黎协定》的有效实施。

（三）氢能是改善能源结构的最有效途径

无论是为了减少燃烧所带来的污染与浪费，还是保障能源安全，无论是为了优化可再生能源结构，还是化石能源去碳提效，都需要推动颠覆性创新，甚至需要能源革命。纵观人类历史，能源种类的变化历程是：从木材到煤，再到石油，再到之后液化气、沼气、天然气……以结构化学角度看，分子越来越小、碳/氢比值也越来越小，是否可以推断这个发展演变过程的终极目标就是氢？

1. 氢是能源

氢（H）是自然界中最丰富、分布最广泛的元素。物质氢或氢分子（H_2）并不能在自然界中独立存在，氢元素一般都与其他元素形成化合物而存在。最常见含氢元素的化合物是水。含氢的化合物还包括植物、动物中的碳氢化合物，也大量存在于化石能源之中。氢作为能源可以当作燃料使用。燃烧氢气获得热能生成水的过程也是零污染，但由于热效率过于低下以及快速燃烧特性难以控制，至今没有取得实用性进展。梅赛德斯和宝马（Bayerische Motoren Werke，BMW）公司的氢发动机项目经多年探索最终被放弃。氢作为能源可以非燃烧方式使用，通过燃料电池直接把化学能转为电能，能源转换效率是热机的两到三倍，副产物仅为热和水，可循环利用，零污染零排放。因此把氢作为能源，并且以非燃烧使用，效率最高、最环保。

2. 颠覆性能源革命

历经数十万年的通过燃烧使用能源的传统即将被颠覆。氢能的清洁、高效、安全等特征是科学定义下的真正的新能源。氢能燃料电池的核心原理就是高效清洁地以非燃烧方式实现能量转换，这颠覆了现代社会赖以生存的靠燃烧使用能量的方式。第一次和第二次工业工业革命的伟大之处是（从蒸汽机到内燃机）改变了"燃烧"的手段和方式，而即将到来的能源革命之核心是要彻底抛弃"燃烧"本身！本文希望明确提出，燃料电池这种非燃烧的能源使用方式同样有助于使用所有传统化石能源，而且效率更高，浪费最少，盈利更大。

3. 氢能革命性优势

氢能取之不尽，用之不竭，分布广泛，是真正的安全能源；

氢能发电通过燃料电池，不用燃烧，突破热力学与卡诺定理的效率极限，颠覆了能量转换方式，使发电效率倍增（发电50%~70%，电热联供85%~90%），提高了能量转换效率；

氢能的能量转换是零污染物排放，零二氧化碳零排放，化学能转换为电能，转换后的化合物为热水，充分利用，回归自然，可持续发展；

氢能是二次含能体能源，是取代汽油和柴油等化石燃料的清洁燃料，氢能是可再生能源结构中不可或缺的组成部分，并与燃料电池一起为流动性能源服务提供高效清洁的能源方案；

氢能与一次可再生能源结合，利用"过剩"电能制氢储能，完美克服一次可再生能源间歇性与周期性的弊端。而且长时间、规模化储氢的储能成本远远低于任何蓄能电池储能。以 1 兆瓦发电供电能力，存储 10 兆瓦时电能为例，氢储能发电的总成本仅约为蓄电池储电成本的四分之一或更少。

氢储能是汇合各种可再生能源，使之成为高质量的稳定能源供给的最佳方案；使用氢能燃料电池是提高可再生能源综合利用率并使其规模化发展成国家能源结构中占比超过 30% 的主体能源的最有效的途径。

常规化石能源的氢能化。常规化石能源是"富氢"化合物，完全可以用于制氢、发电并集中回收二氧化碳。这个过程从根本上提高发电效率，消除污染，有效消化过剩产能。氢能与燃料电池使得常规化石能源发电效率倍增，这相当于常规化石能源价值的再生和提高，同时也为常规化石能源的发展提供了机遇。

4. 氢能应用促进经济发展

氢能供应链主要包含如下环节。

制氢：开发利用"弃光、弃风、弃水、火电、核电"等多路产电渠道中废弃或低谷的电能制氢；收集冶金和化工工业生产过程中产生海量（数千亿立方）富含氢的废气提取氢能；以及用仿光合作用的技术通过太阳光从水中直接获取氢能；或者可以使用常规的重整技术从化石能源（如天然气、煤、原油）中制取氢能。再者中国已经是产氢的大国，目前年产氢气超过 2000 亿立方（相当于 3000 亿度电）；

储氢：氢气可以管道输送和储存。储存方式包括：气态储存，即压缩储存在氢气罐中等储存手段，包括注入地下岩盐穴中；固态储存，吸附存入在金属氢化物中等；液态储存，液态氢形式，以及液态化合物方式。

　　输氢：从生产地 / 储存地到使用地点，可以通过车载运输气态、液态或固态储存的氢能，也可建设局域管道网络供应氢能。中国除西藏青海外，已经有遍布全国供氢网络为各种工业用途供氢。

　　结论是：中国具有得天独厚的条件建立从生产、存储到输送的完整供应链。

　　氢能燃料电池在能源应用领域方途广泛。主要在如下方面。

　　电源：通过燃料电池发电，氢能电源系统既能用于主电系统，如与可再生能源结合，克服可再生能源的间歇性，为用电系设施提供稳定的电源，也能用于备电系统，如，取代信息产业、现代服务业中，浪费巨大、污染严重的以蓄电电池支撑的备用电源系统，还能用于辅电，如航天器的照明与取暖系统。小到手机供电，家庭用电，大到分布式发电，兆瓦级供电系统，均是氢能燃料电池的用武之地。

　　动力：氢能可以通过以燃料电池为发动机的交通工具加以使用。如氢燃料电池重卡、物流车和公交车等，氢燃料电池飞机，氢燃料电池空中基站，氢燃料电池舰船等。在某些应用领域，氢燃料电池动力系统还具有热机提供的特殊优势。比如潜艇动力，氢燃料电池动力的高效、低排放、低温、低噪音可使潜艇的隐身性、续航能力等关键指标得到大幅提高。

　　储能：氢能可以有效地用于解决产能端的间歇性与用能端的随机性造成的电网净负载曲线的峰值与谷值之间的平衡，也就是电网的消纳与平峰。即：将产能高峰无法消纳的电能用于制氢并加以存储，待产能不能满足用能时启动氢燃料电池发电。这就提高了供能、供电的灵活性和效益，避免低谷期的能源浪费，也避免满足应用峰值时段需求而盲目扩大产能。

　　显而易见，氢能的产业链从"制氢、储氢、输氢"到氢能＋燃料电池的氢能应用，范围之广，所涉及的领域之多，为经济可持续发展创造了巨大的空间。氢能与燃料电池产业的技术含量之高，创造就业机会层次之多，制造规格要求之综合，创造价值之大，前所未有。作为经济发展动力的能源革命一定会提升经济发展水平，在这个意义上，发展氢能与燃料电池将为中国经济高质量、可持续发展所需要的供给侧改革提供体量大、层次深、实际有效的抓手。

5. 提高能源可获取性

氢能燃料电池的体系既是能量来源，又是用能器。有着极为广泛的应用领域。从边远农村利用秸秆沼气就地制氢发电供暖，到城市家庭、医院、社区利用管道天然气或者甲醇制氢发电供暖（微网和分布式发电）等；以及海岛、边疆山地利用太阳能和海水雪水电解水制氢发电供暖；包括各种复杂地域地形情况下的军事储能供电需求，氢能燃料电池均能就地取材，便捷地供电。针对能源峰会上提到的能源可获取性，氢能（远不限于氢气，包括所有氢基燃料）具有最佳的可获取性和应用普适性，无论是边防，还是城市分布式发电，国家电网储能调峰，还是农村供电改善生活的精准扶贫，都能方便快速的发挥作用。总之，在无电力供应的任何地区，通过生物质制氢、储氢＋氢能发电＋供热(CHP)系统可以有效地为贫穷地区，农业人口地区尤其是偏远地区人口提高能源可获取性。

6. 落实《巴黎协议》的有效措施

习近平主席在 2016 年二十国集团（G20）杭州峰会代表中国政府向联合国秘书长潘基文递交了中国政府批准的《巴黎协议》，中国政府向世界承诺达到其中对中国发展提出的环保指标。2019 年的二十国集团能源与环境部长级会议的核心议题更是聚焦氢能。氢能与燃料电池的能源使用过程仅产生水和热，彻底零污染排放、二氧化碳零排放。一旦氢能得以广泛应用和规模化发展，以氢能为基础的电力供应和储能、车用动力、照明取暖、家庭和社区分布式发电用电等等将会大规模降低排放和污染。实践证明，氢能＋燃料电池是消除城市的尾气排放的最彻底地措施，氢能更是消除雾霾的唯一有效途径，因此利用氢能是落实《巴黎协议》的最有力的方案。

（四）核心价值

综上所述，人类非常成功地挖掘和利用多种形式一次可再生清洁能源，其中包括太阳能、风能、潮汐能、地热能、水能等，同时也逐步发现，氢能这种具有含能体特质的二次能源，是所有一次可再生能源共同的统一的最为理想的能量载体。从制氢到发电再到储能，通过燃料电池这一高效洁净能源使用方式，所有一次可再生能源均可以统一转化为氢能，实现零污染高效发电，实现规模化长时效零损耗储能，从而实现削峰填谷避免浪费的目标。氢能的核心价值之一就在于真正意义上提高一次可再生能源的利用率，使之成为国家能源结构中最安全、最具生命力的主体成分。广泛利用氢能是可持续发展的必由之路。

三、澄清误区，坚定前行

当燃油车 100 多年前刚上路时，也曾遭遇过马车利益团体的质疑和反对。诸如缺乏配套设施，马车路不适合汽车运行，速度过快使得马车夫和行人不安全等等……美国马萨诸塞州还曾一度立法，要求汽车上路时，车前面必须有人举灯开路……

不难理解，任何旧的利益争取保障，抵制新事物是必然的，但妥协的办法绝不是扼杀新事物，更不能放弃社会进步。

当燃料电池技术从默默发展中再次走到爆发的节点，当日本的成就（包括 ENE-FARM 和丰田行动）再次在全球范围点燃了对氢能燃料电池的新希望，林林总总的质疑和误区依然如期而至，挥之不去。本文针对几个典型的质疑和误区观点略加澄清，粗浅见识难以正本清源，一方观点有望百家争鸣。

（一）"铂金产量无法支撑燃料电池产业"

从 2008 年北京奥运会到 2010 年上海世博会，中国几种初创型燃料电池车开始了试运行。虽然没有跑出"奥运金牌"的成绩，也算是迈出了难得的一大步。不论"比赛结果"是否应该以金牌论英雄，刚刚兴起的中国燃料电池热情就一直被如影随形的质疑和否定所淹没。其中以"全球铂金产量低，不可能支持燃料电池产业"等相关的论调最为典型。铂金产量真的无法支撑燃料电池产业吗？非也。针对上述论调的种种明显误区，本文提出如下几点供商榷。

1. 铂金在燃料电池里仅仅是催化剂，并不消耗

这是一个学过初中化学的学生可以回答的问题，应该没有争议。需要提醒的是，在对催化剂谈论"消耗量"时，切勿与其他蓄电池的资源消耗模式混为

一谈。

2. 燃料电池里的铂金回收率高达 96%

在 2008-2010 年期间，国外的几家催化剂企业其实早就有成熟的回收工艺，当时的回收率达到 92%。目前的回收率高达 96%。也就是说燃料电池膜电极报废后，其中的铂金按原始量的 96%，直接按铂金市场价回收，重复使用，损耗极小。

3. 谁是耗铂金大户？腾笼换鸟不好吗？

燃料电池产业并非消耗铂金的"祸首"，燃油车才是铂金的最大用户。全球铂金需求的最大部分来自用于降低排放有害性的燃油车催化剂。铂金需求主要源自三部分：其中汽车尾气催化剂 41.5%，珠宝首饰占 31%，工业生产占 21.5% 左右。从 1999 年到 2015 年，全球汽车产量增长了 72% 以上，铂金需求增长了 34.8%，其中亚洲尤其是中国的占比较高。各类汽车大小不同，催化净化器含有铂金量也不同，从小车 3 克到大车 15 克不等，柴油重卡需求量更大。一旦推行欧 6 标准，铂金需求量还将增加超过 110%。

另外，随着纳米技术的不断发展和创新，燃料电池膜电极里的铂金纳米颗粒尺寸从 21 世纪初的 10 纳米左右降到 2 ~ 4 个纳米，这意味着活性表面积增加，用量大幅减少。实际用量早已从美国国家航空航天局时期的超过 20 毫克/平方米降到了 21 世纪初的 1 毫克/平方米，如今进一步降到了 0.2 ~ 0.4 毫克/平方米的用量。有数据表明，新一轮的膜电极和电堆的设计指标中，铂用量将进一步降至 0.1 毫克/平方米或 1.0 克/千瓦。可见即便没有实施欧 6 标准，燃料电池和燃油车在铂金用量上就已经趋于接近或更低。残酷的事实是：无论燃油车上再怎么成倍增加铂金用量净化尾气，也远远比不了燃料电池的零排放。试问，仅仅把几乎同样量（损耗更少）的铂金换个地方使用，怎么可能推导出"仅就这项稀有而昂贵的铂资源而论，如何支撑得起燃料电池电动车的产业化？"这样的论点呢？采用清洁的燃料电池动力替换燃油车发动机，就使用铂金而言，不过是腾笼换鸟。最大的好处是，既没有增加铂金需求和损耗或相关的成本，又彻底净化了尾气排放，百益而无一害。

4.全球铂金储量丰富

相关数据表明，全球铂金产量主要源自南非 79%，津巴布韦 3%，北美 12%，俄国 6%。根据考索恩（Cawthorn）2010 的估计，仅在南非布什维尔德火成杂岩体地区 (Bushveld Igneous Complex，BIC) 垂直深度每公里约有 11，000 吨铂金储量。按全球 200 吨铂金产量计算，仅此一处约 2 公里的深度就够人类开采超过 100 年。面对这样的数据，"铂金储量"不应再被反对者当作否定燃料电池产业化的依据，顾虑者也不必再杞人忧天。

（二）"成本过高，无法产业化"

在燃料电池技术百年的发展历程中，制作成本从来都是最具挑战的难题。但应该看到从美国国家航空航天局的阿波罗到巴拉德的欧洲商用公交车队 20 多年里，技术突飞猛进的发展了，燃料电池成本也发生了巨大变化，贵重金属的用量降低超过 90%，材料、设计和加工成本都大幅降低超过 70%，使得遥不可及的商用梦想变得贴近现实。时间来到 21 世纪初，当华尔街资本的泡沫破灭后，过度失望情绪迅速蔓延，以至于人们忽略了燃料电池制作成本降低的成就，也不愿看到正在显现的巨大潜力。当对燃料电池的质疑和否定在许多国家变得时髦（包括中国），都纷纷削减和退出燃料电池研发时，日本人选择保持头脑冷静，抵制了干扰。当 ENE-FARM 在低调努力中不断降低成本批量进入家庭，当丰田耕耘 15 年后并于 2015 年突然宣布燃料电池动力车进入量产和商业化销售时，丰田的竞争对手们在错愕中纷纷解析 MIRIA。人们惊讶地看到，丰田宣布的"成本降低约 50%"后的 MIRIA 售价已十分接近商业化目标！回想 15 年前巴拉德测算的燃料电池量产车价是燃油车的 2.5 倍，应该看到，成本随着技术的积累和发展在有效下降。尽管如此，中国许多质疑否定者似乎依然不愿面对日本的启示，固执己见者有之。基于过去 15 年里燃料电池技术进步成果和制作工艺的成就，针对燃料电池成本能否维持不断降低的趋势，本文概述几点具有代表性的观察。

1.垄断性技术逐步失去垄断地位

燃料电池成本长期以来高企不下的原因之一是一些关键物料成本高。如柔性石墨板、质子交换膜、催化剂、碳纤维透气层、耐腐蚀涂料等。这些材料大都来产自于一些具有垄断性质的技术。即使一些相关专利已经过期，掌握制作技术的企业也寥寥无几。这种情况在过去15年里已经大大改观。如中国东岳集团的质子交换膜研制成功，使得这一物料的国际行情应声跌价60%；再如过去日本东丽的碳纤维透气层材料曾独占鳌头，如今全球（包括中国）已有许多公司都掌握了相关制作技术（包括曾经被垄断的微孔层喷涂技术），而且成本极具竞争力。透气层材料的售价过去15年里下降了约30%。而且随着定货量增加推动了制作能力的大幅提升，报价有望再降15%～20%。毫无疑问，随着产业化进一步向纵深发展，不断打破核心技术和关键材料的垄断地位，一定能更有效地降低了燃料电池的材料和制作成本。

2. 定制工艺已发展成通用工艺

早期进入燃料电池行业的领军企业势必承担着先驱者的重任。最典型的挑战就是逐一创新和改进产品制作工艺并努力控制成本。对于巴拉德以及同行的先驱者们，完全没有现成的制作设备和工艺可供选择，各家都在披荆斩棘地开发和定制设备和工艺，这段时间努力还谈不上成本低廉。可欣慰的是，虽然以巴拉德为代表的"淘金热"曾一度被质疑和否定，但资本驱动的燃料电池热浪还是促进了材料和设备等基础制造业的发展。一些眼光独具的企业通过多年的耕耘和拓展，许多原来特殊定制的工艺和设备已经被纷纷发展成通用的工艺和设备。国内外市场上不断涌现的双极板和膜电极等关键零部件的制作设备和工艺以及各类精密加工和测试设备等都是典型的证明。通用化的设备和工艺有效地降低了制造成本。以质子交换膜为例，仔细分析其原料的构成就不难发现，一旦规模化量产，将售价从800～1000元/平方米持续下降到100元/平方米以下，已经具备技术上的合理性和可行性。再如随着极板材料和加工工艺的精密化和通用化，百千瓦级的单列电堆双极板制作成本从500～800元/组（含阴阳两个极板）有望降到50～100元/组。

3. 关键材料零部件成本快速降低

早期的燃料电池公司在技术开发过程中大都经历过的典型痛苦之一是，由于缺乏行业配套，所有设计要求都是特殊的，难以找到所需的材料和零部件。这些材料零部件看上去应该出自一些成熟的工业领域，但想要寻求匹配度高，理想的材料和零部件却难于登天。如空气压缩机，密封材料等都有非常成熟的行业经验，但由于所有"成熟"材料和零部件都是为其他行业而生的，燃料电池设计师们很难直接选购符合要求的物料。以空压机为例，20世纪90年代巴拉德公交车上的空压机曾是绞尽脑汁委托开发而来，其预期量产的成本依然高高在上。即便这样，开发出来的空压机也曾被垄断不得外卖。量少和开发成本高，难怪早期巴拉德燃料电池动力系统的成本难以接受。如今的形势大不一样，2015以来的日本效应对全球范围的制造业影响巨大，吸引了许许多多传统企业开始转型。比如已有多家在空压机方面积累了大量工业经验的企业纷纷进入燃料电池领域，各类型的空压机不断涌现，成本快速出现了50%～70%的降幅。例如某种类型的空压机的售价能从15万元降到2万元或以下。

4. 核心设计技术优化提高

燃料电池设计技术在过去15年里也有了突飞猛进的发展，除了可以公开的大量的专利涌现，许多专利还没有真正投入应用就被新发明取代，还有海量的制作商业机密分别出现在该领域的方方面面。各类设计方案的优化直接意味着成本降低。如石墨极板厚度设计从5毫米降到1毫米，极板用料节省80%。当看到丰田骄傲地介绍三维网格极板设计时（中国也有同等效果的专利设计），意味着同样数量的材料能发出成倍的功率，这使成本节省30%～50%。再如当著名美国加湿器公司的垄断地位被中国加湿器专利技术打破后，每千瓦40美元的成本迅速降到5美元以下。每个燃料电池系统开发公司都可以获得廉价的加湿器。技术革新是降低成本最有效的手段之一。

5. 全球化规模化生产将有效降低成本

由于燃料电池产品在生产制作上没有用料来源上的短板，也没环境污染控制的压力，更没有安全风险，所以一旦燃料电池进入规模化生产，可以简单预见，量产的成本将从现有成本水平上再大幅降低至少40%。以电堆制作为例，一旦能整合上述各项技术、工艺和物料，仅以生产50,000套百千瓦级电堆模块的量测算，每千瓦的材料成本可以从 5000 ~ 3000 元降到 800 ~ 500 元或以下，整套动力系统材料成本（不含供氢系统）可以从 10000 ~ 6000 元降到 1500 ~ 1000 元或以下。

综上所述，有效彻底地降低燃料电池成本的前景已经现实可行。随着日新月异的材料和制作工艺的技术发展和积累，"成本过高"的顾虑正在被快速消除，也将不再成为否定发展燃料电池产业的借口。

（三）"关键技术难以攻克"

针对这一流传颇广的观点，却没有看到什么公开的具体例证或核心论据。到底是"难以攻克"，还是"懒得攻克"？不得而知。简单答案是，历经多年发展和积累，大量工业成就的普遍应用，现代燃料电池产业化产业在快速成长，虽然每天都在解决困难中前行，但"难以攻克"的困难并不存在。答案的依据如下，（1）燃料电池在过去20年的高速发展中，已经充分将流体力学、热力学、传热学、电化学、结构力学、扩散理论、强度与振动分析以及材料科学等学科理论及其最新成就广泛深入地用于燃料电池各类设计中，还发展出许多适用于燃料电池特性的全新的理论分析手段，测试设备和工程设计软件工具。因此燃料电池产业发展在理论上和工程技术实践中已经没有"难以攻克"的障碍；（2）如本文前述，关键材料和工艺的垄断性已被快速打破，还有大量的新工艺制作方法不断涌现，燃料电池所需各类关键材料（包括质子膜、催化剂、涂层材料、极板材料、密封材料等关键材料）的研发技术不断普及，制作能力不断提高，以及优质材料的市场获取渠道不断增多。打破垄断促进了竞争，各种材料价格也在不断降低。因此中国燃料电池产业虽然有许多差距待弥补，有许多开发工作有待完成，但没有"难以攻克"的堡垒。路在脚下，何必气馁？杜绝唱衰。

（四）"效率低，氢储能不可行"

长久以来，质疑和否定制氢发电和氢储能可行性的观点十分流行，包括著名的特斯拉创始人马斯克先生似乎也有类似观点。本文认为这是一个严重误区。它不仅严重影响到国家产业政策，还影响到许多企业的发展方向。归结其要点，该误区的依据大都集中在效率这个单一参数上：制氢发电效率低下，因此不可

图 10　中国发展氢能与燃料电池产业的思考与建议

行。本文提出如下论点供商榷。

1. 制氢储能的计算公式

由于普遍担心与传统蓄电池的电—电模式实现储存和供电功能相比，燃料电池的电—氢—电模式效率低下，笔者提出如下分析计算公式，对储存和发电的综合成本进行量化计算。

$$E_t = \frac{E_h}{\eta} + (E_e + E_s) + E_r \quad (1) \qquad\qquad E_t = \frac{E_h}{\eta} + \boldsymbol{E_x} + \boldsymbol{E_r} \quad (2)$$

上述公式（1）适用于氢储能，（2）适用于蓄电池电储能。两者没有本质区别，只是公式中标明的差别便于理解各自储能成本的构成。其中：

E_t：储能发（供）电总成本（元 / 千瓦时）

E_{h}：氢储能系统或蓄电池系统的购电成本（元 / 千瓦时）：

E_e：氢储能系统中制氢 + 发电设备的全生命周期的度电成本（元 / 千瓦时）

E_s：氢储能系统中储氢设备（储罐 + 管道等）全生命周期的度电成本（元 / 千瓦时）

E_x：蓄电池（储电 + 供电）设备全生命周期的度电成本（元 / 千瓦时）

E_r：储能系统的按度电摊销计算的运维成本（元 / 千瓦时）

η：氢储能系统 / 蓄电池的效率：购电量中有效发（供）电量的占比。

公式（1）和（2）中第一项里的 η 代表购电利用率；或者公式（1）中为氢储能电—氢—电模式的效率，以及在公式（2）中蓄电池电—电模式的效率。取值为 1 时即购电 100% 被使用，成本不变；取值为 0.5 时即购电 50% 被使用，成本加倍。

蓄电池的储能供电的度电成本仅一项——Ex；而氢储能系统为两项——Ee 为制氢和发电设备的度电成本，Es 为储能设备（储罐）的度电成本。

2. 利用弃光、弃风、弃水与效率无关

从上述公式（1）和（2）中都可看出，对于现实中非常普遍存在的现象，即不得不废弃大量的风能、光能、水能和潮汐能。如果充分利用上述废弃的各种能源发电（以及进而制氢）并储存，购电成本 Eh 应该几乎为零。这种情况下，储能发电的总成本是高是低与效率（ η ）无关。

3. 氢储能的成本优势

对比上述两个公式（1）和（2）可看出：蓄电池的储能供电的度电成本仅为一项：Ex而氢储能系统则分解为两项：Ee为制氢和发电设备的度电成本，Es为储能设备的度电成本。这意味着蓄电池对于大容量长时间的储能需求，只能按比例线性增加蓄电池数量一个途径；而氢储能系统则是靠增加储罐和管道来应对大容量和长时间储能需求。增加储罐所需成本（Es）永远大幅低于增加蓄电池的成本（Ex）。再加上储罐管道通常有 15 ~ 20 年的寿命，意味着成本摊销更低。氢储能和蓄电池储能相比，最大的优势在于储能成本更低。

（五）蓄电池和燃料电池对比分析

长期以来，国内外有一种颇为流行思维模式，习惯性地把蓄电池（不包括一次性干电池，属二次电池体系）和燃料电池进行直接对比，由此导致了种种误区和质疑，本文略加探讨。

1. 二者的不可比性

本文认为虽然二者都被称为"电池"，但二者可谓天差地别。直接对比二者的做法在思维起点和对比物定义上均有误区。本文提出如下具体分析，希望澄清一下误区。

1) 两者结构虽有相似之处，更多有本质的不同。蓄电池的正负极（板）材料均含供化学反应的活性物质，而燃料电池虽然也有正负极板和材料，但这些极板是除了导电、导热和流体通道特性外，不含任何化学反应活性物质；燃料电池的化学反应物如同车用汽油，仅在启动使用时输入。因此二者结构本质迥异，不具备可比性；

2) 蓄电池是储能装置，通过充电进行存储电能。其能力是按容量标定，计量单位是能量（瓦时）。蓄电池充电后可以放（供）电，但自身完全没有发电功能；而燃料电池是发电装置，通过输入氢气＋空（氧）气直接发电，计量单位是功率（瓦）。燃料电池既无法充电，也就无法储存电能。二者的基本功能不同，因此不具备可比性；

3) 蓄电池依靠外来电能充电供电，与外来电（二次能源）清洁与否无关，充入脏电也就供脏电，对环境保护零贡献；而燃料电池依靠外来氢气（二次能源）发电，与外来氢（二次能源）清洁与否无关，但自身发电构成是零排放。再看，外来电的主要来源之一是火电，作为能源结构的主体，火电的排放正是环境污染和雾霾主要来源之一；而外来氢的三种主要来源是废气回收、电解水、化工制取。前两种是环境友好方式或零污染，第三种来源的温室气体排放也低于火电排放，二者对环境的影响完全不同，因此不具备可比性；

4) 蓄电池只能靠内部有限体积容量储能供电。而燃料电池则是通过外部氢罐来储能（或管道传输），储罐数量可以相对低的成本按需增加；蓄电池不是和燃料电池发电装置比储能能力，而是和储罐比储能能力。如果蓄电池和储罐比容量相关的成本，会因差距过大而缺乏合理性。另外，工业化成熟的氢储罐寿命通常是 15～20 年，二者使用寿命的成本摊销差别也过于巨大，因此在容量和寿命上均不具备可比性。

5) 蓄电池的自放电特性以及所储电能是过程性能源都会导致不可避免的损耗。而燃料电池没有氢的自损耗特性，而且氢作为含能体能源也无时效损耗。可见，因装置不同和介质不同，蓄电池储能和氢罐储能在存储有效性和损耗机理方面有巨大差别，因此也不具备可比性。

6) 蓄电池充电的化学过程与储氢罐的充气物理过程，无论是能源获取机理还是两种过程的耗时差别，二者差距过大而不具备可比性。

2. 二者的可比性

除去上述诸多不可比性，笔者认为蓄电池依然具有诸多独特优势，也具有开发利用的合理性。只要科学合理地理解二者的差异和优劣，消除误区和避免有悖常理的"PK"思维，便可相得益彰地发挥彼此优势，完善能源结构中多层次储能配套的社会需求。

寻求相对公允和合理的比较方式和范围，可以考虑一些应用场景和经济技术指标进行比较，下表1是可比模式之一．

表 1　燃料电池与蓄电池对比表（基于现有技术水平）

对比指标	蓄电池	燃料电池	备注
应用场景			
手机、电脑、家用电器、工具类等电源	适用	尚无商用	
野外便携电源	适用	适用	
应急、备用电源	适用	适用	
分布式发电	不适用	适用	
数据中心备电	柴油机，配套	独立	
场地车(观光车、巡逻车、环卫车)	适用	适用	
城区公交动力	适用	适用	
轿车动力	中短途	长途	储罐容量优势
重卡动力	中小功率，短续航	大功率，长续航	储罐容量优势
物流车动力	中小功率，短续航	大功率，长续航	储罐容量优势
储能	小容量短时	大容量长时	储罐容量优势
经济技术性能			
供电响应时间（毫秒）	0	5,000 ~ 15,000	
环境温度（℃）	0 ~ 30	–30 ~ 45	无保温措施
噪音（dB）	≤ 20	≤ 60	
储电容量	小	大	与配置有关
安全警示	易燃	易燃	
使用方便度	优	中	
可维护性（更换便利性）	优	中	

注：该表旨在从原理上讨论蓄电池和燃料电池的可比性，内容和格式上尚待补充和完善。

资料来源：作者整理

蓄电池作为蓄能装置，能量密度是关键指标之一，而燃料电池是功率型发电装置，关键指标之一是功率密度。两个指标，如同苹果和梨，怎么比较呢？燃料电池＋储罐和蓄电池相比？合理吗？从恰当定义对比物上讲，"氢源＋燃料电池＋储罐组合"应该和"热机＋发电机＋蓄电池组合"相比才恰当合理。

3. 储能发电中效率因素的分析

说到储能，人们被灌输的思维是从效率这单一参数角度分析利弊，特别是热衷于蓄电池储能的人都一致认为，氢储能的电—氢—电模式（电制氢—储能—发电）的效率低于30%，而蓄电池储电效率高达90%。如此大的差距肯定足够否定氢储能的发展路线了，然而这种思维是误导性的。如果根据上节"二者的可比性"中所述，选择"氢源＋燃料电池＋储罐组合"与"热机＋发电机＋蓄电池组合"进行比较，同时注意到如下几点事实依据。

　　·冶金化工工业排放废气中的氢组分可回收率高达 99%；

　　·化工裂解制氢的效率可达 76%；

　　·中国先进的电解水制氢技术的效率已达 93% ～ 98%；

　　·中国先进的电解水制氢技术的能耗已达 3.8 ～ 4.0 千瓦时 / 标方

　　·每标方氢气可发电约 1.55 ～ 1.65 度电

　　·燃料电池的发电效率范围是 60% ～ 75%。

综合计算两个对比组合体的总效率（注意热机效率仅在 30% 左右），还需要注意到，根据中国目前的已经实现的技术进步，制氢＋发电系统的总效率达到 42% ～ 45%。这个效率低吗？提醒人们：每天数千万在公路奔跑燃油车的效率大都低于 30% 时，25% ～ 30% 的效率意味着每次花费 400 元加油，仅 100 多元在驱动车前进，损失近 300 元！据国外相关分析指出，从"油井"到"轮子"（from well to wheel），实际效率仅 15%！不过人们也许已经习惯于对自己的爱车"效率低"视而不见了，应该也不会放弃自己心爱的车以及轮子上的生活方式吧？

（六）"氢气会爆炸，难以安全使用"

　　由于缺乏适当的科普教育，自兴登堡飞艇燃烧爆炸（图 1）至今，口口相传，谈"氢"色变大概已经延续了八十多年。虽然后来调查的结构证实，兴登堡飞艇的爆炸起因并非因氢本身爆炸引起的。多年所有的调查均认定氢气自身不会爆炸，共识和焦点就集中在寻找"点火源"这个祸首以及泄漏的原因。但误解似乎根深蒂固。时至今日，大量氢科普材料里，包括网络上"百科"类科普介绍，普遍都明确或隐含地定义"氢气会爆炸"。稍微显得更"科学"一点介绍是，"一旦和氧气混合就会爆炸"。这样的普遍的误区带来一个无奈的"好处"，中国的氢气管理不同于国外，氢气没有和煤气、天然气等燃气一样归为能源类，而是当作了危险化学品！这样的归类反过来更加深了中国普罗大众对氢气的恐惧。这是一个恶性循环，还在日复一日持续了下去。是时候大力清晰地重新科普民众了。

图 1　兴登堡飞艇爆炸燃烧

· 氢气不是氢弹，也不是三硝基甲苯（TNT）炸药，不会爆炸；

· 日常生活环境下氢气自身不会燃烧，更不会爆炸，无论和空气（氧气）怎么掺混，也不会爆炸；

· 环境温度下，氢气燃烧的必要条件是必须有点火源；

· 在有氧的情况下，氢气在 400℃和以上的环境中没有点火源也会自燃，注意，也不是"爆炸"；

· 氢气和天然气、煤气同属可燃气体，除了燃烧速度最快（火焰传播速度为 2.83 m/s），没有什么本质不同；

· 掺混了空（氧）气的氢气（浓度 4% ~ 75%）由于点燃后燃烧速度极快，燃烧中的气体产生高热膨胀的速度也极快。一旦燃烧在密闭的环境中（如气球内）引发，热膨胀就可能导致密闭容器爆炸（也非氢气本身爆炸）。

如前所述，梅赛德斯和宝马等公司都曾多年深入研究氢气作为燃料替代汽油。如果氢气是"爆炸物"，何来替代汽油？相比其他可燃气体和液体（汽油，柴油等），氢气还有一个独特之处，由于分子最小最轻，其升空速度快于扩散速度，燃烧火焰总是维持在垂直向上的方向。根据美国迈阿密大学的车用氢气和汽油燃烧的对比试验（图 2）结果——氢气比汽油安全。

2019 年 6 月发生在挪威的"氢气站爆炸"又曾一时间传播了氢恐惧，但经调查发现：没有发生"氢气爆炸"。起火的原因是气罐上螺栓没有按规程紧固导致氢气外泄漏，泄漏的氢气在罐体外遇火源而燃烧。调查还发现，氢气罐在遭遇外部燃烧攻击下依然没有发生"爆炸"！该案例再次证明"氢气会爆炸，难以安全使用"的说法是个严重误区。

图 2　氢气和汽油的燃烧对比实验

氢气和天然气、煤气、汽油、柴油一样都需要安全管理，都可以作为能源使用。通过燃料电池的非燃烧方式使用更为安全。

（七）结论

分析发现，氢能燃料电池在技术和成本上虽然尚有诸多缺失待完善，但这些缺失并不是什么"难以攻克"的障碍。长期存在的种种悲观的质疑大致有三种来源：（1）缺乏深度了解；（2）旧利益抵制；（3）投机者的担忧。这些如影随形的质疑和否定不仅会打击行业信心，干扰政府制定能源发展战略，动摇资本投入的决心，还会助长急功近利的短期行为，必须引起警惕。过去 15 年里氢能燃料电池技术在日本和欧洲持续发展和日趋成熟。这期间中国的努力略显缓慢，许多在技术和成本上曾经是屏障的难题已经被突破。随着氢能燃料电池产业链上的各项技术和工艺的快速优化整合和完善提高，电源或动力系统的成本在 5 ~ 10 年内将呈现阶梯式下降：1500 元 / 千瓦 ~ 500 元 / 千瓦或更低，一场席卷全球的颠覆性能源革命即将真正到来。各种燃料电池产品大规模产业化的局面，特别是逐步取代燃油车的变革，有望在 2025～2030 年间出现。

四、差距和信心，落后和机遇

（一）差距心理学

十多年前，中国政府以及多数企业和院校的确在犹豫中放慢了燃料电池发展的节奏，相比今天的日本，中国的氢能燃料电池行业在若干方面的确落后了。而中国诸多论坛、文章以及有关专家和政府官员若干年以来都在不断表述一个关于在燃料电池技术上"中国落后"的观点，或者委婉的表述为"存在差距"。应该注意到，这种观点代表了两种心态：（1）积极客观的，找出差距，寻求进步；（2）消极主观的，放弃进取，自甘落后。为什么如今的中国仍然有人愿意固守 30 多年前"以市场换技术"的陈旧失败的模式？正是第二种自卑心态在作祟，缺乏自主创新的自信心和耐心，缺乏技术积累，回避埋头苦干。在当下氢能燃料电池发展浪潮席卷全国的同时，高涨的热情屡屡遭遇"落后"论和"不可行"论的对冲。激情被顾虑包围，实干被投机绑架。本文希望提醒，最无奈的落后不是技术或工艺的落后，而是心态上的自卑，最大的差距不是专利或设计的差距，而是自信心的丧失。因此，理性看待暂时的差距和落后，调整心态，增强自信是促进氢能燃料电池产业健康发展的心理基础。

（二）看清差距，重新起跑

在探讨具体技术上的差距前，本文简单回顾一段历史：当巴拉德公司的燃料电池动力大巴车已经在温哥华大街上风光溜达时，日本本田和丰田才开始质子交换膜燃料电池的研究并积极寻求与巴拉德合作。如果刻板地按某个事件发生或某个产品出现的时间来估算"落后"时间，那么日本也曾可能落后了 5～8年？值得钦佩的是，日本人不仅秉持积极心态，还十分懂得在潜心学习和"拿来主义"基础上心无旁骛，埋头创新。最终十年磨一剑，创造了属于自己的超越巴拉德的奇迹。从发展的视角看，"落后"都属"过去时"，通过学习和借鉴，后来者可以在"将来时"坐标上重新定位"起跑点"和设定"勤奋"的加速度。

笔者认为，即便从今日计算，燃料电池技术和产业发展的马拉松赛最多来到半程，目标仍在前方，机遇还在脚下。

本文认为，相较于国外氢能燃料电池行业今日之发展成就，值得关注的差距和短板大致包括如下几个方面。

1) 催化剂技术；研究非铂催化剂，铂金纳米技术。国外 2018 年指标：颗粒大小：2 ~ 4 纳米，铂载量：0.4 ~ 0.5 毫克 / 平方厘米；

2) 表面涂层工艺；双极板表面涂层工艺；高低温、高导电、耐电化学腐蚀；

3) 精密加工及成型技术；极板（石墨、金属等）模具加工和成型能力；

4) 质子交换膜电极开发和制作；国外 2018 年指标：温度（≈ 100℃），寿命（≈ 25，000 小时），高导电性、薄型化以及低气体渗透率；

5) 碳纤维透气层的材料制作能力以及微孔层的加工工艺；提高材料各项所需指标的稳定性；

6) 高品质密封材料；中国虽有较丰富的材料供应链，但缺乏开发能力，缺乏定向扶持。高品质关键材料大多都掌握在外国公司手里；

7) 催化剂铂金回收技术；国外 2018 年指标：回收率 96%；

8) 空气压缩机技术；国外 2018 年的能力：压缩比 ≈ 2.5 ~ 2.7，噪音低于 80dB，大流量、体积小、重量轻；

9) 高压氢气压缩机；配合高压储罐（70 ~ 100 兆帕）工作的能力。

请注意，上述列举的内容未必全面，仅为主要的几个方面。其中也并非都是严格意义上的中国短板。比如，中国已经具有较好的膜材料，不过持续提高其性能和降低成本一直在行业中备受关注。

（三）消除顾虑，迎接挑战

中国的燃料电池行业的发展也经历了长时间的跌宕起伏。相当一段时间里缺失系统性产业规划，缺乏信心，观望等待，投机心理严重。本文认为，今日之中国在氢能燃料电池技术先进性方面并非真的落后。面对新的能源革命机遇，应该尽快消除顾虑，迎接挑战，重新定位"起跑点"和加速度，整合国内各路优质资源和技术，拥抱和借鉴国外的百家之长，取长补短共同发展。中国一定能逐步成为 21 世纪能源革命的引领者之一。

2019 年国际能源署（IEA）发布了氢能报告《氢能的未来——抓住今天的机会》。报告指出，世界范围内清洁氢能目前正享有前所未有的政治和商业势头，世界各地的政策正在快速执行，氢能项目数量正在迅速增加。本次报告的结论是，现在是各国扩大技术规模并降低成本，使氢能得到广泛应用的最佳时刻。

五、思考和建议

面对正在蓬勃兴起的氢能燃料电池技术和产业的发展热潮，政府指导性作用至关重要，直接关系到产业发展的成败。人们有理由期盼，国家在过去几年里逐步颁布的《能源发展战略行动计划（2014～2020年）》《国家中长期科学和技术发展规划纲要（2006～2020年）》以及《中国节能与新能源汽车产业发展规划（2012～2020年）》等纲领性规划的基础上，各项合理和精准的指导性政策以及行业扶持实施计划将相继出台。

如今的中国，由于缺乏精准具体的系统性行业规划指引，许多省市政府和数百个新注册的企业都纷纷跑步进场，跑马圈地。从国家管理机构到企业和个体，各路诸侯大有各显神通之势。随着氢能燃料电池产业化的热潮一浪高过一浪，各路资本也纷纷布局，其中许多都虎视眈眈地瞄准政府补贴，追求短期效益，将其当作规避风险，快速实现市场盈利的大餐。不言而喻，出台系统性合理完整的行业指导政策和精准有效的扶持计划已经迫在眉睫。本文提出几点建议供参考。

（一）全球视野，整合资源

正如国际能源署（IEA）在 2019 年的氢能报告《氢能的未来——抓住今天的机会》指出，一个全球化的发展氢能的浪潮正在兴起。随着中国逐步出台各种相关促进氢能燃料电池产业发展的相关政策，全国各地相继出现大搞氢能的热潮，各种产业园、氢谷、氢能小镇纷纷涌现。过去三年里，数百家注册的企业如同雨后春笋。这些热潮虽有积极的一面，但也应该注意到，面对中国从原材料到产品开发薄弱的技术基础，以及尚未形成上下游产业的支撑基础，如果缺乏有效的行业引导协调和科学布局，各路诸侯在无序竞争中难免泥沙俱下，无用内耗，急功近利，从而导致如下情况：（1）各路资源重复投入；（2）产业链残缺无序；（3）技术成果转化率低；（4）投机布局攫取补贴。如何高效合理地引导热潮，如何避免浪费、内耗和投机，政府的主导作用十分关键，应该着眼于如何整合资源，凝聚中国力量。

1. 资源共享 合力发展

新一轮能源革命势必形成全球化的合作和竞争趋势。中国必须具有全球视野，整合国内资源，迎接全方位挑战。从顶层设计入手，以扶持政策为抓手，打破一亩三分地的区域分割或个体的狭隘意识，在全国范围内消除内耗型竞争和壁垒。以补贴为刺激和约束手段，建立技术资源共享平台，促进各地区、各企业和实体间的合力发展。

2. 夯实基础，健康发展

从产业的顶层和全局思维出发，制定全产业链的布局和战略规划，着力扶持氢能燃料电池产业的基础性材料短板和制作工艺技术的薄弱环节。为形成新的庞大的能源产业提前打下坚实基础，有效避免产业链上"芯片"型软肋和弱点。

（二）制定发展目标

在中国已经颁布的《能源发展战略行动计划（2014～2020年）》、《国家中长期科学和技术发展规划纲要（2006～2020年）》以及《中国节能与新能源汽车产业发展规划（2012～2020年）》中都已经把氢能与燃料电池发展作为国家、行业发展的组成部分，但是侧重的都是技术发展路径。没有确定待发展的相关技术对氢能燃料电池产业的发展和应用市场开拓应该如何关联。缺乏氢能与燃料电池的战略目标、发展路径及步骤的内容。为此，本文建议明确发展策略，确立发展目标。

1. 战略目标及阶段性指标

根据已经颁布的国家能源发展规划，明确氢能作为清洁可再生二次含能体能源在现有的二次含能体能源——汽油、柴油等燃料的比例，为氢能与燃料电池的公共应用（如交通）所部署公共基础设施的目标，如，加氢站的布局与数量，以及具体的阶段性指标——按规划目标比例折算到年度比例与数量指标。

2. 相关的产业目标

为实现规划目标，在制氢、输氢、储氢、用氢构成的燃料电池的氢能产业网中，明确各个节点的目标规模、目标成本、投资规模与时序等。

3. 应用市场目标

学习日本经验，规划多样化燃料电池应用市场，包括各类电源、车船用动力、加氢站以及与一次可再生能源发电配合储能应用，消化过剩产能所推行的火电制氢＋储氢试点等，明确各自年度实施目标和规模。

4. 人才培养目标

根据产业发展与市场推广的目标明确所需要的人才培养目标与时序，包括工程师、管理人员、创新设计人员等。

（三）自主的路径与务实的步骤

氢能与燃料电池发展既关乎人类生存，又直接影响国家能源安全与社会、经济、军事发展根基，有着巨大市场潜力，应该是以自主技术研发为主，借鉴发达国家的市场开拓经验，国家资金扶持的"科技推力"与国家政策激发"市场拉力"有机结合，走出一条氢能与燃料电池的"中国设计与制造"的发展道路，杜绝"中国制造""用市场换技术"之类早已被实践证明弊远远大于利的短视、急功近利的发展道路。兼容并蓄的自主之路乃是走向强国之路。

在步骤安排上秉承务实的原则，（1）优先为技术已经成熟、市场可操作性强的应用领域，树立示范项目，出台前期激发"市场拉力"的补贴政策，如各类氢能燃料电池应急电源车、各类场地车、公交车和备用电源产品等。这类车动力应用在固定区域内不受加氢站数量影响；这类电源应用已有长达六年的非常成功的商业化应用，技术十分成熟，用户体验完好，节能减排效果明显；（2）帮助市场需求迫切、技术相对成熟的领域，投入公共资金形成"科技推力"以及配套市场引导政策，如大力推动燃料电池动力系统替换污染严重的重型卡车和物流车的柴油发动机；再如火电结合煤焦炭和石油焦制氢＋储氢。对于没有市场目标，缺乏自主技术含量或进入市场时序有悖于形成"科技推力"的项目，谨慎安排公共资金投入，以保证资金使用效率。

（四）确保政策的连贯性与可持续性

氢能与燃料电池研究所涉及的科技含量之高、燃料电池产业所涉及的市场领域之广是前所未有的。在政策的角度，从科研到产业化再到引导市场，都需要连贯性和系统性的政策。例如，若支持质子交换膜技术的燃料电池研发（对材料、催化剂、系统结构等投入研发资金），就要配套支持制造质子交换膜技术燃料电池的扶持政策（建厂投入、设备进口税、贷款利率及税收政策等），还需要配套的质子交换膜技术燃料电池市场的引导政策（如燃料电池市场形成销售与使用的前期补贴以及停止补贴的市场规模、氢能燃料电池试用与推广规划、出口信贷等）。否则，不仅投资回报与政策目标是无法达成，反而负面刺激资本和企业规避风险，追求短期效益，不敢投入研发，而是在投机心理驱使下，简单外购零部件打包，快速套现补贴。另外，政府还应该制定具体鼓励社会资本参与的优惠政策，引导社会资本参与到氢能燃料电池产业化进程与市场拓展的努力中去。

氢能与燃料电池发展所需资金可以通过政府调整与能源相关的投入加以落实。这些公共资金的投入以及政策成本最终是通过氢能与燃料电池企业的纳税，该类企业为地方所创造的就业，在地方发展的清洁、可再生能源业态以及为发展所直接带来的可持续性效益来平衡的。如果市场政策明确，拉动市场社会资金投入的规模也不可小觑。

氢能与燃料电池的发展绝不可能轻而易举、一蹴而就。扶持发展的政策需要有可持续性。需要尽量避免短期性，随意性；还需要确保政策的一致性和连贯性，只有这样，资本和企业才能定下心来，心无旁骛，埋头研发。只有如此，关键技术发展和进步的可持续性发展才能保障。

（五）完善法律保障措施

1. 法律保障

发展氢能与燃料电池是国家的持续发展的战略举措，并与优化能源结构、降低能源风险、提高能源效率、环境保护紧密相关并产生有重大影响，应尽快研究与氢能和燃料电池发展相关的法律，或修订相关的法律，如：《能源法（送审稿）》《可再生能源法》《节约能源法》《环境保护法》等，以及修改完善保证氢能顺利发展的相关法规和相关条款，如，《中华人民共和国道路运输条例》《危险化学品安全管理条例》《道路危险货物运输管理规定》《道路运输危险货物车辆标志》《汽车运输危险货物规则》《危险货物分类和品名编号》《中华人民共和国安全生产法》《汽车运输、装卸危险货物作业规程》等。

2. 服务体制的保障

氢能与燃料电池发展涉及的行业众多，政府的相关职能部门如科技部与工信部，目前也有对氢能与燃料电池发展的一些政策性研发资金支持。规模不小，但对氢能与燃料电池发展所起到的效果甚微。事实上，氢能与燃料电池已经有很成熟的技术，政策的重点应放在产业发展与市场促进方面。为了让氢能与燃料电池在社会与经济发展起到作用，应该强化工信部、能源局、商业部、环保部与财政部的职能作用，建立联合委员会以及联委会的会商制度，使氢能与燃料电池产业发展、市场促进的政策得以落实，举措能接地气，形成完整的氢能与燃料电池的行业促进体系。

3. 国家标准保障

应该尽快研究制定氢能与燃料电池的国家技术、工业、安全与测试标准。这样才能使跨行业、多领域的氢能与燃料电池的产品与服务的质量得到保障，形成有序的产业链条，提升中国氢能与燃料电池的产业的竞争优势，保障中国氢能与燃料电池在国际市场上的竞争力。

4. 公众舆论导向保障

应该有效地利用主流媒体与网络媒体，进行氢能与燃料电池的科学普及，让公众了解其能带来的公共利益；依托公众媒体举办青少年参加的氢能与燃料电池技术创新大赛，提升年青一代对氢能与燃料电池在环保、高效方面的各种优势，让青年一代参与氢能与燃料电池的技术与应用方案的创新设计之中。这些举措都有助于公众尤其是青年一代消费的行为惯性的改变与消费偏好的重新选择。

结束语

从格罗夫到培根，从巴拉德到丰田，从《增长的极限》的警示到《巴黎协定》的签订，人类社会在智者们和精英们的引领下不断探索、发展和前进。历经 180 年的不断选择和优胜劣汰，以氢能与燃料电池为标志的 21 世纪最伟大的新一轮能源革命正在加速席卷全球。中国需要抓住机遇，执着奋斗，引领世界。人类的后代会感谢我们，为我们骄傲，向我们致敬，因为我们不仅为他们创造了美好的生活，还为他们保留了绿水青山，保留了千姿百态的自然世界。

B
BLUEBOOK

第二篇
国际能源产业展望

全球天然气发展现状与展望

王能全 [1]

摘要：

2018年，天然气占世界一次能源消费总量的23.87%，是人类社会第三大能源来源，是消费增速最快的传统能源和增量最大的一次能源，为人类社会保护环境做出了重要的贡献。

2018年，美国是世界最大的天然气生产和消费国，中国是世界最大的天然气进口国。中美两国决定了当前全球天然气形势和未来的趋势。预计未来30年，美国天然气产量仍将持续增长并将成为重要的天然气出口国，而我国仍将是全球天然气消费增长的主要贡献者。

俄罗斯、卡塔尔和澳大利亚等传统的天然气出口国不断扩大生产和出口能力，努力维持自己在全球天然气行业中的地位，美国、阿根廷等新兴天然气出口国加速进入国际市场，未来相当长时间国际天然气市场供应充足，对市场份额的争夺已成为出口国的首要任务，国际天然气市场正在由管输的区域市场为主向管输与船运的液化市场并重转变，天然气贸易合同模式和定价方式也随之发生根本性的变化，全球性的天然气市场正在加速形成。环境保护的需要、

---

[1] 王能全，硕士，国家能源专家咨询委员会委员，享受国务院政府特殊津贴，中国中化集团有限公司经济技术研究中心首席研究员，出版《石油与当代国际经济政治》《石油的时代》等著作和百多篇论文，主持多项重大能源政策课题的研究，参与众多重大能源项目的咨询评估等工作。

　　巨额投资和白热化的竞争，正在推动天然气行业进入"黄金时代"！

关键词：

　　全球能源转型；天然气；液化天然气；国际天然气市场；天然气行业的黄金时代

一、引言

　　天然气是当今人类社会消费的第三大能源来源，2018年消费增长了5.3%，占当年全球一次能源消费增量40%以上，是消费增长速度最快的传统化石能源和增量最大的能源来源。

　　环境和气候问题，是公认的全人类共同面临的涉及生存的问题，关系到全球各国人民的福祉和人类社会未来的生存，需要全世界各国共同付出努力加以解决。综观当今人类社会所有的能源来源，作为一种优质、高效、清洁的低碳能源，天然气是最清洁的化石能源，资源充足，经过百多年的演进，天然气的利用技术已高度成熟且越来越具有竞争优势，使用方便且日益灵活，与多年来形成的人类社会能源使用方式和系统高度契合，最有可能成为人类社会解决环境和气候问题最主要的传统能源、也许也是最简单直接的选项，当前和未来一定会在缓解或解决环境和气候问题中发挥至关重要的作用。

　　正是在全人类对环境问题的高度关注和自身特性的双重驱动下，近年来，无论从供给端还是从消费端来看，全球天然气行业都正在发生急剧的变化，全球性的天然气市场正在并将在不久的将来形成，2011年行业和媒体提出的天然气"黄金时代"，正在加速变成现实，当前或许是人类社会走进"天然气时代"的重要关键时期。

二、百年努力，奠定了高速发展的坚实基础

　　天然气，从能源的角度，一般指的是天然蕴藏于地层中的烃类和非烃类气

体的混合物，包括油田气、气田气和煤层气等，是优质的燃料和化工原料。作为能源资源，天然气是一种优质、高效、清洁的低碳能源，主要用途是被用作燃料，几乎不含硫、粉尘和其他有害物质，燃烧时产生的二氧化碳少于其他化石燃料，造成的温室效应较低。

（一）天然气开发的早期

天然气的开发利用，要早于石油的开发。1732 年，英国的卡立舍·斯帕丁提出利用煤矿中排出的甲烷，给怀特黑文街道提供照明。1821 年，威廉·哈特在美国纽约的佛雷多尼亚凿下了一口 9 米深的井，成功地取得较大量的天然气，创办了佛雷多尼亚天然气照明公司，是美国第一家天然气公司，为镇上的居民提供照明燃料，威廉·哈特被称为美国的"天然气之父"。1859 年，德雷克上校在伊利湖附近的宾州泰特威斯尔挖出了第一口天然气井，成为美国天然气产业开始的标志。1885 年，罗伯特·本生发明了本生灯，解决了天然气使用过程中的安全问题，使得人们开始把天然气大范围应用于烹饪和取暖，从而极大地拓展了天然气的需求空间。

（二）欧美大气田投入开发和液化天然气首次交易

随着天然气用途的不断扩展和需求的增加，19 世纪中后期，世界各地，尤其是欧美等国，天然气开发进入了一个小高潮。20 世纪二三十年代，世界上第一个完整的天然气产业体系首先形成于美国，门罗和潘汉德—胡果顿两座大型气田的发现和开发，使得天然气产业进入了现代的开采使用阶段。第二次世界大战后，美国、欧洲、日本的经济振兴推动了世界天然气产业的发展，中东、北非等地相继发现了许多大气田、特大气田，液化天然气技术也趋于成熟。1959 年荷兰发现了格罗宁根特大气田，1965 年北海英国海域发现了第一座气田西索尔气田并陆续在北海发现了大量的油气资源，苏联天然气产业也开始崛起并于 1970 年达到 29.49 万亿立方米的探明储量，超过美国成为天然气储量最大的国家[1]。1959 年，"甲烷先锋号"把第一船液化天然气从美国路易斯安那

---

[1]　申万宏源：《天然气产业发展史全景扫描》，搜狐网，2019 年 9 月 9 日，http://www.sohu.com/a/339657820_825427。

州穿越大西洋，运抵英国的坎威岛，实现了世界第一次天然气液化运输。1964年，阿尔及利亚阿尔泽天然气液化厂投入生产，这是世界上第一座商业化、大规模的液化天然气生产厂。

正是在迅速增加的产量推动下，天然气在世界能源消费结构中所占的比重不断增加。1950年，世界一次能源消费结构中，煤炭占55.7%，石油占28.9%，天然气占8.9%，煤炭为人类社会第一大能源消费来源；1965年，世界一次能源消费结构中，石油占到了39.4%，煤炭下降到了39%，天然气为15.5%，这是人类历史上首次，石油超过煤炭成为人类社会第一大能源消费来源，人类社会自此进入了石油的时代。1970年世界一次能源消费结构中，石油占44.5%，煤炭占31.2%，天然气占17.8%[1]。这一期间，天然气虽然一直保持着世界第三大消费能源来源的地位，但是其所占比重从1950年的不到10个百分点增长到近20个百分点，整整增长了2倍。

（三）20世纪70年代后天然气行业的快速发展

从20世纪70年代初开始到2000年，世界天然气产业进入了快速发展的时期，更大数量的天然气资源被发现并投入生产。1971年，世界天然气产量首次突破1万亿立方米，达10595亿立方米；1991年，突破了2万亿立方米，为20054亿立方米。2000年，世界天然气产量增长到24210亿立方米，其中，美国的天然气产量为5432亿立方米，世界第一；俄罗斯的天然气产量为5285亿立方米，世界第二。2000年美国和俄罗斯合计天然气产量占世界总产量的44.27%，几乎占了半壁江山[2]。此外，加拿大、英国、阿尔及利亚、印度尼西亚、伊朗等，也成为世界天然气生产大国。

2000年，天然气在世界一次能源消费结构中所占比例为23.72%[3]，虽然仍是世界第三大能源消费来源，但所占比重比1970年增长了5.92个百分点，相应地这些都是挤占了石油和煤炭的份额。

20世纪70年代以来，世界天然气产业发生了四件影响深远的大事，这些

---

[1]　Rernon，Raymand. ed.，"The Oil Crisis"，W.W. Norton & Company，1976. p.19.

[2]　BP Statistical Review of World Energy，all data，June 2019.

[3]　BP Statistical Review of World Energy，all data，June 2019.

事件为进入 21 世纪后全球天然气产业的迅速发展奠定了坚实的基础，提供了必要的前提条件。

1. 大容量、长距离管道建设迅速发展，推动了区域天然气市场的形成

从 20 世纪 40 年代开始，苏联就向波兰出口天然气。截至 20 世纪末，苏联和俄罗斯共有六条管道向欧洲出口天然气。按建成投运时间顺序，主要有："兄弟"天然气管道，1967 年建成投产，是苏联时期建成的经乌克兰向欧洲出口天然气的主要管道，该管道起于俄罗斯西部的纳德姆气田，经乌克兰至斯洛伐克，之后分为两路：一条输往捷克、德国、法国、瑞士等国家；另一条输往奥地利、意大利、匈牙利等多个欧洲国家，管道全长 4451 公里，输气能力为 240 亿立方米 / 年。"联盟"天然气管道，1978 年建成投产，管道全长 1780 公里，输气能力为 280 亿立方米 / 年，该管道系统包括南、北 2 条管道，其中"联盟"北线干线管道起自俄罗斯，经乌克兰，向西到达德国，并延伸到法国；"联盟"南线干线管道起自俄罗斯，经乌克兰和摩尔多瓦，到达罗马尼亚、保加利亚、马其顿、土耳其等欧洲国家。"北极光"天然气管道，1985 年建成，总长 7377 公里，输气能力为 510 亿立方米 / 年，管道起自俄罗斯乌连戈伊气田，经白俄罗斯至波兰、乌克兰、立陶宛等欧洲国家。"亚马尔—欧洲"天然气管道，1999 年建成投产，管道全长约 2000 公里，输气能力为 330 亿立方米 / 年，管道起于俄罗斯西西伯利亚亚马尔半岛，经白俄罗斯、波兰到德国柏林[1]。

1981 年，世界第一条跨洲、跨海输气管道建成，即阿尔及利亚到意大利的跨地中海管道，年输气 120 亿立方米[2]。

国内管道建设方面，最有代表性的是美国。1988 年，美国天然气高、中压管线全长 25.11 万公里（15.6 万英里），地方配气公司所有的天然气输气管线全长 75.32 万公里（46.8 万英里），基本上形成覆盖全国的、完善的输气管网[3]。正是得益于密如蛛网的天然气输气管网，使进入 21 世纪后美国页岩气产业爆发式增长有了基础设施保证。

---

[1]　王能全：《石油的时代》（上），北京：中信出版集团有限公司 2018 年版，第 305 页。
[2]　《天然气产业发展史全景扫描》。
[3]　《天然气产业发展史全景扫描》。

2. 液化天然气技术不断进步，交易量迅速增加

卡塔尔建设的拉斯拉凡二号生产线，年生产能力可达 470 万吨，拉斯拉凡三号单条生产线能力已上升到 780 万吨 / 年[1]。液化天然气船的运载能力不断增大，20 世纪 60 年代，单船运输能力为 2.7 万立方米，70 年代达到 8.7 万立方米，90 年代更是增加到 13 万立方米[2]。

1980 年，世界液化天然气贸易量达到 313.4 亿立方米，比 1970 年的贸易量增长了 12 倍[3]。

3. 美国政府放宽天然气价格限制，大力推进市场化

1978 年，美国开始对天然气政策进行调整，议会通过了《天然气政策法令》，成立了美国联邦能源管理委员会，改革天然气定价，逐步解除对所有天然气价格的控制，由市场决定气价；开放天然气市场，逐步解除对天然气使用的限制，使天然气能够在各领域与其他能源竞争；开放管道运输业，使买主能够选购成本最低的天然气，促进竞争。

美国天然气的市场化改革，使进入 21 世纪后美国页岩气产业爆发式的增长，有了政策和市场保证，这样美国页岩气革命的两个轮子都已经具备。

4. 天然气交易进入期货时代

20 世纪 80 年代末期，美国几家金融机构开始提供一些比较简单的天然气合约，希望化解由于价格不稳定带来的市场风险。1989 年 11 月，纽约商品交易所选择美国路易斯安那州的亨利集输中心，作为天然气期货合约的交割地点；1990 年 4 月，纽约商品交易所天然气期货合约开始交易，标志着美国天然气期货交易的正式开始；1990 年 6 月，纽约商品交易所第一次在亨利中心实现了现货交割。1991 年，纽约商品交易所天然气期货合约的交易量，日均为 1654 手[4]。与此同时，伦敦国际石油交易所于 1997 年 1 月也开始了天然气期货合同交易。至此，天然气交易进入了期货时代。

---

[1]　THE TRAINS, http://www.qatargas.com/english/operations/lng-trains.

[2]　《天然气产业发展史全景扫描》。

[3]　《天然气产业发展史全景扫描》。

[4]　《天然气产业发展史全景扫描》。

三、近十多年来，进入供给消费高速发展时期

进入 21 世纪以来，世界天然气产业进入了一个全新的发展时期。2001 年，天然气在世界一次能源消费结构中的比重为 23.72%，2018 年为 23.86%[1]。从相对比重看，18 年间天然气在世界一次能源消费结构中仅增长了 0.14 个百分点；但是，从绝对数字看，2018 年世界天然气消费总量为 38489 亿立方米，而 2001 年为 24325 亿立方米，18 年间总计增长了 14164 亿立方米，年均增长 787 亿立方米[2]。

从 2010 年开始，天然气消费量突破 3 万亿立方米，世界天然气消费增长开始加速，尤其是近两年的 2017 年和 2018 年，消费量分别增长了 1038 亿立方米、1949 亿立方米。与消费量高速增长相一致的是，2017 年和 2018 年，世界天然气产量分别增长了 1360 亿立方米、1902 亿立方米，增长速度分别为 3.84% 和 5.2%[3]。因此，在 20 世纪近百年发展的基础上，世界天然气行业进入 21 世纪后，无论是消费或是供给都进入了供需两旺、高速发展的时代，其中最有代表性就是 2017 年和 2018 年。

（一）消费高速增长，四国推动了全球的天然气消费

2018 年，世界天然气消费增长 5.3%，是 1984 年以来最快的增长速度。同年，世界一次能源消费增长了 2.9%，天然气消费的增长速度是一次能源消费增长的 2 倍以上；世界一次能源消费总量增长了 3.9 亿吨标准油，其中的 42.92% 来源于天然气。在所有能源来源中，天然气消费的增长速度虽然低于可再生能源的 14.5%，位居第二位，但是消费增量增长最多，其增长的增量是传统化石能源石油、煤炭的 3 倍以上，是核能和水电的 11.8 倍、5.8 倍，是增长速度最

---

[1]　BP Statistical Review of World Energy, all data, June 2019.

[2]　BP Statistical Review of World Energy, all data, June 2019.

[3]　BP Statistical Review of World Energy, all data, June 2019.

快的可再生能源的 2.36 倍[1]。

因此，可以肯定地说，天然气行业是 2018 年世界能源工业中最火热的行业之一，在为 2018 年全球能源市场的稳定发展做出了无可替代贡献的同时，也为人类社会环境保护和减排做出了积极的贡献。

与传统的能源资源煤炭、石油相比，天然气是高价值的能源。从统计数字看，世界天然气消费高度集中，或是天然气生产大国或是经济强国，才有可能是天然气的消费大国。

2018 年，美国、俄罗斯、中国、伊朗、日本、加拿大和沙特阿拉伯是当今世界天然气消费量最大的七个国家，消费量均超过 1000 亿立方米，七国合计 2018 年天然气消费总量为 21237 亿立方米，占全球天然气消费总量的 55.18%，占了世界天然气消费总量的一半以上。美国和俄罗斯是 2018 年世界天然气消费量最大的国家，其中，美国一国天然气的消费量就高达 8171 亿立方米，占世界的 21.2%，为全球天然气消费总量五分之一以上；俄罗斯的天然气消费量为 4545 亿立方米，占世界的 11.8%。2018 年，日本和加拿大的天然气消费事实上并列为第五位，均为 1157 亿立方米。我国和伊朗的天然气消费量均超过 2000 亿立方米，其中我国为 2830 亿立方米，伊朗为 2256 亿立方米。沙特阿拉伯是 2018 年最后一位天然气消费超过 1000 亿立方米的国家，为 1121 亿立方米[2]。

美国、中国、俄罗斯和伊朗四个国家，是 2018 年世界天然气消费高速增长的主要驱动国家，每个国家当年天然气消费的增量都超过 100 亿立方米。其中，美国 2018 年天然气消费增量高达 777 亿立方米，比 2017 年增长 10.5%，仅此增量一项就比全球七大天然气消费国，外加墨西哥、德国两国，计九个国家之外任何国家的现有天然气消费量都要大，占 2018 年世界天然气消费增量的 39.87%；中国 2018 年天然气消费增量为 426 亿立方米，比 2017 年增长 17.7%；2018 年俄罗斯天然气消费增量为 234 亿立方米，比 2017 年增长了 5.4%；

[1] BP Statistical Review of World Energy，all data，June 2019.

[2] BP Statistical Review of World Energy，all data，June 2019.

伊朗 2018 年天然气消费增为 157 亿立方米，比 2017 年增长了 7.4%。四个国家合计，2018 年天然气消费增长了 1594 亿立方米，占当年全球天然气消费增量的 81.79%[1]。

（二）产量迅速增加，四国支撑了全球天然气供给增量

2018 年，世界天然气产量为 38679 亿立方米，与 2017 年的 36777 亿立方米相比，增长了 5.2%，增加的量为 1902 亿立方米。2017 年，世界天然气产量与 2016 年相比，增加的量为 1360 亿立方米，增长了 3.84%。从以上数据可以看出，与消费量增长相一致的是，这两年的世界天然气产量增长的量，都在 1000 亿立方米以上。而如果我们将时间再拉长一点，从 2000 年以来，除 2011 年比上一年增加 1060 亿立方米之外，其他所有年份的天然气产量增加的量，都低于 1000 亿立方米，其中最低年份的 2013 年对比 2012 年仅增长 393 亿立方米[2]。

与近两年全球天然气消费增长主要来源于美国、中国、俄罗斯和伊朗四个国家的推动外，世界天然气产量的增加，也是高度依赖四个国家，分别为美国、俄罗斯、伊朗和澳大利亚。

2018 年，作为世界最大的天然气生产国，美国天然气的产量为 8318 亿立方米，比 2017 年增加了 860 亿立方米，增长了 11.5%，占当年世界天然气产量增加量的 45.22%[3]。英国石油公司在其 2019 年版的《世界能源统计评论》中认为，2018 年美国天然气产量增长的数量，是人类历史上所有国家的最高纪录[4]。

俄罗斯是传统的世界天然气生产大国，2018 年天然气产量为 6695 亿立方米，与 2017 年相比，增加了 339 亿立方米，增长了 5.3%。

作为世界上天然气资源第二大的国家，2018 年伊朗的天然气产量为 2395 亿立方米，比 2017 年增加了 193 亿立方米，增长了 8.8%。

澳大利亚是近年来世界上天然气产量迅速增长的国家，2019 年 4 月已超

[1]　BP Statistical Review of World Energy，all data，June 2019.

[2]　BP Statistical Review of World Energy，all data，June 2019.

[3]　BP Statistical Review of World Energy，all data，June 2019.

[4]　BP Statistical Review of World Energy，June 2019.

越卡塔尔，成为世界最大的液化天然气出口国。2018 年，澳大利亚天然气产量为 1301 亿立方米，比 2017 年增加了 173 亿立方米，增长速度高达 15.3%。

美国、俄罗斯、伊朗和澳大利亚四国合计，2018 年天然气产量增加了 1565 亿立方米，占当年世界天然气增加总量的 82.28%，高于美国、中国、俄罗斯和伊朗四个国家同年天然气消费增长占比的 81.79%[1]。

（三）液化天然气贸易提速，驱动全球天然气市场的形成

不同于石油、煤炭等传统的化石能源，天然气虽然是高效、清洁的能源来源，但由于体积与能量之比太低，高度依赖管道输送，管网系统在天然气生产、运输和贸易各环节中具有明显的规模效应，导致的结果是：一方面，除极少数人口较少的国家，如卡塔尔、澳大利亚等国外，天然气主要用于生产国国内消费，不但美国和俄罗斯这样世界第一、第二大天然气生产国如此，像伊朗这样的世界第三大天然气生产国更是如此，出口占产量比重一般都不高；另一方面，形成的往往是区域性天然气市场，如苏联、俄罗斯与欧洲之间的欧洲天然气交易市场，美国与加拿大、墨西哥之间的北美天然气交易市场。1959 年世界第一船液化天然气开始交易，液化天然气走上了国际天然气市场的舞台，但是直到进入 21 世纪的第二个 10 年为止，液化天然气贸易无论是量还是所占比重均有限，世界天然气行业仍不能形成如同石油那样的全球化交易市场，从而导致国际天然气贸易以管道天然气贸易为主、液化天然气贸易为辅的格局。

2000 年，世界跨区域天然气贸易量为 5278 亿立方米，仅占当年世界天然气总产量 24025 亿立方米的 21.97%，当年世界天然气消费总量 23991 亿立方米的 21.99%。而在这 5278 亿立方米的天然气区域贸易总量中，管道贸易量为 3873 亿立方米，占比 73.38%；液化天然气贸易量为 1405 亿立方米，占比仅为 26.62%[2]。这些数据说明的是，2000 年，跨区域天然气贸易量占当年世界天然气产量和消费量的比例都较低，管道贸易量占了绝对的比例，此时的天然气贸易主要仍是依赖管道输送的、区域性的。

---

[1] BP Statistical Review of World Energy，all data，June 2019.

[2] BP Statistical Review of World Energy，all data，June 2019.

2010年，世界跨区域天然气贸易增长到7380亿立方米，比2000年增加了2102亿立方米，增长了39.83%，占当年世界天然气产量和消费量的比重也分别增长到23.42%、23.38%，增加了1.45和1.39个百分点。但是，更为重要的是，在2010年世界跨区域天然气7380亿立方米的贸易量中，管道天然气贸易量为4356亿立方米，比2000年仅增加483亿立方米，占比下降到59.02%，下降了14.36个百分点；液化天然气贸易量为3024亿立方米，比2000年大增1619亿立方米，占比大涨到40.98%，已快接近半壁江山[1]。这些数据说明的是，10年后2010年与2000年相比，天然气全球贸易量增长了三分之一以上，其中主要由液化天然气驱动，天然气市场的全球化取得了长足进步。

2018年，世界跨区域天然气贸易增长到9434亿立方米，比2010年增加了2054亿立方米，增长了27.83%，占当年世界天然气产量和消费量的比重分别增长到24.39%和24.51%，增加了2.42个百分点和2.52个百分点。与2010年相比，更为重要的是，在2018年世界跨区域天然气9434亿立方米的贸易量中，管道天然气贸易量为5124亿立方米，虽然比2010年增加的量为768亿立方米，但所占比重下降到了54.31%，下降了4.71个百分点；液化天然气贸易量为4310亿立方米，比2010年增加了1286亿立方米，占比上涨到45.69%，更加接近半壁江山[2]。

近两年来，世界区域天然气贸易增长迅速。2017年，世界区域天然气贸易量为9044亿立方米，比2016年增加了664亿立方米，增长了7.92%；2018年，世界区域天然气贸易量为9434亿立方米，比2017年增加了390亿立方米，增长了4.31%[3]。英国石油公司认为，2018年世界区域天然气贸易的增长速度，是近10年平均水平的两倍以上。

拉长时间段，与2000年对比，从总量上看，2018年世界跨区域天然气总量增加了近一倍，但占世界天然气产量和消费量的比重均没有超过四分之一，仅分别增加2.42、2.52个百分点，其中管道输送的天然气增长了1.32倍，液化

[1] BP Statistical Review of World Energy, all data, June 2019.

[2] BP Statistical Review of World Energy, all data, June 2019.

[3] BP Statistical Review of World Energy, all data, June 2019.

209

天然气大增了 3.07 倍[1]。因此，与世界石油行业贸易量约占全球石油产量和消费量的 50% 相比，今天的世界天然气行业仍没有形成全球性的市场。但是，2000 年以来的 19 年里，液化天然气贸易量大幅度增长，在世界区域天然气贸易中的比重，从刚刚超过四分之一增长到接近 50%，这说明正是在液化天然气的推动下，世界天然气行业正在由传统的管输性质的区域市场，向船舶运输模式下的全球性市场迈进。

（四）贸易方式从传统长约转向现货，定价方式日益多样

由于天然气本身的自然特性决定，长期以来，无论是管输天然气贸易还是液化天然气贸易，长期合同都是买卖双方主要的交易方式。对于生产者来说，只有明确的目标市场并签署了一定期限、具有法律意义的合同，保证自己的巨额投资有稳定可靠的回报，才会进行天然气资源的开发、长输管道等基础设施的建设等；同样的，对于消费者来说，只有长期稳定可靠的资源供应保证，才会进行能源消费结构的转换，进一步开拓终端消费市场，虽然长期合同对生产者来说是资源开发的前提，但同时对消费者来说也是对自己资源稳定供应的保障。

由于与石油具有较强的可替代性，加之石油有全球性的交易市场，石油价格的公信力较高，石油价格很长时间成为天然气价格的主要参照，绝大部分天然气长期合同中规定了依据石油价格的变化来调整天然气价格。

管输天然气贸易通常成本最低，具有规模效应。与管输天然气贸易相比，液化天然气生产、运输的过程中，因涉及将天然气从气态转变为液态，以便于长距离跨洋运输，带来了液化天然气行业技术更加复杂，投资成本更大，对长期合同的要求和依赖更高，从而产生了诸如 30 年照付不议、目的港口限制等合同模式。正因为如此，我们从世界最大的液化天然气生产国卡塔尔的销售合同中，大量看到的是与日本关西电力、中部电力、东京电力和韩国天然气公司、法国电力集团、中国石油签署的 25 年或 30 年的长期合同。

近年来，随着新的天然气，尤其是液化天然气供应者不断进入市场，特别是液化天然气跨区域贸易量和比重不断增加，全球天然气贸易方式正在发生积

---

[1] BP Statistical Review of World Energy，all data，June 2019.

极的变化。

根据国际天然气协会的统计，截至 2018 年底，全球非长期天然气合同已经达到 30%，比 2010 年之前的 15% 翻了一倍以上；从合同年限看，目前平均合同年限只有 7 年，比 2010 年之前的 15 年大幅缩短；2018 年底，液化天然气现货与短于 3 年的短期合同交易市场规模约为 7000 万吨 / 年至 8000 万吨 / 年，预计到 2020 年达到 1.6 亿吨 / 年，将占到全球液化天然气销售量的 40%[1]。

此外，2017 年全球新签订的液化天然气合同中，35% 已经没有目的地限制条款，部分诸如日本公司的亚洲买家已经不再签订带有目的地限制的合同，而且 2030 年前后将现有长约合同缩减一半以上[2]。截至 2019 年 6 月，美国出口我国的 65 船、总计 62.78 亿立方米（2217 亿立方英尺）的液化天然气，全部都是现货交易[3]。

从 2018 年底开始，由于美国、澳大利亚和俄罗斯液化天然气出口能力的不断扩大，国际市场液化天然气现货价格大幅度下降。据澳大利亚工业、创新和科技部的数据，亚洲市场液化天然气现货价格在 2018 年平均 9.8 美元 / 百万英热单位的基础上，2019 年将下降到 5.7 美元[4]。而据世界著名能源研究机构雷斯塔能源公司最新发布的数据，2019 年 5 月，欧洲天然气价格为 4.2 美元 / 百万英热单位，7 月份第一周已低至 3.2 美元 / 百万英热单位，达到了近 10 年来的最低值，已低于从美国运至欧洲的成本价[5]。

现货市场的巨大冲击，使得过去长期合同中的定价方式合法性越来越没有说服力，基础越来越不牢固。正是在这种情况下，在欧洲，液化天然气价格通常参考其他竞争燃料价格，例如低硫民用燃料油、汽油等，并且在一些新的贸

[1] 《全球天然气迎来"2.0"时代》，天然气分布式能源，搜狐网，2018 年 11 月 23 日，http:// www.sohu.com/a/277515466_743972。

[2] 《全球天然气迎来"2.0"时代》。

[3] LNG Monthly, August 2019, Office of Oil & Natural Gas, Fossil Energy, U.S. Department of Energy.

[4] Resources and Energy Quarterly, June 2019, Office of the Chief Economist, Department of Industry, Innovation and Science, Australian.

[5] 《欧洲天然气价跌至十年新低》，中国能源报，2019 年 7 月 22 日，转引自天然气工业网，http://www.cngascn.com/outNews/201907/35933.html。

易合同中，也开始引入了其他指数（如电力库指数），以反映天然气在新领域的竞争。由于供应来源和选择性越来越多，西北欧天然气市场液化天然气销售价格越来越多地采用与本地区市场内天然气价格挂钩的办法，主要采用的是英国全国平衡点或荷兰虚拟交易中心定价。2019 年 4 月，日本东京燃气公司与壳牌签署了 10 期、以煤炭指数定价的无约束力液化天然气供应协议，年供应量为 50 万吨 [1]。2019 年 9 月初，印度石油和天然气部部长达门德拉·普拉丹表示，由于国际液化天然气现货价格的下降，印度将在适当时机修订液化天然气长期合同价格，印度别无选择 [2]。

更为重要的是，作为液化天然气市场的后进入者，美国出口国际市场的液化天然气主要参考具有极强竞争力的国内亨利中心天然气的价格。为了更好地抢占市场，2019 年 9 月 4 日，美国芝商所推出了新的液化天然气期货合约，即美国液化天然气出口期货，基于美国墨西哥湾沿岸独特的每月液化天然气实物结算，成为有史以来首个实物交割的液化天然气合约，将于 2019 年 10 月 14 日开始交易 [3]。

四、需求和供给推动下，正在进入黄金时代

一段时间以来，世界上一些著名的机构纷纷发布对未来全球能源展望的报告，虽然结果略有差异，但基本一致的结论是，从目前至 2040 年，天然气将是消费增长最快的能源来源，2035 年有可能超过煤炭成为人类社会消费的第二大能源来源，将为人类社会减少碳排放，做出积极的贡献，其中英国石油公司的观点最有代表性。

2019 年 2 月，英国石油公司发布了 2019 年版《世界能源展望》。英国石

[1] 《东京天然气与壳牌签署基于煤炭指数化的 LNG 供应协议》，中国石化新闻网，天然气工业网，2019 年 4 月 9 日，http://www.cngascn.com/outNews/201904/35201.html。

[2] 《印度或重新修订 LNG 长协价格》，生意社，新浪财经，2019 年 9 月 6 日，http://finance.sina.com.cn/money/future/nyzx/2019-09-06/doc-iicezzrq3833574.shtml。

[3] 《芝商所将推全球首个实物液化天然气期货合约》，中国石油新闻中心网，2019 年 9 月 10 日，http://news.cnpc.com.cn/system/2019/09/10/001744533.shtml。

油公司认为，由于需求基础广泛和天然气可获得性不断提高，同时在液化天然气持续扩张的推动辅助下，天然气增长强劲，增速远高于煤炭和石油，将以年均 1.7% 的速度增长，2040 年增长近 50%，在一次能源中的比例会超过煤炭并向石油接近，2020 年末液化天然气在全球天然气贸易中将超过管道天然气[1]。

国内外机构无一例外地认为，中国是未来全球天然气需求增长的主要推动因素之一。中国石油经济技术研究院在其多份世界和中国能源展望中认为，2040 年前我国天然气产业将处于黄金发展期，预计 2035 和 2050 年需求量分别为 6100 亿立方米和 6900 亿立方米[2]。

正是在旺盛的需求推动下，当前全球天然气行业正在进入高速发展时期，大量的资金进入天然气勘探开发、长输管道、液化天然气、液化天然气运输等上下游产业链各环节，从生产端看，生产能力建设和市场争夺的竞争，已进入白热化的阶段，其中以美国、澳大利亚、卡塔尔和俄罗斯等天然气生产和出口大国最有代表性。

国际能源署在其 2040 年能源展望中预测，天然气将成为世界上增长最快的化石燃料，年消费增长率约为 1.6%，2040 年全球天然气消费量将在 2017 年基础上增加 44%，其中亚太地区将成为天然气消费增长的引擎，将占到需求增量的 49%[3]。天然气出口国论坛认为，到 2040 年，全球天然气需求将在 2015 年的基础上增长 50%，其中国际天然气贸易将增长 66%，液化天然气贸易将增长一倍以上[4]。

（一）作为世界第一大天然气生产国，美国正在努力成为世界第一大液化天然气生产和出口国

美国是世界第一大天然气生产国和消费国，在 2017 年成为天然气净出口国后，无论是管输天然气出口或是液化天然气的出口，都在迅速增长，2025 年

[1]　《BP 世界能源展望》2019 年版，英国石油公司，2019 年 2 月。

[2]　中国石油经济技术研究院：《2050 年世界与中国能源展望》，北京：石油工业出版社，2018 年 9 月，转引自新浪财经，http://finance.sina.com.cn/money/future/nyzx/2018-09-19/doc-ihkhfqns9412932.shtml。

[3]　《国际能源署发布"世界能源展望 2018"》，电力网，2018 年 2 月 16 日，转引自石油圈网，http://www.oilsns.com/article/381424。

[4]　Gas Exporting Countries Forum: Global Gas Outlook 2040.

有可能成为世界最大的液化天然气出口国。

2018 年，美国天然气的产量创历史纪录，市场销售的天然气产量为 9264.79 亿立方米（896.4 亿立方英尺 / 天），比 2017 年增长 12.06%；其中，干气产量为 8614.89 亿立方米（833.5 亿立方英尺 / 天）。美国能源信息署预测，2019 年和 2020 年，美国天然气产量将会一再创新的纪录。2019 年，美国市场销售的天然气产量将上升到 10086.46 亿立方米（975.9 亿立方英尺 / 天），其中干气产量将上升到 9377.45 亿立方米（907.3 亿立方英尺 / 天）；2020 年，美国市场销售的天然气产量将上升到 10251.83 亿立方米（991.9 亿立方英尺 / 天），接近 1000 亿立方英尺 / 天的水平，其中干气产量将上升到 9510.77 亿立方米（920.2 亿立方英尺 / 天）[1]。美国能源信息署预测，从 2020 年至 2050 年的 30 年间，美国的天然气产量都将保持持续增长，成为所有化石能源中产量增长最快的能源来源。

2018 年，美国管输天然气的出口量为 728.23 亿立方米（70.5 亿立方英尺 / 天）。美国能源信息署预计，2019 年美国管输天然气的出口将上升到 836.69 亿立方米（81 亿立方英尺 / 天），2020 年将上升到 867.69 亿立方米（84 亿立方英尺 / 天），比 2018 年增长 19%。美国管输天然气出口，主要是墨西哥天然气需求的增加和 2020 年底流向墨西哥管输天然气管道输送能力的扩大。2018 年 7 月，美国向墨西哥管输天然气的出口量超过 1.42 亿立方米 / 天（50 亿立方英尺 / 天）。

2016 年 2 月，美国开始出口液化天然气。2018 年，路易斯安那州萨宾帕斯液化天然气出口设施的产能增加以及马里兰州凹点液化天然气设施开始商业运营，使美国液化天然气的出口规模持续扩大。随着墨西哥湾沿岸的卡梅伦液化天然气、自由港液化天然气和佐治亚州的埃尔巴岛液化天然气设施的投产，液化天然气将成为美国天然气出口的重要组成部分。2018 年，美国液化天然气的出口量为 306.79 亿立方米（29.7 亿立方英尺 / 天）[2]。

---

[1]　EIA，"Natural gas prices，production，consumption，and exports increased in 2018，"January 7，2019，https://www.eia.gov/todayinenergy/detail.php?id=37892.

[2]　EIA，"Natural gas prices，production，consumption，and exports increased in 2018".

2019年1月，美国液化天然气月度出口数量，首次超过1.13亿立方米/天（40亿立方英尺/天）。2019年5月，美国液化天然气出口稳步增长，达到了创纪录的1.33亿立方米（47亿立方英尺/天）。2019年前5个月，美国液化天然气日均出口达到1.19亿立方米（42亿立方英尺，约为3110万吨/年），超过马来西亚的日均1.02亿立方米（36亿立方英尺，约为2667万吨/年），成为世界第三大液化天然气出口国。截至2019年8月，美国共有4个液化天然气项目、9条生产线投入运营，液化天然气合计出口能力为1.53亿立方米/天（54亿立方英尺/天，约为4000万吨/年）[1]。2019年底前，美国有两个新的液化天然气出口项目将投入使用，即佐治亚州的厄尔巴岛液化天然气项目1号生产线和德克萨斯州的自由港液化天然气项目1号生产线。

美国能源信息署预测，随着卡梅伦、自由港和厄尔巴岛启用新的液化天然气生产线，2019年美国液化天然气出口将增长到日均1.36亿立方米（48亿立方英尺），2020年将增长到日均1.95亿立方米（69亿立方英尺，约为5100万吨/年）。预计2019-2020年间，美国将位居澳大利亚和卡塔尔之后，成为世界第三大液化天然气出口国[2]。

2021年，美国六个液化天然气项目预计将全部投产。2019年新开工的两个液化项目，即德克萨斯州的戈登帕斯和路易斯安那州的加尔卡修帕斯，预计将于2025年投产。美国能源信息署预计，2025年美国液化天然气生产能力为4.36亿立方米/天（153.9亿立方英尺/天，约为1.14亿吨/年），届时将超过卡塔尔和澳大利亚，成为全球最大的液化天然气出口国[3]。

从2016年2月开始至2019年6月，美国共向世界上33个国家和地区，累计出口了840船、780亿立方米（2.75万亿立方英尺）的液化天然气。亚太地区是美国液化天然气最大的出口市场，占截至2019年6月出口总量的

---

[1] EIA, "Natural gas deliveries to U.S. LNG export facilities set a record in July," August 19, 2019, https://www.eia.gov/todayinenergy/detail.php?id=40953.

[2] EIA, "U.S. LNG exports to Europe increase amid declining demand and spot LNG prices in Asia," July 29, 2019, https://www.eia.gov/todayinenergy/detail.php?id=40213.

[3] EIA, "U.S. LNG exports to Europe increase amid declining demand and spot LNG prices in Asia," July 29, 2019, https://www.eia.gov/todayinenergy/detail.php?id=40213.

37.9%；拉丁美洲和加勒比地区位居第二，为29%；欧洲和中亚地区位居第三，为19.9%[1]。此外，美国的液化天然气还出口到中东和南亚地区。

美国能源信息署预测，2020年至2050年的30年间，天然气将成为美国出口数量最大的能源资源，将占全部出口能源资源的三分之一以上[2]。

（二）作为后起之秀，澳大利亚正在成为世界最大的液化天然气生产和出口国

2018年，澳大利亚天然气产量为1301亿立方米，排名世界第四，但是当年天然气出口量为919亿立方米，且全部为液化天然气，折算为7000万吨，排名卡塔尔之后，是世界第二大液化天然气出口国[3]。

从2012年开始，澳大利亚西北大陆架陆续建设了5个液化天然气出口项目，分别为陆上的布鲁托、高庚、惠特斯通、伊克提斯和海上的普莱里德浮动液化天然气项目。2015年和2016年，在澳大利亚东部的昆士兰柯蒂斯岛上，建设了昆士兰柯蒂斯、格拉德斯通和澳大利亚太平洋三个液化天然气出口项目，这些项目都使用煤层气为原料加工成液化天然气。加上西北大陆架和达尔文，澳大利亚共有10个液化天然气出口项目，建设能力合计为8760万吨，出口规模可以达到8800万吨／年[4]。

2019年4月，在液化天然气出口能力和出口数量上，澳大利亚均已超过世界第一的卡塔尔。澳大利亚工业、创新和科技部预测，2000年澳大利亚液化天然气出口数量将达到8100万吨，超过卡塔尔，正式成为世界第一大液化天然气生产和出口国[5]。

澳大利亚液化天然气出口到世界上十多个国家和地区，包括中东的阿拉伯联合酋长国，其中的绝大部分是根据长期合同出口到三个国家：日本、中国和

---

[1] LNG Monthly, August 2019, Office of Oil & Natural Gas, Fossil Energy, U.S. Department of Energy.

[2] EIA, Annual Energy Outlook 2019 with projections to 2050, January 24, 2019.

[3] BP Statistical Review of World Energy, all data, June 2019.

[4] Resources and Energy Quarterly, June 2019, Office of the Chief Economist, Department of Industry, Innovation and Science, Australian.

[5] Ibid.

韩国。近年来，澳大利亚液化天然气出口中越来越多的份额被运往中国，以满足其日益增长的天然气需求。其余数量几乎全部出口到亚洲其他国家，偶尔也有少量出口到亚洲以外的目的地。

（三）推出北方气田可持续发展工程，卡塔尔力图夺回世界第一大液化天然气供应国的宝座

2018 年，卡塔尔是世界第一大液化天然气出口国。自 2006 年超越印度尼西亚至 2018 年的 13 年间，卡塔尔一直稳定地保持了世界第一大液化天然气出口国的地位。

卡塔尔的油气资源主要集中在北方气田，可以说，就是仅仅的这么一个北方气田，就决定了卡塔尔的财富和在全球天然气行业长时间无人能够挑战的影响力。

北方—南帕斯油气田由壳牌公司发现于 1971 年，总面积约 9700 平方公里，其中，位于伊朗的部分约为 3700 平方公里，称为南帕斯气田；位于卡塔尔水域部分约为 6000 平方公里，约等于卡塔尔陆地面积的一半，称为北方气田。据地质学家估计，北方—南帕斯天然气田的天然气总储量约为 51 万亿立方米并约 500 亿桶凝析油，是世界上已知的最大天然气田，占世界可开采天然气总储量的约 19%，天然气的可开采率约为 70%。其中，伊朗南帕斯气田的可开采天然气约为 14 万亿立方米，并有 180 亿桶凝析油；卡塔尔北方气田的可开采天然气约为 25 万亿立方米，并有 300 亿桶凝析油[1]。

据卡塔尔天然气公司的官网介绍，1971 年发现北方气田时，仅通过 15 口评价井，就确定了这个气田是世界最大的非伴生气田，可采资源量超过 25.49 万亿立方米（900 万亿立方英尺），占世界已经探明天然气储量的 10%[2]。

1971 年北方气田发现后，卡塔尔巨大的天然气资源并未立即投入开发。第二次石油危机后，世界各国对天然气消费开始重视，天然气进入大规模开发

[1]　《北方 - 南帕斯天然气田》，百度百科，https://baike.baidu.com/item/%E5%8C%97%E6%96%B9-%E5%8D%97%E5%B8%95%E6%96%AF%E5%A4%A9%E7%84%B6%E6%B0%94%E7%94%B0/8323014?fr=aladdin。

[2]　NORTH FIELD，http://www.qatargas.com/english/aboutus/north-field.

的阶段。1984 年，卡塔尔天然气公司成立。1996 年 1 月，卡塔尔出口的第一船液化天然气从拉斯拉凡港启程运往日本；2006 年，卡塔尔液化天然气出口量达 2500 万吨 / 年，首次超过印度尼西亚，成为世界第一大液化天然气出口国；2010 年，卡塔尔液化天然气出口能力达到了具有里程碑意义的 7700 万吨 / 年，占世界液化天然气贸易的三分之一左右[1]。

从 1984 年开始建设以来，截至 2019 年底，卡塔尔拥有 14 条液化天然气生产线，主要由四个卡塔尔液化天然气项目和三个拉斯拉凡液化天然气项目组成。2018 年，卡塔尔天然气产量为 1755 亿立方米，仅占世界的 4.5%，排名美国、俄罗斯、伊朗、加拿大之后，位居世界第五，排名在我国之前。但是，除仅 419 亿立方米用于国内消费外，卡塔尔生产的天然气主要用于出口，2018 年天然气出口量为 1336 亿立方米，是仅次于俄罗斯的世界第二大天然气出口国，其中除少量通过管道出口到阿拉伯联合酋长国外，绝大多数加工成液化天然气出口，当年液化天然气的出口量为 1048 亿立方米，是世界最大的液化天然气出口国[2]。

2005 年，就在超越印度尼西亚成为世界第一大液化天然气出口国的前夕，卡塔尔宣布暂停北方气田的开发，研究天然气产量迅速增加对气田气藏的影响。2010 年，液化天然气产能达到 7700 万吨 / 年的顶峰后，卡塔尔就再也没有增加液化天然气的产能。2017 年 4 月 3 日，卡塔尔宣布取消 2005 年实施的北方气田开发禁令，计划通过 5 至 7 年的努力，开发北方气田南段，增加约 20 亿立方英尺 / 日的天然气产能，将产量提升约 10%，巩固卡塔尔在天然气行业的领导地位[3]。

2018 年 1 月，卡塔尔启动北方气田可持续发展工程；同年 3 月，卡塔尔石油公司宣布，计划通过北方气田扩能，新建四条液化天然气生产线，预计在 2024 年将液化天然气产能提高 43%，从而使卡塔尔的液化天然气产能从 7700

[1] THE TRAINS, http://www.qatargas.com/english/operations/lng-trains.
[2] BP Statistical Review of World Energy, all data, June 2019.
[3] 《卡塔尔重启全球最大天然气田建设》，新华网，2017 年 4 月 5 日，http://www.xinhuanet.com/energy/2017-04/05/c_1120750546.htm。

万吨 / 年提高至 1.1 亿吨 / 年，夺回世界第一大液化天然气出口国的宝座[1]。
2019 年 4 月份，卡塔尔将陆上设施的前端工程和设计合同授予了日本千代田
公司，并邀请国际上著名的承包商，如美国麦克德莫特、意大利塞班、英国德
希尼布—富美实等参与项目投标活动[2]。除加大国内北方气田的开发力度外，
2019 年 2 月，卡塔尔与埃克森美孚宣布，作为卡塔尔向美国投资 200 亿美元计
划的一部分，首次投资 100 亿美元，将过去用于进口的位于美国德州的戈登帕
斯液化天然气接收站，改造为出口设施，成为美国 2019 年首个通过投资决策
的液化天然气出口项目，而且是首个没有销售合同的液化天然气项目，预计项
目 2024 年投产运营，年出口量将达到 1600 万吨[3]。

　　作为液化天然气扩能项目的配套，2019 年 4 月，卡塔尔宣布启动 100 条
以上液化天然气船招标计划，在未来 10 年内完成，其中 60 条船将首先交付，
这一计划成为液化天然气工业历史上规模最大的造船项目，总价超过 200 亿美
元，是人类造船史上的一笔超级大单[4]。

（四）双手发力，俄罗斯试图保持并提升在全球天然气市场的影响力

　　俄罗斯是世界第一大天然气资源国，第二大天然气生产国和第一大天然气
出口国，曾经在全球天然气市场，尤其是在欧洲天然气市场拥有巨大的影响力。
内部来讲，俄罗斯天然气行业高度垄断。2006 年，俄罗斯制定并通过了《俄罗
斯联邦天然气出口法》，授予俄罗斯天然气公司及其独资子公司出口天然气的
专营权，其他能源企业只有在支付佣金的基础上，才能通过俄罗斯天然气公司
及其下属的天然气出口公司和其他独资子公司出口天然气。但是，近年来，随
着美国和澳大利亚等新加入者的强势进入，俄罗斯在国际天然气市场已经风光

---

[1]　《卡塔尔将在 2024 年前将液化天然气产能扩大约 43% 至每年 1.1 亿吨》，生意社，新浪财
经，2018 年 10 月 26 日，http://finance.sina.com.cn/money/future/nyzx/2018-10-26/doc-ihmxrkzw9779281.
shtml。

[2]　《卡塔尔石油签署液化天然气扩建项目合同》，中国石化新闻网，天然气工业网，2019 年 4
月 12 日，http://www.cngascn.com/outNews/201904/35239.html。

[3]　《卡塔尔石油公司与埃克森美孚签署 Golden Pass 合作协议，年出口量将达到 1600 万吨》，
中国能源报，能源界网，2019 年 2 月 20 日，http://www.nengyuanjie.net/article/23851.html。

[4]　《100+ 艘！卡塔尔确认正式订造 LNG 运输船队》，信德海事，2019 年 4 月 23 日，转引自海
洋资讯网，http://www.hellosea.net/transport/news/2019-04-23/62081.html。

不再，为此不得不改变自己过去"老子天下第一"的态度，政策上，2014 年 1 月 1 日实施《液化天然气出口自由化法律草案》，打破了俄罗斯天然气公司的独家垄断，同时在管输天然气和液化天然气两个领域均发力，以求保护自己的市场份额，提升自己的影响力。

欧洲是俄罗斯天然气的传统天下。20 世纪七八十年代直至 20 世纪末，面对美国的巨大压力，苏联联合当时的西德，主要通过乌克兰建设了六条成体系的长输天然气管网，输气能力超过 1500 亿立方米 / 年，牢牢占据着欧洲天然气市场。2000 年，欧洲国家天然气进口量为 2562 亿立方米，其中管输天然气的进口量为 2233 亿立方米，占比 87.16%；液化天然气的进口量为 329 亿立方米，占比 12.84%。欧洲国家 2000 年进口的 2233 亿立方米管输天然气中，来源于俄罗斯的为 1902 亿立方米，占比高达 85.18%，占欧洲天然气进口总量的 74.24%；来源于非洲阿尔及利亚等国的为 331 亿米，占比仅为 14.82%[1]。

苏联解体后，特别是俄罗斯与乌克兰关系恶化后，为保证传统的欧洲天然气市场不丢失，俄罗斯花巨资前后建设了绕开乌克兰的蓝溪、北溪、土耳其流等天然气管道，并顶住美国的一再施压，联合德国大力推进北溪 –2 号项目。

除传统的欧洲市场外，俄罗斯启动建设通往我国的天然气长输管线更能说明近年来其天然气政策的变化。虽然俄罗斯早就认识到，中国天然气市场是世界上最具活力、增长最快的市场。但是，就在我国与土库曼斯坦、乌兹别克斯坦和哈萨克斯坦等原苏联地区，在天然气项目开发、中国—中亚天然气管网工程取得积极进展并顺利通气的情况下，俄罗斯与我国就长输天然气管线建设工作却一直进展缓慢。2014 年 5 月，中俄双方签署了《中俄东线天然气购销合同》。2014 年 9 月 1 日，中俄东线天然气管道俄罗斯境内段的"西伯利亚力量"管道开工建设。预计 2019 年 12 月 1 日，"西伯利亚力量"管道将正式贯通，从 12 月 1 日起开始对华供气。这样，谈判多年的为期 30 年、向中国市场供应 1 万亿立方米天然气的"世纪大单"才变成现实[2]。

[1] BP Statistical Review of World Energy，all data，June 2019.

[2] 《普京拟再建一条中俄东线天然气管道》，中国石油新闻中心网，2019 年 9 月 12 日，http://news.cnpc.com.cn/system/2019/09/11/001744663.shtml。

中俄另一条长输天然气管道工程耗时则更长，过程更加艰难。早在 2014 年 11 月，中俄双方签署西线天然气管道框架协议，确定俄每年通过"西伯利亚力量—2"管道向中国提供多至 300 亿立方米天然气，供气期限为 30 年。但后因多方面的原因，这个项目被无限期推迟。据有关媒体报道，2019 年 9 月 9 日，俄罗斯总统普京会见了俄罗斯天然气工业股份公司总裁阿列克谢·米勒，委托后者研究俄罗斯途径蒙古国向中国出口天然气的可能性，这条被提上日程的管道就是搁置已久的中俄西线管道[1]。蒙古以前曾多次表示，愿意将其领土作为俄罗斯天然气运往中国的过境地。2018 年 6 月，普京表示支持蒙古提出的从俄罗斯至中国建设油气管道的主张。

与管输天然气相比，俄罗斯液化天然气领域取得的进展一直不大，但正在奋起直追。2018 年，俄罗斯出口了 1830 万吨液化天然气[2]，已经投产的项目有：萨哈林项目，年生产能力约为 1000 万吨；北极亚马尔项目，年生产能力为 1750 万吨。目前，俄罗斯正在积极推动北极液化天然气 –2 号项目，计划建设三条生产线，每条生产线的能力为 660 万吨，总计约 1980 万吨，2025 年前全部投产[3]。除现有和正在建设的项目外，俄罗斯政府提出了雄心勃勃的液化天然气建设计划，具体包括 540 万吨 / 年的萨哈林 –2 项目、620 万吨 / 年的远东液化天然气项目、1200 万吨 / 年的波罗的海液化天然气项目以及维索茨克 2 号生产线等。2019 年 6 月 14 日，俄罗斯能源部长亚历山大·诺瓦克表示，俄罗斯计划 2035 年之前将液化天然气产量提高至 1.2 亿—1.4 亿吨，把全球市场份额从 2018 年的 6% 左右提高至 20% 左右，拥有与今天的卡塔尔和澳大利亚同样的市场份额[4]。

截至 2019 年 2 月，全球液化天然气总的生产能力已经达到 3.92 亿吨 / 年，

---

[1] 《普京拟再建一条中俄东线天然气管道》，中国石油新闻中心网，2019 年 9 月 12 日，http:// news.cnpc.com.cn/system/2019/09/11/001744663.shtml。

[2] 《出口 1830 万吨天然气后，俄罗斯巨头再投 600 亿，中国仍是合作伙伴》，金石数据，2019 年 7 月 17 日，http://baijiahao.baidu.com/s?id=1639309969719003411&wfr=spider&for=pc。

[3] 《大型北极 LNG2 号开发项目 FID 获得批准》，国家石油化工，2019 年 9 月 16 日，转引自中国对外承包工程商会网，http://www.chinca.org/CICA/info/19091610544611。

[4] 《俄液化天然气生产或增至 5 倍，7 成出口亚太》，新浪财经，2019 年 6 月 14 日，https:// finance.sina.com.cn/stock/usstock/c/2019–06–14/doc-ihvhiqay5650990.shtml。

还有逾 1 亿吨液化产能正在开发建设之中 [1]。包括美国、澳大利亚、卡塔尔和俄罗斯四大国在内，目前全球共有 20 个国家和地区具有天然气液化和出口能力，除传统的阿尔及利亚、印度尼西亚、马来西亚、特立尼达和多巴哥等外，尼日利亚、阿曼、加拿大、喀麦隆、莫桑比克等国都进入液化天然气生产和出口国行列，诸如莫桑比克等新进入国的生产能力扩建迅速，短时间内就能达到 3000 万吨 / 年的水平 [2]。在全球迅速扩张的液化天然气产能中，除资源国的大力支持和积极推动外，诸如壳牌、道达尔等国际大石油公司和中国石油、中国海油等消费国的国家石油公司也在技术、资金和市场等诸多方面发挥了积极的作用。

巨额资金投资将推动液化天然气很快在全球跨区域天然气贸易中，与管输天然气平分秋色，并超越管输天然气，液化天然气将成为全球天然气贸易中最具活力的业务和主角。因此，在可以预见的不久将来，我们将会看到，液化天然气建设所带来的，一方面，天然气贸易将会如同石油贸易一样，形成全球性的交易市场；另一方面，国际天然气供应日益充裕并在一定程度上供给过剩，市场竞争将更加激烈，但这将推动天然气在人类社会一次能源消费中发挥越来越重要的作用，给人类社会带来更加清洁的生存环境，更好地造福全人类。

全球天然气资源十分丰富，基于目前的技术水平和科学认知，当前和未来相当长时间，人类社会大规模使用天然气有充裕的资源保障。2019 年 1 月 1 日，世界剩余探明天然气储量为 196.9 万亿立方米 [3]。除已探明的储量外，常规天然气潜在储量还有 292.9 万亿立方米。除常规天然气外，世界上还有大量非常规天然气，如 3180 万亿—4600 万亿立方米的煤层气，2000 万亿立方米的水溶气，5057 万亿立方米的水合物中的气和 1500 万亿立方米的深源气 [4]。

---

[1] 《2018 年 LNG 市场全景展现——项目篇》，石油观察网，搜狐网，2019 年 5 月 6 日，http://www.sohu.com/a/311988842_694318。

[2] 《莫桑比克将成为全球十大液化天然气供应国》，石化行业走出去联盟，搜狐网，2019 年 4 月 18 日，http://www.sohu.com/a/308830192_825950。

[3] BP Statistical Review of World Energy，all data，June 2019.

[4] 王竖：《持续高速发展的世界天然气工业》，《世界石油经济》1991 年第 3 期。

2019 世界核能产业现状报告

[法]麦克·施耐德（Mycle Schneider）著　余文敏译[1]

摘要：

《世界核能产业现状报告》(WNISR) 每年都会对全球核电的规划、投资、建设和运营进行全面的概述。与之前的版本一样,《2019世界核能产业现状报告》（WNISR2019）提供了一份福岛项目现状报告、一份退役现状报告、一份核能与可再生能源部署的对比分析，以及一份关于全球小型模块化反应堆项目的最新报告。《2019世界核能产业现状报告》（WNISR2019）首次以气候变化和核电为重点，说明核电不仅在新建市场上，而且在运行机组的竞争市场上，与可再生能源竞争的难度越来越大。

关键词：

世界；核电；反应堆；气候变化；可再生能源

---

[1]　[法]麦克·施耐德 Mycle Schneider，法国能源、核电政策国际独立咨询顾问。《世界核能产业现状报告》(WNISR) 从 1992 年开始以年度报告的形式对全球核电的规划、投资、建设和运营提供全面的概述，是核电领域最具权威性的报告之一。译者，余文敏，博士研究生，核动力运行研究所工程师。

一、全球总体概述

（一）核能的生产和作用

2018 年世界核反应堆生产了 2563 太瓦时（或十亿千瓦时）的电力[1]，与前一年相比增加 2.4%——特别是由于中国的核输出增加 44 太瓦时（+19%），但仍低于 2006 年的历史高点 4%（见图 1）。四年来第一次，不计中国，2018 年全球核能发电又略有增加（+ 0.7%），但仍低于 2014 年的水平。换言之，2015 年至 2017 年期间，中国以外的世界核电发电量降幅大于 2018 年的增幅。这些数字表明，中国在核有关的统计数据中继续主导增长指标。

核能在全球商业总发电量中所占份额继续缓慢而稳定地下降，从 1996 年 17.5% 的峰值降至 2018 年的 10.15%（2017 年为 10.28%）。核能对商业一次能源的贡献率稳定在 4.4%。自 2014 年以来，该指数一直处于这一水平，是 30 年来的最低水平[2]。

2018 年，14 个国家的核能发电量增加，12 个国家下降，5 个国家保持稳定[3]。2018 年，六个国家（中国、匈牙利、墨西哥、巴基斯坦、俄罗斯和美国）实现了有史以来最大的核能发电量。

以下是 2018 年的显著进展，反映了各个国家反应堆运行情况的变化。

亚美尼亚唯一运行的反应堆发电量下降了 21%。随着该设施在年中因大规模维修和升级而关闭，2019 年的发电量可能会进一步下降。

由于维护、维修和升级导致的停机时间延长，比利时的发电量下降了 32%。平均而言，比利时的 7 个机组都出现了半年的停机。

---

[1] If not otherwise noted, all nuclear capacity and electricity generation figures based on International Atomic Energy Agency (IAEA), Power Reactor Information System (PRIS) online database，see https://prisweb.iaea.org/Home/Pris.asp. Production figures are net of the plant's own consumption unless otherwise noted.

[2] BP, "Statistical Review of World Energy", June 2019, see https://www.bp.com/content/dam/bp/business-sites/en/global/corporate/ pdfs/energy-economics/statistical-review/bp-stats-review-2019-full-report.pdf, accessed 11 June 2019.

[3] Less than 1 percentage point variation from the previous year.

中国大陆地区在一年内启动了 7 座核反应堆，这是一项了不起的成就，在全球 60 个太瓦时的总增量中贡献了 44 个太瓦时。

法国的产出增加了 14 太瓦时 (+ 3.7%)，但仍远低于预期。

日本重新启动了 4 个反应堆，使反应堆的总运行数达到 9 个，并将发电量提高到 20 太瓦时 (+ 68.4%)。

韩国的核能发电量下降了 10% (−14 太瓦时)，原因是检查和维修的停机时间延长。导致反应堆重启延迟的一个具体问题是 2017 年发现多个反应堆的密封衬板 (CLP) 腐蚀。

瑞士有五个反应堆在压力容器发现大量裂缝迹象后已经停工多年，其中一个重启后，发电量增加了 25%。

中国台湾地区的两个反应堆在长期停运后重启，发电量增加了 24%，但其发电量仍然低于 2016 年的水平。

美国的核能发电量创下历史新高。虽然与 2010 年 (+1 太瓦时) 的记录相比，增长仍然微不足道，但值得注意的是，美国的运行反应堆比 2010 年 (97/103) 少了 6 座。即便是 2018 年的装机容量也略低于 2010 年 (98.7 吉瓦 /100.4 吉瓦)，这明显表明其运营效率在持续提高。参见图 1。

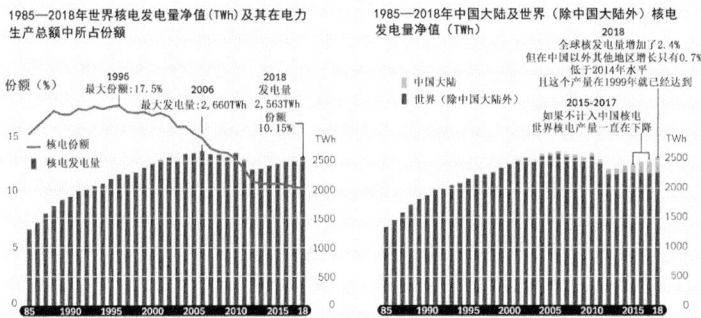

图 1 世界以及中国的核能发电量

资料来源 :WNISR, with BP[1], IAEA-PRIS, 2019。

---

[1] BP stands for BP plc; WNISR for World Nuclear Industry Status Report.

与前几年一样，2018年，"五大"核能发电国家——按照排名顺序分别是美国、法国、中国、俄罗斯和韩国，发电量占世界核电总量的70%(见图2左侧)。2002年，中国排在第15位，2007年排在第10位，2016年排在第3位。2018年，美国和法国这两个国家的核发电量占全球总量的47%，再次占到近一半。

在许多情况下，即使在核能发电量增加的地方，增长量也跟不上电力生产的整体增长，导致核能所占比例低于各自的历史最高水平(见图2，右侧)。值得注意的是，2018年有20个国家的核份额保持在恒定水平(变化不到1个百分点)，7个国家的核份额下降。只有4个国家/地区(捷克共和国、日本、瑞士和中国台湾)的核电在其电力结构中的份额提高了1个百分点以上，所有这些国家都主要是通过在长时间断电后重启机组来实现的。只有两个国家(中国和巴基斯坦)的核能在各自的电力结构中所占份额达到了新的历史峰值，两者的边际增长都达到了非常低的水平，中国增长了0.3个百分点(达到4.2%)，巴基斯坦增长了0.6个百分点(达到6.8%)。

（二）核电运行、发电以及堆龄的数据分布

到20世纪80年代末，运行中的反应堆的持续净增长已经停止，而在1990年，关闭的反应堆机组数量[1]首次超过了启动机组的数量。在1991—2000年的十年中，启动机组的数量远远超过关闭机组数量(52/30)，而在2001–2010年的十年中，启动机组的数量与关闭机组的数量不匹配(32/35)。此外，在2000年之后，我们花了整整10年的时间才将相当于20世纪80年代中期一年数量的机组进行并网。在2011年到2019年中期，启动了56座反应堆启动，其中35个(几乎占三分之二)在中国——相对于同期关闭反应堆的数目为50座，启动反应堆的数字超过了6座。由于这一时期在中国没有关闭机组，在中国以外，关闭了50个机组，只启动了21个机组，这一时期机组数量惊人地下降了29个。

---

[1] With WNISR2019 we are introducing "closure" as general term for permanent shutdown, in order to avoid confusion with the use of "shutdown" for provisional grid disconnections for maintenance, refueling, upgrading or due to incidents. WNISR considers closure from the moment of grid disconnection—and not from the moment of the industrial, political or economic decision—and as the units have not generated power for several years, in WNISR statistics, they are closed in the year of their latest power generation.

2017/2018年核电发电量和历史峰值(TWh)及其在电力生产中的份额

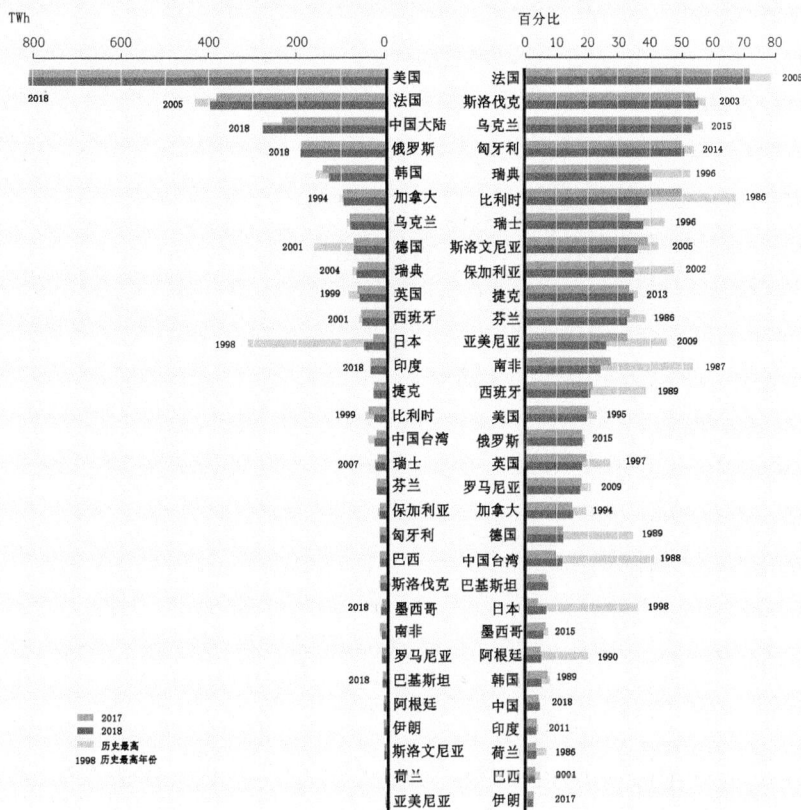

图 2   全球电力生产中核电发电量及其份

资料来源：IAEA-PRIS，2019。

2015 年和 2016 年每年相继启动 10 座反应堆之后，2017 年只启动 4 座反应堆，其中 3 座在中国，1 座在巴基斯坦 (由中国公司建造)。2018 年，9 座反应堆首次发电，其中中国 7 座，俄罗斯和韩国各 1 座；3 座反应堆关闭，分别为俄罗斯 2 座，美国 1 座 (见图 3)。

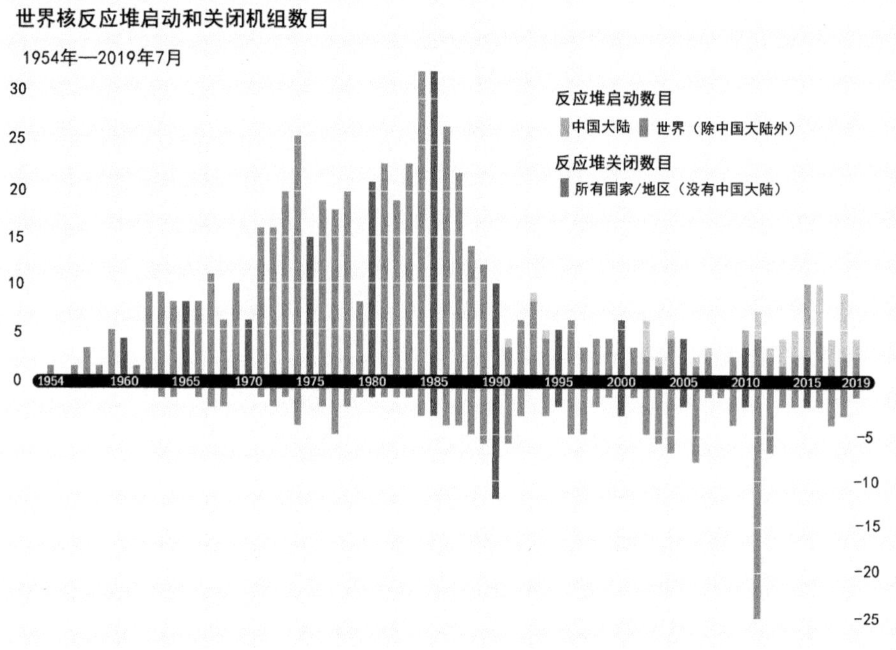

世界核反应堆启动和关闭机组数目

1954年—2019年7月

图 3　并网和关闭的核反应堆数目——持续的中国效应

注：截止到 2019 年，《世界核能产业现状报告》将停止发电的反应堆称为"关闭"，而不是"永久关闭"，因为《世界核能产业现状报告》认为这些反应堆在最后一次发电之日关闭的。虽然这一定义并不新，但它并没有适用于所有反应堆或在《世界核能产业现状报告》数据库中得到充分反映；这适用于法国的 Superphenix，它在正式关闭前的两年里都没有发电过，或者意大利的反应堆在 1987 年公投前实际上已经关闭，或者其他一些例子。这些变化显然影响到许多与世界核反应堆机组有关的数字（启动和关闭，世界机组的演变，关闭反应堆的年龄，等等）。

资料来源：WNISR, with IAEA-PRIS, 2019。

2019 年上半年，全球启动了四座反应堆，其中中国两座（台山 2 号、阳江 6 号），俄罗斯一座 (Novovoronezh2-2)，韩国一座 (Shin-Kori-4)；与此同时，美国关闭了一座 (Pilgrim-1) 反应堆。

截至 2019 年 7 月 1 日，有 28 个机组处于长期停运状态 (LTO)——所有这些机组都被国际原子能机构认为处于"运行状态"——比 WNISR2018 少了 4 个，这 28 个机组其中 24 个在日本，加拿大、中国大陆、韩国和中国台湾各有一个。自 2018 年年中以来，长期停运状态 (LTO) 已经重启了四座反应堆，其中两座在

印度 (Kakrapar-1 和 -2)，两座分别在阿根廷 (Embalse) 和法国 (Paluel-2)。日本的两个反应堆 (genkai2，Onagawa-1) 和中国台湾地区的一个反应堆 (chinshanan-1) 从长期停运状态转为关闭状态。

多年来，《世界核能产业现状报告》一直考虑福岛的全部 10 个反应堆为关闭状态。2019 年 7 月，运营商东京电力公司 (TEPCO) 最终正式关闭核电站，并宣布了福岛第二核电站四个反应堆退役的计划。

截至 2019 年 7 月 1 日，共有 417 座核反应堆在 31 个国家运行，比 2018 年 7 月增加了 4 座 [1]。当前世界核反应堆总名义发电净容量 370 吉瓦，比前一年增长 6.7 吉瓦 (+ 1.9%)(见图 4)。而运行反应堆的数量仍低于 1989 年的数字，核能发电量仍比 2006 年的峰值水平低几个百分点，这是一个新的历史性的最大运行机组容量。

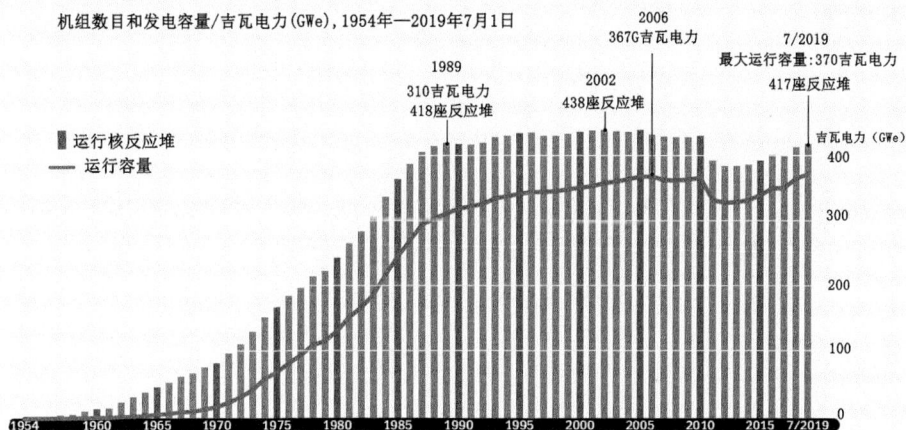

图 4　1954—2019 年世界核反应堆机组变化

注：数据库中关于反应堆关闭日期或长期停运状态 (LTO) 的更改与以前的版本相比稍微改变了此图的形状。特别是，之前 2006 年的"最大运行容量"(在 2019 年 7 月超过) 现在是 367 吉瓦。

资料来源：WNISR, with IAEA-PRIS, 2019。

[1] BP, "Statistical Review of World Energy", June 2019, see https://www.bp.com/content/dam/bp/business-sites/en/global/corporate/ pdfs/energy-economics/statistical-review/bp-stats-review-2019-full-report.pdf, accessed 11 June 2019.

多年来，净装机容量的增长一直超过运行中的反应堆的净数量。1989 年，一座运行中的核反应堆的平均规模约为 740 兆瓦，而到 2019 年，这一数字已增至近 890 兆瓦。这是大机组取代小机组以及提高现有电厂产能的技术改造共同作用的结果，从而增加了更多发电量，这一过程被称为"扩容"。仅在美国，核管理委员会 (NRC) 自 1977 年以来就批准了 164 座核反应堆的扩容[1]。累计批准的扩容为 7.9 吉瓦，相当于 8 个大型反应堆。自 2018 年 4 月以来，没有额外的扩容被批准，截至 2019 年年中也没有未决申请。不过，在今年余下的时间里，预计还会有四份申请。

欧洲也出现了类似的"扩容"趋势，并对现有反应堆的寿命进行了大幅延长。延长寿命的主要动机是经济上的，但随着安装成本飙升和替代产品变得更便宜，这一观点正日益受到挑战。

（三）当前新建工程概况

截至 2019 年 7 月 1 日，在建反应堆有 46 座，是 10 年来的最低数量，已连续第六年下降——比 WNISR 一年前报告的数字少了 4 座，比 2013 年少了 22 座 (其中 5 座后来已经被废弃)。四分之三的反应堆建在亚洲和东欧。共有 16 个国家正在建设核电站，比 WNISR2018 报告的多一个 (英国)(见表 1)。

2018 年启动了五个建设项目，孟加拉国、俄罗斯、韩国、土耳其和英国各一个。俄罗斯公司也在孟加拉国和土耳其建造反应堆，因此俄罗斯参与了自 2018 年初以来启动 6 个项目中的 4 个。

到 2019 年年中，有 46 座反应堆被列为在建，相比之下，1979 年的峰值是 234 座，总计超过 200 吉瓦。然而，1979 年列出的许多项目 (48 个) 从未完工 (见图 5)。与一年前的情况相比，全球在建机组的总容量再次下降，下降 3.9 吉瓦至 44.6 吉瓦，平均规模稳定在 969 兆瓦。参见表 1。

---

[1] Less than 1 percentage point variation from the previous year.

处于建设之中的世界核反应堆数目

1951年—2019年7月1日

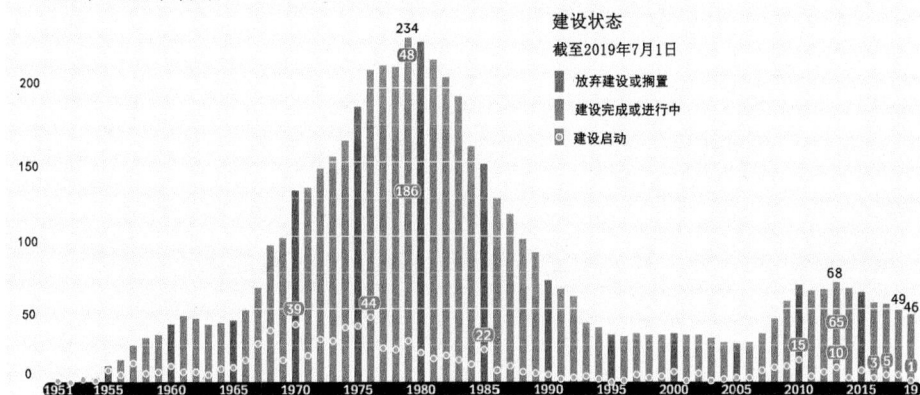

图 5 "处于建设之中"世界核反应堆数目（截至 2019 年 7 月 1 日）

资料来源：WNISR, with IAEA-PRIS, 2019

表 1 "处于建设之中"世界核反应堆数目（截至 2019 年 7 月 1 日）

国家/地区	机组数目	净装机容量（兆瓦）	建设启动时间	并网时间	落后于进度的机组数目
中国	10	8800	2012–2017	2020–2023	2–3
印度	7	4824	2004–2017	2019–2023	5
俄罗斯	5	3379	2007–2019	2019–2023	3
阿联酋	4	5380	2012 2015	2020–2023	4
韩国	4	5360	2012–2018	2019–2024	4
白俄罗斯	2	2218	2013–2014	20199–2024	4
孟加拉国	2	2160	2017–2018	2023–2024	0
斯洛伐克	2	880	1985	2020–2021	2
美国	2	2234	2013	2021–2022	2
巴基斯坦	2	2028	2015–2016	2020–2021	0
日本	1	1325	2007	?	1
阿根廷	1	25	2014	2021	1
英国	1	1630	2018	2025	0
芬兰	1	1600	2005	2020	1
法国	1	1600	2007	2022	1
土耳其	1	1114	2018	2024	0
总计	46	44557	1985–2019	2019–2025	27–29

资料来源：《世界核能产业现状报告》汇编，2019 年。

注：此表不包含暂停或废弃的建设项目。

231

二、施工时间

（一）目前正在建设的反应堆建造时间

仔细看看目前被列为"在建"的项目，就会发现很多项目都存在不确定性和问题，尤其是考虑到大多数建设方一开始就设定了5年的建设期：

截至2019年7月1日，在建的46座反应堆已经平均建设了6到7年，其中许多仍远未完工。

在16个国家中，至少有半数国家的所有在建反应堆都经历了长达一年的拖延。至少有27个(59%)的建设项目被推迟。大多数名义上按时开工的机组都是在过去三年内开工的，或者尚未达到预定的开工日期，因此很难评估它们是否如期完工。白俄罗斯、中国和阿联酋的建设厂址仍存在很大的不确定性。

在被明确记录为落后于计划的27座反应堆中，至少有11座将有更多的延迟，5座是自《2018世界核能产业现状报告》以来的过去一年里新的延迟项目。

《2017世界核能产业现状报告》指出，2018年共有19个反应堆计划启动，其中一个已经在2017年启动。2018年初，15座反应堆仍计划在这一年启动，但只有9个成功，而其他的至少推迟到2019年。

斯洛伐克的Mochovce-3号机和-4号机两个项目已经在过去的30年开工，但它们的启动时间被进一步推迟，目前预计是2020-21年。

印度的原型快速增殖反应堆(PFBR)、芬兰的Olkiluoto-3反应堆项目、日本的Shimane-3反应堆和法国的Flamanville-3反应堆已经被列为"在建"反应堆十年或更久。芬兰、法国和印度的项目今年进一步推迟，而日本的项目甚至没有一个临时启动日期。

核电站项目的实际准备时间不仅包括建设本身，还包括大多数国家冗长的许可程序、复杂的融资谈判、场地准备和其他基础设施开发。例如英国的欣克利角C项目说明，很大一部分投资和工作甚至在进入正式建设阶段之前就已经开展了。

（二）过去和现在运行的反应堆的建造时间

有一个明显的全球趋势是建造时间一直在延长。在核电发展的早期，国家建设项目的速度更快。如图6所示，20世纪70年代和80年代建成的反应堆的建造时间非常相似，而在过去20年里，它们的建造时间差别很大。

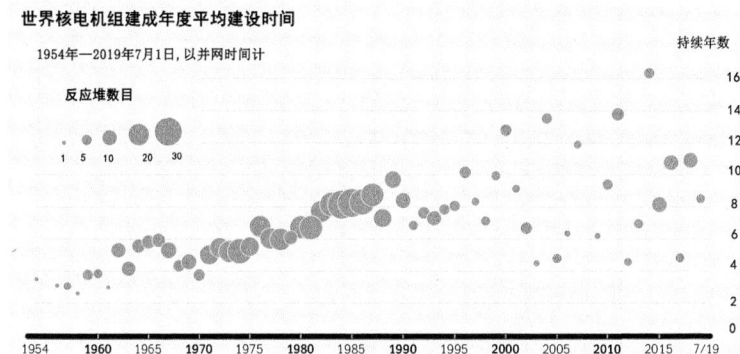

世界核电机组建成年度平均建设时间

1954年—2019年7月1日，以并网时间计

持续年数

反应堆数目

图6　世界核电机组建成年度平均建设时间

资料来源：WNISR，以及IAEA-PRIS，2019年。

中国的核工业在2018年建成的7座反应堆平均耗时7.7年，而俄罗斯的两个项目平均耗时22.3年才并入电网，Rostov-4反应堆耗时35年才最终发电，Leningrad2-1号反应堆耗时近10年。2018年启动的9座反应堆的平均建设时间是10.9年。

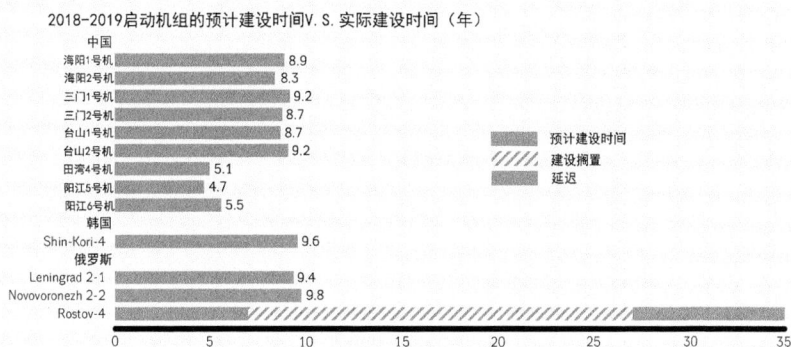

2018-2019启动机组的预计建设时间V.S.实际建设时间（年）

中国	
海阳1号机	8.9
海阳2号机	8.3
三门1号机	9.2
三门2号机	8.7
台山1号机	8.7
台山2号机	9.2
田湾4号机	5.1
阳江5号机	4.7
阳江6号机	5.5

预计建设时间　建设搁置　延迟

图7　2018—2019年机组启动的延迟

注：预计施工时间以开工时提供的并网数据为准；另一种方法是根据商业运行、竣工或调试信息使用最佳估计值。

资料来源：WNISR，IAEA-PRIS，2019。

在过去的 18 个月里，只有一个机组按时开工，那就是中国的"田湾 4 号"，这是一架俄罗斯设计但主要由中国制造的 VVER-1000 (V-428M 型)，设计者们声称它属于第三代设计[1]，但具体细节尚不清楚。中国的阳江 -5 号和阳江 -6 号分别在 4.7 年和 5.5 年的时间内完成，有些微的延迟。这些是由中国广核集团 (CGN) 设计的 ACPR-1000 反应堆，该公司声称，这些反应堆至少有 10 处改进之处，使其成为第三代反应堆的设计。除了史诗级的 Rostov-4 反应堆，在中国启动的其他 6 座反应堆 (4 个 AP1000，2 个 EPR)，在俄罗斯的 2 个和在韩国的 1 个都经历了数年的延迟，它们各自的计划建设时间大约翻了一番，达到 8.3–9.8 年 (见图 7)。

长期来看，短期的建造时间仍然是例外。在过去十年中，9 个国家完成了 63 个反应堆的建设，其中仅中国就完成了 37 个，平均建设时间为 9.8 年 (见表 2)，与 2008—2018 年中期的 10.1 年相比略有改善。

表 2 2009—2019 年中期反应堆的建设时间

2009 年 7 月至 2019 年期间启动的 63 个机组的建设时间				
国家 / 地区	机组	建设时间（按照年度）		
		平均时间	最小时间	最大时间
中国大陆	37	6.0	4.1	11.2
俄罗斯	8	22.2	8.1	35.0
韩国	6	6.0	4.1	9.6
印度	5	9.8	7.2	14.2
巴基斯坦	3	5.4	5.2	5.6
阿根廷	1	33.0	33.0	
伊朗	1	36.3	36.3	
日本	1	5.1	5.1	
美国	1	43.5	43.5	
世界	63	9.8	4.1	43.5

资料来源：《2019 世界核能产业现状报告》汇编。

---

[1] Caroline Peachey, "Chinese reactor design evolution", Nuclear Engineering International, 22 May 2014, see https://www.neimagazine.com/features/featurechinese-reactor-design-evolution-4272370/, accessed 14 August 2019.

三、开工建设项目

全球每年开工的项目数量在 1976 年达到顶峰，达到 44 个，其中 12 个项目后来被放弃。2010 年，有 15 个项目开工，其中仅中国就有 10 个，这是自 1985 年以来的最高水平。这个数字在 2017 年和 2018 年分别下降到 5 个（见图 8）。2018 年开工的项目异常多样化，孟加拉国、俄罗斯、韩国、土耳其和英国各有一个项目，其中孟加拉国和土耳其是两个新加入的国家。在这两个国家，项目由俄罗斯核工业实施。在土耳其，工作始于阿库尤 (Akkuyu) 厂址，这是一个自 20 世纪 70 年代就提出的项目。截至 2019 年年中，今年全球只有一个项目正式启动，那就是俄罗斯的 Kursk2-2。

由于受到福岛核事故的严重影响，中国在 2011 年和 2014 年都没有任何启动项目，只在这期间开工建设了 7 座核电站。尽管中国的核电公司在 2015 年又开始建造 6 座反应堆，但到 2016 年，数量已缩减至 2 座，2017 年仅建成了一座示范快堆，2018 年和 2019 年中期都没有。换言之，自 2016 年 12 月以来，中国没有开始建造任何新的商用反应堆。据媒体报道，三个建设项目已获得政府批准，可能于 2019 年晚些时候开工。尽管这一进展意味着中国将重启商业反应堆建设，但目前的水平仍远低于预期。2016—2020 年的五年计划确定了到 2020 年运行 58 吉瓦和在建 30 吉瓦的目标。截至 2019 年年中，中国的装机容量为 45.5 吉瓦，在建装机容量为 9 吉瓦，远低于最初的目标。

在 2009 年至 2018 年的十年间，全球有 71 座反应堆开始建设（其中 5 座已被取消）。这比 1999 年至 2008 年的十年间还要多，当时 45 座反应堆开始动工（其中 3 个已经废弃）。在过去 20 年里，中国共新建了 49 座机组，在全球总数 116 座中占了最大份额。

世界核反应堆建设启动数目
1951年—2019年7月1日

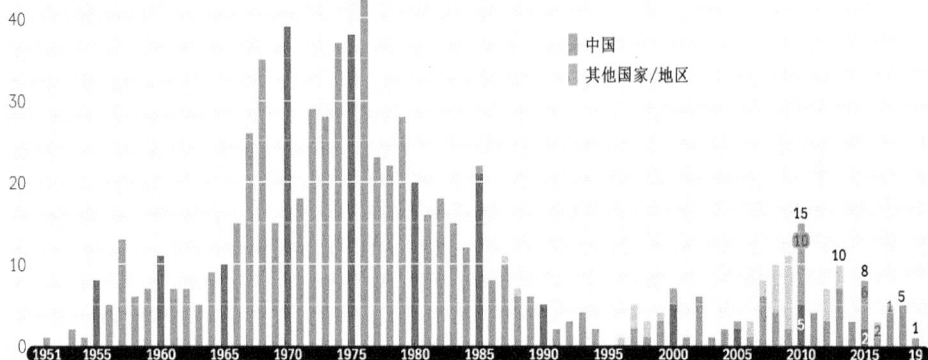

图 8　世界核电机组启动建设数目

资料来源：WNISR，　IAEA-PRIS，2019。

此外，过去的经验表明，仅仅是一个反应堆的预定计划，甚至是一个处于建设后期的核电站，都不能保证最终的并网和发电。经过四年的建设，以及数十亿美元的投资，2017 年 7 月底，V.C. Summer 的两个项目被放弃，这只是众多失败核电站项目中的最新一例。

四、运行机组的堆龄

由于缺乏大量的新建和并网机组，运行核电站的平均堆龄（从并网开始）一直在稳步增加，在 2019 年中，第一次超过 30 年（实际为 30.1 年），高于一年前的 29.9 年（参见图 9）。共有 272 座核反应堆，三分之二的世界核电机组，已经运营了 31 年或以上，包括 80 座 (19%) 达到了 41 年或更多。

一些核设施预计反应堆的平均寿命将超过 40 年，达到 60 年甚至 80 年。在美国，核反应堆最初被允许运行 40 年，但核运营商可以向核管理委员会 (NRC) 申请再延长 20 年的许可证。

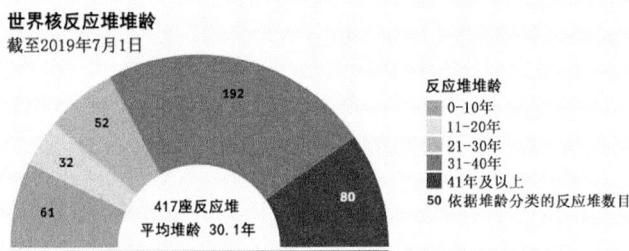

世界核反应堆堆龄
截至2019年7月1日

192
52
32
61
80

417座反应堆
平均堆龄 30.1年

反应堆堆龄
0-10年
11-20年
21-30年
31-40年
41年及以上
50 依据堆龄分类的反应堆数目

图9 世界运行反应堆堆龄分布

资料来源：WNISR, with IAEA-PRIS, 2019。

截至 2018 年 5 月 4 日，当时在运营的 99 座美国反应堆中，有 85 座已经收到了延寿申请，另有 4 座正在接受核管理委员会的审查。自《2018 世界核能产业现状报告》以来，5 个反应堆中 4 个的许可证延续申请被批准，1 个准备提交的申请 (Perry-1) 被取消，2 个获得许可证延续的反应堆被关闭，3 个反应堆的 2 个额外申请预计在 2021-22 年提交。[1]

在美国，36 个机组中只有 4 个，即九分之一在 2014 年 12 月达到并网 40 年后关闭——Vermont Yankee 于 2014 年 12 月在堆龄 42 年的时候关闭；Fort Calhoun 在运行 43 年后于 2016 年 10 月后关闭；美国最古老的反应堆 Oyster Creek 在 2018 年 9 月关闭；Pilgrim 在运行 47 年后于 2019 年 5 月关闭。这四个机组都获得了运行 60 年的许可证，但主要是由于经济原因而被关闭。换言之，至少有四分之一并网到美国电网的反应堆从未达到最初设计的 40 年寿命。此外，在 97 个目前正在运行的机组中，有 46 个已经运行了 41 年以上；因此，有一半获得延寿许可的机组已经进入了寿命延长期，随着 2019 年年中美国核电机组平均服役年限达到 38.9 年，这一份额正在迅速增长。

五、聚焦中国

中国继续扩大其核电产能，目前运营着为数仅次于美国和法国的反应堆。截

---

[1] U.S.NRC, "Status of License Renewal Applications and Industry Activities", Updated 13 March 2019, see http://www.nrc.gov/reactors/operating/licensing/renewal/applications.html, accessed 14 August 2019

至 2019 年 7 月 1 日，中国大陆有 47 座在运反应堆，总净容量为 44.5 吉瓦，还有一座反应堆处于长期停运（LTO）状态。中国大陆核电机组非常年轻，平均堆龄为 7.2 年（见图 10 和表 6）。2018 年，核电贡献 277 太瓦时，占中国总发电量的 4.2%，较 2017 年的 3.9% 略有上升。相比之下，风能和太阳能分别向电网贡献 366 太瓦时和 177.5 太瓦时。[1] 换言之，仅风能产生的电力就继续超过核能的贡献，而太阳能正在迅速赶上。风能和太阳能加起来的发电量几乎是核能的两倍（更多细节见核能与可再生能源部署）。

总体而言，中国核电的前景似乎比几年前黯淡了许多。《核情报周刊》报道称，自 2015 年以来，核能领域的资本投资稳步下降，去年（2018 年）的总投资额为 437 亿元人民币（相当于 65 亿美元），比 2017 年下降 3.8%。由于缺乏新建核电站项目，核电投资一直低于其他多数电力行业。[2]

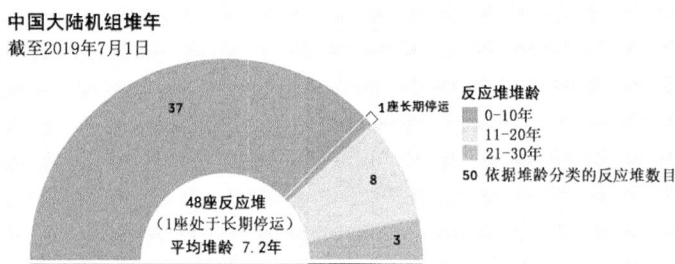

图 10　中国核电机组的堆龄分布

资料来源：WNISR, with IAEA-PRIS, 2019。

一个关键原因是高昂的成本。关键国家规划部门，国家发展改革委 (NDRC) 能源研究所 (ERI) 前负责人解释说，核电"已经开始面临价格竞争，未来肯定会面临更多的竞争"。[3]

---

[1]　BP, "Statistical Review of World Energy - Workbook", Statistics Work Book, June 2019, see https://www.bp.com/content/dam/bp/ business-sites/en/global/corporate/xlsx/energy-economics/statistical-review/ bp-stats-review-2019-all-data.xlsx, accessed 11 June 2019.

[2]　C. F. Yu, "State Council Close to Approving Hualong-One Projects", NIW, 1 February 2019

[3]　Peter Fairley, "China's losing its taste for nuclear power. That's bad news.", MIT Technology Review, 12 December 2018, see https://www.technologyreview.com/s/612564/chinas-losing-its-taste-for-nuclear-power-thats-bad-news/, accessed 12 December 2018.

尽管如此，中国仍是在建核反应堆数量最多的国家，截至 2019 年年中，全球在建的 46 座反应堆中，中国占有 10 座（近四分之一），总计 8.8 吉瓦。国际原子能机构 (IAEA) 仍未将 CFR-600 快堆列为在建项目。然而，媒体报道称，该项目的第一次混凝土浇灌发生在 2017 年 12 月，预计 2023 年投入商业运营 [1]。因此，《世界核能产业现状报告》认为，该设施正在建造中。

目前在建的 10 座反应堆数量明显低于一年前的 16 座和两年前的 20 座。新建核电站数量的下降清楚地表明了中国核电计划的放缓。

在建的 10 座反应堆中，至少有 3 座被推迟：包括正在福清建造的华龙一号 (HPR-1000)2 个反应堆和石岛湾的高温气冷反应堆。HPR-1000 型号的进展尤其令人关注，因为它的及时完成将对中国采用核反应堆电力来源的吸引力产生影响，因为中国正计划向其他国家出口这种特定的设计。

2015 年 12 月，第二座 HPR-1000 反应堆在福清 (福清 6 号) 开始浇筑混凝土时，中国核工业集团公司 (CNNC) 表示，福清 5 号和福清 6 号"计划分别于 2019 年和 2020 年完工。"。[2]

就在去年，一篇关于中国核电的文章报道称，"中国核工业集团公司表示，2019 年将提前建成一座反应堆投入运行"。[3] "提前"的说法已经被重复，包括中国核工业集团公司在 2019 年 4 月开始对福清核电站 5 号机组进行冷试。[4]然而，如果回顾过去的例子，从冷试到并网所需的时间从 16 个月 (红沿河 1 号) 到 10 个月 (宁德 3 号) 不等，这意味着福清 5 号在 2020 年之前不太可能并网。

中国在 5 个月内 (2018 年 5 月至 10 月) 并网 7 座反应堆，并在 2019 年 6 月并网两座反应堆。这些包括 2 个 EPR(台山 -1 和 -2), 4 个 AP1000(三门 -1

[1] WNN, "China begins building pilot fast reactor", World Nuclear News, 29 December 2017, see http://www.world-nuclear-news.org/NN-China-begins-building-pilot-fast-reactor-2912174.html, accessed 16 June 2019.

[2] WNN, "First concrete for sixth Fuqing unit", 22 December 2015, see http://www.world-nuclear-news.org/NN-First-concrete-for- sixth-Fuqing-unit-2212154.html, accessed 16 June 2019.

[3] Peter Fairley, "China's losing its taste for nuclear power. That's bad news.", MIT Technology Review, 12 December 2018, op. cit.

[4] WNN, "Cold testing under way at Chinese Hualong One unit", 29 April 2019, see http://world-nuclear-news.org/Articles/Cold-testing-underway-at-Chinese-Hualong-One-unit, accessed 17 June 2019.

和 –2，海阳 –1 和 –2) 和 1 个 ACPR–1000(阳江 –6)。EPR 和 AP1000 都是这两种设计的备受瞩目的旗舰项目，两种堆型在很大程度上依赖于这些项目的成功。三门项目被国家能源前局长 2009 年称为 "中美之间最大的能源合作项目"。[1]

作为《世界核能产业现状报告》以前详细阐述的问题，这九个反应堆中的八个被推迟，其中大多数反应堆的完工花了两倍于建设启动时的预测工期(参见图 7)。延迟主要是由于设计没有最终确定，以及在建设期间出现的质量问题和安全考虑。

不管具体原因是什么，最终的结果是，AP1000 反应堆和 EPR 在中国的市场已经消失殆尽。福建的漳州厂址就是一个例子。一些新闻来源已经确认，该核电站早些时候已被指定用于建造 AP1000 反应堆，[2] 但现在可能成为下一个建设华龙一号核电站的地方。[3] 中国核工业集团公司 (CNNC) 决定在那里建造华龙一号核反应堆，厦门大学能源学院院长对此做出了解释："AP1000 的问题——延期、设计变更、供应链问题，然后是贸易问题——迫使他们采取行动，它变成了华龙一号核反应堆。"[4]

进口反应堆建设的问题也影响了国内设计的华龙反应堆的前景。虽然后者显然是新建反应堆的首选，但中国政府一直没有授予快速建设所需的许可。据报道，2017 年 2 月，中国国家能源局 (NEA) 批准启动 8 个新反应堆的建设。[5] 但两年多之后，

---

[1] Xinhua, "China starts building 3rd–generation nuclear power reactors using Westinghouse technologies", People's Daily Online, 20 April 2009, see http://en.people.cn/90001/90778/90857/90860/6640730.html, accessed 13 May 2018.

[2] Hideo Kubota, "China's Nuclear Industry at a Turning Point", Research Institute of Tepia Corporation, E–Journal of Advanced Maintenance, Vol.1, No.3, November 2010, see http://www.jsm.or.jp/ejam/Vol.1.No.3/GA/6/article.html; and Elaine Li, "The clash for Zhangzhou nuclear power plant", NBN, 18 October 2016, see https://nbn.media/clash–zangzhou–nuclear–power–plant–2/, accessed 18 June 2019.

[3] Earlier in the decade, many reports suggested that Zhanghou was earmarked for the AP–100, the small modular reactor design promoted by CNNC. See Li Jinying, "Market Analysis of Chinese SNRs (small nuclear reactors)", presented at the 2nd Annual Small Modular Reactor Conference, 24 April 2012; and WNN, "Small reactors planned for Zhangzhou", 17 November 2011. One report says that for the Zhangzhou site, plans (in 2011) "called for AP1000s, but the technology was switched to the Hualong–One in 2015 amid prolonged delays and equipment problems at the inaugural AP1000 project at Sanmen". See C.F. Yu, "State Council Close to Approving Hualong–One Projects", NIW, 2019, op. cit.

[4] David Stanway, "China goes all–in on home grown tech in push for nuclear dominance", Reuters, 17 April 2019, see https://af.reuters.com/article/africaTech/idAFL3N21R1X9, accessed 20 April 2019.

[5] WNN, "China sets out nuclear plans for 2017", March 2017, see http://www.world–nuclear–news.org/NP–China–sets–out–nuclear– plans–for–2017–0203174.html, accessed 15 May 2018.

这些项目都没有真正开工。此外，据报道，2019 年 2 月，国务院"接近正式批准漳州和惠州的两个双机组华龙一号项目"。[1] 到写这篇文章的时候，他们一个也没有成为现实。这并不是说不会批准任何新项目。但很明显，核电建设已经放缓，在这一点上，没有迹象表明这种情况不会持续下去。

反复的拖延终于让中国官员承认了之前的《世界核能产业现状报告》已经确定的事实——中国将无法实现其宣布的 2020 年核电装机容量为 58 吉瓦的目标。2019 年 4 月，中国电力工业协会副主席魏绍峰在北京举行的中国核能可持续发展论坛上表示，"明年的核电总装机容量预计将达到 53 吉瓦"。[2] 另一个不太常被提及的目标是，到 2020 年，中国在建核电装机容量达到 30 吉瓦，但在这一点上，这一目标实际上也是不可能实现的。

中国继续在寻找机会出口 HPR-1000。中国以外唯一在建的反应堆位于巴基斯坦的卡拉奇核电站 (KANUPP)，据报道，这些反应堆仍按计划在 2021 年和 2022 年投入商业运行。[3] "超过预期成本 80% 的部分是通过中国国有进出口银行贷款提供的"。

有报道称，中国即将与阿根廷签署一项协议，出口一个价值 80 亿[4] 至 10 亿美元[5] 的 HPR-1000 反应堆。两国多年来一直在探索反应堆建设，但截至 2019 年年中，尚未达成最终协议。该交易取得进展的一个关键原因似乎取决于中国愿意提供"来自中国工商银行 (ICBC) 的贷款，该贷款将覆盖电厂 85% 的建设成本"。[6]

最后，中国出口的另一个主要希望是在英国，中国的战略是首先通过与法国电力公司 (EDF) 合作开发欣克利角核电站项目，如果顺利和继续推进项目后，

[1]　C.F. Yu，"State Council Close to Approving Hualong-One Projects"，NIW，2019，op. cit.

[2]　David Stanway，"China to fall short of 2020 nuclear capacity target"，Reuters，2 April 2019，see https://www.reuters.com/article/us-china-nuclearpower-idUSKCN1RE04S，accessed 2 April 2019.

[3]　WNN，"Karachi 2 reactor internals in place"，31 January 2019，see http://world-nuclear-news.org/Articles/Karachi-2-reactor-internals-in-place，accessed 14 June 2019.

[4]　David Stanway，"Argentina, China still discussing nuclear power project: undersecretary"，Reuters，2 April 2019，see https://www.reuters.com/article/us-china-nuclearpower-argentina/argentina-china-still-discussing-nuclear-power-project-undersecretary-idUSKCN1REOO5，accessed 19 June 2019.

[5]　Fermín Koop，Lili Pike，"China eyes Argentina in global nuclear roll out"，Diálogo Chino，23 May 2019，see https://dialogochino.net/27282-china-eyes-argentina-in-global-nuclear-roll-out/，accessed 4 June 2019.

[6]　Ibidem.

在 Sizewell C 核电项目中再扮演重要角色。[1] 华龙反应堆的设计正在接受监管机构的评估，并提出在 Bradwell 建造的建议。

六、核能与可再生能源部署

（一）投资

投资决策不仅是未来电力结构的一个重要指标，也突显了技术中立的金融业对不同发电选择的信心。因此，它们可以被视为全球和地区各级政策确定性和技术成本状况的重要晴雨表。

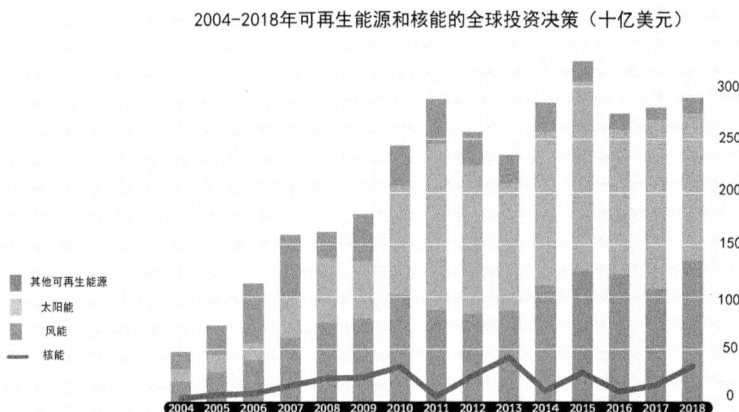

2004-2018年可再生能源和核能的全球投资决策（十亿美元）

图 11　2004—2018 年可再生能源和核能的全球投资决策

资料来源：FS-UNEP/BNEF，2018 年、REN21，2019 年和《世界核能产业现状报告》原创研究。

图 11 比较了自 2004 年以来新建核电站与可再生能源的年度投资决策。2018 年，孟加拉国、俄罗斯、韩国、土耳其和英国开始建设五个核反应堆，相比之下，2017 年有四座新反应堆，2016 年有三座，2015 年有八座。据报道，2018 年项目建设 6.2 吉瓦总投资约为 330 亿美元。（由于英国 Hinkley Point C 项目宣布从 2018 年开始建设，每兆瓦的投资成本大大高于 2017 年建设 4.25 吉瓦

---

[1] WNN，"EDFEnergyexpects20%costsavingforSizewellC"，18January2018，seehttps://www.world-nuclear-news.org/Articles/EDF-Energy-expects-20-cost-saving-for-Sizewell-C，accessed 19 June2019.

总投资 160 亿美元的成本。) 然而，这还不到风能和太阳能投资的四分之一，两者在 2018 年的投资分别超过 1340 亿美元和 1390 亿美元。

由于缺乏全面公开的年度核电投资估计数，为了简化方法，《世界核能产业现状报告》将预计投资费用总额包括在开始建造时的年份内，而不是将其分摊到整个建造期间。此外，如果发生费用超支，核电投资数字不包括修正的预算。2018 年的《世界核能产业现状报告》核投资评估与 21 世纪可再生能源政策网络 (REN21) 提出的评估相似，[1] 后者建议增加 330 亿美元的新投资 (尽管评估方法尚不明确)。REN21 的结论是，2018 年可再生能源新投资 (不包括大规模水电) 占所有新发电能力的 65%，总额为 2730 亿美元。[2]

(二) 装机容量和发电量

尽管可再生能源投资增速有所放缓，但这反映了一些国家和地区政策的变化，更重要的是每兆瓦投资成本的迅速下降，因此，尽管总投资下降，可再生能源净装机容量仍在增加 (往往还在加速)。根据 REN21 的数据，2018 年新增可再生能源发电装机容量 (不包括水电) 为 165 吉瓦，[3] 而 2017 年为 157 吉瓦。

风电新增净装机容量连续第三年下降，分别从 2017 年的 52 吉瓦、2016 年的 55 吉瓦和 2015 年的 64 吉瓦降至 49.2 吉瓦。太阳能光伏发电基本保持稳定，新增装机容量为 96 吉瓦，低于 2017 年的 97 吉瓦，高于 2016 年的 75 吉瓦和 2015 年的 51 吉瓦。由于中国一直是太阳能发电应用增加的主要推动力量，中国的太阳能发电能力下降 (约 10 吉瓦)(主要是由于 2018 年的政策转变) 对全球产生了影响。

图 12 展示了 2000 年开始以来可再生能源应用发展的迅速程度，风能容量增加 547 吉瓦，太阳能容量增加 487 吉瓦，与之相比，核能的容量增长相对停滞，

---

[1] International policy network dedicated to the development of renewable energies that publishes the annual Global Status Report on renewables.

[2] REN21, "Renewables 2019 – Global Status Report", June 2019, see https://www.ren21.net/wp-content/uploads/2019/05/gsr_2019_full_report_en.pdf, accessed 30 August 2019.

[3] REN21, "Renewable 2019—Global Status Report", June 2019.--> Ibidem.

增长了约 41 吉瓦，包括所有在目前处于长期停机 (LTO) 状态的反应堆。考虑到截至 2018 年底，接近 26 吉瓦的核电反应堆当前处于停运状态（LTO），也就是并未投入运行，因此，自 2000 年以来，新增核电装机容量为 15 吉瓦，不到风能和太阳能装机容量增量的 1/40。

当然，发电技术的特点因负荷因子的不同而有所不同。总的来说，在过去的一年中，运行中的核电站每兆瓦装机容量的发电量要高于可再生能源。但从图 12 可以看出，自 1997 年以来，2018 年新增风电 1259 太瓦时，太阳能光伏发电 584 太瓦时，是新增核电 299 太瓦时的 6 倍。2018 年，全球风力发电的年增长率为 12.6%(2017 年为 17.8%)，太阳能光伏发电的年增长率为 28.9%(2017 年为 38%)，核能发电的年增长率为 2.4%(2017 年为 1%)。

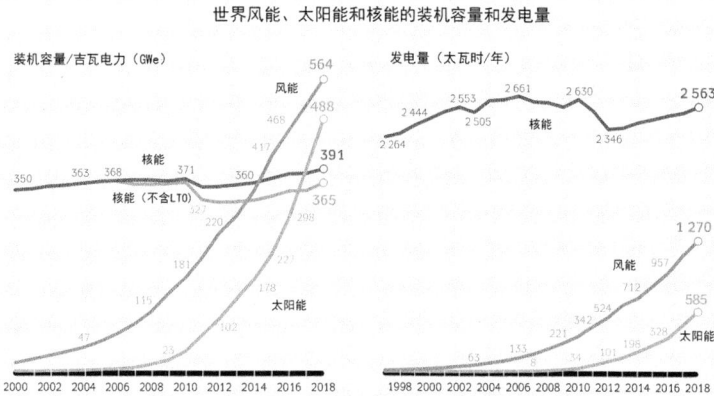

图 12　世界风能、太阳能和核能的装机容量和发电

资料来源：WNISR，　IAEA-PRIS，　BP Statistical Review，，2019.

七、气候变化与核电

（一）赌注

气候变化 [1] 对生物圈和人类前景的威胁，越来越被称为气候紧急 [2] 状态，

---

[1]　IPCC，"GlobalWarmingof 1.5℃"，IntergovernmentalPanel onClimate Change，SpecialReport，2018，seehttps://www.ipcc.ch/sr15/.

[2]　SeeTheClimateMobilization，"ClimateEmergencyCampaign"，seehttps://www.theclimatemobilization.org/climate-emergency-campaign，accessed3August2019

要求全球经济进行六种前所未有的快速变化。

用"非能动"的方式替代能源来提供同样服务 [1]；

使用能源 [2] 和能源密集型材料 [3]，通过在建筑、交通和工业中提供所需的服务，极大地提高效率，满足人类的需求；

将提供热量和流体的设备从燃烧化石燃料转换为使用可清洁制造的（电力、氢、可再生直接热能等）低碳能源载体；

大幅降低能源供应中的碳含量；

通过自然系统（森林、草地、农田、湿地、海洋等）去除空气中多余的碳，尽管工程系统也在尝试；

通过大幅限制油气行业的燃除、泄漏和排放来减少非二氧化碳的温室气体排放，尤其是甲烷。

其中，脱碳在发电方面进展最快——以前是用核电站取代化石燃料（不过核发电占发电总量的份额自 1996 年就一直下降，见图 1)，而最近则出现了规模更大、增长更快的可再生能源发电。

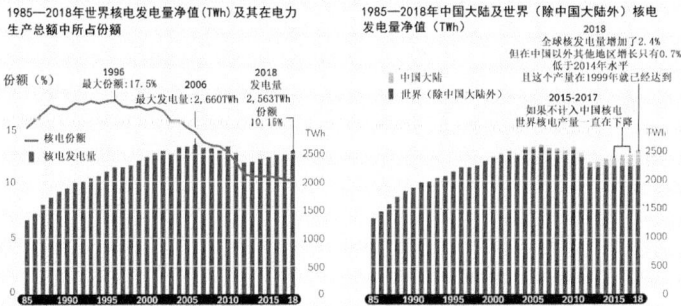

图 13　世界以及中国的核能发电量

[1]　E.g. daylighting to provide light, insulation to provide thermal comfort, densifying local services to avoid transport and/or increase mobility options (walking, biking), etc..

[2]　AmoryB.Lovins, "Howbigistheenergyefficiencyresource?", EnvironmentalResearchLetters, 13:090401, 18September2018, seehttps://iopscience.iop.org/article/10.1088/1748-9326/aad965/pdf, 4-minvideoherehttps://iopscience.iop.org/article/10.1088/1748-9326/aad965, bothaccessedon5August2019.

[3]　Energy Transitions Commission, "Mission Possible", 19 November 2019, see www.energy-transitions.org/mission-possible, finds that industrial CO2 emissions can be abated by mid-century at reasonable cost, two-fifths by "circular economy" measures that wring more work from fewer tons of cement, steel, aluminum, etc. Complementary further savings are being explored.

电力仅占能源供应的20%[1]，但这一比例正在缓慢上升。火电二氧化碳 (CO2)（最重要的温室气体）的排放占发电排放38%(2016)[2]，因此，如果现有的核能发电(占全球商用电力的十分之一)取代了化石燃料发电的平均份额，而不采取其他任何措施，那么它将抵消相当于全球二氧化碳排放总量4%的排放量。扩大核能可能会取代其他发电设备——化石燃料或可再生能源。核能经常被宣传为一种几乎无碳的电力替代品，替代煤炭和天然气发电(燃油发电微不足道)。[3]核能因此常作为气候解决方案的一个重要组成部分，值得更多的补贴和政策支持(被称为"不把核能赶出市场"或"不把核能从谈判桌上拿开"或"保留核能选项")——因为气候保护太难，迫切需要所有选项，或保护现有的就业和基础设施，或因为其他解决方案会太小、缓慢、昂贵或不切实际。

"我们必须关注碳、成本和时间，而不仅仅是碳本身"。任何声称不扩大或维持核能将使气候解决方案"更加困难和昂贵"[4]的主张，都必须将核能方案与其他方案进行比较。这种比较应该使用什么标准呢？过去的标准是不完整的。全球38%的电力和30%的与能源相关的二氧化碳排放来自燃煤发电厂，它们的建造只考虑了成本，而没有考虑碳排放。核电站的发电量仅略高于四分之一，但不直接燃烧化石燃料。然而，为了保护气候，我们必须以最小的成本、在最短的时间内最大量地减碳——因此我们必须关注碳、成本和时间，而不仅

---

[1] IEA, "Key World Energy Statistics—2016 simplified world energy balances, Mtoe", see https://www.iea.org/statistics/kwes/balances/, excluding feedstock uses

[2] IEA, "Global Energy & CO2 Status Report", March 2019, p 21, see www.iea.org/geco/.

[3] A complex literature points out that nuclear power is not strictly carbon-free, not only because of fossil-fuel energy embodied in its construction but also because of complex fuel-chain requirements: Benjamin K. Sovacool, "Valuing the greenhouse gas emissions from nuclear power: A critical survey", Energy Policy, August 2008, see https//:doi.org/10.1016/j.enpol.2008.04.017; and for comparison with other energy technologies, see Fig. 7.6, p. 539, in T. Bruckner et al., "Energy Systems," in O. Edenhofer et al., eds., "Climate Change 2014: Mitigation of Climate Change", Contribution of Working Group III to the Fifth Assessment Report of the Intergovernmental Panel on Climate Change, Cambridge University Press, 2014, see www.ipcc.ch. These indirect emissions linked to the nuclear system are far smaller than the direct CO2 releases from burning fossil fuel, and will not be considered further here. We also do not assess here such other debated climate effects as krypton-85's causing atmospheric ionization, nuclear heat release, nuclear power's effect on water resources and atmospheric humidity, or other indirect effects.

[4] IEA, "Nuclear power in a clean energy system", 28 May 2019, see https://www.iea.org/publications/nuclear/.

仅是碳。本章将探讨这种逻辑。其他地方也有分析框架和指标来比较所有方案的"气候有效性",包括那些有中间碳排放的方案,如燃气发电或热电联产(电力加上有用的热能)。[1]

气候保护越紧迫,实现温室气体单位减排(年/美元)最大化就越重要。几乎不含碳是不够的;有限的资金和时间也需要"气候效益"。任何解决方案,花费每美元减少的温室气体排放较少,或者温室气体排放速度降低得越慢,它可以稳定地球的气候的贡献比它应该的更少或更慢,也就是说,相对于更便宜、更快的方案,昂贵而缓慢的方案达不到以更少的美元减少每年更多的碳排放,从而使气候变化变得更糟:尽管它们是低碳的,但与可实现的目标相比,它们仍然减少和延缓了可实现的气候保护。然而,这种常识性的比较很少被讨论——其结果类似于认为,既然人们在挨饿,那么饥饿是紧迫的,菲力牛排和大米都是食物,它们都是战胜饥饿的关键。我们在养活人民或提供能源服务方面的优先事项必须以相对成本和速度为依据。

(二)非核选项每美元可以减少更多的碳排放

1. 新建项目的成本

缺乏商业理由的新核电站从来没有像竞争性资源那样,进入竞争激烈的批发电力市场。几乎所有在建核电站都是政府或国有企业之间的交易,不受市场约束,在没有主权担保的情况下,一般无法参与资本市场。

表3 核电、可再生能源和能效新建设成本

	拉扎德公司(2018)美元/兆瓦时	彭博新能源财经(美元/兆瓦时)	市场实际值(美元/兆瓦时)
核电新建项目	151	195–344(美国)	见国家/区域章节
太阳能	36–44	30–35	19(墨西哥)
陆上风力发电	29–56	27–32	22–26(印度),17(墨西哥)
公用事业购买电力的最终使用效率	0–50		美国平均23 – 31c(2009 – 12)

资料来源:Lazard, BNEF, Market Actuals

[1] Amory B. Lovins, T. Palazzi, "Effectively decarbonizing the electricity system", 2019, see https://www.rmi.org/decarb

注：a-Lazard，"能源分析的统一成本—12.0 版"，2018 年 11 月 8 日，见 www.lazard.com/media/450784/ lazards-levelizes-cost -120-vfinal.pdf.

b-E.Giannakopoulou，T.Brandily，2019 年 3 月 26 日 LCOE 更新，彭博新能源财经用户数据库，见 www.bnef.com，于 2019 年 7 月 9 日访问。

c-Megan A. Billingsley，Ian M. Hoffman，etal.，2014 年 3 月，劳伦斯伯克利国家实验室（LBNL）"公共事业客户资助的能效项目的节能项目管理成本"，见 https://emp.lbl.gov/sites/all/files/lbnl-6595e.pdf；麦琪·莫利纳，《美国能源美元的最佳价值：公共事业能效项目成本的全国评估》，《美国节能经济委员会》，研究报告，2014 年 3 月 25 日，见 http://aceee.org/research-report / U1402；M. Wemple，"2013 年 DSM 的成就和支出"，见 http://www.esource.com/members/dsm-indbm-achievements-2013 / dsm-achievements-uures-study。

甚至在最新不太让人开心的章节如 Olkiluoto-3 和 Flamanville-3，据官方评估，在 2005 年至 2015 年间，法国新建核电站的实际电力成本上升了 130%，日本为 29%，美国为 75%。[1] 与之相反，仅仅在过去的五年里，美国太阳能和风能价格下降了三分之二，将新核能的投资减少了大约 5 到 10 倍。

因此，与这些主要的低碳竞争对手相比，新建核电站每度电的成本要高出许多倍，因此每美元能买到的气候解决方案要少许多倍。如果目标是节约资金或拯救气候，或两者兼而有之，那么这种现实可以有效地指导政策和投资决策。

随着核能成本的持续上涨和可再生能源成本的下降，这一差距正在扩大。国际能源机构认为

2012 年至 2017 年，太阳能光伏发电成本下降了 65%，预计到 2040 年将进一步下降 50%；陆上风力发电的成本同期下降了 15%，预计到 2040 年还将下降 10%—20%。[2]

美国国家可再生能源实验室 (NREL) 预计，到 2018 年，[3] 陆上风力发电将在 2016—2050 年期间降低 27%，光伏发电将降低 60%，因此到 2050 年，在状态良好的厂址，它们的成本将分别在 27 美元 / 兆瓦时和 18 美元 / 兆瓦时左右。

---

[1] IEA/NEA，"Projected Costs of Generating Electricity 2015"，Nuclear Energy Agency, September 2015, see www.oecd–nea.org/ndd/pubs/2015/7057–proj–costs–electricity–2015.pdf.

[2] IEA，"Nuclear power in a clean energy system"，28 May 2019, op. cit.

[3] National Renewable Energy Laboratory，"Annual Technology Baseline: 2018 ATB Cost and Performance Summary"，2018, see https://atb.nrel.gov/electricity/2018/summary.html.

然而，这些预测超过了墨西哥此前 33 年的无补贴低价 (19 美元和 17 美元)。国际能源署作为承认这一模式的例外机构，该机构正努力改善其对可再生能源的预测：自 2002 年以来，该机构将风电的预测值提高了 6 倍，将太阳能的预测值提高了 23 倍，但始终未能跟上实际情况，因此目前太阳能装机容量是 2002 年预测值的 50 多倍。这是因为国际能源署的可再生能源成本预测滞后于市场，也因为它的预测模型，像其他传统的经济模型一样，在结构上无法处理不断增长的回报——正如 Thomas Friedman 所说，"你买得越多，它就变得越便宜，所以你买得更多，它就变得更便宜。"

"现在已经安装了太阳能发电设备超过 2002 年预测的 50 倍。"

国际能源署发表了许多关于不同主题的优秀研究报告，但其 2019 年 5 月发布的《核报告》(这是近 20 年来的第一份报告) 与这里提供的证据只有部分一致，因此我们强调了一些不一致的地方。国际能源署预计 2040 年的新核电成本仅为 2018 年的 100 美元 / 兆瓦时 (比市场价格低 34%—71%)，但也承认其高于太阳能和陆上风力发电的成本。[1] 然而，国际能源署预测，在"与核能分析相同的融资条件下"(8% 的加权平均资本成本，10—20 年的融资期限)，到 2040 年，欧洲和北美的可再生能源将超过 50 美元 / 兆瓦时资本市场显然没有考虑到同等的风险，因此，以美国风力发电为例，目前它的资本回报率不到 4.5%，而从墨西哥到印度的无补贴可再生能源的出价在 17—26 美元 / 兆瓦时左右。通过不恰当地将短期核能升级的财务假设应用于长期可再生能源投资，国际能源署计算出 2040 年可再生能源价格大约是目前有竞争力的可再生能源价格的两倍，并超过所有主要市场 (日本除外) 的可再生能源价格。

在投资者看来，现代可再生能源的商业前景是如此令人信服，以至于美国最新的官方预测 [2] 显示，从 2019 年年中到 2022 年年中，可再生能源的新增装机容量将达到 45 吉瓦，而核电和煤炭的净退役容量将分别达到 7 吉瓦和 17 吉瓦。如今随着现代可再生能源提供了 2017–18 年全球新增发电能力的近三分之二，

---

[1]　IEA, "Nuclear power in a clean energy system", 28 May 2019, op. cit.

[2]　Federal Energy Regulatory Commission, "Electricity Infrastructure Update for May 2019", see https://www.ferc.gov/legal/staff-reports/2019/may-energy-infrastructure.pdf

市场的溃乱已接近尾声：2018年，非水电可再生能源获得的投资是核能的8倍，几乎是化石燃料发电的3倍。[1]

核工业未能兑现其复兴核能的承诺，这一惊人的失败"吓跑了投资者"。[2]但是，他们是否会因为最新一轮的声称即将到来的新技术将把几十年来不断上涨的核能成本急剧降低的言论而收回退缩的想法呢？

"即使是燃料、裂变或聚变产生的蒸汽是免费的也不够好，因为核电站的其他部分成本太高了。"

当前核能倡导的一种方式是承认目前的反应堆不经济，然后用这种新颖的坦率来支持新的反应堆类型或燃料系统将使核新建项目更具竞争力的说法，因此它们的发展需要大量的公共资金。然而，这一希望被一个尴尬的事实冲垮了：在第三代＋反应堆高昂的资本成本中，大约5000—8000美元/千瓦，大约78%—87%的是非核成本[3]。因此，如果其余的13%—22%——"核岛"（核蒸汽供应系统）——是免费的，那么核电站的其余部分在可再生能源或效率方面仍将非常缺乏竞争力。也就是说，即使是来自燃料、裂变或聚变的蒸汽是免费的也不够好，因为核电站的其他部分成本太高。

2. 核电站延寿的成本

国际能源署先前提到的2019年报告承认，新反应堆无法在市场上竞争，但强烈建议将现有反应堆的寿命延长数十年，以节约资金和减少碳排放。国际能源署表示，这将花费40—55美元/兆瓦时（2017年），并将削弱融资条件。从表面上看，这种比较招致了怀疑。如果延长寿命和继续运营可以在2040年击败可再生能源，为什么它需要补贴，为什么不是所有的运营商都用自己的钱来打赌？事实上，许多反应堆，特别是在美国，可再生能源在日常市场竞争中无法打败新能源，50美元以上/兆瓦时的可再生能源（计算时，如上所述，大

---

[1] REN21, "Global Status Report", Fig. 50, 2019, see https://www.ren21.net/gsr-2019/

[2] IEA, "Nuclear power in a clean energy system", 28 May 2019, op. cit., p. 22

[3] MIT Energy Initiative, "The Future of Nuclear Energy in a Carbon-Constrained World", 2018, see https://energy.mit.edu/wp-content/uploads/2018/09/The-Future-of-Nuclear-Energy-in-a-Carbon-Constrained-World.pdf, Table 2.2, p. 39, which also presents 10 percent typical and 16 percent best U.S. Light Water Reactor (LWR) cost fractions for the Nuclear Steam Supply System.

约是观察水平的两倍，更不用说预测水平了，假设是核能而不是实际的可再生能源，除非获得新的补贴，否则将在许可证到期前 10 年或更早前关闭。在每个反应堆都承担了大约 5 亿—11 亿美元的安装 / 升级成本后，没有升级的反应堆的竞争力会不会变得更弱？随着可再生能源价格下降、核电站老化、针对日益增长的可再生能源机组的经济调度减少了它们的运行时间（将它们的固定运营成本分摊到较小的销售额上）、安全标准继续提高，它们的生存能力难道不会进一步削弱吗？

由于新的太阳能和风能以市场价格出售，尽管几乎是纯粹的资本成本，但从经验上讲，它们削弱了核设施的升级成本和延寿运行的成本，国际能源机构如何得出这样的结论：上述这些延寿需要 1/3 万亿美元资本投资（超过三分之一的资金用于电网扩展以到达"较难接入的站点"，为什么国际能源署认为发达经济体的"核暗淡案例"造成风能和太阳能发电量增长[1]仅比可持续发展情景高出五分之一——增长速度是 2000 年至 2017 年期间的三倍，而不是两倍——这两个增长速度都远低于市场预期——感到如此担忧？国际能源署优秀的分析师或许有答案，但他们不透明的分析引发了质疑。因此，我们接下来将探讨现有反应堆缺乏竞争力的最基本、最棘手、但往往最不为人注意的原因：根据国际能源署，常规运营成本使"发达经济体的大多数核电站……面临过早关闭的风险"。

3. 现有核电站的运营成本

即使是那些已经实施了延寿运行申请和安全升级投资的反应堆，或者已经被监管机构认为合规而免除了开展这些责任并且最初的建造成本已经完全摊销的反应堆，也面临着正常的运营成本。这些问题曾被认为规模太小，无法讨论，但现在已经成为许多电厂继续盈利运营的主要障碍，尤其是在它们的使用年限

---

[1]　IEA, "Nuclear power in a clean energy system", 28 May 2019, op. cit., p.63 uses implicit capacity factors of 25 percent for wind–plus–solar production. For comparison, the actual 2018 US averages were 37.4 percent for wind power, 26.1 percent for PVs, and 23.6 percent for solar thermal, compared with 73.3 percent for landfill gas and municipal solid waste, 49.3 percent for other biomass including wood, and 77.3 percent for geothermal; see U.S.EIA, "Electric Power Monthly—Table 6.7.B. Capacity Factors for Utility Scale Generators Not Primarily Using Fossil Fuels, January 2013 – May 2019", 24 July 2019, see www.eia.gov/electricity/monthly/epm_table_ grapher.php?t=epmt_6_07_b

增加了大修的频率和成本的情况下。彭博社在 2017 年 6 月报道的 29 亿美元的年度损失 [1]，分布在 54 吉瓦的机组（超过美国核电装机容量的一半），对于那些还没有退役或几年内通过直接补贴而维持的机组来说，可能仍然是不可持续的。它们的运营成本数据通常属于商业机密，但汇总数据显示，与多数能效投资和许多现代可再生能源相比，它们根本没有竞争力。

　　这里评估的"发电费用总额"不包括最初的建造和筹资费用，只适用于以后的业务。它包括三个方面：燃料（包括废物管理和退役条款），运行和维护包括正常的业务成本如税收和保险），和资本净增加（用于维修，扩容的，或安全升级的建设后投资，足够大，他们资本化而不是当期费用；它们很少被报道，经常被忽略，它们与固定的运维成本之间的界限相当模糊，而且这两种成本的总和随着堆龄的增长呈非线性增长）。关闭的电厂不会继续产生这些运营成本。

　　核能协会 (NEI) 是美国领先的工业贸易组织，以三年平均值总结了电力公司成本组 (EUCG) 专有的发电总成本年度汇编。没有明确的列表表明包括哪些机组，因此也没有关于是否排除了任何运行机组，以及在什么阶段从数据库中删除了有问题或退役的机组的信息，但是总体模式是清楚的，如表 4 所示。每四分之一包括大约 25 个反应堆。

表 4 美国平均核能发电成本（通过四分位表示）

US$_{2017}perbusbarMWh	2012－2014	2013－2015	2014－2016
四分之一	30.26	29.78	28.81
四分之二	35.50	34.97	34.40
四分之三	43.51	41.72	40.69
四分之四	62.17	55.42	51.57

资料来源：核能研究所，给 Amory B 的私人通信，2018 年 7 月 26 日，洛文斯。

这些核运营成本是如何演变的？表 5 按类别和年份 (US$2017/busbar MWh)

---

[1] Jim Polson, "More Than Half of America's Nuclear Reactors Are Losing Money", Bloomberg, 14 June 2017, see www.bloomberg.com/news/articles/2017-06-14/half-of-america-s-nuclear-power-plants-seen-as-money-losers.

表示相同的 EUCG 分析师的平均发电成本。[1]

图 13 显示 2003—2018 年期间核电厂的总发电成本与竞争成本之比。这表明，尽管平均美国核运营成本自 2012 年以来下降——特别是在最昂贵的那一组，其压力最大的机组已经开始退休——新的风力发电 (蓝色曲线) 和太阳能电力 (黄金曲线) 的平均批发长期电力购买协议 (PPA) 的价格下降得更快。这使得大多数正在运行的反应堆和 2018 年美国的平均核运营成本 (红色曲线)，与那些可再生能源 (包括风能加上存储，蓝钻)，甚至是最好的无补贴国际可再生能源价格 (蓝色和金色圆点) 相比，都没有竞争力，相差 10 美元 / 兆瓦时还多，更不用说通常更便宜的能源效率了。拥有 40 年历史的美国核电运营成本可能只有有限的下降空间，但可再生能源的下降空间要大得多，它们是一个快速变化的目标，核电运营成本不太可能达到。

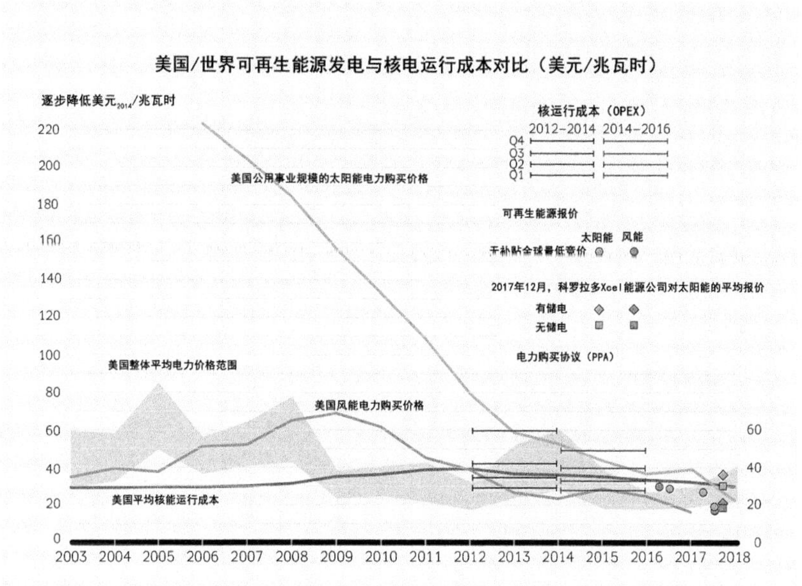

图 13 新可再生能源 VS 运行核电的成本演进

[1]　NEI, "Nuclear by the numbers", March 2019, see https://nei.org/CorporateSite/media/filefolder/resources/fact-sheets/nuclear-by-the-numbers.pdf, 2018 data from April 2019 edition converted to 2017 US$ using GDP Implicit Price Deflator, previous data from April 2018 edition. IEA, "Nuclear power in a clean energy system", 28 May 2019, op. cit., p. 34, confusingly equates variable cost with fuel cost, overlooking variable O&M cost.

资料来源：阿默里·拉文斯(Amory Lovins)，洛基山研究所，2019 年[1]

注：风能和太阳能 PPAs：美国发电加权平均电力购买协议价格，以签署年份为准核营运成本：燃料、营运及维修、净资本增加、平均及四分之一。见表4和表5

表5 美国平均核发电成本（按类别）

2017 美元 / 兆瓦	燃料	运维	净资产增加额	总计
2012	7.77	11.21	22.37	41.35
2013	8.01	8.49	21.67	38.17
2014	7.47	8.47	21.67	37.60
2015	7.10	8.24	21.56	36.91
2016	6.90	6.89	20.87	34.65
2017	6.45	6.66	20.50	33.61
2018	5.86	6.01	19.30	31.17

资料来源：核能研究所(Nuclear Energy Institute)，《核能的数量》(Nuclear by the Numbers)，2018 年和 2019 年。

4. 巨大的核运营成本对气候的影响

上述证据表明关闭更多或绝大部分核机组不会直接减少二氧化碳排放，但相比关闭燃煤电厂，可以间接减少二氧化碳排放。如果核电站大量节省的运营成本在高效或便宜的现代可再生能源的再投资，反过来替换更多化石燃料发电。因此，关闭燃煤电厂和运营成本高的核电站(用节省的运营成本和补贴进行再投资)是有意义的——前者可以直接减少碳排放，而后者可以节省资金——有效的再投资可以减少更多的碳排放。

"关闭燃煤电厂和运营成本高的核电站是有道理的"

具体来说，根据上述最新的美国数据(2014—2016 年)，美国一半的反应堆

---

[1] Updated through June 2018; August 2019 Lawrence Berkeley National Laboratory (LBNL) data show wind power PPAs below $20 and continuing their downward trend.

Solar world bids: Chile (US$29.1/MWh, August 2016) and Mexico (US$27 /MWh, February 2017; US$19.2/MWh, November 2017) Wind world bids: Morocco (January 2016), Mexico (US$17/MWh, November 2017).

Xcel Energy December 2017 median levelized solar bids: US$36/MWh and US$30/MWh with and without storage—wind bids US$21/MWh and US$18/MWh with and without storage

U.S. Wind and Solar PPAs: LBNL.

Wholesale price range: RMI Analysis of BNEF Prices, Tariffs and Auctions, US Power & Fuels from subscribers database.

Nuclear operating costs: NEI, "Nuclear by the Numbers", April 2018, plus April 2019 (for 2018 datum) using Electric Utility Cost Group data, converted to 2014 US$ using GDP Implicit Price Deflator.

的平均运行成本超过 40 美元 / 兆瓦时，四分之一超过 51 美元 / 兆瓦时。这些发电成本都可以通过关闭反应堆来避免。[1]数十亿美元的新补贴也能诱使这些电厂的所有者让它们继续运营，比如伊利诺伊州 16.5 美元 / 兆瓦时的分析报告。这些避免的成本可以由所有者自愿或监管机构强制重新分配到更有效的气候变化投资中去，这些投资成本更低，因此每美元可以节约更多的碳。

举个简单的例子。如果一个运行成本为 50 美元 / 兆瓦时 (5 美分 / 度) 的反应堆关闭，监管机构可以要求将节省下来的运营成本 (忽略任何避免的补贴) 用于重新投资以帮助客户更有效地用电。如果这种效率投资的平均成本是 25 美元 / 度 (2.5 美分 / 度)，那么每减少 1 度核电，就可以节约 2 度的能源，这样就可以减少 2 倍的碳排放，从而使气候效率提高一倍。认真选择 1 美分 / 度的效率可以把这个优势扩大五倍。

这些价格的可再生能源也可以达到同样的效果，而且还可以与能效互换，但能效已经交付给了零售客户，从而避免了平均约 41 美元 / 兆瓦时的配电成本。即使大部分的配电成本是固定而沉淀的，通过释放现有的电网资产来为新的负荷服务，而不需要建造更多的设施，也增加了效率价值。

这个关于"气候机会成本"的论点，直接应用了经济学的基本原理，已经发表了十多年，但被忽视了，最近在《电力杂志》[2]上详细阐述。与几乎所有的财经报道 (现在也包括国际能源署) 一样，核工业将其产品缺乏竞争力描述为市场失灵——市场没有正确认识到或重视核能的低碳发电。它越来越多地采取补救措施——仅对核能提供新的国家级长期补贴，很少或根本没有表现出财政上的需要，没有竞争，而且常常是拿着一杆破坏性的及时关闭的枪对着立法者的头——这并不能纠正市场失灵，而是制造了市场失灵。[3]这是对拒绝核能市场的一次蓄意而直接的攻击，直指更便宜的竞争对手。

新的围绕市场的补贴限制了竞争，减缓了创新，破坏了几十年来苦心建立

---

[1] Decommissioning costs must be paid later anyhow, and increase with longer operation. Greater discounting for later timing affects accounting values but not real resource costs.

[2] Amory B. Lovins, "Do coal and nuclear generation deserve above-market prices?", The Electricity Journal, July 2017, op. cit., § 2.

[3] Peter A. Bradford, "Wasting time: Subsidies, operating reactors, and melting ice", Bulletin of the Atomic Scientists, Volume 73, 12 December 2016, see https://doi.org/10.1080/00963402.2016.1264207.

起来的引导有效选择的市场机制。新的补贴还"扭曲了整个能源池的价格，排挤竞争对手，打击新加入者，破坏竞争性价格发现，降低透明度，奖励不正当影响，引入偏见，挑选赢家，滋生腐败"。[1] 两名美国电力监管局局长警告说，这种有针对性的补贴可能会"使美国电力市场彻底崩溃"。[2] 这是为获得低碳或无碳资源而付出的高昂代价，一种以市场为基础的优越方式可以轻易获得这些资源，而不会给客户或纳税人带来负担。它也是干扰和不必要的。如果正确利用现有市场，就不需要或不适当地对市场进行政治干预。著名的退休公用事业和核能监管者彼得·布拉德福德(Peter Bradford)建议，我们应该调整电力市场，以获得所需的 [3] 低碳电力。除此之外，我们可以在必要时调节排放结果。我们应该尽量减少对现有发电厂的强制使用。相反，我们的电力市场可以优先考虑低碳技术，就像它们已经证明自己有能力做到可靠性和需求响应一样。[4]

新的核能补贴震动了各州的政治，扰乱了联邦电网的监管，分散了市场参与者的工作精力，破坏了竞争、竞争者、客户和市场，只产生了轻微的气候影响。到目前为止，已经被拯救或可能被拯救数年的13座反应堆的发电量只占美国总发电量的几个百分点，而且很可能在几年的可再生能源增长后达到同样的水平；实际上，如果允许的话，这些低碳可再生能源本来会越来越多地占据相同的市场空间（中西部风力发电开发商抱怨称，电网接入受阻是为了保护传统资产免受竞争）。气候变化带来的任何好处都是暂时的，因为可再生能源价格的持续下跌将再次削弱核能的成本。

人们往往没有注意到的是，气候变化只是连续不断地提出的让客户为同样的资产再次付款的许多理由中的最新一个。首先，建立了核工业，建造了燃料

[1]　Amory B. Lovins，"Do coal and nuclear generation deserve above-market prices?"，The Electricity Journal, July 2017, op. cit.

[2]　The United States District Court for the Southern District of New York，"Wood And Bradford's Amicus Brief"，Case 1:16-cv-08164-VEC, Doc. 125-1, Filed 24 March 2017, posted in Tim Knauss，"NY nuclear subsidies kick in Saturday, but high- stakes legal challenge looms"，Syracuse.com, 27 March 2017, see www.syracuse.com/news/index.ssf/2017/03/ny_nuclear_subsidies_kick_in_saturday_but_high-stakes_legal_challenge_looms.html

[3]　An old American party game in which a series of blindfolded children, spun around to disorient them, try to pin a paper tail onto the back end of a wall-mounted picture of a donkey.

[4]　Peter A. Bradford, "Wasting time: Subsidies, operating reactors, and melting ice", Bulletin of the Atomic Scientists, December 2016, op. cit.

基础设施，由纳税人资助的大量不透明的联邦补贴资助了反应堆机组，这些补贴与核电站的建设成本相当，甚至超过了它们的产出价值[1]。其次，几十年的管制电价已经覆盖了核电站的全部建设、融资和运营成本，包括公正合理的投资回报。最后，当伊利诺伊州核电站业主 Exelon(美国最大的核电运营商) 后来坚持创造有竞争力的批发市场，他们将比在监管下赚取更多的利润，客户为他们偿还搁浅资产的 "过渡成本"(超额资本成本)，总计约 1350 亿美元[2]——至少 700 亿美元——用于核电站。然后，当许多核电站无法在这些批发市场上竞争时，业主 (同时向华尔街报告了强劲的利润) 要求并通常从他们所在的州获得每年数十亿美元的新补贴，以继续运行他们的问题反应堆。然后，Exelon 成功地向联邦监管机构申请了更大的装机补贴——因为许多电厂无法通过电力池拍卖，而且国家补贴已经打破了州和联邦监管之间的微妙平衡——收获了第五笔补贴。

业主自然会试图为相同的资产获得尽可能多的报酬，而且他们这样做的技巧高超，政治力量强大。气候紧急情况为他们提供了一个新的补贴机会，只要决策者只关注碳排放，而不是美元。但是，为什么电力市场和气候保护会成为附带损害——不断增加的核补贴的实际效果？如何才能通过技术中立的市场机

---

[1]　In 2011, Doug Koplow assessed these at ~US¢0.8 - 4.6/kWh for shareholder-owned and US¢1.7 - 6.3/kWh for public utilities, excluding ~US¢8.3/kWh of historic subsidies that originally launched the U.S. nuclear enterprise, see Doug Koplow, "Nuclear Power: Still Not Viable Without Subsidies", Earth Track Inc, Union of Concerned Scientists, February 2011, see http://www.ucsusa.org/ nuclear-power/cost-nuclear-power/nuclear-power-subsidies-report, accessed 30 August 2019. New U.S. nuclear plants already get slightly higher federal operating subsidies per kWh than new U.S. wind farms, plus far larger capital subsidies (~US¢5 - 12/kWh); even existing nuclear plants' capital subsidies often exceed the wholesale price they receive. And historically, nuclear power has been far more subsidized per kWh than renewables. See Nancy Pfund, Ben Healey, "What Would Jefferson Do?—The Historical Role of Federal Subsidies in Shaping America's Energy Future", DBL Investors, September 2011, see http://i.bnet.com/blogs/dbl_energy_subsidies_ paper.pdf, as cited in Jeff Johnson, "Long History Of U.S. Energy Subsidies", Chemical & Engineering News, Volume 89, Issue 51, 19 December 2011, see https://cen.acs.org/articles/89/i51/Long-History-US-Energy-Subsidies.html, accessed 19 July 2019.

[2]　B.A. Holden, "Deregulation May Cost Electric Utilities US$135 Billion Over 10 Years, Study Says", The Wall Street Journal, 7 August 1995, summarizing P.B. Fremont & R.K. Hornstra, "Stranded Costs Will Threaten Credit Quality of U.S. Electrics", Moody's Investors Service Research, August 1995. The US$70 billion estimate is from M.D. Yokell, D. Doyle & R. Koppe, "Stranded Nuclear Assets and What to Do About Them", Presentation to DOE-NARUC Electricity Forum, April 1995, cited by Office of Coal, Nuclear, Electric and Alternate Fuels, "Changing Structure of the Electric Power Industry: An Update", DOE/EIA-0562 (96), Department of Energy, U.S.EIA, December 1996, p.79, which said nuclear stranded costs could decline to US$43 - 63 billion if restructuring were completed by 1996 or 2000 respectively.

制，让核能与其他解决方案充分和公平地竞争，从而实现商定的气候保护目标？

（三）非核选项每年减少更多的碳排放量

如果新核电或旧核电的成本普遍不低于效率和可再生能源，因此每美元不能减少那么多的碳排放，那么它是否仍然是可取的或必要的，因为它可以更快地大规模应用，以帮助应对气候紧急情况？这种说法经常被提出，但很少被分析。在过去的十年里，《世界核能产业现状报告》已经证明了一个事实，那就是可再生能源在增加发电量方面已经逐年超过核能。2016 年，一个核能倡导组织提出，在一些国家，从历史上看，核能的发展速度要快于可再生能源。洛基山研究所(Rocky Mountain Institute) 的阿默里.拉文斯 (Amory B. Lovins) 重新审视了这些假设，尽管事实是，核能的快速增长是几十年前的事情，而且早就结束了，而可再生能源的快速增长已经在这里，而且现在还在加速。参见图 14。

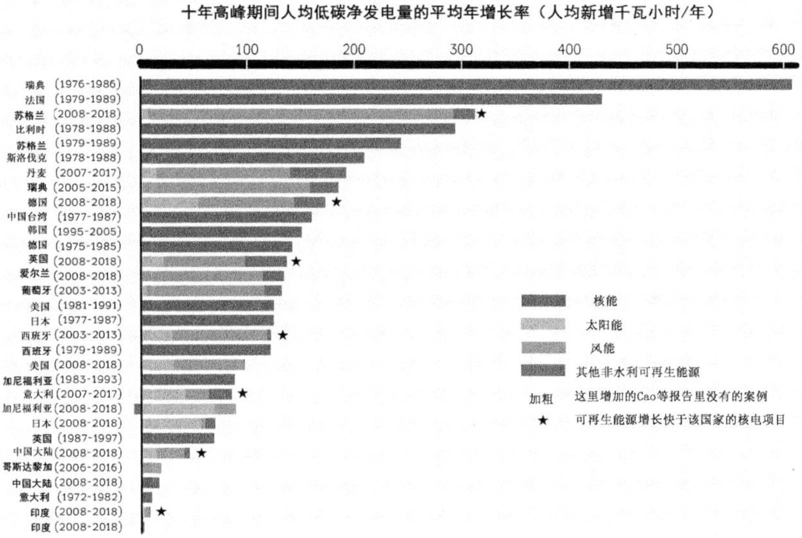

图 14　根据洛基山研究所所得核能、风能和太阳能的平均年度增长

资料来源：多方（请参见注释）。洛基山学院的阿默里·拉文斯（Amory Lovins）编译，
2019 年 7 月[1]

---

[1]　All data shown are from BP, "Statistical Review of World Energy 2019", except for Costa Rica and Scotland, taken from online national statistics. BP nuclear outputs are divided by 1.0546 to convert gross to net

图 12　2019 世界核能产业现状报告

* 此图代表 Cao 等人在《科学》杂志上发表的一项数据的 RMI 修正 [1]

同样的 9 例核能和 8 例可再生能源；7 个核能项目 (苏格兰、西班牙、加利福尼亚、英国、意大利、中国和印度) 和 7 个可再生能源项目 (苏格兰、瑞典、爱尔兰、葡萄牙、英国、哥斯达黎加和印度) 被添加，使用到 2015 年的数据。苏格兰是英国电网和电力市场的一部分，其核电站是根据英国政策建造的，但苏格兰在选择人均增长更快的可再生能源方面拥有自主权。

这个图表是第一个描述、记录和发表在 A.B. Lovins，"对'可再生能源和核能的相对部署率：两个指标的警示故事'的更正"，能源研究和社会科学，2018 年，38:188 - 192，doi: 10.1016 / j.erss.2018.08.001，然后，Jacob W. Glassman 使用相同数据源的 2019 年年中版本，对 2018 年全年进行了更新。

2015 年，全球现代可再生能源的增长速度超过了核能；到 2018 年，有 10 个国家的排名上升。自 2013 年以来，世界上最积极的核电项目（中国）的发电量被风电超过，2018 年中国的非水电可再生能源发电比例为 2.2:1。对应的印度因子是 3.1 倍。尽管相对于其国家人口，瑞典和法国的核电项目独特而激进，这些项目都是经济上不成功的。法国几乎无法负担其现有核机组，更不用说取代——两国都在缩减核能、增加可再生能源，以适应当今经济、政治和欧盟的法律义务。

应用速度取决于安装速度和项目准备时间。一项新的评估 [2] 发现，新核电厂的建设时间比公用事业规模的太阳能或陆上风力发电要长 5—17 年，因此，现有的化石燃料发电厂在等待替代的过程中排放出更多的二氧化碳——62—102 克 / 度，相当于美国电网平均碳强度的 11% —18%。因此，如果中国将其核资本投资于风力发电，更快的应用可以将其二氧化碳排放量减少约 3—6 个百分点。虽然有些人可能会对计算细节吹毛求疵，但这些估计提出了一个合理的原则——

[1] Junji Cao, Armond Cohen, et al., "China–U.S. cooperation to advance nuclear power", Science, Volume 353, 5 August 2016, see https://doi.org/10.116/science.aaf7131.

[2] Mark Z. Jacobson, "Evaluation of Nuclear Power as a Proposed Solution to Global Warming, Air Pollution, and Energy Security", Cambridge University Press, 15 June 2019, see https://web.stanford.edu/group/efmh/jacobson/WWSBook/WWSBook./html.

购买缓慢而不是快速的资源会对气候造成重大影响。对于既缓慢又昂贵的资源来说，气候机会成本是复杂的。

此外，通过拥有大型核电项目的国家的例子说明，支持扩大核电项目所需的制度"形成阶段"大约花了30年(法国和中国两个最协调的努力)，相比之下，可再生能源里程碑(中国和德国)则花了9年时间[1]。对于缺乏成熟的核体制和工业基础设施的国家而言，额外20年的延迟将使其核规模扩大为时已晚。

如果核能既不比现代可再生能源便宜，也不比现代可再生能源快，也不提高能源效率，那么它就无法通过气候有效性的测试，所以它的替代将会减少和延缓气候保护。

---

[1] Amory B. Lovins, Titiaan Palazzi, et al., "Relative deployment rates of renewable and nuclear power: A cautionary tale of two metrics", Energy Research & Social Science, Volume 38, April 2018, see https://doi.org/10.1016/j.erss.2018.01.005.

附　表

世界核电现状

国家 / 地区	核电机组					电力	能源
	运行		长期停运	平均堆龄 [a]	建设之中	电力份额 [b]	商用一次能源的份额 [c]
	数量	容量（兆瓦）	数量	年	数量		
阿根廷	3	1633		28.8	1	4.7% (=)	1.8% (=)
亚美尼亚	1	375		39.5		25.6% (−)	
孟加拉国	−	−		−	2		
白俄罗斯	−	−		−	2		
比利时	7	5918		39.3		39% (−)	10.4% (−)
巴西	2	1884		28.1		2.7% (=)	1.2% (=)
保加利亚	2	1966		29.8		34.7% (=)	19.7% (=)
加拿大	18	12676	1	36.4/36		14.9% (=)	6.6 (=)
中国大陆	47	45498	1	7.15	10	4.2% (=)	2% (=)
捷克	6	3932		28		34.5% (+)	16.1% (=)
芬兰	4	2784		40.3	1	32.4% (=)	17.8% (=)
法国	58	63130		34.4	1	71.7% (=)	38.5% (=)
德国	7	9515		32.8		11.7% (=)	5.3% (=)
匈牙利	4	1902		34.0		50.6% (=)	15% (=)
印度	21	6165		22.3	7	3.1% (=)	1.1% (=)
伊朗	1	915		7.8		2.1% (=)	0.6% (=)
日本	9	8706	24	28.4/29.9	1	6.2% (+)	2.4% (+)

261

国家/地区	核电机组					电力	能源
	运行		长期停运	平均堆龄[a]	建设之中	电力份额[b]	商用一次能源的份额[c]
	数量	容量（兆瓦）	数量	年	数量		
墨西哥	2	1552		27.4		5.3%（=）	1.6%（=）
荷兰	1	482		46，0		3%（=）	0.9%（=）
巴基斯坦	5	1318		15.9	2	6.8%（=）	2.6%（=）
罗马尼亚	2	1300		17.5		17.2%（=）	7.7%（=）
俄罗斯	36	28355		29.1	5	17.9%（=）	6.4%（=）
斯洛伐克	4	1814		27.3	2	55%（=）	20.6（=）
斯洛文尼亚	1	688		37.7		35.9%（－）	18.6%（－）
南非	2	1860		34.6		4.7%（－）	2.1%（=）
韩国	23	22153	1	20.1/19.9	4	23.7%（－）	10%（－）
西班牙	7	7121		34.4		20.4%（=）	8.9%（=）
瑞典	8	8631		38.9		40.3%（=）	29%（+）
瑞士	5	3333		44.2		37.7%（+）	20.9%（+）
中国台湾	4	3844	1	37/36.1		11.4%（+）	5.3%（－）
土耳其	－	－		－	1		
阿联酋	－	－		－	4		
英国	15	8923		35.4	1	17.7%（－）	7.7%（=）
乌克兰	15	13107		30.4		53%（－）	22.7%（=）
美国	97	98658		38.9	2	19.3%（=）	8.4%（=）
欧盟	126	118106		34.4	5	25.2%（=）[c]	11.1%（=）
世界	417	370138	28	29.9/30.1	46	10.2%（=）[c]	4.4%（=）

资料来源：2019，IAEA-PRIS，BP，2019。

a-包括长期停运的反应堆(LTO)/不包括长期停运的反应堆(LTO)（不同情况下）

b-来自 IAEA-PRIS，"2018 年核能发电份额"，截至 2019 年 7 月 1 日。

c-摘自英国石油公司，《世界能源统计评论》，2019 年。

B 13

国际可再生能源发展现状及展望

林健 李莉 吴念远 赵英汝 [1]

摘 要：

随着能源需求的持续增长以及气候变化和环境问题的日益突出，世界各主要经济体纷纷出台相关政策及配套措施，以加速推进可再生能源发展。本文通过整理相关统计部门和权威机构发布的研究成果，总结了国际能源发展形势，系统梳理了欧盟、美国、澳大利亚、印度巴西等国能源发展情况；重点分析了全球可再生能源产业最新进展，梳理了风能、太阳能、生物质能、地热能、海洋能、氢能国际发展趋势；并且对欧盟、印度、澳大利亚、巴西和美国五大经济体的"能源转型"实践进行了详细分析，总结了国际能源发展经验，提出了我国可以借鉴的经验启示，为我国能源的发展规划与政策制定提供参考依据。

关键词：

全球能源转型；可再生能源；能源结构调整；能源政策

---

[1] 林健，厦门大学能源学院博士研究生。李莉，厦门大学能源学院硕士研究生。吴念远，厦门大学能源学院硕士研究生。赵英汝，博士，厦门大学能源学院教授，能效工程研究所所长。

一、国际能源发展形势与"能源转型"实践

（一）全球能源形势

2017年全球能源消费持续增长。据英国石油公司（BP）统计（图1），全球一次能源总消费自2009年起持续增长，10年总增幅达15.10%。2017年消费量增速已连续两年增长，达2013年以来最大增速且高于过去十年平均年增幅[1]。

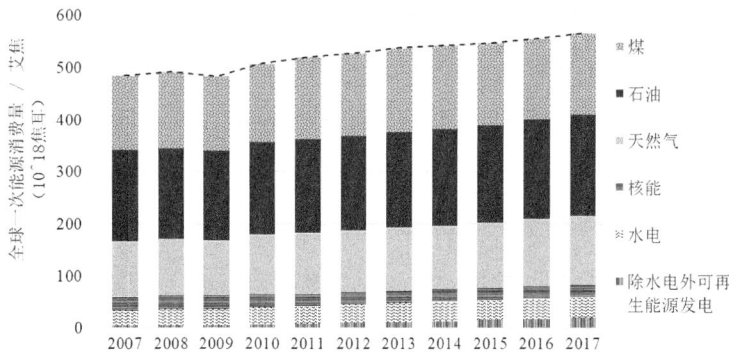

图1　全球一次能源消费量变化情况

资料来源：BP，Statistical Review of World Energy – all data 1965-2018，June，2019[2].

化石能源仍占主导地位。2017年全球化石能源消费量占比85.18%，增量占比68.35%。化石能源消费长期稳定增长，十年总增幅12.21%，但占比例自2011年起逐年下降，且为过去十年最低水平[3]。

煤炭消费总体持续下降。2017年全球煤炭消费在连续3年下降后有小幅回升，较2016年上涨10.07%，但总体仍呈下降趋势，年增速仅占一次能源消费增速约

---

[1]　BP，Statistical Review of World Energy – all data 1965-2018，June，2019，http://www.bp.com/statisticalreview. 注：英国石油公司（BP）统计数据中，石油消费量包括来自生物质燃料的部分，而可再生能源消费只统计了可再生能源发电，可再生能源供直接热供冷和燃料化部分数据未包含在内，因此可再生能源实际消费水平应高于该统计数据。

[2]　BP，Statistical Review of World Energy – all data 1965-2018.

[3]　BP，Statistical Review of World Energy – all data 1965-2018.

1/3。消费量占比 27.62%，自 2011 年起持续下降，为 2004 年以来最低[1]。

石油消费比重稳中有降。作为全球消费量最大的一次能源。石油消费持续增长，但占比基本保持稳定。2017 年石油消费量占比 34.21%，较 2016 年小幅减少且低于过去十年平均水平。在一次能源消费年增速持续两年增加的情况下，2017 年石油消费年增速仅 1.42%，较前两年明显放缓，持续低于一次能源增速水平。2017 年石油消费增量占比明显低于总量，总体呈缓慢下降趋势[2]。

天然气引领能源消费增长。受清洁能源政策影响，天然气消费自 2009 年起持续强劲增长。2017 年消费量占比 23.36%，是增量比重最大的一次能源，连续三年强劲增长且为十年内最高。消费增速高于化石能源整体增速，是一次能源消费年增速约 1.4 倍，虽较 2016 年有小幅减缓，但仍高于过去十年平均增速[3]。

核能消费增长缓慢。受核安全顾虑的影响，全球核电总消费自 2006 年起减少，近年来有小幅回升但增长缓慢。2017 年核电消费仍低于 2007 年，相比 2016 年仅增长 0.22 艾焦，增量占比 2.04%，增速仅 0.87%，较 2016 年明显放缓，为 2014 年以来最低。消费量占比 4.41%，连续两年下降且低于 10 年前水平[4]。

可再生能源消费持续强劲增长。2017 年全球可再生能源电力消费年增速 5.62%，是一次能源消费年增速的 2.95 倍。其中水电增长较为缓慢，增速仅 0.56%。而非水可再生能源增速高达 16.64%，约为化石能源消费年增速的 11 倍，呈强劲增长态势，2017 年全球可再生能源总消费 58.84 艾焦，增量较 2016 年有所减少但仍高于 10 年平均水平，10 年总增长约 62.98%，增量占比 29.62%，高于煤和石油，略低于天然气。可再生能源消费占比稳定增长，较十年前提升 41.59%。可再生能源在直接供冷、供热和燃料化方面应用也保持不断增长[5]。

（二）欧盟

能源转型起步较早。两次石油危机使欧洲国家深刻意识到可再生能源的重

---

[1]　BP，Statistical Review of World Energy － all data 1965–2018.

[2]　BP，Statistical Review of World Energy － all data 1965–2018.

[3]　BP，Statistical Review of World Energy － all data 1965–2018.

[4]　BP， Statistical Review of World Energy － all data 1965–2018.

[5]　BP， Statistical Review of World Energy － all data 1965–2018.

要意义，将其上升到国家战略高度，从政策、制度、法律等多个层面，探索欧洲化的可再生能源发展路径。20世纪90年代起，欧盟着手推动气候与能源政策改革。2003年建立全球首个也是交易额最大的碳排放交易体系。率先从可再生能源、碳交易市场、低碳创新战略三大路径入手，能源转型成效显著。

可再生能源政策体系完整。欧盟具有明确的近中长期发展战略和目标，支持机制及可持续性标准。根据各国起点和潜力制定了相应的行动计划及总体路线图，定期衡量各国进展。

电力市场体制完善。欧盟可再生能源消纳较高，政策机制有以下特点：利用价格补贴机制，发挥新能源低边际成本优势；多级市场协调配合，促进新能源消纳；引入现货市场短期交易产品，适应新能源出力特性；建立统一市场，通过多国家日前市场联合出清，扩大资源配置范围。

整体碳减排提前达标。2017年，欧盟28国能源强度和能源消费碳强度较2008年分别降低14.63%[1]和8.65%[2]，温室气体减排超过2020目标，如图2。

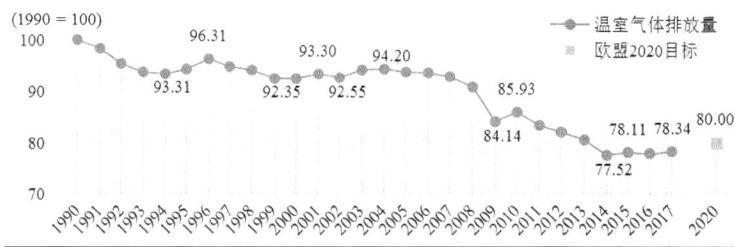

图2 1990——2017年欧盟温室气体排放量统计及趋势

资料来源：Eurostat, Greenhouse Gas Emissions, base year 1990, June 12, 2019[3].

能源结构转型领跑全球。如图3，2017年欧盟化石能源消费占比低于全球平均。其中煤炭消费比重不到全球水平的一半。相比之下，核电和非水的可再生能

---

[1] Eurostat, online database, Energy intensity (nrg_ind_ei), May 23, 2019, https://ec.europa.eu/eurostat/data/database.

[2] Eurostat, Greenhouse gas emissions intensity of energy consumption (SDG_13_20), June 12, 2019, https://ec.europa.eu/eurostat/data/database.

[3] Eurostat, Greenhouse gas emissions, base year 1990 (t2020_30), June 12, 2019, https://ec.europa.eu/eurostat/data/database.

源电力消费占比达到全球平均水平的 2.5 倍左右，接近全球总消费的 1/3[1]。

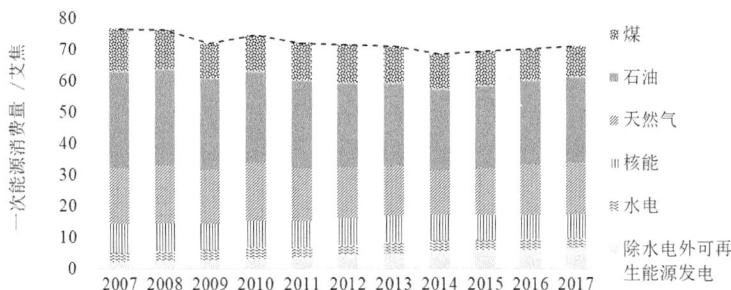

图3　欧盟一次能源消费量变化情况

资料来源：BP，Statistical Review of World Energy - all data 1965-2018, June，2019[2].

化石能源消费短期回弹，长期仍呈下降趋势。其中煤炭消费下降明显，2013 年起年降幅均超 2%，2016 年降幅高达 8.50%。石油仍占最大比重，高于全球平均。由于清洁能源转型起步较早，近 10 年天然气结构比重基本稳定，占全球消费比重持续降低[3]。

核电存量领先但持续负增长。2017 年欧盟核电消费不到十年前 90%，能源消费占比仅 11.13%，2011 年来持续负增长，自 2014 年起低于可再生能源比重[4]。

可再生能源电力消费全球领先。2017 年欧盟可再生能源电力消费占全球比重 15.66%，高于核电消费，接近煤炭消费量。其中非水可再生能源消费量和比重皆为历史最高，分别为十年前的 2.9 和 3.1 倍。由于市场相对成熟，增速有所放缓，低于全球平均，但存量和能源结构比重仍居世界领先[5]。

能效提升显著但电力需求回升。在经济复苏、人口和国内生产总值（GDP）持续增长情况下，如图4，欧盟一次能源和电力消费连续三年增长，但全球占比连续下降，比 2013 年降低 5.41%[6]。

---

[1]　BP，Statistical Review of World Energy - all data 1965-2018.

[2]　BP，Statistical Review of World Energy - all data 1965-2018.

[3]　BP，Statistical Review of World Energy - all data 1965-2018.

[4]　BP，Statistical Review of World Energy - all data 1965-2018.

[5]　BP，Statistical Review of World Energy - all data 1965-2018.

[6]　BP，Statistical Review of World Energy - all data 1965-2018.

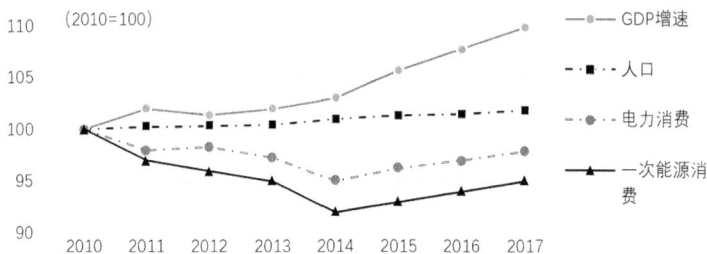

图4　2010——2017年欧盟GDP增长、人口与能源消费的变化趋势

资料来源：Agora-Energiewende, Data Attachment – The European Power Sector in 2017, January 30, 2018[1].（GDP、人口与电力消费数据）；BP, Statistical Review of World Energy – all data 1965-2018, June, 2019[2].（一次能源消费数据）。

可再生能源终端消费比重增速不足。如图5，可再生能源终端消费占比持续上升，但增速放缓，以近五年趋势，欧盟仍需进一步努力才能确保其目标[3]。

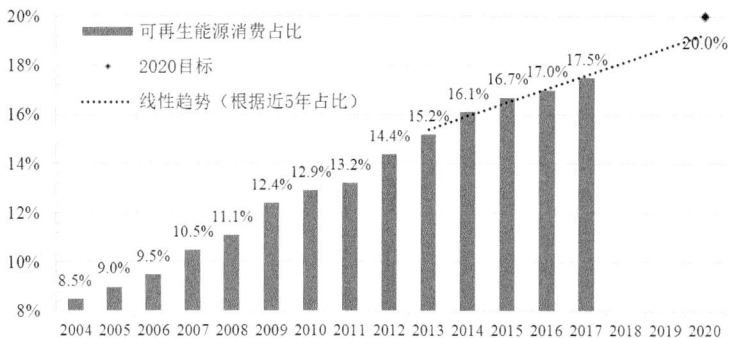

图5　欧盟可再生能源消费占比变化情况及趋势

资料来源：Eurostat, SHARAS tools, Summary Results SHARES 2017, March 21, 2019[4].

---

[1] Agora-Energiewende, Data Attachment – The European Power Sector in 2017, January 30, 2018, https://www.agora-energiewende.de/en/publications/data-attachment-the-european-power-sector-in-2017/.

[2] BP, Statistical Review of World Energy – all data 1965-2018.

[3] Eurostat, newsrelease, Share of renewable energy in the EU up to 17.5% in 2017, 8-12022019-AP, February 12, 2019, https://ec.europa.eu/eurostat/en/web/products-press-releases/-/8-12022019-AP. 注：其中可再生能源发电量包括水电、风能、太阳能、生物质和可再生废弃物、地热能和海洋能发电。

[4] Eurostat, SHARES tools, Summary Results SHARES 2017, March 21, 2019, https://ec.europa.eu/eurostat/web/energy/data/shares.

非水可再生能源发电首超煤电。如图6，欧盟化石能源发电占比减少，其中煤电持续减少，天然气发电连续三年增长。2017年可再生能源发电占比30.0%，非水可再生能源持续提升，按此趋势，2030年欧盟可再生发电占比预计可达50%[1]。

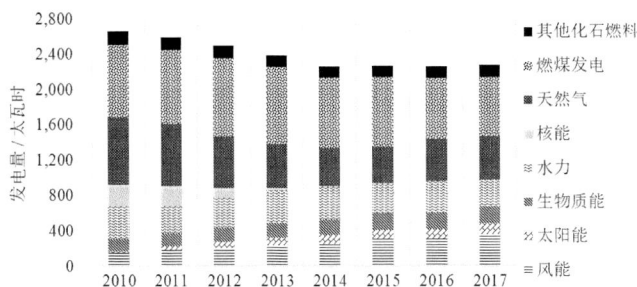

图6 欧盟各种能源发电量变化情况

资料来源：Agora-Energiewende，The European Power Sector in 2017，January 30，2018[2].

地区和技术发展并不均衡。发电增长更加集中于风电，占2011至2014年增长的46%，2014至2017年增长的72%[3]。同时各地区发展不均，如图7。欧盟整体有望实现2020目标，但仍有部分成员国需做出更多努力[4]。

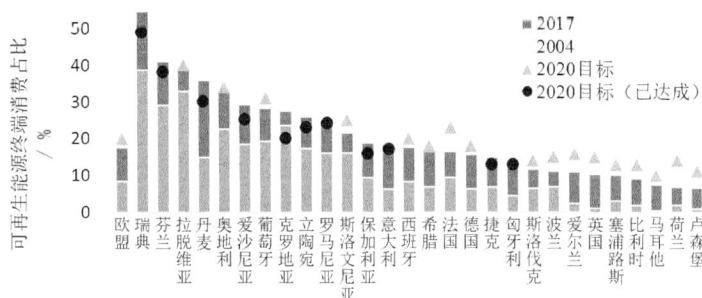

图7 欧盟各成员国可再生能源消费占比变化情况及2020目标

[1] Sandbag and Agora-Energiewende，The European Power Sector in 2017，State of Affairs and Review of Current Developments，128/02-A-2018/EN，January 2018，p. 12.

[2] Sandbag and Agora-Energiewende，The European Power Sector in 2017，State of Affairs and Review of Current Developments，p. 12.

[3] IRENA，Renewable Energy Prospects for the European Union，p.19.

[4] Eurostat，Share of renewable energy in the EU up to 17.5% in 2017，December 02，2019，https://ec.europa.eu/eurostat/en/web/products-press-releases/-/8-12022019-AP.

资料来源：Eurostat, SHARAS tools, Summary Results Shares 2017, March 21, 2019[1].

减排目标积极，可再生能源发展前景良好。据欧盟 2050 路线图，为实现减排 80% 目标，发电需全面利用可再生能源或其他低排放源，同时对智能电网进行大量投资，并在运输和供暖中部分取代化石燃料 [2]。根据国际可再生能源机构（IRENA）预测，在积极情景下，2030 年欧盟可再生能源份额可达 33% 以上 [3]。2050 年可再生能源供应将达 74%，终端使用将达 70%，电力使用将占终端消费 41%，而可再生能源发电将占 94%[4]。

（三）印度

能源供需矛盾突出，可再生能源需求旺盛。印度是世界第二人口大国，第三大能源消费国，作为经济增长强劲、能源需求旺盛的新兴经济体，随着能源需求逐年增长，短缺问题日益突出，对外依赖不断加大，能源安全问题日趋显著，使得印度政府更加注重发展清洁能源和可再生能源，尤其是风能和太阳能。印度政府把发展可再生能源作为国家的重要战略，不断提高可再生能源发展目标。

全面政策体系促进可再生能源发展。为促进可再生能源发展，从财政、税收、价格及电力消费等方面建立了可再生能源政策体系，为开发可再生能源和鼓励投资创造了有利的政策环境。包括可再生电价补贴，开放输电系统制度，可再生能源配额制和证书交易制度，可再生快速折旧政策和税收优惠等具体措施。此外，印度政府还大力支持海上风电项目，大力支持风能—太阳能混合模式，支持持储能和电动汽车行业发展，并大力发展电动汽车充电设施。

[1] Eurostat, SHARES tools, Summary Results Shares 2017, March 21, 2019, https://ec.europa.eu/eurostat/web/energy/data/shares.

[2] EU Commission, 2050 Energy Strategy, August 20, 2019, https://ec.europa.eu/energy/en/topics/energy-strategy-and-energy-union/2050-energy-strategy.

[3] IRENA, Renewable Energy Prospects for the European Union, ISBN 978-92-9260-007-5, International Renewable Energy Agency, February, 2018, p. 19.

[4] IRENA, Global Energy Transformation A RoadMap to 2050, ISBN 978-92-9260-059-4, International Renewable Energy Agency, April, 2018, p. 30.

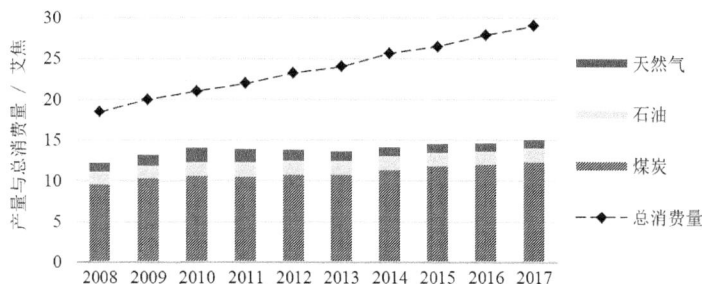

图8 印度化石能源产量与消费量变化情况

资料来源：BP， Statistical Review of World Energy – all data 1965-2018，
June， 2019[11].

能源供需缺口逐渐增大。印度能源结构中，化石能源仍处绝对主导地位，其中煤炭长期高于50%。如图8，近十年来煤、石油、天然气的产量均低于相应的消费量，传统能源生产量除在2010至2013年间稍有回落，其余年份均呈现增长趋势，而供需缺口仍逐年扩大[2]。

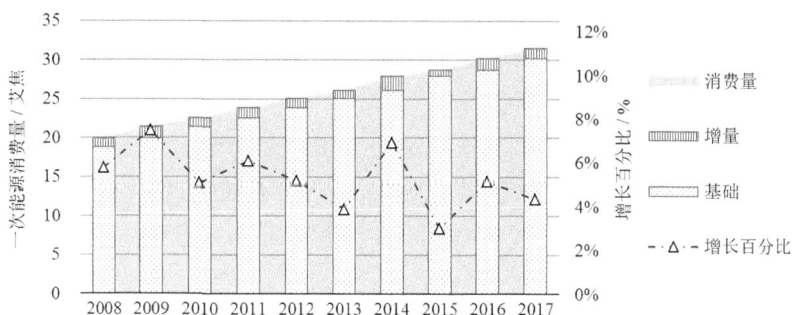

图9 印度一次能源消费量及增量变化情况

资料来源：BP， Statistical Review of World Energy – all data 1965-2018，
June， 2019[3].

能源消费不断提升且仍有较大增长空间。如图9，2017年印度一次能源消费居世界第三，占比5.6%，增长率远超世界平均水平，增量排名全球第二，占比12.41%，增长趋势强劲。相比之下，印度人均能源消费量却不高，2017年

---

[1] BP， Statistical Review of World Energy – all data 1965–2018.

[2] BP， Statistical Review of World Energy – all data 1965–2018.

[3] BP， Statistical Review of World Energy – all data 1965–2018.

仅 23.45 吉焦（GJ），不足世界人均水平的三分之一[1]。

可再生能源资源丰富。相较于传统能源，印度拥有的可再生能源资源相当丰富，是目前可再生能源产量最大的国家之一。近年来，可再生能源在印度一直保持快速发展。截至 2017 年，除大型水电外的可再生能源总装机已达 62.85 吉瓦，其中半数来自风电，其次是小型水电、太阳能以及生物质能发电等[2]。

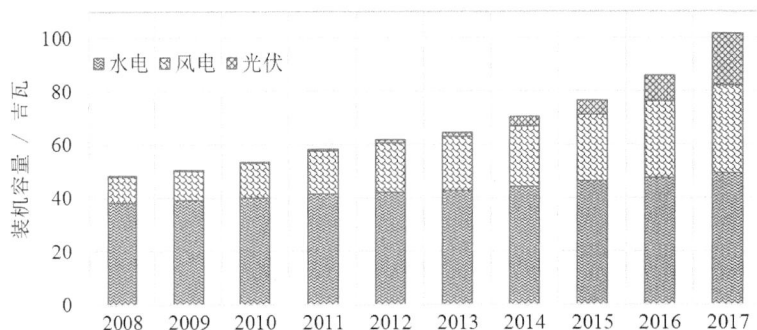

图 10　印度风电、光伏、水电装机容量变化情况

资料来源：IRENA， Renewable Capacity Statistics 2018， March， 2018[3]，Ministry of New and Renewable Energy， India， Year End Review 2017 ， December 27， 2017[4].

可再生能源发电潜力大且发展迅速。印度是第七大水电生产国，2017 年大型水电装机 45.29 吉瓦[5]。如图 10，印度风电发展迅速，已成风电装机第四大国，2017 年装机 32.84 吉瓦，计划到 2022 年实现装机 60 吉瓦[6]。印度拥有丰富的太阳能资源，可利用闲置土地较多，装机潜力巨大，全球七大太阳能电站有四个位于印度，2017 年光伏新增装机 9.628 吉瓦，增幅接近 100%。2017 年总装机超过水电。由于其地理优势，印度生物质资源也非常丰富，生物质发电主要来自离网或并网的生物质热电联产和垃圾焚烧发电等方面。2017 年生物

[1]　BP， Statistical Review of World Energy – all data 1965–2018.

[2]　IRENA， Renewable Capacity Statistics 2018，pp. 2–39.

[3]　IRENA， Renewable Capacity Statistics 2018，pp. 2–39.

[4]　Ministry of New and Renewable Energy， India， Year End Review 2017 – MNRE， December 27， 2017，https://pib.gov.in/newsite/PrintRelease.aspx?relid=174832.

[5]　Central Electricity Authority， India， Review of performance of hydro power stations 2017–18， November， 2018，http://www.cea.nic.in/annualreports.html.

[6]　Ministry of New and Renewable Energy， India， Year End Review 2017 – MNRE.

质燃烧、气化和生物质热电联产的发电量达 8.4 吉瓦，垃圾焚烧发电已累计安装 138.30 兆瓦 [1]。如图 11，目前印度传统能源尤其是煤电比重仍较大。可再生能源发电比重较小，但近年来稳步增加。

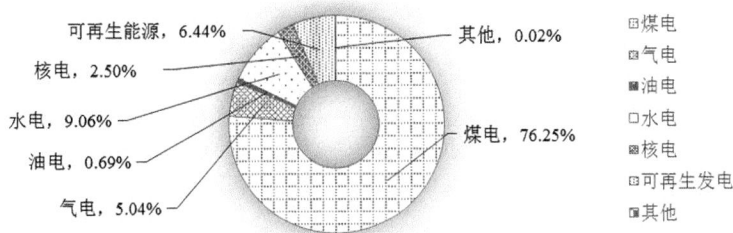

图 11　2017 年印度电力结构

资料来源：BP，Statistical Review of World Energy – all data 1965–2018, June，2019[2].

可再生能源体量大但渗透率不足，仍有较大发展空间。如图 12，印度可再生能源发电增长低于发电总量增长，占比出现小幅下降。一方面在于可再生能源自身发展波折，另一方面则在能源消费总量快速增加情况下，相比传统能源持续且明显增长，可再生能源发展力度尚需加大 [3]。

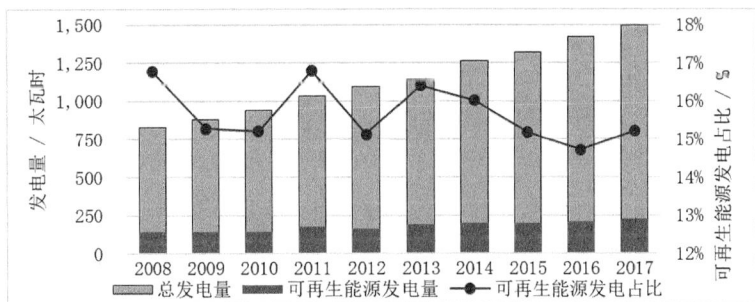

图 12　印度可再生能源发电量及占比发展情况

资料来源：IRENA，Renewable Capacity Statistics 2018, March，2018[4]，Ministry of New and Renewable Energy，India，Year End Review 2017 – MNRE，December 27，2017[5].

---

[1]　Ministry of New and Renewable Energy，India，Year End Review 2017 – MNRE.

[2]　BP，Statistical Review of World Energy – all data 1965–2018.

[3]　BP，Statistical Review of World Energy – all data 1965–2018.

[4]　IRENA，Renewable Capacity Statistics 2018，pp. 2–39.

[5]　Ministry of New and Renewable Energy，India，Year End Review 2017 – MNRE.

可再生能源前景良好但需加大基础设施投入。据彭博新能源财经（BNEF）预测，2050 年印度可再生能源发电占比将达到 75%。从中长期发展趋势不难看出，印度的可再生能源拥有较大的发展空间。从资源角度，印度的各种可再生能源资源完全可以满足其发展的要求。在产业配套方面，印度具有良好的可再生能源制造、建设和运维基础，能够为大规模可再生能源应用提供支撑。在电网和电力基础设施方面，印度的电力系统基础薄弱，只能满足现有基本需求，尚不具备大规模接入和消纳可再生能源的能力，因此需要大量投资进行建设和改造[1]。

（四）澳大利亚

能源资源丰富，可再生能源发展潜力巨大。澳大利亚是世界第九能源生产国，经合组织成员中的三个能源净出口国之一。不但拥有丰富而优质的煤、石油、天然气等传统能源，风能、太阳能、生物质能等可再生能源分布也十分广泛。

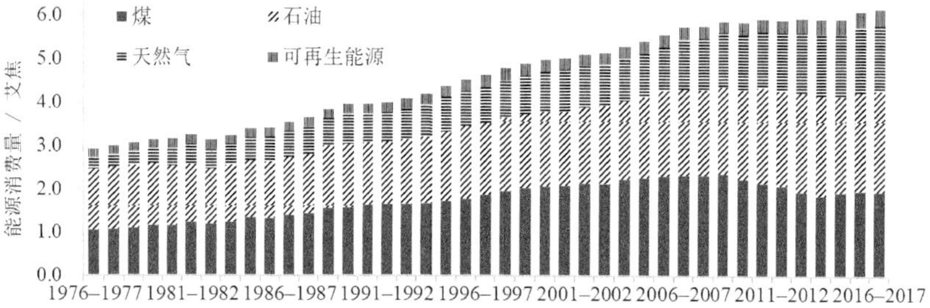

图 13　澳大利亚能源消费量变化情况

资料来源：Department of the Environment and Energy, Australian, Australian Energy Update 2018 data for charts, August, 2018[2].

能源结构总体仍以化石能源为主，可再生能源比重较小。如图 13，2016 至 2017 年间，澳大利亚能源结构中，化石燃料占 94%。其中，石油（38%）占最大份额，同比略有增长。煤炭仍是第二大燃料，占比 32%。天然气占比的 25%，同

---

[1]　BNEF, New Energy Outlook 2018, 2018, https://bnef.turtl.co/story/neo2018?teaser=true.

[2]　Department of the Environment and Energy, Australian, Australian Energy Update 2018 data for charts, August, 2018, https://www.energy.gov.au/publications/australian-energy-update-2018. 注：澳大利亚官方统计数据多以财政年度划分（7 月 1 日至来年 6 月 30 日），仅 2017 年发电结构指标有自然年统计数据。

比增长 1%。可再生能源份额仅 6%，但同比增长 5%，有较大发展空间 [1]。

电力结构转型取得初步成效。2017 年澳大利亚发电总量为 259.4 太瓦时，煤炭仍是主要电力来源，占比约 61%，远低于 21 世纪初（80%）。同年澳大利亚天然气发电量下降 0.2%，占比 21%。近 20 年来，澳政府设置了积极的可再生能源目标，通过财政激励促进可再生能源发展，同时鼓励家庭与企业安装分布式系统，可再生能源产业发展迅速，份额由世纪初的 7.7% 发展到近 16%[2]，如图 14。

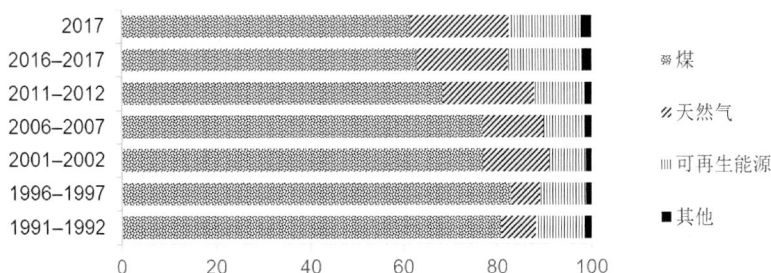

图 14　澳大利亚电力结构变化情况

资料来源：Department of the Environment and Energy, Australian, Australian Energy Update 2018 data for charts, August, 2018[3].

2017 年可再生能源发展迅速。如图 15，澳大利亚光伏新增装机超过 1.1 吉瓦，高于 2012 年最佳水平，发电量 8.615 太瓦时，占比 3.83%，光伏市场近年发展迅速，尤其是屋顶光伏，在 2017 年取得突破性发展。与 2016 年相比，2017 年可再生能源发电比略微缩减，主要是降雨减少导致水电大幅下降。同时风电新增产能 245 兆瓦，总装机 4,557 兆瓦，发电量 12,873 吉瓦时，占比 5.72%，首次与水电几乎持平 [4]。2017 年大约 10%（3713 吉瓦时）的可再生能源来自生物质发电，发电量占比 1.65%[5]

---

[1] Department of the Environment and Energy, Australian, Australian Energy Update 2018 data for charts.

[2] Department of the Environment and Energy, Australian, Australian Energy Update 2018 data for charts.

[3] Department of the Environment and Energy, Australian, Australian Energy Update 2018 data for charts.

[4] IRENA, Renewable Capacity Statistics 2018, pp. 2–76.

[5] Clean Energy Council, Clean Energy Australia report 2018, May2018, https://www.cleanenergycouncil.org.au/resources/resources-hub/clean-energy-australia-report.

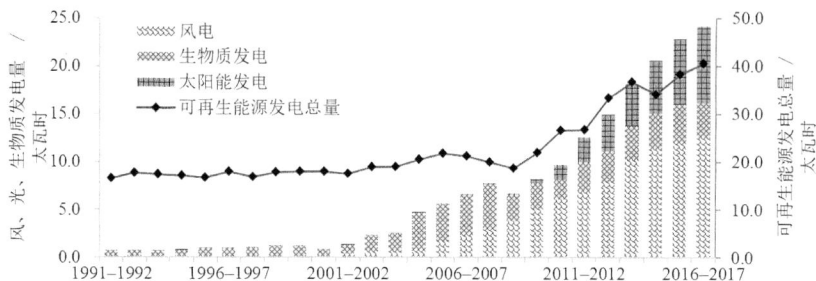

图 15　澳大利亚可再生能源发电量变化情况

资料来源：Department of the Environment and Energy, Australian, Australian Energy Update 2018 data for charts, August, 2018[1].

积极政策加速推进可再生能源发展。2017 年澳政府发布 2020 年后的能源政策概要 [2]，通过放开能源市场、鼓励多种能源竞争、加大可再生能源投入以完成 26% 的减排任务。澳政府计划在 2019 年开始实施可靠性保证，2020 年实施减排保证，在 2020—2030 年间至少新增可再生能源装机 4.8 吉瓦，2030 年将可再生能源发电占比提升至 28%—36%[3]。

可再生能源投资环境良好。得益于成熟的金融市场，以及监管到位的营商环境，澳大利亚可再生能源电力市场已成为新能源投资者争夺的沃土。2017 年澳大利亚在可再生能源领域的投资激增，主要是由于成本降低、政府激励措施，以及可再生能源机构和清洁能源金融公司的额外支持。澳大利亚 2017 年完成可再生能源领域投资 85 亿美元，较上年增长 147%，位居全球第六 [4]。

可再生电力市场后劲十足。据澳大利亚绿色能源市场机构（GEM）预测，得益于屋顶光伏和风电的快速发展，2020 年可再生能源发电份额将比 2015 年翻番。仅计算已开展的可再生能源项目，到 2030 年，可再生能源发电份额也

---

[1]　Department of the Environment and Energy, Australian, Australian Energy Update 2018 data for charts.

[2]　Department of the Environment and Energy, Australian, National Energy Gusrsntee Final Detailed Design, July 2018, http://coagenergycouncil.gov.au/publications/national−energy−guarantee−final−detailed−design−commonwealth−elements.

[3]　Clean Energy Council, Clean Energy Australia report 2018.

[4]　Frankfurt School−UNEP Centre and BNEF, Global Trends in Renewable Energy Investment Report, April2018, https://www.mendeley.com/catalogue/global−trends−renewable−energy−investments/.

将达到 39.1%，而在最佳情景下，考虑风电和大型光伏电站的进一步投资，可再生能源份额还将进一步翻倍[1]。

2050 有望实现电力净零排放。根据澳大利亚能源网络机构（ENA）和英国科学和工业研究组织（CSIRO）联合发布的电力转型路线图，电力净零排放转型将受到住宅和商业用户持续强劲的太阳能利用和快速增长的陆上风电的推动，分布式能源和灵活性需求资源将得到快速发展。到 2050 年，能源结构中可再生能源比重有望超过 95%。分布式能源将可能满足澳大利亚 30% 至 45% 用户的电力需求[2]。

（五）巴西

可再生能源利用全球领先。巴西是南美最大经济体，重要能源生产国，在可再生能源领域，巴西一直走在国际前沿，是最早开始使用生物质燃料的国家之一，也是燃料乙醇最大的生产和消费国。在能源多元化的政策指导下，巴西一直大力推进水电和风能发展，可再生能源份额超 40%，是全球平均水平的 3 倍以上[3]。

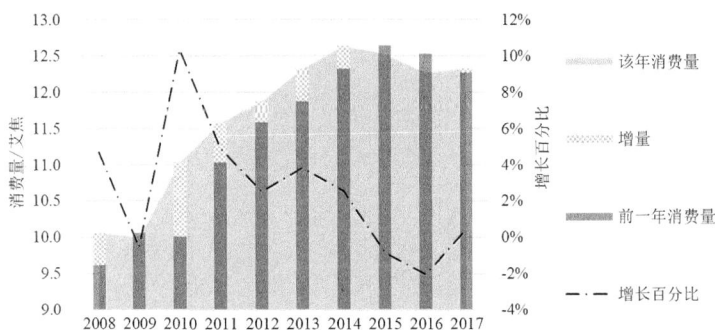

图 16　巴西一次能源消费量及增量变化情况

资料来源：BP, Statistical Review of World Energy - all data 1965-2018, June, 2019[4].

---

[1] Green Energy Markets, Renewable Energy Index - Feburary 2018, May, 2018, http://greenmarkets.com.au/news-events/renewable-energy-index-february-2018.

[2] Energy Networks Australia and CSIRO, Electricity Network Transformation Roadmap: Final Report, April, 2017, https://www.energynetworks.com.au/roadmap-final-report.

[3] BP, Statistical Review of World Energy - all data 1965-2018.

[4] BP, Statistical Review of World Energy - all data 1965-2018.

能源消费持续增长，可再生能源份额稳步提升。如图 16，巴西一次能源消费持续增长，但增速下降。2017 年消费量 12.39 艾焦，在连续 2 年负增长后有小幅回升，同比增长 0.8%，排名世界第九。2017 年非水可再生能源消费和发电量稳定增长，水电较 2016 年小幅减少但份额均有提高，如图 17[1]

图 17　2016—2017 年巴西各种能源消费量与发电量

资料来源：BP, Statistical Review of World Energy – all data 1965-2018, June, 2019[2].

可再生能源装机增长稳定。2017 年，巴西总发电量约 590.9 太瓦时，全球占比约 2.3%，排名世界第 8。其中非水可再生能源发电量约 97.9 太瓦时，约占总发电量 16.57%[3]。如图 18，巴西可再生能源装机长期增长稳定，10 年增幅达 54.48%[4]。

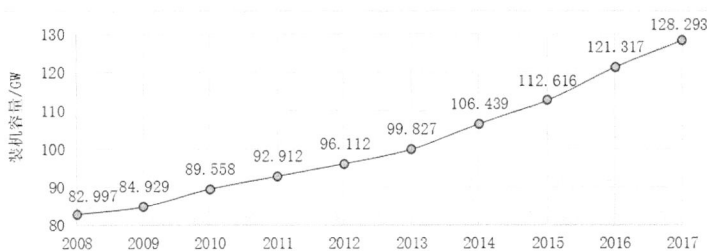

图 18　巴西可再生能源装机容量变化情况

资料来源：IRENA, Renewable Capacity Statistics 2018, March, 2018[5].

电力市场改革成效显著。1995 年，巴西政府开始电力私有化改革，逐步分

[1]　BP, Statistical Review of World Energy – all data 1965-2018.

[2]　BP, Statistical Review of World Energy – all data 1965-2018.

[3]　BP, Statistical Review of World Energy – all data 1965-2018.

[4]　BP, Statistical Review of World Energy – all data 1965-2018.

[5]　IRENA, Renewable Capacity Statistics 2018，pp. 2-39.

离发、输、配环节，建立电力批发市场和特许权拍卖市场，通过长期交易合同和竞价上网两种方式规范电力交易。巴西电力市场电力交易规则明确，体制完善，交易透明，包括管制市场、自由市场以及现货市场。同时通过装机保证、长期购电协议和电量再分配等机制，保障电力市场稳定，进而促进可再生电力发展。

水电资源丰富但依赖度过高。巴西水电潜力排名世界第三，是最大的电力来源。当前巴西迫切需要提高非水可再生能源份额，弱化过度依靠水电的结构劣势。

风电潜力巨大，近年来发展迅速。2017年，巴西风电装机容量位列世界第八，拥有产能因子60%以上的陆上风电场，远超世界平均水平（24.7%）。巴西风力资源总潜力估计约143吉瓦，至少30吉瓦可实现有效转化[1]。据预测巴西陆上风电发电量到2050年将达到326太瓦时。而海上风电目前仍面临高成本的难题，在中短期市场内相对不利，将在2030年以后被广泛采用，届时将达到陆上风电总量的25%[2]。

积极政策推动生物质能利用引领全球。20世纪70年代石油危机之后，巴西致力于开发替代燃料，成为液体生物燃料领导者。可预见未来十年，巴西仍将是全球生物质燃料生产和应用大国，继续保持交通领域的高比例应用。巴西政府积极发展关键技术，加强国家技术部门与企业合作，通过建立公立或政府性科研机构协调技术、产业的投资和运作，引入市场化机制，促进新兴技术的商品化与产业化，并在产业逐渐成熟后调整为以市场为主、政府扶持为辅的战略，推进产业发展。巴西的生物液体燃料乙醇发展近年来势头迅猛，十年内产量翻倍，据预测其需求可能在2050年之前呈稳步上升趋势[3]。

太阳能市场前景良好。据巴西国家电力能源机构（ANEEL）统计，巴西家用太阳能比例快速增长，2017年巴西的太阳能微型发电机装机总量增幅达到407%，预计到2024年，巴西的光伏发电总装机容量将达到3.2吉瓦。根据巴

---

[1] GWEC, Global Wind Report 2017, April, 2017, https://gwec.net/publications/global-wind-report-2/.

[2] EPE, Brizal, Online forecasting tool Calculadora Brasil 2050, Spring, 2019, http://calculadora2050brasil.epe.gov.br/calculadora.html.

[3] EPE, Plano Nacional de Energia 2030, April, 2018, http://www.mme.gov.br/web/guest/publicacoes-e-indicadores/plano-nacional-de-energia-2050.

西能源研究办公室（EPE）预测，到 2050 年，巴西的光伏发电装机容量可能达到 124 吉瓦，发电量可达 168 太瓦时。伴随着竞拍机制和免税政策的相关扶持，巴西太阳能产业将得到快速发展[1]。

（六）美国

能源消费水平基本稳定，产量持续增长。作为世界第一经济大国，第二能源消费大国。如图 19，2017 年美国一次能源产量在经历阶段性低谷后快速回升。一次能源消费总量也较 2016 年小幅增长[2]。

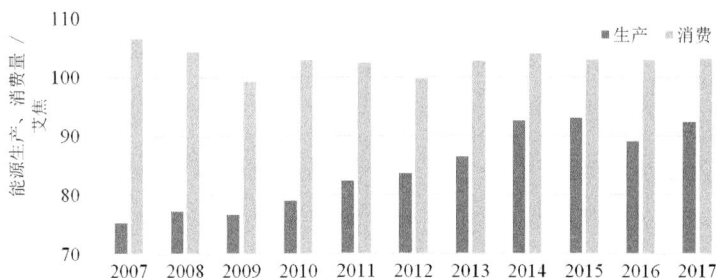

图 19 美国一次能源生产和消费量变化情况

资料来源：EIA, Monthly Energy Review April 2018, April 25, 2018[3].

可再生能源比重稳定增长。在政府的积极倡导和政策支持下，美国可再生能源产业获得快速稳定的发展。据美国能源信息部（EIA）统计，如图 20，2017 年美国可再生能源生产总量 11.96 艾焦，约占一次能源生产总量的 12.72%。可再生能源消费总量与生产基本持平，占一次能源消费总量的 11.28%[4]。

———————————

[1] EPE, Plano Nacional de Energia 2030.

[2] EIA, Monthly Energy Review: April 2018, April 25, 2018, https://www.eia.gov/totalenergy/data/monthly/previous.php.

[3] EIA, Monthly Energy Review: April 2018.

[4] EIA, Monthly Energy Review: October 2018, October 26, 2018, https://www.eia.gov/totalenergy/data/monthly/previous.php.

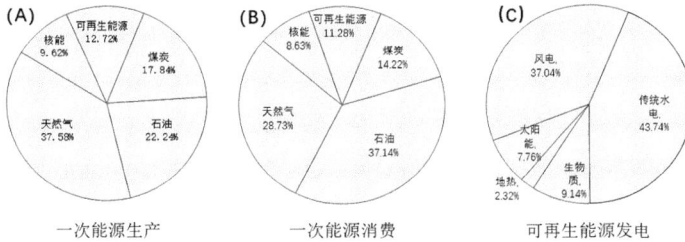

(A) 一次能源生产
核能 9.62%
可再生能源 12.72%
煤炭 17.8%
天然气 37.58%
石油 22.2%

(B) 一次能源消费
核能 8.63%
可再生能源 11.28%
煤炭 14.22%
天然气 28.73%
石油 37.14%

(C) 可再生能源发电
风电 37.04%
传统水电 43.74%
太阳能 7.76%
生物质 9.14%
地热 2.32%

图 20 2017 年美国能源结构

资 料 来 源：EIA，Monthly Energy Review April 2018， April 25， 2018[1]. Monthly Energy Review October 2018, October 26， 2018[2].

可再生电力增长显著。2017 年占比为 17.1%，逐年稳步增加，10 年比重增幅约 84.86%，如图 21，2017 年新增发电装机 28.5 吉瓦，其中分布式光伏 3.5 吉瓦。光伏和风电新增装机占比分别接近 1/3 和超过 1/4，创历史新高。

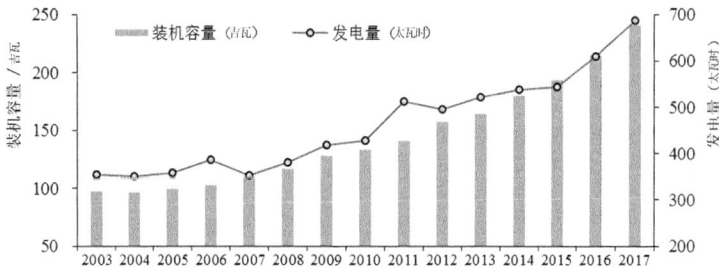

图 21 美国可再生能源装机容量及发电量变化情况

资 料 来 源：EIA， detabase， Short-term energy outlook data brower，September 10， 2019[3]. REN21， Renewables 2018 Global Status Report， GSR 2018 Data Pack， 2018[4].（2017 年装机容量数据来自 REN21，其余数据来自 EIA）

经济因素推动风电持续稳定增长。2017 年美国风电新增装机 7.02 吉瓦，

---

[1] EIA，Monthly Energy Review: April 2018.

[2] EIA，Monthly Energy Review: October 2018.

[3] EIA， online detabase， Short-term energy outlook data brower， September 10， 2019， https://www.eia.gov/outlooks/steo/data/browser.

[4] REN21， Renewables 2018 Global Status Report， GSR 2018 Data Pack， June 5， 2018， http://www.ren21.net/gsr-2018/.

总装机 89.08 吉瓦，发电量 250 太瓦时，占总用电量的 6.3%，高于 2016 年的 5.5%[1]。自 2009 年以来，风电成本持续下降达 67%，推动美国风能行业持续增长[2]。风能已成为部分地区发电成本最低的可再生能源。2016 和 2017 年，风电项目获得了生产税收抵免（PTC）100% 和 80% 的资助。由于生产税收抵免扩张与近期配额制政策（PRS）增加和技术成本下降，美国风电业预计仍将继续强劲增长[3]。

政策支持促进太阳能蓬勃发展。据美国太阳能产业协会统计，2017 年美国光伏新增装机 10.6 吉瓦，比 2016 年水平减少 30%（由于部分补贴政策到期），但仍比 2015 年高出 40%。其中分布式光伏装机容量占比 41%[4]。据美国能源信息部统计，截至 2017 年，光伏发电总装机 50.4 吉瓦。其中大型光伏新增装机 4.7 吉瓦，累计装机 26.7 吉瓦，发电 529.6 太瓦时（占比 1.3%），增长 46.9%[5]。各州政府的补贴政策推动了美国太阳能行业的快速发展，其中屋顶光伏系统获得了强大的财政支持。

生物质能持续平稳发展。美国是最大的木质颗粒生产国和出口国，生物质能发电水平位稳居世界第二，同时也是生物燃料的最大市场。2014 年至 2016 年间，美国生物甲烷的消费量增长近 6 倍，2017 年增长了 15%[6]。

多方政策并举创造良好市场环境。为促进可再生能源技术研发和市场应用，自 20 世纪 70 年代以来，美国联邦和州政府通过一系列立法和项目建立了可再生能源扶持政策措施，包括税收抵免、直接补贴或赠款、债券和贷款担保、可再生能源配额制、净电量计量法等。政府还利用各级项目和计划支持可再生能源设备的制造。

[1] EIA, Frequently asked questions, "What is U.S. electricity generation by energy source?" March 1, 2019, https://www.eia.gov/tools/faqs/faq.php?id=427&t=3.

[2] Lazard, Levelized Cost of Energy 2017, November 2, 2017, https://www.lazard.com/perspective/levelized-cost-of-energy-2017/.

[3] GWEC, Global Wind Report 2017, April, 2017, https://gwec.net/publications/global-wind-report-2/.

[4] SEIA, Solar Market Insight Report 2017 Q4, Winter 2017, https://www.seia.org/research-resources/solar-market-insight-report-2017-q4.

[5] EIA, Frequently asked questions, "What is U.S. electricity generation by energy source?".

[6] EIA, Frequently asked questions, "What is U.S. electricity generation by energy source?".

可再生能源发展形势良好。据美国能源信息部预测，如图22，在投资税收抵免（ITC）到期后，新增风电装机将继续保持较低的水平，而光伏增长将持续到2050年。天然气发电将随电力消费增长稳步增加。可再生能源发电预计将在2050年增加139%，达到1，650太瓦时，主要来自风能和太阳能，约占总增量的94%。其中电网规模风电装机容量预计将增长20吉瓦。由于成本持续下降，光伏发电将持续增长，其中电网规模光伏发电装机容量预计将增长127吉瓦。同一时期，电网规模储能预计将增加34吉瓦。需求和市场参与政策是储能系统的短期增长动力，风能和太阳能的增长将持续为储能系统提供长期市场[1]。

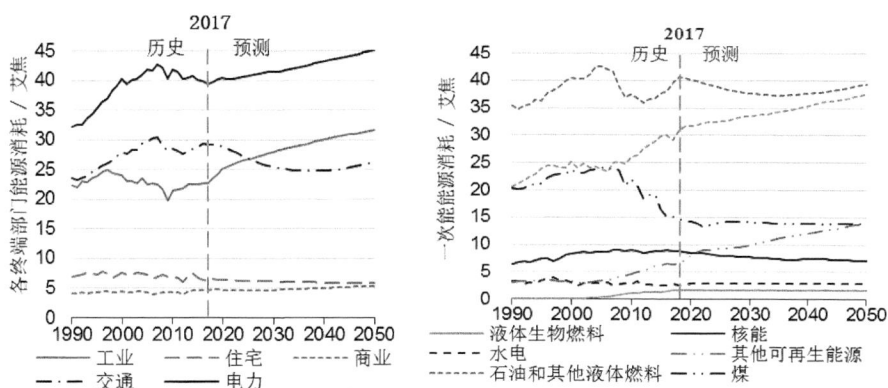

图22 美国能源信息部1990--2050年美国能源消费变化统计及预测

资料来源：EIA, Annual Energy Outlook 2018, February 6, 2018[2].

二、可再生能源产业发展趋势

（一）总体发展趋势

可再生能源发电继续高速发展。根据国际可再生能源机构统计，如图23，2017年全球可再生能源总装机约2181.57吉瓦，新增装机约174.32吉瓦，

---

[1] EIA, Annual Energy Outlook 2018, February 6, 2018, https://www.eia.gov/outlooks/archive/aeo18/.

[2] EIA, Annual Energy Outlook 2018.

在总量稳定提升的同时，增速也持续提升，与 2016 年相比，增量提升 7.85%[1]。

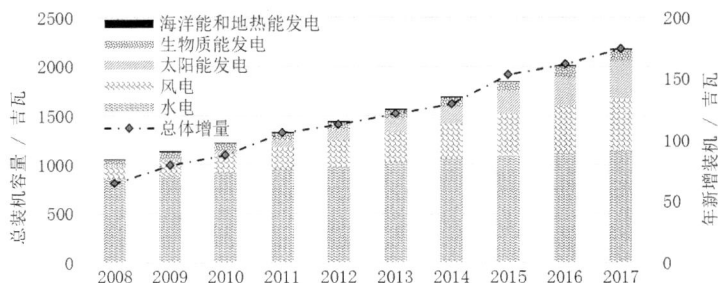

图 23　全球可再生能源发电装机容量变化情况

资料来源：IRENA， Query Tool， Renewable Electricity Capacity and Genera-
tion Statistics， October，2018[2].

电力新增装机以可再生能源为主。2017 年可再生能源占总电力装机增量约 70%，其中光伏新增装机占比 55%，超过化石能源与核能新增装机之和[3]。同年全球电力需求约 26.5% 来自可再生能源，其中水电占 16.4%。根据国际能源机构（IEA）统计，风电在可再生能源发电增量中占比 36%，其次是光伏（27%）、水电（22%）和生物质能（12%）[4]。

各部门和地区的进展并不均衡。可再生能源虽在电力领域取得了显著进展，但在供热、制冷和运输方面仍有待提升。随着技术的成熟，太阳能和风能等间歇性可再生能源快速扩张，需要更灵活的能源系统集成以获得高可靠性和成本效益。总体而言，可再生能源逐步成为主流需要更全面、更复杂的政策手段，对于政策制定者而言是新的挑战。

可再生能源投资以可再生电力为主。随着成本持续下降，可再生能源装机容量和产量呈指数增长，近年新增装机创历史新高。2017 年全球投资总额为 2798 亿美元（不包括大于 50 兆瓦的水电站），同比增长 2%，但比 2015

---

[1]　IRENA， Query Tool， Renewable Electricity Capacity and Generation Statistics， October， 2018，
https://www.irena.org/Statistics/View-Data-by-Topic/Capacity-and-Generation/Query-Tool.

[2]　IRENA， Query Tool， Renewable Electricity Capacity and Generation Statistics.

[3]　REN21， Renewables 2018 Global Status Report， GSR 2018 Data Pack.

[4]　IEA， Global Energy & CO2 Status Report 2017， March， 2018. https://webstore.iea.org/global-
energy-co2-status-report-2017.

年历史高点低 13%，新增装机投资额远超化石能源。发展中国家和新兴经济体占 2017 年投资总额的 63%，连续三年超过发达国家，仅中国就占全球投资的 45%。2017 年，拉丁美洲和美国投资保持稳定或趋于上升，但欧洲下降了 30%，自 2010 年以来持续下降[1][2]。

可再生能源增长强劲，竞争力上升。据英国石油公司预测，在渐进转型情境下，新增发电量的 50% 将来自可再生能源，年均增速超过其他能源，风能和太阳能竞争力上升是可再生能源强劲增长的主要驱动力[3]。

据国际能源机构预测，可再生能源将占 2023 年全球电力近 30%，其中水电占 16%，其次是风（6%）、光（4%）和生物质能（3%）。可再生能源预计将占 2017 至 2023 年间发电增量的 70% 以上，以光伏和风电为主导。2023 年可再生能源供热（包括建筑和工业）仍将占可再生能源利用的最大份额。交通运输中的可再生能源以生物燃料为主，交通电力消耗虽在预测期内增加 65%，但基数较低，仍有较大提升空间[4]。

为实现巴黎协定目标，扩展可再生能源规模的速度需要至少提高 6 倍。2017年，可再生能源支持政策在所有地区持续扩大，几乎所有国家都至少有一个可再生能源目标[5]。国际可再生能源机构发布的可再生能源路线图（Remap）指出，如图 24，可再生能源需扩展到各领域。在人口和经济增长背景下，可通过大幅提高能效来实现减排。2050 年所有国家可再生能源比重都将大幅增加。可再生能源主导的电力领域脱碳是未来能源结构可持续转型的关键。可再生能源电力份额将从 2017 年的 25% 增加至 2050 年的 85%，主要来自太阳能和风力发电[6]。

[1] IRENA, IEA and REN21, Renewable Energy Policies in a Time of Transition, April, 2018, https://www.irena.org/publications/2018/Apr/Renewable-energy-policies-in-a-time-of-transition.

[2] IEA, 2018 Global Status Report, December 7, 2018, https://webstore.iea.org/2018-global-status-report.

[3] BP, BP Energy Outlook 2018, April, 2018, https://www.bp.com/en/global/corporate/energy-economics/energy-outlook.html.

[4] IEA, Renewables 2018 Market analysis and forecast from 2018 to 2023, October 8, 2018, https://www.iea.org/renewables2018/.

[5] IRENA, IEA and REN21, Renewable Energy Policies in a Time of Transition, April, 2018, https://www.irena.org/publications/2018/Apr/Renewable-energy-policies-in-a-time-of-transition.

[6] IRENA, Global Energy Transformation: A Roadmap to 2050, 2018 edition, April 2018, https://www.irena.org/publications/2018/Apr/Global-Energy-Transition-A-Roadmap-to-2050.

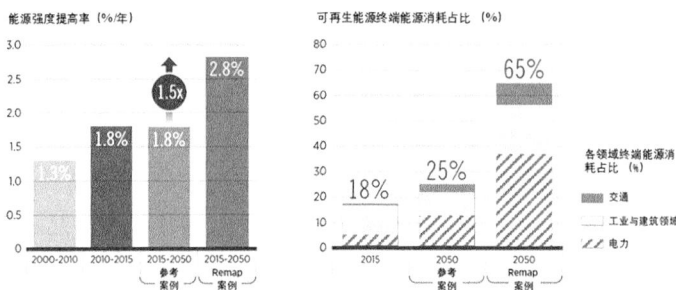

图 24　国际可再生能源机构 2050 能源强度和可再生能源份额发展预测

原始图片来源: IRENA，Global Energy Transformation: A Roadmap to 2050 (2018 edition)，April，2018[1]. 注：原图为中英文彩图，引用时进行了英文内容翻译和颜色图案处理。Remap 案例为依可再生能源路线图发展案例。

（二）风能

风电产业总体快速发展，总装机容量十年增长近 5 倍。2017 年，风电发展较前两年相对温和，但仍保持强劲增长，如图 25，欧洲、印度风电装机容量及全球海上风电装机容量均创纪录[2]。2017 年，全球已有 90 多个国家和地区参与风电产业发展，然而最近十年来，市场多样化趋势首次出现逆转，新增装机主要集中出现在少数市场。

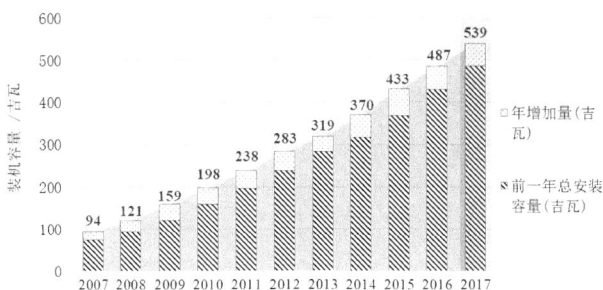

图 25　世界风电总装机容量及增量变化情况。

资料来源：REN21，Renewables 2018 Global Status Report，GSR 2018 Data Pack，June 5，2018[3].

2017 年中国继续保持风电市场第一的位置，亚洲风电市场再次引领全球，

---

[1]　IRENA，Global Energy Transformation: A Roadmap to 2050，2018 edition.

[2]　REN21，Renewables 2018 Global Status Report，GSR 2018 Data Pack.

[3]　REN21，Renewables 2018 Global Status Report，GSR 2018 Data Pack.

欧洲排名第二位，北美位居第三。其中 30 个国家的装机容量超过 1 吉瓦，9 个国家超过 10 吉瓦的，如图 26[1]。

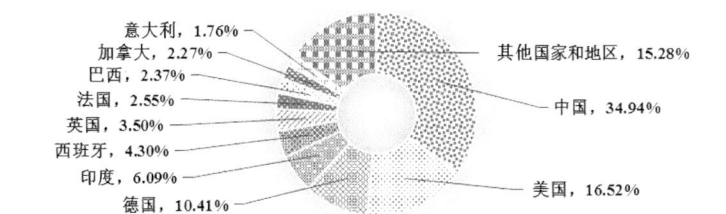

图 26　2017 年世界风电总装机分布情况

资料来源：GWEC，Global Wind Report 2017，April，2017[2].

陆上风电短期发展放缓，2017 年并网装机容量下降 10%，连续第二年下降，这一趋势明显与国际能源机构给出的可持续发展方案（SDS）目标不符，如图 27，可持续发展方案要求陆上风电装机持续增长，发电量年增长 12%[3]。

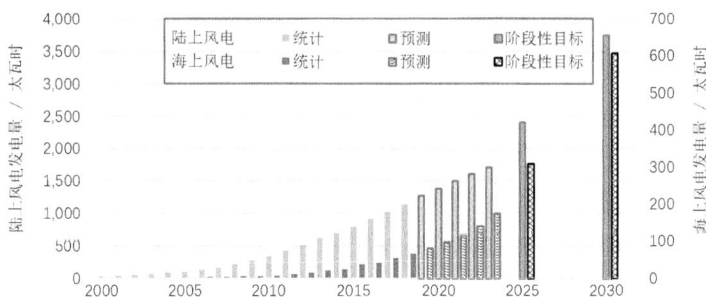

图 27　国际能源机构风电发展预测和可持续发展方案阶段目标

资料来源：IEA，Onshore wind power generation，May 24，2019[4]，IEA，Offshore wind power generation，May 28，2019[5].

海上风电发展创历史新高，2017 年全球新增海上风电 4.33 吉瓦，环比增

[1] GWEC，Global Wind Report 2017，(April，2017)，https://gwec.net/publications/global-wind-report-2/.

[2] GWEC，Global Wind Report 2017.

[3] IEA，Onshore wind Tracking Clean Energy Progress，May 24，2019，https://www.iea.org/tcep/power/renewables/onshorewind/.

[4] IEA，Onshore wind power generation，May 24，2019，https://www.iea.org/tcep/power/renewables/onshorewind/.

[5] IEA，Offshore wind power generation，May 28，2019，https://www.iea.org/tcep/power/renewables/offshorewind/.

长 95%，累计装机 18.81 吉瓦，环比增长 30%。其中欧洲占全球新增市场的
72%[1]。由于欧洲和中国的强劲扩张，海上风电投资达到创纪录水平，超过 150
亿美元。可持续发展方案目标预计海上风电增速持续加大，各个国家也制定了
相关目标，其中德国预计 2020 年海上风电达 65 吉瓦、2030 年达 150 吉瓦 [2]。

　　风电竞争力不断提升。基数较少但持续增长的市场上，风电成本低于现有
化石能源，已成为新增装机最具竞争力的方式之一。市场良性预期及投资风险
降低所引起的融资成本降低，加上因行业竞争日趋激烈推动的技术创新和规模
生产，2017 年陆上和海上风电装机容量的投标价格均大幅下跌 [3]。

　　长期发展仍需政策支持。全球风能理事会（GWEC）预计，在巴黎协定顺
利实施，电力行业去碳化承诺快速实现的最佳条件下，以现有增长速度。2030
年风电总量将达 2110 吉瓦。未来，预计风力发电最大的市场仍然在欧洲、北
美以及中国，印度、拉美和非洲到 2030 年也会有极大的发展。到 2050 年，全
球风能装机容量预计将达到 5806 吉瓦 [4]。但只有全球各国联合采取全面强劲的
气候行动，并具备应对气候挑战的基本政治意愿，这一目标才可能实现。

（三）太阳能

　　太阳能发电产业前景乐观。2017 年，太阳能发电占全球总发电量的 1.7%，
年增长率约为 35%[5]。随着发电成本的下降，并网光伏系统数量已达百万级。
国际能源机构曾预测，到 2050 年，光伏和光热发电将分别占全球电力约 16%
和 11%，届时太阳能将成为全球最大的电力来源 [6]。

　　光伏产业持续快速发展。过去十年，全球光伏市场快速增长。根据欧洲太
阳能机构（SPE）统计，2017 年累计装机容量超过 400 吉瓦，相比 2016 年增

---

　　[1]　GWEC, Global Wind Report Annual Market Update 2017, April, 2017, https://gwec.net/publications/global-wind-report-2/.

　　[2]　Wind Europe, Offshore Wind in Europe, March 2015, https://windeurope.org/about-wind/statistics/european/wind-energy-in-europe-in-2018/.

　　[3]　REN21, Renewables 2018 Global Status Report, GSR 2018 Data Pack.

　　[4]　GWEC, Global Wind Energy Outlook 2016, December 21, 2016, https://gwec.net/publications/global-wind-energy-outlook/global-wind-energy-outlook-2016/.

　　[5]　BP, Statistical Review of World Energy – all data 1965-2018.

　　[6]　IEA, Technology Roadmap – Solar Photovoltaic Energy 2014 Edition, September 15, 2014, https://webstore.iea.org/technology-roadmap-solar-photovoltaic-energy-2014.

长 32%。十年增长近 43 倍。发电量相比 21 世纪初增长近 255 倍[1]。

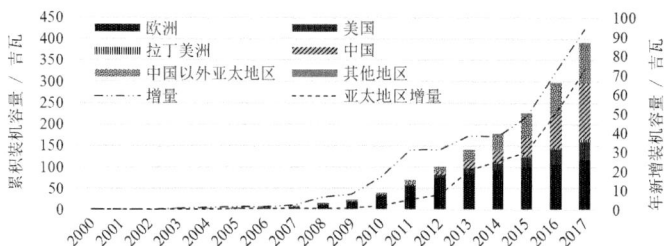

图 28　全球光伏装机容量变化情况

资料来源：BP, Statistical Review of World Energy – all data 1965–2018, June, 2019[2].

亚太地区处于光伏市场领导地位，如图 28，2012 起光伏市场的快速增长主要由美国和亚太地区带动，2014 年起 60% 以上的装机增量来自亚太地区[3]。据欧洲太阳能机构统计，2017 亚太地区新增装机 73.7 吉瓦，累计总装机占全球份额 55%。2017 年，中国占全球市场比例从 2016 年的 25% 急速增长到32%；紧随其后的是美国和日本，全球占比 12.7% 和 12.2%；排名第五的印度一年内将光伏发电能力提高了一倍，市场份额 4.7%。近些年来，光伏安装成本迅速下降和新兴市场的快速出现，成为并网光伏竞争力不断增强的主要驱动力。2010 到 2017 年，许多国家的并网光伏成本降幅均超过 70%[4]。

光伏产业发展预期良好。据欧洲太阳能机构短期光伏市场预测，如图29，最佳条件下，2022 年全球光伏装机可达 1270.5 吉瓦，中等情景亦突破太瓦水平[5]。

---

[1] Solar Power Europe，Global Market Outlook for Solar Power/2018–2022.

[2] BP，Statistical Review of World Energy – all data 1965–2018.

[3] BP，Statistical Review of World Energy – all data 1965–2018.

[4] Solar Power Europe，Global Market Outlook for Solar Power/2018–2022.

[5] Solar Power Europe，Global Market Outlook for Solar Power/2018–2022.

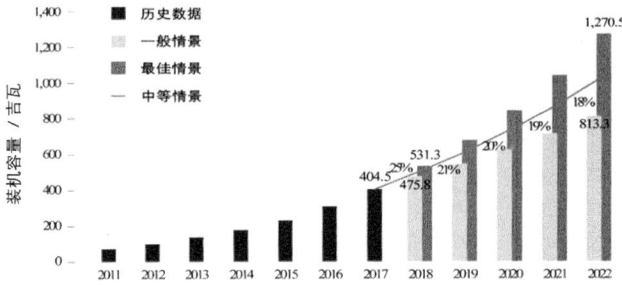

图 29　欧洲太阳能机构全球光伏市场短期预测

原始图片来源：Solar Power Europe，Global Market Outlook for Solar Power/2018-2022，June 27，2018[1]. 原图为英文彩图，引用时进行了翻译和颜色处理。

欧美地区主导光热发电市场发展。如图 30，全球聚光光热发电（CSP）10 年累计增长约 10 倍。政策支持推动聚光光热发电的早期扩张，尤其是美国和西班牙，占全球总装机的 80% 以上。但相比其他可再生能源技术，聚光光热发电部署规模并不大 [2]。

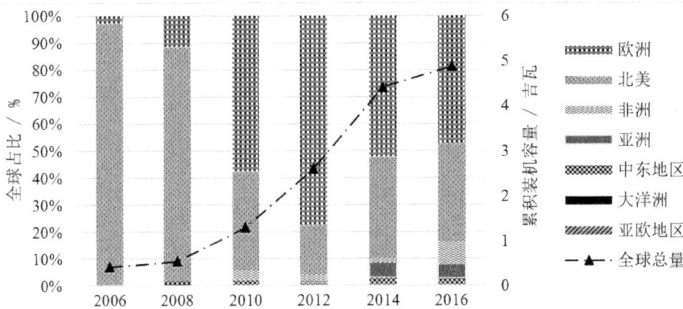

图 30　全球聚光光热发电系统装机容量变化及区域分布

资料来源：IRENA，Renewable Power generation Costs in 2017，January，2018[3].

光热发电产业前景可期，但需更多政策支持。据国际绿色和平组织、欧洲太阳能热发电协会（ESTELA）和国际能源机构的研究预测，2030 年光热可满

---

[1]　Solar Power Europe，Global Market Outlook for Solar Power/2018–2022.

[2]　IRENA，Renewable Power generation Costs in 2017，January 2018，https://www.irena.org/publications/2018/Jan/Renewable–power–generation–costs–in–2017.

[3]　RENA，Renewable Power generation Costs in 2017.

足全球电力需求的 6%，2050 年将达到 12%[1]。如表 1 所示，不同趋势取决于技术发展和未来政策。其中参考情景假设保持现有政策不变，中等情景考虑了全球正采取或计划采取的支持政策，最佳情景则是各方面条件达到最优。

表 1 光热发电市场预测

		2020 年	2030 年	2040 年	2050 年
参考情景	年装机容量（吉瓦）	3.619	5.651	9.500	12.427
	成本（欧元 / 千瓦）	3，485	2，814	2，688	2，674
中等情景	年装机容量（吉瓦）	4.834	18.876	36.652	61.654
	成本（欧元 / 千瓦）	3，485	2，814	2，666	2，637
最佳情景	年装机容量（吉瓦）	11.950	49.758	75.455	131.143
	成本（欧元 / 千瓦）	3，485	2，814	2，663	2，577

资料来源：ESTELA, Solar Thermal Electricity Global Outlook 2016, February 5, 2016[2].

（四）生物质能

政策支持下生物质能总体发展良好。根据 21 世纪可再生能源政策网络（REN21）统计，如图 31，2016 年生物质能在占全球能源消耗约 12.8%，以传统生物质供热为主，而现代生物质在建筑和工业中占比较大，但发电增长率最高。生物质能市场政策影响极大，不少国家出台了支持和激励政策，极大地促进了生物质能市场发展，但不同地区对生物质来源和利用途径仍存争议。

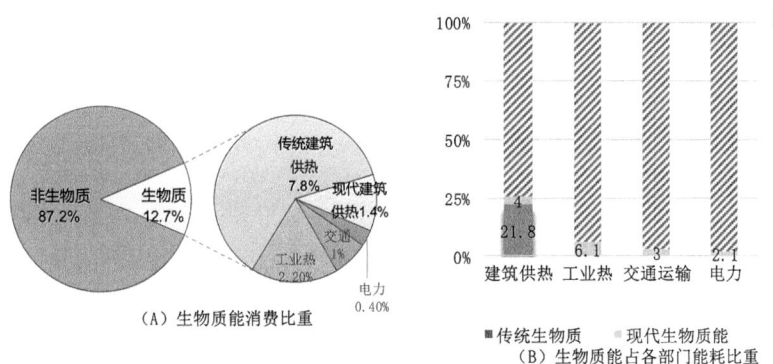

图 31 2017 年全球生物质能消费比重及用途

资料来源：REN21, Renewables 2018 Global Status Report, GSR 2018 Data

[1] ESTELA, Solar Thermal Electricity Global Outlook 2016, February 5, 2016, https://www.solarpaces.org/solar-thermal-electricity-global-outlook-2016/.

[2] ESTELA, Solar Thermal Electricity Global Outlook 2016.

Pack, June 5, 2018[1].

生物质热利用仍是主要途径。传统生物质热的全球占比逐年下降，而现代生物质热利用快速发展，2016 年达 13.1 艾焦，其中 7.9 艾焦用于工业应用，其余主要用于住宅和商业建筑空间供暖。欧盟是现代生物质热的最大消费者，2007 年以来消费量增长 30% 以上。工业热利用最多的是巴西（1.4 艾焦），其后是印度，北美工业热利用持续下降，而亚洲和南美洲持续增长 [2]。

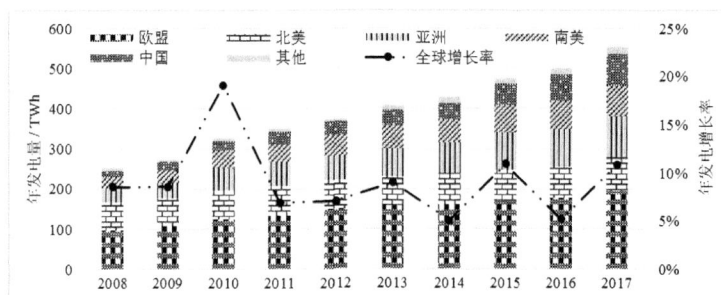

图 32　全球各地区生物质能发电量变化情况

资料来源：REN21， Renewables 2018 Global Status Report， GSR 2018 Data Pack， June 5， 2018[3].

生物质发电市场广泛发展。2017 年全球装机总量 122 吉瓦，同比增长 7%，发电量增长 11%，如图 32。中国已成为最大的生物质发电国，2017 年发电 79.4 太瓦时，年增长 23%。由于缺乏强有力的政策驱动及其他可再生能源的竞争，美国过去十年生物质发电相对平稳，2017 年发电 69 太瓦时，仅增长 2%，随部分项目停产，装机容量略有下降。巴西是南美最大的生物质发电国，2017 年装机 14.6 吉瓦，增长 5%，发电 49 太瓦时，增长 4%；印度装机 9.5 吉瓦，年增长 16%，发电 32.5 太瓦时，年增长 8%。在可再生能源指标的驱动下，2017 年欧盟生物质发电量同比增长 11%[4]。

[1]　REN21， Renewables 2018 Global Status Report， GSR 2018 Data Pack.

[2]　REN21， Renewables 2018 Global Status Report， GSR 2018 Data Pack.

[3]　REN21， Renewables 2018 Global Status Report， GSR 2018 Data Pack.

[4]　REN21， Renewables 2018 Global Status Report， GSR 2018 Data Pack.

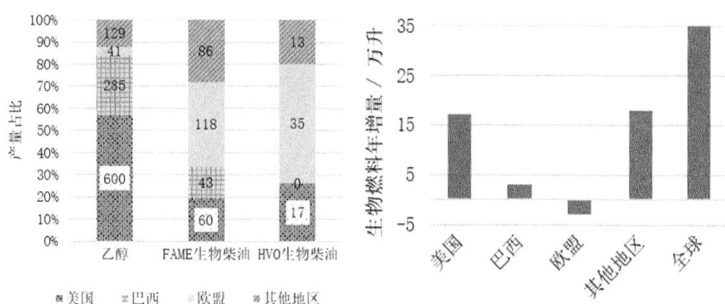

图33 2017年三种生物燃料的全球产量（艾焦）、分布和增长情况

资料来源：REN21，Renewables 2018 Global Status Report，GSR 2018 Data Pack，June 5，2018[1].

运输用生物燃料市场相对集中。生物燃料生产、消费和贸易受多种因素的影响，包括原料生长条件，政策和市场环境，以及影响国际贸易的关税和其他措施。80%以上的运输生物燃料生产和使用在美国、巴西和欧盟。2017年全球产量年增长约2.5%，达到1430亿升（3.5艾焦），如图33。其中，65%为生物乙醇，29%是脂肪酸甲酯（FAME）生物柴油，加氢处理动植物油生物柴油（HVO/HEFA）占6%，生物甲烷近年来发展迅速，但份额不到1%[2]。

生物质能市场前景可期。根据国际能源机构预测，2018至2023年间，生物质能将是消费增量最大的可再生能源。其中供热和运输部门的生物质燃料将占可再生能源消费增量的30%。2023年，生物质能仍将是可再生能源的主要来源，随着光伏和风电扩张速度加快，生物质能占可再生能源比重将从2017年的50%下降到46%[3]。

（五）地热能

地热能产业稳定发展，发电装机增速提升。据国际可再生能源机构报道，2017年地热总有用能估计为170太瓦时[4]，可用于发电和热利用（供热和供冷）的资源大致各占一半。同年全球热利用约增加1.4吉瓦，总容量达到25吉

---

[1] REN21，Renewables 2018 Global Status Report，GSR 2018 Data Pack.

[2] REN21，Renewables 2018 Global Status Report，GSR 2018 Data Pack.

[3] IEA，Renewables 2018 Market analysis and forecast from 2018 to 2023，October 8，2018，https://www.iea.org/renewables2018/.

[4] 注：不包括地源热泵的可再生最终能源输出。

瓦[1]。地热发电装机持续增长，如图 34，2017 年增幅 4.0%，高于过去 10 年平均水平（年增幅 3.3%）。

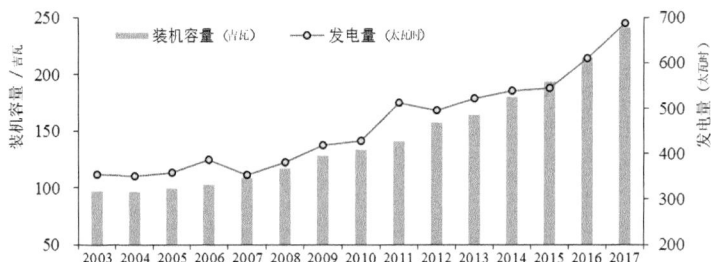

图 34　全球地热发电装机容量变化情况

资料来源：BP, Statistical Review of World Energy – all data 1965–2018, June, 2019[2].

　　地热发电产业地域特点明显。2017 年，印尼和土耳其在增量上继续领先。占全球新增装机约 3/4。其中印尼增量占比 39.73%，总装机占比 13.01%，可满足印尼 5% 的电力需求。由于 10 多年前制定的支持政策，土耳其地热行业持续保持强劲增长，2017 年新增装机占比 43.84%，总装机占比 7.44%。增量第三的是 2017 年首次装机 48 兆瓦的智利。美国在装机总量上继续保持领先，占全球地热发电总装机量的 26%，但保有量呈负增长态势。菲律宾位居全球第二，占比 13.48%，作为发展较早的国家之一，在 2000 年之后发展缓慢，2017 年净增量占比仅 2.17%。欧盟 2017 年地热装机总量为 1011 兆瓦，其中 90% 以上来自意大利，新增装机仅 7 兆瓦，分别来自葡萄牙（4 兆瓦）和匈牙利（3 兆瓦）[3]。

　　地热产业挑战与机遇并存。2017 年，地热产业仍受各种行业特点的制约，如项目交付时间长、资源风险高等，同时应对这些挑战的技术创新仍在继续。新的资源勘探和开采方法正帮助克服某些经济和技术挑战。在美国和欧洲，持续的技术革新提高了地热资源的勘探和开发潜力，即使是在地热梯度平均或较

　　[1] IRENA, Geothermal power: Technology brief, August, 2017, https://www.irena.org/publications/2017/Aug/Geothermal-power-Technology-brief.

　　[2] BP, Statistical Review of World Energy – all data 1965–2018.

　　[3] IRENA, Geothermal power: Technology brief, August 2017, https://www.irena.org/publications/2017/Aug/Geothermal-power-Technology-brief.

低的地区，也能通过深入开采和更好的热提取手段进行利用 [1]。地热市场前景良好，如图 35，许多国家制定了明确的地热发电发展计划。

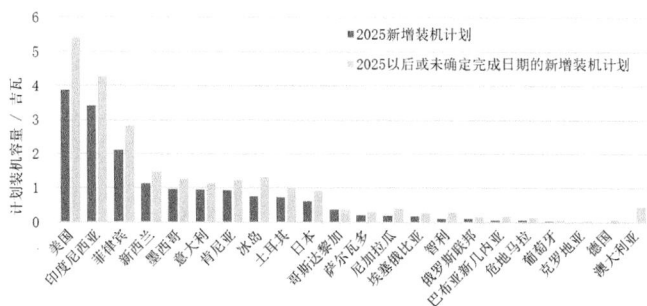

图 35 各国计划新增地热发电装机容量

资料来源：IRENA，Geothermal power: Technology Brief，August，2017[2].

（六）海洋能

开发较少但潜力巨大。虽经过数十年的努力，海洋能的开发利用水平仍不高。根据 21 世纪可再生能源政策网络报告，2017 年全球运行中的海洋能总装机仅有约 529 兆瓦，其中 90% 以上的容量是来自两个潮汐能项目 [3]。国际能源机构海洋能源系统项目（OES）报告显示，2017 年是海洋能发展具有重要意义的一年，虽然除潮汐能项目外的海洋能装机仅 25 兆瓦，但相比 2016 年已翻番，其中潮流能占比为 73%，波浪能占比 26%，比 2016 年增长 2.7 倍，温差能占比较少，只有 1%，盐差能被统计在内的仅有荷兰的 50 千瓦项目 [4]。

新兴技术仍处早期阶段，尚需政策支持。据报道，英国计划新增的 320 兆瓦潮汐拦坝工程在 2017 年初获得有利审查，但是人们对其成本和潜在的生态影响仍存担忧。其他开放水域技术，如潮流能和波浪能转换器，目前仍在早期开发阶段，其中潮流能技术成熟度最高，2017 年已经开始部署。波浪能示范项目大多处于商业前期阶段。而海洋温差能和盐差能技术的开发远未达到商用程

---

[1] REN21，Renewables 2018 Global Status Report，June 5，2018，http://www.ren21.net/gsr-2018/.

[2] IRENA，Geothermal power: Technology brief.

[3] OES，Annual Report，An Overview of Ocean Energy Acitivties in 2017，December 13，2017，https://report2017.ocean-energy-systems.org/.

[4] REN21，Renewables 2018 Global Status Report.

度，仅有几个试点项目启动。2017 年，欧洲在海洋能设备上进行了大规模的部署。然而海洋能源的发展比预期的要慢，这些新兴技术的市场仍主要由政府支持推动，国际合作在其中发挥着重要作用[1]。

海洋能市场前景乐观。2017 年，人们对于海洋能的发展普遍较为乐观，尤其是在欧洲，一些技术已经发展到接近商业化阶段。许多国家都有了一定的海洋能发展目标，如表 2。

表 2　部分国家海洋能发电发展目标

国家	目标
法国	2020 年以前装机容量达到 380 兆瓦
日本	2030 年以前装机容量达到 1，500 兆瓦
菲律宾	2010 至 2030 年新增装机容量达 75 兆瓦
葡萄牙	2020 年之前装机容量达到 6 兆瓦
西班牙	2020 年之前装机容量达到 100 兆瓦
泰国	2021 年之前装机容量达到 2 兆瓦
中国	2020 年之前装机容量达到 50 兆瓦
韩国	2030 年之前年发电量达到 6，159 吉瓦 h

资料来源：REN21，Renewables 2018 Global Status Report，June 5, 2018[2].

（七）氢能

氢能作为有效消纳途径，促进可再生能源发展。随着燃料电池技术的不断完善，氢能的清洁利用将得到最大程度发挥，包括用于燃料电池汽车、分布式发电、备用电源和储能等。通过充分消纳可再生能源，氢作为能源载体，将可能在未来全球能源分配中扮演重要角色，成为发电备用能源和战略储备能源。目前许多国家正逐步利用氢储能消纳可再生能源，该技术是智能电网和可再生能源发电规模化发展的重要支撑，并逐渐成为多个国家能源科技创新和产业支持的焦点。

氢能市场投资热度增加。自 2014 年以来，除了交通运输行业，全球清洁能源投资均略有下降，然而储电、氢能和燃料电池领域的风险投资交易总额却在 2017 年几乎翻了一番，总额达到 1.75 亿美元[3]。在 2017 年，为清洁能源应用制造的氢电解装置投资创下了纪录，人们对氢能项目的兴趣正在增长。近年

---

[1]　REN21，Renewables 2018 Global Status Report.

[2]　REN21，Renewables 2018 Global Status Report.

[3]　IEA，World Energy Investment2018，July，2018，https://www.iea.org/wei2018/.

来，许多发达国家制定了相应的氢能发展目标，积极打开本国的氢能市场。美国、欧盟、日本和韩国等相继出台支持燃料电池汽车与氢能基础设施发展的政策。

氢能产业前景良好，将在能源转型中扮演重要角色。据国际能源机构预测，未来可利用氢能转换和存储的电力将超过 500 太瓦时，2040 年氢能在全球终端能源消费占比将达到 18%，而 2050 年全球碳减排的 20% 预计需通过氢能来完成[1]。电解水制氢使电力系统更加灵活，有助于推进可再生能源高渗透发展。氢能可满足直接电气化难以解决的能源需求，使其能成为全球能源转型中必不可少的环节[2]。当前，氢能对基础设施的空间要求较低、具备快速规模化的基础。随着技术逐渐成熟，规模生产将会大幅降低成本，从长远来看，氢能可成为 100% 可再生能源转型的关键因素。当然，正确的政策导向和监管框架对于刺激投资仍至关重要。

三、经验与启示

（一）国际发展经验总结

当今世界面临着双重挑战，既要满足日益增长的能源需求，同时也要减少温室气体排放、解决空气质量和水污染等其他问题。节能和能源转型是应对这一困境有效方式，尽可能高效地利用能源进而减少能源总消费，同时向低碳、零碳、甚至负碳能源过渡。随着国际社会对保障能源安全、保护生态环境、应对气候变化等问题日益重视，加快开发利用可再生能源已成为世界各国的普遍共识和一致行动。2017 年，全球能源结构向清洁、低碳方向的转型速度继续加快，国际可再生能源发展呈现出以下几个趋势。

1. 可再生能成为全球能源转型及实现应对气候变化目标的重大战略举措

全球能源转型的基本趋势是实现化石能源体系向低碳能源体系的转变，

[1] IEA，World Energy Investment2018.

[2] IRENA，Why Hydrogen from Renewables May Hold the Key to a Low Carbon Future，September 7, 2018，https://www.irena.org/newsroom/articles/2018/Sep/Why-Hydrogen-from-Renewables-May-Hold-the-Key-to-a-Low-Carbon-Future.

最终进入以可再生能源为主的可持续能源时代。为此，许多国家提出了以发展可再生能源为核心内容的能源转型战略，联合国政府间气候变化专门委员会（IPCC）、国际能源机构和国际可再生能源机构等国际机构的报告均指出，可再生能源是实现应对气候变化目标的重要措施。90%以上的《巴黎协定》签约国设定了可再生能源发展目标。

2. 可再生能源已在一些国家发挥重要替代作用

近年来，欧美等国可再生能源发电新增装机均超常规能源。2015年全球可再生能源发电新增装机首次超过常规能源，全球电力系统建设正发生结构性转变。德国等欧盟国家可再生能源已逐步成为主流，美国可再生能源占比也逐年提高，印度、巴西、南非以及沙特等国家也都在大力建设可再生能源发电项目。

3 可再生能源的经济性已得到显著提升

随着技术进步及应用规模扩大，可再生能源发电成本显著降低。南美、非洲和中东一些国家的风电、光伏项目招标电价与传统化石能源相比已具备竞争力，美国风电长期购电协议价格已与化石能源发电达到同等水平，德国新增新能源电力已经基本实现与传统能源平价，可再生能源发电补贴强度持续下降，经济竞争力明显增强。

4. 可再生能源已成为全球具有战略性的新兴产业

许多国家将可再生能源作为新一代能源技术的战略制高点和经济发展的重要新领域，投入大量资金支持可再生能源技术研发和产业发展。可再生能源产业的国际竞争加剧，围绕相关技术和产品的国际贸易摩擦不断增多，已成为国际竞争的重要新领域。

（二）国际发展经验启示

1. 提升电力系统灵活性，构建有利于可再生能源的灵活电力系统

以传统能源为主的电力系统尚不能完全满足波动性可再生能源的并网运行要求。大规模新能源并网消纳是近十年来欧美国家普遍面临的挑战。可再生能源具有波动性、随机性特点，难以如传统能源一样调度管理。近些年来，中国可再生能源发展步伐加速，并网消纳问题对我国电力系统建设运行模式提出了

空前挑战，也成为可再生能源可持续发展的关键因素。

研究和实践表明，大规模新能源并网和未来电力系统的一个重要任务是构建灵活的电力系统。与发达国家相比，中国现有的电力系统中还留有大量灵活资源潜力。参考国际案例，可借鉴的方法有：（1）在系统层面优化灵活性，满足短期运行和长期规划尺度的灵活性需求；（2）采取实时调度措施，保证系统运行的安全性和可靠性；（3）完善辅助服务产品，保障电网稳定和可靠；（4）扩大电网互联和平衡区，通过电力市场机制，充分发挥区域联网优势；（5）全面、公平的利用各种灵活资源，充分挖掘需求响应、储能等需求侧灵活性资源。

2.建立保障可再生能源消纳的现代电力市场体系

大规模新能源并网消纳困境表明，以传统能源发电为基荷的运行方式和电力市场交易体系，将无法适应可再生能源大规模发展的需要。参考国际电力市场经验，建立保障可再生能源消纳的现代电力市场体系，可借鉴的措施包括：（1）市场设计强调性能要求，纳入需求响应，调动需求侧资源；（2）利用现货市场促进实时调度，允许参与者更自由地进出市场；（3）利用市场机制激励辅助服务，鼓励快速响应机组参与调频，提高系统频率响应质量；（4）推动更大范围电力交易和辅助服务，促进相邻电力市场协调、融合、优化运行；（5）引入短周期结算，提升响应市场动力；（6）探索促进灵活性绩效的电网监管激励机制，提高电力系统运行灵活性。

此外，针对我国地域辽阔，新能源开发布局与负荷分布特点，可参考国际经验，加快推动全国统一电力市场建设，建立能源跨区域消纳的交易机制和电价政策；同时建立新能源跨省区电力交易的利益共享机制，推动新能源与常规电源的合同电量转让交易，以及新能源与大用户的直接交易，促进新能源跨区跨省消纳。

3.完善可再生能源产业体系和相关政策体系

借鉴主要经济体能源与环境政策体系，逐步完善可再生能源体系建设，建立健全相关政策体系，促进可再生能源得到充分有效的利用，具体包括：（1）加强资源勘查，优化项目投资布局;（2)加快推动技术创新,促进能源技术进步;

（3）建立质量监管体系，对可再生能源设施进行综合评价，建立政府监督和行业自律相结合的市场机制；（4）提高运行管理水平，实现新能源与现有能源深度融合；（5）完善标准检测认证体系，提升信息化管理水平；（6）建立开发利用目标导向的管理体系；（7）落实保障性收购制度；（8）建立绿色交易证书机制，加强监管工作。

4.抓住发展机遇，大力发展可再生能源供热技术

可再生能源供热技术和市场发展迅速，在中国和全球范围内均得到广泛的应用。目前，国家重大发展战略定位要求加快能源转型，城镇供热是北方地区能源系统转型的难点和焦点，可再生能源供热将会是城市转型发展的重要经济增长点。

政策和保障措施是市场发展的重要支撑，从宏观政策上：（1）改善宏观政策环境，建立良好的外部环境；（2）树立优先发展理念，做好供热规划，坚持可再生能源优先的原则；（3）研究设计供热激励政策机制，提高项目经济性；（4）健全完善监管体系，加强支撑体系建设，进一步完善可再生能源供热标准体系。

为有效推动可再生能源供热发展，应促进可再生能源供应端和能源消费端联动，全面推动技术和市场的发展，可借鉴的具体措施包括：（1）推动城镇可再生能源供热发展，因地制宜推广应用各类可再生能源技术，继续推进示范区建设，探索市场化发展模式；（2）全面推广建筑可再生能源供热，推动优先安装政策，建立完善技术支撑体系；（3）积极推动工农业生产可再生能源供热，统筹规划工业能源供给，促进工业余热利用；（4）推动技术规模应用，普及太阳能供热，推广多种形式的生物质供热和地热开发利用；（5）开展新型供热系统试点示范，推动新型互补供热系统和新型区域能源站发展。

全球能源互联网解决无电、贫困、健康问题

周原冰　史谢虹　岳锋利　相均泳 [1]

摘要：

当前，全球还有8.4亿无电人口，7.5亿人生活在贫困线以下，人类健康也因能源贫困、环境污染和气候变化而遭受重大威胁。而能源发展方式不合理是导致无电、贫困和健康问题严峻的重要原因，以化石能源为主的能源结构导致环境污染、气候变化问题严重，直接威胁人类健康。全球能源互联网是实现清洁能源全球化生产、配置和使用的现代能源体系，在能源供应侧实施"清洁替代"，能源消费侧实施"电能替代"，以电网互联互通全面提升"两个替代"实施成效，从根本上改变能源发展方式，在全球范围内实现能源绿色、低碳转型。建设全球能源互联网是造福全人类的伟大事业，需要凝聚全球智慧和力量。

关键词：

全球能源互联网；无电；贫困；健康

---

[1] 周原冰，全球能源互联网发展合作组织经济技术研究院院长，国务院特贴专家。中国可再生能源学会理事、可再生能源发电并网专业委员会副主任委员，央企智库联盟专家委员会委员。长期从事能源电力发展战略规划、能源经济政策、新能源与智能电网、能源互联网等研究工作。史谢虹，博士，全球能源互联网发展合作组织经济技术研究院研究员。岳锋利，博士，全球能源互联网发展合作组织经济技术研究院研究员。相均泳，博士，全球能源互联网发展合作组织经济技术研究院研究员。

一、引言：无电、贫困、健康问题制约人类可持续发展

电力是现代社会主要的动力来源，无电意味着远离现代文明。贫困是人类众多社会问题的根源，健康是人类可持续发展的终极目标之一。

电力是现代文明的标志，无电严重制约社会生产生活和可持续发展。全球8.4亿无电人口广泛分布于全球100多个国家和地区，约30亿人依赖柴薪、煤、木炭等污染严重的能源做饭[1]，缩短了劳动力创造价值的时间。电力供应不稳定现象普遍存在，部分国家人均供电量只有几十千瓦时，停电、断电现象频发，对正常生产生活造成较大影响。

表 1　全球分地区生存贫困率 [2]

地区	贫困率
撒哈拉以南非洲	50.7%
南亚	33.4%
东亚与太平洋地区	9.3%
拉丁美洲和加勒比海地区	4.4%
东欧与中亚	1.4%
其余地区	0.8%

资料来源：世界银行

贫困是地区冲突、疾病泛滥、恐怖主义等问题的根源之一，是人类社会共同面临的全球性问题。国际贫困线以下人口达7.5亿[3]，其中超过84%集中在非洲撒哈拉以南地区和南亚地区。参见表1。多维贫困是社会问题在个体上的表现，是生存贫困人口的2.2倍，广泛分布于各发展中国家，且有上升趋势[4]。数十个国家和地区陷入发展型贫困中，内生增长动力不足，经济增长缓慢和"增

---

[1]　IEA，IRENA，UNSD and WHO，Energy Access Outlook 2017.

[2]　World Bank，Poverty and shared prosperity 2016.

[3]　世界银行2015年制定平均每天消费支出1.9美元（购买力平价）为国际标准贫困线，低于这一标准意味着难以享受足够的食物、清洁的水等，基本生活需求无法得到保障。

[4]　United Nations，Indicators of Poverty & Hunger，2011.

长贫困"形成恶性循环。

健康是人类可持续发展的前提条件和重要目标,但目前人类仍面临数百种难以治愈的疾病和环境污染的威胁。全球超过 1/3 以上的人口缺少必要的药物,一般疾病得不到有效治疗会发展为重疾甚至导致死亡。人均预期寿命存在巨大地区差异,撒哈拉以南非洲预期寿命仅有 61 岁,较全球平均水平低 13 岁。大气污染是造成人类死亡的第四大原因,每年有大约 650 万人因空气污染死亡。气候变化引发系统性健康问题,2018 年上半年全球气候变暖引发的极端天气已经造成数百人死亡。

无电、贫困、健康问题相互影响,其中贫困是核心,稳定可靠的能源与电力供应是解决贫困人群面临诸多问题的基础。无电导致劳动生产率低、限制工业化发展等进一步加剧贫困。贫困导致地区基础设施投资能力不足,是无电和健康问题产生的最主要原因。无电与贫困人口分布高度重合,二者通过环境污染、医疗体系匮乏等途径共同影响人类健康,健康问题会加剧无电和贫困,限制地区和国家的发展能力。获取现代能源有助于提高生产率,而经济结构转型为培育更高增加值的活动创造新机遇。参见图 1。

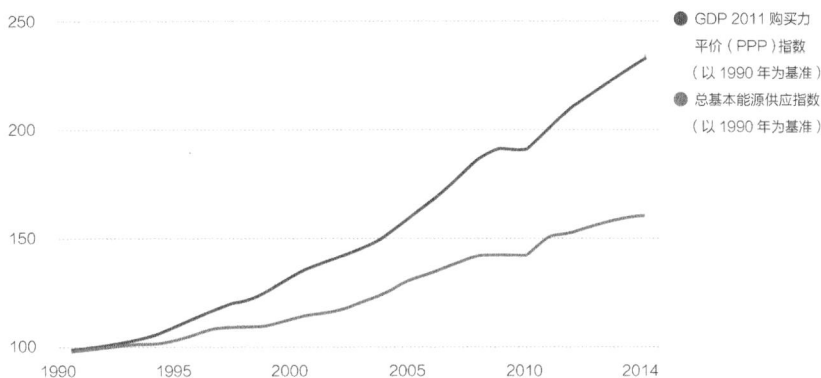

图 1　全球 GDP 增长与能源供给的关系 [1]

资料来源:世界银行、国际能源署

---

[1]　The World Bank and Energy Agency, *Global tracking framework Progress toward Sustainable Energy 2017*.

二、清洁发展解决无电、贫困、健康问题

能源是人类可持续发展的重要物质基础，能源发展方式不合理是导致无电、贫困和健康问题的根源之一。当前，能源发展水平低、供应能力弱导致无电问题严峻，化石能源为主的能源结构威胁人类健康，能源开发布局不合理加剧了贫困问题。

（一）能源问题是导致无电、贫困、健康问题的重要原因

无电的本质是现代能源贫困。电能在现代社会中发挥重要作用，推动实现了工业和农业的规模化和自动化生产，大幅度提高了劳动生产效率和产品质量。无电人口在信息化时代难以与外部世界进行交流，无法享受其他国家发展的溢出效应，与他国的差距日益加剧。

能源发展不均衡加剧地区贫困。在西非地区每天需要花费 5 个小时进行燃料收集以满足基本生活活动，现代能源不足导致劳动生产效率低下（参见图 2），每年电力供应短缺带来的经济损失高达 GDP 的 2%[1]。现代工业、农业的发展及基础设施的建设与运转都需要能源电力的支撑，而全球化石能源生产与消费具有逆向分布特征，波斯湾、墨西哥湾和北非油田集中了世界 51.3% 的石油储量，同时超过 150 个国家不得不进口大量的原油满足国内需求，供需差导致能源进口国的用能成本居高不下。

---

[1] UN–OHRLLS, Promoting Investment for Energy Access in Least Developed Countries, 2017.

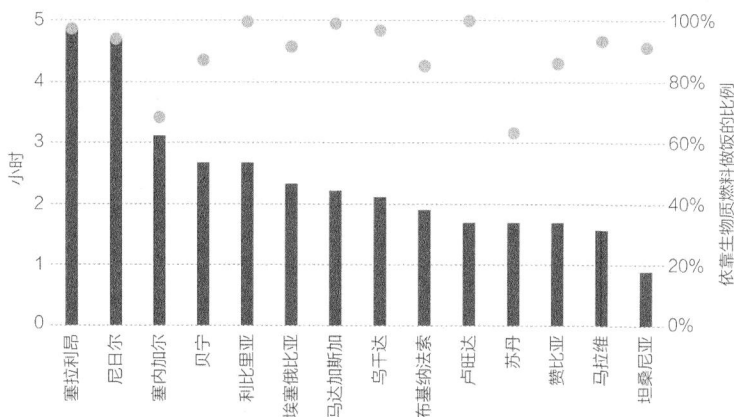

图 2　贫困国家平均每户每日收集燃料的时间 [1]

资料来源：国际能源署

能源发展滞后威胁人类健康。全球还有约 28 亿人使用木柴、煤、木炭、动物粪便进行烹饪、取暖、照明，造成室内空气污染和烟尘环境。每年近 400 万人因低效使用固体燃料和煤油烹饪产生的室内空气污染而过早死亡 [2]。无电导致清洁食物和饮水无法加工和储存，冰箱等家庭生活必需品难以投入使用，可靠的电力供应还是现代医疗技术的关键推动力。

以化石能源为主的能源格局无法满足日益增长的全球发展需求，且造成严重的环境污染和气候变化问题，给人类带来灾难性后果。严重的空气污染、水污染、固体废弃物对环境的二次污染、温室气体排放等问题，威胁人类健康。全球化石能源和生物质低效燃烧产生 90% 以上二氧化硫、氮氧化物和 85%PM$_{2.5}$，与化石能源利用相关的二氧化碳排放约占二氧化碳总排放的 85%，对全球变暖具有决定性作用。

（二）解决能源问题需要构建全球能源互联网

大力开发清洁能源是保障能源永续供应的必由之路。世界人口、经济不断增长，带来日益增长的能源消费需求，2000-2015 年全球人口从 61.2 亿增加至 73.8 亿，一次能源年消费总量从 147.7 亿吨标煤增长到 200 亿吨标煤左右。与

---

[1]　IEA，WEO-2017 Special Report: Energy Access Outlook.

[2]　WHO，Household air pollution and health，2018.

此同时，全球化石能源储量有限，按目前年产量超过160亿吨标煤的开发强度，全球已探明剩余煤炭和油气储量只够开采100多年和50多年，难以满足人类发展需求。全球清洁能源资源储量超过100万亿千瓦，仅开发万分之五就可以满足全球能源需求。大力开发清洁能源，以清洁能源替代化石能源，是缓解化石能源开发利用引发的环境污染、气候变化等问题的必由之路。

走可持续发展之路，实质就是清洁发展，关键是推进"两个替代"，即能源生产侧实施清洁替代，以太阳能、风能、水能等清洁能源替代化石能源，发的是清洁电；能源消费侧实施电能替代，以电代煤、以电代油、以电代气、以电代初级生物质能，用的是清洁电，摆脱化石能源依赖，实现现代能源普及。

全球能源互联网是清洁发展的载体，实质就是"智能电网＋特高压电网＋清洁能源"。智能电网是基础，集成了先进输电、智能控制、新能源接入、新型储能等现代智能技术，能够适应各类集中式、分布式清洁能源并网和消纳，满足各类智能用电设备接入和互动服务等需求，实现源、网、荷、储协同发展、多能互补和高效利用。特高压电网是关键，由1000千伏交流和±800千伏、±1100千伏直流系统构成，具有输电距离远、容量大、效率高、损耗低、空间小、安全性好等显著优势，能够实现数千公里、千万千瓦级电力输送和跨国、跨洲电网互联。清洁能源是根本，随着水能、风能、太阳能等转化技术的进步和成本快速降低，清洁能源竞争力将全面超过化石能源，加速替代化石能源，成为主导能源。

全球能源互联网是实现能源绿色低碳转型的关键载体，构建全球能源互联网能够极大地促进清洁能源开发满足人类日益增长的能源需求，实现能源绿色、低碳转型，打造相融相促的能源共同体和命运共同体。

三、构建全球能源互联网，解决全球无电问题

秉持共商、共建、共享、共赢的发展理念，建设全球能源互联网，加快全球清洁资源开发，为人人享有清洁、绿色、低碳的能源供应提供根本保障。

推进跨国跨洲互联互通，实现资源大范围优化配置，满足全球电力需求。加快智能电网建设，灵活适应新能源发展、满足用户多样化需求。全球能源互联网是涵盖大电网和小电网的现代能源电力系统，将从根本上解决全球无电人口问题。

（一）建设集中式能源基地，保障能源充裕供应

无电人口的能源电力需求通过清洁能源的大规模开发利用来满足。大力开发清洁能源基地，构建以清洁能源为主导的现代能源系统，无电人口集聚的非洲、南亚、中南美等地区拥有丰富的水能、风能、太阳能等清洁能源资源，在资源较好的地区建设大型发电基地，可有力支撑本国及周边国家能源可持续发展需求，是解决无电人口问题的根本途径。

非洲。重点开发尼罗河、刚果河、尼日尔河、赞比西河水能，加快开发大英加等水电基地；南非、坦桑尼亚、北非地中海沿岸、东非沿海等地的风电基地；北部撒哈拉沙漠、南部非洲太阳能基地。

亚洲。重点开发俄罗斯远东地区、中国西南雅鲁藏布江、南亚恒河和印度河、东南亚湄公河的水电基地；俄罗斯远东、蒙古、哈萨克斯坦、西亚东南部以及中国"三北"（东北、华北、西北）地区的风电基地资源；西亚、中亚、蒙古、中国西部、印度西部太阳能基地。

南美洲。重点开发亚马逊流域、拉普拉塔河—巴拉那河流域和圣弗拉西斯科河流域水电基地；阿根廷、巴西东南部高原、委内瑞拉北部以及哥伦比亚的加勒比海沿岸地区的风电基地；西部阿塔卡玛沙漠和东部巴西高原地区太阳能资源。

欧洲。重点开发斯堪的纳维亚半岛、阿尔卑斯山、比利牛斯山地区的水电基地；北海地区的英国、比利时、荷兰、德国、丹麦的风电基地；南欧意大利、西班牙、葡萄牙等国的太阳能发电基地。

（5）北美洲。重点开发密西西比河、圣劳伦斯河、科罗拉多河、哥伦比亚河的水电基地；美国中部和得克萨斯州地区的风电基地；墨西哥北部、美国西南部的太阳能发电基地。

（二）推动电网互联互通，提高能源配置效益

加快非洲骨干网架建设，形成非洲内电网同步互联和跨洲"两横三纵"互联格局。将刚果河、尼罗河水电送至北非、南非，并与北非太阳能联合送电欧洲大陆。亚—非通道连接刚果河、尼罗河水电基地和西亚太阳能基地，实现非洲水电和西亚太阳能互补互济。到2050年满足负荷6.9亿千瓦需求，装机容量达到15.3亿千瓦。

加快推进亚洲电网互联互通建设，亚洲内建设中国、东南亚、东北亚、南亚、中亚及周边、西亚6个主要同步电网，形成亚欧非跨洲"两横三纵"互联格局。到2050年满足亚洲超过63.3亿千瓦的负荷需求，电网装机规模160亿千瓦。

南美洲内构建北、南横通道及南美大环网互联通道，形成南美洲内"北水南送、南风北送、西电东送"格局。到2050年，满足5.4亿千瓦用电负荷需求，装机突破13.6亿千瓦。南美洲内跨国互联通道输电容量超6000万千瓦。

（三）加快智能电网建设，实现终端用能便利化

满足各种清洁能源友好接入。推广储能、柔性输电、智能用电技术，大幅提升电网的新能源消纳能力，满足清洁能源发电装机安全稳定运行要求。特别是利用智能电网技术让能源互联网覆盖世界每一个角落，保障水电、风电、太阳能发电等集中式和分布式电源大规模高比例接入，实现供用电关系的灵活转换。

保障大电网安全、经济、高效运行。依托大电网控制技术、信息通信技术和先进电力系统仿真技术，可实时仿真几十万个节点的大系统稳定状态，精确预测用电负荷，动态调整电力系统结构，保障跨国跨洲电网安全稳定运行。兼具坚强和智能特征的全球能源互联网，抵御风险能力高，能够自动预判、识别大多数故障和风险，具备故障自愈功能，能够更高效地应对台风、冰灾、地震等灾害及外力破坏。

通过构建全球能源互联网解决无电问题的发展效益。到2030年，非洲电力普及率将提高到90%左右，其他各洲基本消除无电人口。到2050年，全球全面消除无电人口。2030年全球用电成本下降约四分之一，2050年全球平均度电成本将比目前降低2.8美分/千瓦时左右，每年减少用电成本1.8万亿美

元左右。实现清洁永续的能源电力供应，以清洁和绿色方式满足全球经济社会发展的能源电力需求，从根本上摆脱对化石能源的依赖，到 2050 年，全球清洁能源占一次能源比重达到 70% 以上，清洁能源发电量占全球总发电量的80%。

四、构建全球能源互联网，助力解决贫困问题

秉承共商、共建、共享、共赢的发展理念，为最不发达国家提供更为公平、包容的发展机会。在资源富集、适宜集中开发的地区，坚持扶贫开发与经济社会发展相互促进，建设大型清洁能源开发项目，将资源优势转化为经济优势，转变"输血"式援助为"造血"式发展，为促进地区经济社会发展提供重要保障。

（一）发挥资源禀赋优势，拓宽收入渠道

促进互联互通，将资源优势在更大范围内转化为经济优势。全球能源互联网建设将加快对最不发达国家的能源投资，促进其与周边相对发达国家的能源互联，鼓励发达国家的能源相关援助行动，让不发达国家获得更大的发展机会。亚洲、非洲、南美洲发展中国家通过收入增加能投入更多的资源到经济发展、基础设施建设、教育与卫生中，进一步推进减贫工作，形成良性循环。2050 年，依托初步建成的全球能源互联网，全球跨洲电力交易量达到 9,075 亿千瓦时，各洲内跨区域电力交易量达到 17,476 亿千瓦时，区域内跨国电力交易量达到105,973 亿千瓦时。参见表 2。

表 2   全球能源互联网 2030、2050 电力交易量 [1]

区域	电力交易量（亿千瓦时 / 年）		效益（亿美元 / 年）	
	2030	2050	2030	2050
非洲—欧洲—西亚	1577	7529	100.9	570.1
中国—东南亚—南亚	344	526	56.8	42.1

资料来源：《全球能源互联网发展与展望 2017》，2017 年

---

[1]   全球能源互联网发展合作组织：《全球能源互联网发展与展望 2017》，2017 年。

促进分布式清洁能源开发，增加贫困家庭收入。全球能源互联网能灵活接纳各品类分布式电源，通过发展分布式能源，制定商业模式、精准扶贫等倾斜措施，为偏远地区的最贫困人口提供更多增加收入的渠道，保障其收入较快增长，缩小国内差距。

创造新的工作机会，提高家庭收入。建设全球能源互联网，投资规模巨大，蕴含巨大商业价值。清洁能源开发已经成为各国拉动投资和就业的重要产业，根据联合国环境规划署《2018 可再生能源投资全球趋势》报告统计，2017 年可再生能源总投资达到 2798 亿美元（不包括大型水电），根据国际可再生能源署发布的《2018 可再生能源与就业》年度报告，2017 年全球可再生能源工业就业人数增长 5.3%，全球可再生能源就业岗位达到 1034 万人。预计 2050 年，全球能源互联网总投资 38 万亿美元，拉动全球经济增长年均可达 0.2 个百分点，全球可累计新增超过 1 亿个就业岗位。

（二）培育增长新引擎，实现经济新发展

开发清洁能源，提供廉价电力助力上下游产业升级，孕育经济增长新动力。一是构建全球能源互联网解决"用不起电"的问题，为贫困地区的发展提供清洁、稳定、大容量并具有经济性的电力供应。二是清洁能源发展会带动材料、信息、电动汽车等上下游产业加速发展，具有显著的技术扩散效应和经济乘数效应，推动世界经济增长。三是为矿产资源实现规模化开发、本地化加工提供能源电力保障，发展重点工业、建设工业园区、打造工业重镇，形成产业经济带。

建设能源电力网络，提高基础设施水平。基础设施是国民经济发展的基石，对经济增长的乘数效应、成本效应、结构效应和需求效应显著。全球能源互联网聚焦大规模清洁能源开发，建设全球互联互通的坚强电网，促进各国对已有电力基础设施的升级和改造，使系统更灵活、更智能，大幅提升电网发、输、配、用各环节的效率。

（三）推动三网融合发展，夯实现代化发展基础

能源网、信息网、交通网三网融合将成为必然趋势。当前，以电力为动力，以数据为纽带，能源网、信息网、交通网在网络形态、业务功能、资源利用等

方面联系日益紧密，呈现相互交叉、相互融合、相互支撑、相辅相成的发展态势。推进三网融合发展，必须抓住能源网这个关键和短板，核心就是要加快构建全球能源互联网。

全球能源互联网能为贫困人口提供安全快捷的现代能源接入，减少收集能源上的时耗，获得更多改善生活状况的机会。研究报告指出，电力接入能够使南非女性就业率提升 10 个百分点，使尼日利亚农村地区女性在家庭之外工作能力提升 23%。全球能源互联网的建设，将为医疗、卫生、教育等现代服务体系打下良好的发展基础，为解决贫困人群面临的多维度、多方面的贫困问题、提升生活水平提供了现代化支撑。

通过构建全球能源互联网解决贫困问题的发展效益：在非洲、亚洲等贫困人口集中的区域，加快推进能源转型发展与产业转型发展，助力实现 2030 人类可持续发展目标中全面消除生存贫困的目标，全面提升生活质量，多维贫困人口总数下降 80%。夯实内生增长动力，到 2030 年全球经济年均增长 3%，人均 GDP 达到 1.5 万美元，在撒哈拉以南非洲、南亚等贫困人口集中的地区实现经济结构转型和就业结构的优化升级。

五、构建全球能源互联网，助力解决健康问题

人人享有健康是人类可持续发展的重要目标，是实现人类共同发展必须解决的问题。构建全球能源互联网将实现清洁替代和电能替代，利用充足的清洁能源推动生产力发展，直接减少化石能源带来的环境污染，改善人类生存环境，减少能源利用带来的相关疾病和死亡，让人类享有更洁净的生产生活环境、更可靠的医疗卫生服务，保障人类健康发展。

健康是系统问题，需要综合多途径进行改善。一是通过满足电力需求，提升生活质量，进而改善健康状况。二是推动绿色低碳转型，改善生态环境，减少该方面的疾病和死亡。三是构建全球能源互联网使得欠发达地区能使用现代先进医疗设备，通过生活水平提高增强现代医疗可负担能力，实现国家整体经

济实力提升，为国民建立现代医疗体系。

（一）推动"两个替代"，减少环境污染

加大清洁能源开发，化石能源清洁化应用。全球能源互联网以清洁和绿色方式满足全球用能需求，到2050年，清洁能源发电量占比87%。化石能源回归原材料属性，同时推广煤炭、油气清洁技术，特别是整体煤气化联合循环发电技术（IGCC）和碳捕捉及封存技术（CCS），减少污染物排放。

提高能源利用效率，有效控制能源消费总量。实施政策并投资支持更清洁的交通工具、家用清洁能源、节能住房。制定更高的能效标准，加大对非燃烧可再生能源和用于交通的液体燃料替代品的支持力度，改善公共交通和城市规划。控制能源业的排放并改用清洁能源、提高工业能源效率。

技术创新降低环保成本，加强污染物治理。减少污染物排放可以改善水质和土壤质量，提高农作物产量，从而改善食品安全。创新治污技术，减少污染治理成本，降低能源转型的成本。更严格地管理城市废弃物，制定严格的陆路交通排放标准。提高排放和能效标准，加强污染物治理，预计到2050年，每年能挽救近240万人的生命。

加快现代能源推广，提高生活电气化水平。以集约高效的现代能源替代分散低效的生物质能，用清洁电力替代薪柴、秸秆和动物粪便等低效生物质能。到2050年，全球电力普及率接近100%，降低生物质能初级利用57%。推广更清洁和更先进的烹饪、取暖和照明的燃料、设备及技术，实现电采暖、电加热、电炊事，生活电气化达80%，减少50%的可吸入颗粒物排放，室内空气污染带来的死亡率下降10%。

创新技术，大幅度降低贫困地区用能成本。加快清洁能源开发技术，降低用电成本，使度电成本下降至发展中国家居民可接受的范围。全球能源互联网建设，使大量贫困人口能够获得安全可靠的电力，替代传统生物质能源的使用，从而降低室内污染，提升当地居民健康水平。

（二）促进低碳转型，减缓气候变化

制定有针对性的减排方案，切实落实《巴黎协定》。全球能源互联网为《巴

黎协定》的落实提供了技术可行、经济性好、可操作、可统计的系统解决方案，预计全球能源消费排放的二氧化碳可在 2025 年前后达峰，到 2050 年降至 118 亿吨左右，仅为 1990 年的一半；2070 年前达到净零排放，能够实现 21 世纪末全球温升控制在 2℃ 以内的目标。

提升适应气候变化能力。全球能源互联网将推动解决近 10 亿无电人口的电力普及问题，极大减轻无电人口面临高温等极端天气的健康受损和伤亡。通过加快特高压、智能电网建设，全方位提高电网的防灾能力和可靠性，更好地适应极端高温和极端低温造成的负荷波动，抵御突发气候灾害事件，促进人类适应气候变化。

（三）实现电力普及，提高医卫条件

构建全球能源互联网实现电力普及，提高最不发达国家医疗卫生条件。在国际和国家能源协议和决策中优先考虑无电地区，尤其是最不发达国家的用电问题。构建全球能源互联网助力解决贫困问题，为生活质量提升和建设现代医疗提供根本保障。

通过构建全球能源互联网解决健康问题的发展效益。减少环境污染引发的生理健康问题，2050 年全球清洁能源占一次能源比重超过 70%，相当于清洁能源每年替代 186 亿吨标准煤的化石能源，减少排放二氧化硫 2.5 亿吨、氮氧化物 2.4 亿吨、可吸入颗粒物 1.4 亿吨；终端化石能源消费下降为 52 亿吨标准煤，因化石能源造成的工业废水、化学需氧量、氨氮排放量较 2015 年分别下降 56%、48% 和 45%；因空气、水污染等环境污染引发的健康问题下降 20%。构建全球能源互联网推动落后地区实现可持续发展，构建现代化医疗体系，助力全球人均健康年限提高 3–5 岁，低收入国家之间与高收入国家的差距将从 2015 年的 17.5 年缩小到 2030 年到 13–14 年的差距。

六、全球行动与合作机制

消除无电、贫困以及实现全民健康是全球共同责任，在联合国层面制定解

决无电人口问题行动路线，建立国际机制和公约推动行动计划，助力全球经济实现强劲、可持续、平衡和包容增长，为解决无电、贫困和健康问题注入新动力。

（一）六大共同行动

深化全球共识行动。以示范项目、经验交流等多种方式开展全球能源互联网发展方案宣传，推动其纳入各国政府宏观政策和行政决策的关键因素，开展相关重大研究，持续深化全球能源互联网促进人类可持续发展理论和技术创新。

加快清洁发展行动。以大型清洁能源基地集中式开发为主、分布式开发为辅，加快清洁能源开发利用，以清洁绿色低碳方式满足人类经济社会用能需求。重点开发非洲、亚洲和中南美洲的水风光地热等资源，建设大型清洁发电基地。

加强电网互联行动。加快推进大电网延伸，推动各局域配电网、微网与大电网联通，推进各区域电网、各国电网间的互联互通，实现风光水电等清洁能源跨季节跨品种的大规模跨洲跨国互补互济，增强电网互联和电力交换能力。

推动电能替代行动。大力提升居民生活用电水平、促进交通电气化发展、加快提升工业部门电能消费占比，力争在2050年将电气化水平分别提高到55%、52%和38%，通过清洁电能让生态更宜居、生产更高效、生活更美好。

提升能效利用行动。采用行政和市场手段，在能源生产、配置、消费各环节，制定严格的政策和技术标准，发展应用节能高效技术，提高能源使用效率。2015-2030年，能源强度年均下降速度达到1%-2.5%。

培育内生动力行动。通过人才培训、国际交流、合作研发、技术转让等方式，提升发展中国家在清洁能源开发、电网建设运营等方面的技术和管理水平，积极推动最不发达国家能源资源优势转化为经济优势，提高自我"造血能力"。

（二）六大合作机制

能源发展援助机制。各国联合制定建立国际机制和公约推动行动计划，充分发挥联合国等国际组织的协调作用；建立清洁能源扶贫专项计划，设立专项开发基金，支持项目开发和跨国电网建设；发达国家为最不发达国家在能源领域加大对发展中国家的资金、技术和能力建设等方面提供援助。

互联互通共建机制。建立信息共享机制、项目协调机制、争端解决机制和监督管理机制，加强各国在互联电网的规划、建设、贸易及技术标准等政策的协同规划，开展区域统一规划制定跨国联网方案，根据各国经济社会发展和规划实施情况进行滚动修编，将能源发展与气候治理、节能减排、健康公平协同规划。

产业协同发展机制。以构建全球能源互联网为抓手，创新"电—矿—冶—工—贸"联动发展模式，以清洁充足的电力供应，保障矿产开发、冶金生产、加工制造业，实现跨国跨洲上下游产业链的协同发展，推动经济欠发达地区的资源优势转化为经济优势。

跨国电力交易机制。构建涵盖电力市场、碳市场、电碳联合市场的多层次跨国跨区市场体系，推动以电力为核心，可再生能源为主、常规能源为辅的交易结构，通过精益化管理及多种配套机制联动支撑保障全球能源互联网电力市场经济、安全、可靠运行。

创新投资融资机制。以政策性融资为先导，向政策性金融机构寻求期限长、成本低的优惠贷款；以市场化融资为主体，充分运用股权，银行贷款、发行债券等债权融资方式；以能源资源为抵押和担保，降低投资风险，减轻政府债务负担；以上下游企业群为载体，提高单个企业的融资能力，降低金融机构的信贷风险；以发、输、用一体化实现电力融资，为各方稳定盈利提供保障，解决电力发展的融资问题。

技术标准协同机制。加强各方共识，共同研发编制跨国电力联网项目建设及设备相关的技术标准，促进全球能源互联网相关技术研发、装备制造、工程建设、运行管理以及商业应用。

B 15

国际能源地缘政治变化：聚焦可再生能源

查道炯　董汀 [1]

摘　要：

全球范围内的能源地缘政治行为发生了重大甚至是根本性的变化。加速能源转型（从化石能源向非化石能源导向、从满足能耗需求转向节能增效、低碳发展导向）开始成为广泛性的共识，但与可再生、更清洁能源产业相关的国际贸易和跨国投资却成了新的利益摩擦领域。中国在全球可再生能源产业链条中的地位和角色变化、中国利用境外的资源和智慧发展境内的可再生能源以及在境外开拓可再生能源市场的努力，都进入了众多竞争对手的视野。在可预见的未来，中国无疑将在全球可再生能源地缘政治版图中长期处于一种严峻态势。战略上，如何从地缘政治的逻辑来思辨中国在全球可再生能源版图中的机遇与挑战？具体实务层面，又如何将可再生能源设备与服务出口所遇到的国际政治阻力降为最低？本文尝试提供一种新的思考路向，并指明其中常易被忽视的经济制裁环节，以及生能源产业链的国际化（特别是在对外投资、技术合作等方面）、应对（直接和间接、显性和隐性）能源制裁作出些许知识贡献。

关键词：

[1]　查道炯，博士，北京大学国际关系学院、南南合作与发展学院双聘教授、博导。董汀，博士，北京大学博雅博士后、北京大学国际关系学院讲师。本文是 2018 年国家社会科学基金"国家治理与全球治理"研究专项"应对全球非传统安全威胁研究"课题（批准号 18VZL019）的中期成果。

可再生能源；地缘政治；经济制裁；贸易制裁

引言

地缘政治是观察自然和人文地理对政治与国际关系行为影响的主流视角，因此围绕具体的能源项目，常常被用来支撑国家间应当展开良性合作还是破坏性竞争的判断。观察可再生能源的全球产业链时，地缘政治思维追求单项或尽可能广泛的体系层面领先优势，与此同时又具有全球利益网络的包容性。如何把握跨国性产业链中的相互依存度，使国内和国外项目都得以平稳、良好的运营，是地缘政治视角讨论的终极目的。

近年来，"油气的地缘政治"与"能源的地缘政治"互为同义词的历史正在被改写，全球范围内的能源地缘政治行为发生了重大甚至是根本性的变化。例如，2019 年 6 月 20 日，在霍尔木兹海峡上空，伊朗武装力量击落一架美国军用无人机，美军随后宣布准备对伊朗三处目标实施报复性打击，然而实际仅于近一个月后在同一水域击落一架伊朗无人机作罢。同年 7 月 4 日，英国在直布罗陀海域扣押了一艘伊朗油轮，伊朗随即于 7 月 19 日扣押了一艘英国油轮作为报复[1]。就这两起事件本身而言，军力更弱的伊朗并没有如历史上常见的那样遭到美军、英军的报复性打击并不断升级的打击。此外，无人机被击毁后，美国提出在波斯湾上组建联合巡航舰队，几周后，仅巴林、英国和澳大利亚表示参与美国的行动，但这些国家均不依赖中东的石油进口。传统上，"霍尔木兹海峡"与"油轮扣押"一类消息的结合是国际能源经济与政治"牵一发而动全身"式的典型标志，国际油价定将随之出现大幅波动。可如今上述事件发生后，国际原油价格没有出现引人注目的波动，主流媒体中也鲜见恐慌性评论。显然，"为石油而战"的地缘政治逻辑不再具有普遍解释力。

这种波澜不惊，折射出近十多年来全球能源经济地理所发生的部分趋势性

---

[1]　Jason Neely，"Timeline: Iran's Recent Clashes With the West Over Gulf Shipping, Nuclear Plans，" Reuters，July 21，2019.

变化。第一，北美地区自我供应能力的提高释放了全球油气供应的空间，也使油气进口侧的地缘竞争态势相对而言有所缓解。随着美国页岩油气产量在 2011 年前后取得了革命性的突破，北美洲油气供需开始走向自给自足，其对中东等油气输出地区经济和社会稳定程度的敏感度大大降低。第二，与高比例进口依赖伴生的能源供应结构性脆弱状态并没有得到改善。随着油气消费的增加，东亚、南亚对中东和北非等地区的供给依赖程度相对上升，中国于 2013 年超过美国，成世界第一大油气和其他液体燃料进口国，但尚没有国家具备取代欧美在石油产区维持安全秩序的能力和意愿。第三，加速能源转型（从化石能源向非化石能源导向、从满足能耗需求转向节能增效、低碳发展导向）开始成为广泛性的全球共识，但与可再生、更清洁的能源产业相关的国际贸易和跨国投资也成了新的利益摩擦领域。作为一类新兴产业，全球可再生能源（特别是太阳能和风能）的发展势头加快，中国、印度等发展中国家在全球产业链中的地位上升，与此同时，所遇到的境外发展阻力也越来越大。

　　大约从 2015 年开始，多家国际能源组织和大型跨国能源公司开始集中关注可再生能源的发展，其中突出讨论的话题之一便是中国在全球可再生能源产业链条中的地位和角色的变化[1]。这些形势回顾和预测报告所思辨的是西方国家和老牌能源跨国公司的利益，将中国描述为具有高度不确定性的主体，中国利用境外的资源和智慧发展境内可再生能源并开拓全球市场的努力也越来越频繁地被视作西方国家和传统跨国企业所必须努力驾驭的地缘政治挑战。伴随着 2017 年开始的中美经贸关系摩擦，美方开始密集批评中国推进新能源和可再生

---

[1] International Energy Agency, World Energy Outlook 2016, November 2016, https://www.oecd-ilibrary.org/energy/world-energy-outlook-2016_weo-2016-en;

International Renewable Energy Agency, Roadmap for a Renewable Energy Future , 2016 Edition, https://www.irena.org/-/media/Files/IRENA/Agency/Publication/2016/IRENA_REmap_2016_edition_report.ashx; Bloomberg NEF, New Energy Outlook 2016; BP, Energy Outlook 2016, https://biomasspower.gov.in/document/Reports/bp-energy-outlook-2016.pdf;

Exxon Mobil, Outlook for Energy: A View to 2040, February 2016, http://energyforum.fiu.edu/events/2016/2016-energy-outlook/2016-exxonmobil-energy-outlook-florida-intl-university-020316.pdf;

International Renewable Energy Agency and International Energy Agency, Perspectives for The Energy Transition: Investment Needs for a Low-Carbon Energy System, 2017, https://www.irena.org/DocumentDownloads/Publications/Perspectives_for_the_Energy_Transition_2017.pdf.

能源产业发展的政策，并公开讨论在发展新能源所需的"关键性稀缺材料"、可再生能源设备和技术领域与中国实行"脱钩"的主张。

我们观察演进中的全球能源经济地理版图不难注意到，可再生能源的发展，使得能源的地缘政治维度产生了重大变化，而中国仍将长期面临严峻的发展态势。如何思考和解读出现的新变化，如何预见中国可再生能源发展中的机遇与挑战，是当前国际能源政治研究需要做出贡献的地方。本文尝试思辨如何使用地缘政治逻辑来解读可再生能源领域的发展，并辨明其中容易被忽视的挑战所在，以期围绕中国如何布局下一步的国际能源合作这个总课题，在推进可再生能源产业链的国际化（特别是在对外投资、技术合作等方面）、应对（直接和间接、显性和隐性）能源制裁做出些许知识贡献。

二、地缘政治视角下可再生能源的发展

从美索不达米亚地区的水渠到幼发拉底河上的帆船，人类利用自然界势能转化为可控动力的历史由来已久。农耕、航海以及居有定所，这些能源带来的成就开启了世界文明的可能，而对能源的有效掌控和利用则成为每个时期的优势力量。能源催生技术，技术作为生产要素对一国经济力量的建设，以及海外军事的扩张所发挥的作用又无可替代。因此，当以燃煤蒸汽机的改良和使用为代表的第一次工业革命完成之后，英国所倡导的政治经济秩序开始引领全球发展。

美、德两国科学家对电的发现以及各种电力的应用发明带来了第二次工业革命。电力在机械化、自动化生产特别是通信传输中的突出贡献几乎改造了所有的产业，因此如何将风、光、水等自然能源转变成电能，成为人类新的追求。19 世纪中叶，风力发电、太阳能发电的实验都已经取得进展，但终因其生产的可控性程度低而未能受到私人资本或政府政策的支持，商业化程度很低[1]。

---

[1] Christian Binza， et al.， "Spatial Lifecycles of Cleantech Industries: the global development history of solar photovoltaics，" Energy Policy，101，2017，pp. 386–402.

1882 年 9 月，位于美国威斯康辛州的世界首座商用水电站成功投入运行，在之后的一个多世纪里，"水电"基本上成为可再生能源的代名词。但由于水力发电不仅颇受地理位置和水量等自然条件制约，而且其自身技术路径也决定了发电过程存在间歇性，电力无法持久性存储，再加上一般性工农业生产、生活也都需要大量不间断的供水作为支撑，因此在绝大多数国家里，水电无法作为工业化和现代化过程中的主力能源。即使有些国家修建了拦河大坝用于发电，每一个项目都始终无法摆脱如何平衡多种发展需求之间的矛盾。在一些发达国家，退役、拆除老旧水坝成了一种时尚[1]。

19 世纪末，北美发现了大量油田，依凭石油分离技术的发展和内燃机的发明，与两次世界大战几乎同期，石油登上世界主要能源市场的舞台。第二次世界大战结束后，各主要国家致力于更高科技和工业加工能力的竞赛，这一过程中，被称为"工业血液"的石油毫不意外地成为了争夺的对象。特别自从 20 世纪 70 年代中期开始，美国、日本、德国等主要原油进口国工业化、城镇化而出现的进口方之间的竞争更加激烈，再加上一些阿拉伯石油输出国针对以色列、美国及其军事盟友发起了石油禁运，国际多边能源合作牢牢聚焦于化石能源[2]，可再生能源尚未能进入关注范围。联合国专门机构曾经于 1981 年以"新能源和可再生能源"为主题召开过一次会议，但是其后数十年间，该主题再未能纳入国际能源合作的日程[3]。

目前，国际公认有影响力的多边能源合作组织有八个，其中，国际可再生能源组织（IRENA）[4]到 2011 年才得以正式设立，比石油输出国组织（OPEC）

[1] Waltina Scheumann and Oliver Hensengerth, Evolution of Dam Policies: Evidence from the Big Hydropower States (New York: Springer, 2014).

[2] 耶金（Yergin, Daniel）:《石油风云》（政协上海市委员会翻译组译），上海：上海译文出版社 1992 年版。

[3] Margaret R. Biswas, "United Nations Conference on New and Renewable Sources of Energy, Held in Nairobi, Kenya, During 10‑21 August 1981," Environmental Conservation, Volume 8, issue 4, Winter 1981, pp. 330–332.

[4] 其余七个组织是：国际原子能机构（IAEA，1957 年成立），欧佩克石油输出国组织（OPEC，1960 年成立），国际能源署（IEA，1973 年成立），能源宪章条约（ECT，1994 年成立），国际能源论坛（IEF，2001 年成立），天然气输出国论坛（GECF，2001 年成立），国际能效合作伙伴关系组织（IPEEC，2009 年成立）。

的成立晚了半个世纪。但值得注意的是，德国倡议下诞生的国际可再生能源组织，尽管与其国内可再生能源产业中所取得的成就以及该国对外贸易和投资新增长点的战略规划密不可分，[1] 但该倡议从提出到正式设立，短短两年时间内，吸引了 143 个国家，国别成员数量达国际能源论坛（IEF，沙特牵头的油气进出口方对话和对接机制）的一倍。这一事实有力说明通过参加 IRENA 等同质机制，推动可再生能源的发展开始成为大多数国家的共识。

有目共睹，近十年来，"能源转型"业已成为全球能源领域经济、政策与外交互动的大趋势。这种转型得以迅速广泛的形成，概因全球环境污染加重凸显了化石能源消费的负外部性，而技术的进步又极大降低了新能源的使用成本，使得实现公共政策中所列出的可再生能源目标变得更具可能[2]。例如在一些经济合作与发展组织（OECD）国家和包括中国在内的少数发展中国家，太阳能和风能发电设备和基础设施成本的下降使得相关行业迅速发展。此外，旨在减少人类活动对环境和大气损害的创新技术和产业容易获得资金和政策支持，并享有舆论红利，因此投资者和企业也更具积极性，可再生能源行业实现了投资—产业—社会之间的良性发展循环。

以"能源的转型与发展"为政策和现实背景，能源的地缘政治亦同步出现了重要变化。对任何一个主要经济体而言，能源供应自主程度的提高是地缘政治／经济思维追求的重要目标。能源的地缘政治也因此一直被广义地理解为对资源储量、分布、运输通道的战略控制，大国在化石能源高储量、高产量国家与地区的势力争夺以及对海上交通要塞的控制成为主要题中之意，弱小的民族和国家在这个过程中的偏好或选择几近被忽视。然而对于可再生能源而言，"可再生"这一定语已经揭示了其取之不尽、用之不竭的"储量"，每一个国家，

---

[1] Sybille Roehrkasten and Kirsten Westphal, "IRENA and Germany's Foreign Renewable Energy Policy：aiming at Multilevel Governance and an Internationalization of the Energiewende?" German Institute for International and Security Affairs, Working Paper FG8, September 2013.

[2] 全球能源转型与地缘政治委员会：《新世界：全球能源转型与地缘政治》，2019 年，https://irena.org/~/media/Files/IRENA/Agency/Publication/2019/Jan/Global_commission_geopolitics_new_world_2019_CN.pdf?la=en&hash=76C99B69705D4337868871236F19F4EF7DAB2FE6。朱彤、王蕾：《国家能源转型：德、美实践与中国选择》，杭州：浙江大学出版社 2015 年版。

无论国力强弱，都或多或少拥有某种或某几种可再生的自然资源，按季节性或其他人为可控的因素规律性地连年生成，且边际成本低[1]。

传统化石能源的跨国贸易或合作中，一国往往要么是"生产国"，要么是"消费国"，单一角色造成各自高度的脆弱性，而对于可再生能源来说，开发利用的规模可大可小，主要集中在一国境内"就地取材，就地使用"，分布式的能源生产和消费使得每一个国家都可以"自产自销"，不再存在传统能源的"资源诅咒"（即：大量出口化石能源却无法使国家富裕，甚至滋生政府腐败），也无进口依赖之忧。可再生能源开发的广度利用受技术限制，即使是电力贸易，目前也只形成了为数不多的几个小型区域性市场[2]，所以基本上可以忽视能源大型跨国运输的不确定性。再加上新材料、新科技、高端制造等所必须依赖的投入有利于整体国民经济的发展，整个可再生能源的产业链高度可控并具有良好的外溢效用。

无论是从类型还是相关技术和基础设施，可再生能源与传统能源却是完全不同的，但前者显而易见的优势是否意味着，可再生能源的地缘政治思辨逻辑，需要且能够绕开传统的资源（储量、分布）和供应（运输、供给安全）视角？我们试从现有的实例中展开观察。

2010年，中日之间因为钓鱼岛水域的撞船事件引发外交纠纷后，国际媒体充斥着中国限制对日出口17种稀土原材料的报道。节能环保、高端装备、新能源等在21世纪被认定为新兴产业的重点，而这些产业的发展都离不开稀土这种战略资源。稀土元素被誉为"工业维生素""工业黄金""新材料之母"，而中国作为全球主要的稀土供应国，会否将这一关键材料的禁运继续作为外交政策工具在全球市场使用？

众所周知，在现有的技术条件下，稀土元素广泛应用在永磁材料、发光材

---

[1] DNV·GL, Energy Transition Outlook 2018, https://eto.dnvgl.com/2018/#Energy-Transition-Outlook-2018-.

[2] Musiliu O. Oseni. and Michael G. Pollitt, Institutional Arrangements for the Promotion of Regional Integration of Electricity Markets: International Experience, The World Bank Development Research Group, Environment and Energy Team, Policy Research Working Paper 6947, June 2014. http://documents.worldbank.org/curated/en/707091468183843171/pdf/WPS6947.pdf.

料、储氢材料、高温超导等可再生能源的高新技术领域，稀土也因此成为可再生能源关键材料的代名词。美国地质调查局（USGS）报告显示，截至 2017 年，全球共有稀土储量 1.3 亿吨，其中，中国有 5500 万吨，约占比 42%，美国占比约 1%。[1] 中国是世界上唯一能产出全部 17 种稀土元素的国家，储量丰富且开采条件相对简易。美国进口的稀土化合物和金属，80% 来自中国，另外的三个主要来源国是爱沙尼亚、法国和日本，共占比 12%。但其中很大比例又是从中国出口的矿物聚合物和化学制剂里提炼所得。应用传统观察逻辑的观点可得，能源转型造成对关键稀缺材料的新一轮地缘政治争夺已经开始，中国将是"天赐"的赢家。

然而也应当看到，第一，我国的主要稀土材料虽然产量占全球总量的 80%，但大多属于中低端产品，产值仅占全球 60%，而日本的产品大部分应用在高端领域，产量仅占世界产量的 20% 左右，但产值接近全球 40%。[2] 第二，稀土矿物中的大多数地质储量丰富，因现有开采技术会造成较严重的环境污染，所以有些发达国家并未开采，供应侧产能不足造成价格昂贵。美国 2018 年重启了封闭三年的加州帕斯山（Mountain Pass）氟碳铈矿，当年产量即达 1.5 万吨。[3] 第三，事实上，大部分可再生能源不可或缺的材料并非稀土。例如，储电用锂电池的关键材料是锂（Li）、钴（Co），制造电机涡轮和输电必不可缺的是铜。即便是使用稀土材料的可再生能源行业，例如风能发电，尽管在控制方面有了很多的突破，但目前的技术线路依然是永磁和双馈种方式驱动涡轮发电。其中只有永磁驱动会用到稀土元素中的钕、镨和镝，但业内大部分采用的是双馈驱动，例如，美国风能发电的 98% 就是采用这种方式。第四，包括稀土元素在内，可再生能源产业所需的关键材料多是可再生的，也是可替代的，这是其与传统能源相比最重要的不同之一。目前回收再利用效率尚不高，但随着需求增加和

[1]　U.S. Department of the Interior, U.S. Geological Survey, Rare-Earth Elements: Critical Mineral Resources of the Unites States-Economic and Environmental Geology and Prospects for Future Supply, 2017, https://pubs.usgs.gov/pp/1802/o/pp1802o.pdf.

[2]　幸晓天：《中国稀土禁运对美国的影响分析》，创金合信，https://xueqiu.com/3414595216/127516261。

[3]　U.S. Department of the Interior, U.S. Geological Survey, Mineral Commodity Summaries, 2019, p.132, https://prd-wret.s3-us-west-2.amazonaws.com/assets/palladium/production/atoms/files/mcs2019_all.pdf。

技术的发展，相应的成本和效率会达到更优配置。能源转型意味着技术创新，创新的重要目的之一就是使用更廉价更易获取的原料。中日稀土之争也倒逼了一系列技术创新，如今可再生能源技术高度依赖钕、镝、铽稀土元素的程度已极大减轻。[1]

关于供应，可再生能源的使用必将带来更广泛的电气化和更多的跨境输电贸易，加上俄罗斯对乌克兰天然气"断供"有例在先，使得把"断电"作为能源外交政策工具、外交武器之担忧也相应出现。事实上，切断供应的做法即便在因传统石化能源产生的摩擦和制裁历史中也不常见[2]，更何况传统能源如果停止供应给一个国家，可以相对容易地转运并转卖给其他国家甚至自行存储，而通过既有跨境电缆的输电，则没有那么容易转换买家或者"存起来"。

此外还应当清醒地认识到，作为国际能源地缘政治话题，可再生能源所受到关注的程度，远远高于它在满足全球能源供应需求中所发挥的实际效用。在全球范围内，近20年来新增可再生能源发电量不断上升的情形出现了一些变化。根据国际能源署所发布的数据，2018年全球新增的可再生能源电量与2017年持平，为180吉瓦（其中太阳能占55%，风能30%，其余主要是水能）。这是自2001年以来新增产能第一次未能实现年度递增[3]。到2019年，尽管近年来的风能和太阳能的装机发电能力取得了前所未有的进展，满负荷运行也仅能满足全球能源需求的2%。根据麦肯锡公司的一项研究，2019年，全球风、光装机发电量为1太瓦，占同年发电总量的8%。该研究预计，到2040年，煤炭、石油、天然气对满足全球电力消费的贡献依然在85%，比2019年的90%只是

[1] Indra Overland， "The Geopolitics of Renewable Energy: Debunking Four Emerging Myths，" Energy Research & Social Science， Vol.49， 2019， pp.36–40.

[2] Itay Fischendler， Lior Herman and Nir Maoz， "The Political Economy of Energy Sanctions: Insights form a Global Outlook 1938–2017，" Energy Research &Social Science， Vol.34， December 2017， pp.62–71.

[3] International Energy Agency， Renewable Capacity Growth Worldwide Stalled in 2018 After Two Decades of Strong Expansion， https://www.iea.org/newsroom/news/2019/may/renewable-capacity-growth-worldwide-stalled-in-2018-after-two-decades-of-strong-e.html.

略有下降[1]。

综上，从地缘政治视角出发观察可再生能源，并不能完全套用化石能源的逻辑。围绕可再生能源展开的竞争，主要聚焦新的产业发展机遇。技术路径的不断变化则为原材料依赖提供了出路。理论上，可再生能源取之不尽、自主程度高，但是关键技术的突破将会推动企业抢占产业链上游，给国家带来新的竞争优势。

三、经济制裁

在围绕能源开发、运输加工和消费利用的国际关系史上，以制裁作为国家（市场）间的斗争工具是一个经常性的选项。这种斗争的持续主要基于对化石能源产量达到峰值的担忧。石油、天然气和煤炭是数百年甚至数千年地质变化形成的结果，下游消费设计则是以能源永不间断的供应为前提的。当上游供应因地质储量的限度而出现递减时，争夺资源在所难免。尽管在地质学和经济学界这个推论具有争议[2]，但是，化石能源的枯竭是一个极难甚至无法证伪的命题，许多政府也已将其纳入国家战略政策的考虑范围。由于这种因果必然性，尽管制裁是以牺牲弱势对象国社会福利为前提的行为，容易因过度而造成人道危机，却仍获支持并一直使用。

可再生能源的出现打破了这种不得已的选择怪圈，一方面源于必要的现实经济和社会需求，另一方面因为有助于延缓全球气候变暖，发展减碳产业自带"全球公共品产业"政治光环，表面看上去，任何国家都不会因为拥有或发展可再生能源而遭别国诟病与制裁，实则不然。

国家间的制裁行为可以分成两类。

第一类是贸易制裁。即一国针对另一国的具体产品或企业，限制双方经贸

---

[1] Neal Anderson, Energy Transition: can the energy industry rise to the challenge of climate change? Wood Mackenzie, May 2019, https://www.woodmac.com/news/feature/can-the-energy-industry-rise-to-the-challenge-of-climate-change/.

[2] 张抗：《从石油峰值论到石油枯竭论》，《石油学报》2009 年第 1 期，第 154—158 页。

往来。具体措施包括提高关税、限制进口量、排除在政府采购对象之外、取消经营资格等。

如前所述，可再生能源产业发展的关键核心是技术及其创新。为提高本国产业竞争力，抢占全球市场份额，自 2008 年经济危机以来，各国纷纷出台绿色产业政策，为清洁技术的开发和部署提供财政支持。全球补贴竞赛导致了一系列双边和多边贸易争端，特别是在太阳能光伏和风能行业[1]。一个典型的例子是中美两国政府于 2010 年 5 月启动了有多项实质内容的"中美可再生能源伙伴关系"[2]。在政治保障和政策支持下，两国的太阳能光伏产业链迅速实现了互补，生产能力也因此而得以提高。2011 年，美国光伏制造联盟向美国商务部和美国国际贸易委员会提出申诉，指责中国太阳能电池企业因获得政府补贴而得以在美国市场上低价倾销。2012 年，美国做出终裁，对中国的晶体硅光伏电池及其组件征收"双反"关税，开始了两国在太阳能光伏产业领域旷日持久的贸易争端[3]。

与此同时，中欧（盟）之间也出现了类似摩擦。中资企业在欧盟市场的可再生能源投资以小型企业居多，且主要仅集中在德国，即便如此，也很快成为欧盟政府和公众舆论中的争议话题[4]。欧盟于 2011 年针对中国的太阳能设备发起了倾销调查，征收惩罚性关税。2013 年 6 月，欧盟委员会对原产于中国的进口光伏产品征收临时反倾销税，所涉额度使该案成为中欧之间迄今为止最大的贸易争端[5]。

---

[1] Joanna Lewis， "The Rise of Renewable Energy Protectionism: Emerging Trade Conflicts and Implications for Low Carbon Development，" Global Environmental Politics， Vol.14， No.4， 2014， pp. 10 - 35.

[2] "中美可再生能源伙伴关系"启动之时，举办了中美可再生能源产业论坛和中美先进生物燃料论坛，签署了航空生物燃料、天然气分布式能源、智能电表、纤维素乙醇等五个领域的八项政府和企业间合作协议。王优玲：《国家能源局：可再生能源成中美能源经济合作重点》，人民网，2010 年 5 月 28 日，http://energy.people.com.cn/GB/11717695.html。

[3] Llewelyn Hughes and Jonas Meckling， "The politics of renewable energy trade: the US–China solar dispute，" Energy Policy， Vol. 105， 2017， pp. 256–262.

[4] Louise Curran， Ping Lv and Francesca Spigarelli， "More heat than light? Renewable energy policy and EU - China solar energy relations，" International Journal of Ambient Energy， Vol. 38， 2017， pp.471–480.

[5] 李彦红：《中欧光伏贸易争端达成价格承诺》，《中国贸易救济》2014 年第 1 期，第 58 页。

在国际经济规则中，贸易制裁是全球供应链变化过程中的一部分[1]。类似美国、欧盟针对中国出口的太阳能光伏设备征收高额关税的"贸易限制"，属于世界贸易组织（WTO）等多边和双边经济条约都允许的"贸易救济"（Trade Remedy）的范畴。在机制设计层面，采取制裁措施是为保护国内生产者的经济利益免受不正当竞争的损害。征税和反征税（包括不以同一款/类产品为对象的报复性征税），都是建立在相互认可的争端解决规则基础之上。

第二类是经济制裁。经济制裁指限制或禁止发起制裁的本国人（公民和法人）与目标国进行贸易和投资往来，是国际上常用的外交斗争工具。联合国早在国际联盟 (League of Nations) 时期便开始用经济制裁手段来迫使一个国家放弃占领、攻击或围困另外一个国家[2]。联合国成立之后，经济制裁的目标逐步深入对象国，即试图通过制裁改变一个国家的内部政治生态和政策选择。作为国家间最具普遍性、代表性和权威性的国际组织，联合国通过安理会完成辩论、投票程序实施的制裁，其必要性和合法性不存在争议。事实上，有关经济制裁的学术研究，关注的问题更多的是其有效性[3]。1990 年国际经济协会组织的一项调查结论显示，从 1914 年到 1990 年，全世界共发起过 114 起经济制裁，其中有 66% 的经济制裁不成功，因为没有达到"改变甚至部分改变"被制裁国政策的目的[4]。也就是说，经济制裁的目的不是为了保护制裁发起方国内生产者的经济利益，而是通过实施负面经贸往来政策，强制改变被制裁国/方的政策或行为，具有胁迫性。

当一个国家受到经济制裁时，其可再生能源的发展也会因此受到影响。例如，朝鲜西海岸涨潮退潮引起的海水涨落及潮水流动所产生的巨大能量给予了朝鲜发展利用潮汐能的优势。2015 年，朝鲜西海岸已有 21 台装机总量达到 3500 千瓦的潮汐能发电机组投运。但是，在 2017 年后，朝鲜面对来自联合国

---

[1] Jonas Meckling and Llewelyn Hughes，"Protecting Solar: global supply chains and business power，" New Political Economy，Vol. 23，No.1，2018，pp. 88–104.

[2] Margaret P. Doxey，Economic Sanctions and International Enforcement(London: MacMillan Press，1980).

[3] Golnoosh Hakimdavar，A Strategic Understanding of UN Economic Sanctions(London: Routledge，2014).

[4] 简基松：《论联合国经济制裁之功能》，《中国法学》2005 年第 3 期，第 182 页。

更为严厉的经济制裁，虽然潮汐能不在被制裁的清单之列，但是其整体经济失去了支撑它去继续开发这一可再生能源的活力[1]。

有必要特别值得注意的是，美国实施经济制裁时，采用一种特殊补充手段，即"次级制裁"，用于限制或禁止非美公民或机构与被制裁国进行贸易和／或投资往来。作为一种较新形式的制裁方式，次级制裁针对贸易、金融和投资三个领域，涵盖海外投资行为的所有环节：企业准入、经营、销售和融资，等等。例如，暂停、限制和禁止针对第三国的公司或个人商品、技术及服务的输出输入，征收高额关税，中止最惠国待遇，限令银行签发保证书、开立保险或信用证[2]；抑或是通过撤资法禁止州和地方公共基金投资于被制裁国；暂停、限制和禁止针对第三国的公司或个人间接或直接的投资，禁止海外私人投资公司提供保险与资金，以及对知识产权申请或维护加以限制等[3]。

美国经济制裁法的管辖标准经历了一个演进过程，从"美国境内的人""美国管辖下的人""美国人"以及"拥有和控制"与美国相关的资产发展到现在更为隐蔽的"间接管辖"。其行为标准越来越具有"一事一议"的性质，这些标准都可能使美国的经济制裁法具有实际上的域外效力。美国坚持认为，由于一些国家在联合国安理会等多边场合阻碍美国发起的制裁决议通过，并执意与被制裁国保持贸易与投资往来，致使美国政府不得不以次级制裁取而代之[4]。

"次级制裁"近五年来被频繁应用于美国对伊朗的制裁。[5] 美国对伊的次级制裁能够并确已经影响到可再生能源产业。伊朗太阳能发电量尚不足占该国

[1] "Power-deprived North Korea sets sights on sanctions-proof energy sources," South China Morning Post, February 14, 2019, https://www.scmp.com/news/asia/east-asia/article/2186131/power-deprived-north-korea-sets-sights-sanctions-proof-energy.

[2] 陈卫华、周广峰：《规避信用证结算中的另类风险：OFAC 制裁》，《对外经贸实务》2012年第10期，第72—74页；谷灏：《信用证 OFAC 制裁风险防控》，《中国外汇》2017年第17期，第72—73页。

[3] 王淑敏：《国际投资中的次级制裁问题研究：以乌克兰危机引发的对俄制裁为切入点》，《法商研究》2015年第1期，第165—172页。

[4] Jeffrey Meyer, "Second Thoughts on Secondary Sanctions," University of Pennsylvania Journal of International Law, Volume 30, No. 3, 2009, pp. 905-967.

[5] 参见美国财政部海外资产控制办公室制裁法务（OFAC Sanctions Attorney）关于次级制裁的相关释义，https://ofaclawyer.net/economic-sanctions-programs/。

的电力供应总量的 1%，开发潜力巨大，伊朗政府也积极鼓励外商投资。2017
年底，英国克库斯基金（Quercus Investment Partners Limited）与中国电建集团
贵州工程公司签订协议，在伊朗建设光伏电站。这是伊朗历史上最大的太阳能
发电项目，分六期开发，每期一百兆瓦，总投资额为六亿欧元，将用三年时间
全部建成并网。[1]2018 年 8 月，该英国公司因为担忧美国对伊朗的次级制裁波
及自身而决定中止这一项目[2]。

　　此外，次级制裁的一个新趋势也不容忽视。传统上，美国这种将"长臂管
辖权"（long arm of foreign jurisdiction）应用于经济制裁的做法因为与国际法相
抵触，一直受到其他国家特别是欧洲国家的激烈抵制。然而，随着欧盟一体化
进程的加速发展，尤其是在 2007 年《里斯本条约》生效之后，欧盟逐渐形成
了统一的外交政策，开始转变其对待次级制裁的态度。例如，2010 年美国颁布
的对伊朗制裁法虽然继续保留了域外管辖权条款，但欧盟不仅未加反对，反而
颁布了与其相一致的对伊朗制裁条例[3]。

　　归纳而言，可再生能源的发展，尽管符合全球节能减排的共同利益，但作
为一种商业行为，同样会面对贸易和经济制裁的阻碍。尽管在国际法理论上具
有争议，次级制裁已经是影响跨国投资的常见选项，这是中国企业从事跨国可
再生能源的贸易和投资往来中所必须面对的挑战。

四、结语

　　石油和天然气对能源安全的影响度开始降低，可再生能源的开发利用缓解
了主要能源消费国对化石能源甚至更广义的自然资源的竞争，降低了一些传统

---

[1]　《贵州工程公司签署伊朗史上最大光伏项目合作协议》，来源：中国电建贵州公司，2017 年
11 月 20 日，http://www.sgcio.com/eduinfo/zhxy/2017/1120/35671.html。

[2]　Lefteris Karagiannopoulos, "UK's Quercus pulls plug on $570 million Iran solar plant as sanctions
bite," Reuters, August 14, 2018, https://www.reuters.com/article/us-iran-sanctions-quercus-exclusive/
exclusive-uks-quercus-pulls-plug-on-570-million-iran-solar-plant-as-sanctions-bite-idUSKBN1KZ0ZR.

[3]　Sascha Lohmann, "The Convergence of Transatlantic Sanction Policy against Iran," Cambridge
Review of International Affairs, Vol. 29, Iss. 3, 2016, pp. 930–951；杜涛：《欧盟对待域外经济制裁的
政策转变及其背景分析》，《德国研究》2012 年第 3 期，第 18—31 页。

能源供应地区冲突的发生概率，改写了全球能源经济力量分布态势，为地缘政治观察带来新的素材和场域。这类观察出现了两种截然不同的倾向：一种是将传统能源地缘政治的思辨逻辑原封不动地套用于对新能源的思考，对国家间竞合的理解和判断依旧聚焦在资源（关键性稀缺资源的储量与分布）和供应（运输以及供给安全）环节。一种是基于对可再生能源更可及、易得并有益于环保等突出优势的乐观，而过度理想化这一产业的发展。

本文的努力意在向读者展示，无论是具体能源产品的机理还是相关技术和基础设施，可再生能源都与传统能源存在相当明显的不同和相对优势，但是，可再生能源取代油气等化石能源支柱性地位的道路必定漫长。在这个进程中，首先，各方竞争的不再是简单的"稀缺资源"，况且考虑到技术的发展，究竟哪种材料"稀缺"事实上很难下定论，而是新材料、新技术、新设备的综合应用发展机遇。这种变动使得我们无法在自然禀赋的优势上一直"躺着赚钱"。第二，可再生能源是新的能源类别，更普遍可得，无枯竭之忧，而且有益于保护我们至关重要的生存环境。然而供应与道义层面上无可厚非的优势并不是确保产业顺利开展国际合作的"通关文牒"。产出的新能源本身作为一种商品，依然要受最基本的跨国经济、贸易规律约束。可再生能源产业的跨国贸易、投资依然面临国家间经贸往来的既有挑战，更重要却也容易被忽视的是与其他领域产业一样，可再生能源的国际合作是以政治允许为基本前提条件的。

因此，关于可再生能源的地缘政治观察，简单套用或者全盘弃用传统能源的思辨逻辑也许都不合适。对可再生能源地缘政治观察的落脚点是思考中国如何在发展的新机遇中行稳致远。本文认为有两点值得强调。

一是要发展技术，关注规则。能源转型是新材料、新设备的竞争载体，可再生能源产业竞争的本质是技术之争。但同时也要认识到，硬技术实力是新业态竞争的入场券，也是场内的"硬通货"，但同等重要的是如何在更大范围内推广自身技术的新标准。国家间的贸易协定和条约同时约定了争端解决的渠道和程序，遵守并学会使用这些规则将有助于更加有效地推动发展，体面地自我保护。前文提及的美欧针对中国光伏发电设备发起反倾销，无疑在短期内推高美国、欧洲的太阳能发电成本，影响相关企业的利益，这仅仅只是看到了现象的一面。另一面是美国政府利用规则，推动其本国可再生能源企业发展壮大。对外设置高关税后，2006 年，美国开始在国内实施太阳能投资税收抵免政策（Solar Investment Tax Credit，SITC），迄今整个行业已经实现了千倍增长，创造了 20 多万个美国就业岗位，吸引了 1400 亿美元的私人投资。过去十年，美国太阳能电价比全球平均价格高出 0.12—0.13 美元 / 瓦特，但是随着其太阳能发电产业劳动效率的提高和管理费用降低，美国内太阳能发电系统的安装价格降低了 63%，太阳能发电应用的增长率每年保持 50%，本土企业发电量占全美商业光伏发电总量的 70% 以上。[1]

二是要全面规避风险。从地缘政治的视角不难发现，可再生能源产业面临的风险不仅来自于行业内部，企业之间的贸易风险，更有意在迫使目标国改变其国内政治和外交决策的经济制裁。特别是更加隐秘的次级制裁，所有与目标国合作的外国投资者均被当作目标国的同谋，面临被美国制裁的风险，受制裁的代价无疑远远超出在目标国的某一商业项目本身。"君子不立于危墙之下"，对于有意在境外发展可再生能源产业和服务的中国企业而言，把握好国际政治所允许的空间，与提高商业、技术的发展条件同等重要。

---

[1]　Solar Energy Industries Association，Solar Means Business: Tracking Solar Adoption by America's Top Brands，July 2，2019，https://www.seia.org/sites/default/files/2019-07/Solar%20Means%20Business%20 2018%20Full%20Report_FINAL.pdf; Solar Investment Tax Credit，https://www.seia.org/initiatives/solar-investment-tax-credit-itc.

"一带一路"电力合作风险评估与国别研究

袁家海　张浩楠[1]

摘要：

　　截至2019年，"一带一路"倡议已在多个领域推动了沿线国家的经济社会发展。电力发展对于沿线国家基础设施建设、社会生产生活和环境治理非常重要，因而绿色电力合作一直是"一带一路"倡议关注的重点。本文首先对"一带一路"电力合作的总体进展进行简述。其次，构建了综合评价体系，采用混合网络层次分析法（ANP）—熵权法—交互式多准则决策（TODIM）模型对21个"一带一路"电力合作重点国家的电力投资风险进行评价。最后，以中国参与度高、煤电投资体量大的印度尼西亚和越南为例进行了国别研究，具象化地分析了中国企业在"一带一路"国家电力投资运营所面临的国别、市场和环境气候变化风险。结果表明，政治因素和中国因素在电力合作国别宏观评价体系中权重较高；电力发展潜力和环境约束对于电力投资的影响非常明显；东南亚国家电力合作风险普遍偏低；印度尼西亚和越南均面临着煤电机组落后、可再生能源发展薄弱的问题。中国企业在进行电力投资尤其是投资煤电项目时，要特别注意近中期的市场与监管

---

　　[1]　袁家海，博士，华北电力大学经济与管理学院教授、博士生导师；张浩楠，硕士，华北电力大学经济与管理学院博士研究生。

风险和中长期的环境/气候风险。

关键词：

"一带一路"；绿色电力合作；风险评估；国别研究

一、"一带一路"电力合作现状

"一带一路"倡议是惠及全球的多层次多行业合作倡议，能源和电力作为国际合作的重要领域成为"一带一路"倡议的推动器。根据绿色和平海外煤电投资数据显示，截至 2018 年 8 月，中国在带路沿线国家以股权投资或金融支持方式参与了 119 个煤电项目，总装机量超过 1.2 亿千瓦[1]。2014-2018 的五年中，中国企业以股权投资形式总计在"一带一路"沿线 64 个国家投资了约 170.9 万千瓦的风电和光伏装机，其中光伏项目约 127.7 万千瓦，是 2009-2013 年同类型装机量的 2.8 倍；43.25 万千瓦风电项目是中国在"一带一路"沿线国家的首批股权投资风电项目。除了上述已经投产的 170.9 万千瓦的装机外，中国在"一带一路"沿线国家有更大规模的可再生能源投资计划。截至 2018 年底，中国企业以股权投资形式在"一带一路"沿线国家参与的在建及计划新建的光伏和风电项目总计 1091.3 万千瓦，其中光伏项目 793.7 万千瓦，风电项目 297.6 万千瓦。"一带一路"倡议提出五年来，中国企业总计在沿线国家投资了近 12.6 吉瓦的光伏和风电项目[2]。中国已经成为推动全球电力发展的主要贡献者。

"一带一路"电力合作取得巨大成就的背后也有着很多风险。发展中国家在经济基础、政治稳定、金融政策等方面要相对落后，使得国际项目要慎重考虑其中的投资风险。主流的风险指数研究种类一般分为国家主权信用评估和商务投资风险评估，二者在本质上具有同一性，且覆盖面较广、具有普适性。如

---

[1] 绿色和平：《我国企业亟需建立海外煤电投资建设风险预警体系》，2019 年 3 月 4 日，第 1 版。

[2] 绿色和平：《中国 12.6 吉瓦可再生能源投资将在"一带一路"国家实现 3.8 亿吨碳减排》，2019 年 7 月 10 日，第 1 版。

果要强调某一领域的国际合作评价，仅关注普遍的宏观风险可能会存在一定的局限性，导致评价结果偏差。因而，本文借鉴国内外多个成熟指标体系，结合电力行业的特点，采用三阶段评价指标来对"一带一路"国家电力合作国别评级进行量化分析。

二、"一带一路"电力合作国别评价指标体系

本文的"一带一路"电力合作国别评价体系的各指标参数来源于国内外权威数据库，如世界银行、国际货币基金组织、中国商务部、国家统计局等。所研究的 21 个典型国家包括：巴基斯坦、波兰、韩国、俄罗斯、菲律宾、哈萨克斯坦、柬埔寨、捷克、马来西亚、孟加拉国、缅甸、南非、泰国、土耳其、乌克兰、新加坡、新西兰、以色列、印度、印度尼西亚和越南。

（一）国别评价指标体系

本文借鉴国内外风险指标体系，以政治、经济、金融、社会等常见指标以及中国因素（衡量与中国之间的国际合作关系）作为评估宏观国别风险的主要指标，直观体现东道国的国际投资吸引力，作为评价体系的第一阶段指标；以能源 / 电力合作为重点研究领域，从微观层面来衡量东道国的电力与煤电合作风险，作为评价体系的第二阶段指标；环境与能源发展直接相关，为了更好地促进能源合作，以环境因素为国际合作的硬性约束，作为评价体系的第三阶段指标。该指标体系是为了体现东道国在能源电力尤其是煤电方面的投资风险，因此，本文将其命名为能源风险指标体系。

本文从经济基础、对外与金融、社会发展、政治因素、中国因素、环境因素、电力市场、煤电收益 8 个一级指标和 39 个二级指标来进行电力投资风险评价。

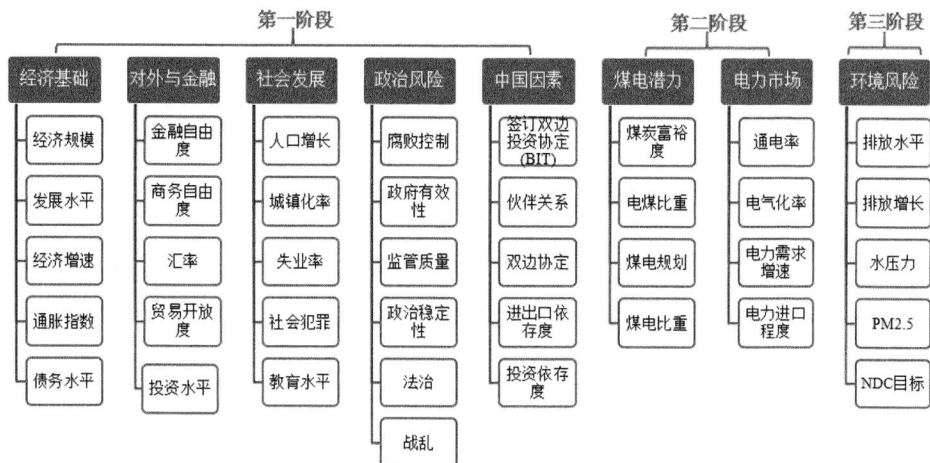

图 1　电力合作国别指标体系

资料来源：《印度尼西亚煤电投资环境研究》[1]

（二）国别评价指标细则

第一，经济基础。一个国家投资的长期基础，反映了一个国家投资环境的稳定性，较好的经济基础能够为中国企业向海外投资提供收益和安全的保障。经济基础较好的国家，中国海外投资流入的风险越低，海外企业得到的投资回报率也会越高。经济基础指标共包括 5 个子指标，其中国民生产总值（GDP）和人均 GDP 反映了一个国家经济总体发展规模和发展水平，可以为海外投资者提供该国的经济定位，这两项指标属于正相关积极指标；GDP 增长率和通货膨胀率衡量该国的经济绩效水平，GDP 增长率可以为海外投资企业提纲该国的经济增长状况，反映出该国经济发展的潜力，属于正相关积极指标；整体通货膨胀为特定经济体内之货币价值的下降，属于消极指标；公众债务占 GDP 的比重衡量了一国国内公共部门和私人部门的债务水平，体现该国经济偿还能力，通过该项指标可以减少或避免因为政府负债或没有偿还能力而破产所带来的损失，属于消极指标。

第二，对外开放与金融。反映了一个国家对外的开放程度以及投资运行水

---

[1]　翟迪，欧阳敏，袁家海:《印度尼西亚煤电投资环境研究》,《华北电力大学学报(社会科学版)》2019 年第 1 期，第 35–43 页。

平，较高的对外开放与金融水平能够为海外投资者进行投资活动提供依据。金融自由度、商务自由度反映了该国投资的运营水平和参与度，商务自由度包括跨国公司的商务行为自由度、经济自由度和商业交易的便利度，属于积极指标；金融自由度包括放宽有关税收限制、取消外汇管制、允许资金在国内各部门或地区以及在各国间自由流动，属于积极指标；汇率反映了一个国家在国际经济上的定位，属于消极指标；贸易开放度和投资水平反映了地区贸易的开放程度，属于积极指标。

第三，社会发展。反映了社会运营水平的安稳程度，投资对象国社会水平越安稳，社会风险越低，对投资越有利。人口增长率是一定时期内人口增长数与人口总数之比，人口增长可以反映了经济发展与人民生活水平，医疗水平的提高，属于积极指标；城镇化指标可以反映出经济社会发展的潜力，属于积极指标；教育水平是指中学入学人口占总人口的比重，教育程度可以反映出社会的文明程度，属于积极指标；失业率反映了社会劳动力市场的完善程度，反映出劳动力市场的就业和岗位的竞争程度，属于消极指标；社会犯罪率可以反映社会的稳定程度，犯罪率越高，社会的稳定性越差，投资风险越大，属于消极指标。

第四，政治因素。指是指一国政府的稳定性以及政府处理事务的质量及效率水平，政治因素指标主要考察该国内外部稳定性，对国内社会的服务质量以及法律的制定监管能力，政治风险越低，企业的投资风险越低。政治因素指标有5个子指标：腐败控制是指政府对腐败的控制程度；政府的有效性包括公共服务、行政部门质量及其独立于政治、政策形成和执行质量，政府管理部门对部门企业的监管执行能力；战乱因素是指一个国家发生重大战争、冲突、小冲突死亡的人数，战火纷争不断的国家对企业对外投资有着重大的影响，是负相关指标。政治内外部环境稳定、法律制度完善、廉洁高效的政府是企业海外投资的先决条件之一。

第五，中国因素。即对华关系，是衡量中国与对外投资贸易伙伴的合作关系的重要因素。中国与投资方的政治关系友好，投资方对华政策优越，越能降低对外投资风险。签订双边投资协定（BIT）是指一国是否与中国签订双边投资协定，以及该协定是否生效，该投资协定签署并生效后可以降低投资国在该国的投资风险，属于正相关指标；伙伴关系是指国家间为了寻求共同利益而建立的伙伴关系，中国定义国家间的关系为伙伴关系、全面伙伴关系、合作伙伴关系、全面合作伙伴关系、战略伙伴关系、战略合作伙伴关系、全面战略伙伴关系、全面战略合作伙伴关系、全面战略协作伙伴关系等，良好的伙伴关系，可以有效降低中国企业在当地的投资风险；双边协定是指两个主权国家所签订的协调相互间有关税收和贸易的协定，签订协议可以降低中国企业对外投资风险，保障收益；中国的进出口依存度体现了两国的贸易依存关系，以及中国在该国的贸易地位，中国在该国的贸易地位越高，投资风险越低；投资依存度指中国与一国之间的双边投资占该国投资的比重，投资越大，中国在该国的投资风险越低。

第六，环境因素。指衡量一个国家在政策、行动上对环境保护的重视程度，国家能源的对外投资直接受到该国在环境保护政策上的影响，一个国家的环境风险代表了该未来环保标准有突然提高的可能性，环境标准提高的可能性越大，企业在未来增加环境成本的可能性越高，项目投资风险越大。环境因素指标有以下 5 个子指标，如下表所示：排放水平和排放增长体现了二氧化碳的排放水平，排放量越高，增长量越高，得分越低；发展煤电不仅要考虑碳排放，还要考虑当地的水资源压力，水资源压力考虑的是地区的年度取水总量，包括居民，工业，和农业用水，水资源压力越大，煤电机组的搁浅风险越高；$PM_{2.5}$ 则考虑了投资国当地的空气污染状况，$PM_{2.5}$ 越低，环境治理水平越高，得分越高；国家自主贡献（NDC）目标体现了国家减排的贡献机制，衡量了一国应对气候变化国家自主贡献计划的目标水平、范围和指标的详细状况，目标越高，得分越高。

第七，电力市场。电力是现代社会发展的重要组成部分，为经济的发展提供了源源不断的动力，提供了全球终端总量的 20%，并且这一比重还在逐步上升，电力市场潜力的大小影响了海外能源投资。通电率反映了国家享有通电服务的人口比重，"一带一路"沿线国家集中了全球 GDP 增长最快的经济体，但电力的发展滞后于经济增长，许多国家供电能力不足，通电力越低的国家投资的潜力越大，属于负相关指标。电气化率是指电量消费占一次能源消费的比重，电力是世界上增长最迅速的最终能源消费方式，发电用能源消耗量占到一次能源总量的 40%，并且到 2040 年预计将达到能源消费增量的 40%，电气化率越低的国家对海外能源投资越有利[1]。电力需求增速是指电力需求年均增速，电力需求增速越高，投资国家的电力缺口越大，能源投资的潜力越大，属于正相关指标。电力进口程度是指电力净进口量占总产量的比重，电力净进口越大，对海外的电力需求越大，国内的电力市场越大，属于正相关指标。

第八，煤电收益。是中国海外企业投资电力的内在约束之一，煤电收益将直接影响煤电企业海外投资决策。煤电海外投资对内部收益率（IRR）的要求是 10%-13%，投资国煤电收益越大，对煤电企业的吸引力越大。煤炭富裕度是指煤炭储采比，尽管全球能源结构正在由传统化石能源主导向可再生能源转变，但化石能源的主导地位在长期内不会改变。投资国煤炭储采比越高、煤炭资源越丰富，越有利于节约煤电企业发电的成本，是正相关指标。电煤比重是发电用煤占煤炭开采量的比重，长期来看发电是煤炭利用的最主要方式，具有利用效率高、污染易集中治理的突出优点，有利于煤炭的清洁高效利用，减少环境污染，对煤电收益是正相关指标。煤电规划是指煤电规划装机容量与现有发电装机总量的比值，煤电比重是指煤电发电量占总发电量比重 2006–2015 年，全球每年 90% 左右的新增煤电装机集中在"一带一路"沿线国家，"一带一路"沿线国家的电力需求总量的 80% 左右是由煤电和气电提供的，相应煤电规划和煤电比重是正相关指标。参见表 1。

---

[1] 绿色和平：《中国 12.6 吉瓦可再生能源投资将在"一带一路"国家实现 3.8 亿吨碳减排》，2019 年 7 月 10 日，第 1 版。

表 1　国别合作指标及说明

一级指标	二级指标	指标说明	数据来源
经济基础 (C1)	经济规模 (C11)	GDP 总量	WDI
	发展水平 (C12)	人均 GDP	WDI
	经济增速 (C13)	GDP 增长率	WDI
	通胀指数 (C14)	GDP 平减指数衡量的年通货膨胀率	WDI
	债务水平 (C15)	公共债务占 GDP 的比重	IEF
对外金融 (C2)	金融自由度 (C21)	国际商务资金流动的便利程度	IEF
	商务自由度 (C22)	跨国公司国际商务行动的便利程度	IEF
	汇率 (C23)	官方汇率（1 美元的本币单位，时期平均值）	WDI
	贸易开放度 (C24)	货物和服务进口占 GDP 的比重	WDI
	投资水平 (C25)	外商直接投资净流入占 GDP 的比重	WDI
社会发展 (C3)	人口增长 (C31)	人口增长年度百分比	WDI
	城镇化率 (C32)	城镇人口（占总人口比例）	WDI
	失业率 (C33)	失业人口比重	WDI
	社会犯罪 (C34)	犯罪指数	Numbeo
	教育水平 (C35)	中学入学人口比重	WDI
政治因素 (C4)	腐败控制 (C41)	政府对腐败的控制程度	WGI
	政府有效性 (C42)	公共服务、行政部门质量及其独立于政治、政策形成和执行质量	WGI
	监管质量 (C43)	政府管理部门对部门企业的监管执行能力	WGI
	政治稳定性 (C44)	政府稳定、政治暴力和恐怖主义	WGI
	法治 (C45)	法律法规的设立、完善、执行和监管	WGI
	战乱 (C46)	重大战争，冲突，小冲突死亡人数	维基百科
中国因素 (C5)	签订 BIT(C51)	1.签订且已生效 0.5 已签订未生效 0 未签订	中国商务部
	伙伴关系 (C52)	国家间为寻求共同利益而建立的一种合作关系	"一带一路"大数据报告
	双边协定 (C53)	两个主权国家所签订的协调相互间有关税收和贸易的协定	"一带一路"大数据报告
	进出口依存度 (C54)	出口至中国贸易总额 / 一国出口总额 + 进口自中国贸易总额 / 一国进口总额	国家统计局，WB
	投资依存度 (C55)	中国和一国之间的双边投资占该国投资的比重	CEIC，WDI
电力市场 (C6)	通电率 (C61)	享有通电服务的人口比重	WDI
	电气化率 (C62)	电量消费占一次能源消费的比重	WDI
	电力需求增速 (C63)	电力需求年均增速	WDI
	电力进口程度 (C64)	电力净进口量占总产量的比重	IEA

（续表）

一级指标	二级指标	指标说明	数据来源
煤电收益 (C7)	煤炭富余度 (C71)	煤炭储采比	IEA
	电煤比重 (C72)	发电用煤占煤炭开采量的比重	IEA
	煤电规划 (C73)	煤电规划装机容量与现有发电装机总量的比值（绝对值）	繁荣与衰落
	煤电比重 (C74)	煤电发电量占总发电量比重	WB
环境因素 (C8)	排放水平 (C81)	人均碳排放量	IEA
	排放增长 (C82)	人均碳排放增长水平	IEA
	水压力 (C83)	2030BAU 情境下水压力	《水压力国家排名数据集》
	PM$_{2.5}$(C84)	颗粒物浓度 PM$_{2.5}$（ug/m3）	WHO
	NDC 目标 (C85)	当前排放值与 NDC 排放值比值	NDC

注：WDI，世界发展指数；BIT，签订双边投资协定；WGI，全球治理指标；Numbeo，世界上最大的用户投稿的城市和国家相关数据资源网站（包括生活成本、住房指数、医疗保健、交通、犯罪和环境污染等）；WB，世界银行；IEF，国际能源论坛；CEIC，全球宏观经济数据库；WHO，世界卫生组织；NDC，国家自主贡献。

资料来源：《基于熵权 Topsis 灰色关联的"一带一路"国家电力投资风险评价研究》[1]

三、"一带一路"电力合作国别评价方法

指标总分的计算采用熵值法与网络层次分析法（Analytic Network Process，ANP）加权平均得到，并采用交互式多准则决策（TODIM）对国家进行排名。子指标最高分为 100 分，通过网络层次分析法与熵值法加权平均得到该维度总分。每个维度的一级指标的最高分为 100 分，采用熵值法与网络层次分析法加权平均确定一级指标得分。采用熵值法与网络层次分析法加权平均，最后按各维度的权重，得到"一带一路"电力合作国别评价的综合评分。综合评分越高，代表投资风险越低。

---

[1] 袁家海，曾昱榕：《基于熵权 Topsis 灰色关联的"一带一路"国家电力投资风险评价研究》，《华北电力大学学报（社会科学版）》，2019 年第 3 其期，32—40 页。

（一）熵值法的具体计算方法如下

第 j 项指标，第 i 个评价国家的特征比重，

$$p_{ij} = \frac{x_{ij}}{\sum_{i=1}^{n} x_{ij}}$$

式中，$x_{ij}>0$，且 $\sum_{i=1}^{n} x_{ij} >0$

计算第 j 项指标的熵值：

$$e_j = -k \sum_{i=1}^{n} p_{ij} ln p_{ij}$$

式中，$k>0$，$e_j>0$

计算指标 x_{ij} 项指标的差异系数比，由于 e_j 和 x_{ij} 波动程度成反比，x_{ij} 波动程度越大，e_j 越小，指标对评价对象的区分对象的左右越大，因此定义差异系数为：

$$g_j = 1 - e_j$$

g_j 越大，越需要重视该项指标，其对应的权重也应该越大。确定权重系数，即：

$$w_j = \frac{g_j}{\sum_{j=1}^{m} g_j}$$

（二）网络层次分析法的计算方法如下

网络层次分析法是层次分析法的一个改进版本，用于减少层次分析法在非独立层次结构中的不足 [1]。用该方法可以描述所选 39 个标准之间的相互依赖关

---

[1] Büyüközkan G., Güleryüz S.,"Evaluation of Renewable Energy Resources in Turkey using an integrated MCDM approach with linguistic interval fuzzy preference relations,"Energy, Vol. 123,No. 149–63, 2017.

系。其体系结构包括控制层和网络层两层，网络层次分析法的方法可以描述
如下。

第一，利用准则比较形成判断矩阵。首先要分析问题，结合风险管理的相
关理论来说，通过分析把相关的风险因素按照其特征分层归类。通常来说，处
于较低层级的因素对其上层因素有一定影响，同时又受到更低层级元素的影响。
由于每个因素对项目的重要程度有所不同，因此在进行权重赋值时需要考虑其
重要程度，而每个因素的重要程度通常可以通过问卷调查统计出来。通常采用
的是成对比较法结合判断尺度对元素进行重要性判断，从而得到判断矩阵。参
见表2。

表2 判断尺度

定义（a_{ij}）	标度
i 因素比 j 因素极端重要	9
i 因素比 j 因素强烈重要	7
i 因素比 j 因素明显重要	5
i 因素比 j 因素稍微重要	3
i, j 两因素同样重要	1
i 因素比 j 因素稍微不重要	1/3
i 因素比 j 因素明显不重要	1/5
i 因素比 j 因素强烈不重要	1/7
i 因素比因素极端不重要 j	1/9

注：上述两相邻标度之间的重要程度用偶数来表示，如2表示重要程度在标度1
（i, j 两因素同样重要）和标度3（i 因素比 j 因素稍微重要）之间。

资料来源：《中国风电企业竞争力评价研究》[1]

假设网络层次分析法控制层为 B_1，B_2，…，B_m，网络层为 C_1，C_2，…，C_n，
其中 C_i 由 C_{ij}=(K1，2，…，n) 组成。根据 C_i 中元素对 C_{ij} 的影响，对 C_i 中元素进行
对比分析，然后根据特征值法得到排序向量 $[W_{i1}，W_{i2}，…，W_{in}]^T$。如果上述特征

[1] Büyüközkan G., Güleryüz S., "Evaluation of Renewable Energy Resources in Turkey using an integrated MCDM approach with linguistic interval fuzzy preference relations," Energy, Vol. 123, No. 149–63, 2017.

向量通过一致性检验，将其写成矩阵形式，就可以得到局部权重向量矩阵。

$$W_{ij} = \begin{bmatrix} w^{(j1)}_{i1} & w^{(j2)}_{i1} & \cdots & w^{(jn)}_{i1} \\ w^{(j1)}_{i2} & w^{(j2)}_{i2} & \cdots & w^{(jn)}_{i2} \\ \vdots & \vdots & \vdots & \vdots \\ w^{(j1)}_{in} & w^{(j2)}_{i1} & \cdots & w^{(jn)}_{in} \end{bmatrix}$$

第二，构造超矩阵。

比较其他元素集元素之间的内部关系和外部关系，得到由网络层中每个元素影响的排序向量组成的加权超矩阵 W_s。

$$W_s = \begin{bmatrix} w_{11} & w_{12} & \cdots & w_{1N} \\ w_{21} & w_{22} & \cdots & w_{2N} \\ \vdots & \vdots & \vdots & \vdots \\ w_{N1} & w_{N2} & \cdots & w_{NN} \end{bmatrix}$$

矩阵的每个元素都是一个矩阵，其列和为1。然而，矩阵并没有进行规范化。为了便于计算，需要对超矩阵进行规范化，即对元素进行加权，得到加权超矩阵。

第三，计算加权超矩阵。

比较 C_i 和 C_j 的重要性，得到排序向量 $H_i=[h_{1i}, \cdots, h_{Ni}]$，在此基础上进一步得到加权矩阵。

$$H = \begin{bmatrix} h_{11} & h_{12} & \cdots & h_{1j} \\ h_{21} & h_{22} & \cdots & h_{2j} \\ \vdots & \vdots & \vdots & \vdots \\ h_{N1} & h_{N2} & \cdots & h_{N3} \end{bmatrix}$$

由 H 乘 W 得到的加权超矩阵表示为 $\bar{W}$。然后，为了表示这些元素之间的相关性，需要处理加权超矩阵的 $\overline{W}$ 稳定性。稳定性处理是计算每个超矩阵的极限相对秩向量，即

$$W^{\infty} = \lim_{k \to \infty} (1/N) \sum_{k=1}^{N} \bar{W}^{k}$$

原矩阵对应行的值成为评价指标稳定权重的前提是其极限是唯一收敛的。由上述公式计算的结果是各指标的权重。然而，由于计算过程复杂，通常采用 Super Decision 软件进行计算。

（三）交互式多准则决策（TODIM）方法

交互式多准则决策方法是一种离散的多准则方法，它通过建立基于前景理论的多准则值函数来处理每个方案相对于其他方案的优势度[1]。该方法考虑了决策者投资海外项目的心理行为。

根据参考标准 C_r 计算 C_i 每个标准的标度权重 w_{ir}，表示为：

$$w_{jr} = w_j / w_r$$

其中，$w_r = \max\{w_i | j=1, 2, \cdots, n\}$

在标准 c_i 上确定方案 A_i 相对于其他方案 A_k 的优势度，如下所示：

$$\phi_j(A_i, A_k) = \begin{cases} \sqrt{w_{jr}(x_{ij} - x_{kj}) \Big/ \sum_{j=1}^{n} w_{jr}} & if \ x_{ij} > x_{kj} \\ 0 & if \ x_{ij} = x_{kj} \\ -\dfrac{1}{\theta} \sqrt{\sum_{j=1}^{n} w_{jr}(x_{ij} - x_{kj}) \Big/ w_{jr}} & if \ x_{ij} < x_{kj} \end{cases}$$

其中，参数 θ 表示损耗衰减系数，一般设定为 2.25。

按下列公式计算 A_i 方案相对于其他方案 A_k 的全局优势度：

$$\rho(A_i, A_k) = \sum_{j=1}^{n} \phi_j(A_i, A_k)$$

---

[1]　Wu Y., Wang J.,Hu Y., Ke Y. and Li L.,"An Extended TODIM-PROMETHEE Method for Waste-to-energy Plant Site Selection Based on Sustainability Perspective," Energy, Vol. 156, No. 1–16,2018.

根据公式确定备选方案 A_i 的全局前景值：

$$\pi(A_i) = \frac{\rho(A_i, A_k) - \min_i\left\{\rho(A_i, A_k)\right\}}{\max_i\left\{\rho(A_i, A_k)\right\} - \min_i\left\{\rho(A_i, A_k)\right\}}$$

对备选方案进行排序。π（A_i）值越大，A_i 值越高。

四、评价结果及重点国别分析

本文中"一带一路"电力合作国别评价体系分为三个阶段，每个阶段的权重均为1，结合网络层次分析法（ANP）—熵权法—交互式多准则决策（TODIM）方法对评价指标进行加权并对国家进行排名。各指标加权权重如表所示。第一阶段宏观国别风险中政治因素和中国因素的加权权重较大，说明对于"一带一路"国际合作的影响最为重要，一方面是因为一带一路沿线国家多为发展中国家，政治稳定对于保障社会发展尤为重要，是进行国际投资合作时考虑的首要风险，另一方面与中国的友好关系及合作协议在一定程度上减少了国际合作的风险。第二阶段电力合作层面更为注重电力行业的发展潜力，通电率较低、电力需求增速较高的国家往往受限于自身资金、技术方面的短板，电力供应能力不足，借助国际电力合作的资金、技术、管理优势可以更为有效地开发本地资源，以电力基础设施建设来推动经济发展。第三阶段环境约束层面是当前国际合作必须要考虑的关键要素，国际组织、金融机构和当地社区都强烈要求海外企业在进行资源开发时兼顾环境可持续性，环保行为不达标不仅会引起当地社区的抵制和抗议，也会使得企业在融资和国际平台的形象受损，从而产生极其严重的项目风险。参见表3。

表3 各级指标加权权重

阶段	一级指标	权重	二级指标	权重
第一阶段：宏观国别层面	经济基础 (C1)	0.1	经济规模 (C11)	0.013
			发展水平 (C12)	0.028
			经济增速 (C13)	0.025
			通胀指数 (C14)	0.020
			债务水平 (C15)	0.016
	对外金融 (C2)	0.16	金融自由度 (C21)	0.038
			商务自由度 (C22)	0.028
			汇率 (C23)	0.022
			贸易开放度 (C24)	0.023
			投资水平 (C25)	0.052
	社会发展 (C3)	0.14	人口增长 (C31)	0.027
			城镇化率 (C32)	0.032
			失业率 (C33)	0.027
			社会犯罪 (C34)	0.028
			教育水平 (C35)	0.030
	政治因素 (C4)	0.31	腐败控制 (C41)	0.058
			政府有效性 (C42)	0.045
			监管质量 (C43)	0.040
			政治稳定性 (C44)	0.063
			法治 (C45)	0.053
			战乱 (C46)	0.053
	中国因素 (C5)	0.28	签订 BIT(C51)	0.045
			伙伴关系 (C52)	0.070
			双边协定 (C53)	0.069
			进出口依存度 (C54)	0.057
			投资依存度 (C55)	0.040
第二阶段：电力合作层面	电力市场 (C6)	0.657	通电率 (C61)	0.289
			电气化率 (C62)	0.112
			电力需求增速 (C63)	0.167
			电力进口程度 (C64)	0.089
	煤电收益 (C7)	0.343	煤炭富余度 (C71)	0.088
			电煤比重 (C72)	0.064
			煤电规划 (C73)	0.118
			煤电比重 (C74)	0.073
第三阶段：环境约束层面	环境因素 (C8)	1	排放水平 (C81)	0.210
			排放增长 (C82)	0.185
			水压力 (C83)	0.257
			PM2.5(C84)	0.151
			NDC 目标 (C85)	0.197

资料来源：作者计算

从表4中可以看出，由于"一带一路"沿线发展中国家自身发展水平相对落后，国别宏观风险较高，电力发展潜力较大且环保力度较弱使得电力合作和环境约束层面的风险较低。国别宏观层面风险较高的国家主要位于南亚和东南亚地区，同时这些国家电力发展潜力较大、环境约束较弱，对于电力投资有较为迫切的需求，这解释了印度尼西亚、越南等发展中国家虽然有着较高的宏观风险但依然成为全球电力投资的热点地区。同时，也表明仅从常规的宏观因素来评价能源/电力行业国别合作风险是有一定局限性的。

表4 国别电力合作评价结果

国家	国别宏观层面	电力合作层面	环境约束层面
巴基斯坦	37.96	42.92	53.59
波兰	55.84	29.91	56.14
韩国	55.50	35.51	48.00
俄罗斯	46.57	34.74	58.93
菲律宾	40.65	40.66	53.95
哈萨克斯坦	50.45	29.99	43.67
柬埔寨	49.84	65.86	69.98
捷克	54.42	25.76	54.57
马来西亚	56.38	36.55	63.82
孟加拉国	33.69	51.25	76.29
缅甸	40.41	55.40	65.84
南非	45.89	32.18	60.34
泰国	49.68	39.89	69.03
土耳其	41.66	45.27	53.41
乌克兰	29.51	36.27	65.20
新加坡	77.11	26.55	43.22
新西兰	67.02	35.09	60.38
以色列	46.25	18.43	45.94
印度	33.78	52.60	51.54
印度尼西亚	44.17	45.71	65.88
越南	50.36	46.15	71.35

资料来源：作者计算

　　综合三个层面的评价指标后，东南亚国家及孟加拉国和新西兰是电力合作国别评价最高的国家（见图2），这些国家处于经济快速发展时期、电力需求旺盛，既是"一带一路"倡议重点地区，又集中了多个新兴经济体，是当前全球投资的热点地区。麦肯锡全球研究院最新报告认为，如果连续50年人均GDP增长率达3.5%或者连续20年人均GDP增长率达5%，新兴经济体被认为显著增长。根据这个标准，印度尼西亚、马来西亚、新加坡和泰国等可归入"长期典范"组，越南、老挝、柬埔寨和缅甸等可归入"近期典范"组。印度尼西亚各类资源丰富，经济发展水平达到中等偏上收入国家的标准，独特的地理位置使其成为全球贸易的重要节点，投资快速增长，市场前景广阔。印度尼西亚已转变了依靠能源出口换取经济收益的策略，转而重视国内电力工业基础设施建设，较快的经济和人口增长使得印度尼西亚成为当前国际电力投资合作的热门国家。越南GDP增速在6%左右，但人均收入在东盟国家中处于较低水平。越南以水电、煤电和气电为主，电源结构相对合理，并且注重提高电力供应质量，基本实现了全国通电。

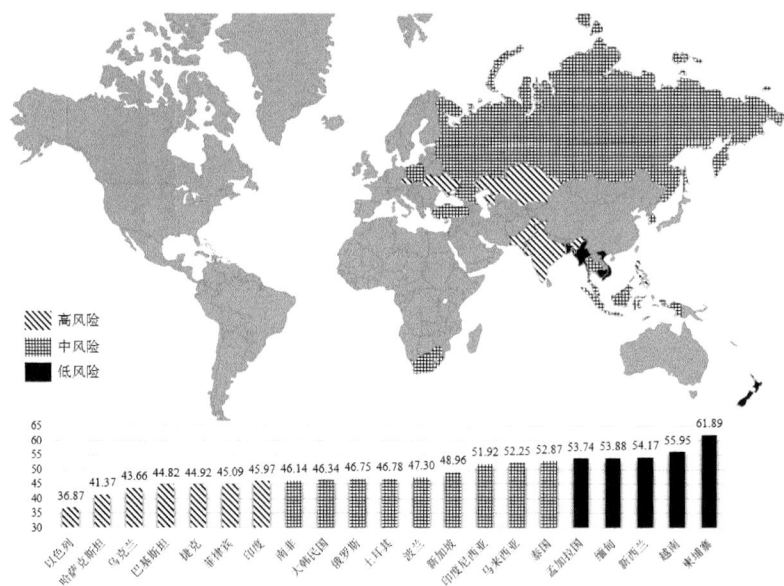

图2　"一带一路"国别合作评价综合得分

资料来源：作者计算

印度尼西亚电力长期处于需求巨大、供应不足的状态，不同地区之间电力供需情况差异巨大，电气化总体水平低。印度尼西亚最新的电力供应规划中，电力规划的目标是到 2027 年新增电力装机 5602.4 万千瓦，届时装机总量达到 1.01 亿千瓦，其中煤电装机比重达到 54.4%，较 2016 年的 44.2% 有了较大的提高。尽管有着较好的电力发展前景，但印度尼西亚电力行业发展面临着几个主要问题：（1）国家自主贡献目标难以实现，能源行业挑战巨大；（2）政策与规划的不确定性；（3）购电协议（PPA）新政的负面影响，投资吸引力降低；（4）现役煤电机组普遍落后；（5）可再生能源产业发展薄弱；（6）偏远岛屿电力短缺问题严重[1]。

越南以水电、煤电和气电为主，电源结构相对合理，其资源条件决定了各类电源的地区分布情况，北部地区以煤电和水电为主，电力系统备用容量较高，南部以气电为主，系统备用容量较低，因此需要通过输电线路来实现地区电力供需平衡。越南煤电行业发展存在着很大的不确定性，原因在于：（1）越南用于发电的本国煤炭主要是无烟煤，该煤种碳排放系数较高，加上越南煤电效率较低、煤耗较高，使得越南煤电碳排放强度较高，国家自主贡献（NDC）减排压力大，需要对现役机组进行大规模清洁高效改造；（2）如果越南大规模发展煤电，本国煤炭将无法满足需求，对于进口煤炭的依赖程度增加，可能会有能源安全和电力供应成本不确定性的风险，而且国际市场煤炭价格普遍高于国内，会使得煤电经济性进一步下降；（3）越南对煤电投资提出新的规定，今后的外资投资项目将只是独立发电（IPP）项目，购电协议（PPA）无国家担保，而且越南的购电协议（PPA）无照付不议条款，无视同调度条款，项目投资方的风险较大；（4）越南煤电污染物排放标准处于非常低的水平，未来提高环保标准的可能性非常大，无购电协议（PPA）保障的煤电利用小时数也存在着很大的不确定性，加剧了煤电项目潜在的运营风险[2]。

---

[1] 袁家海、刘琪林：《"一带一路"电力合作国别研究——印度尼西亚和越南》，北京：水利水电出版社 2019 年版，第 7-10 页。

[2] 袁家海、刘琪林：《"一带一路"电力合作国别研究——印度尼西亚和越南》，北京：水利水电出版社 2019 年版，第 11-14 页。

五、结论与启示

"一带一路"电力合作潜力巨大，经济社会的快速发展刺激电力需求旺盛增长，虽然在经济、金融、政治和国际关系等宏观层面有着较高的合作风险，但良好的市场前景和投资回报吸引了大量的投资，尤其以东南亚国家为代表的新兴经济体已经成为全球电力投资的热点。例如，越南煤电项目的开发在很大程度上得益于来自中国、日本、韩国、法国、英国、瑞士、意大利等国家的海外融资，总计约165.3亿美元的国际煤电投资有50%来自中国，23%来自日本，18%来自韩国[1]。

中国政府应当建立国别风险评估与预警体系，提供投资目的地国家的经济发展状况、金融信息、投资贸易、海外投资市场、社会稳定发展状况、对华政策等方面的信息。加强国内投资企业对于投资国家的了解，减少投资盲目性。中国还应定期发布政策白皮书，形成防范国家风险的预警机制。加强国家风险管理的立法和政策支持。政府应加强对外资监管体制的监管，完善外商投资的财税扶持政策。此外，并尽可能与各资源国政府签署双边、区域和多边协议，以鼓励和保护投资。

中国应当借助国际开发署的新机构平台，加速中国能源环境非政府组织走出去，与投资目的地国的政府、行业和公共加强公共对话、技术服务、政策咨询；设立对外投资环境、社会、治理（ESG）规范，出台行业指南和操作手册（GEI），提升中国企业在海外投资运营的软实力；强化金融部门的海外金融服务能力和风险管控能力，对传统化石能源项目融资实施严格的技术标准，开展环境气候压力测试，降低环境因素带来的风险。

在进行"一带一路"国际电力投资时，不仅要关注传统宏观国别风险，当地也要重视电力行业发展和环保问题。中国企业在"走出去"的过程中，要明

---

[1] "China funds coal away from home，" Vietnam Investment Review，December 27，2017，http://www.vir.com.vn/china-funds-coal-away-from-home-55038.html.

确自身优势，加强风险意识，重点关注综合风险管理、未来市场的机遇和海外投资的可持续发展。中国企业应遵循国际规范和东道国法律法规，尤其注重环保标准的达标，尊重当地宗教习俗和社区要求避免因项目施工、管理对当地环境、居民生活带来负面影响。印度尼西亚和越南都有很好的电力发展前景，但同时也面临着较为严峻的环境污染问题，中国企业应帮助印度尼西亚和越南完善电力基础设施、提高电力能效标准、减少大气污染物和二氧化碳排放。

澳大利亚可再生能源证书市场发展历程、动态与趋势

刘喜梅[1]

摘要:

澳大利亚在缓和气候变化行动与可再生能源发展上一直是最为积极的国家之一,早在21世纪初期就提出了宏伟的可再生能源与减排目标。近年来更是大力推进能源转型,在绿色电力市场交易规则与管制制度等建设上有着丰富经验。特别是可再生能源证书市场,为其能源经济绿色转型与提高竞争力提供了市场基础与可靠保障。首先,本文阐释了澳大利亚可再生能源发展动因与能源结构转型现状;其次,对其可再生能源目标以及绿色能源证书市场动态演化历程给予梳理;然后,针对绿证市场交易现状与成效等进行了分析;最后,结合中国应对气候变化、绿色能源经济转型与市场建设给出若干启示。

关键词:

澳大利亚;可再生能源证书;市场交易;能源绿色转型

---

[1] 刘喜梅,河南潢川人,经济学博士,现任华北电力大学经济管理学院副教授,硕士生导师,清洁能源蓝皮书论坛理事,中国社会科学院研究生院国际能源安全中心特约研究员。研究方向:电力市场与价格理论,能源经济与安全,宏观经济与复杂科学理论。

一、引言

人类消耗化石能源产生的温室气体是气候变化的主要原因。1750 年以来，特别是二战以来现代工业体系建设对能源生产消费依赖性的增强，导致全球大气中的温室气体 [1]，包括二氧化碳浓度明显增加，对各国经济社会的可持续发展提出严峻挑战。1992 年《联合国气候变化框架公约》（简称《公约》）为应对气候变化对人类和生态系统影响的多边行动奠定了基础。1997 年《京都议定书》和 2015 年《巴黎协定》在《公约》框架下通过。2012 年 6 月，围绕"绿色经济"与"促进可持续发展机制框架"议题，联合国可持续发展委员会通过了《我们憧憬的未来》，敦促各国责任共担、主动谋划，开创绿色发展新未来。

2019 年 9 月 6 日，在泰国曼谷举行的亚太气候周（APCW 2019）会上，与会者一致认为亚太地区能够引领全球转型向低碳经济过渡的进程，提高应对气候变化能力可以由充满活力的次国家区域和城市、创新的私营部门、政治领导和绿色金融合力推动 [2]。

气候变化是人类社会共同面临的一个公共领域治理问题。由于其对各国环境、经济与社会的可持续发展影响深远，选择科学合理的应对策略也成为国际与国内政治、经济、社会与法律领域需要谨慎决策的重大议题。

二、应对气候变化是澳大利亚能源绿色转型的主要动因

澳大利亚是亚太地区重要的发达国家，人均二氧化碳排放量处于世界最高

---

[1] 1997 年《联合国气候变化框架公约》（简称《公约》），《公约》第三次缔约方会议通过《京都议定书》（简称《议定书》）。《议定书》于 2005 年 2 月 16 日生效。《议定书》规定的有二氧化碳（CO_2）、甲烷（CH4）、氧化亚氮（N2O）、氢氟碳化物（HFCs）、全氟化碳（PFCs）和六氟化硫（SF6）。《多哈修正案》将三氟化氮（NF3）纳入管控范围，使受管控的温室气体达到七种。《联合国气候变化框架公约》进程，中国外交部网站，2016 年 7 月 11 日，https://www.fmprc.gov.cn/web/ziliao_674904/tytj_674911/t1201175.shtml。

[2] "Asia Can Lead Global Transformation towards Low Carbon and Resilience，" September 6, 2019，https://unfccc.int/news/asia-can-lead-global-transformation-towards-low-carbon-and-resilien。

水平。经济合作与发展组织（OECD）2014年报告显示，由于对煤炭发电的依赖，澳大利亚碳强度在34个经合组织国家中位居第二，2010年人均碳排放近25吨[1]。显然，这与该国能源资源禀赋得天独厚，国内能源获取成本低廉，历史上能源战略偏重于经济自由主义[2]有关。由于化石能源与资源产业发展迅速，经济增长对能源产业过于倚重，最终导致碳排放居高不下。再加之，该国所处地理位置受自然气候环境影响颇大，近年来气候变化脆弱性日益明显。可持续发展成为社会公众与政府共同关心的议题。

鉴于此，21世纪以来，澳大利亚在气候变化国际合作中的参与度日益提高，政府在适应与减缓气候变化[3]行动以及发展可再生能源上表现愈加积极。如在《京都议定书》第二期（2013年至2020年）内，将温室气体排放量从1990年水平减少至少18%[4]。虽然由于政治原因，期间曾有所波动，但从国内实践来看，澳大利亚在绿色可持续发展体制与机制建设上处于世界前列水平。自2000年起，通过了与气候变化有关的多项立法、规划与政策，内容涵盖清洁能源、能效、碳价、绿色金融与监管等相关法律制度安排[5]及其绿色发展基金、低碳社区、清洁能源技术等财政支持政策。

近年来，从发电结构的变化上，可以明显看出澳大利亚能源绿色转型发展

---

[1] 《经合组织碳排放量排名 澳大利亚位居第二》，人民网，2014年1月16日，http://env.people.com.cn/n/2014/0116/c1010-24137861.html。

[2] 根据学者詹姆斯·海（James L.Hay）的认识，澳大利亚能源政策指导思想可以以1983年为界，划分为经济自由主义与经济民族主义两个阶段。1983年以前为经济民族主义时期，澳大利亚严格控制国际资本流入，积极干预能源价格，倚重能源资源优势促进工业体系建设，加速工业化进程。1983年以后，澳大利亚响应国际经济自由化思潮，在当时国际能源价格回落背景下，政府经济战略出现明显调整，投资限制取消，能源管制放松。21世纪这20年期间，澳大利亚处于政治与国内经济成本考量，其能源政策在经济自由主义与国家利益与经济民族主义之间徘徊。转引自李化，《澳大利亚新能源法律与政策研究》，武汉：武汉大学出版社2014年版，第22页。

[3] 由于全球平均气温与大气中温室气体的浓度有直接关系，解决气候变化问题的关键是减少排放到大气中和通过增强汇（例如增加森林面积）来降低目前二氧化碳（CO_2）的浓度。减缓气候变化，是指人为削减气体排放或者增加汇（Sink）。汇是指"从大气中清除温室气体、气溶胶或者温室气体前体的任何过程、活动或者机制"。减少排放和增加汇的努力被称为"缓解"。Introduction to Mitigation，https://unfccc.int/topics/mitigation/the-big-picture/introduction-to-mitigation.

[4] 《〈联合国气候变化框架公约〉进程》，中国外交部，2016年7月11日，https://www.fmprc.gov.cn/web/ziliao_674904/tytj_674911/t1201175.shtml。

[5] National Policies，https://www4.unfccc.int/sites/NAPC/Pages/NationalPolicies.aspx.

势头。1991 年与 2001 年，澳大利亚煤炭发电（包括黑煤与褐煤）占比曾高达
80.9% 与 77%，而可再生能源发电占比分别仅为 10.3% 与 7.7%（主要为水力发
电）。不过到了 2017—2018 财年，澳大利亚煤炭发电量占总发电量比例为 69.4%
（151，742.7 千兆瓦时），出现较大幅度回落。天然气发电量是第二大发电源（33，
799.7 千兆瓦时，占比 15.6%）。虽然传统化石能源占比依然很高，但可再生能源
发电量占比已高达 15.0%（32，694.7 千兆瓦时）。如图 1 与图 2 所示。

图 1　1991—2017 年澳大利亚发电结构演变

资料来源：澳大利亚环境与能源部

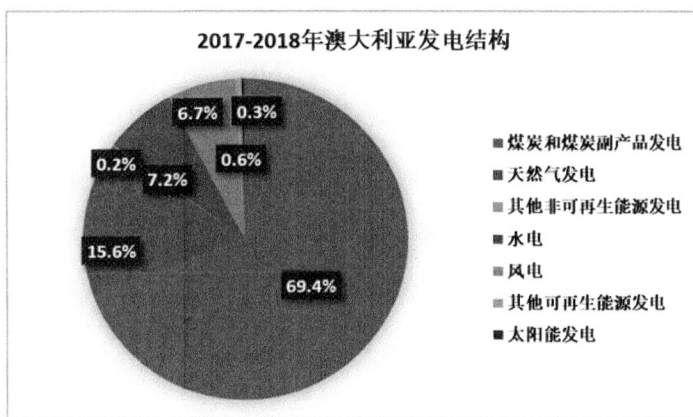

图 2　2017—2018 年澳大利亚发电结构

资料来源：澳大利亚统计局，https://www.abs.gov.au/Energy

在强有力的法律约束、政策支持与市场参与下，澳大利亚的减排成效明显提升。根据 OECD 最新数据，2017 年澳大利亚温室气体排放总量为 5.54 亿吨二氧化碳当量，二氧化碳排放量为 4.17 亿吨当量，人均值分别为 22.52 吨与 16.95 吨，较 2010 年出现明显下降[1]。

当前，澳大利亚政府在继续致力于能源转型和降低能源价格的同时，就气候变化采取了更加积极的行动。2019 年 2 月 25 日，宣布了气候解决方案一揽子计划，投资 35 亿美元以兑现 2030 年巴黎气候承诺。计划包括提供 20 亿美元气候解决方案基金，减少整个经济中的温室气体，使农民，小企业和土著社区能够有机会改善环境，并从新的收入机会中获益[2]。

三、法律框架下的澳大利亚可再生能源目标

澳大利亚是世界上第一个真正实施强制性可再生能源配额制度[3]的国家。不仅制定了明确的可再生能源目标，将其纳入法律框架，而且根据形势适时进行调整，对可再生能源发展起到积极的推动作用。

2001 年 4 月，澳大利亚政府通过了《2000 年可再生能源（电力）法》，确定了世界首个"强制性可再生能源目标"（简称 RET）法案，目的是鼓励企业向太阳能和风能等可再生能源领域投资，生产更多的可再生能源电力，降低对化石燃料的严重依赖，减少能源电力部门温室气体排放，最终确保能源可持续发展。当时确定的目标是：2010 年可再生能源电力达到 9500 千兆瓦时，占全国总发电量的 12%。

在强制性可再生能源目标激励下，2008—2009 财年，澳大利亚可再生发

---

[1] 温室气体排放与二氧化碳排放数据来自于 OECD 数据库，人均排放数据根据 2017 年澳大利亚人口数据计算得到。参考 OECD 网站，https://stats.oecd.org/#。

[2] 澳大利亚环境能源部网站，http://www.environment.gov.au/climate-change/climate-solutions-package。

[3] 可再生能源配额制度是一个通过市场机制实现可再生能源电力份额（占总电力销售量或生产量的比例）的政策工具或制度安排。该制度往往涵盖可再生能源总量目标、配额责任主体、适格的可再生能源来源、配额的分配、运行机制、法律责任等。澳大利亚的可再生能源配额制度是一项法律制度，可再生能源目标及其证书交易机制均涵盖在内。

电总量达到 19200 千兆瓦时，超出了 9500 千兆瓦时目标，但是可再生能源占比未有明显提高。国内对此存在较大争议，认为可再生能源政策推行迟缓、目标过于谨慎，对风电等新兴产业支持不足，对排放密集外向型产业，特别是化石能源产业存在妥协等，市场机制作用发挥有限，最终不利于气候变化战略目标实现。新南威尔士、维多利亚、南澳大利亚和塔斯马尼亚州与工党联合游说联邦政府调整可再生能源政策，并自主制定了更高目标。

2009 年 8 月，该法案得以修订并生效。陆克文政府就此出台了新的可再生能源目标，替代了霍华德政府期间的"强制性可再生能源目标"。新目标明确要求到 2020 年，澳大利亚至少有 20% 的电力来自于可再生能源，可再生能源发电量达到 41000 千兆瓦时，并将该水平持续保持至 2030 年。2011年 1 月 1 日起，可再生能源目标分为"大规模可再生能源目标"和"小规模可再生能源计划"两个相互独立部分，并为其设计了不同的发展方向与路径。其中，大规模可再生能源目标是：与 1997 年的水平相比，2020 年可再生能源发电量增加 33000 千兆瓦时，负责实现 2020 年的大部分目标。该目标鼓励企业投资新的大型可再生能源发电站，包括太阳能和风力发电场，水力发电和生物质发电厂，通过大规模发电证书机制实现该目标；小规模可再生能源计划的主要目的则是为家庭和企业安装小型可再生能源发电系统提供奖励，小规模可再生能源主要包括太阳能电池板、太阳能热水器、小型风能或水力系统和空气源热泵。该目标通过法定的小规模技术证书机制实现。法律明确规定，澳大利亚可再生能源目标主要是通过配额制度与绿色证书机制确保实现。

2015 年 7 月，经过旷日持久的协商议定，澳大利亚联邦议会通过了《2015年可再生能源（电力）修正法案》，对 2009 年可再生能源目标给予了更新的修正，将 2020 年可再生能源发电量从 41000 千兆瓦时减少到 33000 千兆瓦时，但可再生能源发电量占比 20% 的目标维持不变。此外，法案还将原来政府每两年对该目标审议一次的做法，改为由清洁能源监管机构（The Clean Energy Regulator，CER）每年向政府提交报告。

2000 年至 2012 年，澳大利亚可再生能源领域投资超过 185 亿澳元，可再生能源发电装机规模从 7540 兆瓦增长到 13340 兆瓦，减排 22.5 百万吨二氧化碳当量（$MtCO_2e$），完成了京都议定书第一承诺期的减排任务[1]。风电和太阳能发展速度惊人，2012 年可再生能源发电量为 29700 千兆瓦时，占全国发电总量的 13.14%，可再生能源发电量占比首次超过 10%。这与其明确的可再生能源目标与证书机制的法制化约束密不可分。

四、澳大利亚可再生能源证书市场发展历程与运行机制

（一）可再生能源证书市场内涵

可再生能源证书市场也被称为绿色证书市场。是一个"既能实现规定的可再生能源目标，同时又可以在一个开放的能源市场交易，以成本－收益衡量为基础的促进可再生能源发展的一种政策工具"。这是一个涵盖证书类型、责任实体、适格主体、适格能源、注册系统、证书创制与交易、责任履行等内容的法律规范集合[2]。该制度的市场特征明显，是一项有明确立法约束，将政府经济管理职能与市场机制有机结合，遵循市场配置资源的规律与功能的制度设计，与依赖财政补贴的固定价格管制政策明显不同。

由于该证书交易制度能够在初始资金或政府财政激励不足的情况下，为可再生能源产业提供市场激励机制，促进流动性，以较低的交易成本来实现发展目标。所以市场经济体系发达的澳大利亚，在法律框架下确立了可再生能源配额制度，建立了可再生能源证书（以下简称 RECs 或证书）交易机制和交易市场。

（二）澳大利亚可再生能源证书市场发展历程

澳大利亚可再生能源证书交易市场从建立、培育到发展过程，具备动态演变特点。根据目标与交易规则调整与完善程度，可将其大致分为两个阶段。

1. 第一阶段（2001—2010 年）

---

[1]　澳大利亚在京都议定书的第一承诺期（2008—2012 年）的任务是温室气体排放较 1990 年水平增加 8%。

[2]　李化：《澳大利亚新能源法律与政策研究》，武汉：武汉大学出版社 2014 年版，第 91—92 页。

2001 年 4 月 1 日，可再生能源证书市场在澳大利亚全国范围内正式运行，所有向电网购电超过 100MW 的电力批发和零售商应按法律要求的比例完成义务。适格的可再生能源发电商每额外生产 1 兆瓦时可再生能源电力即可获得 1 单位证书[1]。可再生能源证书需要经过澳大利亚可再生能源管理部门认证，然后在国家电力市场（NEM）中进行交易。每年年末，负有责任义务的电力批发商与零售商必须向管理部门上交足够的证书，并对其给以确认。未达标的差额以每单位 40 澳元处以罚款。

澳大利亚可再生能源管理办公室负责对可再生能源证书注册、创制和证书交易流程的监督管理。包括负责对可再生能源发电商进行认证，监管可再生能源证书的执行情况，进行年度评估，并对违反法案的行为进行处罚。该阶段的证书交易为风能与生物质能等相对低成本的可再生能源发电系统建设与运营提供了一定程度的资金支撑[2]。

2. 第二阶段（2011 至今）

2010 年的可再生能源法修正法案将可再生能源目标分为大规模可再生能源目标和小规模可再生能源计划两部分。可再生能源证书也因此被分为大规模发电证书（Large-scale Generation Certificates，LGCs）和小规模技术证书（Small-scale Technology Certificates，STCs）。大规模发电证书由适格的可再生能源发电站创制，1 份大规模发电证书等于发电站在基准之上生产 1 兆瓦时可再生能源电力；小规模技术证书由安装适格的太阳能热水器、空气源热泵热水器和小型发电机组的所有者创制，1 份小规模技术证书等于不使用"太阳能信用"机制生产 1 兆瓦时可再生能源电力，或者安装适格的太阳能热水器置换 1 兆瓦时可再生能源电力。

从 2011 年 1 月 1 日起，责任实体每年需要分别购买和提交一定数量的大

---

[1] 见《2000 年可再生能源（电力）法》第二章 可再生能源证书，第十八条（对超额的可再生能源电力制作证书）：如果已获认可的发电站在一年内所发电力超出其 1997 年适格（eligible）的可再生能源电力基准，并且该发电站的经营者已进行登记，则该经营者可对超额的可再生能源电力制作证书，每 1 兆瓦时电力签发一份证书。在上述情形下，如果超额部分不足 1 兆瓦时，但超过或等于 0.5 兆瓦时，该发电站的经营者仍可为当年所发电力制作一份代表 1 兆瓦时电力的证书。科技世界网站，2012 年 5 月 3 日，http://www.twwtn.com/detail_105709.htm。

[2] 该阶段的可再生能源目标为强制性目标，法律依据是《2000 年可再生能源（电力）法》，该法律将可再生能源证书制度作为核心内容。

规模发电证书和小规模技术证书的法定义务。多样化的证书交易保证了澳大利亚可再生能源的多元化发展，为风电、光伏发电、太阳能热水器、热泵等的安装提供了差别化和针对性的支持。

（三）可再生能源证书市场机制

1. 可再生能源证书注册系统

可再生能源证书创建依赖于可再生能源证书注册系统（Renewable Energy Certificate Registry，RECR)[1]。该系统是一个由清洁能源监管机构（CER）管理的在线登记与交易平台，负责证书创制、颁发、转让与提交。所有 大规模发电证书和小规模技术证书 必须在 可再生能源证书 注册注册处创建，然后才能购买、出售交易或交出。该系统是根据 2000 年《可再生能源（电力）法》的规定确立的。参与可再生能源目标计划并访问可再生能源证书注册系统的用户在创建和提交小规模技术证书和大规模发电证书时，必须付费。所付费用根据 2011 年《可再生能源（电力）管制条例》支付[2]。实质上，可再生能源证书注册系统就是可再生能源证书市场。可再生能源证书注册系统记录了从创建到所有权的任何转让和最终移交的每个证书的细节和历史记录。

2. 市场供需主体与交易

可再生能源证书市场上，大型可再生能源发电站和小型系统的所有者为适格主体（主要是发电商）有资格为其每产生一兆瓦时电力创建证书，为创建证书市场的"供应"方。电力批发购买者，主要是电力零售商为责任实体，购买这些证书，以履行其可再生能源义务，形成证书市场的"需求"方。电力批发购买者每年按规定百分比向清洁能源监管机构提交这些证书。不过，随着越来越多的零售商积极参与大型可再生能源发电站运营，同时还支持家庭和企业参与小型可再生能源计划，证书市场中许多责任实体在市场供需两端均扮演重要角色。

---

[1] 澳大利亚清洁能源监管机构网站，https://www.rec-registry.gov.au/rec-registry/app/public/about-the-registry。

[2] 为了鼓励和支持可再生能源目标计划的一次性参与者，在证书达到相关阈值之前，参与者无须支付创建费用。达到阈值后，则必须为账户创建的所有证书（包括最初低于阈值的证书）支付费用。具体的费用与阈值，可参见 http://www.cleanenergyregulator.gov.au/OSR/REC/Fees。

发给个人或企业的绿色证书数量取决于适格系统产生的或替代的电力。适格系统包括可再生能源发电站、小型太阳能电池板、风能和水力系统或太阳能热水器和热泵。

可再生能源证书有二级市场，证书可根据供求情况决定的市场价格进行交易。交易主体包括金融机构、贸易商、代理商等。适格主体通过证书注册系统出售证书以获取经济利益，责任实体通过证书注册系统购买并提交证书以履行其法定责任[1]。如果责任实体不能完成年度可再生能源电力目标，则将被要求支付每份证书 65 澳元的大规模生产亏空费或小规模技术亏空费。交易者预期证书价格变化，会促进证书交易市场的流动性。

3. 可再生能源证书市场监管

2011 年以后，可再生能源证书市场管理主要由澳大利亚清洁能源监管机构（CER）负责。在监管职能定位上，清洁能源监管机构是应对气候变化的监管角色。根据《2007 年国家温室和能源报告法》《碳信用（碳农业倡议）法案》《2011年可再生能源法案》，该机构对澳大利亚的国家温室和能源报告计划（National Greenhouse and Energy Reporting scheme，NGERs）[2]负有行政责任，负责报告相关碳排放数据、减排基金运作与可再生能源目标计划。

清洁能源监管机构作为经济监管机构，并不具备直接干预环境保护、公众健康等权限或规划立法权。但是清洁能源监管机构会提供并与相关监管机构共享信息。如提供其所管理和监控的所有规划项目的信息，促进和强制责任主体遵守这些规划，收集、分析、评估、提供和发布相关信息和数据，并与其他执法和监管机构合作。清洁能源监管机构鼓励企业对可再生能源进行投资和减少温室气体排放，支持企业有效参与市场机制，增加绿色证书数量以供出售。确保计划参与者遵守法律法规是清洁能源监管机构的职责。根据每项计划负有责

---

[1]　为了鼓励和支持可再生能源目标计划的一次性参与者，在证书达到相关阈值之前，参与者无需支付创建费用。达到阈值后，则必须为账户创建的所有证书（包括最初低于阈值的证书）支付费用。具体的费用与阈值，可参见 http://www.cleanenergyregulator.gov.au/OSR/REC/Fees.

[2]　国家温室和能源报告计划是一个提供有关温室气体排放、能源生产和消费信息的国家框架。清洁能源监管机构每年会提供一份包含详细相关数据和信息的年报告。

任的大型排放者必须购买和提交绿色证书，以履行其义务[1]。

2018 年，在证书市场上，清洁能源监管机构发布了可再生能源证书注册表的增强功能，简化了大规模生成证书创建流程。为了应对可再生能源目标的空前增长，清洁能源监管机构将继续改进和实现机构智能化控制，以适应和跟上可再生能源发展步伐。评估流程的可视化显示已经可以使用，能够对证书创建状态进行密切跟踪。

此外，清洁能源监管机构与澳大利亚证券和投资委员会（Australian Securities and Investments Commission，ASIC）和澳大利亚竞争与理事会机构（Australian Competition and Consumer Commission，ACCC）之间充分合作，以确保市场诚信基础[2]。

五、澳大利亚可再生能源证书市场运行现状与成效

（一）运行现状

就大规模发电证书项目总数来看，截止到 2019 年 8 月 31 日，可再生能源证书注册处经认证的大规模发电证书项目总数共有 20,175,661 个，自 2019 年 1 月 1 日起的经认证的大规模发电证书项目容量为 2102 兆瓦。如表 1 所示[3]。

表 1　2019 年澳大利亚认证的大规模发电证书项目数量

可再生能源证书注册处大规 模发电证书总数（个）	已认证项目（兆瓦） （自 2019 年 1 月 1 日起）	截止日期
30,750,148	283	2019/1/31
9,172,612	563	2019/2/28

[1] 澳大利亚清洁能源监管机构网站，http://www.cleanenergyregulator.gov.au/Infohub/Markets/Pages/Markets.aspx

[2] 澳大利亚清洁能源监管机构网站，http://www.cleanenergyregulator.gov.au/Infohub/Markets/Supporting-market-integrity

[3] 澳大利亚清洁能源监管机构（CER）网站，http://www.cleanenergyregulator.gov.au/RET/About-the-Renewable-Energy-Target/Large-scale-Renewable-Energy-Target-market-data/large-scale-renewable-energy-target-supply-data

（续表）

可再生能源证书注册处大规模发电证书总数（个）	已认证项目（兆瓦）（自 2019 年 1 月 1 日起）	截止日期
11,104,885	580	2019/3/31
12,682,988	1216	2019/4/30
14,805,712	1501	2019/5/31
16,427,993	1605	2019/6/30
18,179,306	1641	2019/7/31
20,175,661	2102	2019/8/31

资料来源：澳大利亚清洁能源监管机构网站的可再生能源证书注册系统数据

自 2018 年到 2019 年 9 月，澳大利亚已认证的大规模发电证书容量前十位的电站的容量均超过 100 兆瓦。其中，新南威尔士州和昆士兰州分别拥有三个。维多利亚州的穆拉瓦拉（Murra Warra）风电场的装机容量最大，合计 225.7 兆瓦。太阳能电站装机规模接近了风电场规模。如表 2 所示。

表 2　2018—2019 年 9 月 4 日澳大利亚认证的大规模发电证书容量排序（前十名）

排序	电站名称	所属州 *	容量（兆瓦）	认证日期
1	穆拉瓦拉（Murra Warra）风电场一期	VIC	225.7	2019 年 4 月 9 日
2	L 吉瓦 F 风电	SA	212.4	2019 年 4 月 3 日
3	西尔弗顿（Silverton）风电场	NSW	198.94	2018 年 5 月 12 日
4	Coleambally 太阳能农场	NSW	188.6799	2018 年 9 月 6 日
5	白日梦（DAYDREAM）太阳能农场	QLD	180.7488	2018 年 9 月 20 日
6	翡翠山（Mount Emerald）风电场	QLD	180.45	2018 年 8 月 20 日
7	芬利（Finley）太阳能农场	NSW	175.2911	2019 年 8 月 2 日
8	Badgingarra 可再生能源设施风电与太阳能电场	WA	154.318	2019 年 1 月 17 日
9	太阳金属（Sun Metals）太阳能	QLD	151.2249	2018 年 3 月 15 日
10	牛山（Cattle Hill）风电场	TAS	148.4	2019 年 9 月 4 日

* 所属州的英文缩略：VIC，维多利亚州，SA，南澳大利亚州，NSW，新南威尔士州，QLD，昆士兰州，WA，西澳大利亚州，TAS，塔斯马尼亚州。

资料来源：澳大利亚清洁能源监管机构网站

从 2019 年初到 2019 年 9 月 4 日，在已认证可再生能源电站中，数量最多的是维多利亚州，有 69 个项目；其次为新南威尔士州，有 53 个，南澳大利亚州（简称南澳）与昆士兰州项目数接近，分别为 44 项与 40 项，西澳大利亚州（简称西澳）为 23 项，北领地与塔斯马尼亚州是可再生能源认证电站数目最少的两个州，分别有 7 个和 3 个项目。如图 3 所示。在 239 个认证电站中，太阳能电站数目独树一帜，合计 225 个，占比高达 94%。如图 4 所示。

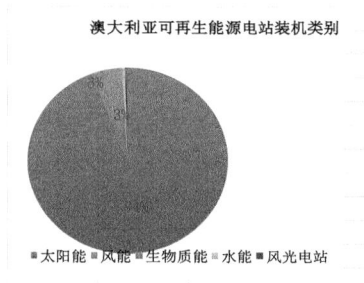

图 3 澳大利亚各州认证的可再生能源电站数量　图 4 澳大利亚可再生能源电站类别 [1]

资料来源：澳大利亚清洁能源监管机构网站

就证书提交数量看，大规模发电证书大规模发电证书的交付率明显低于小规模技术证书。2018 年，在大规模可再生能源目标和小规模可再生能源计划中，责任实体按时交出了 93.3% 的证书，低于 2017 年评估年度的 95.5%。2018 年大规模发电证书大规模发电证书的交付率为 86.1%，低于 2017 年的 93.3%。小规模技术证书的交付率为 99.9%。按照交易规则，责任实体可交出其 90% 以上责任的大规模发电证书，并将不足 10% 的责任短缺结到下一个评估年度。结转差额不会导致短缺费用。责任短缺大于或等于 10% 的责任实体，必须为未上缴的每份大型发电证书支付 65 美元的短缺费用。

2018 年 10 月，澳大利亚关于责任短缺的最新规则表明：由于将超额完成大规模可再生能源目标，清洁能源监管机构不反对使用短缺，只要在允许的三年期限里，责任实体得以通过即可。2016 年、2017 年和 2018 年产生的 4.58 亿

---

[1]　图 3 与图 4 数据时间为 2019 年 1 月 1 日 –2019 年 9 月 4 日，经认证的发电站表不包括自 2019 年 1 月 1 日起更改其经认证容量的发电站。数据来源：澳大利亚清洁能源监管机构网站。

美元（相当于 750 万张大规模发电证书）的短缺费用可以合并到收入里，由责任实体在三年内赎回。其中，涉及支付 2018 年评估年度的 340 万张大型发电证书的费用为 2.2 亿美元，除了 2018 年评估年度的已付短缺外，结转至 2019 年的还有 50 万份证书。

根据清洁能源监管机构发布的最新数据，截止到 2019 年 7 月，大规模可再生能源目标的市场中，已承诺项目的总容量为 5358 兆瓦，可能的太阳能项目的总装机容量为 1263 兆瓦。当月获得认证的有 46 座发电站，总装机容量为 36 兆瓦，其中西澳大利亚的贝罗斯公路风电场，认证容量为 9.5 兆瓦，南澳大利亚州 200 兆瓦太阳能项目签署了电力购买协议[1]。

（二）成效

在目标激励、证书市场交易与相关支持政策带动的资金技术支持下，澳大利亚可再生能源领域投资不断增加、太阳能和风能安装速度快速提升，可再生能源的人均配置率方面领先于世界，超过可再生能源大国德国和英国，拥有世界上最高的住宅屋顶太阳能普及率。

1. 可再生能源领域投资强劲

2018 年，澳大利亚的太阳能和风能投资强劲，投资额近 100 亿美元，成为全球第五大可再生能源项目投资国。2018 年，全球光伏发电容量增长 10%，达到约 110 吉瓦，新风电场的投资较为稳定，约为 50 吉瓦。中国和日本的可再生能源容量有所下降，欧盟和美国则上升了 10%–15%。澳大利亚当年部署了 5.1 吉瓦的光伏和风能系统（其中，3.4 吉瓦为地面安装类型，1.7 吉瓦为屋顶安装类型），新建的大型可再生能源发电站和小型太阳能光伏装置打破了其历史最高纪录。

2. 可再生能源发电量首次超过褐煤发电量

根据最新的统计数据，2018—2019 财年澳大利亚的可再生能源发电量已经首次超过褐煤发电量。2019 年第二季度，澳大利亚的褐煤发电量下降 1248 千兆瓦时，同比减少 13%，为 1993 年以来的最低值。无烟煤发电量与去年持

---

[1]　澳大利亚清洁能源监管机构网站，http://www.cleanenergyregulator.gov.au/RET/Pages

平，仍是澳洲能源市场的最大发电来源（占比近一半）。风力发电量增速最快，同比增长 28%；天然气发电量低于 2000 万兆瓦时，下降至 2006-2007 财年以来的最低水平；水力发电量同比下降 21%，从 484 万兆瓦时下降至 382 万兆瓦时[1]。

3. 太阳能发电势头迅猛

太阳能发电在 2008 年后的发展势头强劲，特别是近两年表现尤为抢眼。2018 年屋顶太阳能部署速度大幅加快。澳大利亚平均每分钟安装 6 块太阳能电池板，商业部门增长 45%，住宅部门增长 43%。截止到 2019 年 9 月，澳大利亚多达 210 万户家庭 (占总家庭数的五分之一) 安装了屋顶太阳能，昆士兰州大约 33% 的住宅屋顶安装了太阳能，南澳大利亚州(32%)和西澳大利亚州(28%)紧随其后。澳大利亚家庭、企业和大型公用电站均向太阳能应用迈出了基础性的转变。2018 年，澳大利亚人均太阳能发电量位居世界第二。

4. 太阳能发电规模化效应明显

目前，越来越多的 10-15 千瓦容量系统被安装在住宅上。以前，此类系统大多安装在小型商业场所。15 千瓦到 5 兆瓦的中等规模太阳能系统 [2] 配置显著增加，2018 年共安装了 9495 个中型太阳能系统，总装机容量为 433 兆瓦。与 2017 年相比，中型太阳能系统数量增加了 34%，系统容量增加了 44%。

需要指出的是，太阳能光伏发电的激增，不仅来自证书市场交易对投资资金的驱动，早期小规模可再生能源计划下的政府财政激励政策支持也功不可没。2009 年，澳大利亚推出了太阳能信贷乘数政策，该政策为小规模可再生能源计划下的太阳能光伏装置提供了额外的财政激励。

5. 2020 年可再生能源目标确保实现

---

[1] 《澳大利亚可再生能源首次超过褐煤发电量》，来源：澳大利亚金融评论报，中国电建，2019 年 7 月 24 日，http://www.powerchina.cn/art/2019/7/24/art_7459_616500.html

[2] 澳大利亚的小型可再生能源计划中将 10 千瓦以下的系统归类为住宅系统。然而，目前数据表明，有 80% 的 10-15 千瓦的太阳能系统安置在住宅物业上。这导致了澳大利亚对小型可再生能源规模定义标准的统一调整。以前，10 千瓦至 1 兆瓦之间的系统归类为"商业和工业"系统，1 兆瓦以上的系统归类为公用水平发电站。为了与行业发展最新趋势保持一致，澳大利亚已将 15 千瓦 -5 兆瓦之间的太阳能光伏系统归类为中型太阳能光伏系统。

　　根据清洁能源监管机构最新预计，随着可再生能源成本持续下降，电力购买协议的增长，2019 年下半年，新的发电能力将足以实现 2020 年的目标。2017 年，清洁能源监管机构表示，2017 年至 2019 年需要投产 6400 兆瓦，才能在 2020 年实现目标。2018 年 5 月，澳大利亚已经承诺有足够的产能实现 2020 年大规模可再生能源目标。因为当年 5 月到 12 月就大幅增加了 3766 兆瓦的可再生能源立项项目，2018 年经过清洁能源监管机构认证的已建项目达到 3455 兆瓦，是 2017 年认证项目（1113 兆瓦）的三倍多。2017 年至 2019 年的三年间，澳大利亚大规模可再生能源产能建设水平远高于之前的 16 年。

六、启示与展望

　　未来澳大利亚绿色发展目标更加宏伟。预计 2019 年可再生能源总容量届时约为 6.3 吉瓦，目前的投资水平将在短期内依然保持增长。澳大利亚政府计划到 2021 年超过三分之一的电力来自可再生能源。如果保持该速度发展，澳大利亚有望在 2024 年达到 50% 的可再生电力，到 2032 年达到 100%，澳大利亚能源市场委员会（The Australian Energy Market Commission，AEMC）预计，到 2050 年，超过一半的房屋将拥有太阳能光伏系统，约三分之一的住宅建筑将具备储能。

　　从澳大利亚应对气候变化行动，以及可再生能源发展历程和证书市场机制、成效等经验中不难看出，可再生能源发展是一个不断面临新环境，涌现新问题，充满挑战与期待的动态演变历程。既存在环境和市场的不确定性，需要经济政策与市场机制的协同配合；也有对政治外交的考验，需要决心和宏伟目标的蓝图设计。从中可以得到以下启示：一是应对气候变化政策与可再生能源目标需要协同，二是良好的法律框架是可再生能源可持续发展的重要基础；三是市场机制是发展可再生能源的长效机制；四是监管职能需要准确定位以及允许环境——制度弹性；五是发挥地方积极性，因地制宜发展可再生能源；六是市场机制与财政政策需要相机抉择与配合。

2018 年，中国单位 GDP 二氧化碳排放比 2005 年下降 45.8%，超额完成当年目标，减少二氧化碳排放 52.6 亿吨。同年，非化石能源占一次能源消费比重已达 14.3%。当前正积极推进全国碳排放权交易市场建设。2019 年 9 月 23 日，联合国气候行动峰会上，中国外交部长王毅明确表示，中国将认真履行《联合国气候变化框架公约》和《巴黎协定》义务，坚持"共同但有区别的责任"等原则，如期实现自主贡献目标，将继续一如既往地践行新发展理念，坚持绿色低碳可持续发展之路[1]。

澳大利亚是大洋洲积极响应"一带一路"倡议的国家，且中澳均作为亚太经合组织的重要成员，在应对气候变化和绿色转型理念与可再生能源战略上有许多相似之处。未来两国将在绿色能源电力市场建设、提高绿色竞争力方面有望展开更多国际合作，为全球绿色能源转型，充分应对气候变化，坚持全球经济社会的可持续发展贡献力量。

---

[1] 《王毅：中国在应对气候变化征程中不断迈出新步伐》，中国外交部，2019 年 9 月 24 日，https://www.fmprc.gov.cn/web/wjbz_673089/xghd_673097/t1700636.html

以色列低碳清洁能源体系建设的经验借鉴

宋梅 吴晋 冯宇楠[1]

摘要：

为解决煤炭石油短缺问题，以色列通过一系列政策法规逐渐建立了鼓励天然气和可再生能源发展的能源政策体系，顺应未来能源发展趋势。本文概述了以色列能源体系的发展历程和现状，重点分析了以色列在科技创新、人才培养和国际合作等方面提高本国的能源安全、构建低碳清洁的能源体系的具体做法和关键因素。期望为我国构建立足于技术创新、专业人才培养和能源国际合作的低碳、清洁的高质量能源体系提供借鉴。

关键词：

以色列；能源安全；低碳能源体系；科技创新；专业人才培养

一、引言

---

[1] 宋梅，管理学博士，中国矿业大学（北京）教授，博士生导师。兼任国际清洁能源论坛理事，中国系统工程学会能源资源系统工程分会常务理事，中国社会科学院研究生院国际能源安全研究中心研究员，主要从事能源经济、能源产业政策、碳减排绩效、碳交易市场等方面的研究。吴晋，中国矿业大学（北京）管理科学与工程研究生，主要从事能源经济、能源产业政策方面的研究。冯宇楠，中国矿业大学（北京）管理科学与工程研究生，主要从事能源经济、能源产业政策方面的研究。

2017 年第 19 次全国代表大会首次提出"高质量发展"，2018 年十三届全国人大一次会议正式提出"高质量发展"，表明我国经济由高速增长阶段转向高质量发展阶段。能源是工业的血液，是经济社会发展的基础。实现经济高质量发展离不开能源高质量发展，而能源实现高质量发展，构建清洁低碳、经济高效、安全可靠的能源体系是核心，技术创新与能源领域专业人才队伍是关键。现阶段，我国正面临着既要满足日益增长的能源需求，又要减少温室气体排放的双重挑战，能源产业实现高质量发展已迫在眉睫。

以色列在发现天然气田之前，作为中东地区传统能源资源极度匮乏的国家，建国伊始就不断加大科技与教育投入，通过技术创新以及能源领域专业人才培养来提高本国的能源效率与能源安全，以降低对煤炭石油消费的总量需求以及对进口能源的依赖。近十年，以色列能源结构优化成效显著，煤炭石油等化石燃料消费的比重不断下降，天然气、太阳能占比稳步上升。对以色列低碳、清洁能源体系构建的做法和经验进行总结，期望为我国构建立足于技术创新、专业人才培养和能源国际合作的低碳、清洁的高质量能源体系提供借鉴。

二、以色列概况

以色列位于亚洲大陆，地处地中海的东南沿岸，与埃及、叙利亚、约旦、黎巴嫩四个国家相邻，总面积 20770 平方公里，领土面积较小。2018 年以色列人口达 8，455，489 人，人均密度达 390.73 人 / 平方公里[1]。虽然地处富含石油的中东地区，但其自然资源十分匮乏，矿产资源形成规模生产的仅有钾、溴化镁、磷酸盐岩、铜矿石、天然气，现用于生产肥料、镇静剂等药物及工业和农业的其他用途，死海是以色列最大的矿物来源地。作为中东地区最稳定的国家之一，先进的高科技产业和农业保障了以色列经济的平稳高速发展。

现代以色列的历史始于 19 世纪 80 年代，第一批犹太复国主义者移民至巴勒斯坦，经奥斯曼的统治，后加入现存的犹太社区，建立农业定居点和部分工

---

[1]　Israel，Population of the world，https://www.livepopulation.com/country/israel.html.（2019 年 10 月 19 日登录）

业生产地，并恢复希伯来语作为民族语言的口语，实行新的经济和社会制度。第一次世界大战的爆发逐渐改变了中东的地缘政治格局。1917 年英国统治了当时的巴勒斯坦（以色列、巴利斯坦、约旦）并建立犹太人家园。二战结束后，欧洲各地集中营解放出大量犹太难民。1948 年 5 月 15 日，犹太临时政府单方面宣布成立以色列国。次年 2 月召开立宪会，宣布以色列国为民主共和国，本·古里安就任以色列第一总理。纵观以色列的建国史，犹太人和阿拉伯人之间的冲突一直存在。建国后的冲突主要集中在加沙地带、戈兰高地、约旦河西岸，及苏伊士运河的归属问题上，曾引发阿以战争、苏伊士危机、黎巴嫩战争等系列战争。近年来，随着国家间和平相处与贸易往来的增加，上述多个国家签署了和平协议。

以色列的经济发展与发达的工业化国家相似，其经济波动通常与移民、资本流入有关：大量移民使人口急剧增加，经济进入调整期，直至新增人口被有效吸收，投资吸收了就业，同时住房刺激经济活动。以色列经济发展分为四个阶段[1]。

经济强制期（1922—1947 年）：移民和资本流入是推动经济快速增长的关键因素，其间，犹太人创造的经济产值年平均增长 13.2%，1947 年占犹太和阿拉伯经济体全国净产值的 54%。在经济强制性时期，犹太经济的显著特点是服务业占主导地位。

经济形成期（1948—1965 年）：1949 年以色列与阿拉伯邻国签署停火协议，近 34 万移民迁入以色列。政府通过价格管制和基本商品的定量配给方式限制公民和移民的消费需求。1952 年，以色列通过预算约束抑制货币扩张，逐步放松价格管制和定量配给约束。1950-1965 年，以色列从美国、德国等国获得了大量资本流入，实现了国民生产总值年均增长超过 11%，人均国民生产总值增长超过 6%。

经济波动期（1966—2005 年）：以色列与约旦、埃及、巴勒斯坦等邻国

[1]　Nadav Halevi，"A Brief Economic History of Modern Israel，"https://eh.net/encyclopedia/a-brief-economic-history-of-modern-israel/.（2019 年 5 月 17 日）。

在 1966—2005 年期间历经战事、关税联盟、和平协议的过程，由于被占领地区的政治经济调整以及国防预算的增加，以色列经济存在较大幅度的波动。1973—1982 年，以色列在美国获得的捐款和贷款援助平均每年为 19 亿美元，占国防进口总额的 60% 左右。

经济增长期（2006 至今）：随着国际关系向好，以色列经济发展趋于稳定，产量结构和制造业结构发生了变化，服务业成为支柱产业，工业占总产值的 1/4，农业比重有所下降。从产量和出口角度来看，传统的低技术产业份额明显降低，高新技术产品居首要地位。

在土地贫瘠、资源短缺的困境下，以色列坚持走科技强国之路，重视教育和人才培养，使经济得以快速发展，成为中东地区唯一的发达国家。2016年，以色列人类发展指数达 8.99，位列世界第 19 名。2018 年，以色列 GDP 达到 3532.68 亿美元，比上年增加了 338.9 亿美元，在 196 个国家的 GDP 总额中排名第 33 位，人均 GDP 达 4.056 万美元，是绝对的高收入国家[1]。图 1 为自 1960—2017 年以色列各年的 GDP。作为科技创新型的后工业化国家，以色列的高科技产业与信息和通信技术服务产业成为推动经济发展的龙头。

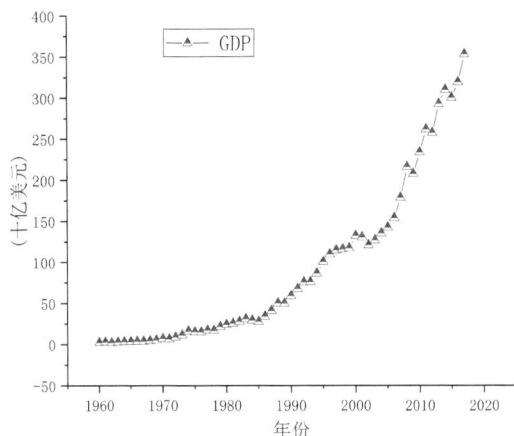

图 1　1960—2017 年以色列 GDP 值

数据来源：世界银行。

---

[1]　"Israel GDP–Gross Domestic Product，" https://countryeconomy.com/gdp/israel?year=2018.（2019 年 6 月 20 日登录）

三、以色列能源发展概况

（一）总体情况

以色列地处富产石油的中东地区，但石油、煤炭资源极度匮乏，加之与周边国家的关系不稳定，早期的以色列被称为"能源孤岛"。为满足日益增长的能源需求，以色列积极探勘油气资源、开发可再生能源，同时依赖苏联、美国、伊朗、罗马尼亚、波兰等国家进口石油和煤炭。

以色列能源发展历经艰难起步期（1948—1966 年）、被封锁与遏制期（1967——1977 年）、理论与务实期（1978—1990 年）和全面发展期（1991年至今）。早在 20 世纪 20 年代，以色列便开始探勘油气资源，直到英国统治巴勒斯坦期间，探勘仍未取得重大成功。随着以色列国的成立，以色列颁布了"石油法（1952 年）"，成立了石油勘探公司及政府机构，提供探勘技术和专业支持。1953 年以色列在南死海地区钻探到第一口干井——马扎尔（Mazal-1）井田，1955 年在南部沿海平原的海莱茨（Heletz）油田成功发现石油。随后两年，以色列相继在布鲁尔（Brur）和科哈夫（Kokhav）地区发现石油。1967 年，以色列在第三次中东战争结束后攫取了埃及石油产区——西奈半岛，该石油产区在能源被封锁与遏制阶段提供了近 65% 的石油消费量。50—90 年代，以色列在陆地和海上钻探约 450 口探勘井，但大部分不具备经济开发价值[1]。1999 年，以色列在阿什凯隆发现第一个天然气藏——诺阿（Noa-1）油田，并在 2004 年开始了天然气的大规模开采。

随着国内天然气与可再生能源的探勘开发和利用，以色列的天然气和可再生能源在能源消费市场中迅速发展，并向埃及、约旦、巴基斯坦等国出口天然气，逐渐成为"能源出口国"。作为地区能源超级大国，以色列的崛起预示着中东

---

[1]　Ministry of Energy，Oil & Gas Exploration History in Israel，

http://www.energy-sea.gov.il/English-Site/Pages/Oil%20And%20Gas%20in%20Israel/History-of-Oil--Gas-Exploration-and-Production-in-Israel.aspx.（2019 年 7 月 9 日登录）

及其他地区的联盟正在发生重大变化[1]。

　　尽管以色列积极开发太阳能并应用于住宅部门，但太阳能发电占比仍未达到预期。2010年前，以色列的运输燃料完全依赖石油，超过60%的用电量依靠煤炭供应，化石能源消费比重约占95%，可再生能源仅占5%，且尚未开发水能、核能[2]（图3）。

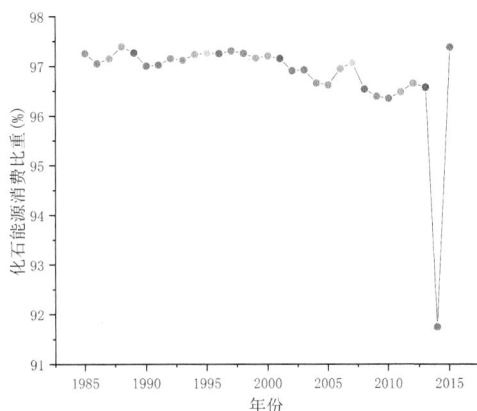

图3　以色列化石能源消费比重

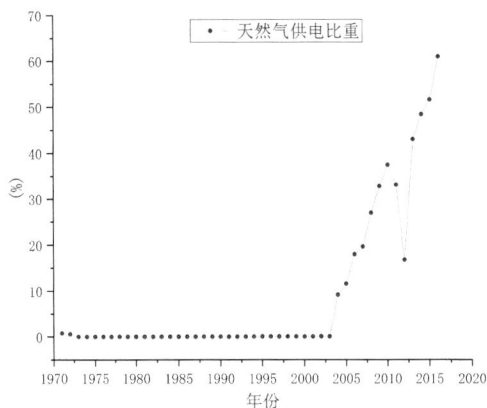

图4　1971—2016年以色列的天然气发电比重

图数据来源：世界银行。

[1]　"Israel: the coming energy superpower，"
http://www.thecommentator.com/article/3168/israel_the_coming_energy_superpower.（2019年5月15日登录）
[2]　World Data.info，"Energy consumption in Israel，"
https://www.worlddata.info/asia/israel/energy-consumption.php.（2019年6月20日登录）

（二）天然气

20世纪90年代以来，以色列积极探勘油气资源，不断增加能源技术投资，同时拓宽能源外交范围，引进美国与欧盟油气公司的资金与技术，加大页岩油与海上气田的探勘力度，最终发现大量的气田。1999—2000年，以色列在专属经济区（EEZ）东南部发现了诺阿（Noa）、玛丽B（Mari-B）气田；2009—2010年，在专属经济区北部深水处发现了大量天然气储层：塔玛尔（Tamar）、利维坦（Leviathan）气田；2012—2013年，在以色列海岸北部和西部的地中海地区发现了预估天然气储量达679.6亿立方米的塔宁（Tanin）、卡里什（Karish）矿床；近年来，以色列发现了尚未开发的西蒙雄（Shimshon）、达利特（Dalit）、多芬（Dolphin）气田。

2004年是以色列天然气时代的开始，天然气首次转入管道系统，流入消费市场。2004—2016年，以色列使用了超过600亿立方米天然气，节省了数百万吨的燃油、柴油和煤炭。目前，以色列建造天然气发电站的成本仅占建造燃煤发电站的1/2，所需面积仅占燃煤发电站的1/3，建设周期也只有修建燃煤发电站的1/2（天然气发电比重见图4）。为鼓励天然气开发使用，政府已实施了"关闭1440兆瓦的煤炭生产装置，向配气企业提供0.84亿美元资金补贴，推广氨工厂，铁路网全面电气化，新设燃油税激励运输部门转向压缩天然气（CNG）"等举措，并与美国、塞浦路斯、希腊、意大利、埃及、约旦等国达成天然气开采或输出协议。

以色列业务发展咨询公司（Israel Business Development Organization Ziv Haft Consulting Management Group, BDO）预测，2025年以色列天然气需求将达205亿立方米，2040年达353亿立方米，能源部门的结构调整、煤炭发电量的减少以及电力需求的持续控制将成为天然气增长的主要驱动因素[1]。

（三）太阳能

以色列地处北纬30度左右的地理纬度，日照量充足，年太阳辐射量约

---

[1] Delek Group, "Israel Natural Gas Demand Forecast 2017-2040," https://www.delek-group.com/wp-content/uploads/2017/09/BDO-Gas-Market-Forecast-2-07-2017-for-Delek-Group-with-final-letter-1.pdf.（2019年5月15日登录）

2000千瓦时/立方米，尤其是内盖夫沙漠和阿拉瓦山谷，为发展太阳能以及填补能源缺口提供了基础保障。以色列政府承诺，2020年实现10%的可再生能源生产比重，2025年达13%，2030年达17%。

建国以来，以色列充分利用约占全国面积60%的沙漠进行太阳能研发与应用（图5）。20世纪50年代，以色列开发出太阳能热水器并应用于建筑中，解决了以色列的能源短缺问题。直至1967年，太阳能供热比重约达5%，约90%的家庭住户通过屋顶安装太阳能设备满足供热需求。70年代初，世界石油危机的发生推动了太阳能的开发和利用。1980年，以色列通过一项法律，要求住户安装太阳能热水器。1990年，该法律要求所有新住宅楼安装太阳能热水器。2007年，国家太阳能中心与顶峰太阳能公司（Zenith Solar）联合建造太阳能反射器。2008年，以色列太阳能技术已发展到同化石能源价格相竞争的程度，但由于天然气开采和利用的成本优势，国家开始大幅度地减少对太阳能技术的支持。目前，以色列太阳能公司（Megalim Solar Power）在多区域使用太阳能电池板、太阳能镜，建造太阳能发电塔、太阳能光伏电站，以期扩大太阳能的消费范围。2015年7月，以色列政府提供了11.2亿美元资金支持亮源能源、通用电气、诺伊基础设施及能源投资基金机构在内盖夫沙漠建设世界第五大太阳能热电站（Megalim），该电站已于2018年投入运营。以色列国家基础设施部估计，太阳能热水板每年可节省约200万桶石油，太阳能反射镜的聚热效率是标准平板光伏板的5倍[1]。

（a.）

---

[1] "Solar Power in Israel，" fanack，https://fanack.com/israel/economy/solar−power−in−israel/.（2019年5月17日登录）

（b.）

图5　以色列内盖夫沙漠的太阳能发电塔

目前太阳能已广泛应用于以色列的照明、供热、运输等领域[1]。其中，太阳能热水器覆盖全国屋顶，典型的配套装置有150升的保温储水箱和2平方米的平板，每套装置年平均效率约50%，可为家庭用户节省2000千瓦时 / 年的电力成本，且泵驱动水加热，无须使用备用电加热线圈；被动式太阳能空间供暖的设计解决了以色列冬冷夏热的极端气候带来的困扰，其包括绝缘性良好的建筑外壳、朝南窗户区域和足够的热质量。典型的太阳能房屋包括1厘米长的墙结构、10厘米厚的灰泥、5厘米厚的固体混凝土及10厘米厚的聚氨酯保温层，朝南窗户面积达到地板面积的15%。目前太阳能供暖供热已普遍应用于全国建筑。以色列先进的太阳能技术加速了中东地区的经济合作，现已有以色列企业与巴勒斯坦企业共同参与的太阳能项目，以色列政府也尚未禁止双方在加沙地带的太阳能项目。

（四）能源效率与电力消耗

高效的能源使用率有助于缓解气候变化，提高能源安全和经济增长，同时加强了环境和社会效益。以色列重视能源技术研发，通过提高能源利用效率来降低能源消耗需求。2009年政府成立"绿色能源协会"，负责提升可再生能源的发电比例以及推广实施能源效率市场，且设立的战略基金（The Strategy Fund) 提供了超过总投资62.5%的资金用于支持可再生能源与能源效率的研

---

[1]　Jewish Virtual Library, "Israel Science & Technology:Solar Energy Sector,"
https://www.jewishvirtuallibrary.
org/solar−energy−sector−in−israel.（2019年5月16日）

发 [1]。以色列的经济发达且增长势头良好，能源强度也存在上升趋势，经济增长与能源消耗整体呈现弱脱钩 [2]。2014 年，以色列 GDP 同比增长 5.84 个百分点，能源强度提高了 7.5% [3]。

以色列电力需求具有稳步增长的特点。住宅、公共商业、工业是主要耗电部门（表 1）。其中，住宅部门的电力消耗，冷却和加热设备约占 60%，照明约占 30%，10% 用于其他用途；工业部门用电设备包括生产系统 30%、冷却器 30%、空气压缩机和气动系统 15%、照明和冷却塔等 15%；地方政府部门用电量占全国的 5%，其 45% 用于路灯和公共照明，40% 用于建筑物气候控制（空调、供暖），10% 用于室内照明，10% 用于其他需求。

自 2013 年起，住宅与商业部门的用电量开始呈递减趋势，而工业耗电仍保持稳定增长。据能源部统计，2011—2015 年期间，住宅与商业部门节约电力 6.164 亿千瓦时，减少了约 45.7 万吨二氧化碳。为降低能源消耗总量，以色列提出"总体上减少电力需求，提高能源效率"。2015 年 9 月，以色列在第 542 号决议中承诺"为全球实现《联合国气候变化框架公约》所规定目标作出贡献"，制定《2016—2030 国家能效计划》，提出"2030 年全国用电总量在预计基础上减少 17%，并实现可再生能源发电量占总量的 17%，同时减少 20% 的私人车辆，绝对降低能源消耗"。

表 1　2002—2015 年各部门的用电量（单位：亿瓦时）

年份	东耶路撒冷	抽水	工业	农业	商业公众	住宅	合计
2002	2300	2242	9432	1621	11586	12747	39928
2003	2454	2501	9728	1674	11999	13365	41721
2004	2598	2728	9880	1701	12508	13517	42932
2005	2863	2708	10237	1699	13083	13719	44309
2006	3097	2838	10387	1755	13785	14313	46175

[1]　Israel government website. "Start-up, Pilot and Demonstration Projects，"
https://www.gov.il/BlobFolder/reports/rd_projects_2012/en/projects2012corrected.pdf.（2019 年 6 月 10 日登录）
[2]　岳立、宋雅琼、江铃峰：《"一带一路"国家能源利用效率评价及其与经济增长脱钩分析》，《资源科学》2019 年第 5 期，第 834—846 页。
[3]　Initial Energy Consumption, Ratio between Energy and Final Energy Consumption per Capita, Figure 21.2, published on September 16,2014。

（续表）

2007	3457	3021	11178	1852	14766	15049	49323
2008	3666	2749	11218	1827	15499	15201	50160
2009	3783	2404	10329	1690	15625	15117	48948
2010	3966	3029	10647	1614	17132	15591	51979
2011	4225	3015	10987	1731	17202	15909	53069
2012	4547	3175	11849	1837	18433	17244	57085
2013	4675	3109	13182	1935	17753	15662	56794
2014	4844	2404	15211	1769	15953	15981	56162
2015	—	—	—	—	—	—	57801*

资料来源：Israel Electric, Statistics Report 2011, Table 20A; Israel Electric Corporation-Periodical. Report for 2014, Table 10.2, p.72; Israel Electric Corporation-Periodical Report for 2015, Table 10.2, p. 75('*'表示能源部估算)。

四、以色列清洁能源发展措施

（一）依托科技创新，推动能源多元化

由于能源资源匮乏、钻探技术限制，早期的以色列极度依赖进口能源。为提高国家话语权及国内能源安全性，以色列政府逐渐重视科技创新，积极尝试开发天然气、太阳能、风能等替代能源，改善高度依赖进口能源的局面。

1.加强产学研合作，攻克技术难关

以色列政府把推动创新作为保障国家发展的重点，先后制定和实施一系列促进创业及高科技产业发展的法律法规保障创新，包括《投资鼓励法》(1959)、《专利法》（1967）、《工业研究与发展促进法》（1984）、《鼓励产业研究与开发法》（1985）、《国家民用研究与发展理事会法》（2002）等，其建立以企业技术创新为主体的国家创新体系，涵盖研究型大学、研究机构、非营利机构等诸多机构。例如，魏茨曼科学研究院（Weizmann Institute of Science）设耶达研究院和魏茨曼科学工业园，形成了独具一格的"产—学—研"合作机制，为高校人才提供了专门的输出渠道，实现了专业的对口衔接。以色列将其研究与开发过程分为基础研究、战略研究和工业研究三个阶段，每个阶段重点关注内容不同。基础研究重点实施理论研究，战略研究重点关注的技术应用，注重

基础研究和工业研究的衔接，而工业研究则负责开发具有国际竞争力的产品、工艺。除此之外，以色列还建立了有效的技术孵化机制，孵化器隶属于著名大学、地方行政区域或者工业集团，其完备的市场结构为创新企业提供全面设备和资源，在一定程度上加快了项目落地进程，政府分阶段采取不同政策支持企业发展，2010年以前，政府每年为孵化器企业提供超过3500万美元的资金支持，2010年以后，采用"共担风险，不共享收益"的方式支持企业家创业 [1]。

1987年，借助内盖夫本—古里安大学、魏茨曼科学研究院等高校的学术氛围，在内盖夫沙漠中建立了太阳能技术试验中心，以削减使用太阳能的成本。2005年，魏茨曼科学研究院利用最新太阳能技术，创造易储存中间能源，实现了氢能的利用 [2]。2007年，以色列技术学院设计出一种利用空气对流原理发电的能源塔，发电成本低于太阳能、水力及风力发电。

以色列致力于打造沙漠中的"新能源硅谷"。2010年，政府—大学—研究机构在内盖夫沙漠共同成立了新能源技术测试中心，以协助太阳能、能源效率等领域的测试、分析、评估，加快相关技术的商业化应用 [3]。技术测试中心附近有以色列唯一的太阳能热电厂，该电厂综合生物能、太阳能、柴油发电等技术，发电的同时还能够为当地居民提供热量。

2. 提高能源效率，降低能源消耗

为实现总用电量降低17%的目标，以色列还按住宅、工业、公共商业、水利四部门分别制定节能减排措施（附表1—附表4）。针对住宅部门，政府提出更新电器各项规章制度、待机模式规定，鼓励淘汰高耗能电器，改用节能灯，加大节能教育与宣传，提供软贷款或低息贷款；对于工业部门，政府则鼓励采购新的高效制造技术，修订冷水机组法规和制度，调整最低效率阈值，同时为照明系统升级和安装节能系统与能源管理系统提供税收优惠和效率激励，对空

---

[1] 《以色列如何成为创新驱动型国家》，来源：学习时报，理论之光，2016年11月17日，http://theory.jschina.com.cn/syzq/jj/201611/t3100499.shtml.（2019年7月12日）

[2] 《以色列找到氢能利用新技术 目前已接近实用化》，中国科学院网，http://www.cas.cn/xw/kjsm/gjdt/200906/t20090608_632362.shtml。（2019年7月12日登录）

[3] 徐美君：《以色列在沙漠中修建新能源技术测试中心》，《玻璃与搪瓷》2010年第38卷第3期，第9页。

气压缩系统和气动系统升级进行奖励；除住宅部门及工业部门外，政府对公共商业部门光热系统中的设备也提出了节能要求。根据标准 5281 的要求，改进现有建筑或新修建筑的墙壁与屋顶绝缘性，提高玻璃窗的节能效率，并提供补助金或软贷款（低息贷款）；水利部门则需提高水泵效率，利用压力管理系统减少水流失。

此外，以色列政府制定了降低市场能耗的横向计划。资本初始成本高、缺乏知识与意识、风险敞口、难量化的外部效率都严重阻碍各部门能源效率的提高，采用自下而上的能源战略至关重要。通过指定的网站向所有部门传播节能减排知识并提供技术支持；教育和培训计划，确保所有部门能按需解除到训练有素的员工；制定测量和验证协议，确保方法的一致性，降低不确定因素发生；提供资金支持，促进节能项目的实施。

3. 提倡节能环保，发展清洁能源

以色列环境立法涵盖自然和资源、减少和预防环境损害、安全处理沾染物和污染物等多方面，立法的限制推动了节能、低污染的清洁能源发展。同时，采取政府主导模式发展清洁能源。设定能源部首席科学家计划，推动以色列太阳能板制造集成技术发展。在城市推广太阳能光生电装置，所有电力输送上网，解决城市用电高峰时段的电力缺口。同时，在农业环保技术及农村节能环保科普、水法规体系及水技术、清洁能源及能源效率、高新技术研发等方面政府也发挥着主导作用。相关政策见表 2。政府提供可观的财政优惠，通过节能环保设备允许完全折旧，购置并使用节能环保设备的企业最高可获得 30 万新谢克尔补贴、减少碳排放的企业将获得 20% 的补贴，最高额度达 300 万谢克尔等举措激励企业与住宅节能减排。

表 2　部分政策汇总

时间	政策	详细
1977	成立能源部	专注于能源勘探、开发、利用等事项
1986	"太阳能热水器安装"法令	要求每幢新建筑必须安装太阳能热水器
1989	《能源资源法》及次级法规	为政府提供了管理能源开发、分配及利用的法律依据；明确规定能源市场、能效标准及等级、电加热炉能源标签、检测泵装置等
2002	资金补贴政策	对可再生能源电力的用户给予资金补贴
2003	可持续发展规划	提出"2007年开始，可再生能源供电比例至少占2%"的目标，同时提出核能源计划，节能与新能源开发并举 [1]
2006	《可持续与替代能源研究计划》	鼓励新能源和能源使用技术的开发
2008	"回购电价（Feed-in Tariff）"政策	强制公用事业公司以高于市场价回购绿色电力，提高可再生能源市场竞争力；
2009	《以色列关于发展可再生能源的政策》	提出发展太阳能、风能、生物质能等清洁能源，计划2020年实现可再生能源发电量占总发电供应的10%，2040年达40%；
2011	交通领域"能源选择计划"	设立"可替代能源创新研究总理奖"，寻找降低石油依赖度的交通领域可替代能源
2018	"能源发展规划"	提出2030年，全面停止煤炭使用，所有用于发电的煤炭发电机组将被关闭；同时提出2030年可再生能源产量达到总能源17%的目标，2020年中期目标为10%

（二）加大教育投资，注重人才培养

以色列政府深入贯彻"以人为本"理念，以经济发展、能源紧缺、生态保护为导向，实施科技教育、环境教育等基本国策，以全面提高全民素质以及培养高质量人力资源。

1.加强教育投入，培养能源专业人才

以色列的创新建立在国家教育体系、人才培养的基础上。建国以后政府实施科技教育优先的基本国策，政府始终高度重视教育投资，其教育经费投入仅次于国防预算，占 GDP 的 7%—11%。在经合组织中，以色列的教育支出占GDP 比例排在第五，2011 年为 7.3%，高出经合组织 6.1% 的平均水平，发达国

---

[1]　潘跃明、张吉平、赵青：《以色列多元化战略应对能源短缺》，《环境研究与监测》2012 年第 25 卷第 3 期，第 69—71、35 页。

家 5.3% 的平均水平[1]。

多部门联合设立能源领域创新人才奖学金、学生和博士后奖学金等，打造可再生、可持续能源和能源效率研究的国际人才中心；民间成立计划和拨款委员会，设立民间基金用于解决高校财政问题、推进高校合作等；政府增加教育经费，特别是中等教育，提高了弱势学校教师的工资，进一步扩大在职员工的福利以减轻低工资大家庭的负担[2]。

2. 重视环境教育，提高公民环保意识

以色列在中小学环境教育课程中采用单独设课和课程渗透结合的模式。一方面，将环境教育理念融入教育课程的体系内，并在不同的教育阶段调整教学内容与方法。另一方面，将环境教育理念渗透到其他学科之中，同时环境教育采取多元化的形式，在学校课程之外，借助校外教育活动、环境教育中心等多种形式，推动环境教育实行。

以色列的环境教育发展经历三个阶段：形成期、发展期、可持续发展期[3]。自建国到 20 世纪 70 年代初，以色列先后颁布《义务教育法》《国家教育法》等法律完善教育体系，成立环保部、教育部协调公民对环境保护与经济发展需求间的关系，在小学课程中开设"自然学习""国土"和"土地知识"等课程提升儿童的环保意识；20 世纪 70—90 年代，以色列对环境教育方式做出调整，采用学科渗透模式将科学技术教育融入环境教育，并纳入国家正规教育系统的自然科学类，在学校各个年级开设科学和技术教育课程；20 世纪 90 年代后，以色列进入后工业化时代，其科学技术高度发达，但环境问题逐渐凸显。以色列重新调整环境教育方式，将可持续发展观念纳入课程体系，新增提高公民环境观察技能的训练，改善生态环境质量。

---

[1] LIDAR GRAVE-LAZI, "OECD Report: Israel Has Large Expenditure on Education but Lower Spending per Student," The Jerusalem Post, https://www.jpost.com/Israel-News/OECD-report-Israel-has-large-expenditure-on-education-but-lower-spending-per-student-374851.（2019 年 5 月 19 日登录）

[2] "OECD Economic Surveys-Israel-March 2018," https://www.gov.il/BlobFolder/news/press_11032018_a/he/PressReleases_files_OECD%20Economic%20Surveys%20-%20Israel%20-%20March%202018.pdf.（2019 年 5 月 19 日）

[3] 祝怀新、卢双双：《以色列中小学环境教育多元化途径探析》，《比较教育研究》2018 年第 40 卷第 6 期，第 45—51、83 页。

（三）加强国际项目合作与技术交流

以色列政府鼓励国内机构与国际社会在能源领域的交流与合作，以共同出资、提供技术和人才等方式争取国际资助，引入国际资本，降低替代能源开发、能源技术研发的风险。

1.加强国际能源合作

作为联合国会员国，以色列与世界多数国家保持紧密联系。1958年，成立国际发展合作署——马沙夫（MASHAV），负责以色列国际合作计划的规划和实施，旨在与发展中国家分享促进以色列自身快速发展的专有技术。自成立以来，马沙夫已培训了约132个国家的近27万名课程学员，并在全球开发了数十个示范项目，项目扩展到非洲贫困区、拉丁美洲、尼泊尔、印度、柬埔寨、中国、乌克兰、科特迪瓦等国家[1]。1996年，以色列成为首个加入欧盟框架计划的非欧洲国家，截至2016年，以色列提交的3000多个项目获得批准，总投资达13.75亿欧元，而欧盟以赠款形式返还给以色列的资金达17亿欧元。以色列与加拿大设立以加能源和科技基金，以色列政府根据项目划分提供资金，而加拿大在3年内出资500万，用来加强双方在能源领域的合作[2]。

随着达利特（Dalit）、塔玛尔（Tamar）、利维坦（Leviathan）、塔宁（Tanin）、诺一（Royee）等气田的勘探开采，以色列逐渐由"能源孤岛"变成"能源出口国"，与约旦、埃及、沙特阿拉伯、巴勒斯坦等邻国关系逐渐缓和，并签署天然气开采与进出口、可再生能源技术交流等合作项目，与意大利、希腊等七国能源部门成立区域能源组织——东地中海天然气论坛。

连接以色列与欧洲多国的东地中海天然气管道项目建设已经提上日程。目前，以色列已与希腊、意大利、塞浦路斯等欧洲国家达成一致，计划在2025年前，让以色列天然气进入欧洲。表3为部分资助项目情况。

---

[1]　"Background:MASHAV is the Hebrew acronym for Israel's Agency for International Development Cooperation，"

https://mfa.gov.il/MFA/mashav/AboutMASHAV/Pages/Background.aspx.（2019年5月20日登录）

[2]　．"EU–Israel Research and innovation cooperation–20 years of success，partnership and friendship，"European Commission，January 12，2017，http://ec.europa.eu/research/iscp/index.cfm?pg=israel.（2019年5月20日登录）

表3 部分资助项目情况

类型	时间	资助项目	详细
国内资助	1969	首席科学家办公室	为学术界和私营公司的研发活动提供财政支持，机构先后设置学生和博士后奖学金，用于奖励能源或水直接相关领域的优秀研究性学生，协助资助研究机构的学术项目
	1992	磁石计划	鼓励学术研究机构同工业界开展研发合作，促进高科技成果转化，重点领域是可替代能源、信息技术等
	1993	战略基金	首席科学家办公室管理的初创基金，鼓励创业者研究能源效率、智能电网、运输与工业燃料替代品、生物质能、氢能技术、可再生能源及燃料电池，并向其提供财政支持
	1992	风险投资基金	以色列政府拨款1亿美元作为启动资金，为各类高科技企业提供资金支持
	2012	试点和示范基金	协助公司创新产品的扩展、生产，满足国家标准的企业，将提供资金鼓励发展
	2002	联合私人投资种子基金	与其他私人投资者联合，引导私人资本投向早期企业，放大政府资金
国际资助	1974	美以科学基金会	资助环境科学等许多领域的基础研究和应用研究项目，自建立以来，到2004年已授予了近2000项补助，总金额超过9000万美元
	1977	美—以工业研究与开发基金会	用以支持各个方面的研究与开发促进双方高科技产业之间的合作，促使研究发明转化为生产能力，推动创造向商品转化
	1978	美国—以色列双边工业研究与发展基金会	美以发起能源合作计划（BIRD Energy、BSF Energy），由两国政府提供资金与融资项目支持美国与以色列实体之间的可再生能源和能源效益合作项目。截至2017年，美国已为37个获批项目投资了1570万美元
	1987	德—以科学研究与开发基金会	支持双方互利领域的基础研究与应用研究，如生命科学、医学、化学、物理等领域的联合研究项目。
	1993	欧洲"尤里卡"计划	集中科技研发机构的力量，通过市场导向的合作，应用先进技术和加工方法，提高服务质量，增强产品的国际竞争力[1]
	1994	美以科学和技术委员会	资助改善生活质量和环境质量、能促进两国经济和技术利益的长期项目，涵盖太阳热能发电、研发出竖式脱盐装置等。
	1994	加—以产业研究与发展基金会	促进加以两国研发合作的知识转化，加强两国企业与科研院所的联系，为研发合作项目提供50%以上的资金
	1999	英—以研究与开发基金	促进和鼓励英国和以色列的公司间在工业研究与开发方面的合作，支持有助于开发商业项目或制造工艺的各类工业研发项目
	2002	欧盟"第六轮框架计划"	"第六轮框架计划"的重点是信息社会技术、可持续发展、全球变化和生态系统、及其他前景广阔的领域等
	2014	欧盟研发计划	成立地平线（Horizon）2020机构、联合研究中心（Joint Research Center）等，共同推广太阳能发电技术，合作研究智能电力网络系统、水研究等低碳项目，联盟共同基金从参与国处获取资金进而向共同项目提供援助。

资料来源：Israel Ministry of Energy, Research and Development 2016-2018, https://www.gov.il/en/departments/publications/reports/rd_2016_2018.（2019年5月11日）

---

[1] 张琼妮、张明龙：《以色列高效创新机制对我国的启示》，《经济理论与经济管理》2011年第2期，第87—92页。

2. 美以联盟与战略合作

自 1948 年建国以来，美国一直是以色列的最大盟友。美以长期在能源、军事、战略、安全、价值等方面结成利益共同体。构建《美以谅解备忘录》《美以能源合作法案》等协议加强在可再生能源、能源替代、能源效率等领域的合作，降低美以的能源进口依赖度。联合设定双边工业研究与发展能源计划，该计划已资助多个可再生能源项目。

美国法律公共卫生和福利部分的第 152 章"能源独立与安全"中提及与以色列的能源合作，以色列也出台美以能源合作相关法律。美以双方计划在能源创新技术和工程、水科学及发展国内资源的应对措施方面加强合作，鼓励美以在以色列的自然资源开发、网络能源基础设施与能源安全措施、利用天然气促进区域稳定、源 – 水关系问题、深水勘探技术与环境管理等方面的交流与沟通，构建美以在能源安全、资源短缺、能源独立和环境挑战等方面的共同利益 [1]。

资金方面，自 1949 年至 2019 年，美国已向以色列提供了 1347.64 亿美元的双边援助和导弹防御资金，多以军事援助为主 [2]。2016 年 9 月 14 日，美以签署《10 年军事援助谅解备忘录（2019—2028 年）》，美国承认向以色列提供330 亿美元的外国军事融资拨款和 50 亿美元的导弹防御拨款，该备忘录取代了之前的 10 年 300 亿美元协议。协议实施的第一年，美国将向以色列提供 33 亿美元的外事军事资金和 5 亿美元的导弹防御援助，其中包括能源技术、清洁能源技术商业化等项目资助 [3]。部门国内外资助项目见表 3。

---

[1]   Office of the Law Revision Counsel of U.S.,   CODE. § 17337:United States–Israel energy cooperation, http://uscode.house.gov/view.xhtml?req=%28title:42%20section:17337%20edition:prelim%29.（2019 年 5 月 19 日登录）

[2]   "U.S. Foreign Aid to Israel:Total Aid(1949–present)，" Jewish Virtual Library，   https://www.jewishvirtuallibrary.org/total–u–s–foreign–aid–to–israel–1949–present.（2019 年 5 月 19 日登录）

[3]   Federation of American Scientists，U.S. Foreign Aid to Israel，https://fas.org/sgp/crs/mideast/.（2019 年 5 月 19 日登录）

五、结论

作为中东地区煤炭石油资源短缺的国家，以色列将保障能源安全成为制定长期能源战略的重点，将能源安全上升为国家安全。政府以高科技高素质人才推动能源多元化发展，通过科技教育投资、政策法规修订、国际合作等措施改善了"能源孤岛"的困境，突显了技术与人才是解决能源问题的关键。自建国起，以色列就坚定不移地勘测油气资源并致力于可再生能源发展，自上而下地提供政策法规支持和财政补贴资助。其中，技术投资与人才投资对以色列清洁能源发展的作用尤其显著，与美国、欧盟、国际能源署等国家或机构的合作也促进了以色列能源技术的突破与创新，提高了能源效率与能源安全。

近几年，虽然可再生能源在我国能源结构中的占比稳步上升，然而技术仍是制约可再生能源发展的主要因素，能源产业结构升级和大气环境的改善仍面临着巨大挑战。另外，虽然我国在《中华人民共和国可再生能源法》中明确了可再生能源的发展方向，但可再生能源在能源供应中的定位尚不清晰，关键技术与发达国家仍有较大差距，还未形成可再生能源研发技术领域的专业人才体系。本研究可为解决我国的能源安全问题，以及制定和完善我国可再生能源法律法规提供借鉴和启示。

附表

附表1 住宅部门效率措施的政策工具

优先级	测量	实施规定	经济可行性（美元/兆瓦时）	2030年实施潜力	支持策略	2030年市场净成本	2030年储蓄潜力
1	避免日光炉石灰垢堆积技术	有效期：15年；截至第5年，热水供应节能15%；实施潜力90%	-10.66	90%	提升消费者意识；软贷款；	0.44亿美元	250万美元 1324亿瓦时
2	提高公众节约用电的意识	节约10%的国内能源消耗	-5.13	—	要求电力供应商有义务提高效率；	0.8亿美元	0.91亿美元 4930亿瓦时
3	提高冰箱、洗衣机、烘干机等白色电器的耗电效率	使用寿命：15年；更新电器更换率约7%/年；	-2.54	要求90%的设备替换为高能效设备	要求贴上能源标签；更新电器最低效率规定；软贷款；	0.38亿美元	0.77亿美元 4800亿瓦时
4	提高空调效率	平均用电量约1118度/年；空调机组500新谢克尔/台，小型中央空调机组1000新谢克尔/台，标准分体机组300新谢克尔	-2.41	要求90%的空调更换为高能效设备	要求贴上能源标签；更新电器最低效率规定；软贷款；	0.33亿美元	0.82亿美元 4410亿瓦时
5	照明：经济型灯具	照明用电量约占总电量10%；寿命：白炽灯10年，紧凑型荧光灯8年，LED灯40年	-4.31	白炽灯替换为节能灯；	要求贴上能源标签；更新电器最低效率规定；软贷款	0.27亿美元	0.29亿美元 205亿瓦时
6	加热系统：空调更换散热器与柴油机系统	寿命：散热器25年，柴油系统30年，A/Cs 3.5年；性能系数：A/C -3.5、散热器 -1、柴油系统 -0.65；市场状况：72%的住宅单元使用A/C加热，20%使用散热器加热，约7.6%使用柴油加热。	-0.84	50%的柴油基系统与80%的散热器替换为节能空调	要求贴上能源标签；更新电器最低效率规定；软贷款；	0.05亿美元	2452万美元 1510亿瓦时

注：软贷款是指以较为宽松的条件发放银行贷款，其利率较低，还款时间长；更新电器最低效率规定以发达国家的惯例标准为参考。

附表 2 工业部门效率措施的政策工具

优先级	措施	实施规定	2030 年实施潜力	经济可行性（美元/兆瓦时）	支持策略	2030 年市场净成本	2030 年储蓄潜力
1	能源管理系统	寿命：15 年 每个监测点平均节能 8%；	工业场地覆盖率 80%	−2.93	作为授予能效书的招标书的一部分；提供补助金	1.61 亿美元	1.8 亿美元 974 亿瓦时
2	冷水机组使用	寿命：15 年 空气冷凝节能 17%；	更换 90% 的冷却器	−5.41	软贷款；提供补助金	1.64 亿美元	1.8 亿美元 973 亿瓦时
3	电动机中安装速度调节器	寿命：15 年 使用速度调节器节能 30%	90% 的兼容电机	−5.15	软贷款；提供补助金	1.08 亿美元	1.25 亿美元 676 亿瓦时
4	使用地热热泵器	寿命：20 年 整体部分载荷值 =9	凝结水替换 5% 的冷却器	7.01	软贷款；提供补助金	0.05 亿美元	403 万美元 21.9 亿瓦时
5	低于 30 千瓦的空气压缩机，改用速度调节器	寿命：20 年 改用速度调节器将节能 30%	90% 的兼容压缩机	−5.32	软贷款；提供补助金	0.03 亿美元	300 万美元 16.2 亿瓦时
6	以天然气为动力的热电联供系统（CHP）在配电网中发电	寿命：20 年 效率评估（电气和热力）70%	小型热电联产设施新增 300 兆瓦	−11.80	软贷款；提供补助金	1.82 亿美元	2.68 亿美元 1.9 亿瓦时

附表3 公共商业部门效率措施的政策工具

优先级	措施	实施规定	2030年实施范围	经济可行性 美元/兆瓦时	支持策略	2030年市场净成本	2030年储蓄潜力
1	提高白色电器的效率（不含空调）	寿命：15年	90%的电器替换成低耗电器	-2.47	软贷款（低息贷款）；提供补助金	0.03亿美元	710万美元 44.2亿瓦时
2	根据标准5281要求，改进墙壁与屋顶的绝缘性	寿命：50年 气候系统节能14%	改进4%的现有结构；新增55%建筑	-1.08	现有结构：软贷款（低息贷款）；新建筑：根据标准5281，以成本效益为准	0.17亿美元	578万美元 280.3亿瓦时
3	标准5281的玻璃窗要求	寿命：20年 节能3%	现有结构占6%，新结构占55%	-0.64	现有结构：软贷款（低息贷款）；新建筑：根据标准5281，以成本效益为准	0.02亿美元	130万美元 68.5亿瓦时
4	气候系统10:（包括速度调节器，冷却塔）	寿命：限速器10年，冷却器15年；速度调节器节能15%，冷却塔节能6%，高效冷水机组节能15%	速度调节器：取代40%的气候系统电机松池调节器；冷却塔：取代10%的冷却器	-1.99	软贷款（低息贷款）；提供补助金	1.95亿美元	3.26亿美元 1.76太瓦时
5	使用地热热泵（GSHP）	寿命：20年 节能40%	用于10%的商业用电；气候控制系统消耗	-2.66	软贷款（低息贷款）；提供补助金	0.744亿美元	0.93亿美元 502.3亿瓦时
6	太阳能遮阳和反射涂层	寿命：30年 太阳能遮阳节能8%，反光涂层节能10%	太阳能遮阳实现5%；反光涂层实现10%	-2.71	现有结构：软贷款（低息贷款）；新建筑：根据标准5281，以成本效益为准	0.16亿美元	1730万美元 105.9亿瓦时
7	余热/冷利用通风系统（MVHR）	寿命：30年 节能5%	商业部门气候控制用电的20%	-2.30	软贷款（低息贷款）；提供补助金	2398万美元	0.35亿美元 187.1亿瓦时
8	自动灯光和供暖通风与空气调节控制系统	寿命：20年 节能10%	应用于90%的办公楼	-2.47	软贷款（低息贷款）；提供补助金	0.29亿美元	0.39亿美元 208.8亿瓦时

（续表）

优先级	措施	实施规定	2030年实施范围	经济可行性 美元/兆瓦时	支持策略	2030年市场净成本	2030年储蓄潜力
9	经济型灯具（过渡到荧光灯和LED灯）	寿命：LED灯40年，荧光灯8年	LED灯代替所有灯具	-2.56	软贷款（低息贷款）；提供补助金	0.89亿美元	0.90亿美元 604.5亿瓦时
10	路灯	寿命：40年 节能：50%	LED灯代替所有灯具	-2.74	软贷款（低息贷款）；提供补助金	631万美元	0.93亿美元 573.2亿瓦时

附表 4 水利部门效率措施的政策工具

优先级	措施	实施规定	2030年实施范围	经济可行性 美元/兆瓦时	支持策略	2030年市场净成本	2030年储蓄潜力
1	提高水泵效率	寿命：11年 现有泵与新泵平均效率分别为66.5%~73.4%	新水泵覆盖率90%	-5.59	软贷款（低息贷款）；提供补助金	0.33亿美元	0.35亿美元 187.1亿瓦时
2	利用压力管理系统减少水损失	寿命：15年	水流失百分比从12%降至8%	-1.87	软贷款（低息贷款）；提供补助金	513万美元	1623万美元 88亿瓦时

附表 1—4 资料来源：Ministry of Energy, National Energy Efficiency Action Plan, https://www.energy.gov.il/en/departments/publications/reports/national_plan_energy_efficiency.（2019 年 5 月 13 日登录）

BLUEBOOK

第三篇
能源技术创新与实践

青海清洁能源示范省建设进展

谢小平 [1]

摘要:

国家于2018年批示青海创建清洁能源示范省。国家对于青海省给予多方面的支持，比如产业政策、体制改革、可再生能源项目等方面。青海省在发电量占比、可再生能源装机占比等方面在各个省份中都处于前列。其中清洁电力外送超过100亿千瓦时，创下连续216小时100%清洁电力供应新的世界纪录，核准开工建设全球第一条远距离(青海至河南)输送新能源的特高压直流工程，能源发展成果丰硕。与此同时，清洁能源电力消纳存在阶段性困难，藏区电力普遍服务任务重，能源技术创新能力不足等一些新老问题交织并存。总的来说，"十三五"后两年，青海省能源发展机遇与挑战并存，希望与困难同在，前景广阔但任重道远。

课题分为七个章节，重点以青海省获批清洁能源示范省后，对2018年青海省能源发展现状进行了全面的梳理，从能源综合、能源消费、能源供应、能源技术、能源政策五个方面开展深层次研究，借由对省政府能源产业政策的分析，促进了青海清洁能源发展，为清洁能源发展中遇到的问题制订了行动规划及建议。

---

[1] 谢小平，博士，国际清洁能源论坛（澳门）副理事长，国家电投集团黄河上游水电开发有限责任公司董事长，教授级高级工程师。

关键词：

> 清洁能源；资源优势；示范；能源发展

一、引言

能源在国民经济中具有特别重要的战略地位。青海省委省政府坚持以习近平新时代中国特色社会主义思想为指导，按照党的十九大报告提出的"推进能源生产和消费革命，构建清洁低碳、安全高效的能源体系"重大部署，深入贯彻落实习近平总书记"使青海成为国家重要新型能源产业基地"的重大要求。科学谋划能源发展规划，大力实施能源重点项目，推动能源工作取得重要成效。

以推进能源"四个革命、一个合作"为方向，提出加快建设国家清洁能源示范省、建设国家能源革命综合试点省工作目标，利用光、水、风、热等能源进行开发，使国家的清洁能源基地和外送通道能够快速建设，尽力形成功能完整的生产体系、产销对接的消费体系，积极融入国家能源生产和消费革命。

青海省的能源资源十分丰富，其中太阳能资源大约能够占全国的 11%，水电理论蕴藏量 2187 万千瓦，风能年利用小时在 1000–2300 小时，页岩气资源量达 2 万亿立方米，可燃冰储量大约能够占到全国的 25%，目前发现的温度在 25℃以上的地下热水点有 63 处。全球已查明用于制造储能电池的锂资源量 3400 万吨，柴达木盆地拥有氯化锂储量约 1788 万吨。青海省可用于新能源开发的荒漠土地面积约 10 万平方公里，装机规模可达 35 亿千瓦，转换为年发电量约 5.6 万亿千瓦时，是三峡电站年发电量的 56 倍[1]。

着眼于国际能源发展的最新成果，促进商业模式创新、产业创新以及技术创新。成立青海省光伏产业科研中心，组建了 6 个重点实验室，建成全国第一座"百兆瓦太阳能光伏发电实证基地"，创建世界首套数据驱动型柔性控制系统，加强低成本高效率太阳能光伏组件、光热发电等关键技术研发，实施水光风多能互补集成优化研究。国家将海西州多能互补集成优化示范项目、海南州水光

---

[1] 《水、风、光协同发展 青海打造清洁能源示范省》，索比光伏网，2019 年 6 月 17 日，
https://news.solarbe.com/201906/17/308907.html。

风多能互补集成优化示范项目列入首批示范工程；德令哈光热发电项目开拓了大规模槽式光热发电技术领域，格尔木市、德令哈市 2 个基地成功入选国家能源局 2017 年光伏发电领跑基地名单；2018 年创下连续 9 日、216 小时 100% 清洁电力消费新的世界纪录。

加快建设新能源产业园区，打造产业集群。在太阳能、风能富集的海西州建成了 3739 兆瓦并网光伏电站，在水能、光能富集的海南州建成了龙羊峡 850 兆瓦水光互补电站，装机规模均为全球最大。于 2018 年，新建光伏 166 万千瓦、光热 5 万千瓦、风电 105 万千瓦。青海省电力装机容量于 2018 年底达到 2799 万千瓦，其中新能源装机 1229 万千瓦，第一次超过水电装机。积极推动清洁能源走出去，建设 17 项新能源汇集送出工程、10 项直接服务新能源消纳的主网输变电工程，2018 年完成清洁能源外送 100 亿千瓦时，首次实现年度电力净输出。开工建设世界上第一条 100% 输送清洁电力的外送通道"青海—河南 ±800 千伏特高压直流输电工程"，设计年输送清洁电量 400 亿千瓦时，将实现我国西部可再生能源直供中东部负荷中心。

推进能源"四个革命、一个合作"，是以习近平同志为核心的党中央作出的重大战略部署[1]。青海在能源的开发和利用上具有举足轻重的地位，也应该不断促进能源产业的革新。谋划实践 15 天 360 小时 100% 清洁供电尝试，加快能源生产方式和消费模式变革，有力支撑"一优两高"战略，更好保障和改善民生。我们坚信，在党中央国务院的坚强领导下，青海在创新中国特色能源发展实践中必将实现更大作为。

二、青海省能源发展形势

（一）经济总体形势

2018 年，正是由于青海省委省政府的正确领导，青海省上下坚持以习近

---

[1] 《国家能源局扎实开展"不忘初心、牢记革命"主题教育 全力推进"四个革命、一个合作"走深走实》，国家能源局，2019 年 6 月 13 日，http://www.nea.gov.cn/2019-06/13/c_138140260.htm。

平思想为引导，坚持稳中求进工作总基调，坚定践行新发展理念，以供给侧结构性改革为主线，统筹推进稳增长、促改革、调结构、惠民生、防风险各项任务，全面落实"四个扎扎实实"重大要求，深入实施"五四战略"，奋力推进"一优两高"，全年青海省经济保持总体平稳、稳中有进、稳中有新、稳中有为的发展态势。

2018 年，青海省的生产总值达到 2865.23 亿元，比去年增长 7.2%。人均生产总值达到 47689 元，比去年增长 6.3%。分产业看，第一产业增加值 268.10 亿元，增长 4.5%；第二产业增加值 1247.06 亿元，增长 7.8%；第三产业增加值 1350.07 亿元，增长 6.9%[1]。

近两年来，青海省现代服务业提档升级，健康养老、物流快递、网络消费等新业态蓬勃发展；第三产业发展迅速，已经超过第二产业成为拉动青海省经济的新引擎。同时，青海省产业结构中工业占比依然较大，资源型、原材料型工业仍是拉动青海省经济的重要动力。在主要行业方面，计算机通信和其他电子设备制造业、煤炭开采和洗选业、电力热力生产和供应业、有色金属冶炼和压延加工业、化学原料和化学制品制造业、电气机械和器材制造业、食品制造业等七个行业对青海省规上工业增加值增速的贡献率达 99.5%，强力促进了青海省工业经济的稳步发展。

（二）能源供需总体形势

2017 年，青海省能源消费总量 4202.46 万吨标准煤，同比增长 2%。2018 年，电力装机达 2800 万千瓦，发电量达 805 亿千瓦时，用电量达 738 亿千瓦时，分别提高 10%、31%、7%。原煤产量 773 万吨，较上年增长 8%。天然气产量 64 亿立方米，较上年增长 2%[2]。

1. 能源消费特征

2017 年，青海省能源消费总量增速比 2016 年提高 3 个百分点，能源消费弹性系数为 0.31。能源消费结构不断进行优化。2017 年，青海省能源消费中煤

---

[1] 《青海省 2018 年国民经济和社会发展统计公报》，中国统计信息网，2019 年 3 月 29 日，http://www.tjcn.org/tjgb/29qh/35835_7.html

[2] 《中国能源发展报告 2018》，北京：北京大学出版社 2019 年版。

炭的消费占 32.1%，相比于同期下降 4.2 个百分点。石油消费量占能源消费总量的比重为 11.1%，相比于同期上升 1.2 个百分点。清洁能源消费占能源消费总量的比重为 56.8%，相比于同期提高 3 个百分点，其中非化石能源消费占一次能源消费比重达 41.1%。

2. 能源供应特征

2017 年，青海省能源生产总体稳中有升，为 3305.78 万吨标准煤，同比增长 10%。原煤产量略有下降，原油产量基本保持稳定，天然气产量略有增长，可再生能源快速发展，弃光问题得到缓解；原油加工量保持平稳，煤电发电量增长；能源总投资有所下降，常规电源建设进度缓慢。

（三）清洁能源发展方向

1. 能源发展总方向明确

以"四个革命，一个合作"为引领，围绕"使青海成为国家重要新型能源产业基地"，以新能源规模化开发为重点，以 100% 清洁能源使用为目标，以科技创新为支撑，以智能电网建设为保障，打造清洁能源建设、使用和输出全链条示范省。

2. 重点任务完成情况

（1）打造国家重要新型能源产业基地

近年来，我们深入贯彻落实习近平总书记的指示，印发《青海省建设国家清洁能源示范省工作方案（2018—2020 年）》；编制上报《海南州特高压外送基地电源配置规划》；编制海西、海南、黄南三州分散式风电发展规划；格尔木、德令哈光伏领跑者基地 100 万千瓦建成并网；组织省内新能源发电企业与大用户直接交易。在打造国家重要新型能源基地领域开创了新局面。

（2）加强能源基础设施建设

为推动青海省清洁能源的大力发展，对能源履行的建设则是举足轻重的。青海省全年新增太阳能装机 171 万千瓦（含光热 5 万千瓦）、风电 105 万千瓦。青海至河南 ±800 千伏特高压直流工程于 2018 年 11 月 7 日正式开工建设。青海省印发《青海省天然气储气调峰设施规划（2018-2025）》，为天然气的使用进行了规划。到目前为止，总共建成投运涩宁兰等 7 条天然气管线，年输气能力达到 102 亿立方米。

（3）大力推进能源领域生态文明建设

2018 年，非化石能源消费比重保持在 40%，远高于全国 14% 的平均水平。电能替代成效显著，完成替代项目 711 个。除此之外，可再生能源装机、发电量占比分别达到 86.5%、86.2%，居全国前列，特别是非水可再生能源电力消纳比重居全国第二；新能源装机达 1229 万千瓦，首次超过传统水电装机，其中，集中式光伏 956 万千瓦，居全国第一。

青海省在国家有关部门、企业的大力支持下做了许多开创性的工作，提出了创建国家清洁能源示范省的行动方案，创下连续 216 小时 100% 清洁电力消费新的世界纪录，获得国内外广泛关注。

青海省印发实施《青海省环保督查水电项目整改方案》，编制完成青海省270 个电站涉及的 13 条河流水电规划，完成石头峡、那芝沟等 3 座小水电站整改工作。

在调减产能过剩方面也卓有成效，化解煤电过剩产能，延缓桥头铝电、格尔木神华火电厂建成时间，完成华能西宁热电 2 台 35 万千瓦、黄河中电投 2 台 66 万千瓦、华电大通发电分公司 30 万千瓦燃煤机组超低排放改造。

（4）推动能源领域改革纵深发展

青海海西团鱼山售电有限公司的成立，标志着青海省首批增量配电业务改革试点落地。

在电力交易方面，青海省开展 2018 年度电力交易，交易电量达 214 亿千瓦时，减少公司用电成本 11.6 亿元。

而且，还完成了 15 万吨 / 年规模以下煤矿全部关闭退出工作任务，退出海北、海西煤矿 10 处，产能 69 万吨 / 年。

（5）不断改善各族群众用能条件

各族群众用能条件在日益改善，争取国家能源局下达青海省"十三五"村级光伏扶贫项目指标，明确各地村级电站数量及建设规模，覆盖了青海省 39

个县（市、区）、1622 个贫困村、68086 户贫困户。完成 733 座（次）光伏电站的巡检、报修工作，确保"送电到乡"、"无电地区供电工程"、"金太阳工程"387 座光伏电站正常运行。

除这些之外，采取签订天然气购销合同、制定应急保供预案、实施"压非保民"等措施，全面保障冬季保供期民生用气。

三、青海省能源消费

（一）总体情况

2017 年，青海能源消费增速回升，尤其是批发、零售业和住宿、餐饮业以及交通运输、仓储和邮政业、城乡居民生活用能增速较快，是拉动终端能源消费增长的新生动力。青海省的能源消费结构持续进行合理调整，其中清洁能源消费所占比重越来越大，油气消费稍有提高，而煤炭消费有所减少。在金属冶炼和压延加工业等用电需求的拉动下，电力消费大幅回升。

（二）一次能源消费总量和结构

青海省 2017 年的能源消费总量为 4202 万吨标准煤，同比增长 2%，提升速度比 2016 年增加 3 个百分点。

电力是能源消费增长的主要拉动力。2017 年，青海能源消费总量比 2016 年增长 92 万吨标准煤。其中，石油增长 59 万吨，天然气增长 44 万吨，电力增长 130 万吨，煤炭减少 141 万吨。

青海各种能源的消费占比在持续得到完善。2017 年，电力和天然气的比重分别占能源总消费的 41.1% 和 15.7%，煤炭消费下降到 32.1%。天然气、水电、光伏、风电等清洁能源消费占能源消费总量的比重同比提高 3 个百分点，煤炭所占的比重下降 4.2 个百分点。

（三）终端能源消费总量和结构

2017 年，青海终端能源消费量 4046 万吨标准煤，同比增长 1.1%。其中，农林牧渔业消费 23.8 万吨，同比降低 11.6%；工业消费 3202.3 万吨，同比降低

0.7%；建筑业消费 51.3 万吨，同比增长 12.5%；交通运输、仓储和邮政业消费 219.7 万吨，同比增长 11.8%；批发、零售业和住宿、餐饮业消费 108.7 万吨，同比增长 45.6%；城乡居民生活消费 281.6 万吨，同比增长 4.0%；其他行业消费 158.9 万吨，同比降低 2.7%。

建筑业、批发零售业和住宿餐饮业，以及交通运输仓储和邮政业、城乡居民生活是促进终端能源消费的主要新生来源。较 2016 年，以上各个行业对标准煤的消耗都有所增加。青海终端能源消费量中，工业比重较高。2017 年工业比重达到 79.1%。

四、青海省能源供应

2018 年，青海省能源产量总量回升。能源供给质量持续改善，煤炭、原油产量略有下降，天然气生产保持稳定，新能源保持高速发展势头，弃光问题得以缓解。能源投资持续增长，特高压直流外送通道等能源供应保障工程开工建设。

（一）总体情况

2018 年，青海省能源生产总体稳中有升，达 3897.89 万吨标准煤，同比增长 17.9%。其中原煤、原油、天然气均有所下降，非化石能源发电量增幅较大。 2018 年，青海省发电装机容量 2799 万千瓦，同比增长 10.1%。其中，新增装机 256 万千瓦。新能源发展势头迅猛，其中，光伏装机 956 万千瓦、风电装机 267 万千瓦、光热装机 6 万千瓦。全年发电量 805 亿千瓦时，同比增长 31.09%。参见图 1、图 2。

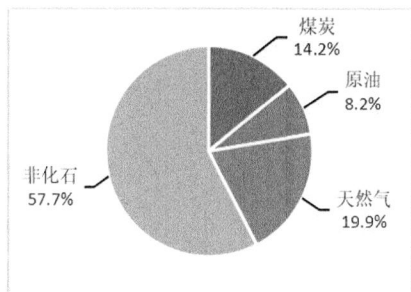

图1　2018年青海省能源生产结构　**图2　2018年青海省发电装机结构（单位：万千瓦）**

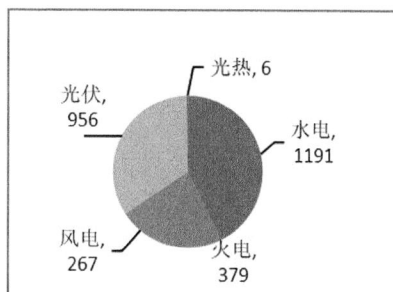

资料来源：青海省能源局。

（二）可再生能源发展快速

1. 水电发电量大幅增长

2018年，青海省水电发电量509亿千瓦时，同比增长55.7%。全年利用小时数4341小时，较2017年增加1510小时，同比上升53.3%。要因是2018年黄河来水较多，年平均偏峰六成，全年水电发电量较大。参见图3。

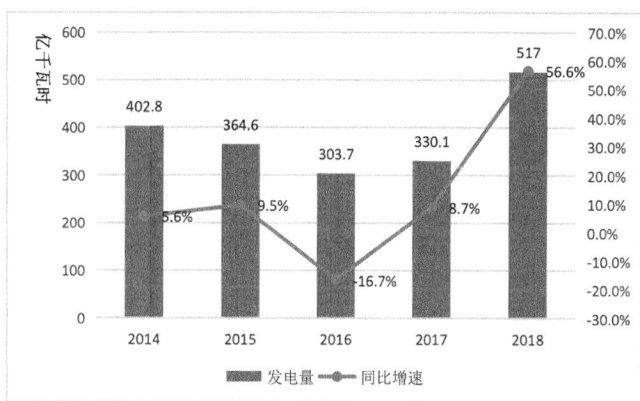

图3　2014—2018年青海省水电发电量及增速

资料来源：青海统计年鉴、青海省能源局。

2. 风电发电量大幅增长

青海省的风电于2018年仍然具有较大增幅，整年发电量37.6亿千瓦时，同比增长108.9%。利用小时数1524小时，较2017年减少140小时。弃风电量0.62亿千瓦时、弃风率1.62%，远低于全国7%的弃风率。参见图4。

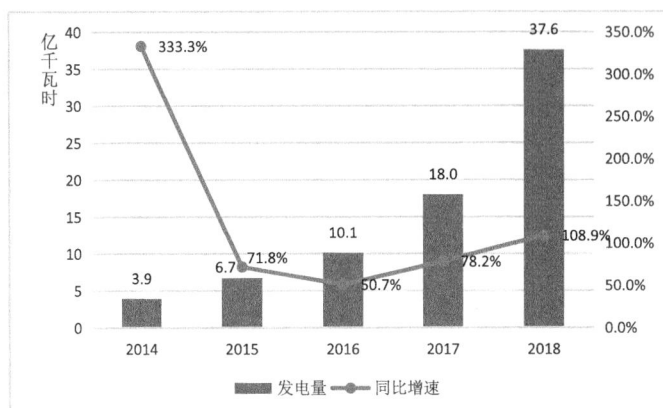

图 4　2014—2018 年青海省风电发电量及增速

资料来源：青海统计年鉴、青海省能源局。

3. 太阳能发电量快速增长

2018 年，青海省太阳能发电 131.1 亿千瓦时，同比增加 15.6%。利用小时数 1502 小时，受年内新投产项目未完全达产等因素影响，利用小时数比 2017 年减少 13 小时。弃光电量 6.51 亿千瓦时，与同期相比少了 0.99 亿千瓦时，弃光率 4.75%，与同期相比下降了 0.75 个百分点。参见图 5。

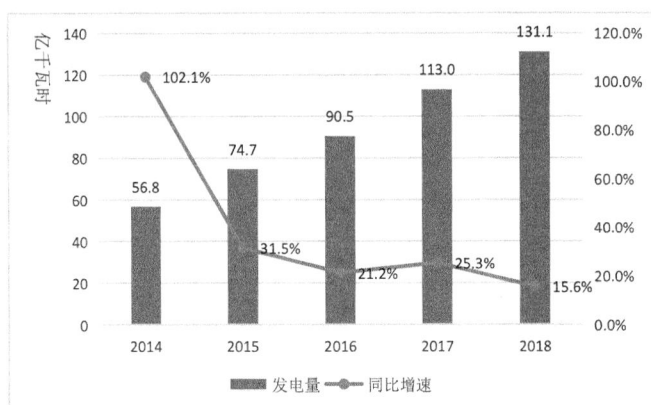

图 5　2014—2018 年青海省太阳能发电量及增速

资料来源：青海统计年鉴、青海省能源局。

（三）清洁能源建设

1. 能源总投资稳中有升

2018年，青海省能源供需环境总体宽松，青海省能源发展稳定，并且能够有所提升，后劲增强。全年完成投资327亿元，较上年增长4%。

2. 一次能源投资结构进一步优化

（1）水电开发速度放缓

2018年，青海省无新增常规水电装机，总装机达1191万千瓦。在建大型水电项目为羊曲水电站、玛尔挡水电站，总装机340万千瓦。

（2）抽水蓄能电站前期工作开展顺利

2018年，海南哇让、海西南山口抽水蓄能电站前期工作正式启动，总装机容量480万千瓦，预计"十四五"末至"十五五"投产。

（3）风电发展进入快车道

2018年，青海省风电新增装机105万千瓦，装机总规模达267万千瓦，同比增长64.7%。

（4）光伏装机有序增长

2018年，青海省光伏发电新增装机166万千瓦，其中集中式光伏新增139万千瓦，分布式光伏新增27万千瓦。光伏发电装机总规模达956万千瓦。

（5）光热建设步伐加快

加快推进青海省光热示范项目、多能互补光热项目建设步伐。2018年，新增光热装机5万千瓦，总装机6万千瓦，在建15万千瓦。

五、青海省清洁能源技术发展

（一）清洁能源关键技术

1. 新能源友好并网技术

新能源电力系统协同自律调控关键技术的研究应用，实现了新能源电站并网经济性和安全性的协调控制，已成功应用于青海电网及青海省150多个新能源场站，累计消纳新能源电量 300 亿千瓦时。该成果提升了新能源电站的并网性能，有力支撑了青海省清洁能源高效消纳，取得了显著的社会经济效益，同时得以在宁夏、新疆、山西等多个省区推广应用[1]。

2. 水光互补新技术

开创性提出"水光互补"理念，经过各项现场试验，完成水光互补协调控制关键技术研究，研究成果达到国际领先水平，现已成功应用于生产实践中，实现了光伏发电的优质、稳定输出。该项技术大幅提高了光伏输出电能质量，降低了电网为新能源发电备用的旋转容量，为光伏发电发展提供了新方向和新思路。

（二）示范工程

1. 新能源大数据平台

依托电网枢纽及平台的优势，通过集中监控、能耗监测等多种服务形式，汇集包括发电、输电、用电侧企业及融合设计、施工、运营、检修、金融等企业的各类数据，构建"开放共享、共生共赢"的新能源全产业链生态圈。现已吸引 13 家国内外研发团队、9 家新能源发电企业、汇聚 39 家企业入驻平台，提供 22 类 40 项应用服务，制定了 18 项技术管理标准，为发电企业、装备制造企业、金融服务企业等在内的新能源产业链所有相关方提供服务，打造相互促进、双向迭代的良性生态。

2. 光伏领跑者基地

国内首批平价上网光伏项目——格尔木光伏领跑者项目投运，总装机 50万千瓦，应用新型高效钝化发射极背表面电池（PERC）双面光伏组件、高效低耗的 1500 伏高电压光伏汇流系统等 6 方面行业领先的最新光伏创新技术，全面提升光伏电站运行效率、有效降低成本。

3. 多能互补示范

国家首批源侧多能互补示范项目——格尔木多能互补集成优化示范基地项目试运行，总装机电容量 70 万千瓦。其中风电、光伏、光热、储能分别为 40 万、

---

[1] 《促进新能源发展白皮书 2018》，来源：国家电网有限公司，2018 年 4 月 10 日。

20万、5万、5万千瓦，"光伏—风电—光热—储能"优化互补系统进行研究建设，依托项目开展新能源大规模并网技术研究，提升系统运行灵活性，降低出力波动性。

4. 槽式光热电站

国家首座大规模槽式光热发电项目——德令哈槽式光热发电项目试运行，总装机5万千瓦，占地面积2.46平方公里，全部采用槽式抛物面集热发电技术，190个标准集热回路，配备一套二元硝酸盐储热系统，可实现24小时连续稳定发电。

5. 光伏发电实证试验基地

海南州10万千瓦国家光伏发电试验测试基地项目是全球首个百兆瓦级实证试验基地，为国内生产的光伏发电设备提供实证对比平台，对设备的相关性能、户外实际运行情况进行评估，为行业标准及规范的完善和改进提供数据支撑。无论是国内还是国外的设备厂商、研究机构、高等院校都对研究成果具有广泛的认同。

六、青海省能源政策

（一）发展规划

1.建设国家清洁能源示范省

围绕"使青海成为国家重要新型能源产业基地"，以新能源规模化开发为重点，以100%清洁能源使用为目标，以科技创新为支撑，以智能电网建设为保障，打造清洁能源建设、使用和输出全链条示范省。[1]

到2020年，各个省份中的清洁能源利用程度都处于领先地位，清洁能源生产比重达到51%，消费比重达到41%，国家清洁能源基地建设取得重大突破，清洁能源发电装机实现跨越式增长，特高压外送通道工作取得重大进展，使之较完整且具有较强竞争优势的新能源产业链得以形成，新型能源产业基地有了

---

[1] 《青海省建设国家清洁能源示范省工作方案（2018–2020年）》（青政办〔2018〕181号）。

初步规模。

以新能源规模化开发为重点，打造国家清洁能源基地。以科技创新为支撑，打造清洁能源配套产业强省。建设国家级新能源制造基地，形成新能源革新体系。以100%清洁能源使用为目标，打造绿色用能先行区。推广普及清洁能源的使用，打造高品质能源民生。以智能电网建设为保障，打造清洁能源输出大省。建成一条特高压外送通道，启动第二条通道研究工作，继续加强网架结构建设，实施新一轮农网升级改造。

（二）清洁能源产业建设展望

1. 构建清洁能源产销基地

稳步推动建设海西州和海南州两个"千万千瓦级"清洁能源基地，着力打造黄河上游水电基地，加快推进玛尔挡等立项在建的水电工程，井然有序地促使拉西瓦、李家峡等水电站进行机器的扩充和容量的增加，切实使茨哈峡、羊曲等水电项目的前期工作得到完善。在推动省内输电通道快速建设的同时，促进特高压直流工程发展，开展青海海西至东部地区特高压直流工程前期工作。在合适的时机开展核能供热及核电建设项目，巩固对页岩气、干热岩等能源的探测及开拓。

2. 推进清洁能源产业发展

就光热、分布式发电等新模式、新技术、新业态，在提高光伏转化率、延长光热储能时间、提升风电智能装备制造水平等方面加大科技投入，加快实施光伏发电"领跑者"计划，构建光热技术创新试验平台，对智能控制风力发电、先进测量等技术进行新的革新，利用科技创新来促进清洁能源的产业升级。坚定不移促进能源市场化变更，强化能源领域"放管服"转变。提高电力交易市场化程度，在电力市场建设、降低电源上网电价等方面，积极打造青海"电力特区"。

3. 夯实能源保护生态基础

严格控制煤电总量规模，推进现有煤电企业加快节能减排改造和工业企业电气化改造，大力发展数字经济、锂电等节能环保、清洁生产、清洁能源产业，提高清洁能源终端消费比重。加大清洁能源供暖普及力度，推动形成以太阳能光热为主、以浅层地热为辅的城乡清洁能源供暖格局。实行绿色建筑行动计划，以县为单位进行促进可再生能源建筑应用的普及。支持促进新能源公交汽车的推广，提高政府采购新能源汽车比例。落实新能源汽车补贴政策，全面提高新能源汽车普及率，推动形成绿色出行方式。

4. 实现清洁能源共建共享

推动清洁能源发展与改善民生紧密结合，加快村级光伏扶贫电站建设，通过电费收益、电站务工等方式，促进贫困群众稳定脱贫。尽力促进冬天的清洁取暖，使天然气储气调峰设施能够快速建设，保证人民的用气需要。加快农网升级改造，重点完成青南地区大电网未覆盖的移民安置点延伸供电项目，"十三五"期间实现42个县的农村电网全面升级，确保供电可靠率达到99.88%，综合电压合格率达到99.52%。探索建立藏区电力普遍服务补偿机制，有效降低藏区电力供应成本。

七、结语与展望

风能资源、太阳能资源、水资源等资源将支撑着青海省将来的资源发展，青海省将全力建设四大清洁能源基地。针对清洁能源的消化、吸收能力较弱的问题，要促使特高压直流工程的快速建设；开展重大问题谋划研究，积极推进规划编制工作，强化重点能源项目前期工作，夯实能源高质量发展基础；不断促使电力体制变革，大力促进煤炭领域供给侧变革，落实国家油气体制改革工作部署，促进"放管服"转变，积极推动综合试点省能源革命，增强能源发展生机；创造清洁供暖和民生用气条件，发挥光伏扶贫最大效益，确保能源建设稳民安民。

山西争当能源生产和消费革命排头兵
推动能源转型和清洁能源发展进展

肖新建　王宏英[1]

摘　要:

作为全国综合能源开发基地、全国能源生产大省和重要煤炭消费大省，山西省争当能源革命排头兵、推动能源转型发展，对国家能源生产和消费革命以及资源型地区转型发展具有重大意义。但山西省推动能源革命也面临较严重的挑战和问题，需要加大推进力度。近年来，山西省在推动能源革命和转型发展方面作了重大尝试和试点，围绕打造能源革命排头兵，山西在能源供给、消费、技术、体制革命和能源合作等五方面，取得了较为显著的阶段性成效和进展。

关键词:

山西省；能源革命；能源转型；清洁能源

---

[1]　肖新建，博士，长期从事能源经济、能源政策、能源发展战略研究，现为国家发展改革委能源研究所能源经济与发展战略研究中心副主任；王宏英，研究员，长期从事宏观经济、能源战略与能源政策研究，现为山西省发展改革委学术委员会副主任。

一、山西省争当能源革命排头兵
推动山西省能源转型发展具有重大意义

党的十七大初步提出生态文明建设概念，党的十八大把生态文明建设纳入中国特色社会主义事业"五位一体"总体布局。2017年初，国家出台《能源生产和消费革命战略（2016—2030年）》[1]，作为落实习总书记关于能源领域的重大战略思想的纲领性文件，明确提出推进能源生产和消费革命总体思路、战略目标和重点安排。党的十九大重点提出推进生态文明体制改革，建设美丽中国，要求推进能源生产和消费革命，构建清洁低碳、安全高效的能源体系。至此，推进我国能源革命已经成为生态文明建设的重要内容。在这样背景下，2017年山西省提出"不做'煤老大'，争当能源革命排头兵"，获国家领导人及国家有关部门的肯定。2019年5月，中央全面深化改革委员会第八次会议审议通过《关于在山西开展能源革命综合改革试点的意见》。

当前，我国改革发展形势正处于深刻变化之中，外部不确定不稳定因素增多，改革发展面临许多新情况新问题，在山西开展能源革命综合改革试点是党中央着眼于当前国际能源形势深刻变化背景做出的重大决策。对山西来说，作为全国能源生产大省和重要的煤炭消费大省，开展能源革命综合改革试点、争当能源革命排头兵、推动能源经济转型发展，是进一步落实好习近平总书记能源安全新战略的一项重要举措，有利于本省优化能源供给结构，推动能源产业转型升级，破解深层次体制机制障碍，促进资源型地区高质量发展。站在全国看，山西打造能源革命排头兵，不只是自身从能源变革和转型发展的高度确立的目标，更成为党中央确定的重大战略和赋予的重大任务；不只是区域性改革实践，更担负着为全国能源革命先行探路、提供可复制经

---

[1]　国家发展改革委、国家能源局：《关于印发〈能源生产和消费革命战略（2016—2030）〉的通知》，发改基础〔2016〕2795号，2016年12月29日。

验的重大使命。因此，山西省推动能源生产和消费革命，就具有了特别重要的意义。

（一）山西是国家重要的综合能源基地，山西推动能源转型发展，对国家能源革命和能源经济转型发展具有标杆意义

一是山西是国家重要的煤炭基地。山西境内有晋北、晋东和晋中煤炭基地，全国十四大煤炭基地中有三个在山西省境内。随着我国东中部地区一些煤炭基地资源开始枯竭，山西作为国家煤炭基地的作用将更加突出。截至 2018 年 6 月底 [1]，山西省有煤矿井 899 座、占全国的 18.1%，总产能 12.3 亿吨 / 年（含生产矿和建设矿）、占全国总产能的 27.6%。

二是山西的煤炭生产支撑了全国需求。1978—2017 年，山西省共生产煤炭 183 亿吨，其中本省自用 61 亿吨，仅占三分之一，剩余三分之二约 122 亿吨外调，供全国范围平衡。21 世纪以来，山西煤炭外调比重进一步增加，近年来维持在 70% 左右，有力地支撑了国家改革开放经济社会发展对能源的需要。

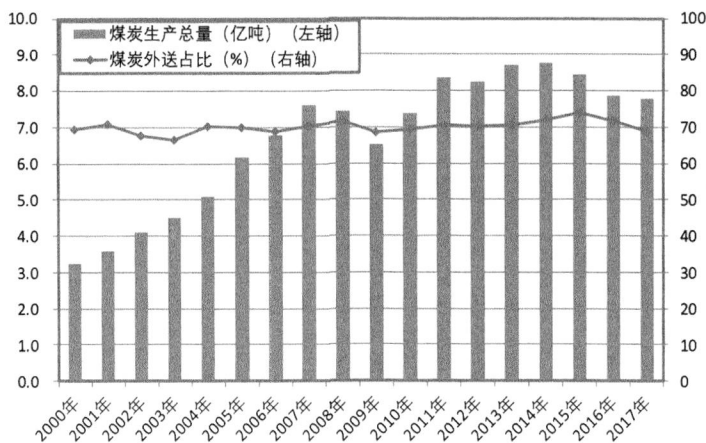

图 1　21 世纪以来山西省外送煤炭占比

数据来源：山西省统计年鉴（历年）[2]

---

[1]　国家能源局：《关于全国煤矿生产能力公告（2018 年第 10 号公告）》，2018 年 9 月 26 日。

[2]　山西省统计局，《山西省统计年鉴》（历年）。

三是山西是全国重要的煤电基地，约三成电力外送。山西省电力装机规模大，大大超过了本省电力需求。截至2018年底，全省电力装机容量8758万千瓦，其中火电6628万千瓦，占比75%。山西省火电装机容量仅次于山东、江苏、广东和内蒙古，在北部和西部煤电外送为主的区域电网之中，比蒙西电网的煤电装机高，是国家重要煤电基地。

2018年山西省发电量3088亿千瓦时，全社会用电量仅2161亿千瓦时，发电量远超省内用电需求，多余电量供应全国其他地区。从2001—2017年统计看，山西省外送电力占全省电力生产总量的29%左右，以送京津冀、华东、华中为主。

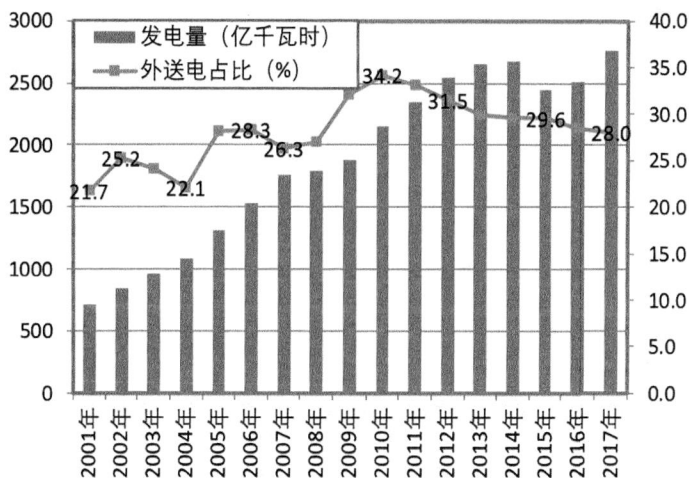

图2　2001年以来山西省发电量及外送电占比

数据来源：山西省统计年鉴及中国电力统计年鉴

（二）煤炭及相关产业是山西省支柱产业，山西推动能源转型发展，对我国煤炭资源地区转型发展也具有典型示范意义

山西煤炭及相关产业不仅支撑了全国的经济社会发展，以煤为主的能源产业也在山西经济社会发展中发挥了重要支柱产业的作用。

一是山西煤炭工业增加值占GDP比重高达18%。山西省煤炭产业占全省GDP的比重，从2000年的9.7%增加到2010年的近50%，此后逐步下降，到 2017 年仍高达 18.1%，2017 年山西煤炭产业占 GDP 比重，与陕西、内蒙古等资源型省份及全国平均水平相比明显偏高，分别比陕西、内蒙古高出 8.2 和 10.7 个百分点，比全国平均水平高 15.7 个百分点。可以说，煤炭曾是山西经济的"压舱石"，当前仍发挥着"稳定器"的核心作用。

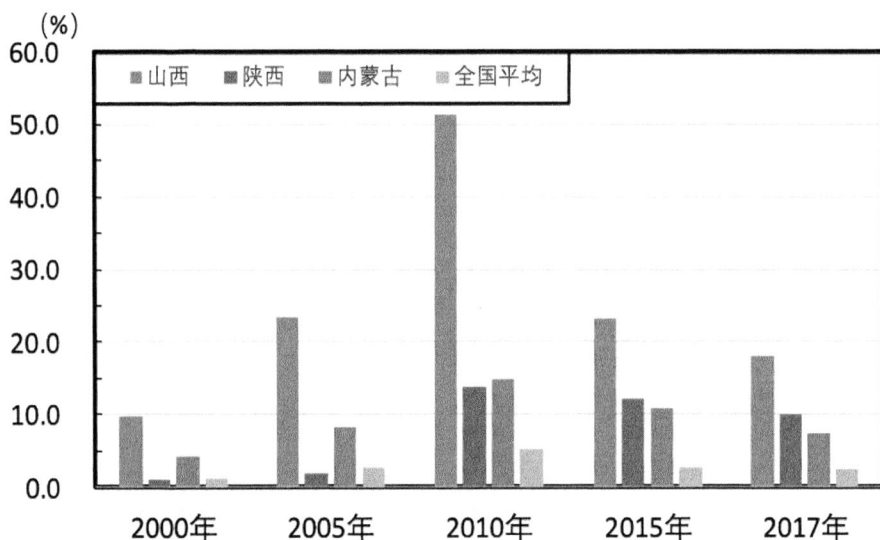

图 3　2000—2017 年晋陕蒙及全国煤炭工业增加值占 GDP 比重

数据来源：晋陕蒙及《中国能源统计年鉴》（2001—2018）

　　二是煤炭及相关产业是山西地方财政税收的重要来源，煤炭行业走势严重影响地方收入。以朔州为例，朔州财政收入受到煤炭行业走势的深度影响，在 2012 年以前的煤炭发展"黄金十年"中，煤炭行业税收（包括煤炭生产、煤炭运销）对全市公共预算的贡献超过 30%。但 2012—2015 年，煤炭行情走弱，朔州煤炭行业税收由 37.6 亿元下降到 15.5 亿元，降幅接近 60%；公共预算收入也急剧下降，由 84.3 亿元降至 54.3 亿元。2016 下半年以来，受煤炭市场反弹、煤炭价格回升等因素影响，朔州财税收入又大幅增长。

图 4　朔州市煤炭产业财政税收占公共预算收入占比

数据来源：山西省历年统计年鉴

　　三是煤炭产业占比山西全社会就业比重高。山西采矿从业人员在煤炭行业顶峰的 2013 年曾接近 200 万人，此后随着全国煤炭消费下降，人数有所下降，到 2017 年仍高达 120 万人左右，占全行业从业人员的比值接近 7%，分别是全国平均水平的 9 倍、陕西的 3 倍、内蒙古的 4 倍，就业比重明显偏高。

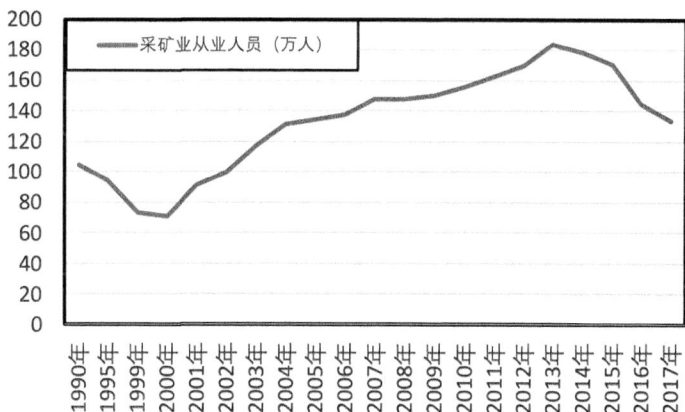

图 5　山西省采矿业就业人员

数据来源：山西省历年统计年鉴。

山西省煤炭占一次能源消费总量的比重约 90%，作为煤炭消费占比最高的省份，山西省推动能源革命，争当排头兵，意味要对全省的能源生产和消费发展模式进行系统性、全面性的调整和转型。山西省能源革命成功，对国家能源革命和能源经济转型发展具有标杆意义。

二、推动山西能源革命的挑战和问题

山西能源发展还面临诸多挑战。首先是长期以来形成的"一煤独大"之格局，制约并阻碍了山西省能源和经济社会转型发展，推动山西能源革命不可一蹴而就，需久久为功。其次，全国煤炭减量发展大趋势，对山西省推动能源革命和能源发展转型构成较严峻的外部环境约束，山西省需要加大力度、主动而为。

（一）山西省"一煤独大"的能源发展格局不易打破

2006—2016 年间，山西能源消费结构的变化不大，煤炭在能源消费结构中的比重长期维持在 90% 以上。2016 年山西省煤炭消费占一次能源消费比重为 89%，虽然较 2006 年下降 2 个百分点，但仍比全国高 25 个百分点；一次电力消费占比为 2.3%，较 2008 年增加 2.1 个百分点。

在未来十年内，山西省要做全国能源革命排头兵，必须在大幅降低煤炭占能源结构比例上做出表率。但从山西过去几十年的煤炭发展历程考虑，综合前述煤炭投资、就业、增加值贡献率等指标分析，要实现这一目标不容乐观。

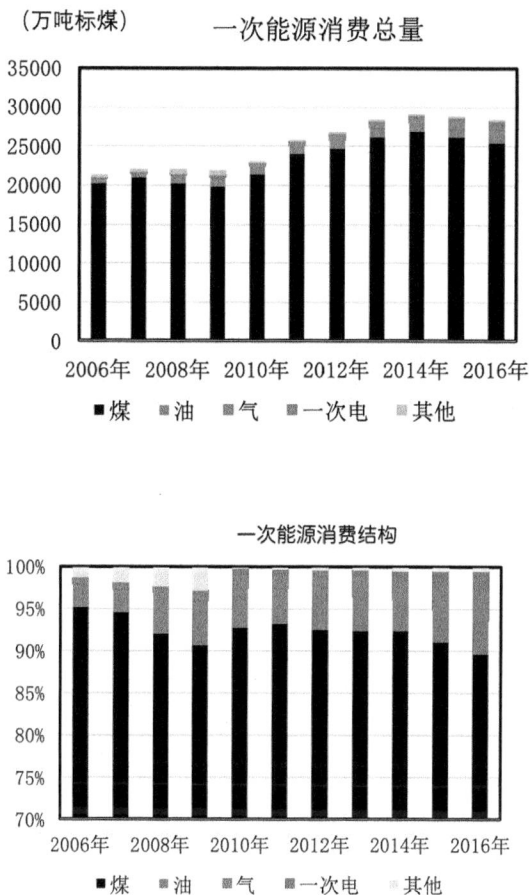

图6　山西省近年来一次能源消费总量及结构

数据来源：根据中国历年能源统计年鉴整理

（二）未来全国煤炭消费需求降低，将对山西能源转型发展带来重大挑战

一是2035年建成"美丽中国"要求我国煤炭消费大幅下降。我们研究表明，根据2035年建设美丽中国、2050年建设现代化强国发展目标的要求，预计2035年、2050年全国煤炭消费量将大幅减少为30亿吨左右和20亿吨左右，分别比2018年减少9亿吨和19亿吨，煤炭占全国一次能源消费比重分别降至40%以下和25%左右。

通过对山西省煤炭资源情况分析，即使考虑到 2035 年山西省煤炭产能占全国比重维持在当前 27% 左右的水平，2050 年仍达到 25%，2050 年山西在全国煤炭的供应量，也只能是 5 亿吨左右，相比当前要下降一半，这将会对山西经济社会发展等带来深远影响。如不从当前开始彻底能源转型，将失去未来 15 年、30 年经济和能源转型的最佳机遇。

二是山西现有相关能源转型，仍是比较初步，需要加大力度。在山西省出台的一系列政策中，提出了一系列包括"能源消费总量、煤炭生产、煤炭消费、原煤入洗率、煤矿安全、化解过剩产能、新能源发展、煤层气发展、节能降耗、碳减排、科技创新、清洁能源外输、体制改革和开放合作"等到 2020 年和 2030 年的能源革命发展目标。从全国层面看，这些目标很难真正称为"排头兵"指标。山西省经济体系对煤炭依赖仍比较强，煤层气发展缓，消费侧进步不如预期中的快速。

从煤炭来看，山西省各地市发展方向仍无法完全脱离煤炭产业，甚至部分地市仍强调大力发展煤炭、煤化工、煤电、煤—电—铝等上下游相关产业，这将使得山西省内有关企业将有限资金投入到这些产业，导致山西省未来不仅难以应对煤炭减量发展的冲击，更加重了地方对煤炭经济的路径依赖。

从煤层气来看，山西省煤层气发展仍没有真正从体制革命、生产革命和技术革命方面突破。山西省"十三五"综合能源规划中，提出到 2020 年煤层气产能达到 400 亿立方米 / 年、产量达到 200 亿立方米。但截至 2018 年底，山西省煤层气产量仅 56 亿立方米，规模以上工业企业生产煤层气 51 亿立方米，远低于发展预期，无法实现 2020 年的发展目标。

从消费侧来看，总体上山西省能源利用效率不高，2017 年山西省单位 GDP 能耗为 1.29 吨标煤 / 万元，全国单位 GDP 能耗为 0.54 吨标煤 / 万元，山西省万元 GDP 能耗是全国的 2.4 倍。山西在清洁能源供暖、电气化应用等方面都没有充分挖掘潜力；煤炭消费比重也远超全国平均水平，煤炭消费接近能源消费结构的 90%，无法满足 2035 年建成美丽中国要求。

三、山西省推动能源革命的做法和进展

山西作为我国重要的能源基地，在保障国家能源供应安全、支撑经济持续增长中具有不可替代的战略地位。2017 年 6 月，习近平总书记视察山西时，肯定了山西不当"煤老大"，争当能源革命排头兵的战略选择，要求抓好落实。《国务院关于支持山西省进一步深化改革促进资源型经济转型发展的意见》（国发〔2017〕42 号）把"打造能源革命排头兵"作为山西六大改革任务之首[1]，标志着山西打造能源革命排头兵从山西转型发展的内在要求和自觉实践，上升为国家的重大战略，成为党中央、国务院赋予山西的重大使命。

（一）开展的主要工作及做法

近两年来，山西省确定了"建设资源型经济转型发展示范区""打造全国能源革命排头兵"和"构建内陆地区对外开放新高地"三大战略目标。牢固树立新发展理念，深入推进能源"四个革命、一个合作"的战略部署，高起点谋划布局，深层次展开变革，采取扎实举措推进能源革命。

一是统筹能源管理机构改革，出台推进能源革命的政策体系。遵循中央顶层设计，突出山西地方特色，2018 年 10 月，山西省对能源管理机构进行了改革，将山西省煤炭工业厅的职责、山西省发展改革委的能源管理职责、山西省经信委的节能降耗及电力、焦炭等行业管理职责、相关部门的煤层气管理职责等整合，组建了山西省能源局，作为山西省政府直属机构，原山西省煤炭工业厅不再保留。新成立的山西省能源局的主要职能是，围绕山西建设全国资源型经济转型发展示范区和打造全国能源革命排头兵的战略，研究提出全省能源发展战略、政策和规划，提出能源体制改革建议，转变能源管理和服务职能，减少微观管理和具体审批事项；制定能源领域的相关规划、技术标准和规模管理，加强事中事后监管，激发市场主体活力；落实国家有关能源工作的法律、法规和政策，研究拟订全省能源发展战略、政策和发展规划，起草有关能源地方性法规、

---

[1]　国务院：《关于支持山西省进一步深化改革促进资源型经济转型发展的意见》，国发〔2017〕42 号，2017 年 9 月 1 日。

规章草案，推进能源体制改革等；牵头组织全省节能降耗工作，承担能源行业节能降耗和资源综合利用，参与研究能源消费总量控制目标建议，指导、监督能源消费总量控制有关工作，衔接能源生产建设和供需平衡；承担全省独立洗（选）煤厂及配煤型煤加工企业的安全监管工作等。山西省能源局的成立，将有效解决省内能源领域多头管理、无序竞争、审批繁杂、监管缺失等突出问题，是更好地履行能源行业管理职责，构建集中统一、协调高效的能源管理新格局，切实保障能源革命顺利推进的必然要求。

2017年9月，山西省制定出台了《山西打造全国能源革命排头兵行动方案》（晋发〔2017〕50号），围绕"四个革命，一个合作"，紧密结合山西能源发展实际，从煤炭生产、煤炭消费、煤矿安全、化解过剩产能、新能源、煤层气、节能降耗、碳减排、科技创新、清洁能源外输、体制改革和开放合作等方面，明确了2020、2025、2030三个关键时间节点的发展目标。同时，还成立了山西省打造全国能源革命排头兵领导小组，由省长出任领导小组组长，省直有关部门和各市按照部门职能和各地区比较优势制定了与《行动方案》相衔接的专项计划及实施方案。

二是开展能源革命综合改革试点，引领带动山西省高质量转型发展。2018年，山西省主动谋划开展能源革命综合改革试点。2019年5月底，中央全面深化改革委员会第八次会议审议通过了《关于在山西开展能源革命综合改革试点的意见》[1]（以下简称《试点意见》），要求山西通过综合改革试点，努力在提高能源供给体系质量效益、构建清洁低碳用能模式、推进能源科技创新、深化能源体制改革、扩大能源对外合作等方面取得突破。《试点意见》明确了山西省煤炭绿色开发利用基地、非常规天然气基地、电力外送基地、现代煤化工示范基地、煤基科技创新成果转化基地"五大基地"的战略定位，提出了到2020年、2025年的分阶段战略目标，并从推动煤炭清洁高效开发利用、推动非常规天然气高质量发展、提升清洁电力发展水平、增强新能源可持续发展能

---

[1] 《习近平：因势利导统筹谋划精准施策 推动改革更好服务经济社会发展大局》，新华社2019年5月29日电。

力、构建绿色能源消费体系、加快科技创新能力建设、深化能源领域改革开放等七个方面部署了一系列重大任务和支持政策。

在《试点意见》出台的同时，按照"贯彻落实方案与国家文件同出台、同部署"的要求，山西省同步启动了《山西开展能源革命综合改革试点行动方案》编制工作。严密构建贯彻落实国家部署的任务体系，对《试点意见》的分阶段目标，按照分步实施、接力推进的原则，紧扣《试点意见》内容，逐条逐项研究提出落实举措，确保国家部署全面落地。同时，有序衔接前期出台的打造全国能源革命排头兵行动方案任务，对未完成的重大事项也一并纳入，实现《行动方案》对山西开展改革试点的全面部署、重点引领。

山西省推动综合改革试点，进一步破解相关体制机制障碍，实现能源革命在全国率先破题，将引领带动山西省高质量转型发展。

（二）取得的主要成效和进展

围绕打造能源革命排头兵，山西在能源供给、消费、技术、体制革命和能源合作等五方面，取得了较为显著的阶段性成效和进展。

一是能源供给优化效果突出。以煤炭绿色生产、煤层气开发、新能源发展等为重点，持续改善能源供给结构，建立多轮驱动、安全可持续的能源供应体系。

煤炭先进产能占比不断提高。2018年煤炭先进产能达到5.82亿吨，占山西煤炭生产总能力的57%，较2017、2016年分别提高15个百分点、21个百分点。积极推进减量置换，2016年以来，山西累计批复232座煤矿产能置换方案，产能3.83亿吨，通过减量置换已建成投产煤矿94座，产能1.23亿吨。2016—2018年，山西共关闭煤矿88座，退出产能8841万吨，退出总量全国第一，2019年计划退出产能2325万吨。

现役煤电机组升级改造力度不断加大。加大对企业关停淘汰煤电机组电量奖励力度，引导企业主动退出市场，2017年淘汰落后小机组56.1万千瓦，占全国煤电机组淘汰总量的10%，超出国家下达煤电淘汰任务12%。2018年关停淘汰煤电机组38台、容量203.3万千瓦，居全国第一，2019年计划关停淘汰煤电机组容量102万千瓦。

推广应用煤炭绿色开采技术。探索煤矸石返井充填开采试点、保水开采等新技术，确定山西潞安集团高河能源有限公司等 5 座煤矿企业作为煤矸石返井试点企业。大力发展煤炭洗选加工，制定了《关于推进全省煤炭洗选行业产业升级实现规范发展的意见》，已经省政府常务会议审议通过，即将印发执行。

煤矿"四化"建设深入推进。截至 2019 年 5 月，山西 28 座矿井的 35 个综采工作面进行了自动化改造，262 个井下变电所、106 个水泵房实现了自动化无人值守，11 座千人矿井单班入井人数已控制在 800 人以内，建成同煤大唐塔山等 23 座国家级绿色矿山。

煤层气规模化开发水平不断提升。建成了沁水盆地和鄂尔多斯盆地东缘煤层气产业化基地，形成了阳泉、晋城、西山、柳林、潞安 5 个年抽采瓦斯超过 1 亿立方米的矿区。持续完善煤层气产业链，建立了包括煤层气勘探开发、煤矿井下抽采、工程技术服务、煤层气压缩、液化、管输、煤层气物流、燃气发电和瓦斯发电、煤层气装备制造等在内的大产业链。

新能源产业加速提质。大力推进风电开发，统筹晋北风电基地建设和中南部低风速资源开发，在大同、朔州、忻州建设了 700 万千瓦风电基地，在中南部地区建设了分散式接入风电项目，实现了低风速资源规模化开发。有序发展光伏产业，以大同、阳泉等为重点，大力推进光伏领跑技术基地建设，光伏领跑者发电规模达到 400 万千瓦。以吕梁、太行两大连片特困扶贫区光照资源较好的 57 个贫困县为重点，稳步推进光伏扶贫。截至 2019 年 5 月底，山西新能源和可再生能源装机容量 2268.97 万千瓦，占山西电力总装机 26.12%。其中，风电装机 1090.55 万千瓦，全国排名第 6 位；太阳能装机 914.67 万千瓦，全国排名第 10 位；水电装机 222.75 万千瓦，全国排名 22 位；生物质装机 41 万千瓦。

二是能源消费利用效率增强。积极落实节能优先政策，提升城乡优质用煤水平，以清洁供暖、绿色交通、绿色建筑为重点，大力抑制不合理消费，能源消费结构不断优化。

深入实施能源消费"双控"工程。按照国家下达的能耗总量和强度"双控"目标，加强能耗"双控"长效机制和基础能力建设，采取多种措施，降低能源消耗。

2018年山西单位GDP能耗比上年下降3.23%,完成全年下降3.2%的目标任务;能源消费总量为20707.65万吨标准煤,达到控制目标。

积极开展煤炭消费减量替代工程。推进优质能源替代散煤,把太原、阳泉、晋中、长治、晋城、临汾"4+2"城市列为首批煤炭消费总量控制城市,进一步明确"禁煤区"范围,完成城市"散煤"清零任务。坚持宜气则气、宜电则电,稳步推进煤改气、煤改电工程,完成113万户煤改气、煤改电和集中供热清洁取暖改造任务。

扎实推进清洁供暖。开展"煤改电"居民采暖用电与新能源发电企业市场化交易试点,2018年完成交易电量3.5亿千瓦时,占"煤改电"用户用电量的90%以上。积极探索各类清洁能源供暖,大同灵丘30万千瓦风电供暖试点示范项目一期10万千瓦供热站建成投产,实现了供暖方式从燃煤送暖到风电送暖的重大改变。太原市经济技术开发区、运城市绛县、临汾市曲沃县、忻州等地已完成中深层地热供热约550万平方米,浅层地热供热约400万平方米。

稳步推进绿色交通绿色建筑计划。从新能源汽车的推广应用看,2017年山西新增和更新城市公交车辆1589辆,新能源车辆占比99.4%,新能源城市公交车达到7800余辆,占公交车总量约60%,临汾、长治、忻州等市城市公交车全部实现纯电动化。山西新能源出租车9122辆,占出租车总量21.1%,太原成为全球首个出租车纯电动化的城市。22个设区城市绿色建筑集中示范区建设正在稳步推进,太原、大同装配式建筑产业基地已基本建成。积极参与全国碳排放权交易市场建设,初步完成山西省重点企(事)业单位温室气体排放报告和核查信息平台建设。

全面推进能源大数据应用。立足山西能源优势,推动中晋交能大数据产业聚集区落户古交,数字矿山综合自动化控制系统产业化等项目列入大数据发展应用专项资金支持,中国(太原)煤炭交易中心大数据平台启动运行。

三是能源技术创新效能提升。瞄准能源重大科技领域,以煤层气勘探开发技术、能源重大技术研发攻关为重点,不断开展技术革新,加大自主创新力度。

煤层气勘探开发技术取得重要突破。在"勘探开发、利用"技术领域,晋

423

煤集团开发掌握了煤层气工厂化钻井作业、定向对接等一批关键技术，突破了国际公认的无烟煤地面抽采"禁区"；潞安集团承担建成了全球第一个工业化煤矿乏风蓄热氧化热电联供项目，是全球最大的乏风氧化利用发电站，年发电量 2.4 亿千瓦时，可减排 140 万吨二氧化碳当量。北方通用动力集团有限公司已完成适用于低浓度煤层气的发电机组科研样机试制。在"深部钻探工艺技术和储层保护技术"领域，山西蓝焰煤层气集团联合太原理工大学、中国石油大学等省内外优势科研力量共同实施"深部煤层气勘查开发关键技术研究"，重点在沁水煤田、河东煤田深部进行勘探部署，建立了示范工程。

能源重大技术研发实现突破。实施石墨烯储能超级电容器项目，开发出绿色环保、低能耗水系电极制备工艺，成本得到大幅降低。攻克了循环流化床锅炉关键技术，实现了炉内超低排放，有效降低了煤电污染，对推进低热值煤清洁燃烧，提高煤炭资源综合利用效率具有重大意义。太原理工大学成功研发出煤层气生产金刚石技术，在一定程度上解决了煤层气资源高效利用问题，极大地降低了金刚石产品的生产成本，实现了煤层气的深加工。

推进能源先进技术应用示范。新立项 3 个能源领域省级工程技术研究中心，争取国家支持立项 2 项煤炭清洁高效开发利用领域的国家重点研发计划。启动科技成果转化示范基地和示范企业建设工作。2017 年 12 月，山西科技成果转化和知识产权交易服务平台正式上线，为山西构建新型科技成果转移转化体系提供重要支撑。

四是能源体制改革效用释放。以电力体制改革和煤层气体制机制改革为突破口，充分发挥市场配置资源的决定性作用和更好发挥政府作用，推动能源体制革命。

电力体制改革持续深化。率先在全国开展电力现货交易试点，多元化售电主体格局基本形成。进一步扩大了电力市场化交易规模，2019 年已完成交易电量 799 亿千瓦时，预计全年可达 900 亿千瓦时，占山西工业用电量的 54%，成交均价 0.299 元 / 千瓦时，预计可降低用电成本约 34 亿元。在国网系统首批启动电力现货市场模拟试运行，建立模拟试运行研讨机制，累积模拟现货交易电量 87.01 亿千瓦时，交易均价为 0.325 元 / 千瓦时，高峰均价 0.348 元 / 千瓦时，低谷均价 0.304 元 / 千瓦时，分时电价趋势合理。继续推进增量配电试点项目，鼓励社会资本参与增量配电业务试点，目前，13 个项目中 7 个项目已经确定项目业主，5 个项目已经完成售电公司组建。

煤层气体制机制改革扎实推进。建立了煤层气勘查区块公开竞争出让制度，以招标方式公开出让了榆社东、安泽南等 10 个煤层气勘查区块，三年拟投入勘查资金 10.73 亿元，年均投入 17.5 万元 / 平方公里，在全国首次实现市场化配置煤层气资源。建立了省内天然气（煤层气）管道运输价格监管机制，完成了 15 家省内管输企业价格成本监审工作任务。建立了煤层气矿业权退出机制，对不足法定最低勘查投入要求的煤层气区块实施了核减，2017 年核减煤层气勘查面积 1392.4 平方公里。2018 年印发的《山西省深化煤层气（天然气）体制改革实施方案》（晋政办发〔2018〕16 号），将围绕资源开发、管网运营、消费利用上中下游三大环节，全面推进全产业链体制机制改革。

推动煤炭国企战略性重组。专题召开省属国企深化改革转型发展推进会，与省属煤炭类国企签订转型发展目标"军令状"，规划从 2018 年至 2020 年，省属国企煤炭先进产能比重提高到 70% 以上，煤炭转化率提高到 40% 以上。依托龙头企业推行行业兼并重组，推进上下游一体化经营，现代化工、燃气等一批战略性支柱产业集团挂牌成立。同煤集团、晋能集团、焦煤集团深化国有企业改革试点顺利启动，晋能集团和国际能源有限公司重组为山西晋能国际能源集团有限公司。

五是能源对外合作效益显现。积极参与"一带一路"国际能源合作，深度融入国家区域重大战略，加大清洁能源外送力度，拓展能源合作新空间。

国际能源合作广泛开展。成立晋企"走出去"战略合作联盟，大力推进能源企业参与"一带一路"国际合作，推动能源装备、技术和服务"走出去"。潞安集团、焦煤集团、山西能投、太重集团等煤焦及装备制造领域企业与中亚、印尼等国家就能源矿产、装备制造、新能源等多领域合作进行了深入交流对接。

深度融入国家区域战略。精准对接京津冀协同发展战略，深度融入环渤海经济圈，主动服务雄安新区建设，打造京津冀、雄安新区、环渤海清洁能源保障基地。纳入大气污染防治行动计划的蒙西—天津南、晋北—江苏、榆横—潍坊3条特高压通道已建成投运。盂县电厂—河北南网500千伏交流输电通道正在建设，晋电外送输电能力新增1200万千瓦。

电力跨省跨区交易稳步推进。与江苏省签订"晋电送苏"协议，送受电双方共同拓展省外电力市场的新模式初步建立。依托晋北—江苏特高压外送通道，探索燃煤机组和新能源机组按一定比例打捆外送的方式，扩大了省内清洁能源外送。加强与受电省市的沟通协商，推动苏晋能源公司控股省内发电企业作为雁淮直流电源点，分别与天津、河北签订跨省交易增供协议，鼓励可再生能源电力参与跨省跨区市场交易，并首次通过清洁能源替代方式，开展省间发电权交易，进一步丰富了晋电外送的品种。2018年向省外输送电力927.1亿千瓦小时，增长19.6%。

用太阳能制造太阳能

王元胜[1]

摘要:

　　化石能源的过度消耗产生大量碳排放，导致全球气温不断上升，自然灾害频发。2015 年《巴黎协定》签订，全球确立了 2 摄氏度的控温目标，以清洁能源替代化石能源成为公认的遏制碳排的最佳方案。清洁能源主要是由水力发电、风力发电和光伏发电组成，其中光伏发电发展最受瞩目。

　　我国具备全球最完整的光伏产业链，产业链各环节产量均占到全球产量 70% 以上，近十年来，我国光伏发电成本下降 90%，未来，我国光伏技术和成本仍将继续领先于全球。据预测，全球将在 2050 年实现百分百清洁能源，且光伏发电占比高达 69%。光伏发电较其他能源具有明显优势，首先光伏发电资源无限，仅太阳一年的光照能量就已经超过地球上所有类型能源的存量总和。此外，光照资源全球分布均衡，有阳光的地方就可以利用光伏发电，并且只需利用全球 1% 的荒漠面积进行光伏发电，所产生的电量就可供全人类使用。

　　"光伏 + 储能"可以解决光伏发电持续性问题。在白天通过

---

[1]　王元胜，隆基绿能科技股份有限公司战略管理部行业研究专员，从事产业发展趋势、技术成本路线、投资布局等方面的研究。

光伏发电保证城市用电需求，多余电力储存起来供夜间使用，解决阴天和夜间持续供电问题。通过"光伏＋抽水蓄能"、"光伏＋电动车储能"以及全球能源互联网等应用模式，光伏发电可以满足全球昼夜电力需求。

隆基将光伏发电的可持续性和产业链完美结合，率先提出"用太阳能制造太阳能"生产模式，用光伏电力制作光伏设备，这也是隆基"用太阳能制造太阳能"的生产模式，并且整个过程碳排放完全为零。随着光伏发电的蓬勃发展，不仅可以有效遏制碳排放，还可以修复地球生态。据测算，当地球70%荒漠变成绿洲时，就会吸收人类活动历史上造就的所有碳排放，实现真正的负碳发展。

关键词：

碳排放；光伏发电；光伏＋储能；用太阳能制造太阳能；负碳

一、全球生态环境发展现状

随着全球经济高速发展和人类财富的不断积累，全球生态环境同时受到极大破坏。全球气候变暖和环境污染导致温室效应、酸雨、臭氧层破坏等问题出现，严重影响全球经济可持续发展。"温室效应"导致21世纪地球温度上升0.5℃—0.9℃，海平面上升威胁沿海居民及生态系统。全球生态环境的不断恶化，已经对人类生存造成威胁，引起国际各界的高度关注。

（一）碳排放影响全球生态环境

工业革命以来，由人类活动排放的二氧化碳导致其在大气中浓度不断增加，是造成全球气候变暖的重要原因之一。联合国政府间气候变化专门委员会（IPCC）评估报告指出，20世纪中期以来，由人类社会经济活动所造成的温室气体排放，导致全球气候变暖的可信度高达95%以上[1]。全球气候变暖引起的冰川消融、海平面上升、极端天气事件频发，对人类生存环境的影响已超越科

---

[1] 中华人民共和国科学技术部国家遥感中心：《全球生态环境遥感监控2018年度报告》，2018年。

学问题的范畴，成为世界各国政府共同关注的政治问题、经济问题和外交问题。

（二）清洁能源替代化石能源成为解决碳排放最佳途径

1.清洁能源替代传统化石能源是必然趋势

从世界能源发展历史可以看出，清洁能源替代传统能源将是未来发展的必然趋势。一方面，能源密度由低密度能源薪材、煤炭向高密度能源石油、电力等转换；另一方面，能源类型由高碳能源向低碳能源转变。以水电、风电及太阳能为代表的清洁能源，具有高品质、利用效率高等特点，随着储能技术的不断发展，其优势将愈加明显。能源发展从薪材时代向煤炭、石油、天然气不断过渡，未来清洁能源将取代传统化石能源，成为新一轮能源转型的主载体。

清洁能源替代传统能源是能源变革的必然选择。在保证能源供给的前提下，通过传统能源高效利用和清洁能源稳定发展推动能源供给结构逐渐优化。随着全球环境和资源短缺等各种问题持续积累和清洁能源成本不断下降，能源供给将开始向以清洁能源为主转变，最终实现清洁能源在新能源系统中的绝对主导地位。

2.清洁能源发展前景广阔

首先，全球清洁能源装机量呈持续增长势头。太阳能光伏发电和风力发电近年来获得快速发展，成为继水电后的主力清洁能源。据国际能源署 IEA 预测，2022 年全球可再生能源累计装机量可达 920GW，届时可再生能源发电在全球电力比例将进一步提升至 30%。

其次，随着技术进步和成本下降，清洁能源在全球能源供给体系占比将持续提高。以太阳能为代表的清洁能源产品类型和应用场景多样性更加明显，光伏发电效率世界纪录不断被刷新，过去十年里光伏发电成本下降 90% 以上，预计未来成本仍有较大下降空间。随着储能技术和成本的不断刷新，未来清洁能源发电间隙性问题将得到解决，进一步扩大分布式清洁能源的应用范围。

3.全球能源消费正向清洁能源过渡

从历史数据看，全球天然气、太阳能发电、风电等清洁能源消费占比逐渐提高。据前瞻产业研究院数据，1977 年全球能源消费以石油为主，占比近一半，天然气消费占比18%，以太阳能、风能为代表的其他清洁能源占比7%。2017年，石油消费占比下降至34%，天然气消费占比提升至23%，以太阳能、风能为代表的其他清洁能源占比提升至15%。参见图1。

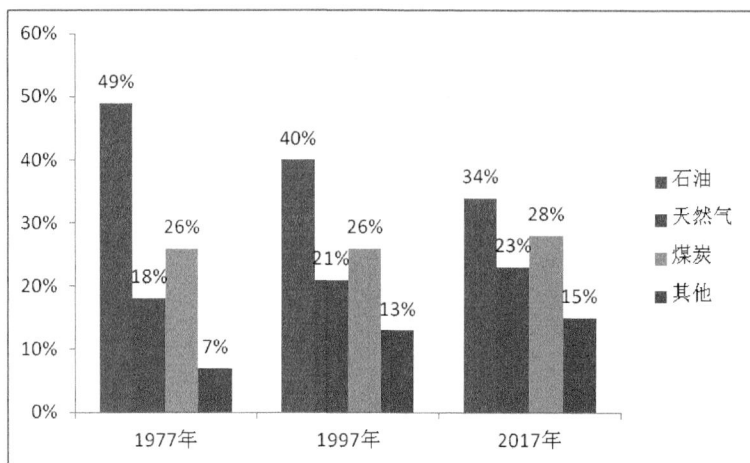

图1　1977—2017年全球能源消费结构变化

注：图中"其他"指的是以太阳能、风能为代表的其他清洁能源。

资料来源：前瞻产业研究院。

未来全球能源需求增速将出现放缓，以光伏为代表的可再生能源迎来快速发展期。据《BP世界能源展望2018》数据，2040年全球能源需求增长约33%，从消费市场看，中国和印度将成为能源消费的主力。从消费领域看，工业领域能源需求将占总需求50%以上，从能源结构看，2010年可再生能源占能源增量的40%，成为增速最快的能源。

二、太阳能光伏发电发展现状及趋势

作为一种取之不尽、用之不竭的能源形式，太阳能未来利用前景巨大。近十年来，光伏发电技术持续进步，带动光伏发电成本大幅下降，光伏发电在全球很多地区已经成为最经济的电力。未来光伏发电成本还会继续下降，全球光伏市场规模有望不断提升。

（一）光伏发电较其他能源具备明显优势

光伏发电之所以能成为未来的主要能源，首先在于光伏发电的资源无限，仅太阳一年的光照能量就已经超过地球上所有类型能源的存量总和，而太阳光照更是取之不尽、用之不竭。此外，光照资源全球分布均衡，有阳光的地方就可以利用光伏发电，并且只需利用全球 1% 的荒漠面积进行光伏发电，所产生的电量就可供全人类使用。

（二）光伏发电技术持续进步

1. 硅片技术进步情况

（1）连续拉晶（CCz）技术

单晶拉棒技术目前从多次装料拉晶为主向实现连续多次拉晶转变。近年来，光伏产业链各环节不断发生技术进步和革新，光伏发电转换效率持续提升带来度电成本持续下调。与此同时，通过不断改进拉棒生长技术，有助于生产具有更均匀电阻率和更高品质产品和进一步降低坩埚及能耗成本，对促进光伏发电平价上网意义重大。此外，单晶拉棒环节实现自动化、智能化后可以保证单晶生产环节的稳定性及一致性，吸引光伏硅片龙头企业加大产能布局。2018 年，多晶龙头保利协鑫在云南曲靖布局 20GW 的连续拉晶单晶产能，单晶龙头隆基股份与电池企业爱旭签订连续拉晶高效单晶合作协议。

（2）金刚线切割技术

金刚线切割单晶应用已十分成熟，切割速度较砂浆切割更快，大幅提升单晶硅片生产效率。此外，由于单晶硅片金刚线切割通过两体研磨方式，可以提高硅料利用率、洁净度及产品寿命，切割成的硅片金属含量远低于砂浆切割。多晶方面，随着黑硅技术的成熟和黑硅电池生产规模的提升，推动多晶硅片金刚线切割技术的应用。截至 2018 年，主流多晶硅片企业如协鑫、阿特斯、亿晶光电等已基本转换为金刚线切割。

（3）大硅片技术

2019 年是大硅片发展元年，未来硅片尺寸将由常规 156.75mm、157.5mm、166mm 甚至更大转变。硅片尺寸变大后优点明显，主要体现在单片功率提升及电站平衡系统（BOS）成本节省等方面。通过增大硅片尺寸实现单片电池功率提升，每瓦生产耗用的设备、管理费用、人工等成本将进一步降低。从电站角度看，硅片尺寸增大能够降低电站总体占比面积及平衡系统（BOS）成本，从市场需求及产业链端设备兼容性来看，大硅片技术未来具备推广应用条件。目前多晶硅片尺寸尚未完全一致，单晶硅片厂商隆基、晶科、晶澳等推进硅片尺寸向 158.75mm 及 166mm 过渡，预计 2019 年下半年单晶大硅片产品市占率将达 30% 以上。

（4）铸锭单晶硅片技术

为了进一步降低生产成本和提高产品效率，多晶硅片企业加大准单晶技术的研发力度并于 2018 年实现突破。准单晶产品具备转化效率高、生产成本低、位错密度低等多种优势，协鑫、环太等企业已经逐渐解决铸锭单晶电致发光（EL）、光衰、三类片分布等问题。效率方面，铸锭单晶与直拉单晶电池效率差别在 0.3% 以内，协鑫铸锭单晶技术叠加钝化发射极和背面电池（PERC）技术可以实现电池片 21.8% 的转化效率，接近单晶背面电池片技术水平。成本方面，铸锭单晶硅片介于常规多晶硅硅片和直拉单晶硅片之间，综合转化效率提高因素，产品竞争力获得提升。

2.电池片技术进步情况

（1）背面电池技术

背面电池技术已取代常规电池技术成为主流应用形式。光伏电池方面，晶硅电池继续以 95% 以上的市占率保持统治地位，在各种高效电池产品中，背面电池可以在普通电池的基础上增加表面钝化、激光刻蚀工艺，可以将晶硅太阳电池效率大幅提升。以目前所有高效电池片技术来看，背面电池技术是投资成本最低、产线兼容率最高、效率提升最明显的技术之一。晶硅中的背面电池（以单晶背面为主）在 2018 年大幅扩产，一方面在于单晶背面电池技术带来高效率与更好的发电性能使背面电池组件为客户的青睐，双面背面电池技术的出现进一步强化了这个趋势；另一方面随国产原子层沉积技术（ALD）背面钝化层沉积设备的成熟，产线投资稳定在较低水平。参见图 2、表 1、图 3。

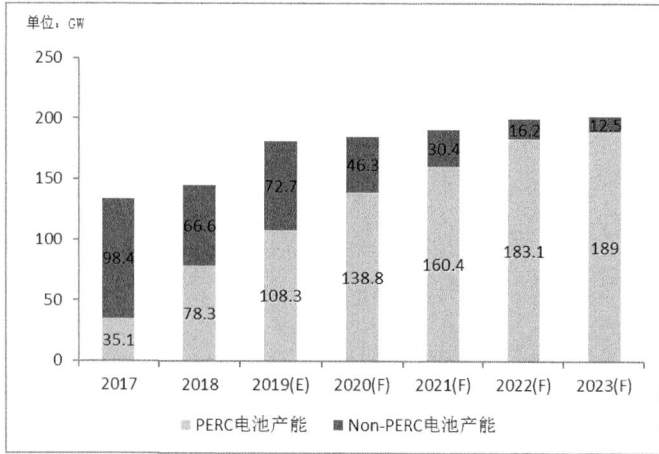

单位：GW

图2 背面电池技术产能扩张情况

注：图中E表示对当年预测，F表示对未来预测。

资料来源：EnergyTrend，2019年3月。

表1 2019年全球前15位背面电池厂产能预测

排名	背面电池产能（GW）	国家	2017	2018	2019（E）	2020（F）	2021（F）	2022（F）	2023（F）
1	通威新能源	中国	0.3	9.0	12.0	25.0	30.0	35.0	35.0
2	爱旭太阳能	中国	1.4	5.5	10.0	12.0	15.0	18.5	18.5
3	隆基乐叶	中国	2.1	5.2	7.2	9.7	11.7	14.0	14.0
4	韩华Q Cells	韩国	3.6	5.5	7.1	8.3	9.0	9.9	9.9
5	晶科能源	中国	3.7	6.5	6.5	9.0	9.0	9.0	9.0
6	东方日升	中国	0.1	2.5	6.5	8.0	10.0	12.0	12.0
7	晶澳太阳能	中国	3.0	4.8	6.2	6.4	6.8	7.2	7.2
8	展宇新能源	中国	2.5	5.0	5.5	5.5	6.0	6.0	6.0
9	苏民新能源	中国	0.0	3.8	5.0	5.0	5.0	5.0	5.0
10	平煤隆基	中国	1.0	3.2	4.0	4.0	6.0	6.0	6.0
11	天合光能	中国	2.0	2.4	3.6	5.5	6.7	8.2	9.2
12	阿特斯	中国	1.1	2.0	3.0	4.0	4.0	5.0	5.0
13	横店东磁	中国	0.2	1.5	2.5	3.5	3.5	4.0	4.0
14	协鑫集成	中国	1.5	2.0	2.4	2.4	2.4	2.9	2.9
15	润阳光伏	中国	0.2	1.0	2.0	2.4	3.0	4.0	4.5

注：图中E表示对当年预测，F表示对未来预测。

资料来源：EnergyTrend，2019年3月。

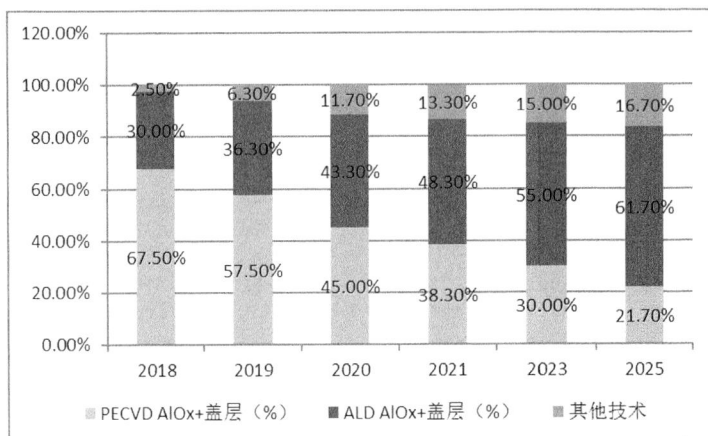

图3 背面电池 AlOx 沉积技术路线份额情况

资料来源：光伏协会技术路线图 2018。

背面电池具有高效率特点。背面电池的主流效率水平在 2018 年初普遍达到了 21.5%（测试效率，不同企业电池入库规则有所不同），领先的垂直一体化企业晶科、隆基、晶澳及电池企业通威、爱旭等在年中逐步导入了选择性发射极技术（SE），使电池效率达到 21.8%—22% 水平，选择性发射极原本在背场（BSF）电池上没有商业成功，但在与背面电池技术结合后，不仅降低了硅片与银电极间的接触电阻，还提升了钝化效果，取得了明显的效率提升，该技术采用激光消融磷硅玻璃（PSG）来实现局部重掺杂。

双面背面电池已在部分场景下大规模应用。由于中国第三期领跑者项目对度电成本的极致追求，双面背面电池在 2018 年得到大规模的应用，该电池在正面效率 21.8%—22% 的情况下，双面率可达到 70%—80%，背面全覆盖的背铝替换为局部铝栅线后电池成本还会略有降低，部分企业已开始用双面电池封装单面组件，使用白色乙烯－醋酸乙烯共聚物（EVA）后，组件功率还会略高于单面电池封装的组件，进一步拓宽了双面背面电池的应用范围。参见表2。

表2 叠加选择性发射极技术（SE）技术的背面电池产能情况

选择性发射电极（SE）量产化设备						
供应商	方式	电池厂	电池产能（GW）	应用产品	背面电池产量（GW）	选择性发射极技术（SE）产出（GW）
帝尔	Laser Doping	通威	12	背面电池	12	6.8
		爱旭	10	背面电池	10	6.4
		晶澳	8.5	背面电池	6.2	4.4
		天合	8.2	背面电池	3.6	2
		晶科	6.5	背面电池	6.5	5.8
		隆基	6.5	背面电池	7.2	6
		阿特斯	7	背面电池	3.6	2.5
		东方日升	6.5	背面电池	6.5	5.5
		平煤隆基	4	背面电池	4	3.2
		顺风	3	背面电池	1.5	1
		东方环晟	1.6	背面电池	1.6	1
		亿晶	1.5	背面电池	1	0.4
友晁	Laser Doping	昱晶	2.3	背面电池	1	0.2
		新日光	1.5	背面电池	1	0.2
		益通	0.6	背面电池	0.24	0.2
		元晶	1.2	背面电池	0.8	0.2
SCHMID	Wax+Etching Back	天合	5.6	背面电池	2.5	1.2
		中美晶	1	背面电池	1	1
		明徽	1	背面电池	0.6	0.4
		升阳	0.7	背面电池	0.4	0.2
Innolas	Laser Doping	韩华 Q Cells	8.1	背面电池	5.1	1.5
		新日光	1.5	背面电池	1	0.1
总计					73.84	48.9

资料来源：EnergyTrend，2019 年 3 月。

（2）异质结（HJT）电池技术

异质结电池技术商业化应用前景未明。背面电池技术的商业化成功鼓舞了其他高效电池技术的投资热情，异质结（HJT）方面，除一些传统的异质结制造厂家，通威与爱康也加入到了异质结产线的投资，看重的除了异质结电池较低的功率温度系数值与较高的双面率，还在于随着叠瓦组件技术的成熟，异质结电池通过导电胶连接可避免高温焊接过程，避免了对高成本的低温银浆的依赖。但考虑到背面电池技术的效率已提升到 22% 并有望进一步提高到 22.5%，异质结电池的量产效率如果无法提升到 23.5% 以上水平，市场空间上将有明显压力。参见表 3。

表 3　异质结与 N 型钝化发射极背表面全扩散（N-PERT）电池产能情况

工厂（GW）	双面技术	2018	2019(E)	2020(F)	2021(F)	2022(F)	2023(F)
钧石能源	异质结	1	1	1	1	1	1
晋能	异质结	0.6	0.6	0.8	1	1	1
Panasonic JP	异质结	0.6	0.5	0.5	0.3	0.3	0.3
Panasonic(SolarCity)	异质结	0.2	0.2	0.2	0.3	0.3	0.3
中智电力	异质结	0.2	0.4	0.4	0.6	0.8	1
上澎	异质结	0.1	0.2	0.4	0.6	0.8	0.8
Ecosolifer(Swiss)	异质结	0.2	0.2	0.2	0.4	0.4	0.4
金合盛	异质结	0.2	0.2	0.2	0.2	0.2	0.2
Kaneka(Japan)	异质结	0.12	0.12	0.12	0.12	0.12	0.12
Enel GreenPower(Italy)	异质结	0.12	0.2	0.24	0.24	0.36	0.36
Hevel(Russia)	异质结	0.12	0.12	0.16	0.16	0.24	0.24
汉能	异质结	0.06	0.1	0.1	0.2	0.2	0.2
彩虹	异质结	0.1	0.2	0.6	1	1.5	2
异质结 OTHERS	异质结	0.2	0.4	0.4	0.6	0.6	0.8
林洋	P- 背面电池	0.6	1	2	2	2.5	2.5
林洋	N-PERT	0.4	0.6	0.8	1	2	2
通威新能源	P- 背面电池	2	6	10	15	20	20
通威新能源	异质结	0	0.5	1	1.5	2	4
REC(Singapore)	N-PERT	0.1	0.2	0.4	0.4	0.6	0.6
REC(Singapore)	异质结	0	0.6	0.8	1	1.2	1.2
LGE(Korea)	N-PERT+ 隧穿氧化层钝化接触（TOPCon）	0.6	0.6	0.8	0.8	1.2	1.2
LGE(Korea)	异质结	0.2	0.4	0.4	0.4	0.6	0.6
阿特斯	P- 背面电池	0.5	1	1.5	2	3	3
阿特斯	N-PERT	0.32	0.4	0.4	0.6	0.6	0.6
协鑫集成	P- 背面电池	0.2	0.3	0.5	0.6	0.8	0.8
协鑫集成	N-PERT	0.1	0.2	0.4	0.8	1.2	1.2
协鑫集成	异质结	0.1	0.1	0.1	0.1	0.2	0.2
URE 联再能	N-PERT	0.2	0.2	0.4	0.4	0.6	0.6
URE 联再能	异质结	0.04	0.1	0.1	0.2	0.2	0.4
总产能		2035.4	37.63	55.76	73.07	92.62	96.47

注：图中 E 表示对当年预测，F 表示对未来预测。

资料来源：EnergyTrend，2019 年 3 月。

（3）N 型钝化发射极背表面全扩散（N–PERT）及 N 型隧穿氧化层钝化接触（N–TOPCon）双面电池技术

未来需要持续关注 N 型钝化发射极背表面全扩散电池技术（N–PERT）及 N 型隧穿氧化物钝化接触（N–TOPCon）双面电池技术。N–PERT 技术在与背面电池的直接竞争中一直处于劣势地位，主要原因在于其正面效率低于背面电池，这是因为背面电池背面是局部 BSF 背场，PERT 电池则是全扩散，背面电池的背表面复合高于 PERT 电池，因此在 2018 年国内的 N 型双面制造企业开始使用接触钝化技术来钝化电池背面，使电池效率达到 22% 甚至 22.5%，该技术此前由 LG 公司使用并取得了商业成功。需要指出的是，由于没有了背面的全扩散层，这种电池可称之为 N–TOPCon 电池而不能成为 PERT 电池，TOPCon 技术用到的多晶硅层会使电池双面率有一定降低。商业化该技术的企业包括中来、林洋，天合在中标技术领跑两个基地的项目后，也将在 N–TOPCon 电池上布局较大的产能。TOPCon 接触钝化技术实际上是一项可以广泛采用的技术，也可以用于背面电池甚至交叉指式背接触（IBC）电池，主流大厂均保持对该技术的关注与研究，未来随工艺与设备成熟，可能会得到很广泛的应用。参见图 4。

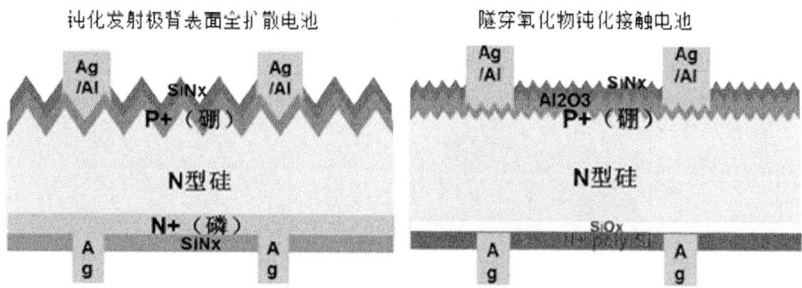

图 4　钝化发射极背表面全扩散双面电池及隧穿氧化物钝化接触双面电池

资料来源：作者根据公开数据整理。

3. 组件生产技术

（1）背面电池组件技术

背面电池组件已大规模应用。随着背面电池技术的大规模应用，在 2017

年下半年主流厂家单晶背面电池组件 (60 片电池整片) 功率提高到了 300W 在 2018 年主要的 (电池、组件) 一体化制造商及电池制造商逐步优导入了选择性发射极(SE)技术及优化工艺,使背面电池效率进一步提升 0.3%—0.5%(绝对值),组件功率达到了 310W 组件效率约 19%)。除此之外，白色乙烯 – 醋酸乙烯共聚物（EVA）、反光贴膜或反光焊带技术在海外订单中得到大量应用，常规多晶借此功率可稳定实现 275W、330W72 片电池，多晶黑硅 +PERC 组件通过叠加以上技术，功率可达 290W 至 295W 由于提升的功率无法完全转化为发电，反光贴膜 (或焊带) 技术很可能是一种阶段性技术。

（2）双面组件技术

双面技术尤其是 P 型双面背面电池技术在 2018 年得到大规模应用。一方面是 2017 年隆基、天合、晶澳、中来等企业建设的实证电站取得了不错的发电效果，双面组件的发电模拟、逆变器与支架的配套问题均得到解决；另一方面中国第三批领跑者投标电价的激烈竞争促使竞标者倾向于采用新技术以保证在低电价下仍能保障基本的投资收益。根据隆基的统计，双面组件在领跑者项目中的应用比例达到 46.5%。规模应用带来的正反馈将促进双面组件在全球地面电站的应用占比加速提升，国际光伏技术线路（ITRPV）中的双面组件占比估计应是很保守的。参见图 5、图 6、图 7。

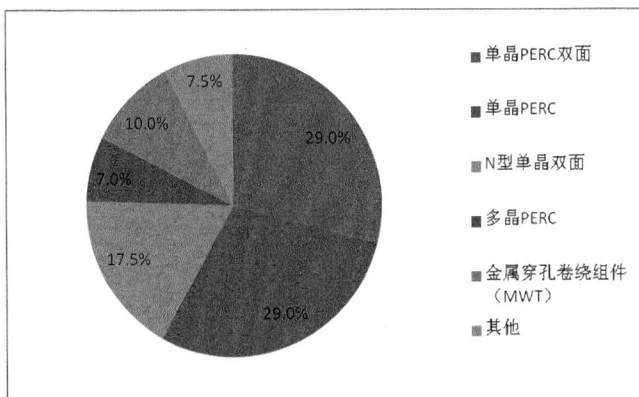

图 5　中国第 3 批领跑者中标组件份额

资料来源：作者根据公开数据整理。

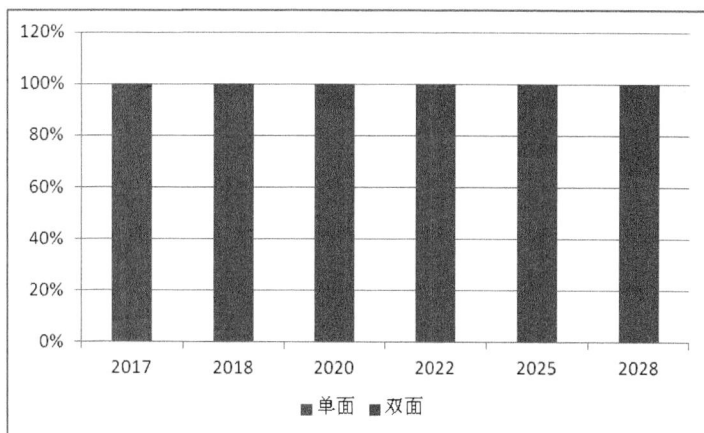

图6 2017—2018年单/双面组件市场占比率变化趋势

资料来源：国际光伏技术线路（ITRPV）2018。

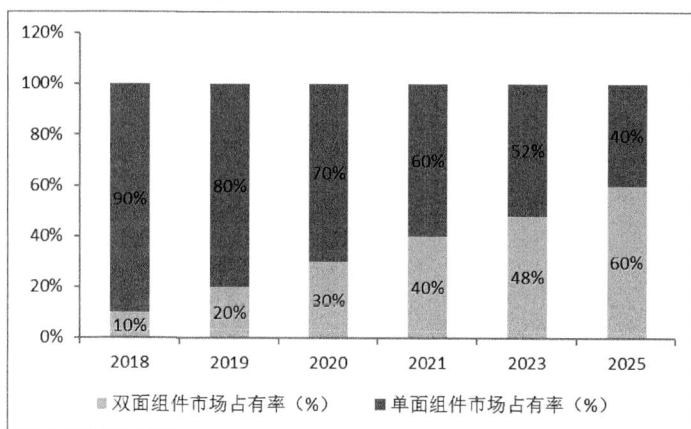

图7 2018—2025年单/双面组件市场占有率变化趋势

资料来源：中国光伏行业协会（CPIA）路线图，2018。

（3）半片组件技术

半片组件技术已经商业化应用。半片技术相比多主栅及叠瓦技术，量产成熟度高，设备价格相对较低。此外，阿特斯、晶科在2017年下半年及2018年初的客户营销取得了不错的效果，逐渐打破了客户端的使用疑虑，使主流企业均升级产线使其具备半片组件生产能力。而半片技术也具有很好的技术兼容性，仍可继续使用反光贴膜，或采用基于圆焊带的多主栅技术，另外主流企业也在评估三角焊带技术，韩华率先采用了半片 +6 栅的技术，阿特斯也在展会上展出了半片 +9 栅的组件，代替了原来的半片 + 反光贴膜产品；半片组件的片间隙数量增多使得结合白色乙烯－醋酸乙烯共聚物（EVA）带来的功率提升效果会略好于整片组件；半片与双面技术的结合也完全没有障碍，泗洪领跑者使双面半片组件的应用量迅速提高到 500MW 上，由于双面工作电流由于背面受到辐照而高于单面组件，与半片组件降低组件内部热损的功效契合度更高。多主栅技术由于可降低银浆耗量更适合与用在采用了双面银浆的 N 型双面或异质结电池上，在 P 型组件上更多的成了基于半片组件的升级技术，但由于初始投资较高，而带来叠瓦技术一旦兴起将可能使这部分投资未完全收回，因此 P 型组件企业在多主栅上的投资热情相对不高。参见图 8。

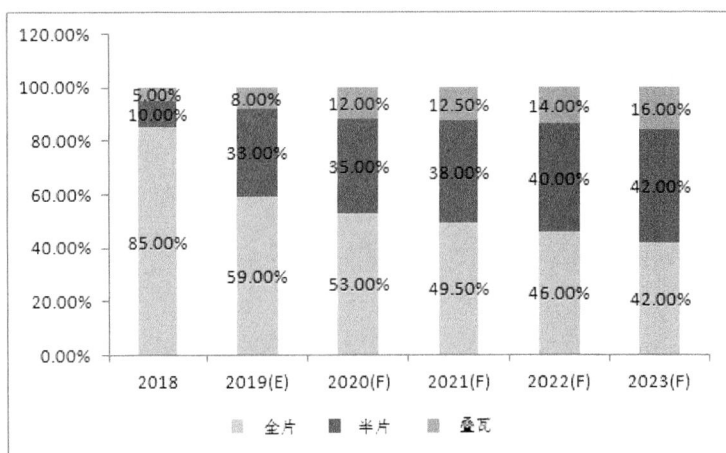

图 8 2018—2023 不同组件技术市场占比预期

注：图中 E 表示对当年预测，F 表示对未来预测。

资料来源：EnergyTrend ，2019 年 3 月。

（4）叠瓦组件技术

叠瓦技术应用前景十分明朗。在 2018 年使用叠瓦技术的国产设备在精度上有了明显提升，主要的串焊机制造企业均加入了叠瓦设备的竞争中，导电胶供应商的多元化也促进其成本下降。叠瓦技术相对半片 + 多主栅路线具有一定的效率与功率优势，因单位电池片变为原来的 1/5 或 1/6，组件尺寸更加灵活可变，通常会增加一定的组件宽度或长度来在可接受的组件尺寸下进一步提升产品功率，另外组件取消了焊带与片间距，使美观度大大提升。代表企业东方环晟已布局吉瓦（GW）级产能，并可通过日能公司（Sunpower）的销售渠道更顺利地推广；阿特斯则在多个展会上展出了叠瓦产品；隆基通过双面叠瓦技术中标了两个技术领跑基地 500MW，使叠瓦技术的应用前景更加明朗。

（三）光伏发电成本持续下降

《可再生能源法》实施带动我国光伏产业快速发展，产业规模不断扩大，光伏发电效率屡破世界纪录，2007—2017 十年间我国光伏发电系统成本和度电成本大幅下降 90% 左右。十年来我国光伏发电系统成本从 50 元 /W 降至 4.5 元 /W 部分地区已经能够实现平价上网。未来随着光伏发电技术的持续进步和市场规模的大幅扩大，全球范围内光伏发电成本仍有下降空间，预计未来三年内发电成本将再下降 30% 左右，届时，光伏发电较煤炭发电经济性凸显，将成为最经济、最环保的能源。

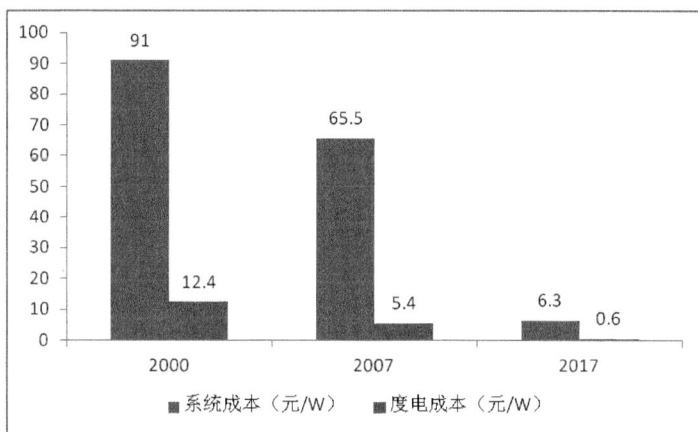

图 9 2000—2017 系统成本及度电成本变化

资料来源：Pvinfolink。

2019 年光伏电价和度电补贴具备进一步降低的条件。823 号文件颁布后，国内光伏发电产品价格和系统投资、发电成本下降提速，2018 年四季度至 2019 年一季度光伏组件价格在 2 元 /W 左右（多晶组件约 1.9 元 /W 单晶组件约 1.95 元 /W 单晶背面电池组件约 2.1 元 /W），光伏电站设计采购施工总承包（EPC）价格在 4 元 /W 左右分布式电站设计采购施工总承包（EPC）价格还略低一些。考虑合适的前期费用、征地费用等，光伏电站和分布式光伏初始投资已经在 4.5—5.0 元 /W 左右。如果按照资本金内部收益率达到 8%、初始投资 4.5 元 /W 计算，则意味着有 0.09—0.17 元 / 千瓦时的降价空间。

（四）光伏发电未来应用前景广阔

未来全球光伏市场将保持较快速增长态势。从全球范围来看，世界能源结构向多元化、清洁化、低碳化的方向转型是不可逆转的趋势，各国政府仍在积极鼓励发展太阳能光伏行业，在这种行业背景下，光伏行业仍面临较好的发展机遇，未来仍将保持较快的增长态势。根据彭博新能源财经预测，乐观情况下，2019—2021 年全球光伏发电新增装机容量将以年均复合增长率 12.6% 的速度增长；2021 年，全球新增装机容量将达到 154GW，累计装机容量将达到 948GW，较 2018 年的全球累计装机容量增加 448GW，年均新增装机量近 150GW。参见图 10。

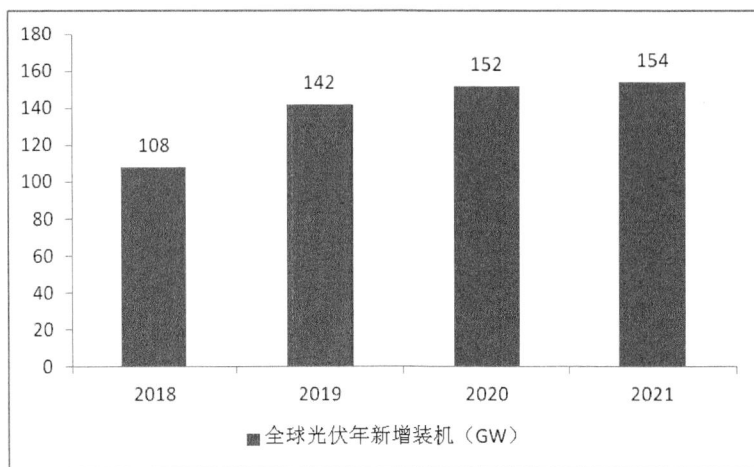

图 10　2019-2021 年全球光伏市场预测

资料来源：彭博新能源财经。

三、"光伏＋储能"有望成为未来能源

（一）储能产业快速发展

随着储能技术的进步，全球储能产业快速发展。据中关村储能产业技术联盟（CNESA）数据库统计，截至 2018 年底，全球累计储能装机规模达 181GW，其中，抽水蓄能以 94.3% 比例占据绝对地位，装机容量达到 171GW；电化学储能次之，占比 3.7%，装机规模达到 6.6GW；电化学储能以锂离子电池为主，占比 86.3%，装机规模达到 5.7GW。参见图 11。

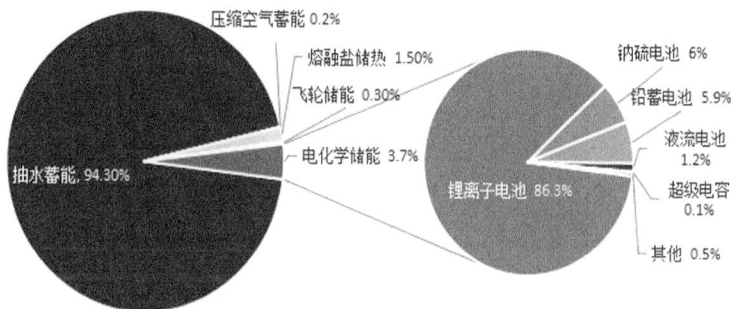

图 11　2018 年全球各种储能技术装机情况

资料来源：中关村储能产业技术联盟全球储能项目库。

从中国市场看，截至 2018 年底，中国累计储能装机达到 31GW，占全球总装机的 17%。其中，抽水蓄能以 95.8% 比例占据绝对地位，装机容量达到 30GW；电化学储能次之，占比 3.4%，装机规模达到 1.1GW；电化学储能以锂离子电池为主，占比 70.7%，装机规模达到 0.7GW。参见图 12。

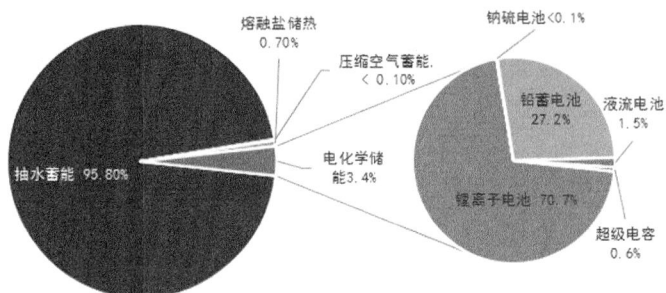

图12　2018年中国各种储能技术装机情况

资料来源：中关村储能产业技术联盟全球储能项目库。

从市场趋势来看，未来以光伏为代表的可再生能源市场广阔，储能技术可以解决光伏发电间歇性问题，"光伏＋储能"必然具有广阔发展空间。随着储能技术的不断研发和储能项目的经验积累，储能政策叠加需求增长、电力价格下降、辅助服务市场等因素驱动，全球储能行业将保持平稳增长。

（二）"光伏＋储能"解决光伏发电不连续问题

1. 一般情境下"光伏＋储能"模式

随着光伏成本不断下降，太阳能发电已经成为全球很多地区的最佳选择。地面大型光伏电站以及分布式光伏电站项目层出不穷，在大多数市场，光伏装机量及发电量占比较传统能源尚有很大提升空间，全球能源结构转型加快，交通及能源等领域不断电气化为光伏发展提供大量机会。储能可以快速存储电量，平缓电力供应波动，辅助电网调峰及辅助服务，可以弥补光伏发电间歇性缺点。

"光伏＋储能"具备多项优势。首先，白天光伏发电储存起来，晚上放电可以实现夜间持续供电，促进光伏发电消纳，提高电网灵活性。其次，在白天用电高峰期时将储存太阳能，在用电低谷时使用太阳能，有助于降低用电成本及减少电网升级改造成本及基础设施投入。从环境保护看，储能和太阳能结合，在减少碳排放的同时进一步提高太阳能普及率，为未来实现零碳排奠定基础。

2. "光伏＋抽水蓄能"模式

抽水蓄能电站在承担电力系统削峰填谷、调频及紧急事故处理方面具备灵活可靠、快速调节的优势，可以平抑区外用电和可再生能源出力产生的波动，极大提高电网运行的安全性和稳定性，有助于实现社会资源最优化配置。随着可再生能源发电快速发展，抽水蓄能市场规模将不断提高，据中关村储能产业技术联盟预测，2020 年我国抽水蓄能规模将达到 40GW，抽水蓄能电站开发建设将成为我国重点支持方向。

"光伏＋抽水蓄能"有望成为水电与可再生能源结合的应用示范模式。当光伏发电并网消纳后仍有富余电力时，通过光伏电力向大坝抽水，这样光伏电力就以大坝中水的形式储存起来，当有电力需求时，大坝放水发电满足市场需求。抽水蓄能与光伏发电结合可以提高水力发电的灵活性和光伏发电的消纳，大幅提升以光伏为代表的可再生能源应用场景。

3. "光伏＋新能源汽车储能"模式

为了解决当前日益严重的环境问题，我国大力发展新能源汽车等战略性新兴产业。近年来，我国新能源汽车快速发展，汽车销量从 2012 年 1.2 万辆提升至 2017 年的 77.7 万辆，2017 年我国新能源汽车保有量超过 150 万辆，占全球新能源汽车市场份额不断提升。新能源汽车发展为碳减排提供助力，2017 年新能源汽车碳减排潜力为 92 万吨碳，据国务院发布《节能与新能源汽车产业发展规划（2012—2020 年）》，到 2020 年，我国新能源汽车累计碳减排潜力达到 300 万吨碳。参见图 13。

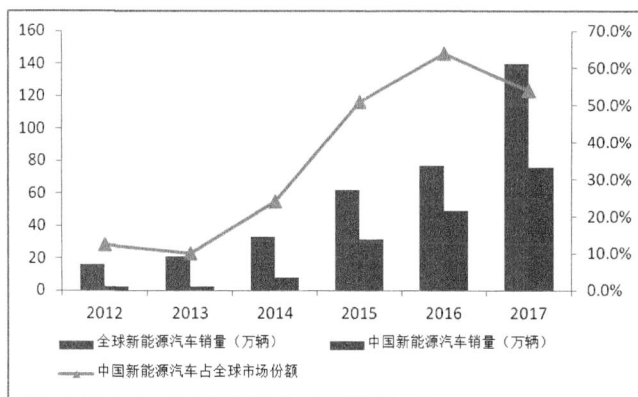

图 13　2012—2017 年中国新能源汽车销量及所占全球市场份额

资料来源：作者根据公开信息整理。

未来以光伏为代表的分布式可再生能源将成为发电主力，新能源汽车将作为未来汽车发展的必然选择，随着新能源汽车的充电模式也将发生巨大变化，"光伏＋新能源汽车储能"将迎来发展机遇。光伏发电应用场景广泛，涵盖地面电站及各类分布式应用。光伏与新能源汽车储能结合可以解决光伏发电消纳问题，新能源汽车白天储能充电，晚上放电可以提高光伏电力出力，通过发挥组合优势，推动光伏发电及新能源汽车的广泛应用。

4. 能源互联网全面改善全球生态系统

全球能源互联网主要是通过搭建智慧电网和特高压电网，促进清洁能源消纳以全面改善全球生态系统。特高压技术发展为构建全球能源互联网奠定了基础，特高压电网建设是为了保障清洁能源大规模及远距离运输，智慧电网能够保障清洁能源消纳，推动清洁能源发展才是能源互联网的核心目的。全球能源互联网通过清洁能源替代实现碳减排及温控目标，可以从电能替代角度实现自然资源统筹开发和全球最优化配置。在全球范围内构建能源互联网，通过电网互联、清洁开发和电能替代，从根本上改变全球生态应对方案，实现全球生态修复。

构建全球能源互联网，通过改变应对全球气候变化、大气污染及环境治理的传统方案，实现清洁能源的发展和全面改善全球生态环境。通过构建全球能源互联网，规划推动2025年前后全球碳排放达到顶峰，至2050年全球碳排降至1990年的一半，同时实现二氧化硫、氮氧化物和细颗粒物排放下降70%左右；大幅降低煤炭等化石能源生产、消耗造成的垃圾排放和海洋污染；有效控制土地荒漠化、森林退化等问题进一步恶化，实现能源与环境协调可持续发展。

（三）"光伏＋储能"未来发展趋势

2014年以来，我国光伏市场规模得到蓬勃发展。2018年，我国光伏新增装机43GW，连续五年全球第一，光伏发电量达177亿KWh占总发电量的2.5%。光伏并网电力的不断增大，增强电网稳定性及电网风险压力，储能系统提供了解决光伏电力消纳的可行方案。目前光储电站经济性尚未凸显，随着储能扶持政策的不断深入、光储技术成本的不断下探以及电力市场的深化改革，光储经济性将开始显现，不远的将来会通过市场化机制来推动光储的应用发展。

随着清洁能源对传统的能源替代不断深入以及储能技术的进步，未来以光伏发电作为主要电力来源，综合储能技术发展风光互补、水光互补等多能互补技术，对于促进节能减排和降低碳排放意义重大。能源互联网将是未来能源发展的最终趋势，"光伏 + 储能"的应用模式会不断创新发展，2019 年已有众多光伏企业开始布局，预计在 2022 年以后获得快速发展，届时"光伏 + 储能"将在未来能源结构调整的转型过程中扮演重要角色。

四、"用太阳能制造太阳能"模式实现地球生态修复 [1][2]

我国光伏企业在快速发展的同时，不断创新绿色发展理念。以隆基为代表的光伏龙头企业在产能布局时充分的利用当地清洁能源，首次提出"用清洁能源制造清洁能源"，追求制造过程清洁生产。此外，进一步提出用太阳能"制造"太阳能，通过大力发展以太阳能光伏，实现全球生态修复和负碳排放。

（一）"用清洁能源制造清洁能源"案例

我国倡导经济发展和环境保护协调发展，随着光伏行业快速发展，光伏企业积极探索企业发展与生态协同道路。2018 年，光伏龙头企业隆基股份创新性提出"用清洁能源制造清洁能源"并在企业投资布局中积极践行，树立兼顾经济效益与生态保护的光伏项目投资标杆。其中，隆基在云南及马来西亚的投资项目具备较好的示范意义。

云南拥有丰沛的水电资源但存在难以运输的问题，隆基充分利用楚雄水电资源投建 10GW 硅片项目，在满足全球对高效单晶产品需求的同时，追求制造全过程清洁生产。这一理念为中国光伏行业树立了良好的标杆示范，推动我国光伏行业的绿色低碳制造，为我国能源转型提供了新实践。楚雄隆基发电需求

[1]　《隆基：清洁能源制造清洁能源 生态保护要双重标杆》，来源：新华网，国际太阳能光伏网，2019 年 1 月 9 日，http://solar.in-en.com/html/solar-2326940.shtml。

[2]　《世界环境日｜"Solar for Solar"助力打造"负碳地球"》来源：隆基股份，，碳排放交易网，2019 年 6 月 6 日，http://www.tanpaifang.com/tanguwen/2019/0606/64148.html。

全部来自水电，项目每天用电量占全楚雄市用电量的 3% 以上，加大清洁能源的利用比例，带动楚雄能源结构转型升级。隆基"用清洁能源制造清洁能源"的理念也传播到国外，隆基马来西亚古晋工厂同样做到绿色生产，利用当地充裕且成本较低的水电来制造单晶硅棒硅片、电池组件，最终通过太阳能进行发电，真正将清洁的光伏能源产品和理念传输到全球各地，实现了光伏的绿色低碳化。

（二）"用太阳能制造太阳能"模式探讨

以隆基股份为代表的光伏龙头企业积极践行企业社会责任，隆基股份在中国云南和马来西亚的产能已经实现了用清洁能源水力发电制造清洁光伏能源，提供了"用清洁能源制造清洁能源"的最佳典范。未来全球光伏技术向更高水平迈进，光伏发电将在全球大部分地区成为最经济的能源。随着储能技术和成本的不断进步，光伏发电间歇性问题将得到解决，"光伏 + 储能"进一步扩大光伏的应用场景，这些都为实现"用太阳能制造太阳能"打下良好基础。

（三）"用太阳能制造太阳能"模式实现零碳排放

全球二氧化碳排放量自 2000 年以来逐年增长，据《2018 年全球碳预算》数据，2018 年全球碳排放预计增长 2.7%，增速创近几年新高，使得《巴黎协定》控温 2 摄氏度的目标更加难以实现。

为了解决碳排放问题，隆基将光伏发电的可持续性和产业链完美结合，率先提出"用太阳能制造太阳能"的生产模式，白天利用光伏发电保证工厂生产，夜晚利用多种储能方式协同向工厂供电，用光伏电力制作光伏设备，这也是隆基"用太阳能制造太阳能"的生产模式的核心内容，整个过程碳排放完全为零。同时，通过"用太阳能制造太阳能"的模式，可以大举发展光伏产业，创造更多绿能。随着光伏等可再生能源的发展，未来将能源供应有希望全部来自可再生能源，"用太阳能制造太阳能"的模式将带来全球零碳排放。

（四）"用太阳能制造太阳能"模式实现地球生态修复和负碳发展

在全球加强生态环境保护及生态修复的倡导下，大力发展绿色可再生能源成为修复地球生态的重要工具。随着光伏发电的蓬勃发展，不仅可以有效遏制碳排，还可以修复地球生态。建立大规模光伏电站，除了为城市提供充足电力，多余的电力还可以用于海水淡化，每年淡化海水量可达上千亿吨，淡化后的海水，既可用于灌溉荒漠，更可用于大力发展农业，让沙漠变成绿洲。届时，新生的茂盛绿色植被就会捕捉、吸收、固化大气中的二氧化碳，开启负碳模式。而这种利用光伏修复地球生态的模式可在全球多地应用，据测算，当地球 70% 荒漠变成绿洲时，就会吸收人类活动历史上造就的所有碳排放，实现真正的负碳发展。

光伏光热综合利用技术

彭浩 寿春晖 邬荣敏[1]

摘要：

  随着我国经济的发展以及城镇化率的逐步提高，建筑能耗逐年攀升，电力和热力消耗是建筑能耗的主要来源。提高可再生能源在建筑能耗中的占比符合我国积极推进生态文明建设这一发展主题。采用光伏光热综合利用技术（PVT技术）可提高单位面积太阳能的利用率，可在提高光伏电力输出的同时产生热水或者热空气，非常适合土地面积日益紧张的城市以及供能无法保障的偏远地区。本文首先阐述了光伏光热综合利用技术的基本原理及评价指标，然后介绍了各类光伏光热综合利用技术的研究情况，包含历年来各研究者的实验测试数据、系统关键技术和应用案例等，最后探讨了光伏光热综合利用技术未来的研发方向。

关键词：

  光伏光热综合利用技术（PVT技术）；光热效率；光电光热总效率；建筑一体化

---

[1] 彭浩，工程师，能源环境工程博士。寿春晖，高级工程师，工程热物理博士，浙能技术研究院新能源所副所长。邬荣敏，高级工程师，电气工程硕士，浙能技术研究院新能源所电气（二次）主管。目前均任职于浙江省能源集团下属浙能技术研究院新能源研究所，浙江省太阳能利用及节能技术重点实验室专职成员，现主要从事新能源、燃料电池与电池储能领域的研发、技术服务和技术咨询工作。

一、引言

能源消耗主要分布在交通、工业、非燃烧以及建筑等行业。根据2019年《BP世界能源展望》，建筑行业消费量占全球能源及原料的29%，其增长量占全球能源增长的1/3。随着经济的发展以及人口的增多，该部分能耗还将继续增加。为保证人类社会可持续发展，建筑节能逐渐引起了各国的重视。欧盟2010年修订的《建筑能效指令》（EPBD）中提出，所有欧盟国家新建建筑必须达到近零能耗水平。我国《国家新型城镇化规划（2014—2020）》指出，城镇可再生能源消费比重要从2012年的8.7%提升至13%（2020年），城镇绿色建筑占新建建筑比重提升至50%，提出要针对北方采暖区、夏热冬冷地区建筑节能改造。我国住建部在《建筑节能与绿色建筑发展"十三五"规划》中指出，我国城镇既有建筑中仍有约60%的不节能建筑，存在能源利用效率低、居住舒适度较差的问题，要在2020年实现全国城镇既有居住建筑中节能建筑占比超过60%，利用太阳能、空气热能、地热能等解决建筑供暖需求，城镇新增太阳能光热建筑应用面积20亿平方米以上、新增太阳能光电建筑应用装机容量1000万千瓦以上，城镇可再生能源替代民用建筑常规能源消耗比重超过6%。

根据2018年发布的《中国建筑能耗研究报告》，建筑能耗碳排放来源主要是电力（46%）、热力（25%）和化石燃料（29%），所以解决电力和热力的供应可以有效降低建筑能耗。目前，在建筑节能方面应用较多的是太阳能光伏发电、太阳能热水器、空气源热泵等。太阳能热水器比较常见，截至2018年，全球太阳能热利用装机达到480吉瓦，增长率逐年降低，2018年仅为2%。我国太阳能资源比较丰富，太阳能热水器的普及率比较高，但销售量同样逐年降低，2017年太阳能集热器的销售量仅为2012年顶峰时的58%[1]，原因与城镇化率提升、产品性能满足不了需求、扶持政策变动等因素有关。光伏发电方面，我国竣工建筑面积达到400亿平方米以上（2017年），光伏建筑一体化未来有

---

[1] 黄俊鹏：《我国太阳能热利用市场的转型》，《太阳能》2018年第296卷，第12期，第11—21页。

较大的发展前景，该技术要考虑发电、原材料供给可持续性、美观、温度效应等多种因素。市场上大部分太阳能热水器和光伏发电都是非聚光型太阳能转换装置，效率相对较低，为达到用户的供电和供热需求，需要一定的安装面积，对于人均面积较小的城市有一定挑战。在光伏建筑一体化（BIPV）的基础上加入光热转化，形成光电光热建筑一体化（BIPVT），有效地提高了单位面积太阳能利用效率，是一个非常有意义的研究方向。

二、基本原理

光伏组件光电转化效率较低，标准条件下光电效率通常在20%以下，余下被吸收的太阳能转化成热能，导致组件温度升高，而光伏的发电性能受温度影响较大（输出功率温度系数一般为 -0.2 —-0.5%/℃），有必要通过热管理来降低这部分余热的影响。光伏光热综合利用技术（即PVT技术）的概念最早由克恩（Kern）和罗素（Russell）[1]于20世纪70年代提出。该技术通过空气、水介质或者制冷剂将光伏组件未能进行光电转换的太阳能吸收，经进一步提升可为建筑提供生活热水或用于暖通系统，另外光伏组件效率也因温度降低而得到提升，实现了发电、制热一体化。

光伏光热综合利用系统可分为分体式系统和一体式系统。分体式系统受环境影响较大，通常需要配合其他常规能源才能达到稳定供能的效果，例如电加热、燃气加热和热泵等。该系统按介质类型可分为空气介质光伏光热综合利用系统和水介质光伏光热综合利用系统。空气介质光伏光热综合利用系统主要用于冬季供暖、物料干燥，应用场景有一定局限性。水介质光伏光热综合利用系统包含集热水箱，水工质由水泵强制循环或者自然循环，太阳辐射度比较高时，该水箱的热水可直接用于供暖和生活用水；遇到阴雨天时，水箱的热水需经电加热、燃气加热和热泵等方法进一步提升品位。图1和图2所示为水介质光伏光热综合利用系统集热器及系统示意图，空气介质光伏光热综合利用系统与此类似。

---

[1] E. C. Kern, and M. C. Russell, "Combined Photovoltaic and Thermal Hybrid Collector Systems," 1978.

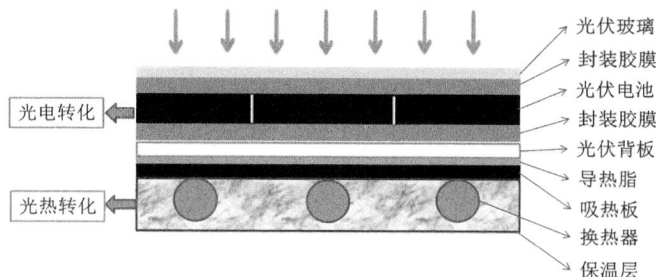

图1　光伏光热综合利用系统集热器示意图

资料来源：作者自绘

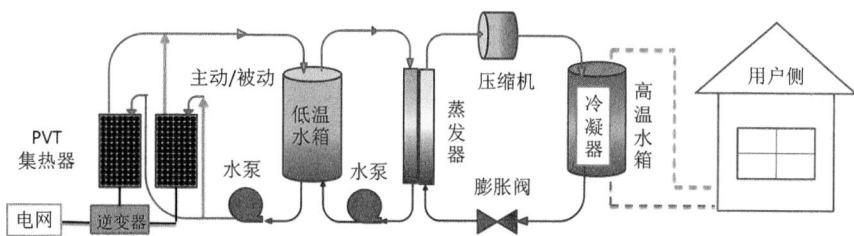

图2　分体式光伏光热综合利用系统示意图（以间接式PVT热泵为例）

资料来源：作者自绘

一体式系统没有中间换热环节，集热器收集的热量直接被提升至一定品位，比较常见的方式是将热泵蒸发器与光伏组件（PV）进行耦合。蒸发器直接吸收光伏组件的热量，然后通过压缩机压缩后再到冷凝器中释放热量，产生设定温度的热水或者热空气，如图3所示。该系统相比于传统空气源热泵，其制热系数COP更高，因为空气源的热源温度与环境温度相当，而太阳能光伏板的温度比环境温度高，所以相应的蒸发器温度也更高。

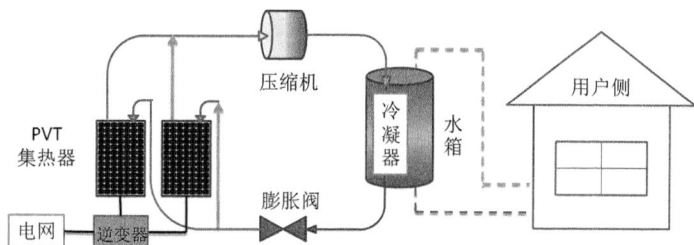

图3　一体式光伏光热综合利用系统示意图（以直接式PVT热泵为例）

资料来源：作者自绘

453

三、系统评价指标

光伏光热综合利用系统不含热泵时，主要评价指标为光电效率 η_e，光热效率 η_t、，光电光热总效率 η_{tot}，光伏光热综合性能效率 η_{tot}'，计算公式如（1）~（4）所示；对于采用风机或者循环泵的系统，还需考虑该部分动力设备的电耗，可以参考热泵制热系数COP的计算公式，系统综合性能效率 η_{tot}'' 计算公式如（5）所示。含有热泵时，除了考虑光电效率和光热效率，还需要考虑热泵制热系数COP，如公式（6）所示，如果是间接式热泵系统，除压缩机外还要考虑其他动力设备的电耗，计算公式如（7）所示。

$$\eta_e = \frac{E}{H_t} \tag{1}$$

$$\eta_t = \frac{Q}{H_t} \tag{2}$$

$$\eta_{tot} = \eta_t + \eta_e \tag{3}$$

$$\eta_{tot}' = \eta_t + \eta_e / \eta_{power} \tag{4}$$

$$\eta_{tot}'' = \frac{Q + E}{W + H_t} \tag{5}$$

$$COP = \frac{Q_W}{W_P} \tag{6}$$

$$COP' = \frac{Q_W}{W + W_P} \tag{7}$$

其中，H_t 为光伏光热综合利用系统集热器表面接收的太阳辐射量；E 为光伏组件发电量；Q 为系统得热量；η_{power} 为常规火力发电的效率，一般取值 0.38；W 为系统中部件的耗电量；W_P 为压缩机耗电量。

四、国内外研究现状

（一）空气介质光伏光热综合利用系统

空气介质光伏光热综合利用系统的集热器结构比较简单，为避免过高的风机功耗，进行流道设计时会避开比较复杂的结构，通过采用添加翅片、挡板等方式来增强换热。由于空气的比热容和密度都比较低，造成集热器换热性能不高。图4汇总了历年各研究者提出的空气介质光伏光热综合利用系统的实验测试数据。户外测试条件下，大部分的光热效率数据小于40%，平均值为25.35%，光电光热总效率平均值为37.98%。室内模拟灯下的实验结果比户外实验高，光热效率平均值为49.86%，光电光热总效率为60.60%，这是因为室内实验条件下系统热损失较少。除了光照、环境风速、环境温度、流道设计对换热效率有影响外，光伏组件类型也有一定影响。乔西（Joshi）等人[1]对比了分别采用传统组件（即选用Tedlar作为背板材料）和双玻组件时的系统性能，测试条件下，两者的光热效率分别为14.95%和17%，光伏光热综合性能效率分别为41.6%—45.4%和43.4%—47.4%，表明双玻组件能够增强光伏光热综合利用系统的总性能。

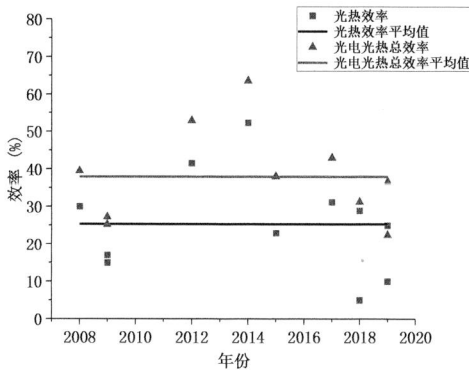

图4　空气介质光伏光热综合利用系统测试数据汇总

资料来源：作者自绘

空气介质光伏光热综合利用系统主要耗电部件为引风机或者送风机，通过

[1] Joshi, A. S., A. Tiwari, G. N. Tiwari, I. Dincer, and B. V. Reddy, "Performance Evaluation of a Hybrid Photovoltaic Thermal (PV/T) (Glass-to-Glass) System," International Journal of Thermal Sciences, Vol.48, No.1, 2009, pp.154–164.

实验数据分析，该部分功耗较少。在蔡（Tsai）等人[1]搭建的系统中，光伏组件峰值功率为 200 瓦，风机额定功率为 1 瓦，即使将这部分功耗归为光热效率计算公式中的能量输入，光热效率也能达到 52.33%（夏季）。班布鲁克（Bambrook）和斯普劳尔（Sproul）[2] 对比了光伏光热综合利用系统风机耗电量与光伏由于降温而增加的发电量，实验表明风机耗电量随空气流速增加而增加，在 0.03—0.05 kg/(m² · s) 空气流量下，风机耗电量小于光伏增加的发电量，在测试的最高流量条件下，风机耗电量大约占光伏发电总量的 20%。

虽然空气介质光伏光热综合利用系统效率不高，但简单的结构容易与建筑耦合，对现有的光伏建筑一体化设计方案稍作修改就可实现热电联供，降低建筑供暖能耗。图 5 所示为空气介质光伏光热综合利用系统用于建筑的示意图，不需要供暖时关闭风机，活动挡板转向墙体，空气通过自然对流降低光伏组件的温度，然后从顶部排出；需要供暖时，活动挡板水平放置，被光伏组件加热的空气被风机引入室内用于供暖。拉斐拉（Rafaela）等人[3]研究了光伏光热综合利用系统与墙面结合时的换热特性，该装置垂直布置，系统光电光热总效率和㶲效率分别为 25.5%—33.5% 和 13%—16%。意大利米兰理工大学提出了集成太阳能屋顶系统 (Integrated Solar Roof, TIS)[4]，并将此系统在奥尔巴萨诺的菲亚特研究中心进行了商业应用。该系统装机 19.5 千瓦，集热面积 160m²，主要用于厨房的暖通系统，冬季用于新风预热，夏季用于除湿，如图 6 所示。监测数据显示，该系统一年发电量为 2 万千瓦时，预测比传统光伏发电模式高10%，系统光热效率大约为 20%—40%[5]。

[1] Tsai, Huan Liang, Chieh Yen Hsu, and Yung Chou Chen, "Efficiency Enhancement of Novel Photovoltaic–Thermal (PVT) Air Collector," Applied Mechanics & Materials, Vol.494–495, 2014, p.4.

[2] Bambrook, S. M., and A. B. Sproul, "Maximising the Energy Output of a PVT Air System," Solar Energy, Vol.86, No.6, 2012, pp.1857–1871.

[3] Bambrook, S. M., and A. B. Sproul, "Maximising the Energy Output of a PVT Air System," Solar Energy, Vol.86, No.6, 2012, pp.1857–1871.

[4] Agathokleous, Rafaela A., Soteris A. Kalogirou, and Sotirios Karellas, "Exergy Analysis of a Naturally Ventilated Building Integrated Photovoltaic/Thermal (BIPV/T) System," Renewable Energy, Vol.128, 2018, pp.541–552.

[5] Butera, F., R. S. Adhikari, and R. Bracco, "Hybrid Photovoltaic–Thermal Technology and Solar Cooling: The Crf Solar Façade Case Study," 2005.

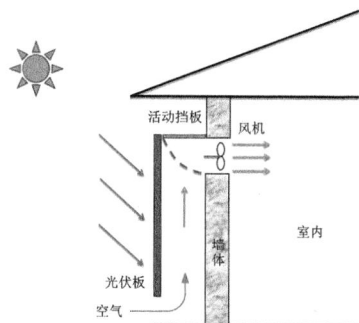

图5 空气介质光伏光热综合利用与建筑耦合示意图

资料来源：作者自绘

图6 菲亚特研究中心的集成太阳能屋顶（TIS）系统[1]

我国疆域辽阔，各区域气候差异较大，空气介质光伏光热综合利用系统的应用需因地制宜。张（Zhang）等人[2]将空气介质光伏光热综合利用系统作为暖通系统的前端，用于新风预热，并在长沙进行了实验测试，然后基于该系统探讨了其在长沙、北京、沈阳和拉萨这四个城市应用的可行性。结果显示，系统受太阳辐照度、阴雨天数的影响较大。在拉萨运行时系统性能最好，在冬季条件下（12月、1月和2月），光电光热总效率为44.63%—52.47%，其次是沈阳和北京，长沙的光电光热总效率最低，为35.09%—37.53%。系统的偿还期

[1] Aste, Niccolò, Giancarlo Chiesa, and Francesco Verri, "Design, Development and Performance Monitoring of a Photovoltaic–Thermal (PVT) Air Collector," Renewable Energy, Vol.33, No.5, 2008, pp.914–927.

[2] Zhang, Yelin, Zhongbing Liu, Zhenghong Wu, Ling Zhang, and Yongqiang Luo, "Numerical Evaluation on Energy Saving Potential of the Photovoltaic Fresh Air Preheating System in Different Climate Regions of China," Applied Thermal Engineering, Vol.154, 2019, pp.407–418.

与系统性能以及使用时长相关，若该系统全年使用，这四者的偿还期分别为3.71年、6.26年、7.08年和12.28年。

（二）水介质光伏光热综合利用系统

水介质光伏光热综合利用系统类似于传统太阳能热水器，能够产生一定温度的热水，用于供暖或者生活用水，与生活息息相关，该系统的相关研究文献相对较多。图7汇总了历年各研究者提出的水介质光伏光热综合利用系统的实验测试数据。通过数据分析可知，大部分研究主要集中在2014—2019年，属于比较热门的研究方向，光热效率测试值为20.33%—66.8%，平均值为39.47%，光电光热总效率为52.22%，光伏光热综合性能效率为70.39%，性能参数比空气介质光伏光热综合利用系统高。另外，相比于传统光伏组件，水介质光伏光热综合利用系统可以使得光电效率增加3.3%—38.4%[1]。

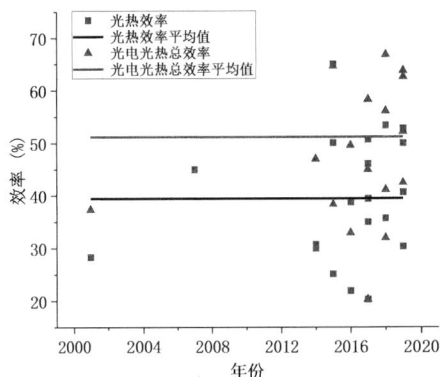

图7　水介质光伏光热综合利用系统测试数据汇总

资料来源：作者自绘

水介质的比热容及密度较高，需要强化换热吸收更多的热量才能达到一定水温，所以流道设计要求相对较高。传统设计一般采用扁盒式和管板式。为了进一步提高换热效率，可以从三方面入手，一是从换热方式，例如可以利用热管的相变换热，其蒸发段吸收光伏组件的热量，冷凝段用水来进行冷却。莫季

---

[1] Salem，M. R.，R. K. Ali，and K. M. Elshazly，"Experimental Investigation of the Performance of a Hybrid Photovoltaic/Thermal Solar System Using Aluminium Cooling Plate with Straight and Helical Channels，" Solar Energy，Vol.157，2017，pp.147–156.

努（Modjinou）等人[1]将平板式热管与光伏组件进行耦合，建立了水工质光伏光热综合利用系统，日平均光电效率和光热效率分别可以达到 7.6% 和 50.7%。另外还可以从增加换热面积入手，例如采用吹胀板。Yu 等人[2]将吹胀板与光伏组件进行耦合，系统光电效率和光热效率分别为 10.2%—15% 和 40%—60%。最后还可以从改变水工质特性入手，阿卜杜勒（Abdallah）等人[3]对比了分别采用纯水和氧化铝（Al_2O_3）纳米水溶液作为传热介质时系统的性能，测试结果显示，在测试的不同纳米颗粒浓度范围内（0.05%—0.3%），光电光热综合总效率可达 46.8%—56.1%，而纯水的为 32%，可见纳米颗粒可以明显增强系统性能。水工质光伏光热综合利用系统设计时还得考虑当地冬季的环境温度，对水工质进行适当改性，防止因环境温度过低导致集热器出现冻裂问题。乔伊（Joy）等人[4]对比了分别采用纯水、乙二醇水溶液作为介质时的系统性能，测试结果表明乙二醇虽然可以降低工质的凝固点，但同时也会导致系统光热效率下降，其测试值为 17.96%—25.89%，而纯水的测试值为 36.59%—40.93%。

水工质光伏光热综合利用系统的主要耗电部件为循环泵，需要选择适合的循环方式才能保证系统的经济性。赛伦（Salem）等人[5]分析了系统循环泵的耗功，在不同流量条件下，循环泵的功率不超过光伏发电功率的 3.3%，而由于水冷降温产生的光伏增效超过 30%，所以这部分功耗在合理范围之内。符（Fu）

[1] Modjinou, Mawufemo, Jie Ji, Jing Li, Weiqi Yuan, and Fan Zhou, "A Numerical and Experimental Study of Micro-Channel Heat Pipe Solar Photovoltaics Thermal System," Applied Energy, Vol.206, 2017, pp.708-722.

[2] Yu, Ying, Enshen Long, Xi Chen, and Hongxing Yang, "Testing and Modelling an Unglazed Photovoltaic Thermal Collector for Application in Sichuan Basin," Applied Energy, Vol. 242, 2019, pp.931-941.

[3] Abdallah, Saber Ragab, Ismail M. M. Elsemary, Ahmed A. Altohamy, M. A. Abdelrahman, Ahmed A. A. Attia, and Osama Ezzat Abdellatif, "Experimental Investigation on the Effect of Using Nano Fluid (Al2o3-Water) on the Performance of PV/T System," Thermal Science and Engineering Progress, Vol.7, 2018, pp.1-7.

[4] Joy, Blessy, J. Philip, and Richu Zachariah, "Investigations on Serpentine Tube Type Solar Photovoltaic/Thermal Collector with Different Heat Transfer Fluids: Experiment and Numerical Analysis," Solar Energy, Vol.140, 2016, pp.12-20.

[5] Salem, M. R., R. K. Ali, and K. M. Elshazly, "Experimental Investigation of the Performance of a Hybrid Photovoltaic/Thermal Solar System Using Aluminium Cooling Plate with Straight and Helical Channels," Solar Energy, Vol.157, 2017, pp.147-156.

等人[1]对比了水工质分别采用光伏水泵、传统水泵和自然对流方式进行循环时系统的性能，自然对流方式的光电光热总效率和㶲效率最高，但不适用于大型系统，光伏水泵光电光热总效率虽然最低，但㶲效率要比传统光伏高。

水工质光伏光热综合利用系统与建筑的结合方式与分布式光伏类似，一种是直接放置在平面的屋顶，另一种是与墙面或者与倾斜屋面结合。徐（Xu）等人[2]在屋顶分别安装了15块光伏光热综合利用集热器和传统光伏组件，总装机6千瓦，如图8所示。在2014年5月（1—18日）对这两者的性能进行了连续监测。结果显示光伏光热综合利用系统的光伏组件温度比传统光伏组件低3%，光电效率高3.5%。光伏光热综合利用系统日均发电量和产热量分别为11.3千瓦时和35.3千瓦时，而传统光伏发电量仅为10.9千瓦时。金姆（Kim）等人[3]将光伏光热综合利用系统集热器与屋面进行耦合，该系统由6块光伏光热综合利用集热器组成，集热面积8.64平方米，系统装机1.5千瓦，如图9所示。测试条件下，系统能够提供9.7千瓦时的热量，平均光热效率和光电效率分别为30%和17%。谢（Tse）等人[4]为香港一幢11层的办公大楼设计了供电供热系统，提出了两种方案，第一种方案为传统光伏＋传统太阳能热水器，第二种方案为光伏光热综合利用系统＋传统太阳能热水器，系统产生的热水再经电加热上升至设定温度，产生的电用于大楼各层出口LED指示灯。计算结果显示，相比于采用市电，方案二单位面积节省电量比方案一高28.3%。在考虑维护费、部件更换费、光伏组件性能衰减、加热系统衰减等因素后，10年贷款期限，以20

[1] Fu, Huide, Guiqiang Li, and Fubing Li, "Performance Comparison of Photovoltaic/Thermal Solar Water Heating Systems with Direct-Coupled Photovoltaic Pump, Traditional Pump and Natural Circulation, " Renewable Energy, Vol.136, 2019, pp.463-472.

[2] Xu, Peng, Xingxing Zhang, Jingchun Shen, Xudong Zhao, Wei He, and Deying Li, "Parallel Experimental Study of a Novel Super-Thin Thermal Absorber Based Photovoltaic/Thermal (PV/T) System against Conventional Photovoltaic (PV) System, " Energy Reports, Vol.1, 2015, pp.30-35.

[3] Kim, Jin-Hee, Se-Hyeon Park, Jun-Gu Kang, and Jun-Tae Kim, "Experimental Performance of Heating System with Building-Integrated PVT (BIPVT) Collector, " Energy Procedia, Vol.48, 2014, pp.1374-1384.

[4] Tse, Ka-Kui, Tin-Tai Chow, and Yan Su, "Performance Evaluation and Economic Analysis of a Full Scale Water-Based Photovoltaic/Thermal (PV/T) System in an Office Building, " Energy and Buildings, Vol.122, 2016, pp.42-52.

年为系统生命周期，方案二的偿还期为 14.7 年，远比系统的寿命周期短。随着商业化推广，该系统偿还期有望进一步缩短。

图8 太阳能光伏与光伏光热综合利用测试装置 [1]

图9 光伏光热综合利用系统与倾斜屋面的结合 [2]

（三）光伏光热综合利用热泵系统

受限于有限的光资源和多变的天气，光伏光热综合利用系统产生的热空气和热水需要再匹配一定的常规能源才能稳定的为用户提供能量。在现有的常规

[1] Xu, Peng, Xingxing Zhang, Jingchun Shen, Xudong Zhao, Wei He, and Deying Li, "Parallel Experimental Study of a Novel Super-Thin Thermal Absorber Based Photovoltaic/Thermal (PV/T) System against Conventional Photovoltaic (Pv) System," Energy Reports, Vol.1, 2015, pp.30-35.

[2] Kim, Jin-Hee, Se-Hyeon Park, Jun-Gu Kang, and Jun-Tae Kim, "Experimental Performance of Heating System with Building-Integrated Pvt (Bipvt) Collector," Energy Procedia, Vol.48, 2014, pp.1374-1384.

能源中，热泵系统以其节能和高效性受到关注，所以不少研究将光伏组件与热泵系统耦合。图10汇总了历年各研究者提出的光伏光热综合利用热泵系统的测试数据。相比于空气介质和水介质光伏光热综合利用系统，光伏光热综合利用热泵系统实验测试文献相对较少，而且这些成果主要来自中国。中国研究者对这一技术的重视，表明了生态文明建设受到了广泛的认可和重视。另外这也符合中国的国情，因为中国对该系统有大量需求的区域光资源条件一般（南方及东部），阴雨天气较多，在我国以煤电为主、燃气不足的情况下，热泵适合作为系统辅助设备。如前文所述，光伏光热综合利用热泵系统分为直接式和间接式系统。间接式系统由于存在二次换热，系统性能相对较低，其平均制热系数COP为3.57。直接式系统的蒸发器直接吸收光伏组件的热量，中间环节少，所以其制热系数COP比间接式高，平均COP可达到4.27。另外光伏组件的热量被温度较低的制冷剂吸收后，电池温度大幅度降低，光电效率增加，方（Fang）等人[1]实验测量了光伏光热综合利用热泵系统和传统光伏组件的发电效率，相同测试条件下，前者的光伏发电效率比后者高23.8%。

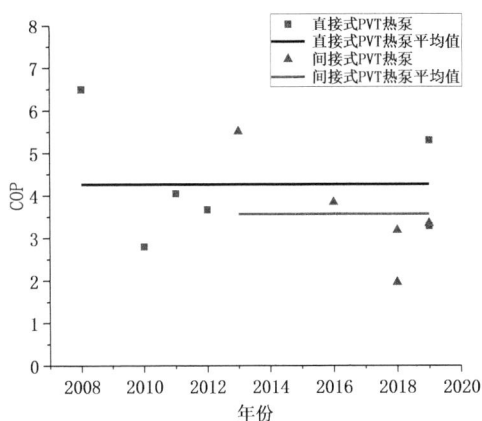

图10　光伏光热综合利用热泵系统测试数据汇总

资料来源：作者自绘

[1] Fang, Guiyin, Hainan Hu, and Xu Liu, "Experimental Investigation on the Photovoltaic - Thermal Solar Heat Pump Air-Conditioning System on Water-Heating Mode," Experimental Thermal and Fluid Science, Vol.34, No.6, 2010, pp.736-743.

　　光伏光热综合利用热泵系统主要包含集热器和热泵，热泵的设计比较常规，关键在于集热器（蒸发器）的设计。目前的研究主要采用管板式、槽式和热管等，近些年吹胀板逐渐受到重视。周（Zhou）等人 [1] 搭建了冷、热、电三联供的直接式光伏光热综合利用热泵系统，将吹胀板与光伏组件进行了耦合，系统平均 COP 为 5.3，制冷系数 EER 为 3.2，表现出了良好的换热性能。

　　光伏光热综合利用热泵系统与建筑的结合方法比较简单，类似于分体式光伏光热综合利用系统。周（Zhou）等人 [2] 在吕梁一居民楼顶搭建了由 11 块光伏光热综合利用集热器组成的直接式光伏光热综合利用热泵系统，总装机为 2.97 千瓦，主要用于冬季供热，平均热负载为 5.75 千瓦。在日平均太阳辐射值 511.7—621.5 瓦 / 平方米、日平均环境温度 6.2℃—12.1℃条件下，系统日平均光热效率和光电效率分为 56.6% 和 15.4%。由于换热器流阻、光伏组件温差控制等问题，直接式系统规模不宜太大，现有公开发表的数据当中，装机稍大的系统基本为间接式光伏光热综合利用热泵系统。阿莫（Amo）等人 [3] 在西班牙一工厂屋顶搭建了由 25 片光伏光热综合利用集热器组成的间接式光伏热综合利用热泵系统，总装机 5.75 千瓦。经过试验和模拟，该系统每年能发电 7701 千瓦时，其中 67.6% 的电可以直接供给热泵，剩余的电力上网。对于热泵，37.8% 的电由光伏组件提供，剩余 62.2% 的电力由市电提供，年均产热量为 63615 千瓦时，热泵制热系数 COP 为 4.62。为了进一步提升系统的稳定性，设计时会考虑气候变化因素，在系统上添加空气源模式。贝萨尼（Besagni）等

　　[1] Zhou, Chao, Ruobing Liang, Ahmad Riaz, Jili Zhang, and Jianquan Chen, "Experimental Investigation on the Tri-Generation Performance of Roll-Bond Photovoltaic Thermal Heat Pump System During Summer, " Energy Conversion and Management, Vol.184, 2019, pp.91–106.

　　[2] Zhou, Jinzhi, Xudong Zhao, Xiaoli Ma, Zhongzhu Qiu, Jie Ji, Zhenyu Du, and Min Yu, "Experimental Investigation of a Solar Driven Direct-Expansion Heat Pump System Employing the Novel Pv/ Micro-Channels-Evaporator Modules, " Applied Energy, Vol.178, 2016, pp.484–495.

　　[3] Del Amo, Alejandro, Amaya Martínez-Gracia, Angel A. Bayod-Rújula, and Marta Cañada, "Performance Analysis and Experimental Validation of a Solar-Assisted Heat Pump Fed by Photovoltaic-Thermal Collectors, " Energy, Vol.169, 2019, pp.1214–1223.

人[1]在米兰建立了多热源间接式光伏光热综合利用热泵系统，如图11所示。该系统包含四种运行模式，可以满足全年不同的气候条件，实现冷、热、电三联供，平均COP/EER大约为3，另外还发现相比于空气能模式，水源模式在避免结霜的同时还能将COP提升34%。

图11 多热源间接式光伏光热综合利用热泵系统[2]

五、未来研究方向

通过前文对各类型光伏光热综合利用系统研究现状及应用的介绍，可以发现光伏光热综合利用技术的确可以在增加光伏效率的同时可供给用于各场景条件下的所需热量。虽然各类型光伏光热综合利用系统性能存在差异，但可根据其优势选择合适的应用场景。近10年来是光伏光热综合利用技术发展的高峰期，社会关注度较高，但距离完全商业应用仍然还有很多工作要做，建议如下。

第一，建立系统性能测试标准。各研究者的测试条件不一致，例如辐照、环境温度、风速、测试的持续时间等，导致测试出来的数据相差较大，有必要揭示系统换热机理，建立统一的测试标准。

[1] Besagni, Giorgio, Lorenzo Croci, Riccardo Nesa, and Luca Molinaroli, "Field Study of a Novel Solar-Assisted Dual-Source Multifunctional Heat Pump," Renewable Energy, Vol.132, 2019, pp.1185-1215.

[2] Besagni, Giorgio, Lorenzo Croci, Riccardo Nesa, and Luca Molinaroli, "Field Study of a Novel Solar-Assisted Dual-Source Multifunctional Heat Pump," Renewable Energy, Vol.132, 2019, pp.1185-1215.

第二，光伏光热综合利用集热器优化设计。虽然相关研究工作已经很多，但换热效率仍然有必要继续提升，因为系统的经济性主要取决于集热器所带来的光伏增效以及收集的热量。

第三，系统的耐候性。光伏光热综合利用系统的集热器由光伏组件和金属换热器通过导热胶贴合而成，集热器常年置于室外，对导热胶的耐候性、光伏组件材料与金属换热器之间热胀系数的差异性、换热器的耐腐蚀性等有一定要求，至少要能保证与传统光伏组件寿命一致（20—25年），而目前关于这一部分的研究报道较少。大部分研究是在实验条件下进行，测试周期短，缺少工程应用经验，为系统大规模应用添加了不确定性。

第四，降低辅助设备能耗。分体式光伏光热综合利用系统辅助设备能耗相对较低，勉强等于光伏组件增效的发电量，而对于光伏光热综合利用热泵系统，系统耗电较多，大部分设计出的系统光伏自身发电量不能满足热泵的耗电需求，需要额外采用一定量的市电，降低了系统的市场竞争力。有必要制定合理的运行策略，优化系统配置，降低辅助设备能耗，例如采用变频压缩机、电子膨胀阀等。

第五，建筑一体化设计。目前的建筑一体化设计结构相对简单，常见的方式是放置于屋顶，但屋顶面积通常有限，系统能够提供的能量仅限于上层用户，如何更进一步将系统与建筑进行耦合是一个值得研究的方向。

B 23

东方锅炉吸热器在太阳能热发电领域的
发展与应用

丁路　华文瀚　孙登科[1]

摘要：

塔式太阳能热发电系统作为大规模开发利用太阳能光热的一项重要技术，由于其运行温度高、热电转化效率高、成本下降趋势明显等优势，受到越来越多的关注并得到大规模的商业化应用。在塔式太阳能热发电系统中，吸热器（太阳能锅炉）是实现太阳能热发电最为关键的核心技术之一，它是将定日镜所跟踪反射、聚集的高热流密度的太阳能通过介质转化为可以高效利用的高温热能，为发电机组提供所需的热能动力，从而实现太阳能热发电。本文从吸热器的国内外发展入手，通过介绍吸热器的发展过程、结构形式演变以及工程应用概况，展示了东方锅炉在光热发电领域的核心设备——吸热器的研制过程与工程应用情况。

关键词：

太阳能；吸热器；东方锅炉

---

[1] 丁路，硕士，高级工程师，东方锅炉股份有限公司太阳能技术研发副主任。华文瀚，硕士，工程师，东方锅炉股份有限公司太阳能技术研发主任。孙登科，硕士，高级工程师，东方锅炉股份有限公司新能源技术研发部部长。

一、前言

在能源短缺与环境保护的双重压力和挑战下，寻求优质、高效、洁净的新能源已变得刻不容缓。太阳能因其储量的无限性，利用的清洁性已成为目前世界范围内新能源开发利用的一个很好选择[1]。塔式太阳能热发电系统作为大规模开发利用太阳能的一项重要技术，由于其运行温度高，效率高，成本较低而越来越受到各国的关注。在塔式太阳能热发电系统中，太阳能吸热器是实现太阳能热发电最为关键的核心技术之一，它是将定日镜所捕捉、反射、聚集的太阳能直接转化为可以高效利用的高温热能，为发电机组提供所需的热源或动力源，从而实现太阳能热发电的过程。

随着化石能源价格不断上涨和环保费用的不断增加，以及相对应的塔式太阳能热发电系统自身技术的不断成熟、设备价格不断下降以及规模化应用效应的逐渐显现，塔式太阳能光热发电在国内外都将有着广阔的市场前景，已经得到了国内外广泛的关注。而塔式太阳能光热发电对于吸热器的要求最高，围绕应用于塔式太阳能光热发电领域的高温吸热器的性能优化、设备制造及系统集成技术已经成为当前太阳能热发电领域研究的热点。

起步较早的欧美及以色列等国在该技术上已经取得重大突破。国际上现有的塔式太阳能吸热器从结构上划分主要包括外置式吸热器（External receiver）和腔式吸热器 (Cavity receiver) 两种[2]。对于前者，吸热器受热面呈环形布置，形成一圆筒体，接收来自塔四周360°范围内定日镜所反射、聚集的太阳光，有利于镜场的布局设计，但由于其吸热器体外露于周围环境中，存在着较大的热损失。典型代表有西班牙的 Gemasolar 电站吸热器和美国的 Ivanpah 和 Crescent Dunes 电站吸热器。对于腔式吸热器，受热面包络于腔体内部，反射的太阳光通过吸热器采光口入射于腔体内表面，吸热器内表面具有近乎黑体的特性，可有效吸收入射的太阳能量。采用此类吸热器，反射光线只能从窗口射入，

---

[1]　殷志强：《中国可再生能源发展战略研究丛书太阳能卷》，北京：中国电力出版社 2008 年版。

[2]　杨敏林等：《塔式太阳能热发电吸热器技术研究进展》，《科学技术与工程》2008 年第 8 卷，第 10 期，2632–2639。

定日镜场布置受到一定的限制（呈扇形布置），但其太阳能利用率高，热损较小。实践证明，腔式吸热器热效率要高于外置式吸热器。西班牙 CESA-Ⅰ太阳能电站吸热器，以色列 Weizmann Institute 吸热器，以及 Abengoa 集团的 PS10、PS20 电站（世界上第一、二座塔式太阳能商业运行电站）吸热器均采用腔式结构。参见图 1。

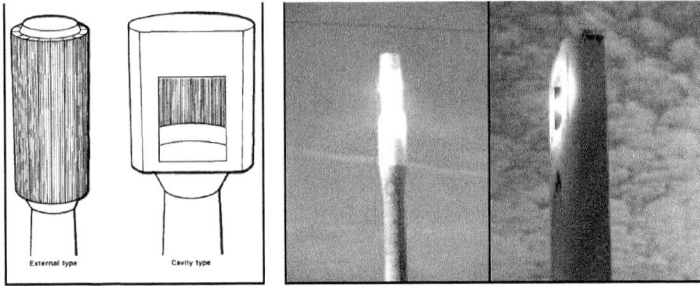

图 1　圆周式和腔体式吸热器结构示意图

资料来源：丁路，臧平伟等，《东方锅炉大容量太阳能水工质腔式吸热器的研发》报告，2014 年，第 11 页。

此外，太阳能吸热器根据内部传热工作介质的不同，也分为水/蒸汽吸热器、熔盐吸热器、空气吸热器及液态金属吸热器四种。由于四种介质物性的不同，相应吸热器设备及系统的特点也各不相同，具体如表 1 所示。

表 1　四种不同传热工质吸热器特点

类别	水/蒸汽吸热器	熔盐吸热器	空气吸热器	液态金属吸热器
技术优点	（1）水导热率高，无毒，无腐蚀，易于输运；（2）蒸汽发生技术相当成熟，无特殊困难	（1）传热循环中无相变，系统无压运行；（2）热容大，可承受较高热流密度；（3）系统传热、蓄热可共用同一工质	（1）取之不尽，用之不竭；（2）允许很高的工作温度；（3）无相变，运行和维护简单	（1）无相变，系统无压运行；（2）导热系数高，可承受较高热流密度
技术缺点	（1）高温伴随着高压；（2）存在两相流；（3）蒸汽热容小，易发生过热烧蚀	（1）高温时存在分解和腐蚀问题；（2）凝固点高需伴热，系统复杂	（1）气流不均匀性易引起局部过热；（3）热容很小，不便于蓄热	（1）价格高；（2）凝固点较高需伴热；（3）与水和空气易发生反应，需保证高纯度，对容器材料要求高

其中，熔盐工质因区别于水工质的特点与优势，以及光热电站对于储热的

大规模需求，目前已成为塔式光热发电系统当前的主流技术之一。空气与液态金属则仍处于前期研究与试验阶段。

国内对熔盐吸热器的研究多侧重于熔盐传热特性的理论研究，对熔盐吸热器系统设计、结构设计鲜有报道，主要在于国内真正落地的商业化光热项目较少，少有既有实力又有相关技术的企业或单位愿意从事该产业的拓展。极少数企业通过自主投资建设不同规模的光热试验或商业化电站，来推动其自主核心技术的发展及产业的市场推广，但项目数量少，且电站运行效果与情况出于技术保密或其他原因也鲜于对外报道。因此，整体来看国内在熔盐吸热器的系统研究和设计方面与国外差距较大，大容量、高参数的熔盐吸热器的应用性研究有待进一步广泛地展开。

在市场需求方面，全球太阳能热发电产业正在兴起，装机容量逐年增加，紧迫的能源形势也将推动国内太阳能热发电技术的迅猛发展，熔盐工质光热电站必将拥有广阔的市场前景[1]。

利用熔盐作为传热和储热的塔式光热电站具有发电效率高、储热成本低、储热容量大等优势，正逐渐成为太阳能光热发电的主流技术。国家能源局公布的首批二十个光热示范项目中有 9 个塔式项目，申报前期拟采用水作为传热工质的技术路线都预转向采用熔盐作为传热工质。按照"十三五"关于太阳能行业的规划，第二批国家光热示范项目也即将推出，各厂商联合设计院、施工单位都在积极的准备和筹划当中，各级政府也在为光热项目的发展创造有利条件。熔盐吸热器作为熔盐塔式光热电站的核心设备部件，将具有十分广阔的应用前景与市场价值。

二、东方锅炉吸热器发展历程

东方锅炉股份有限公司自 2009 年开始从事并确立以热力系统和设备为立足点开展太阳能光热发电技术的跟踪和研究，多年坚持开展塔式光热电站吸热

---

[1]　杨金焕：《太阳能发电的进展及建议》，《世界科技研究与发展》2003 年第 4 期，第 39—43 页。

器的相关技术研究。

2010 年 5 月到 2011 年 8 月份，东方锅炉完成了亚洲首座兆瓦 (MW) 级（北京延庆）塔式太阳能示范热电站水工质吸热器的设计、制造，安装及调试工作，并协助中国科学研究院进行了吸热器的满负荷运行试验。

2014 年开展了可满足 5 万容量规模需求的 300 兆瓦热能（MWth）等级熔盐吸热器研发工作和性能计算软件开发工作，对塔式电站熔盐吸热器的受热特性、运行参数和运行特性、结构特性、熔盐物性参数特性、吸热器受热面管子规格、保温及伴热、吸热器关键技术等进行了充分的研发与掌握；

2016 年投资建设了酒泉光热试验基地，研制并建设了一套 1 兆瓦热能（MWth）容量等级塔式熔盐光热试验平台。该项目使用熔盐作为吸热介质，打通了从集热到储热的光岛部分的运行流程，积累了宝贵的系统运行经验以及现场调试经验。

2017 年东方锅炉成功中标哈密熔盐塔式 5 万千瓦光热发电项目聚光集热系统合同，开始了聚光集热系统和设备的工程化设计和供货，相继开展了吸热器的性能计算、整体结构设计、设备的详细设计及制造，配套件技术规范的编制及采购，以推动工程化项目的实施。

通过前期科研项目的执行以及工程经验的积累，为完成商业化光热项目核心设备 - 熔盐吸热器的开发打下了坚实的基础，也为推动工程化光热项目的顺利执行提供了强有力的技术支撑与保障。

三、水工质吸热器的研发与应用

2010 年 5 月到 2011 年 8 月份，东方锅炉通过与西安交通大学开展技术合作，进行太阳能热发电站水工质吸热器的设计开发，完成了由中科院电工所牵头的"十一五"国家高技术研究发展计划（"863"计划）重点项目、我国第一座 1 兆瓦（MW）太阳能热发电站的核心光热转换设备——延庆 1 兆瓦（MW）太阳能热发电站水工质吸热器的设计、制造和调试工作。

（一）系统结构与技术参数

吸热器为内腔式吸热器，三面受热，蒸发受热面与过热受热面一体布置，水循环采用控制循环，在吸热器腔体内侧的后壁面及左右两侧布置蒸发面；在左右两侧的蒸发面向光侧，布置过热器，过热蒸汽采用喷水减温。参见图2。

图 2　水工质腔式吸热器三维示意图

资料来源：覃小刚，丁路等：《东方锅炉 1 兆瓦塔式太阳能热发电站水工质吸热器的研究》报告，2012 年，第 9 页。中科院电工所 1 兆瓦光热发电项目水工质腔式吸热器主要技术参数如下表 2 所示。

表 2　水工质腔式吸热器技术参数

项目	单位	额定参数
受热面平均热流密度	kW/m2	100
循环倍率	–	25
额定蒸发量	t/h	8.0
过热蒸汽流量	t/h	8.0
过热蒸汽出口压力	MPa(g)	5.0
过热蒸汽出口温度	℃	400
给水温度	℃	105

资料来源：覃小刚，丁路等：《东方锅炉 1 兆瓦塔式太阳能热发电站水工质吸热器的研究报告》，2012 年，第 8 页。

吸热器主要系统包括汽水系统、汽温调节系统、吸热器保护系统以及热膨胀系统等，由锅筒、水冷壁、过热器、刚性梁、支吊装置、保温等部件构成[1]。

（二）水工质吸热器运行

从 2011 年 7 月水压试验结束后，中科院电工所开始进行产汽试验，最高温度达到了预定的 400℃，参数满足汽机冲转需要[2]；

---

[1]　方嘉宾、魏进家、董训伟等：《腔式太阳能吸热器热性能的模拟计算》，《工程热物理学报》2009 年第 30 卷，第 3 期，第 428—432 页。

[2]　Wang Zhifeng，Yao Zhihao，Dong Jun，et al.，"The design of a 1MW solar thermal tower plant in Beijing，China，" Proceedings of ISES Solar World Congress 2007: Solar Energy and Human Settlement，Beijing，China，September 2007，pp.1729–1732.

图3　水工质吸热器产汽试验

资料来源：Wang Zhifeng, Yao Zhihao, Dong Jun, et al., "The design of a 1MW solar thermal tower plant in Beijing, China," Proceedings of ISES Solar World Congress 2007: Solar Energy and Human Settlement, Beijing, China, September 2007, pp.1729-1732.

图4—6为2011年9月19日的吸热器部分试验数据曲线。其中，图5—6中横坐标表示时间，纵坐标表示温度（单位为℃）。

9:08开始投入定日镜，最大投镜数量约为定日镜总数的75%，17:20撤出全部定日镜，正午时分直接辐射（DNI）达到峰值（约900瓦/平方米）。吸热器响应迅速，各受热面壁温均匀，无超温现象。受汽机承压能力限制，吸热器运行压力低于设计压力。吸热器整体汽温比设计值略低，分析认为主要是由于聚光在吸热器的能量分布与设计有差异造成。

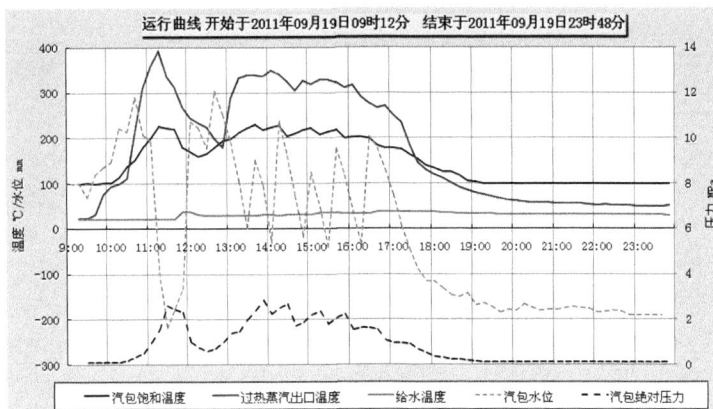

图4　水工质吸热器主要运行参数

资料来源：覃小刚，丁路等：《东方锅炉1兆瓦塔式太阳能热发电站水工质吸热器的研究》报告，2012年，第32页。

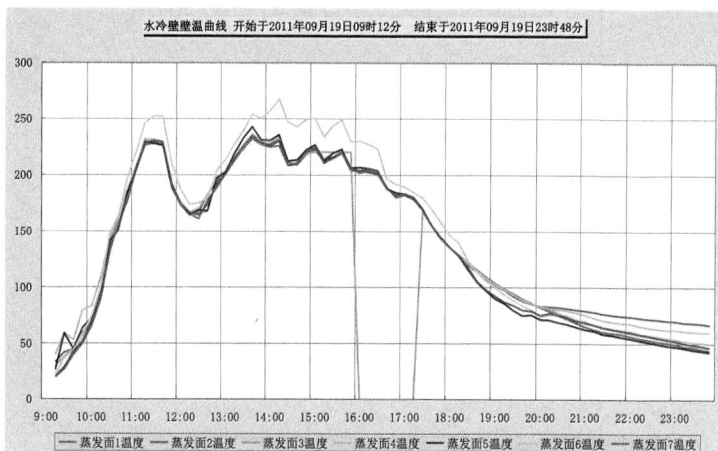

图 5　水工质吸热器水冷壁壁温数据

资料来源：覃小刚，丁路等：《东方锅炉 1 兆瓦塔式太阳能热发电站水工质吸热器的研究》报告，2012 年，第 33 页。

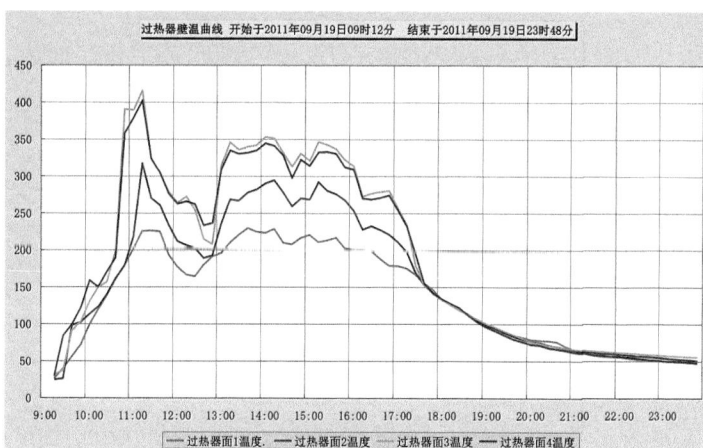

图 6　水工质吸热器各级过热器温度

资料来源：覃小刚，丁路等：《东方锅炉 1 兆瓦塔式太阳能热发电站水工质吸热器的研究》报告，2012 年，第 33 页。

三、熔盐吸热器的开发

相较于水工质的吸热器，熔盐吸热器尽管拥有众多优点，但工作环境却极为恶劣，其长期工作在高热流、非稳态以及轴向与周向均属非均匀受热的工况下[1]，吸热器管屏承受较大热应力的交替变化，较易超温过热导致结构破坏与寿命下降。吸热器一旦出现故障将迫使聚光系统停运导致电站利用率的下降，因此，如何保证吸热器的运行可靠性并提高其性能对整个光热电站的安全性及经济性有着重要影响。

针对熔盐吸热器的工作特点，并结合东方锅炉在热力系统设备技术设计、性能计算及工艺制造方面长期所积累的经验，对熔盐吸热器开展了深入的研究与开发。

（三）结构特点与流程分布

为配合大规模商业化塔式光热电站镜场布置需求，熔盐吸热器通常采用表面圆柱式（正多边形）、模块化设计及垂直悬吊结构，用于接受吸收塔四周定日镜反射、聚焦的太阳光。

熔盐吸热器由若干个垂直悬吊地、可互换的管屏模块拼装而成，每个管屏模块均包括有上、下集箱、受热管组、固定管夹、吊架／支撑装置及刚性框架等。管屏分为迎光侧与背光侧，迎光侧涂有高吸收率涂层，提高吸热效率，背光侧则布置有保温，减少散热损失。

受热管组由多根吸热管紧密排列布置而成，上下通过膨胀弯头与集箱焊接。在不同的标高处采用管夹对各受热管进行限位固定，允许管子受热轴向上下膨胀，但限制其径向变形出列。

管屏上集箱通过吊架悬挂，下集箱则通过支座进行支撑，管屏受热时可自由膨胀，并通过上下弯头吸收热膨胀。

熔盐流程采用双流程吸热。低温熔盐由北侧高热流区分两路进入，沿入口两侧依序流过串联的受热管屏，为保证双流程工质能够均匀受热，减小温差，在吸热器中部采用交叉管进行交叉换侧流动后继续吸热，最后变为高温熔盐由南侧低热流区分别流出，具体如图7所示。

---

[1] 杨敏林、杨晓西、杨小平、丁静：《吸热管参数对熔盐吸热器性能的影响》，《工程热物理学报》2010年第31卷，第5期，第849—852页。

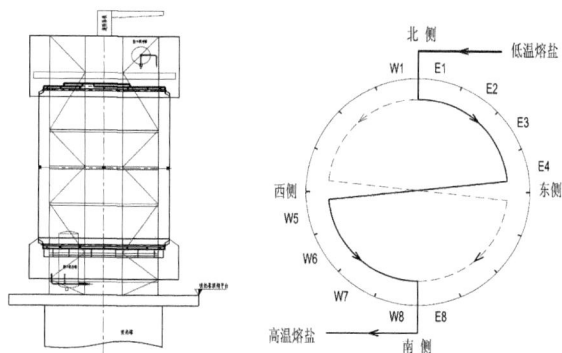

图 7　熔盐吸热器结构示意图及流程分布图

资料来源：丁路等，《东方锅炉 600 兆瓦等级塔式太阳能熔盐吸热器设计说明书》，2017 年，第 12~13 页。

为保证熔盐吸热器的安全稳定运行，在其进、出口均设置有缓冲罐。

进口缓冲罐采用低位布置，与上升管相连，其容积可容纳吸热器在额定工况下运行 60s 时所对应熔盐流量，罐内维持有一定压力，用于防止熔盐泵因故失效后管屏出现断流及干烧损坏。

出口缓冲罐采用高位布置。罐体底部与下降管相连，其容积与进口缓冲罐相近，主要作用是为吸热器出口熔盐提供储存空间，以防下降管堵塞导致吸热器内部工质流动受阻引起的超温损坏。

熔盐吸热器设置有排气系统与排盐系统。

排气系统由各模块管屏上集箱间的连接管顶部引出，与出口缓冲罐相连，用于吸热器每天启动时内部熔盐工质的均匀填充。

排盐系统则设置于各模块管屏下集箱间的连接管最低点，其通过启动旁路与下降管相连，用于吸热器停运时内部熔盐工质的快速排空。

（二）性能设计

熔盐吸热器工质进口温度为 290℃，出口设计温度为 565℃。

吸热器共分两个流程，每个流程由多个模块管串联而成。根据镜场布置及熔盐吸热器流程设置特点，吸热器受热表面太阳辐射热流密度符合二维正态分布的辐射量分布模型；整体而言，受热面北侧热流密度最高，由北向南逐渐降低，南侧最低，管屏中部热流密度最高，由中部向上、向下均逐渐降低。

1. 壁温计算

熔盐吸热器的吸热管为半周绝热与半周受热状态，且热流密度沿吸热管轴向不均匀分布。管内熔盐工质流动为湍流状态，管内换热过程主要包括熔盐工质与管壁间的对流换热及管壁自身的热传导，吸热管内、外壁温计算流程原理如图 8 所示。

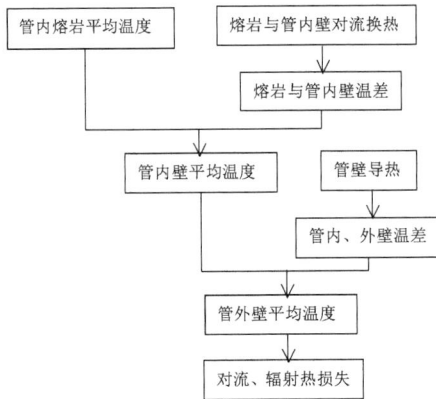

图 8　熔盐吸热器内、外壁温计算流程

资料来源: 何杰, 肖欣悦等,《东方锅炉塔式光热电站熔盐吸热器性能计算软件开发》报告, 2015 年, 第 13 页。

对于熔盐吸热器来说，其工质温度、管屏壁温及热损与效率三者的计算过程密不可分且相互影响，三者大小可通过吸热器的整体迭代计算分别求得。

图 9 为吸热器单流程工质出口温度、管屏内壁温、外壁温及外壁温与工质温度的温差变化曲线图。其中横坐标表示沿程分段数，纵坐标表示温度与温差（单位为℃）。

在单流程流动过程中，熔盐工质逐步吸热，其温度稳步上升，由最初的290℃升高为565℃，最后进入出口缓冲罐。管屏的内、外壁温在单个流程上亦呈整体上升趋势，但在每个模块化管屏上呈波状分布，中部高，两侧低，这主要与管屏在轴向上的受热不均匀性有关，中部所受热流密度最高，两侧则逐步降低。

外壁与熔盐工质间的温差变化曲线与壁温曲线相似，亦呈波状分布，最大波峰出现在北侧进口，由进口至出口即由北向南，其波峰（壁温差）逐渐减小。

北侧为熔盐工质入口，其允许承受较大热流密度，对应壁温差最大。对南侧而言，其为熔盐工质出口，温度达到最大设计值，同样为保证该处壁温不超过材料的许用温度值，其只可承受较小的热流密度，因此对应壁温差也相应较小。

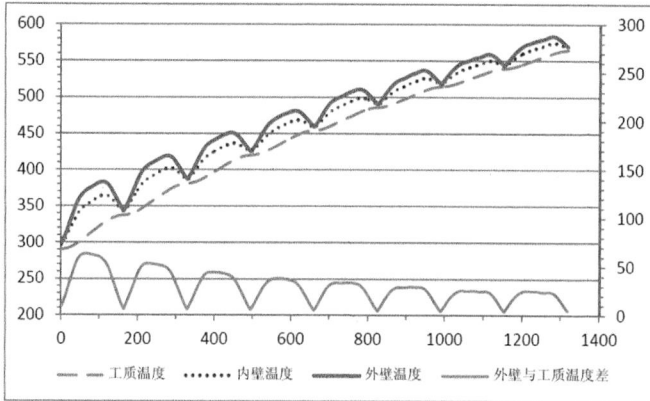

图9　管屏壁温及温差变化曲线

资料来源：丁路等，《东方锅炉600兆瓦等级塔式太阳能熔盐吸热器壁温与效率计算书》，2017年，第16页。

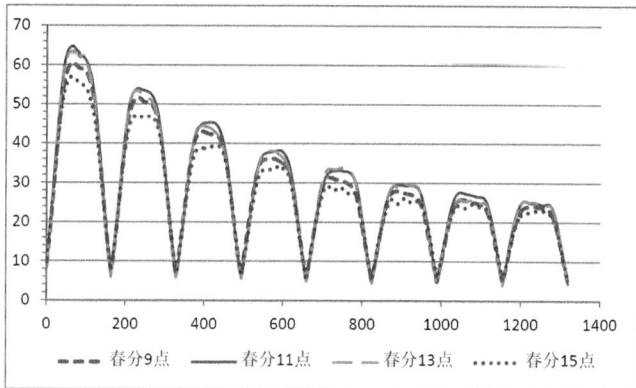

图10　管屏不同时刻温差分布曲线

资料来源：丁路等，《东方锅炉600兆瓦等级塔式太阳能熔盐吸热器壁温与效率计算书》，2017年，第17页。

图10为春分日不同时刻管屏外壁与工质间的温差变化曲线图，由于各个时刻太阳DNI发生变化，管屏所受热流密度也随之变化，其对应壁温差也有所

差异，但由于各个时刻圆周表面热流均遵从同样的分布规律，因此其壁温差变化趋势完全一致，且均呈波峰（壁温差）逐渐减小的波状分布。其中横坐标表示沿程分段数，纵坐标表示温差（单位为℃）

2. 阻力计算[1]

熔盐吸热器阻力计算始于进口缓冲罐，经受热管屏，连接管，最后至出口缓冲罐。熔盐吸热器系统单流程如图11所示。

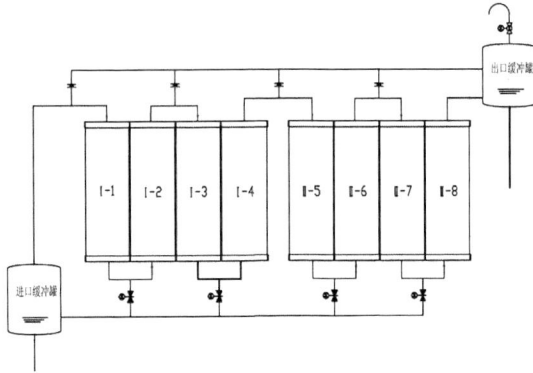

图11　熔盐吸热器单流程系统图

资料来源：何杰，肖欣悦等，《东方锅炉塔式光热电站熔盐吸热器性能计算软件开发》报告，2015年，第33页。

利用下述公式对全流程（单流程）压降进行计算[6]：$\Delta P = \sum \lambda \frac{L}{d_i} \frac{\rho v_i^2}{2} + \sum n \xi \frac{\rho v_j^2}{2}$

其中，第一项为直管摩擦阻力之和，第二项为所有局部阻力之和。

λ——直管摩擦系数，无量纲；

L——直管长度，m；

d_i——管道内径，m；

n——管件数量，个；

ρ——流体密度；kg/m3；

ξ——局部阻力系数，无量纲；

在全流程压降计算中，受热管屏压降占总压降比例最高，需进行重点考虑。

---

[1]　上海发电设备成套设计研究所：《JB/Z 201–83 电站锅炉水动力计算方法》，北京：机械工业出版社1983年版。

在熔盐吸热器总流量、流程数确定及保证受热管屏不超温的前提下，对吸热管规格及流速进行综合考虑后再确定。

3. 热效率计算 [1][2][3]

对于高空布置的熔盐吸热器，其热损主要包括有反射热损、对流热损、辐射热损及热传导热损，其中对于热传导热损，由于所占比例很小，效率估算时可忽略不计。

（1）入射热负荷

入射热负荷为镜场反射、聚焦到吸热器表面的有效热负荷，可通过平均热流密度 q 及有效受热面积 S 得到，见右式：$Q_i = q \times S$

（2）反射热损

反射热损 Qref 为反射率 β 和入射热负荷 Qi 的乘积，见右式：$Q_{ref} = Q_i \times \beta$

对于圆周式熔盐吸热器，反射率 $\beta = 1 - \alpha$，其中 α 为表面吸收率。

为提高吸热器吸热效率，受热表面会喷涂高吸收率涂层，将表面吸热率 α 提高至 0.96 甚至更高。

（3）辐射热损

辐射热损 Qrad 和吸热器有效受热面积 S、发射率 ε 及壁温有关，计算式如下：$Q_{rad} = \varepsilon \cdot S \cdot \sigma \left(T_a^4 - T_e^4 \right)$

其中：σ 为斯忒潘 – 玻耳兹曼常数；Ta 与 Te 为管屏壁温与环境温度，估算时 Ta 取平均壁温。

（4）对流热损

对流热损 Qconv 包括沿吸热器圆周方向上的强制对流热损和沿高度方向的自然对流热损，计算公式如右：$Q_{conv} = h \cdot S \cdot \left(T_a - T_e \right)$；$h = \left(h_f^{3.2} - h_n^{3.2} \right)^{1/3.2}$

其中：h 为混合对流换热系数，hf 和 hn 分别为强制对流与自然对流换热

[1]　Siebers D.L.，Kraabel J.S.，"Estimating convective energy losses from solar central receivers，" Sandia Laboratory Report，1984，SAND84‑8717.

[2]　杨世铭、陶文栓等：《传热学》，北京：高等教育出版社 1998 年版（2003 年版）。

[3]　James E. Pacheco，Final test and Evaluation Results from the Solar Two Project，SAND2002‑0120，Sandia National Laboratories，Livermore，CA，2002.

系数。

（5）吸热器效率：$\eta = \left(Q_i - Q_{ref} - Q_{rad} - Q_{conv} \right) / Q_i$

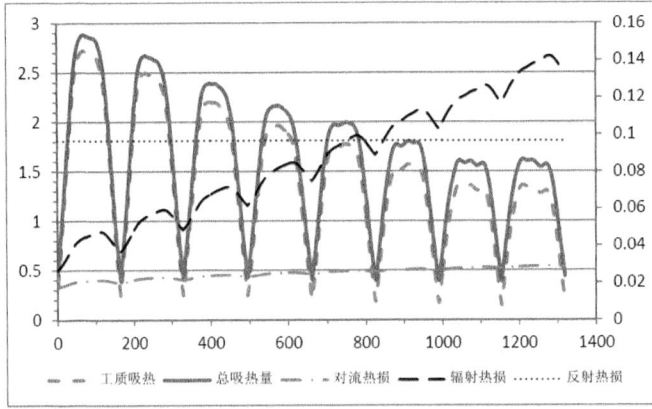

图 12　吸热器单流程沿程吸热与热损分布曲线

资料来源：丁路等，《东方锅炉 600 兆瓦等级塔式太阳能熔盐吸热器壁温与效率计算书》，2017 年，第 18 页。

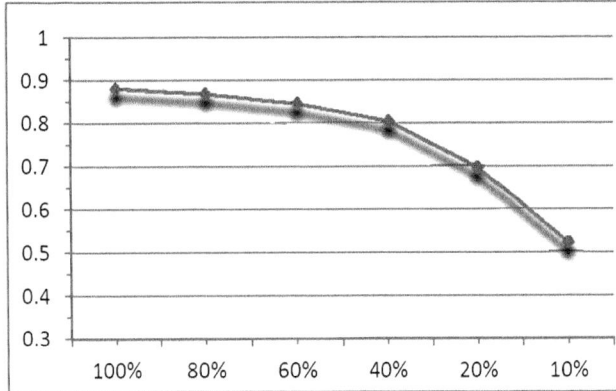

图 13　不同负荷下吸热器效率值

资料来源：资料来源：丁路等，《东方锅炉 600 兆瓦等级塔式太阳能熔盐吸热器壁温与效率计算书》，2017 年，第 19 页

　　图 12 为吸热器单流程沿程吸热与热损分布曲线，由图可以看出，吸热部分整体上亦呈波状分布，波峰由北侧进口向南侧出口逐渐减小，与管屏壁温差分布曲线基本一致，该分布类型仍取决于吸热器管屏表面的热流分布：北侧高，南侧低；中部高，两端低。吸热功率大小为波形曲线与横轴所围图形面积的大小。

各热损大小为对应曲线与横轴所围图形面积的大小。其中，横坐标表示沿程分段数，纵坐标表示热量（单位为 MWth）。

图 13 为不同负荷下吸热器效率值，由图可以看出，随着熔盐吸热器运行负荷的降低，其对应平均吸热效率呈下降趋势，由满负荷状态下的约 0.88 下降至 20% 负荷对应下的 0.7 不到。熔盐吸热器热效率会随着运行负荷的降低而下降。在实际的商业化项目运行过程中，是否维持熔盐吸热器在 20% 低负荷下的运行，需要进行安全性与经济性的综合评估。其中，横坐标表示运行负荷大小，纵坐标表示效率值。

3. 工艺制造

针对熔盐吸热器的无压运行和高热流受热特性，受热面吸热管一般选用小口径的薄壁管，因此在工艺制造过程中需重点考虑两方面：管子弯制与焊接（或对接）。

从管子的壁厚来看，其属于薄壁管的弯制范畴，在弯制过程中，需重点监测弯管处的圆度与减薄率，并按照相关标准进行严格的通球试验。当弯曲半径过小时，需要采用专门的薄壁弯管机进行弯制。

对于薄壁管的焊接，最大的难点在于如何防止管壁焊穿。焊接前必须要进行专业的焊接工艺评定，选取合适的焊接手段。焊接过程中要严格控制焊接电流，使其维持在允许范围的下限，焊丝要采用细丝，此外，焊接速度要快，避免过长时间的停留造成热量聚集导致焊漏。

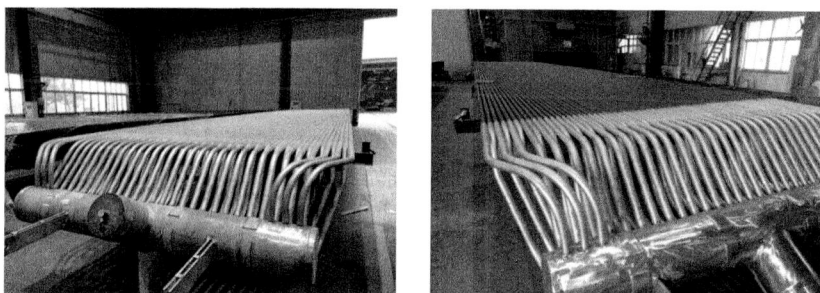

图 14　吸热器管屏车间制造

资料来源：东方锅炉熔盐吸热器吸热管屏车间现场制造照片

四、结论

本文简要介绍了塔式太阳能热发电站吸热器的功能、结构及发展过程，重点展示了东方锅炉对吸热器的研制及工程应用概况，包括水工质吸热器与熔盐工质吸热器。为满足商业化太阳能热发电站对于大规模储热及连续运行的需求，目前电站多以采用熔盐作为吸热及传储热工质，熔盐工质吸热器研制已成为塔式熔盐热发电站的核心技术之一。东方锅炉熔盐吸热器的成功研制对于推动中国工程化光热项目的顺利执行，促进太阳能热发电产业的规模化发展提供了强有力的技术支撑与保障。

新时代开展电网数字化转型建设的思考与举措

刘森[1]

摘要:

国家正大力提倡建设"数字中国"、发展"数字经济",数字技术正在引领根本性的创新发展,数字化是能源行业腾飞发展的一大机遇。新时代应着力落实创新发展理念,积极运用新一代数字化、智能化技术为经济增长提供动力补给,加速带动能源产业变革,以技术创新推动电力行业的改革发展。本文从国家政策要求、电力市场变革、新技术冲击出发,结合南方电网公司改革发展需要,阐明数字化转型的必要性与重要性,描述并剖析当前电网数字化建设面临的现状和困难,指出了电网数字化转型的本质。同时,本文立足于公司业务实际情况,创新性地总结了实现电网数字化转型的"1334"方法,即实施一个战略、落实三方面保障机制、坚持三个建设原则和做好四项关键措施。文末指出了电网数字化转型建设实现的关键路径,给出了一个南方电网数字化员工的转型预期案例。

关键词:

数字化转型;数字南网;电网数字化

---

[1] 刘森,南方电网公司数字电网研究院综合应用事业部副总监,硕士,西安交通大学,高级工程师,企业信息管理师,网络安全等级保护评估师。

引言

国家正大力提倡建设"数字中国"、发展"数字经济"，数字技术正在引领根本性的创新发展。数字化是前所未有的转型动力之一，是塑造电网行业腾飞发展的一大机遇。电力行业实行快速数字化转型的时机已经到来，作为数字化基石的云服务平台、智能设备、大数据等技术已经发展成熟，能够真正用于建设资产全生命周期管理、优化电力生态链、衍生服务市场客户的电网创新产品。同时，南方电网已初步建成大数据中心，可借助跨业务大数据价值发挥应有作用。电网数字化转型后还将整合产业价值链，建设形成以电网为中心的生态系统服务圈，从而获得电力供应以外的全新价值来源。

一、研究背景

（一）理论分析

马克思认为，生产力是推动社会历史发展诸多因素中最活跃、最革命的因素，也是推动社会生产发展的决定性、第一性的因素[1]。以蒸汽技术、电气化技术和信息技术为基础的前三次工业革命，为人类发展带来巨大变化。历次的工业革命都不仅仅是一次技术改革，更是一场深刻的社会变革、经济变革。当前正在发生的第四次工业革命，具备与人类以往经历的任何一次革命都截然不同的规模、复杂程度和影响范围和。第四次工业革命以大规模分布式计算能力和海量数据储存、处理等一批数字技术的突破为代表，人类社会已经进入数字化、智能化时代。

建设创新型国家，是当前历史时机下我国紧紧抓住第三、四次工业革命历史机遇的不二选择。党的十九大报告指出，创新是引领发展的第一动力，是建设现代化经济体系的战略支撑。我国提出必须坚定实施创新驱动发展战略，就

---

[1] 中央党校经济学教研部：《创新发展为经济社会注入强劲动力》，《学习时报》2017年9月20日，第3版。

是要紧紧抓住科技创新这个关键，发挥科技创新在全面创新中的核心作用、引领作用。只有牢牢抓住科技创新这个"牛鼻子"，摆脱核心技术受制于人的窘境，我国才能成为真正意义上的科技强国和经济强国。

本文正是站在电网行业来探讨如何抓住第四次工业革命的历史机遇，通过数字化新技术引发创新动能，推动电网进行数字化转型，以此进一步解放生产力，打造电网的数字能源生态。

（二）国家政策方面

1. 加快数字中国建设

科学技术是第一生产力，创新是引领发展的第一动力。

2014 年 6 月，中央财经领导小组召开第六次会议，聚焦能源安全战略，习近平总书记提出推动能源消费、能源供给、能源技术和能源体制四方面的"革命"。他还提出，要全方位加强国际合作，实现开放条件下的能源安全。电网作为保障民生的基础能源，必须围绕"四个革命、一个合作"能源战略思想，服务于数字中国建设的总目标，以电网的网络安全保障为底线，从能源消费、供给、技术、体制革命和加强国际合作等多个方面开展研究探索。

2017 年，习近平总书记主持中共中央政治局第二次集体学习时提出，"推动实施国家大数据战略，加快完善数字基础设施，推进数据资源整合和开放共享，保障数据安全，加快建设数字中国，更好地服务于我国经济社会发展和人民生活改善。"[1]

2018 年在首届数字中国建设峰会上，习近平总书记致信谈道："加快数字中国建设，就是要适应我国发展新的历史方位，全面贯彻新发展理念，以信息化培育新动能，用新动能推动新发展，以新发展创造新辉煌。"[2] 数字中国的建设，是在新时代新发展理念下中国经济的再次腾飞。

2. 加快推进数字产业化、产业数字化

习近平总书记强调，中国高度重视创新驱动发展，坚定贯彻新发展理念，

---

[1]　《习近平主持中共中央政治局第二次集体学习时的讲话》，《人民日报》2017 年 12 月 10 日。

[2]　《习近平致首届数字中国建设峰会的贺信》，新华社 2018 年 4 月 22 日电。

加快推进数字产业化、产业数字化，努力推动高质量发展、创造高品质生活。[1]在2018年4月全国网络安全和信息化工作会议上，习近平总书记提出，"加快推动数字产业化，依靠信息技术创新驱动，不断催生新产业新业态新模式，用新动能推动新发展；……推动产业数字化，对传统产业进行全方位、全角度、全链条的改造，提高全要素生产率，释放数字对经济发展的放大、叠加、倍增作用"。[2]

麦肯锡预测，未来中国数字化将引领全球。产业数字化转型将是未来数字经济的主战场，是支撑数字中国建设的坚实基础，能源行业进行数字化转型的趋势已经到来。

（三）电力市场发生变革

当代中国已进入谋求高质量发展的深化改革时期，必须加快转变经济发展方式。中央相继下发了关于电力体制改革的《电力体制改革方案》（国发〔2002〕5号（和《中共中央国务院关于进一步深化电力体制改革的若干意见》）中发〔2015〕9号），要求构建以电力为主体的市场结构和市场运作体系，形成主要由市场决定能源价格的机制。同时，国家两次要求降低工商业电价，对电网利润造成了冲击和挑战。此外，随着国家"一带一路"建设的不断深化，电力产业政策环境、经济环境、投资环境都发生了变革。

面对上述情况，电网企业要谋求发展就必须注入新的发展动力，在生产运营方面做出调整和改进，以适应不断深入的电力体制改革和变化中的电力市场环境，积极做好新发展理念实践者、国家战略贯彻者、能源革命推动者、电力市场建设者和国企改革先行者，逐步转型为智能电网运营商、能源产业价值链整合商和能源生态系统服务商。

（四）新技术带来巨大冲击

知名咨询及分析机构Gartner认为，无处不在的智能设备提供各种基于大数据的有洞察力的服务，将是科技的未来。

---

[1] 《习近平向首届中国国际智能产业博览会致贺信》，新华社2018年8月23日电。
[2] 《习近平在2018年4月全国网络安全和信息化工作会议上的讲话》，新华社2018年4月21日电。

以万物互联为基本特征，通过数据运营提供服务的现代数字化技术，将逐步取代过去传统的信息化技术，并推动产业爆发出巨大生产力，具体包括云计算、人工智能、大数据、区块链、物联网、5G通信、可穿戴设备、量子计算、虚拟现实（VR）、增强现实（AR）等。现代数字化利用通用的信息采集设备，通过大容量且高传输率的通信网络，采用先进的数字处理技术收集清理海量实时异构数据，并结合云计算、大数据分析、机器学习等技术自动完成各类业务需求和管理决策，实现数据驱动业务、流程和自动化决策，达到生产、经营、服务业态的变革。这与过去传统信息化以人的工作方式和理念来设计工作流程、决策程序截然不同，不仅满足于使用计算机系统实现业务、决策的线上流转。

现代数字化主要包括数字化建设和数字化转型两个阶段。数字化建设就是把信息用数字终端、传感器存储形成可供信息系统使用的数据资源。数字化转型就是利用大数据、人工智能等先进的数字化应用技术对海量数据进行分析、计算、学习。通过应用系统自动决策和执行，是数字化的目标和成果。

（五）公司改革发展的战略要求

南方电网公司积极响应建设"数字中国"、发展"数字经济"的国家战略，在数字化转型与建设方面高度重视、提前思考、提前部署，数字化转型与建设刻不容缓、势在必行。2019年1月，公司第三届职工代表大会第二次会议暨2019年工作会议提出推动公司向智能电网运营商、能源产业价值链整合商、能源生态系统服务商转型的战略目标，而数字化转型是实现公司"三商"转型的必然举措。公司领导对数字化推动企业发展提出了明确要求，数字化将是推动企业升级、实现战略的有力工具和基础平台。

南方电网作为国家能源行业的骨干企业，关系着国家安全和国民经济命脉，是建设数字中国的必要基石。公司在电力体制改革的背景下，要想促使生产力的大步提升飞跃，必须充分依赖新一代数字技术带来的新动能，紧紧抓准数字化转型的改革时机，并以此为核心来塑造未来发展生态。

总而言之，依靠数字化创新驱动，积极稳妥地推进企业转型升级，将是南方电网发展成为具有全球竞争力的世界一流企业的必然选择。

二、电网数字化建设现状分析及面临的困难

多个企业在数字化转型与建设方面已经开展了探索，实现对管理和生产经营的提质增效。南方电网公司在"十二五期间"通过一体化信息系统的建设路线，取得了基础设施建设、生产和运营数字化、新技术应用等方面的初步成果，然而在电网数字化转型方面还面临一定的困难需要攻克。

（一）对标情况

西门子、亚马逊、东京电力、国家电网、华能等先进企业，已经开始全面导入数字化技术，优化企业经营的"数字化建设"，数字化的作用日益凸显，已经越来越成为领先企业及能源行业的共同选择。

西门子公司建立数字工厂，实现从产品设计到制造过程的高度数字化和互联，通过在整个价值链中集成 IT 系统应用，实现包括设计、生产、物流、市场和销售等所有环节在内的高度复杂的全生命周期的自动化控制和管理。

亚马逊基于移动互联技术进行全球物资供应链管理，基于移动化作业系统，效率比传统的物流作业提升 2—4 倍，机器人每小时可跑 30 英里，准确率达到 99.99%。运用多种数字化智能技术，如射频识别（RFID）、无人机，让货物的取送、分拣井井有条。

东京电力利用新技术提升输配电资产运营管理效率，基于物联网技术的传感器进行了架空线路零件退化状态预测，基于人工智能（AI）机器学习开展了无人机输电线路巡检，基于混合现实（MR）技术的可穿戴设备进行操作现场设备运维，以提升现有业务的运营绩效，降低运维成本。

国家电网深入挖掘大数据价值，全面启动"数字国网"研究与顶层设计，成立电力行业大数据安全研究中心，上线了基于大数据的智能化供电服务指挥系统，实现统一指挥、协调督办、过程管控、监控预警、分析评价等。

华能集团积极探索工业物联网与人工智能的分析融合，通过引入人工智能、大数据等新技术，采用工业大数据规律加人工智能的算法设计出工业设备的模

图 24　新时代开展电网数字化转型建设的思考与举措

型，以此智能化分析判断水电厂设备健康状态，从而为企业管理提质增效。

（二）南方电网现状分析

南方电网公司信息系统已基本覆盖生产、运营、管理等领域的核心环节，在数据的采集、传输、存储、应用等全过程实现了不同程度的支撑。

基础设施建设方面，完成网省两级信息机房、服务器、存储、数据库、中间件等信息化软硬件建设，建成全网集中的数据级灾备中心；完成局域网、互联网数据中心（IDC）网络建设，实现省级统一互联网出口。

生产数字化建设方面，已实现调度、配网、计量等生产领域的自动化和资产全生命周期管理，初步建成地理信息平台（GIS），可支撑应急指挥等应用。

运营数字化建设方面，基于公司企业架构（EA），采用面向服务架构（SOA）的技术路线，建成一体化企业级信息系统，实现了90%以上业务的线上流转，基本实现日常经营业务的全覆盖，实现了从业务驱动到战略驱动、从分散建设到集中建设、从局部应用到企业级应用的转变。

数据治理和应用方面，建成数据资产管理平台，基本涵盖数据资产管理的主要业务，并开展常规数据报表和数据分析应用。

至于可穿戴设备、无人机、物联网、人工智能等新技术，部分单位已在生产作业、数据采集监控、运营分析、风险预警与应对等方面开展先行探索，但应用价值还有较大提升空间。

综上所述，南方电网公司经过了多年的发展，在电网数字化方面已有一定的积累，已建设有调度自动化、设备状态监测、配网自动化、计量自动化，以及计划基建、安全生产、营销等管理信息化系统，近年来在主干电网智能化方面逐步完善，在原有基础比较薄弱的配电网逐步拓展自动化、智能化系统的应用，通过不断完善配电网采集终端，强化数据分析能力，扩展可视化场景，逐步完善从物理电网到数字电网的映射，为公司数字化转型升级打下坚实基础。

（三）当前面临的困难

"十二五"期间，公司建设了六大企业级信息系统，系统协同性不强，数据无缝衔接存在瓶颈，例如生产自动化系统营运技术（OT）与管理信息系统（IT）

的数据未充分融合，没有形成生产业务与管理业务之间充分的数据协同；各业务域初步建立的运营监控相对分散，企业整体角度的业务监控和决策能力不足。在管理上将系统仅仅视为一个辅助工具，忽视了信息化代表着管理水平，是战略的承接与落地，这是思想上的壁垒。

其二是技术壁垒，数字化转型依靠底层平台，平台先行的理念在公司"十二五"规划中已经明确提出，然而随着技术的发展，统一的云平台尚未完成建立，基础设施资源利用偏低、灵活调度能力不足。此外综合能源、国际化等业务还缺乏系统支撑，同时尚未实现全面无纸化办公。在技术标准方面，数据治理体系、数据架构、数据应用分析等领域，公司缺乏统一可执行的数据管理制度及流程。

其三是数字化人才短缺，在公司整体人力资源结构上来看，信息化人才占比仅不到2%，且大部分人才来自管制业务，大多从事的是项目管理，在技术创新上能力不足。

三、数字化转型建设"1334"方法

通过相关理论分析及背景研究，结合南方电网信息化建设现状和面临问题，可以充分认识到数字化转型与建设的本质是通过新一代数字化技术手段的应用，利用数据驱动公司业务、流程和服务优化完善，促使电网管理模式、业务模式与商业模式转型，进一步提升公司生产力。

也就是说，要在全面采集电网发输变配用各类数据的基础上，充分利用现代传感测量技术、通信信息技术、可视化展现技术，通过统一电网模型，将物理电网的结构、特性等信息进行数字化描述与实现，做到电网设备、电气连接、电网拓扑、电网量测、用户用电、运行环境模型数据的全面融合贯通。同时，利用云计算、人工智能、大数据、区块链、物联网、5G通信、可穿戴设备、量子计算、虚拟现实（VR）、增强现实（AR）等数字化技术，对电网进行分析、模拟、价值洞察等应用，开展数据价值挖掘和仿真计算模拟，实现多维度全景

展示应用,为电网运营和企业发展提供决策,进一步支撑电网智能、安全、可靠。

本文提出一个"1334"的数字化转型建设方法,旨在采取一系列多维度举措,应用数字化技术成果实现业务变革,推动电网业务可持续创新发展。即:实施一个企业级数字化转型建设的企业级战略,落实三方面的保障机制,坚持三个转型建设原则,同步做好四项关键措施。

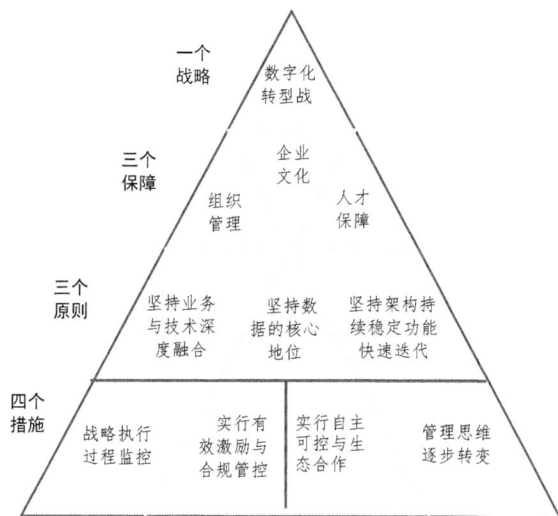

图1 "1334"方法框图

(一)实施"一"个企业级转型战略

数字化转型战略的制定是为了促进公司高质量发展,应该是公司总体战略的一部分,用数字化思想在方向上从全局角度来决策做什么、怎么做。应当从公司全局出发,实施战略顶层引领,做好南方电网数字化转型建设的总体设计,提出数字化转型建设的愿景、目标,准确把握南方电网公司的数字化定位,提出具体的战略举措,形成公司整体作战、统一行动的数字南网建设思想,并促使该战略自上而下逐级贯通,层层落实人人践行。

从战略承接一致性来看,应该将数字化转型视为企业信息化发展的必然,对公司"十二五"期间的成果保持继承发展并优化创新。数字化转型不是一个个信息化项目或科技项目,而应该是以信息化成果、科技创新成果为基础,推动组织变革和业务流程优化，其目的是效益和效率的全面提升。

因此，在充分遵循公司总体战略的前提下，依据继承发展、优化创新的建设原则，主张一把手挂帅开展自我革新的顶层设计，并实行自上而下的建设实施，完善数字化相关标准和工作计划的制定发布，各级单位执行与落实。

（二）落实"三"方面的保障机制

1.通过组织管理建设，保障转型过程中的组织活力

数字化转型建设需要有强有力的组织保障，在以公司网络安全和数字南网建设领导小组的领导下，按照职责分工，以数字化部为牵头部门，联合其他相关部门共同开展，从而做好整体的组织策划，形成公司一致数字化转型的合力。

2.通过企业文化建设，保障转型过程中的良好氛围

培育公司数字化转型的企业文化氛围，引入创新文化、变革文化、市场文化，激活每位员工个体的活力，建设人人要创新、人人要变革的企业文化，把"要我搞创新"转变为"我要搞创新"，调动企业的整体工作氛围。倡导协同文化，以主动作为代替"自扫门前雪"的不良作风，打破专业壁垒、技术障碍，可实行不同部门间、不同单位间的轮岗机制，促使协同文化流动起来。

推行数字化转型，必将打破"舒适区"，因此需要处理好旧有思想向新数字化思想的转变，做到文化的平稳推行和思维的平稳过渡，不能引发新矛盾。

3.通过人才保障建设，保障转型过程中的人才补给

数字化人才缺失是南方电网切实落实战略的一个关键阻碍因素，核心紧缺的是能将新技术与业务联合起来的"桥梁型"跨界人才，该类人才往往也是市场上的紧俏人才。因此，应当制定明确的数字化人才培育规划，解决电网数据分析、数据价值挖掘、数字洞察等方面的问题。

促进员工转型，提高员工技能，培养南方电网内部自主可控的数字化能力。考虑在各部门，尤其是专业业务部门，设置专职的数字化岗位，搭建业务与技术的桥梁，推动开展业务与技术实现的对话，起到二者充分协同的关键作用。可考虑雇佣高层次技术人员，提供个性化的灵活工作模式，吸纳高阶人才。

（三）坚持"三"个转型建设的原则

1. 坚持数据的核心地位

数据是当代社会的新型生产要素，是生产力高度发展下的产物，做好数字化工作必须坚持以数据为核心。数据更是企业的"血液"，是数字化转型建设的基础。通过有序建设数据治理体系、数据架构、数据应用分析，做好数据协同，为数字化转型打造坚实基础。

坚持数据入仓，将全网数据归集到全网层级统一建设的数据中心，改变以往数据各自为政的局面，扭转数字只为我所有、只为我服务的错误意识。通过归集全网数据，洞察数据规律，大力挖掘数据价值，将营造良好的数据服务生态，为公司"五者三商"（新发展理念实践者、国家战略贯彻者、能源革命推动者、电力市场建设者和国企改革先行者；智能电网运营商、能源产业价值链整合商和能源生态系统服务商）转型和日常经营决策提供数据支撑服务。

2. 坚持电网业务与技术创新的深度融合

业务需求迫切增长、新技术不断推陈出新，都是引发公司数字化转型的动力，然而转型的最终目的是推进业务的转型升级，新技术应用只是工具和手段。因此，要从业务的角度出发，提出南方电网数字化转型的步骤和关键点，把转型的成果落实在每一个业务实现上。

同时，把新技术的研究作为提升业务水平的一大助力，做好技术创新，为业务注入强大生产力，充分发挥南网云平台的基础能力，开展人工智能、大数据、互联网、物联网等新技术的深度应用。在架构上建设电网业务中台和电网数据中台，实现灵活的业务调度组合和数据服务支撑。

以人工智能技术应用为例，可以考虑引进成熟的人工智能商业组件进行业务场景应用，如人脸识别技术可用于施工现场的施工人员识别，规避非持证人员上岗风险；还可以采用高精度图像识别技术自动判断输配变领域的设备缺陷，为设备状态检修提供决策支撑；再比如采用循环神经网络来开展电网负荷预测工作，提升电网的安全与稳定；还可以使用账单机器人等人工智能技术应用替代大量重复生产管理流程节点，节省大量人力资源的机械式业务操作。

3. 坚持技术架构的持续稳定与应用功能的快速迭代

必须坚持在公司数字化转型的"数字南网"总体技术架构下开展行动，即基于南网云，通过电网管理平台、调度运行平台、客户服务平台、企业级运营管控平台和企业级信息系统，整合覆盖电网生产、管理、运营的业务应用体系，充分发挥公司物联网和互联网的网络效益，建设基于物联网、云平台的数字电网、数字运营和数字能源生态，支撑公司智能电网建设、运行和管控，提高公司运营管控水平与决策能力。总体架构具有长期远瞻性，将在中长期指导数字化建设。[1]

技术架构应保持中长期持续稳定，并不断丰富作为上层各类应用的后台基础。在其之上，强化创新型功能应用的迅速迭代，以此适应变化迅速的业务需求。容许试错，做到短平快的功能实现，快速高频地响应用户需求，满足用户期望。[2]

（四）做好"四"项关键措施

1. 开展战略执行情况的过程监控

战略并非高高在上，而应该用其指导实践的每一步过程，开展战略的逐层解码，做好每一阶段的行动计划。执行时，在各个阶段开展过程监控，保障战略落地层层可控在控。反过来，执行过程中发现的问题有助于开展战略的修编，进一步完善顶层设计。

2. 谋划自主可控与生态合作的共赢

公司发展必须培育自有能力，在核心业务和技术上应该保持自主可控。识别出南网的核心能力和核心业务，建立精确的能力塑造计划，把企业能力有序塑造起来。

对于非核心部分，充分利用外部力量资源，补齐企业短板，也是企业降本增效的手段。通过整合能源产业链上下游的资源，开拓合作生态链，以数字化

---

[1] 《南方电网公司印发〈数字化转型和数字南网建设行动方案 (2019 年版)〉》，信息来源：南方电网报，2019 年 5 月 20 日，http://www.cec.org.cn/zdlhuiyuandongtai/dianwang/2019–05–20/191163.html

[2] 宋世彬：《解析企业数字化转型顶层设计》，《中国民航报》2019 年 4 月 4 日，第 7 版。

推动能源生态系统利益相关方开放合作、互利共生、协作创新，支撑公司向能源生态系统服务商转型。

3. 实行有效激励与合规管控相结合

企业数字化转型过程中必须实行有效的激励，探索市场化条件下的职业经理人机制，提升人员活力，调动员工的主观能动性。同时，开展合规管控工作，倡导在大监督体系下运作。

4. 推进管理思维的逐步转变

充分认识到公司实行数字化转型的根本目的在于提升南方电网的企业竞争力，通过输入新动力引发新动能，打造电网的产品优势、服务优势、生态优势。数字化工作是企业管理的配套手段，最终目标是推进业务、管理和商业模式的重塑。

数字化转型也并非是一个部门的事情，而是全公司共同参与、协同作战的过程。并且数字化转型不能一蹴而就，是一项长期工程，应该设置一套不低于三年的管理方案及配套行动计划。

四、数字化转型建设的关键路径与预期成果示例

（一）关键路径

推进电网数字化转型与建设，关键路径主要有三步。

实现全方位的互联，建设数字电网

包括设备互联、应用互联、数据互联、业务互联、生态互联等，使电网全业务环节在生产全过程中得到普遍联系。通过智能监测终端、射频识别（RFID）、传感器、智能穿戴、机器人等一系列智能技术设备的敏捷连接和智能管理，采集电网的管理数据、生产数据以及外部数据，通过建立覆盖全电压等级、全生命周期、业务和监测数据贯通的电网统一模型，将数据全面贯通。此时，南方电网的物理设备、各类应用及数据、实际业务以及关联生态将全部可以用数据进行表达，各类数据充分融合并自由交互。

设备互联	应用互联	数据互联	业务互联	生态互联

图 2　电力物联的发展趋势

第二步：开展数据价值沉淀与数字运营

在全方位互联的基础上，实现数据的全面归集、价值沉淀及再挖掘。数据在公司生产经营领域起着至关重要的作用，是公司各个工作环节不可或缺的因素。数据作为公司的核心资源，已经成为提升管理水平、促进业务增值、拓展产业链和提升核心竞争力的重要驱动力。当前数据中心已经建成，数据量迅猛增长，针对电网数据的海量化、多样化特性，通过数据分析及挖掘技术，从大量数据中寻找规律并挖掘隐藏在数据中有价值的信息，来解释业务对象并为各业务场景提供辅助决策信息，真正做到"用数据表达、用数据管理、用数据创新"。

数据是进行数字运营的基础，必须建立适当的数据绩效指标，以此来向数据治理工作要效益、要进度。成立一支高素质的数字员工队伍，形成数字运营的中坚力量，培养各级人员的数字化思维并将其根植人心。在数字运营中，还需要坚持客户导向、市场思维，保持客户的良好体验过程。比如在业务中大规模部署流程自动化机器人（RPA），采用人工智能各类成熟技术实现业务应用。还要通过数字运营手段，创建新的业务点，实现数字化的运营生态体系。

第三步：构建数字能源生态

广泛整合产业价值链各环节资源，构建面向政府、设备制造商、能源生产商、配售电商、能源增值服务商、能源终端用户等产业链参与方的各类互联互通平台，倡导电力能源的商品属性及其衍生产品的市场属性，充分挖掘电力从生产、传输、市场流通、消费等环节的新业务，促使电网产业的生态上中下游均得到价值增值。同时，建立以需求为导向、协同发展的电力产业新模式，以数字化推动能源生态系统利益相关方开放合作、互利共生、协作创新，支撑公司向能源生态系统服务商转型。[1]

（二）预期成果示例：数字化员工

建设数字化员工是南方电网数字化转型的一个预期实践案例，体现了在员工与各类设备全方位连接的情境下，以数据为驱动，推动智能设备应用，实现虚拟员工等特色应用，从而有效提升各项工作效率和管理水平。

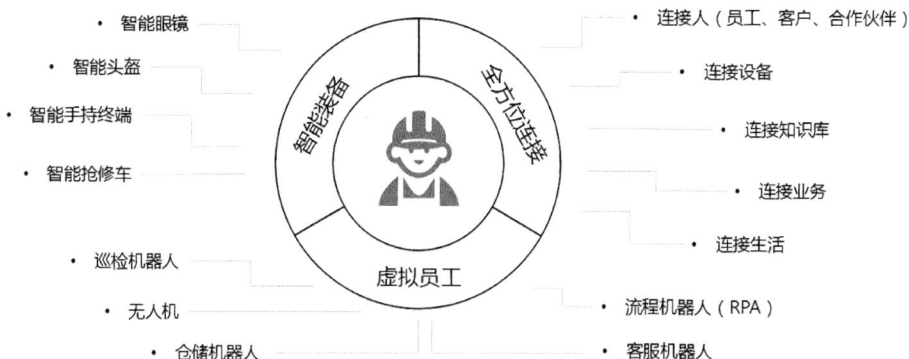

图3　数字化员工的预期成效

其一，体现以人为本、以数据为核心的理念，与各类设备、应用建立连接，通过连接员工信息、个人生活、工作业务等信息，实现员工从入职、在职、离职的全生命周期过程管理，驱动智能招聘、智能客服、员工画像等智能应用。

其二，采用数字化技术和智能装备赋能员工，为员工提供人、知识、业务等各类连接，提供智能眼镜、智能头盔、智能手持终端等各种智能装备，以巡检机器人、无人机等"虚拟员工"替代员工进行重复度高、危险性大的工作，从而有效加强员工技能水平，在规范员工作业规程的同时，确保员工的作业安全，提升员工的工作效率。

四、结语

---

[1]　《能源供应商的数字化转型》，载埃森哲：《新能源消费者》报告，2018年8月。

数字化转型关系着电网的改革发展，能够有力支撑公司提升生产力、拓展市场、争取利润。在从现有信息化与科技成果中汲取经验的同时，更要注重战略引领、全公司协同作战。在实践中，充分对标找到差距，注重解决当前面临的困难和挑战，实施好一个战略、三方面保障机制、三个建设原则和四项关键措施。最后，要注重防范化解重大风险，特别是数字化转型建设中的网络安全风险，处理好公司转型改革中安全与发展的关系，以系统化的举措实现国有资产保值增值。

天合能源物联网一体化解决方案及典型案例

蒋松　方斌　贾鹏飞　李杏毅 [1]

摘要：

随着我国能源转型与可再生能源发展应用，天合光能前瞻时代之机，面向未来能源发展布局建设能源物联网生态圈。打造发储配用云一体化能源物联网解决方案，实现能源互联一站式管控，推进智慧能源发展新技术、新模式、新业态。

天合能源物联网按照感知层、网络层、平台层、应用层设计了四层架构，根据各场景下的能源运营、服务对象和功能需求，物联网平台开展能源信息采集、存储、展示等基本功能，实现能源可视、智能运维、电能质量监测、能耗分析、负荷预测、多能联动等功能。

本文阐述了天合能源物联网业务发展与生态圈建设，实力打造"发、储、配、用、云"能源物联网一体化解决方案，涵盖天合蓝天 TrinaBlue，天合智慧储能 TrinaBess，天合智能优配 TrinaPro，能源管理平台 TrinaMOTA，以及智慧能源云平台 TrinaAurora 等能源物联网一体化解决方案，将传统能源网络、用能终端、供能设施全面信息化融合，充分释放多能源资源互补价值。

---

[1] 蒋松，硕士，天合云能源互联网技术（杭州）有限公司市场需求分析经理。方斌，学士，天合云能源互联网技术（杭州）有限公司总经理。贾鹏飞，硕士，天合云能源互联网技术（杭州）有限公司市场需求分析经理。李杏毅，学士，天合云能源互联网技术（杭州）有限公司高级市场需求分析主管。

最后，介绍整体解决方案能力及其支撑下的示范项目，为能源用户提供全方位的能源技术支撑与服务。

关键词：

天合能源物联网；能源可视化；多能联动；TrinaAurora 云平台

一、研究背景和目标

（一）研究背景

电力行业是国民经济发展的基础工业和战略支撑产业，具备技术密集和装备密集型特点。目前，我国电力行业两化融合发展水平处于第一梯队，超过三分之一的企业达到集成提升以上阶段，也是目前互联网平台应用普及度最高的行业之一。截至 2018 年，中国全社会用电量 68449 亿千瓦时，同比增长 8.5%，比上年提高 1.9 个百分点，全国全口径发电量 69940 亿千瓦时，同比增长 8.4%，比上年提高 1.8 个百分点 [1]。未来，电力行业监管将进一步完善、电力体制改革将进一步深化、节能减排压力助推重点项目发展、清洁能源发电继续快速发展、电力企业战略转型步伐将加快。

国外能源互联网起步较早，欧洲重点在多种能源协同优化互补、能源系统间的协同方面有较多探索，如德国的 E-Energy 项目主要就是开展能源系统和通信信息系统间的集成，包括智能发电、智能电网、智能消费和智能储能四个方面；美国比较典型的为综合能源系统（IES）发展计划，旨在提高清洁能源供应和利用比重，进一步提高社会供能系统的可靠性和经济性；日本侧重于实现能源结构优化和能效提升，同时促进可再生能源规模化开发 [2]。国内目前也加快了综合能源服务的研究与应用，传统能源企业和市场化能源企业等都纷纷布局，在交通、医疗、机场及大型工业园区、社区开展平台搭建、商业模式探

---

[1] 中国电机工程学会：《中国电力大数据发展白皮书》，北京：中国电机工程学会，2013 年。

[2] 田金平、刘巍、臧娜等：《中国生态工业园区发展现状与展望》，《生态学报》2016 年第 36 卷，第 22 期，第 7323—7334 页。

索等研究及应用[1]。

随着物联网、大数据、云计算以及人工智能等技术在能源领域的广泛应用，分布式能源、电动汽车、储能等能源技术的进一步发展，基于电力等能源市场化和用户需求深度挖掘，能源物联网应运而生。能源物联网从能源到信息、从供应到需求、从规划设计到建设运营，从多个维度构建了一种新的以需求为导向、因地制宜的清洁高效能源体系。天合能源物联网以分布式、智能化、安全、清洁、高效为特征，以能源服务和数据服务为业务内容的发储配用云一体化体系，必定在未来 20 年给能源产业带来革命性和突破性的影响[2][3]。

（二）研究目标及意义

本文分为四个部分：第一部分重点阐述了智慧能源综合管理平台当前面临的机遇和挑战，并提出信息通信技术（ICT）的快速发展使得能源行业具备向智慧电厂、智慧企业转型的物质基础。第二部分基于天合能源物联平台，介绍了天合能源物联网发展历程。第三部分依据天合能源物联网发展规划，针对天合能源物联网产品进行了介绍。第四部分展示了天合能源物联网典型解决方案和优秀案例实践，推进产业形成"平台提供商 + 应用开发者 / 商 + 海量用户"开放共赢合作生态。天合能源物联网积极参与能源物联网各领域，整合源—网—荷—储各环节资源，致力于成为全球能源物联网的引领者，为加速推动人类社会进入以电力化、低碳化、智能化为主要特征的能源新时代，让世界更安全、更清洁、更智能、更经济，为地球的可持续发展贡献力量。

1.燃烧化石能源导致全球气候变暖，生存环境恶劣

由于人们焚烧化石燃料，如煤、石油等，或砍伐森林并将其焚烧时产生大量的二氧化碳，即温室气体，这些温室气体对来自太阳的可见光具有高度穿透性，而对地球发射出来的长波辐射具有高度吸收性，能强烈吸收地面辐

[1] 吉平、周孝信、宋云亭等：《区域可再生能源规划模型述评与展望》，《电网技术》2013 年第 37 卷，第 8 期，第 2071—2079 页。

[2] 王成山、王守相：《分布式发电供能系统若干问题研究》，《电力系统自动化》2008 年第 32 卷，第 20 期，第 1—4 页。

[3] 鲁宗相、王彩霞、闵勇等：《微电网研究综述》，《电力系统自动化》2007 年，第 31 卷，第 19 期，第 100—107 页。

射中的红外线，导致地球温度上升，即温室效应。另一方面，由于陆地温室气体排放造成大陆气温升高，与海洋温差变小，近一步造成了空气流动减慢，雾霾无法短时间被吹散，造成城市雾霾天气增多，影响人类健康。全球变暖会使全球降水量重新分配、冰川和冻土消融、海平面上升等，不仅危害自然生态系统的平衡，还威胁人类的生存[1]。

2. 可再生能源成本进一步下降，能源转型势在必行

国际可再生能源署（IRENA）的最新报告《2018年可再生能源发电成本报告》（以下简称《报告》）详细介绍了所有商业可再生能源的发电成本。《报告》显示，2018年全球所有商业可再生能源发电技术的加权平均发电成本都经历了一定程度的下降，其中聚光太阳能发电（CSP）（-26%）、生物能（-14%）、光伏太阳能以及陆上风能（均为-13%）的降幅最大。在当今世界的许多地区，可再生能源已是成本最低的发电能源。在即将到来的2020年，陆上风电、光伏发电将与水力发电一样，在没有补贴的情况下，也比最便宜的化石燃料（煤炭）的发电成本更低。可再生能源成能源转型的根本方向[2]。

3. 分布式新能源并网推进能源调节能力

风能和太阳能都是难以储存、难以控制的自然资源，从并网发电来看，这类发电机组的电力输出具有间歇性强、波动性大、可控性差、调节能力弱、电能输出与用电需求时间特性难匹配等特点。由于新能源的波动性和间歇性，以及新能源发电装备中电力电子元件的低抗扰性和弱支撑性，新能源安全稳定运行问题日益突出。一是新能源大规模脱网事故；二是与新能源相关的电力系统振荡事故，新能源并网安全问题引起广泛关注[3]。

未来，随着新能源发电的规模化开发利用，需要进一步提升新能源发电友好性能和稳定控制水平，以确保安全运行。逐步掌握新能源发电主动支撑控制

[1] Alexandru C. and Comsit M., "The Energy Balance of the Photovoltaic Tracking Systems using Virtual Prototyping Platform," European Electricity Market, 2008, IEEE 5th International Conference on, 2008, pp.1-6.

[2] 付林、郑忠海、江亿等：《基于动态和空间分布的城市能源规划方法》，《城市发展研究》2008年1期，第151—154页。

[3] 谭阳：《基于DSP的光伏发电跟踪控制系统研究》中原工学院硕士学位论文，2014年。

技术，使新能源发电具备无功／电压主动控制、有功／频率控制、高低电压故障穿越等性能，实现新能源向常规电源转变。在集中式和分布式并举的开发模式下，一方面，新能源远距离大规模传输问题具有挑战性，新能源发电控制技术从新能源电站内的单一协调控制向集群电站、送受端协调控制发展；另一方面，分布式新能源接入区域范围内具有高渗透率、点多面广、分散性强的特点，分布式新能源发电控制技术向区域协调与分散自适应控制结合的方向发展。

4. 信息通信技术（ICT）的快速发展使得智慧能源具备物质基础

信息通信技术（ICT）技术发展日新月异，以云计算、大数据、物联网、移动应用、智能控制技术为代表的技术创新和应用层出不穷，凭借着其飞速发展，已渗透到社会的各个领域。智慧能源基于信息通信技术（ICT）技术构建能源云平台，通过物联网基础设施、云计算数据中心等信息通信技术手段，以水、电、气、风、油等能源介质为监测对象，对企业、工业园区、学校、医院、综合商业楼宇与社区等用能设备进行实时采集、计算分析和集中调度管理，将能源消费者、能源管理者、电网、能源服务企业等全部互联，基于大数据、云计算等信息通信技术（ICT）新技术，将能源与能量的生产、转换、存储、输送、使用等环节互联起来，实现信息流、能量流和能源流的自由接入、实时流动、即时交换与共享，达到信息网、能量网、能源网的"三网合一"[1][2]。

二、天合能源物联网发展

（一）天合能源物联网发展历程

天合光能自 1997 年创办到 2006 年在美国纽交所上市，是天合光能的 1.0 时代，这个阶段更多的是跟踪国外的技术发展，通过消化吸收再创新，保持较快发展势头，打下光伏发电设备制造的良好基础。

从 2007 年开始，国外企业在光伏行业的发展动力和资本投入逐渐减弱，

---

[1] 付林、郑忠海、江亿等：《基于动态和空间分布的城市能源规划方法》，《城市发展研究》2008 年第 1 期，第 151—154 页。

[2] 康旭花：《"企业能源规划"的编制分析》，《能源与节能》2009 年第 6 期，第 45—46 页。

天合光能依靠自主创新推动行业成本持续下降，成为全球领先的光伏组件供应商与太阳能整体解决方案的领跑者，这个阶段被天合光能划定为 2.0 阶段。

从 2017 年开始，天合光能展开第三次全新转型——深度探索能源物联网应用领域，正式迈向 3.0 时代。天合 3.0 时代推行一场激发活力的自我革命：以价值创造为主线，建立"平台 + 创团"的发展战略模式。所谓"创团"，就是凝聚社会力量，共同创业、创新、创造价值，天势所趋，合创辉煌。在面向更广泛的用户时，从有边界的创新走到无边界的拥抱，让终端用户和社会上的各种力量都能到平台上来发挥作用。

在刚刚开启的 3.0 时代，天合光能以分布式能源生产、能源存储、智慧用能、多能互补为基础，构建一个智慧能源和数字能源的新体系。通过创新、品牌、全球化、平台化、智能化和产融协同六大战略，从光伏产品、光伏电站向智慧能源解决方案延伸，深度探索能源物联网的应用领域，开启发展的新篇章。参见图 1。

图 1　天合能源物联网发展进程

资料来源：作者工作单位绘

天合能源物联网充分发挥各种能源优势，多能互补、能源梯级利用，最大化的提升综合用能效率，为用户提供全生命周期的解决方案。天合能源物联网以分布式、智能化、安全、清洁、高效等为特征，以能源服务和数据服务为业务内容的发储配用云一体化能源物联网体系，天合能源物联网将致力于成为全球智慧能源领域引领者。

（二）天合能源物联网生态圈建设

天合能源物联网一体化解决方案以智慧能源云平台为基础，打通能源发电、储能、配网、用能端。让能源流、信息流、价值流以及能源设备，在互动、共享的智慧能源网络里相互连接，实现能源互联一体化管控。最终为发电企业、储能企业、配电网企业、售电企业提供各类智慧、高效的能源服务。通过数字化物联平台和核心物联设备的连接，在智慧运维、能源管理、能源交易和能效管理等方面跟合作伙伴构建一个基于云平台的能源物联网生态圈。参见图2。

图2　天合能源物联网生态圈

资料来源：作者工作单位绘

在天合能源物联网生态圈中，开放合作是核心理念。公司创始人高纪凡表示："在3.0时代，天合以开放性和平台化的战略与我们强大的合作伙伴一起共创一个新的能源互联网的新时代。最先加入天合能源物联网生态圈的伙伴的有华为、IBM、西门子、阿里、国家电网等全球最领先的企业，也有清华大学、埃森德等这些院校和咨询机构。"

三、天合能源物联网解决方案

（一）天合智能光伏解决方案

传统光伏发电系统基本采用光伏阵列固定角度放置的安装方式，其输出必然受到太阳光强、外界温度等条件影响，具有明显的非线性特征，致使光伏发电系统存在低效率高成本的发展瓶颈。

1.天合智能优配背景

面对光伏系统核心部件的兼容性差、系统安装效率低以及系统运营的故障风险等问题，天合智能优配应运而生。天合光能针对大型电站开发的智能光伏解决方案，覆盖地面和水上等应用场景，提供包括高效组件、可靠的跟踪系统和逆变器在内的产品优选和集成。通过一体化的产品设计、集成与安装服务，同时配合一体化控制和智能运维系统，达到系统的最佳配合，为业主和开发商提供最可靠的系统解决方案，并且保障电站发电收益最大化。参见图3。

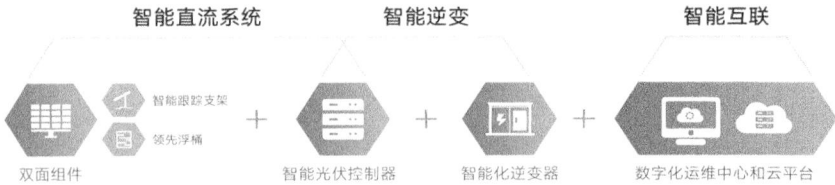

图3 天合智能优配系统组成

资料来源：作者工作单位绘

2. 天合智能优配应用场景

随着光伏电站装机规模的剧增，大型平坦地面电站越来越少，复杂地形光伏电站越来越多，沟壑交错、多种朝向坡面相互衔接，以往常规的设计方法已经不能满足当前电站设计的需求，针对这些问题，智能优配从阵列倾角、方位角、支架形式等角度去深度挖掘设计优化点，提高电站设计质量。参见图4、图5。

（1）应用场景一 总坡度 小于6%的地形

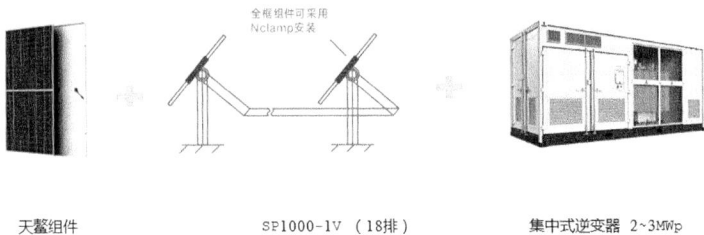

图4 单面组件＋多排联动跟踪支架（1V）＋集中式逆变器

资料来源：作者工作单位绘

天合双核组件   SP1000-2V（6排）   集中式逆变器 2~3MWp

图5　双面组件＋多排联动跟踪支架（2V）＋集中式逆变器

资料来源：作者工作单位绘

　　该场景主要采用天鳖组件、多排联动跟踪支架以及集中式逆变器，在固定、变动等之后可自动调节再对准，无须再进行调整，能够适应不同的地形地貌，兼容各种复杂的施工方式。

　　（2）应用场景二　南北坡度小于20%的地形

天合双核组件   SP160-2V（1排）   组串式逆变器 80~185KWp

图6　双面组件＋单轴不联动跟踪支架（2V）＋组串式逆变器

资料来源：作者工作单位绘

　　由图6可见，该场景主要采用天鳖组件、单排不联动跟踪支架以及组串式逆变器，单排桩支架且立柱高差可调节，克服了柱间崎岖不平的大跨度预应力，提高了复杂地形的适应性，减小了阵列布置间距，增加了单位面积的组件容量。

　　3.天合智能优配监控系统

　　天合智能优配内置的跟踪控制系统采用了逆跟踪天文计算法和高精度的角度传感器，保证整个阵列的组件均处于最大发电量状态。参见图7。

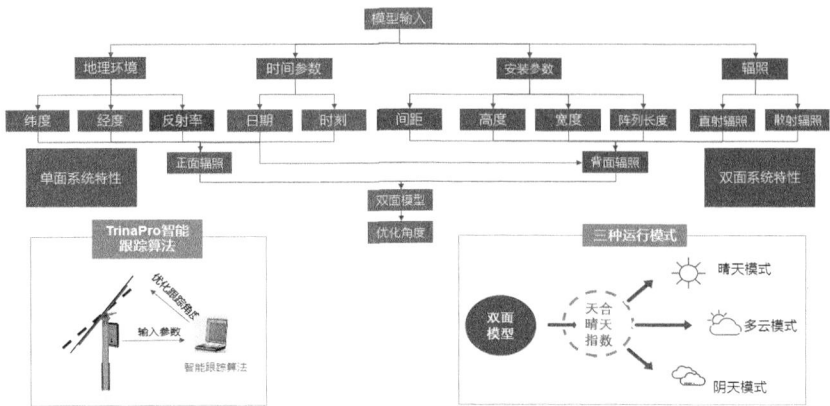

图 7　天合智能优配跟踪控制模型

资料来源：作者工作单位绘

智能优配监控系统搭载 TrinaAurora 云平台，可对光伏电站进行全生命周期管理。通过与数据采集设备的结合，进行智能集中监控、状态运维、故障诊断、决策分析等，通过大数据分析和云计算等先进手段，提升电站运维管理水平，保障电站发电受益。

图 8　天合智能优配监控平台

资料来源：作者工作单位软件截图

4.天合智能优配主要价值

具体来说，"天合智能优配"可以从硬件集成、系统安装、一体化控制、发电智能化、发电稳定化和发电收益六个方面提供更高的价值。

第一，硬件集成方面，一站式采购优选核心硬件，用户导向型的集成组合方便后续安装和使用。同时，建立在系统解决方案层面的产品标准使硬件集成更加可靠。

第二，系统安装方面，"天合智能优配"改善当前各自为阵的安装模式，实现模块化和一体化的安装。可结合项目所在地特点提供定制化的设计和安装方案，同时，标准化的流程提高了安装效率，降低误工风险。

第三，一体化控制方面，可实现对系统整体监控及运维控制，协调各个部件的统一调度，并减少控制系统之间的冲突。

第四，发电智能化方面，"天合智能优配"将协调各个部件的输出，根据电网环境进行实时自动优化调整，将系统运营的故障风险降到最低。

第五，发电稳定化方面，一体化系统的质保将建立在解决方案层面，保障项目收益。

第六，发电收益方面，系统集成优质跟踪器配合高效组件，最大可提升30%以上的发电量。

（二）天合智慧储能解决方案

在世界各国的节能减排战略下，可再生能源大力发展，风能、太阳能等清洁能源发展极为迅速，大规模的可再生能源发电集中式入网已经展开，但新能源发电的间歇性和随机性问题，给电网调度和用电管理带来了很多技术难题，甚至被调度人员视为"垃圾电"，给电网运行带来了很多难题和安全运行隐患，严重制约了新能源发电的大规模应用。而智慧储能系统作为一种新的能源组织形式，对于提高分布式能源的安全接入、减少对电网的影响具有重要的价值。

1. 天合智慧储能系统主要功能

天合储能根据现代电网技术的发展，将储能技术引入到电力系统中，有效地实现了需求侧管理，消除昼夜间峰谷差，平滑负荷，可以提高电力设备利用率，降低供电成本，还可以促进新能源的利用。同时可作为提高系统运行稳定性、调整频率、补偿负荷波动的一种手段。参见图9。

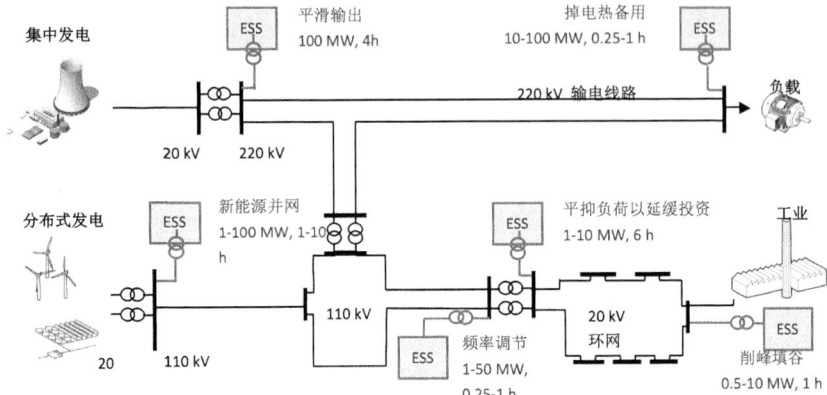

图9　天合储能系统基本功能

资料来源：作者工作单位绘

2.天合智慧储能系统产品应用场景

天合储能的产品线，有两个产品系列，第一个是针对电网以及商业用户提出的一个集装箱式储能。第二个产品系列是针对家庭用户推出来的家庭解决方案。

（1）商业用户集装箱式储能系统

商业用户—公共事业—电网储能解决方案主要是一个集装箱式的储能系统，把电池组、控制系统和消防系统都集中在集装箱中，根据用户实际需求做一些实时控制策略自动控制，用户可以根据实际需求选择不同的集装箱。它的特点就是可拓展性强、模块化设计、定义容量。整体系统效率可以达到88%。参见图10。

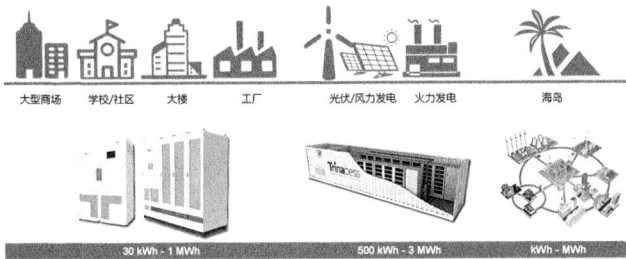

图10　天合商用储能系统分类

资料来源：作者工作单位绘

（2）家庭用户储能系统

家庭用户解决方案是针对即将安装太阳能光伏发电（PV）系统的家庭，它是一个并网系统，核心是双向逆变器，能存储屋顶光伏组件产生的电能，日落后负载需要用电时，或者遇到停电时，用户可以使用储能系统内存储的电能满足用电需求。户用储能系统帮助您实现能源的自发自用、自给自足，最终达到能源独立。参见图11。

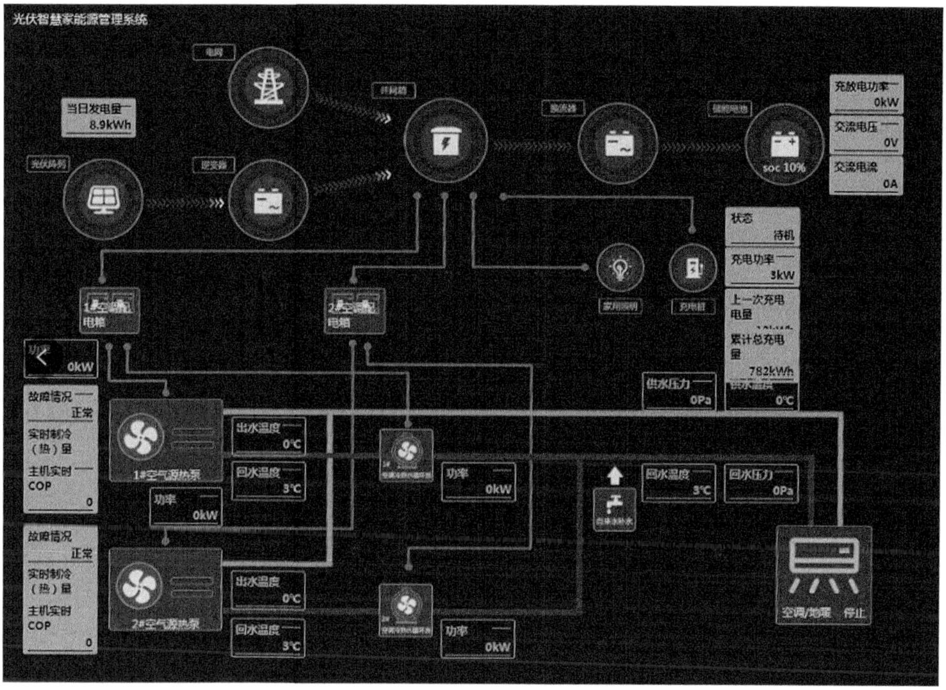

图11　天合家用储能系统架构图

资料来源：作者工作单位软件截图

3. 天合智慧储能管理系统

天合储能管理系统采用本地部署＋云端监控的产品架构，集成锂电池、电池管理系统（BMS）、储能变流器（PCS）、热管理、消防等子系统，根据家庭、工商业等不同应用场景，为客户提供不同运行策略。就地监控是整个储能系统的高级控制中枢，负责监控整个储能系统的运行状态，是联结电网调度和储能系统的桥梁，起到上传下达的作用，一方面接收电网调度指令，另一方面把电网调度指令按能源管理策略分配至各个储能支路，同时监控整个储能系统的运行状态，分析运行数据，确保储能系统处于良好的工作状态。

云端监控系统的主要功能有：SCADA 功能、全景分析功能、优化调度决策功能和有功无功控制功能。通过对电池、变流器及其他配套辅助设备等进行全面监控，实时采集有关设备运行状态及工作参数，并上传至上级调度层，同时结合调度指令和电池运行状态，进行功率分配，实现储能系统优化运行。可实现远程监控及软件升级、设备故障分析和大数据统计分析等。终端客户可使用移动设备 APP 端随时随地查看系统运行状况。参见图 12。

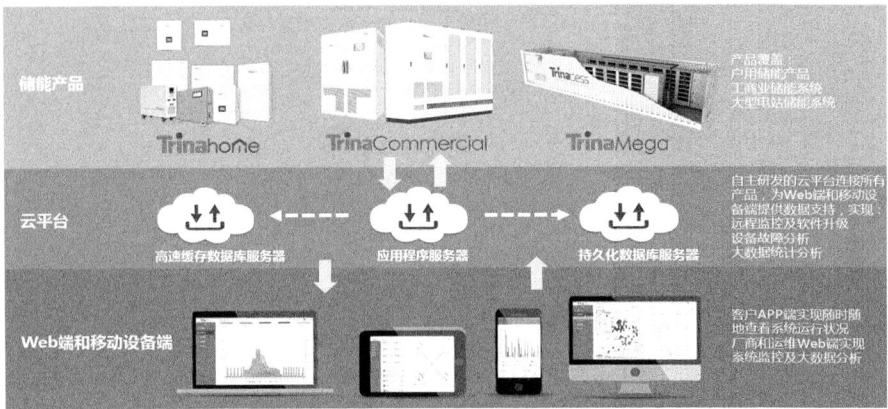

图 12　天合智慧储能管理系统

资料来源：作者工作单位绘

（二）天合智能微电网解决方案

随着国民经济的快速发展，电力需求也增长迅速，电网结构日益复杂，集中式发电，大电网远距离传输的传统电网结构也面临着越来越多的挑战，成本高，运行难度大，难以适应用户对高质量、高可靠性电能的要求和多样化供电的需求。21 世纪头十年的多次大范围、大规模停电也让人们意识到需要一些其他的电力系统发展模式来应对问题，从而使电网运行得更安全，更经济高效。这时以光—储—充为主要单元的微型电网作为智能电网的重要组成部分，也受到人们越来越多的关注。

1.天合智能微网业务构成

天合智能微网面向多种应用场景，提供能源调控管理、电气设备运维检修、能源交易、优化运营等专业服务。为用户提供更高的供电可靠性，更易满足用户增长的需求，最大可能地利用清洁能源和促进技术的创新。利用多种能源发电设备和终端用户设备的智能优化和管理，实现持续发展目标的同时最大化投资效益。天合智能微网通过采用先进的电力技术、通信技术、计算机技术和控制技术在实现微网现有功能的基础上，满足微网对未来电力、能源、环境和经济的更高发展需求。参见图13。

图13　天合智能微网主要业务构成

资料来源：作者工作单位绘

2.天合智能微网应用场景

（1）区域能源互联网

以为用户提供多能互补解决方案为切入，搭建气、电、热、水等物理网，并依托TrinaMOTA管理平台，构建源、网、荷、储、云一体的区域能源互联网，带动能源产业向开放互联、智慧协同、高效共享的高端形态演进，满足各类用户安全可靠、清洁低碳、经济高效的能源需求。参见图14。

图 14　TrinaMOTA 管理平台

资料来源：作者工作单位绘

（2）工业智能微网根据园区发展定位及能源需求量身定制的多种资源融合、多种技术集成、多品类能源输出的智能化、网络型分布式能源系统，为园区内工业客户提供冷、热、电、燃气等多种能源。参见图 15。

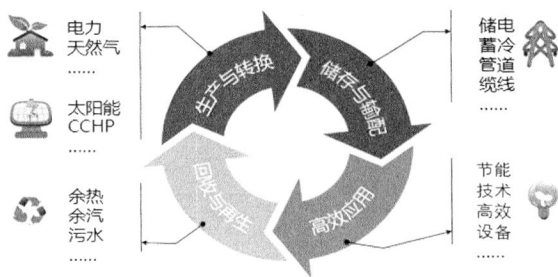

图 15　天合工业智能微网

资料来源：作者工作单位绘

（3）楼宇智能微网

依托当地资源禀赋，通过提供楼宇式综合能源服务，提高城市能源综合使用效率，从而有效解决各地政府关心的社会问题，提高社会效益。目标客户为用能需求规模大、刚性、稳定的大型商业综合体、酒店、医院、学校、数据中心、北方住宅以及南方高端住宅等。参见图 16。

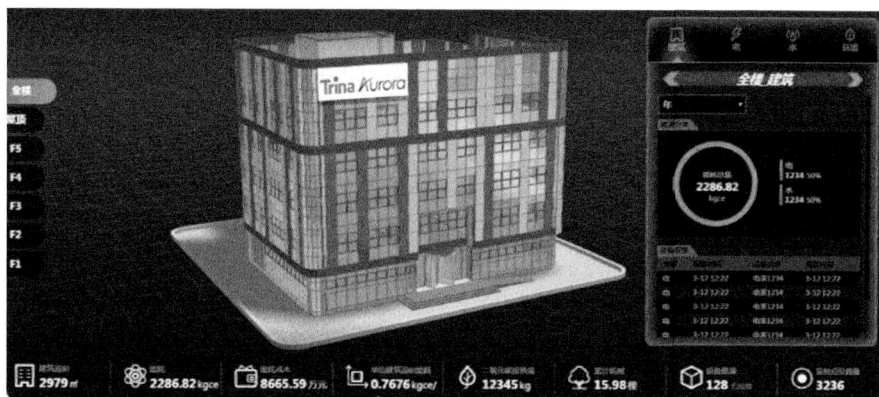

图 16　天合楼宇智能微网

资料来源：作者工作单位绘

（4）户用智能微网

充分利用当地风、光资源，配合储能设施及热泵，以采用并网＋离网两种应用模式，为用户提供电、热、冷等多品类能源，提升客户生活品质，满足客户需求。目标客户主要为偏远地区用户，城郊、农村地区别墅群等。参见图 17。

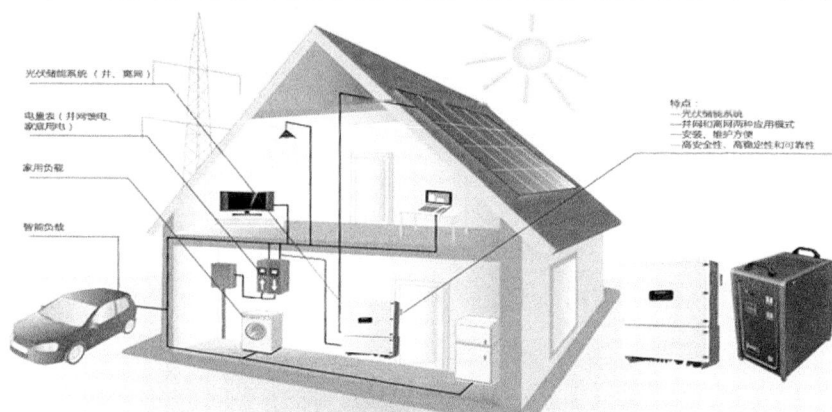

图 17　天合户用智能微网

资料来源：作者工作单位绘

3. 天合智能微网管理平台

天合智能微网是集分布式电源、储能装置、能量转换装置、相关负荷和监控、保护装置于一体的小型电力系统，具有并网和独立两种运行能力，稳定、兼容、灵活、经济。天合智能微网通过将先进的信息技术、控制技术与电力技术相融合，致力于提供更高的电力可靠性、满足用户多种需求，实现能源效益、经济效益和环境效益的最大化。参见图 18。

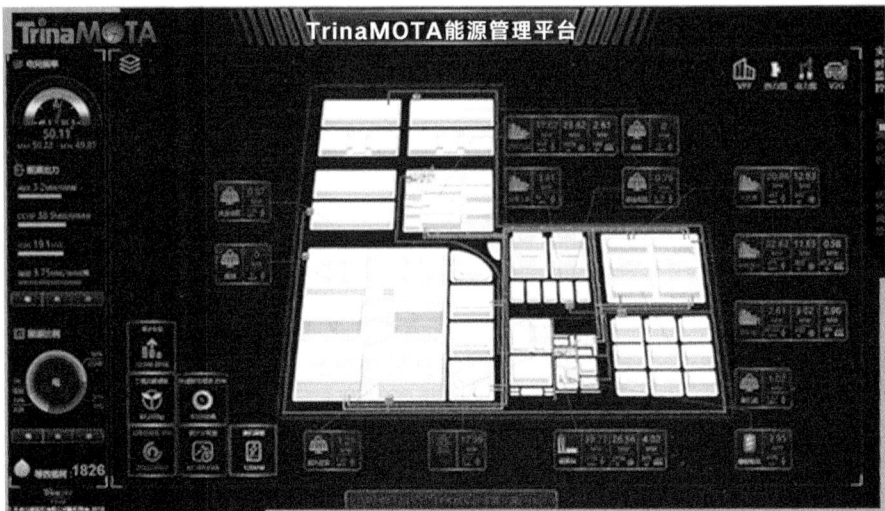

图 18　天合智能微网管理平台

资料来源：作者工作单位绘

（三）智慧能源云平台解决方案

天合智慧能源云平台依托天合光能雄厚的新能源行业背景，坚持"开放、互利、共赢"的合作策略，以能源大数据为基础，云平台为支撑，能源用户为核心，用物联网和互联网技术贯通线上线下价值链和能源行业产业链。

从工商业能源管理为切入点，通过能源物联网平台与工业物联网平台的融合与跨界协同，帮助企业实现能源与设备管理数字化，并通过大数据和人工智能，持续挖掘客户价值和增值服务，帮助工商业用户实现能源和设备的安全、经济、环保、绿色、低碳运行。同时引入金融、保险、投资、咨询等，给工商业用户提供能源管理一站式服务。基于强大的物联网 PaaS 平台和丰富的 SaaS 应用，可进行模块化的灵活应用组合以实现不同的解决方案。

图 19　天合智慧能源云平台

资料来源：作者工作单位自绘

1.天合智慧能源云平台基本架构

天合智慧能源云平台是为了满足各行业能源数字化、网络化、智能化需求，构建基于海量数据采集、汇聚、分析的服务体系，支撑物联设备泛在连接、弹性供给、高效配置的能源云平台，包括边缘、平台（PaaS）、应用三大核心层级。可以认为，天合智慧能源云平台本质是在传统云平台的基础上叠加物联网、大数据、人工智能等新兴技术，构建更精准、实时、高效的数据采集体系，建设包括存储、集成、访问、分析、管理功能的使能平台，实现工业技术、经验、知识模型化、软件化、复用化，以 APP 的形式为各类行业创新应用，最终形成资源富集、多方参与、合作共赢、协同演进的能源生态圈。参见图 20。

图 4.18 天合智慧能源云平台架构

图 20　天合智慧能源云平台架构

资料来源：作者工作单位自绘

517

2. 天合智慧能源云平台应用场景

天合智慧能源云平台广泛应用于智慧能源、智慧医疗、智慧园区、智能建筑、商业综合体等领域，实现物联网应用的灵活快速搭建，从而打造"端—边—云"协同计算的智慧物联网，参见图21。

图21　天合智慧能源云平台应用场景

资料来源：作者工作单位自绘

3. 天合智慧能源云平台

天合智慧能源云平台打造光伏云、储能云、充电云、运维云、能效云、售电云、MOTA能管等基础应用，以独特理念搭建Trina Aurora智慧物联网系统。通过云端监测、管理、统计、分析等，为所有在Trina Aurora平台上的不同用户提供全面的数据分析，专业的诊断治理，实时的运维售后、高效的解决方案，使其获得所需的数据、状态、报告、运维、设计、改造、收益、金融、电能治理、投资咨询等线上线下综合服务和资讯。推动着物、能、数字全面的连接，实现"三位一体"的能源物联网新体系。

五、天合能源物联网典型案例

（一）天合智能光伏领跑者项目

天合光能阳泉领跑者项目位于阳泉市盂县北下庄乡，占地面积约 1700 余亩，项目总投资约 3.27 亿元。项目共采用了 1 万余块天合双玻高效组件和 16 万余块高效单晶组件。项目建成后，预计 25 年总发电利用小时数 29627 小时，总发电量 12.4 亿千瓦时。参见图 22。

图 22　天合阳泉领跑者项目

资料来源：作者工作单位摄

天合光能阳泉市领跑者利用市内的采煤沉陷区废弃地、煤矸石山、采矿回填区等采用"光伏 + 旅游"一体模式解决方案，打造既能满足高效发电需求，又集观光旅游、技术展示于一体的高科技光伏精品项目。不仅实现废弃土地的再利用，提高了土地综合利用率，还能够提供绿色电力资源，改善当地的生态环境，促进当地经济发展。

（二）马尔代夫微电网项目

马尔代夫岛屿分散，大小不一，无法建设大型发电站。高峰时期，全国81% 的发电量来自于燃烧柴油。为改善当地能源结构减少碳排放，马尔代夫环境能源部携手天合储能为马尔代夫的 27 个岛提供光储微电网解决方案。

天合储能依据马尔代夫 27 个岛不同用电需求制定不同规模的微电网解决方案，同时依据 27 个岛不同的既有能源结构分别定制 A 型电力辅助系统和 B 型主要供电系统，并借由 SCADA 对光伏、储能和柴油机系统进行数字化管控以实现岛内微电网最优化。参见图 23。

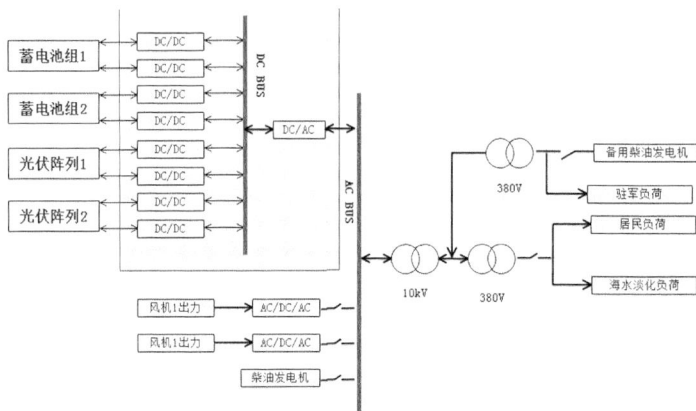

图 23　天合马尔代夫微电网项目系统架构图

资料来源：作者工作单位绘

该微电网项目将能够解决约 11000 居民的生活用电问题，改变岛内柴油机单一供电模式，减少柴油发电断电或不稳定对居民用电的影响。同时实现每年减排二氧化碳约 8000 吨，助力马尔代夫实现 2030 年成为"碳中和"国家的目标。参见图 24。

图 24　天合马尔代夫微电网项目

资料来源：作者工作单位摄

图 25　天合能源物联网一体化解决方案及典型案例

（三）常州工厂智慧能源项目

天合光能常州工厂占地面积 15 万平方米，分为西区、东南区、东北区三个厂区，是天合光能产品研究、开发和制造总部基地。全厂能源消耗量大，全年有冷水需求，冬季有供热需求，随着天合光能打造多能互补、智能高效、绿色低碳的现代工厂能源体系，原有的能源使用模式不再符合公司战略要求。常州工厂燃气分布式项目可有效解决厂区用电需求，改善厂区节能减排情况和提升能源管理水平，同时，为产业园区转型为低碳环保的智慧能源小镇起到示范引领作用。参见图 25。

图 25　天合常州智慧工厂

资料来源：作者工作单位软件截图

常州工厂燃气分布式项目，一期计划在东南厂区，结合工厂用电、用冷、用热需求，整合燃气分布式、水蓄冷、储能，建设 EMS 能源管理平台，对东南区负荷进行实时监控、有效调节，通过节能管理、改造，优化调整电源结构，提升能源价值、降低用能成本、增强供能灵活性和安全性，从而建立清洁高效的能源体系，推动天合光能的进一步发展。项目占地面积 1500 平方米，由 2 套 3.3 兆瓦级燃气内燃机、2 台烟气热水型溴化锂冷热水机组和 1 套水蓄冷系统组成。参见图 26、图 27。

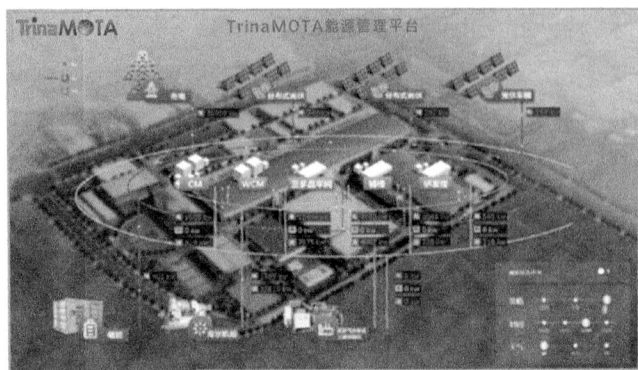

图 26　天合常州工厂智慧能源组成

资料来源：作者工作单位软件截图

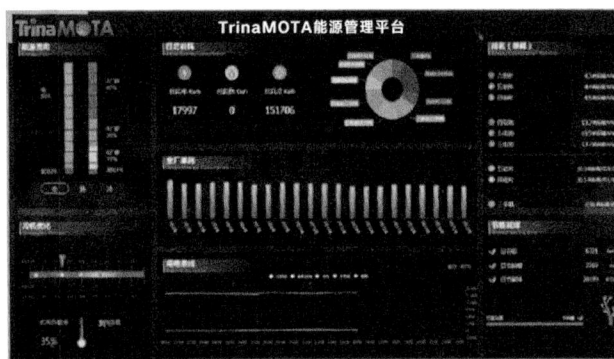

图 27　天合常州工厂智慧能源云平台

资料来源：作者工作单位软件截图

项目的实施符合国家的产业政策，符合天合光能战略转型需要，具有很强的可操作性，对区域社会、经济、环境均具有积极作用。

（四）常州太阳城智慧园区

常州太阳城智慧园区东临江阴，西接京沪高铁站，南起中华恐龙园，北至百丈，占地面积 16.9 平方公里。2003 年镇改街道，2007 年起逐步撤村转居，现辖 4 个社区，总人口 5 万余人。从 2014 年开始，园区和街道"合一"，实行"两块牌子、一套班子"的管理体制。在光伏产业领先全球的基础上，园区（街道）进一步提升产业层次和水平，在传感器产业、汽车零部件产业以及电子产业上发力，正在形成新的增长点。

近年来，园区（街道）先后获得省光伏产业产学研协同创新基地，江苏省优质产品生产示范区等多项荣誉。参见图28。

图 28   常州太阳城智慧园区规划

资料来源：作者工作单位绘

常州太阳城智慧园区项目针对园区的经济增长和用能需求，结合本地的光照、地热、水资源等多种可再生能源资源禀赋，综合发展整合光伏、三联供、空气源热泵、浅层地源/水源热泵、相变储能(含水蓄冷)等多维能源协同互补，实现对园区内的冷热电热水等多种能源的供应。并依托多层智能化调度和信息平台，通过对各个用能个体的数据采集和人数据分析，实现需求侧对供给侧的能源智能化响应。参见图2。

图 29   常州太阳城智慧园区展示平台

资料来源：作者工作单位软件截图

常州太阳城智慧园区项目以互联网深度应用为基础，以电力系统为核心，将供气系统、供热系统与电力系统等集成，横向角度实现电力、燃气、供热等一体化多能互补，纵向角度实现源网荷储全环节高度协调与灵活互动、集中化与分布式相互结合的能源网络，充分挖掘横向源—源多能耦合、协同互补特性，从而有效抑制清洁能源发电的强随机性和强波动性，大幅提高综合能源系统的供能可靠性以及能源综合利用效率。

（五）上海紫竹智慧园区项目

上海紫竹智慧园区项目位于上海闵行紫竹科技园区，园区内集聚了各类国家级工程中心、跨国公司研发中心以及高科技企业。该项目主要将园区的配用电、充电、光伏、储能、空调、照明等设备通过不同方式统一采集，同时上送TrinaMOTA能源管理平台和TrinaAurora能源云平台，实现物联设备数据可视化、部分设备远程控制、多种能源优化控制、设备运行信息监测、数据统计分析、报表管理等功能。参见图30。

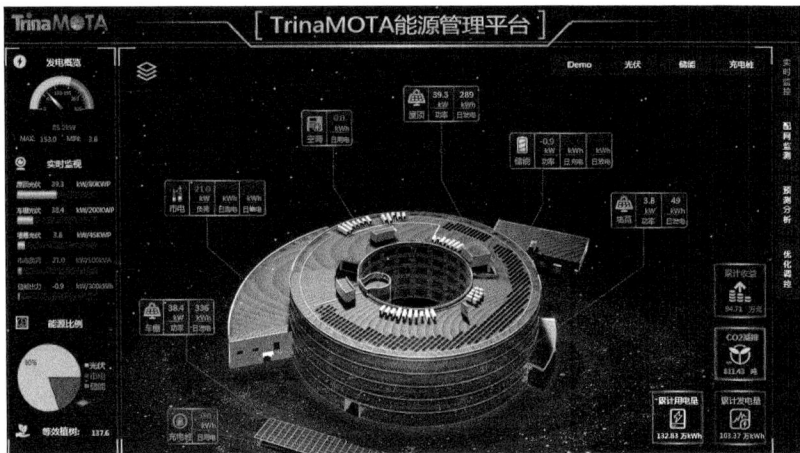

图30 天合紫竹智慧园区能源管理平台

资料来源：作者工作单位软件截图

上海紫竹综合能源管理平台采用3D实景建模，利用3D场景模型接入物联设备实时运行状态及实时数据。即可以通过ipad控制让参观者在监控实时能源数据，给参观者带来震撼、真实、清晰的体验。

上海紫竹综合能源管理平台帮助园区企业实现能源与设备管理数字化，并通过大数据和人工智能，持续挖掘客户价值和增值服务，帮助园区用户实现能源和设备的安全、经济、环保、绿色、低碳运行。

（六）某大型智慧超市效率管理项目

大型智慧超市效率管理项目主要建设一套效率管理系统（Efficiency Management System，EMS），能够对下辖管理的所有门店进行智能化管理，降低能源消耗，增强运行效率，减少人为损失，加强安全管控，并能够实现将实物，系统，环境以及相关管理工作人员的各类信息，实时及集中化的收集，传递，储存，并通过高等级智能化方式处理，执行并共享。参见图31。

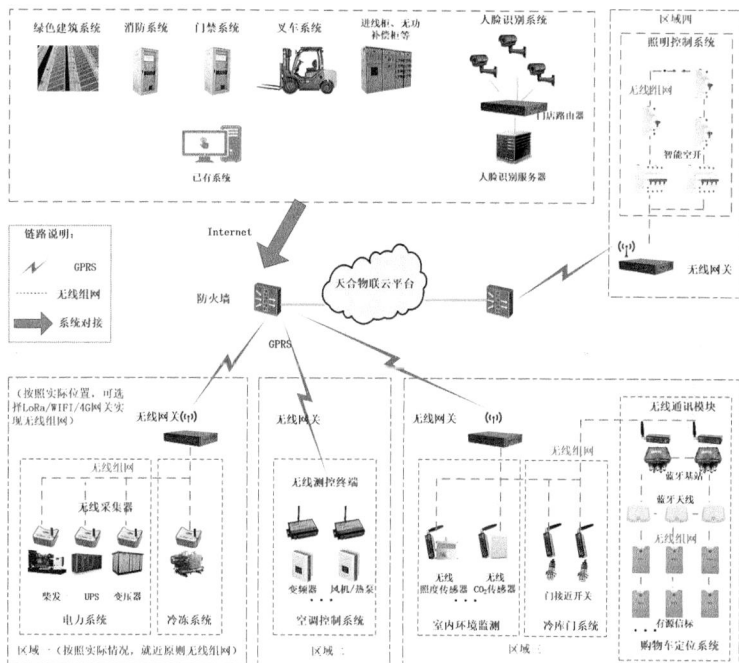

图31　某大型智慧超市效率管理系统架构

资料来源：　作者工作单位绘

效率管理平台通过对空调、冷库、照明的远程监控，降低能源消耗成本；捕捉消费者场内动线与热力区域，利用货品管理新技术，全面了解消费者动态，指导门店丰富线下场景，提供更迎合消费者喜好的商品和品类；基于门店商圈

525

客流画像和偏好合理调配门店商品，根据顾客购物动线和停留监测，优化陈列，提高效率。

总结

经过持续投入和不断地发展，天合能源物联网整合源、网、荷、储各环节资源，推出了包含新能源发电、储能、充电、运维、能效、售电和区域能源管理等能源产业链的统一应用，涵盖水、电、气、冷、热、工艺和生产流程的统筹管理工业物联网平台，为合作伙伴和终端用户提供全方位的能源技术支撑与综合能源服务，实现降本、增效，挖掘增值业务机会，提升客户服务满意度。天合能源物联网致力于成为全球智慧能源领域的引领者，加速推动人类社会进去以电力化、低碳化、智能化为主要特征的能源新时代，让世界更安全、更清洁、更智能、更经济，为地球可持续发展贡献力量。

低压吸附储存天然气汽车是未来发展的一种趋势

刘满营　刘青松　郑峻　谭必恩[1]

摘要:

天然气(主要成分为甲烷)储量丰富、价格便宜、对环境污染小、使用安全,是一种具有极大发展前景的清洁能源。目前,受限于甲烷高效存储和释放技术,天然气的应用,尤其是在汽车上的应用受到了严重制约。天然气吸附存储技术,与压缩、液化存储技术相比,不需要高压或超低温,存储条件温和,而具有极大的应用前景,吸附储存天然气技术是未来发展的一种趋势。该综述主要围绕天然气吸附存储技术,对吸附材料(如活性炭、金属有机框架化合物、有机微孔聚合物)、吸附存储系统的设计方面的研究进展进行了归纳总结,并对未来相关领域的发展进行了展望。

关键词:

天然气;吸附存储天然气;天然气汽车;环境污染

一、引言

汽车尾气每年排放污染物 4300 万吨,引发酸雨、雾霾、光气、高层臭氧

---

[1] 刘满营,华中科技大学博士研究生。刘青松,华中科技大学硕士研究生 。郑峻,武汉新能源研究院常务副总经理。谭必恩 ,博士,教授,博士生导师,主要研究三嗪共价框架聚合物、微孔聚合物合成及气体储存研究等领域。

等污染，严重危害人类的身体健康。天然气是一种高效的清洁能源，可以再生，氮氧化物排放量减少 90%，基本没有颗粒物排放，价格约为汽油 1/2。天然气储量十分丰富，仅可燃冰就能够维持人类使用 1000 多年，因此，如果大力发展天然气汽车，那么将减轻日益恶化的环境问题及石油资源枯竭问题，符合时代需求。2018 年中国汽车保有量达 2.4 亿辆，但是天然气汽车保有量 670 万辆，占比不足 3%。储气问题是影响天然气汽车发展的主要因素之一。天然气主要由甲烷（大于 95%），部分乙烷和丙烷、少量二氧化碳和氮气以及其他碳氢化合物组成[1]，在化石燃料中，甲烷具有最高的氢碳比，天然气汽车与汽油车相比，可减少排放 86% 的一氧化碳 26% 的二氧化碳、77% 的氮氧化物[2]。此外，天然气储量丰富、生物可再生，对于改善能源结构、缓解石油市场日益紧张的供求关系、保护生态环境、实现国民经济和社会的可持续发展具有重要作用。目前天然气已广泛应用于工商业和家庭中，并作为替代能源初步用于公交车、出租车中。但常温常压下汽油体积能量密度为 32.4 毫焦每升而天然气仅为 0.04 毫焦每升[3]，受限于甲烷高效存储和释放技术，天然气的应用领域受到了严重制约。目前市场上天然气的存储方法主要有压缩天然气（Compressed Natural Gas，CNG）和液化天然气（Liquefied Natural Gas，LNG）。液化天然气能量存储量大，利于远距离运输，但需要降温至 –161.5 摄氏度，对材质要求高、能耗大、成本高；压缩天然气工艺简单成熟，加气方便，但需要在 25 兆帕高压下存储，对储罐材质要求高、自重大、需多级压缩系统、加气站投入大、安全隐患多。

吸附存储天然气（Adsorbed Natural Gas，ANG）技术可以解决这些问题，吸附天然气存储是指在储罐中加入高比表面积及适宜孔结构的微孔（小于 2 纳米）材料，利用其巨大的比表面积和丰富的微孔结构，在远低于压缩天然气的储运压力下（3.5—6.5 兆帕）使吸附存储天然气达到与压缩天然气相近的储存

---

[1] Chang Z., Zhang S. and Chen Q., et al. "Microporous organic polymers for gas storage and separation applications," physical chemistry chemical physics, 2013, Vol. 15, No. 15, pp. 5430–5442.

[2] Mason J., Veenstra M., Long J., "Evaluating metal - organic frameworks for natural gas storage," Chemical Science, 2014, Vol. 5, No. 1, pp. 32–51.

[3] 同上（论文）

容量。2012 年美国能源部（Department of Energy， DOE）对天然气吸附储存材料设定的目标：甲烷的体积容量是 263 体积比，质量容量是 0.55 质量比（体积比表示甲烷与储存材料的体积比，质量比表示甲烷与储存材料的质量比）。发展天然气吸附存储技术的关键在于吸附剂的研究与存储系统的开发，现将这两方面的研究进展进行综述。

二、天然气吸附剂研究进展

吸附存储天然气能在较低压力下达到大的存储量是因为当天然气与多孔材料接触时，由于气体分子与固体吸附剂原子之间的分子间引力，而能够自动吸附在多孔材料的内表面产生积蓄，由于吸附剂内表面原子与气体分子之间的分子间作用力远大于气体分子之间的作用力，吸附剂表面附近的气体分子浓度将远大于气相分子浓度。在一定范围内，多孔材料的孔径越小，吸附作用力越强，微孔能被吸附的气体分子填满。尽管吸附剂的固体骨架会占据部分储存空间，但由于吸附相密度远大于气相密度，总的效果仍将显著提高天然气的存储密度[1][2]。因此，选择合适的吸附剂将实现在较低压下提高天然气体积能量存储密度。当储罐内部压力低于外界压力时，气体分子被吸附在吸附剂微孔的内表面，实现储存；当外界压力低于储罐压力时，气体分子从吸附剂表面脱附，得以释放应用。储存相同量气体时，系统压力大大降低，这是吸附存储天然气最根本优势。

目前围绕天然气吸附技术的研究主要集中在高效甲烷吸附剂的开发和吸附存储天然气储罐系统的设计。高效多孔吸附材料的开发作为吸附存储天然气技术的基础和根本，得到了广泛的研究，根据国际纯粹与应用化学联合会（In-

[1] He Y., Zhou W. and Qian G. D., et al. "Methane storage in metal-organic frameworks," Chemical Society Reviews, 2014, Vol. 43, No. 16 pp. 5657-5678.

[2] Tran L., Feldblyum J. and Wong-Foy A., et al., "Filling pore space in a microporous coordination polymer to improve methane storage performance," Langmuir, 2015, Vol. 31, No. 7, pp. 2211-2217.

ternational Union of Pure and Applied Chemistry， IUPAC）定义，将孔径小于2纳米的孔定义称为微孔，孔径在2—50纳米之间的孔称为介孔或中孔，孔径大于50纳米的孔定义为大孔。多孔材料的结构特征和表面官能团的种类及分布是决定其吸附特性的主要因素，如比表面积、孔径分布、孔体积、所含官能团等。甲烷吸附材料主要是以微孔为主的多孔材料，包括无机多孔材料（如活性炭、分子筛）、有机—无机多孔材料（MOFs）以及有机多孔材料（POPs）。

1. 无机微孔材料吸附剂

（1）分子筛吸附剂

1985年，史托克梅耳（Stockmeyer）[1]最先利用分子筛吸附剂存储甲烷作为天然气汽车的专利，填装密度为0.8克每立方厘米时，在室温和9.1个大气压的条件下，甲烷吸附量达到150体积比，但之后塔鲁（Talu）等[2]经过多次实验证实吸附量只有98体积比，并发现甲烷吸附量还与分子筛的金属离子种类及电荷有关。李晋平等[3]通过水热法合成了不同结构的分子筛AIPO-53，SAPO-34和AIPO-5，其中具有笼型结构的SAPO-34具有最好的甲烷吸附量（2.35毫摩尔每克，0摄氏度，2000千帕），并发现分子筛的结构对于甲烷的存储具有重要影响。最近余（Yu）[4]等人在分子筛5A的表面加一层介孔硅胶涂层，然后充加甲烷至高压50个大气压，随后用二甲基丁烷当作密封阀封存甲烷，之后降压至低压1个大气压，进而使甲烷吸附量提高至原来两倍。由于分子筛晶体材料的特殊性能与其孔道结构及孔道表面的性质密切相关，而目前对于分子筛的晶化机制还没有明确的认识，实现其定向设计合成仍然具有极大的难度[5]。

（2）活性炭吸附剂

[1] Stockmeyer. "Methane storage for methane-powered vehicles，" EP: US4495900， January 29， 1985.

[2] Zhang S.， Talu O. and Hayhurst D.， "High pressure adsorption of methane in NaX， MgX， CaX， SrX， and BaX，" Journal of Physical Chemistry， Vol. 95， 1991， pp. 1722–1726.

[3] Wu W.， Zhao Q. and Li J.， "Methane storage in zeolite AIPO-53, SAPO-34 and AlPO-5，" China Science and Technology Information， Vol. 20， 2011， pp. 52–55.

[4] Song Z.， Nambo A. and Tate K.， et al.， "Nanovalved Adsorbents for CH4 Storage，" Nano Letters， Vol. 16， No. 5， 2016， pp. 3309–3313.

[5] Wang Z.， Yu J.， Xu R.， "Needs and trends in rational synthesis of zeolitic materials，" Chemical Society Reviews， Vol. 41 No.5， 2012， pp. 1729–1741.

图 26　低压吸附储存天然气汽车是未来发展的一种趋势

　　活性炭可通过煤、石油焦、木材、椰子壳、坚果等作为原料来制备，来源广泛，成本低，孔径分布窄，比表面积高，已有团队将材料进行了天然气汽车行车试验，并取得了一定成果。提高活性炭的孔隙率和比表面积，有助于甲烷吸附容量的提高。因此，许多研究者早期主要致力于提高活性炭的比表面积和微孔体积，并在制备高比表面积成型活性炭生产工艺上取得了大量的研究成果，积极致力于吸附存储天然气技术的应用推广。日本大阪煤气公司通过以中间相的炭微球为原料，及氢氧化钾活化制得了比表面积高达 4000 平方米每克的超级活性炭，并用到吸附储存甲烷中，效果良好[1]。蒙赫（Monge）等[11]以石油沥青基碳纤维为原料，采用物理活化法得到具有高比表面积 3000 平方米每克，孔径主要为微孔的活性炭纤维 (ACF)，其甲烷的体积吸附量可达到 166 体积比。美国石油公司（Amoco）[2]制造的牌号为 AX-21 用氢氧化钾活化的活性炭，比表面积达 3000 平方米每克，对天然气的吸附储存量为 170 体积比。适当的孔径对于活性炭吸附也有重要作用[3]，活性炭孔径太大，天然气分子在吸附剂孔内形成单层吸附的同时也形成多层吸附，这部分孔内天然气分子近似于或纯粹以压缩态形式存在，这样就不利于提高天然气储存的体积能量密度，若活性炭的孔径太小，孔内壁间的吸附场太强不利于吸附气体的脱附。梅农（Menon）[4]研究认为对于甲烷存储，微孔体积应该能包含两层甲烷分子，而对于甲烷存储和释放则需要达到三层。Matranga 和陈(Chen)等[5]利用蒙特卡洛模拟计算认为，在 25 摄氏度，3.5 兆帕下活性炭材料存储甲烷的最佳吸附孔径为 1.14 纳米（甲

[1]　Wang G.，Deng X. and Liu X.，et al.，"Natural gas storage in active carbon with high surface area，"Biomass Chemical Engineering，Vol. 46，No.3，2012，pp. 27-32.

[2]　Lozanol-Castello D.，Cazorla-Amoro S. and Linaresl-Solanoa A.，et al.，"Activated carbon monoliths for methane storage: influence of binder，"Carbon，Vol. 40，2002，pp. 2817-2825.

[3]　Arami-Niya A. Daud W. and Mjalli F.，"Comparative study of the textural characteristics of oil palm shell activated carbon produced by chemical and physical activation for methane adsorption，"Chemical Engineering Research & Design.，Vol. 89，No. 6，2011，pp. 657-664.

[4]　Menon V.，Komarneni S，"Porous Adsorbents for Vehicular Natural Gas Storage: A Review，"Journal of Porous Materials，Vol. 5，1998，pp. 43-58.

[5]　Chen X. and Mcenaney B.，Mays T.，et al.，"Theoretical and experimental studies of methane adsorption on microporous carbons，"Carbon，Vol. 35，No. 9，1997，pp. 1251-1258.

烷动力学直径为 0.38 纳米），与古宾斯（Gubbins）等 [1] 的研究结果一致。

吸附剂颗粒装填于储罐中，颗粒之间留有许多空隙，这些空隙中天然气的密度实际上就是储罐压力下 (3.5—6.5 兆帕) 的单纯压缩天然气密度，它们对增加吸附存储天然气的存储密度没有贡献，因此尽量减少吸附剂颗粒之间的空隙，增加吸附剂的装填密度就成为影响吸附存储天然气储气能力的另一个重要因素。为了提高活性炭的填装密度主要可采取两种措施，一是搭配不同粒度的活性炭材料来提高填充效率 [2]，该法可使吸附量增加约 10%，二是采用加压成型方式将颗粒状活性炭制成整体型活性炭（monolith），以有效减少储罐内空隙体积。廷（Ting）[3] 的研究表明，甲烷体积吸附量随着堆密度的增加而提高。威格斯（Wegrzyn）和格尔尼卡（Gurevich）[4] 的成型活性炭在 4.8 兆帕对于甲烷的吸附达到了 200 体积比。近些年来，国内对天然气吸附存储用活性炭的制备工艺也进行了大量研究，宋燕等以石油焦为原料，以羧甲基纤维素钠为黏结剂成型，所得成型活性炭对天然气的吸附储存量为 169 体积比。离实际应用最近的试验是中国石油大学 [5] 的吸附存储天然气研究小组于 1994 年间进行的卡车行车试验，填装活性炭的吸附体积比为 103 体积比，行驶里程为 65 千米。

2. 金属有机框架（MOFs）吸附剂

金属有机框架（Metal - Organic Frameworks，MOFs）多孔材料，是利用有机配体与过渡金属离子间的金属—配体络合作用而自组装形成的一类具有超分子微孔网络结构的类沸石材料 [6]。不饱和金属和有机配体不仅构成材料的骨架

[1] Tan Z. and Gubbins K., "Adsorption in carbon micropores at supercritical temperature," Journal of Physical Chemistry, Vol. 94, 1990, pp. 6061–6069.

[2] 贾铮、黎海波、于振兴等：《天然气吸附储存的进展》，《化学通报》2011 年第 74 期，第 693—700 页。

[3] Alhasan S., Carriveau R. and Ting D., "A review of adsorbed natural gas storage technologies," International Journal of Environmental Studies, Vol. 73, No.3, 2016, pp. 1–14.

[4] Sahoo P., John M. and Newalkar B., et al., "Filling characteristics for an activated carbon based adsorbed natural cas storage system," Industrial & Engineering Chemistry Research, Vol. 50, No. 23, 2011, pp. 13000–13011.

[5] Chen J., "The progress of the adsorbed natural gas storage in China," US–China Clean Energy Technology Forum, 2001, pp. 63–69.

[6] Katsoulidis, A. P., et al. "Chemical control of structure and guest uptake by a conformationally mobile porous material," Nature, Vol.565, No. 7738, 2019, p. 213.

结构，而且可以作为甲烷的活性吸附位点，通过引入功能基团或后修饰，金属有机框架的结构特征很容易地进行调节[1][2]。参见图 1。

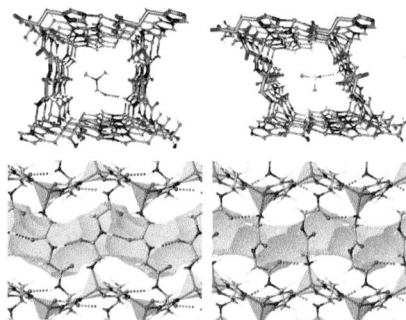

图 1　金属有机框架分子结构

注：上图分别为 ZnGGH-3（DMF）和 ZnGGH-2（DMSO）的俯视图，下图分别是它们的侧面图[3]。

资料来源：杂志《自然》，2019 年，565 卷，214 页

金属有机框架首次用于甲烷吸附可追溯到 1997 年西萨拉（Kitagaw）[4]的研究，此后研究者在金属有机框架吸附甲烷方面进行了越来越多的研究并取得了一些显著进展。斯鲁勒（Snurr）等[5]由理论研究预测 IRMOF-993 的甲烷吸附量将达到 181 体积比，可超过此前美国能源部的目标（180 体积比），而周（Zhou）等[6]用相同原料在实验室却得到的是超微的金属有机框架（PCN-13），甲烷吸附量很少。为了增大孔径，采用体积更大的新配体，得到金属有机框架（PCN-14）

[1]　Mason J., Veenstra M., Long J., "Evaluating metal - organic frameworks for natural gas storage," Chemical Science, 2014, Vol. 5, No. 1, pp. 32-51.

[2]　Errahali M., Gatti G. and Tei L., et al., "Microporous hyper-cross-linked aromatic polymers designed for methane and carbon dioxide adsorption," Journal of Chemical Physics, Vol. 118, No. 49, 2014, pp. 28699-28710.

[3]　Katsoulidis, A. P., et al. "Chemical control of structure and guest uptake by a conformationally mobile porous material," Nature, 2019, Vol.565, No. 7738, 2019, p. 213.

[4]　Kondo M., Yoshitomi T. and Matsuzaka H., et al. "Three-dimensional framework with channeling cavities for small molecules: {[M(2)(4, 4'-bpy)(3)(NO(3))(4)]center dot xH(2)O}(n) (M = Co, Ni, Zn).," Angewandte Chemie-International Edition, Vol.36, No.16, 1997, pp. 1725-1727.

[5]　Duren T. Sarkisov L. and Yaghi M, et al. "Design of New Materials for Methane Storage," Langmuir, Vol.20, No.7, 2004, pp. 2683-2689.

[6]　Ma S Q., Sun D. F., and Simmons J S., et al., "Metal-Organic Framework from an Anthracene Derivative Containing Nanoscopic Cages Exhibiting High Methane Uptake," Journal of the American Chemical Society, Vol.130, 2008, pp. 1012-1016.

（朗格缪尔（Langmuir）比表面积2176平方米每克，孔体积约0.87立方厘米每克）取得了很好的吸附效果，在25摄氏度，35个大气压下，吸附量达到230体积比，被认为是到目前为止吸附效果最好的金属有机框架材料。其吸附量高的原因与除结构为纳米尺度的笼结构外，还与金属有机框架（PCN-14）包含配位不饱和的铜活性位点有关，这是因为尽管甲烷高度对称且没有极性，金属吸附位点仍然会扰乱甲烷的电荷分布，减少分子对称性，诱导多极矩，从而增大材料对甲烷的吸附作用。出于对金属有机框架（PCN-14）的兴趣，伊尔迪里姆（Yildirim）[1]等研究了一系列具有比金属有机框架（PCN-14）更多开放位点的金属有机框架（MMOF-74系列，其中代号M为镁，锰，钴，镍，锌）材料，其吸附热在18.3—20.2千焦每摩尔、甲烷吸附量在149—190体积比，其中镍络合物（Ni$_2$(dhtp)）的过剩吸附量达到190体积比，中子散射表明甲烷吸附主要在于开放金属位点的库伦作用，不同金属原子对于其吸附效果具有重要影响。龙（Long）[2]研究发现金属有机框架（HKUST-1）和金属有机框架（Ni-MOF-74）总体积吸附量分别为225体积比和230体积比，而其中的二价铜离子和二价镍离子是强吸附位点，分别贡献了98体积比和172体积比，但由于过度依赖开放金属位点，实际应用中可能导致其他组分在金属有机框架（MOF-74）材料的竞争吸附[3]，降低使用效果。金属有机框架对于甲烷的过剩吸附除了来自金属吸附位点还有与孔表面（如连接配体）的作用，陈（Chen）[4]将金属有机框架（NOTT-101）配体中苯环上的氢原子替换成氮原子保持比表面积和孔结构不变得到金属有机框架（UTSA-76），增强了次级吸附作用，从而在相同条

[1] Wu H., Zhou W. and Yildirim T., "High-Capacity Methane Storage in Metal-Organic Frameworks M2(dhtp): The Important Role of Open Metal Sites," Journal of the American Chemical Society, Vol. 131, 2009, pp. 4995-5000.

[2] Mason J., Veenstra M., Long J., "Evaluating metal‐organic frameworks for natural gas storage," Chemical Science, 2014, Vol. 5, No. 1, pp. 32-51.

[3] Peng Y, Krunglebiviute V. and Eryazici I., et al. "Methane storage in metal-organic frameworks: current records, surprise findings, and challenges," Journal of the American Chemical Society, Vol. 135, No. 32, 2013, pp. 11887-11894.

[4] Li B., Wen H. M. and Wang H., et al., "Porous metal‐organic frameworks with Lewis basic nitrogen sites for high-capacity methane storage," Energy & Environmental Science, Vol. 8, No. 8, 2015, pp. 2504-2511.

图 26　低压吸附储存天然气汽车是未来发展的一种趋势

件下甲烷吸附量由 237 体积比提高到 257 体积比，传递量由 181 体积比提高到 197 体积比，与钴络合物 [Co（bdp）][1] 共同成为目前甲烷传递量最高的材料。

　　计算机模拟和实验相结合是常用的研究方法，目前计算机模拟已成功用于金属有机框架吸附甲烷的研究，从而减小实验工作量和缩短研究周期，其中巨正则蒙特卡罗（Grand Canonical Monte Carlo，GCMC）模拟成功用于甲烷在金属有机框架和共价有机骨架材料中的吸附研究；巨正则蒙特卡罗方法和密度泛函理论（Density Functional Theory，DFT）有效用于研究甲烷在金属有机框架中的吸附机理；高通量结合巨正则蒙特卡罗模拟被用于研究金属有机框架中结构与性能的关系 [2]。计算机模拟将继续作为探索天然气吸附材料的重要方法之一。类似于生物科学领域的基因工程，史密特（Smit）等 [3] 采用材料基因工程的方法研究了 650000 种材料对甲烷的吸附，增强了对于材料结构与性能关系的了解。此外该方法可以对某一材料合成的可能性进行判断，进而加速材料的发展进程。史密特（Smit）同时认为由于美国能源部对于甲烷吸附存储的目标是仅仅基于与压缩天然气经济性的比较，而非从热力学及材料本身的性质考虑，根据材料基因工程研究结果目前所研究的材料有效传递量的极限在 200 体积比左右，还无法达到其目标。斯鲁勒（Snurr）[4] 模拟研究了五种典型的不同空间和能力分布吸附位点材料对甲烷的吸附研究，结果表明甲烷传递量的极限并不是吸附剂和吸附质的热力学性质决定，而是由实际能得到的孔材料的化学及结构特性决定。当在金属有机框架（IRMOF-10）中引入共轭不饱和吸附位点后得到孔隙率 0.85，吸附热 15 千焦每摩尔的材料，其 65—5.8 个大气压的传递量可达 217 体积比，超过目前文献报道的最大值（约 200 体积比），同时指出要想进一步

　　[1]　Mason J. A.，Oktawiec J. and Taylor M K.，et al.，"Methane storage in flexible metal-organic frameworks with intrinsic thermal management，" Nature，Vol. 527，No. 7578，2015，pp. 357-361.

　　[2]　Lee S. and Bae Y.，"Review of Molecular Simulations of Methane Storage in Metal-Organic Frameworks，" Journal of Nanoscience and Nanotechnology，Vol. 16，No. 5，2016，pp. 4284-4290.

　　[3]　Siomn C M.，Kim J. and Gomez-Gualdron D A.，et al.，"The materials genome in action: identifying the performance limits for methane storage，" Energy & Environmental Science，Vol. 8，No. 4，2015，pp. 1190-1199.

　　[4]　Gomez-Gualdron D. and Siomn C. Lassman W.，et al.，"Impact of the strength and spatial distribution of adsorption sites on methane deliverable capacity in nanoporous materials，" Chemical Engineering Science，2016，pp. 1-13.

显著提高有效传递量需要改变操作条件。

同时文献报道中金属有机框架的密度采用的都是其理想单晶密度，而实际的堆积密度远小于前者，因此需要尽可能提高其堆积密度，彭（Peng）[1]比较了不同填装密度HKUST-1吸附材料对于甲烷总吸附量的差异。在一定范围内随着填装密度增大，甲烷吸附量增大，当填装密度大于单晶密度时，吸附量明显下降，表明过大的压力导致了材料结构的破坏，使得材料的多孔性被破坏，导致吸附量下降。因此吸附材料的密实化需要首先保证材料结构的稳定。

对于天然气的吸附存储，决定其使用效果的不是总吸附量，而是有效传递量，因此对金属有机框架来说，开放的金属位点不宜太多且与甲烷的相互作用不可太强，否则不利于存储甲烷的释放。如金属有机框架（Ni-MOF-74）与金属有机框架（HKUST-1）在6.5兆帕的甲烷吸附量相差不大，但金属有机框架（Ni-MOF-74）的金属含量更大，吸附热为21.4千焦每摩尔大于金属有机框架（HKUST-1）的17.0千焦每摩尔，使得金属有机框架（HKUST-1）最终甲烷传递量达到190体积比，而金属有机框架（Ni-MOF-74）只有129体积比[2]。由于甲烷传递量是由高压下（65个大气压）的甲烷存储量减去低压下(5.8个大气压)的甲烷存储量决定，因此提高甲烷传递量的一个理想方法是提高或保持材料在高压下的高甲烷吸附量而减小材料在低压下的甲烷吸附量。马森（Mason）[3]改变传统策略，采用柔性金属有机框架材料[Co（bdp）]存储甲烷，该材料在低压下(约5.8个大气压)处于"坍塌相"，材料孔隙率低，甲烷吸附量几乎为零；而当压强增大后，甲烷分子进入结构空隙将材料孔道撑开，材料结构也发生变化，甲烷吸附量可急剧升高，释放过程中，由于甲烷释放过程中，材料结构逐渐"坍塌"，达到低压时可将孔道中的甲烷几乎全部"挤出"，从而提高甲烷传递量，在65—5.8个大气压的甲烷传递量为197体积比，是目前

[1] Peng Y, Krunglebiviute V. and Eryazici I., et al. "Methane storage in metal-organic frameworks: current records, surprise findings, and challenges," Journal of the American Chemical Society, Vol. 135, No. 32, 2013, pp. 11887–11894.

[2] 同上（论文）

[3] Mason J. A., Oktawiec J. and Taylor M K., et al., "Methane storage in flexible metal-organic frameworks with intrinsic thermal management," Nature, Vol. 527, No. 7578, 2015, pp. 357–361.

实验结果中最高的。

目前金属有机框架吸附甲烷的研究已经超过了 100 种，表 1 总结了一些具有较高吸附量的金属有机框架材料的吸附性能。尽管金属有机框架材料存储甲烷已经有了较大发展，但目前传递量最大的钴络合物 [Co（bdp）] 在 25 摄氏度，6.5 兆帕下，为 197 体积比仍仅为美国能源部目标的 75%[1]，要达到美国能源部的新目标仍然面临巨大的挑战。提高材料对甲烷体积吸附量，需要从比表面积、孔结构、吸附位点、功能基团、材料特性、填装密度等因素综合考虑。此外金属有机框架材料本身水热及机械稳定性较差、合成需要大量溶剂、后处理复杂、生产成本较高等问题对实际应用来说还需进一步研究。参见表 1。

3. 有机微孔聚合物（Microporous organic polymers， MOPs）材料吸附剂

有机微孔聚合物是一类具有较大的比表面积，主要由非金属轻质元素（如碳、氢、氧、氮等）通过共价键组成，包含大量孔尺寸小于 2 纳米的多孔聚合物材料，结构中不含金属，具有质量更轻、比表面积更大、合成方法多样、孔径可调节、在碳链中引入各种官能团比较容易的特点，且物理化学性质稳定，广泛应用于非均相催化、分离和气体储存等领域[2]，特别在气体吸附和气体分离方面具有极大的应用前景[3]。

有机微孔聚合物巨大的比表面积是许多应用的前提，但比表面积较大的多孔物质，在表面张力作用下，聚合物骨架易塌陷。为了得到稳定的永久微孔结构，防止孔结构坍塌，通常需要使用刚性结构来构造内部连通的通道。为此研究者通常使用芳香族单体直接交联或者与其他刚性基团交联[4]。为了在干态下支撑这些微孔，大部分有机微孔聚合物由刚性的芳香环相互连接而成[5]。

―――――――――

[1] 同上（论文）

[2] Liang L Y， Li B Y， Tan B E， et al. "The progress of hydrogen storage in porous polymers"．Polymer Bulletin， 2008， No.10， pp. 6–12.

[3] Xu S J， Liang L Y， Tan B E. "The research progress in microporous organic polymers"．Progress in Chemistry， 2011， Vol. 23， No. 10， pp. 2085–2094.

[4] Hua X.， Peng C. J. "Porous covalent‐organic materials: synthesis， clean energy application and design"．Mater. Sci. A.， 2013， Vol. 1， No. 8， pp. 2691–2718.

[5] Xu S J， Liang L Y， Tan B E. "The research progress in microporous organic polymers"．Progress in Chemistry， 2011， Vol. 23， No. 10， pp. 2085–2094.

表1 已报道的金属有机框架的甲烷吸附性能

材料名称	密度 /$(g \cdot m^{-3})$	比表面积 /$(cm^2 \cdot g^{-1})$	孔容 /$(cm^3 g^{-1})$	压强 /bar	温度 /K	甲烷吸附量 V/V	甲烷脱附量 V/V	压强 /bar	温度 /K	甲烷吸附量 V/V	甲烷脱附量 V/V	吸附热 /$(kJ \cdot mol^{-1})$
HKUST-1	0.883	1850	0.78	35	298	227	150	65	298	267	190	17.0
NiMOF-74	1.195	—	0.56	35	298	230	115	65	298	260	142	20.6
PCN-14	0.871	1753	0.87	35	290	230	—	—	—	—	—	30.0
CoMOF-74	1.173	—	0.51	35	290	221	110	65	298	249	136	19.5
UTSA-20	0.910	1156	0.63	35	300	195	101	—	—	—	—	17.7
MOF-5	0.621	—	1.4	35	298	150	118	65	298	214	182	12.3
Nu-111	0.409	4930	2.09	35	298	138	111	65	298	206	179	15.2
NOTT-101a	—	2805	1.08	35	298	194	138	—	—	—	—	15.5
MOF-210	—	6240	3.60	35	298	53	46	—	—	—	—	—
UTSA-76	—	2820	1.09	65	298	257	197	—	—	—	—	—
MOF-177	—	4833	1.96	100	298	311	—	—	—	—	—	—

资料来源：《美国化学协会》、《自然》和《美国皇家化学会》

有机微孔聚合物按照其结构特点和设计策略的不同可以分为四种类型：通过交联反应阻止链密堆积的超交联聚合物（Hyper-cross-linked Polymers，HCPs）；通过刚性和扭曲基团阻止链密堆积的自具微孔聚合物（Polymers of Intrinsic Microporosity，PIMs）；通过大共轭 π 体系刚性结构组建的共轭微孔聚合物（Conjugated Microporous Polymers，CMPs）和通过适宜的官能团发生可逆地缩合反应来制备的共价有机网络（Covalent Organic Frameworks，COFs）。其中共价有机网络为晶态，自具微孔聚合物，超交联聚合物和共轭微孔聚合物为无定形态。共价有机网络与金属有机框架类似，具有规则的结构和均一的孔分布。无定形有机微孔聚合物通过不可逆聚合反应，得到的材料结构不规则，孔径分布也更加宽[1]。由于刚性共价键的作用，有机微孔聚合物对于水和化学品具有很好的稳定性[2]。

（1）共价有机网络（COFs）

共价有机网络（COFs）材料是一类依靠共价键连接的有机晶型多孔材料，其制备思路来自金属有机框架，但与金属有机框架结构中含有金属元素不同，共价有机网络完全由有机元素组成，在热力学控制下快速可逆成键，形成稳定有序的网络结构。该类材料结构中刚性的单元整齐排列，形成统一尺寸的晶态微孔，而且具有大的比表面积和较低的密度，容易引入特定的分子识别或催化点，在分子分离、化学选择性吸附和非均相催化、气体存储等领域具有极大的应用前景。

2005 年雅格（Yaghi）小组[3]首次合成了三维晶态有序的 COF-1 和 COF-5，随后 {Stephen C. Lowry，2007 #469} 进一步合成了其他立体结构的共价有机网络材料[4]，其中 COF-102 和 COF-103 具有更高的比表面积（分别为 3472

[1] Hua X., Peng C. J. "Porous covalent - organic materials: synthesis, clean energy application and design". Mater. Sci. A., 2013, Vol. 1, No. 8, pp. 2691–2718.

[2] Cooper A. "Conjugated Microporous Polymers". Advanced Materials, 2009, Vol. 21, No. 12, pp. 1291–1295.

[3] Adrien P., Annabelle I B, Michael O'Keeffe, et al. "Porous, Crystalline, Covalent Organic Frameworks". Science, 2005, Vol. 310, pp. 1166–1170.

[4] Stephen C., Lowry A., Petr P., et al. "Designed Synthesis of 3D Covalent Organic Frameworks". Science, 2007, Vol. 316, pp. 268–272.

平方米每克和4210平方米每克）。此后，雅格（Yaghi）[1] 对比了一维结构的 COF–1 和 COF–6、二维的 COF–5，COF–8 和 COF–10 以及三维的 COF–102 和 COF–103 对甲烷的吸附效果，研究发现具有相对较大孔径的三维的 COF–102 和 COF–103 具有好的吸附效果，与此前嘎比尔奥廖（Garberoglio）[2] 的研究结论一致，其中三维的 COF–102 和 COF–103 由于具有合适的相互作用力以及适当的孔径，COF–102 在 3.5 兆帕的吸附量达到 136 体积比，为同等压强下压缩甲烷的 4 倍。

戈达德（Goddard）将理论与实验相结合研究了甲烷在共价有机网络的吸附机理，观察到多层吸附机理和孔填充机理共存的现象，即低压下吸附效果主要由相互作用力，比表面积、孔径等决定，而高压下还与孔体积有关。由于共价有机网络具有晶态可预测的结构和多孔性，因此更容易进行理论研究。

颜（Yan）等 [3] 等人将 COF–102，COF–103 苯环上的 H 用卤素、–NH$_2$、–CN、–OCH$_3$、–CH$_3$ 等代替，由于极化作用材料与甲烷的相互作用增强，以及卤素原子之间的相互排斥使孔体积有所增大，从而吸附效果有不同程度改善，其中 COF–102–I 和 COF–102–Br 改善最大，有效传递量由 140 体积比分别提高到 169 体积比和 165 体积比。最近，颜（Yan）[4] 等人又通过用双卤原子取代苯环上的氢原子，增加对甲烷的吸引作用，所得的 COF–102–I，在 25 摄氏度，3.5 兆帕的传递量为 181 体积比左右，说明结构特性对吸附具有重要作用。理论研究表明尽管甲烷是非极性分子，在吸附材料中掺杂锂离子后由于锂离子和甲烷分子诱导偶极的相互作用，可提高甲烷和吸附材料的相互作用。曹（Cao）[5] 等

[1] Furukawa H., Yaghi O. "Storage of Hydrogen, Methane, and Carbon Dioxide in Highly Porous Covalent Organic Frameworks for Clean Energy". Journal of the American Chemical Society, 2009, Vol. 131, pp. 8875–8883.

[2] Garberoglio G., Vallauri R. "Adsorption and diffusion of hydrogen and methane in 2D covalent organic frameworks". Micropor. Mesopor. Mater., 2008, Vol.116, pp. 540–547.

[3] ZHAO J., Yan T. "Effects of substituent groups on methane adsorption in covalent organic frameworks". RSC Adv., 2014, Vol.4, No.30, pp. 15542–15551.

[4] Hu J., Zhao J., Yan T. "Methane Uptakes in Covalent Organic Frameworks with Double Halogen Substitution". Journal of Physical Chemistry C, 2015, Vol.119, No. 4, pp. 2010–2014.

[5] Lan J., Cao D., Wang W. "High uptakes of methane in Li–doped 3D covalent organic frameworks". Langmuir, 2010, Vol. 26, No. 1, pp. 220–226.

图 26 低压吸附储存天然气汽车是未来发展的一种趋势

人模拟了掺杂锂离子后 COF-2 和 COF-3 在 25 摄氏度，3.5 兆帕的条件下总体积吸附量分别为 327 体积比和 315 体积比，说明在共价有机网络掺杂锂离子是提高甲烷的有效方法，但还未得到实验验证，此外该方法可能由于吸附力的增强导致甲烷释放效率下降。戈达德（Goddard）[1] 模拟 14 种设计的共价有机网络材料，发现提高吸附热，如 COF-102-Ant 吸附热由 10.5 千焦每摩尔至 18.4 千焦每摩尔，甲烷吸附量可由 137 体积比提高到 180 体积比；此外发现通过保持高压吸附量基本不变、而减小低压下的吸附量是另一种提高甲烷存储效果的方法，研究表明部分使用烯基桥联基团可减少 CH$_4$– 共价有机网络在低压的吸附量，而提高使用效果，COF-102-Eth-trans 及 COF-103-Eth-trans 相比 COF-102 和 COF-103 分别由 137 体积比提高到 172 体积比和 192 体积比。雅格（Yaghi）[2] 通过模拟计算，认为要得到高的体积吸附量甲烷存储，共价有机网络需要合适的孔径（约 1.2 纳米），大的孔体积（约 5 立方厘米每克）以及高的比表面积（大于 5000 平方米每克）。

（2）共轭微孔聚合物（CMPs）

共轭微孔聚合物（CMPs）是通过 π–π 共轭键键合刚性构筑单体而发展起来的一类大 π 共轭体系与多孔网络相结合的微孔有机聚合物 [3]。可调控的大 π 共轭体系和特有的荧光性赋予共轭微孔聚合物材料在气体吸附、光电、非均相催化和能源储存等领域具有广泛应用前景。近年来，共轭微孔聚合物材料在合成方法和形貌控制等方面取得巨大的进展，进一步促进了共轭微孔聚合物材料的应用。

共轭微孔聚合物的比表面积是提高甲烷吸附量的一个重要因素，一般来

[1] Mendoza-Cortes J., "Pascal T., Goddard W., "Design of covalent organic frameworks for methane storage". Journal of Physical Chemistry A, 2011, Vol. 115, No. 47, pp. 13852–13857.

[2] Mendoza-Corte S., Han S., et al. "Adsorption Mechanism and Uptake of Methane in Covalent Organic Frameworks: Theory and Experiment". Journal of Physical Chemistry A, 2010, Vol. 114, pp. 10824–10833.

[3] Xu Y., Jin S., Xu H. "Conjugated microporous polymers: design, synthesis and application". Chemical Society Reviews, 2013, Vol. 42, No. 20, pp. 8012–8031.

说，材料的比表面积越大，甲烷吸附量越高。蒙特哥（Matzger）[1]采用改进的模拟方法研究了孔形、孔径、连接剂和金属簇团分子量对表面积的影响，对于高比表面积共轭微孔聚合物的设计起到了借鉴作用。由于咔唑具有刚性结构和共轭富电体系，易于形成能增强特定吸附分子与吸附剂相互作用的丰富微孔结构。杨（Yang）[2]利用咔唑基单体 m_1 及其修饰后的单体 m_2 偶联聚合得到共轭网状聚合物 P-1 和 P-2，由于后者的单体结构聚合物交联程度较大，得到的 BET 由 611 平方米每克增加到 1222 平方米每克，但孔径和孔分布无明显变化，在 25 摄氏度，1.1 个大气压下，甲烷吸附量未达饱和，分别为 0.68 wt% 和 1.17 wt%，并显示出陡峭的吸附等温线，表明增大压强甲烷吸附量将随之增加，而零负载时其吸附热分别为 40.81 千焦每摩尔和 33.69 千焦每摩尔，也说明该材料可能具有较好的甲烷吸附效果。

蒙特哥（Matzger）[3]认为 0.4-0.8 纳米的微孔相比于较大孔的孔更有利于提高甲烷体积吸附量，因此将 IRMOF-8 中萘环上的氢原子部分替换为尺寸更大的叔丁烯基或苯乙炔得到 CMP-1、CMP-2、CMP-3，在减小孔尺寸的同时取代基作为吸附位点增加与甲烷的作用力。其中由苯乙炔替换得到的 CMP-3 孔体积由 1.827 立方厘米每克下降到 1.603 立方厘米每克，吸附热 Q_{st} 由 9.4 千焦每摩尔提高到 12.6 千焦每摩尔，室温 60 个大气压甲烷吸附量由 162 体积比提高到 183 体积比。从修饰单体结构的角度 –OH 的引入也有利于气体吸附[4]。

（3）超交联聚合物（HCPs）

超交联聚合物是由动力学控制下的不可逆聚合反应形成的，通过聚合物链

[1] Schnobrich J., Koh K., Sura K., et al. "A framework for predicting surface areas in microporous coordination polymers". Langmuir, 2010, Vol. 26, No. 8, pp. 5808–5814.

[2] Qiao S., Du Z., Yang R. "Design and synthesis of novel carbazole‐spacer‐carbazole type conjugated microporous networks for gas storage and separation". Journal of Materials Chemistry A, 2014, Vol. 2, No. 6, pp. 1877–1885.

[3] Tran L., Feldblyum J. and Wong-Foy A., et al., "Filling pore space in a microporous coordination polymer to improve methane storage performance," Langmuir, 2015, Vol. 31, No. 7, pp. 2211–2217.

[4] Qiao S., Du Z., Yang R. "Design and synthesis of novel carbazole‐spacer‐carbazole type conjugated microporous networks for gas storage and separation". J. Mater. Chem. A, 2014, Vol. 2, No. 6, pp. 1877–1885.

的超支化，来阻止链间的密堆积，从而构造微孔结构[1][2]。超交联微孔聚合物不仅可选择的单体多，产物比表面积高，形貌容易控制，合成方法简单价廉易于工业化，而且其仅由轻质元素组成；合成路径多样，利于引进功能基团；由于大量的交联，超交联聚合物具有一般的有机聚合物不具有的化学和热稳定性，该方法所得产物可以是整块成型聚合物，从而避免材料堆密度低而导致的气体吸附性能下降。以上特点使得超交联聚合物成为极具发展潜力的气体存储聚合物。

库珀（Cooper）研究小组[3]，把刚性结构单元 DCX 和刚性结构单元 BCMBP 按不同比例，通过傅克自缩聚反应获得了永久孔结构的超交联微孔聚合物，平均孔径在 0.7—0.9 纳米之间，比表面积在 963—1904 平方米每克之间并将其用于甲烷存储。这些超交联聚合物在 25 摄氏度，20 个大气压条件下能够吸收甲烷 3.5—5.2 毫摩尔每克（116 立方厘米每克），该结果高于相同条件下已商业化的分子筛 5A 以及部分金属有机框架材料。并指出 BET 比表面积，微孔体积，孔径分布以及吸附热都会影响甲烷吸附效果，而理想的吸附材料应该具有高比表面积、窄孔径分布、大的孔体积以及高填装密度，对于甲烷吸附，孔径应大于 0.76 纳米（两个甲烷分子的厚度）。由于填装固体材料空隙的存在会降低单位体积甲烷吸附量，为减少孔隙率，库珀（Cooper）等改变原料配比得到成型的孔材料，相比粉状固体，在成型材料的比表面积降低（1903—1366 平方米每克）的情况下 15 个大气压压力下甲烷吸附量有略微提高（96—99 立方厘米每克）。

意大利的马尔凯赛（Marchese）等[4]利用四苯基甲烷（TPM）和二氧甲基甲烷（FDA）为原料，改变二氧甲基甲烷和四苯基甲烷的比，超交联得到四种

[1] Yang X., Tan L., Xia L., et al. "Hierarchical porous polystyrene monoliths from PolyHIPE". Macromolecular Rapid Communications, 2015, Vol. 36, pp. 1553–1558.

[2] Tan L., Tan B. "Hypercrosslinked porous polymer materials:design, synthesis, and applications". Chemical Society Reviews, 2017, Vol. 46, pp. 3322–3356.

[3] Yang X., Yu M., Zhao Y., et al. "Synthesis and gas adsorption properties of tetra–armed microporous organic polymer networks based on triphenylamine". RSC Adv., 2014, Vol. 4, No. 105, pp. 61051–61055.

[4] Errahali M., Gatti G. and Tei L., et al., "Microporous hyper–cross–linked aromatic polymers designed for methane and carbon dioxide adsorption," Journal of Chemical Physics, Vol. 118, No. 49, 2014, pp .28699–28710.

不同孔特性的多孔芳香骨架材料（PAF）。其中多孔芳香骨架材料（mPAF-1/16）的 BET 比表面积为 1314 平方米每克，在 0 摄氏度，1 兆帕的条件下，CH_4 的吸附量为 84 立方厘米每克。此前的研究中引入咔唑被证实可以增大比表面积和二氧化碳气体吸附量，姜（Jiang）等人利用咔唑派生物使用二甲氧基甲烷傅克烷基化得到两种超交联微孔聚合物（FCTCz）和超交联微孔聚合物（FCBCz），其中树枝状结构的咔唑得到的超交联微孔聚合物（FCTCz）具有更高的比表面积 1845 平方米每克，在 0 摄氏度，1.13 个大气压，CH_4 吸附量为 1.58 毫摩尔每克。乔丽娜（Colina）[1] 通过模拟研究了超交联聚合物中微孔的形成，发现所研究的材料的比表面积随着交联度的增加而增加，当密度低但交联度高时，具有较好的孔特性，这对于研究超交联聚合物在特定应用中调节孔特性具有借鉴意义。最近亚武兹（Yavuz）等人[2] 利用超交联聚合反应制备出了一种烷基连接的柔韧性良好的微孔聚合物 COP-150，吸附体积容量达 294 体积比，质量容量达 0.625 质量比，超过了美国能源部要求的指标（0.55 质量比，263 体积比），意味着可以满足替代石油发展吸附天然气汽车实际应用的要求。图 4 对各种已经报道的多孔材料的最高吸附甲烷量进行比较。参见图 2。

[1] Abbottl J., Colina C. "Formation of Microporosity in Hyper-Cross-Linked Polymers". Macromolecules, 2014, Vol. 47, No. 15, pp. 5409-5415.

[2] Rozyyev, V.; Thirion, D.; Ullah, R.; Lee, J.; Jung, M.; Oh, H.; Atilhan, M.; Yavuz, C. T., "High-capacity methane storage in flexible alkane-linked porous aromatic network polymers". Nature Energy, 2019, Vol.4, No. 7, pp. 604-611.

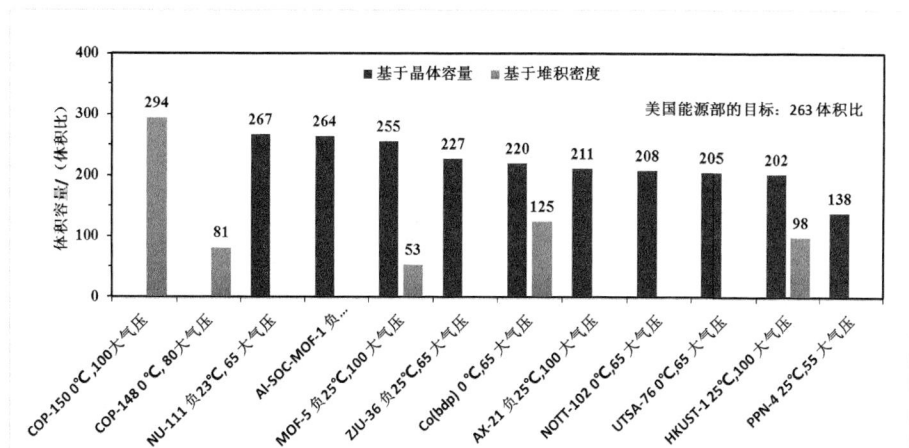

图 2　已报道的多孔材料最高吸附甲烷量比较图

三、存储系统

气体的存储不仅仅需要可靠的吸附材料，还需要考虑材料实际作用的气体的量，即；有效传递量；另外，材料的吸附与脱附对热量的需求不同，因此需要考虑所谓的"热效应"问题；天然气除了含有甲烷组分外，还含有其他多种成分，如何排除其他成分的干扰也需要考虑在内，即天然气多组分的问题，因此天然气存储是一个复杂的系统工程。

（一）有效传递量

气体吸附存储实验已经被用于比较吸附材料最大的存储能力，大量的实验研究了如何最大化地提高甲烷存储量。由于将天然气输送进入汽车发动机气缸需要 5.8 个大气压[1]，而低压下甲烷首先吸附在与吸附剂具有较强的相互作用力的孔壁表面，放气过程中难以解吸附，因此天然气储罐中只有高于该压力的气体才能被有效利用，即储罐在一定压强（如 65 个大气压）下的储存量减去

---

[1] Tsivion E., Msaon J A., Gonzalez M., et al. "A computational study of CH4 storage in porous framework materials with metalated linkers: connecting the atomistic character of CH4 binding sites to usable capacity". Chemical Science, 2016.

5.8 个大气压压力下的储存量为天然气吸附系统的有效传递量。贾德（Judd）[1]在其研究中提到，吸附存储天然气系统的有效传递量通常比总的存储量至少低15%。因此总存储量并不等于有效传递量，要提高甲烷利用效率，需要通过加热等方式将吸附存储天然气储罐中的甲烷释放出来，或从材料设计出发使其在低压下的吸附量较低甚至为零。

（二）热效应

由于气体吸附为放热反应，脱附为吸热反应，在吸附存储天然气系统中充放气会导致吸附床温度的极大变化，充气时温度上升，使得在甲烷存储量相比等温时下降，放气时温度下降，相比等温时储罐中更多的气体无法释放，从而导致使用效果的下降[2]。里达（Ridha）[3]填装活性炭后以 1 升每分钟的速率充气到 4 兆帕时，储罐中心温度波动高达 99.2 摄氏度，存储能力下降 26.9%。因此对于天然气吸附存储及实际应用来说，除了吸附材料本身的研究开发，合理设计天然气储罐系统提高热交换效率也尤为重要。目前研究者已经研究了一些减小热效应的方法，主要包括储罐内置换热器[4]、改变材料物理性质[5]和储罐的几何结构以及改变气体在储罐内部的流动等，所有这些方法的高效作用都依赖于吸附剂高的热容和良好的导热性能，高的热容可以减小能量释放和消耗时的温度梯度，良好的导热性能使得能量扩散速率更高，从而减小和简化储罐的换热系统。

杨（Yang）[6]研究了天然气在 1 升的吸附储罐中的放气行为，研究表明放气过程中储罐中心的温度波动最大，通过内置 U 形管通热循环水，如发动机的

---

[1] Morris R., Wheatle P. "Gas storage in nanoporous materials". Angew. Chem., 2008, Vol. 47, No. 27, pp. 4966–4981.

[2] Mason J. Veenstra M., Long J., "Evaluating metal – organic frameworks for natural gas storage," Chemical Science, 2014, Vol. 5, No. 1, pp. 32–51.

[3] Rios R., Bastos–Neto M., Amora J., et al. "Experimental analysis of the efficiency on charge/discharge cycles in natural gas storage by adsorption". Fuel, 2011, Vol. 90, No. 1, pp. 113–119.

[4] Yang X., Zheng Q., Gu A., et al. "Experimental studies of the performance of adsorbed natural gas storage system during discharge". Applied Thermal Engineering, 2005, Vol. 25, No. 4, pp. 591–601.

[5] Liu D., Purewal J., Yang J., et al. "MOF–5 composites exhibiting improved thermal conductivity". International Journal of Hydrogen Energy, 2012, Vol. 37, No. 7, pp. 6109–6117.

[6] 同上（论文）Yang X., Zheng Q., Gu A., et al. "Experimental studies of the performance of adsorbed natural gas storage system during discharge".

图 26　低压吸附储存天然气汽车是未来发展的一种趋势

冷却水，可以将最大温降由 37 摄氏度减小到 3.2 摄氏度，同时将放气效率提高
60%。郑（Zheng）[1] 在 1.5 升的压力容器填装活性炭，研究吸附国内天然气效果，
并采用循环水热交换减小热效应，结果表明在 15 升每分钟的充气速率下，通
过 10—30 摄氏度的循环水充气和放气最大温度波动分别降低至 15 和 10 摄氏度，
天然气量分别提高 14.2% 和 4.4%。金姆（Kim）[2] 等用计算机模拟了在储罐内
活性炭层间设置鳍片和换热管，结果表明，所加换热装置不到总体积的 3%，
但能提高充放气过程的效果。以上结果都表明吸附存储天然气储罐的优化设计
对提高吸附存储天然气系统的使用效率也至关重要。

西格尔（Siegel）[3] 将石墨添加在 MOF-5 中，当材料填装密度为 0.5 克每立方
厘米时，添加 10 wt% 石墨可使导热率由 0.10 W/m·K 提高到 0.56 W/m·K，但由
于石墨的加入可能使材料的孔道部分堵塞导致气体吸附量下降。阿帕帕（Ayappa）[4]
研究了 1.82 升的储罐不同进气速度下 1–30 升每分钟的充气行为，结果表明提高
充气效率后达到 3.5 兆帕的存储效率由 90% 下降到 76%，平均温度增高约 60 摄
氏度，同时通过加大储罐形状的长径比以及通循环水可以提高存储效率。埃佐尔
德（Etzold）[5] 通过在储罐尾端加一个出口，并控制出口流速率低于进口速率，由
于新进气体为低温气体，使得储罐内压不断增加的同时出口流出的高温气体带走
一部分热量，进而降低充气过程中的温度上升。该设计提供了一个移除充气过程
中的热量简单可行的方法。由于缓解热效应的附件会占据部分储罐容积并增加成
本，因此需要从对储罐容积的影响、可行性、成本等方面综合考虑设计。

[1]　Zheng Q., Zhu Z., Wang X. "Experimental studies of storage by adsorption of domestically used natural gas on activated carbon". Applied Thermal Engineering, 2015, Vol. 77, pp. 134–141.

[2]　Rahman K., Loh W., Chakraborty A., et al. "Thermal enhancement of charge and discharge cycles for adsorbed natural gas storage". Applied Thermal Engineering, 2011, Vol. 31, No. 10, pp. 1630–1639.

[3]　Ma S Q., Sun D. F., and Simmons J S., et al., "Metal–Organic Framework from an Anthracene Derivative Containing Nanoscopic Cages Exhibiting High Methane Uptake," Journal of the American Chemical Society, Vol.130, 2008, pp. 1012–1016.

[4]　Sahoo P., John M. and Newalkar B., et al., "Filling characteristics for an activated carbon based adsorbed natural cas storage system," Industrial & Engineering Chemistry Research, Vol. 50, No. 23, 2011, pp. 13000–13011.

[5]　Gutlein S., Burkard C., Zeilinger J., et al. "A feasible way to remove the heat during adsorptive methane storage". Environmental Science & Technology, 2015, Vol. 49, No. 1, pp. 672–678.

（三）天然气多组分

天然气中除主要成分甲烷外，还有少量乙烷、丙烷、水、二氧化碳、含硫化合物等"杂质"组分，杂质组分与孔道具有更强的相互作用，吸附时首先吸附而释放时也由于强的相互作用而难以脱附，从而多次循环后累积在孔道中造成吸附剂"中毒"。

戴莉（Dailly）[1]研究天然气在活性炭、HKUST-1、MOF-A520等材料中的吸附和循环性能发现，循环稳定性极大依赖于吸附材料的孔径和孔径分布，8-11纳米窄的孔径分布有利于纯甲烷的吸附，然而考虑到比甲烷吸附作用更强扩散更慢的天然气其他组分来说，较大的微孔甚至是介孔对于吸附质分子的解吸附及扩散更有利，小于5纳米的孔径易使分子堵塞造成循环性能下降。戈茨（Goetz）[2]研究了活性炭吸附天然气的循环性能，在循环使用中造成性能下降，700个循环之后，效率为原来的一半。同时也说明气体组成及活性炭孔结构对于性能具有重要影响，同时提出在储罐之前加保护床的方法来提高循环性能。而卡文凯特（Cavalcante）[3]类似的研究表明在10个循环后充气效率约为原来80%，吸附量的下降主要产生于前两次循环。斯鲁勒（Snurr）[4]模拟研究较高烷烃尤其是乙烷和丙烷对吸附存储天然气的影响，结果表明金属有机框架中应该避免与乙烷、丙烷作用力强的0.4—1.0纳米的孔径。华南理工大学[5]在进气管端设计由较大孔径的活性炭组成的保护性的吸附层，以起到过滤高碳分子的作用。

（四）吸附存储天然气系统设计

1. 储罐形状设计

[1] Shen J., Dailly A., Beckner M. "Natural gas sorption evaluation on microporous materials". Micropor. Mesopor. Mater. , 2016, Vol. 235, pp. 170–177.

[2] Puoier O., Goetz V., Fiscal R. "Effect of cycling operations on an adsorbed natural gas storage. Chem. Eng. Proc.: Proc.Inten, 2005, Vol. 44, No. 1, pp. 71–79.

[3] Rios R., Bastos-Neto M., Amora J., et al. "Experimental analysis of the efficiency on charge/discharge cycles in natural gas storage by adsorption". Fuel, 2011, Vol. 90, No. 1, pp. 113–119.

[4] Zhan H., Deria P., Farha O., et al. "A thermodynamic tank model for studying the effect of higher hydrocarbons on natural gas storage in metal - organic frameworks". Energy & Environmental Science, 2015, Vol. 8, pp. 1501–1510.

[5] 王朝晖．《天然气吸附储运技术工艺研究》，华南理工大学博士论文，2013年6月，第24页

对于吸附天然气汽车来说，最大的挑战除了增大天然气汽车的有效行驶里程，还有减少储罐占用的车辆的可用空间。压缩天然气由于储罐内部高压采用圆柱形储罐可使压力分布最均匀，但也极大地约束了储罐几何设计的多样性。圆柱储罐车辆空间的利用效率不如立方体储罐高，其利用系数（定义为储罐总体积除以能封闭储罐最小立方体的体积）仅仅 0.524，剩余体积大部分难以利用，由于吸附存储天然气储罐的使用压力相对较低，储罐的几何设计约束较少，其外形设计有更大的选择性。例如，将储罐两个面设计为平板面（见图 3），可将利用系数提高到 0.785[1]。2012 年初美国能源部对于利用系数的目标设定为大于 0.9。储罐几何形状的设计对于吸附天然气汽车的实际应用具有重要意义。

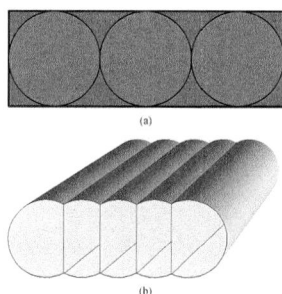

图 3　（a）普通储罐的空间利用；（b）高效储罐的空间利用

资料来源：《机械工程前沿》，2016 年，11 卷，258 页

2. 吸附剂成型

粉状或颗粒状吸附剂堆积时会产生颗粒间缝隙，充气过程中间隙中的甲烷分子处于压缩态而非吸附态，低的填装密度不仅导致体积吸附量下降还会由于存在气态热阻而导致导热效果下降，因此减小颗粒间隙提高材料堆密度对于提高甲烷体积吸附量具有重要意义。目前减小间隙的方法主要有不同粒级的混装、压实以及成型。彭（Peng）[2] 通过压缩比较了不同堆密度的 HKUST-1 吸附材料

[1]　Nie Z., Lin Y., Jin X. "Research on the theory and application of adsorbed natural gas used in new energy vehicles: A review". Front. Mechani. Eng., 2016, pp. 1–17.

[2]　Liang L Y, Li B Y, Tan B E, et al. "The progress of hydrogen storage in porous polymers". Polymer Bulletin, 2008, No.10, pp. 6–12.

对于甲烷总吸附量的差异表明在一定范围内随着填装密度增大，甲烷吸附量增大，当填装密度大于单晶密度时，吸附量明显下降。成型方法通常包括挤出成型及与粘结剂混合成型，适当的成型方法可以提高甲烷吸附量。刘（Liu）等[1]添加黏结剂沥青，制得的石油焦基高比表面积活性炭，在 25 摄氏度，3.5 兆帕对天然气的吸附储存量为 170 体积比。赵静[2]等以粉体石油焦基吸附剂为原料，聚乙烯醇为黏结剂，采用冷压法制备型炭吸附剂，对天然气的吸附储存量为 169 体积比，较未成型的粉炭提高 47%。黏结剂成型也可能由于黏结剂堵塞孔道导致吸附效果下降，如密苏里大学[3]活性炭吸附量达到 202 体积比，而成型后的活性炭仅仅 161 体积比。

3. 家庭充气机

目前文献报道中的压强一般采用 35 个大气压或 65 个大气压主要是根据一级或二级压缩器所能达到的压强。目前天然气汽车未能广泛应用的一个重要原因就是相关基础设施建设的相对滞后，加气站数量少，天然气汽车加气不够便利。而加气站数量的不足主要是压缩天然气加气站的建设成本较高，初期建设成本约 200–500 万。天然气吸附存储技术可以从两个方面缓解该问题，由于吸附天然气技术的工作压力大大降低，使得加气站的建设成本显著减少。同时由于充气压力的降低，使得充气设备具有在家庭中使用的可能。目前市场上已经出现了飞利浦充气设备[4]，压缩压力可达 25 兆帕，其价格大约为 4000 美元，而吸附存储天然气的充气设备只需要 3.5—6.5 兆帕，大规模生产后价格极可能低于 500 美元[5]。目前美国的一个项目（Methane Opportunities for Vehicular Energy projects，MOVE）也已经在积极研制合适的家庭充气压缩机为将来大量

[1] Nie Z., Lin Y., Jin X. "Research on the theory and application of adsorbed natural gas used in new energy vehicles: A review". Front. Mechani. Eng., 2016, pp. 1–17.

[2] Zhao J., Zhang H. "The research of adsorbed natural gas in molding adsorbent". Natural Gas Industry, 2008, Vol. 33, No. 6, pp. 15–23.

[3] 同上（论文）Nie Z., Lin Y., Jin X. "Research on the theory and application of adsorbed natural gas used in new energy vehicles: A review". Front. Mechani. Eng., 2016, pp. 1–17.

[4] Fuelmaker B. "Home–fueling CNG Compressor". [2017–03–14]. http://www.brcfuelmaker.com/en/phill–domestico–prodotto–brc–fuel–maker.aspx

[5] Nie Z., Lin Y., Jin X. "Research on the theory and application of adsorbed natural gas used in new energy vehicles: A review". Front. Mechani. Eng., 2016, pp. 1–17.

使用的吸附天然气汽车提供方便。

以上研究表明,吸附存储天然气系统的实际应用关键在于通过提高热传导、热对流等方法缓解充放气热效应,以及提高吸附材料循环使用性能和储罐中材料的成型填装[1]。

四、总结

天然气吸附存储技术是一种经济安全可行的天然气存储方法,目前已经逐渐利用活性炭和金属有机框架等多孔材料储存天然气应用到了汽车中,并进行了行车试验,前景可观。其中活性炭进行了低压储罐的充放气实验,行车实验情况良好,但活性炭的吸附量和有效传递量都在 200 体积比以下,目前无法达到美国能源部新的目标。在聚合物材料中,具有较多金属吸附位点的金属有机框架材料最具有应用前景,65 个大气压最大吸附量和传递量分别为 267 体积比和 197 体积比。金属有机框架材料由于强的库伦吸附作用使其吸附天然气的容量接近美国能源部目标。最近,超交联聚合物的研究进展表明柔韧性良好的微孔聚合物 COP-150 已经突破美国能源部制订的产业化应用目标,这类材料制备工艺简单,成本低,是一种最有希望的吸附储气材料,将来必定会成为吸附储气材料产业化最佳选择之一。

对于天然气吸附存储技术来说,高效吸附剂的开发和合理的储罐系统设计是其进行实际应用的根本。高效的天然气吸附剂应包含以下因素:(1)高效的气体吸附剂应具备比较高的比表面积和丰富的孔结构,比表面积最好大于2000平方米每克;(2)高效的气体吸附剂应该具有合适的孔径分布,并且以1.0—2.0纳米之间微孔为主并含有少量介孔;(3)高效的气体吸附剂要有大的孔体积;(4)高效的气体吸附剂易成型以减小颗粒间空隙,增大堆积密度;(5)高效的气体吸附剂循环使用性能好再生容易,且生产过程简单成本低;(6)高效

---

[1] Prajwal B., Ayappa K. "Evaluating methane storage targets: from powder samples to onboard storage systems". Adsorption, 2014, Val. 20, pp. 769–776.

的气体吸附剂结构柔性的，可以进而可以有弹性地储存气体。

天然气储罐系统的设计必须科学合理，这对于吸附剂高效利用存储量具有重要作用，因此储罐系统需要有（1）具备良好的换热系统，进而减小温度波动；（2）储罐应具有科学的形状，进而提高空间利用率；（3）结构尽量简单，经济性好。同时进行计算机模拟结合实验研究仍将是开发高效天然气吸附剂及设计储罐系统的重要手段，而家用充气设备的开发也将是天然气吸附存储技术推广的重要环节。总之，低压吸附储存天然气技术将是未来发展的一个重要方向，可消耗较少的资源与金钱就能使当前数量庞大的燃油车升级改造成天然气汽车。

无干扰地热供热技术发展、应用及推广前景

李建峰 金爱伟 陶冶[1]

摘要：

开发地热资源是解决冬季供热与生态环境矛盾的重要选项。本文以无干扰地热供热技术为研究对象，对关键理论、技术特征、应用现状和推广前景做了分析。无干扰地热供热技术是应用地热梯度热能理论，利用中深层地热热源，为地面建筑物提供永续、绿色热源的新技术，具有普适、高效、绿色环保特点，可大规模用于商业建筑、民用住宅、政府学校等领域供热。陕西四季春清洁热源股份有限公司作为该技术的拥有者，在地热利用理论、超长换热器以及回填材料、中深层地热能热泵机组、钻探技术等关键领域取得了多项创新成果，并已经应用到项目中。综合看，无干扰地热供热技术有望引领地热能利用行业优势再上新台阶，成为清洁供暖、节能减排重要手段之一，具有广阔的市场空间。

关键词：

无干扰地热供热技术；清洁供热技术；应用前景

---

[1]　李建峰，陕西四季春清洁热源股份有限公司总经理；金爱伟，中关村民德智慧能源科技创新研究院研究员；陶冶，国家可再生能源中心副主任、研究员。

一、引言

我国北方城镇建筑供暖每年消耗近 2 亿吨标煤，且随着社会经济的快速发展，北方供热需求日益增长，环境问题也日益凸显，特别是冬季采暖季雾霾频发，成为严峻的社会问题，尤其是我国北方地区。以西安为例，我们提取了该地区 2017 年 10 月—2018 年 10 月的月度污染指数，其中污染指数最高的 3 个月分别为 2017 年 1 月、2017 年 12 月和 2018 年 3 月，全部在供暖季。可见在冬季采暖季以燃煤供暖为主的供暖方式是造成空气污染的主要成因之一[1]。在国家大力提倡建设低碳生态型城市和绿色生态城市的背景下，要不断探索清洁能源供暖发展之路，以实现从源头上解决冬季污染问题。目前，全国范围推行"锅炉替代"革命，大力推进"煤改气"工程，虽在极大程度上缓解了使用燃煤锅炉造成的污染问题，但仍存在着燃气锅炉使用成本相对较高、冬季用气高峰供需缺口、时常"气荒气短"、无法正常供暖等紧张局面，且天然气属于一次性能源。因此，寻求低成本、可再生的清洁能源取暖技术意义重大。

地热能作为绿色环保的清洁可再生能源，资源储量大、分布广，具有较大的开发潜力。据自然资源部（原国土资源部）中国地质调查局 2015 年调查评价结果，全国 336 个地级以上城市浅层地热能年可开采资源量折合 7 亿吨标准煤[2]；埋深在 3—10 公里的干热岩资源量折合 856 万亿吨标准煤，若将干热岩以 2% 作为可开采资源，也可达 17 万亿吨标准煤，按 2016 年我国煤炭消耗足够中国用 3900 年。

近些年，在技术进步和政策推动下，地热能供热快速发展，成为我国地热主要利用方式。截至 2017 年底，全国地热供热建筑面积约 7.1 亿平方米，其中浅层地热供热面积达到 5.3 亿平方米，中深层地热供热面积达到 1.8 亿平方米。

由于地源热泵技术已经十分成熟，浅层地热供热目前在整个地热供热中仍占据较大比重，但该技术地埋管管群占地面积大，并且存在冬夏热量不平衡问

---

[1] 自然资源部中国地质调查局等：《中国地热能发展报告（2018）》，北京：中国石化出版社2018 年版。

[2] 王贵玲等：《中国地热资源潜力评估》，《中国地球物理学会第二十七届年会论文集》，2011 年。

题，实际应用效果不佳。中深层地热能供暖是近年来重点开展的应用技术，通常是指采用人工钻井的方式开采热储中由地热水或由闭路循环水携带的热能，通过供热系统将地下抽取或人工循环热水蕴含的热量传输到用户端的一种供热方式。现已形成以天津、陕西、河北为代表的一批地热供暖示范项目，但该技术一方面受资源禀赋的限制，另一方面也部分存在回灌困难、采水导致地下水位下降、水质变化等诸多环境问题。

因此，如何以最小的环境影响提取高温地热能资源，并具有技术经济普遍适用性，一直以来就是地热能清洁利用领域的核心关注问题。近年来，应用地热梯度热能理论，采用间壁式换热的方法，提取中深层地热能用于供暖的技术（下称无干扰地热供热技术）在陕西等地率先建成，目前已经实现市场化。该技术采用换热介质，通过间壁式换热的形式获取2—3公里中深层地热能，在利用的整个过程中换热介质处于封闭循环系统。地上结合电驱动热泵技术，用于末端供暖，真正实现"取热不取水"。

二、无干扰地热供热技术

无干扰地热供热技术应用地热梯度热能理论，利用中深层地热热源，具有普适性、高效、绿色环保的特点，是创新使用地壳内部无处不在热能的一种良好方式。

（一）技术介绍

通过钻孔至地面2公里以下，利用特制的密闭金属换热器和无污染的介质交换出地下热能，为地面建筑物提供永续、绿色的热源。无干扰地热供热系统以提取中深层地热为主，热源为中深层地壳岩土体。

通过前期勘探，使用专业石油钻孔设备在目的地钻孔，钻孔深度为地下2—3公里，钻孔直径200毫米，安装特种材料制成的金属换热器并封闭换热井。填充液态换热介质，换热介质通过金属换热器外壁面与周围土壤换热，提取中深层地热能，随后通过输送系统将所提取的热量传输至地面高效热泵供热机组，经热泵机组供热循环再次提升温度及热量后，经用户侧输送系统配至终端用户。该技术具有热源温度更高（地下2公里以下干热岩岩体热源可达70℃）且恒定、单个换热井换热面积大、运行成本低、节能环保性强等特点，可大规模用于商业建筑、民用住宅、政府学校、医院等建筑。该技术在行业内具有独创性，竞争优势明显。该技术采用"只取热、不取水"的方式将中深层地热能用于建筑供暖，与传统水热型地热利用技术的区别在于不开采、不使用地下热水，可就地开发，就地利用，而且在任何地区（利用地核向地幔、地壳传递的热量，与当地有无地热水资源没有关系）均可利用该技术向建筑物供暖。

该技术无污染，不受地面气候等条件的影响，能有效保护地下水资源，实现地热能资源的清洁、高效、持续利用，是一种更加优质的地热能利用技术。尤其是近5年，类似技术在日本、美国、加拿大、瑞士、瑞典、冰岛等国都有一定程度的研究和应用。

（二）关键技术开发

本文探讨的中深层无干扰地热供热技术主要包含以下关键理论与技术内容：

1. 中长距离管段固井、止水、成井工艺及重大装备的研发

主要包含：（1）2—3公里地下超长密闭套管换热器技术研发；（2）采用延迟固孔（井）施工工艺；（3）长时间流态化封堵压浆材料研发。

2. 地下换热过程理论分析与设计运行优化研究

建立中深层无干扰地埋管换热器三维传热数值模型。基于建立的模型开展地下换热过程理论分析，探究进水温度、循环水量、地埋管尺寸参数、钻孔间距、运行模式、地温梯度等关键因素对中深层无干扰地埋管管热性能的影响规律。

同时，基于该模型开展中深层无干扰地埋管换热器设计运行优化研究，包括对钻孔深度、中深层地热换热器总长度的计算，确定冬季工况最佳流速、最佳入口温度以及最小钻孔间距等参数，以提升中深层无干扰地埋管换热器换热性能。

3. 地面高效热泵供热系统形式与控制策略研究

根据中深层无干扰地热供热技术的特点，研发设计高蒸发温度、小热源流量的超高效变频离心热泵机组。根据系统实际运行工况，提出变转速多工况气动设计方法，实现热泵机组在较大压比变化范围下的高效运行；高速直驱及叶轮对置结构，旋转降压密封等五重密封结构，提升压缩机运行效率。投入使用后，经第三方检测表明，该机组在冷凝侧供水温度 45℃，蒸发侧出水温度 20℃时，COP（供热能效比）高达 7.80。

结合建筑末端实际供热特点和需求，制定供暖季变工况运行调节策略，主要包括：

第一，根据建筑末端供热需求，调节热泵机组冷凝侧供水温度，在保证末端供热效果的同时，优化热泵机组运行性能；

第二，根据建筑末端供热需求，调节用户侧循环水泵流量，避免大流量小温差，提升系统输送性能。

第三，根据实际取热需求，调节中深层无干扰地埋管换热器进水温度及循环水量，进而调节取热量，自身实现调峰作用，无需额外加装调峰设备；

第四，构建中深层无干扰地热供热技术用户侧、热源侧双蓄热系统形式与运行模式，结合末端供热需求与能源价格变化规律，灵活选择运行模式，降低系统运行成本。

通过地面高效热泵供热系统形式与控制策略研究，示范项目供暖季热泵机组平均供热能效比 COP 达到 7.71，中深层无干扰地热供热系统供热能效比 COP 达到 6.35，实现中深层地热能的高效利用。

4. 适应于我国能源大环境的工程应用研究

针对中深层无干扰地热供热技术运行能效和经济性提出关键性能指标，构建评价体系，基于此建立能耗能效实时监测分析评估系统，对中深层无干扰地热供热技术运行性能及关键指标开展实时监控，分析与诊断，对系统存在的典型问题及时反馈建议，优化系统运行性能。实现对该系统从方案设计、建设施工到运行调控的全过程管理。

根据建筑不同用能特点，构建中深层无干扰地热供热技术用户侧、热源侧双蓄热系统形式与运行模式，开展适用于末端供热需求的双蓄热间歇运行模式研究以及适用于能源供应大环境的电力调峰应用模式研究，充分利用可再生能源，发展冬季电驱动热泵高效供暖，为节能减排、平衡电网负荷、缓解冬季北方弃风问题提出新路径。

（三）技术优势

1. 对地下环境基本无影响，可应用范围广

我国地热资源丰富，该技术采用地下 2—3 公里深的中深层地热能作为热泵低温热源，通过地埋管换热装置提取热能，无须提取地下水，对地下水资源无影响。同时，取热孔径小，对地下土壤岩石破坏小，因此该技术对地下环境基本无影响。其次，由于该技术热源侧取热点较深，基本不受当地气候环境影响，适用于我国各个气候区。初步测算，对于全球主要大陆地区，均有采用中深层无干扰地热供热技术的可能性，是否经济适用，则取决于当地能源价格、气候条件、建筑物保温性能等因素。

2. 热源侧出水温度高，供暖季运行稳定

供暖季连续监测数据表明，稳定运行后维持在 32℃左右。整个供暖季热源侧出水温度平均值达到了 33℃，为热泵供热系统提供了一个高温、稳定的热源，有利于系统的高效运行。然而，不同项目之间存在着一定差别，这主要与换热装置换热性能、运行策略以及地埋管所在地实际地质、地热条件有关。

3. 热源侧取热量大，占地面积小，开采位置选择灵活。已有实际工程实测结果表明，单个取热孔循环水量为 20—30 立方米每小时，与此同时受取热孔当地具体地质条件及取热孔实际深度的影响，单个取热孔的取量可达到 200—350 千瓦，平均每延米取热量可达到 80—140 瓦，个别项目甚至更高。相比于浅层地埋管（深度 100 米，单位延米取热量 40 瓦），该技术地埋管单位延米取热量提升 100%—250%。换言之，一根 2.5 公里深的中深层无干扰地热供热技术地埋管的取热量，相当于约 100 根浅层地埋管取热量。在相同取热量的情况下，采用中深层无干扰地热供热技术地埋管很大程度上减少了横向占地面积。由此可见该技术热源侧地埋管纵深较大，但横截面积较小，包括回填区直径仅

为 0.25 米左右，与普通下水道井大小相似，开采位置灵活，方便在建筑红线内或地下室进行开采。对于一根地埋管，配合一台额定制热量为 400 千瓦左右、压缩机功率小于 80 千瓦的模块化热泵机组，就能承担 12000 平方米左右建筑物的供热。利用该系统热源侧换热装置占地面积小的特点，可以将传统的集中能源站改为半集中式供热系统，就近输配供暖循环水，降低用户侧输配能耗，还能很大程度上缓解庭院管网漏热严重以及水力不平衡的问题，使得该技术具有更好的推广性。

4. 中深层无干扰地埋管可实现间歇运行

以 2.5 公里深地埋管为例，单井内外管总含水量达到 42.1 立方米。对于间歇运行工况，系统停机后，地埋管中热源水仍然从周围土壤中吸热，水温不断升高，使得下一阶段开机时，出水温度相比于停机前明显升高，进而使得瞬时取热量大幅度增加。利用中深层无干扰地埋管的蓄热特性，搭配用户侧蓄热水箱，可以根据末端实际需求实现间歇蓄热运行。结合各地夜间谷价优势，开启系统蓄热，白天峰价阶段，利用蓄热水箱供热，可大幅度降低运行费用。

5. 热泵供热系统运行性能高效

对于中深层地热能提供的高温热源，热泵机组实际运行压比小于常规热泵机组，因此需要针对该运行特性研制更加高效的热泵机组。2018—2019 年供暖季，实测热泵机组平均供热能效比 COP 高达 7.71，通过上述高效设备的研发与合理的运行调控，使得中深层无干扰地热供热技术系统供热能效比 COP 高达 6.35，大幅度提升电驱动热泵供热系统运行性能，降低供热能耗，进一步提升经济效益，对推动建筑节能、高效清洁供热具有更好的应用前景。

总体而言，该技术热源温度高（地下 2—3 公里中深层岩体热源温度可达 70—100℃）且恒定，单个中深层无干扰地埋管占地面积小、取热量大，结合高效电驱动热泵供热系统，运行成本低、节能环保性强。可大规模用于商业建筑、民用住宅、政府学校等建筑。该技术在行业内具有独创性，竞争优势明显。

（四）技术创新

无干扰地热供热技术在很多方面均有技术突破和创新，主要表现在五方面。

第一，地热能利用理论的创新。无干扰地热供热技术突破了传统的地源热泵和地热水利用技术瓶颈，是地热利用理论的重要创新。该技术的研发成功有望大幅度提高地热利用技术在建筑采暖空调以及生活热水中应用的比例，为我国建筑节能减排事业做出重要贡献。从该技术深度拓展前景看，还有可能实现分布式清洁供暖、制冷、发电一体化，可有力推动能源生产、供给、消费和技术革命的历史进程。

第二，超长换热器（2—3公里）以及回填材料的创新。要做到合理获取中深层地热资源而不破坏环境有几大技术难点，一是需要有类似于地源热泵的封闭式埋管系统；二是埋管需要承受巨大压力，必须具备特种材质的埋管及联结与施工技术；三是需要与超长换热器材料传热系数相近的井壁与套管之间的绿色回填材料技术支撑。现有的无干扰地热供热技术通过研制特种钢材生产的超长换热器解决了管材密封连接和承压问题，同时回填材料的创新也加强了管材的换热能力，保证了最大程度获取中深部地热资源。通过创新，无干扰地热供热技术合理地解决了上述问题，在保证高效换热的同时，对地质环境无任何破坏和干扰，因此前景广阔。

第三，中深层地热能热泵机组创新。通过无干扰地热供热技术获取至地面的地热资源温度较高（50℃以上），流量较小，传统的热泵机组很难直接与中深层地热资源匹配。必须要研制特殊的与无干扰地热供热技术匹配的高效热泵机组。从取热能效比看，可以稳定实现耗1份电取7份热，无干扰地热供热技术持有单位已与国内相关厂家通过深度技术合作，成功研制出与无干扰地热供热技术资源相匹配的新一代高效热泵机组。实验室以及大量工程应用案例均表明，双方合作开发的无干扰地热供热技术热泵机组运行稳定，符合能源梯级利用的理论，机组能效高，节能效果明显。

第四，在钻探过程中实现了对地下水保护的创新。无干扰地热供热技术在使用过程中通过闭路循环水连续从地下换热，真正实现了从地下"取热不取水"，开创了我国在地热开发利用中从技术上不取地下水以保护地下水资源的先河，真正实现了李四光先生的遗愿，为人类绿色开发利用地球这个"大热库"提供了可能。

第五，钻井技术的创新。无干扰地热供热技术钻井深度较深，一般在2公里以下。传统建筑采暖制冷领域基本不涉及如此深度的地热能利用，即便是地源热泵技术，一般也只是在0.2公里以内的深度。如此深度的地热资源利用，必须要将复杂的地质和石油钻井技术引进、消化并吸收应用到建筑采暖领域。因此，无干扰地热供热技术的推广，离不开各学科知识的交叉融合和一系列新技术的集成应用。

三、开发应用情况

中深层无干扰地热供热技术作为一项非水热型地热能直接利用的创新型技术，最早于2014年投入实际工程应用，并逐步获得市场认可。以工程模式、运营模式及公私合作（PPP）运营模式多种模式在陕西部分地区逐步开展了以建筑供暖为主的工程推广应用，并已在北京、上海、天津、河北、青岛、太原、金寨、郑州、兰州等其他省市建立了多处产业化示范项目。

中深层无干扰地热供热最典型的案例是西安西咸新区。西咸新区位于陕西省西安市和咸阳市建成区之间，在深入实施西部大开发战略、引领大西北发展、建设丝绸之路经济带重要支点、打造向西开放重要枢纽等方面具有重要作用。2015年陕西四季春清洁热源股份有限公司进入西咸新区，开始规模开发利用中深层地热资源。至2018年底，累计实施无干扰地热供热面积800万平方米，成功打造了中深层地热资源开发政企合作的新模式，建成了多个无干扰地热供热样板工程，为全国开发利用中深层地热能提供了宝贵经验。

该技术推广应用虽然取得了一定的成绩，但该技术属新近开展的新型技术，推广应用过程中仍存在一些问题，还未得到足够重视，宣传力度不够，群众知晓率、参与率较低，且支持该技术的落地政策尚不完善，总体来说，目前市场占比较小、利用区域小、面积有限，尚未形成较大规模。

四、推广前景

《地热能开发利用"十三五"规划》提出开展万米以浅地热资源勘查开发工作，在资源丰富地区选点，建立勘查开发示范基地，在条件成熟后进行推广。无干扰地热能利用技术在陕西等地区已经实现较大规模应用，为全国大面积推广提供了经验，应积极探索传统供热区域的清洁化能源供热替代。在经济发达、环境约束较高的京津冀鲁豫和生态环境脆弱的青藏高原及毗邻区推动中深层地热供热替代燃煤，优先考虑民生需求，重点在学校、医院、政府机关、新城镇等公用建筑实施，并逐渐向其他建筑、其他地区推广。选择河北省、北京、天津、山西太原市、陕西西安及西咸新区、咸阳市、山东东营市、山东菏泽市、黑龙江大庆市、河南濮阳清丰县建设中深层地热供热重大工程（项目）。从国家大气污染治理重点看，无干扰中深层地热供暖技术推广应用，应先北方地区黄河沿岸城市，再逐步扩展至长江沿岸城市。

《地热能开发利用"十三五"规划》明确在"十三五"时期，新增地热能供热面积11亿平方米。"十三五"期间新增市场总量2600亿元，每年新增市场规模超过500亿元。此外，根据《北方地区冬季清洁取暖规划(2017—2021)》，（1）我国北方地区清洁取暖合计约占34%。到2019年，北方地区清洁取暖率达到50%。到2021年，北方地区清洁取暖率达到70%。"2+26"重点城市城区清洁取暖率要达到90%以上。（2）截至2016年底，我国北方地区城乡建筑取暖总面积约206亿平方米，需要改造的市场规模超过5万亿元。无干扰地热供热技术推广面临较好政策机遇，未来市场前景广阔。

国家和地方已出台一系列鼓励地热能开发与利用的政策和规划，随着地热供热相关技术的日趋成熟，地热能将有望逐步改变我国现有的城市供热结构。无干扰地热供热技术已经逐步推广，并成功实现市场化应用。无干扰地热供热技术不仅有效解决了原有地源热泵技术所无法解决的关键问题，如地下水污染、冷热平衡、占地面积大等，而且不存在热水型地热供热技术回灌困难、用水量大等问题；不仅切实完全做到了零污染无排放，而且能够真正做到"取热不取水"，这对于缺水严重、地下水资源宝贵的北方地区显得尤为重要。因此，随着无干扰地热供热技术的逐渐成熟，有望获得市场以及社会的广泛认同，并逐渐发展成为地热供暖的主流技术，完全有可能在我国持续增长的建筑供暖市场，成为发挥主导作用的清洁能源供暖技术。

五、结语

在节能减排的大背景下，无干扰地热供热技术以其清洁、持续、可靠、可再生等诸多特点，其大规模应用可带来以下深远影响。

第一，降低雾霾污染问题，减少治污减霾的经济成本。

第二，无干扰地热供热技术相对于其他地热资源利用技术，对地质没有破坏和影响，并可持续、稳定地长期提供热能。

第三，降低对传统能源的依赖度，可以防止国际传统能源价格波动带来的强大经济冲击。

第四，有利于优化国家能源的配置结构，提高能源综合利用的经济效益。

第五，解决资源（特别是化石能源）枯竭问题所带来的经济问题。

第六，大力发展清洁能源可相对减少化石能源的需求比例，以及对进口能源的依赖程度，提高我国能源、经济安全。

同燃气和直接电加热的清洁供暖模式相比，无干扰地热供热技术仅消耗少量电力，保障水平更高，满足供暖的安全性需求。采用热泵技术，同直接电加热供暖相比，能效高、耗电少、技术更先进，也更易于保障。

无干扰地热供热技术相比于常规的地源热泵系统具有较多优势，但该技术本身具有一定的复杂性和特殊性，在实际工程的应用过程中，存在一定的技术难度和适宜性，因此应坚持科学有序发展，精细化设计施工建造和运行。在地质条件、钻探和换热技术可靠的保障下，通过细致的全过程建造工作，无干扰地热供热技术供暖方案具有较好的可行性。

　　清洁供暖是实现我国尤其是北方地区绿色、低碳、环保、创新的重要技术手段，是推进节能减排的重要战略任务，在未来环境保护和经济发展同样重要的前提下，无干扰地热供热技术作为先进、安全、环保、经济的清洁供暖技术，将拥有更大的竞争优势，并有望替代地源热泵等技术，成为地热能直接利用行业的新标杆，并将引领地热能利用行业再上新台阶。

结语

　　《清洁能源蓝皮书》是我论坛对中国与世界清洁能源领域发展状况和热点问题观察和研究的一份年度报告，主要针对某一行业或区域现状与发展趋势进行分析和预测，具有权威性、前沿性、原创性、实证性、时效性等特点。自2013年出版至今年已连续出版了11本，现已发展成为最具影响力的高端智库研究成果。蓝皮书以切实加强自主创新能力、拓展能源新领域为目标，旨在为政府决策部门制定宏观能源政策和能源产业政策提供前瞻性建议，为制定合理的清洁能源产业扶持政策提供参考依据。同时，蓝皮书通过总结、交流清洁能源技术发展的最新进展，展示清洁能源技术发展的路线图，为研发单位和产业界提供借鉴，为相关企业战略规划提供具有针对性的指导意见。

　　我国经济发展进入了新时代。做好新时代的能源工作，要牢牢把握高质量发展这个根本要求，深刻认识国内外能源发展形势，科学筹划能源发展的战略目标和思路举措，从理念创新、动力变革、体系建设入手，大力推动能源高质量发展，为实现"两个一百年"奋斗目标提供坚强的能源保障。《国际清洁能源产业发展报告（2019）》聚焦全球和中国清洁能源技术和产业的最新发展现状，并对未来的发展态势和趋势进行分析和预测。报告综述了全球、中国以及部分典型国家的光伏、风电、地热、天然气、核电、储能、氢能与燃料电池、供热、电力等清洁能源产业和技术的最新发展状况，分析了各相关产业的发展亮点、主要成就和存在问题，并对其发展前景进行了展望，与此同时，通过创新实践和优秀案例研究，展示了这些地区或项目的新技术、新业态和新模式的发展方向、市场潜力及其商业价值。报告分为中国能源产业展望、国际能源产业展望、能源技术创新与实践三个篇章，紧扣以清洁低碳、经济高效、安全可靠为主要特点的高质量能源体系与现阶段发展过程中的主要矛盾，聚焦如何推动能源高质量发展建言资政，把技术和体制创新作为第一动力，努力实现能源发展质量变革、效率变革、动力变革。

参加中国能源产业展望篇编写的课题组专家学者有：国家发展和改革委员会能源研究所副所长王仲颖，能源效率中心副主任白泉，副研究员郑雅楠；中国光伏行业协会主任研究员江华、发展部主任金艳梅、发展部研究员叶幸和韩鹏；中国风能协会名誉主任施鹏飞；中国科学院院士汪集旸、中国科学院地质与地球物理研究所副研究员孔彦龙、助理研究员程远志；山东气库电子信息科技有限公司总经理兼首席信息官黄庆和中石油天然气销售公司北方分公司侯昕明；中广核工程有限公司高级工程师吴珂；中国广核集团研究中心主任李勇；中国广核集团研究中心研究员陈红涛、尹向勇；美国加州大学伯克利分校农业和资源经济系教授、劳伦斯伯克利国家实验室科学家林江；劳伦斯伯克利国家实验室 Nikit Abhyankar，刘栩，Froylan Sifuentes；华北电力大学能源与电力经济研究咨询中心主任、博士生导师曾鸣和博士生刘英新、硕士生王小璇；中国环境科学研究院能源与环境研究室室主任吕连宏、硕士生张志麒、工程师王健、能源与环境经济领域首席专家罗宏；上海恒劲动力董事长兼首席技术官高勇。

参加国际能源产业展望编写的课题组专家学者有：全球能源互联网发展合作组织经济技术研究院院长周原冰、研究员史谢虹、岳锋利、相均泳；北京大学国际关系学院博导查道炯教授、讲师董汀；华北电力大学经济与管理学院教授、博导袁家海、博士生张浩楠；厦门大学能源学院赵英汝教授、博士生林健、硕士生李莉和吴念远；国家能源专家咨询委员会委员，中国中化集团有限公司经济技术研究中心首席研究员王能全；法国能源、核电政策国际独立咨询顾问 Mycle Schneider；华北电力大学副教授刘喜梅；中国矿业大学（北京）教授、博士生导师宋梅，硕士生吴晋和冯宇楠。

参加能源技术创新与实践篇编写的课题组专家学者有：国家电投集团黄河上游水电开发有限责任公司董事长、教授级高级工程师谢小平；国家发改委能源研究所能源经济与发展战略研究中心副主任肖新建、山西省发改委学术委员会副主任王宏英；隆基绿能科技股份有限公司战略管理部行业研究专员王元胜；浙能技术研究院新能源所副所长寿春晖、高级工程师彭浩邬荣敏；东方锅炉股份有限公司太阳能技术研发主任华文瀚、副主任丁路、研发部部长孙登科；南方电网公司数字电网研究院综合业务应用事业部副总监刘森；天合能源天合云能源互联网技术（杭州）有限公司市场需求分析经理蒋松、总经理方斌、市场需求分析经理贾鹏飞、主管李杏毅；华中科技大学教授、博士生导师谭必恩，博士生刘满营，硕士生刘青松以及武汉新能源研究院常务副总经理郑峻；陕西四季春清洁热源股份有限公司总经理李建峰，中关村民德智慧能源科技创新研究院研究员金爱伟，国家可再生能源中心副主任、研究员陶冶。

本课题在论坛大会副主席、中国工程院刘吉臻院士和论坛副理事长、国家发改委能源所原所长韩文科研究员的主持和指导下，顺利完成研究目标，并结成了这一硕果。在此，我谨代表论坛对上述单位和专家学者所贡献的智慧表示衷心感谢。蓝皮书的出版还得到了澳门基金会的大力支持和资助，在此一并鸣谢致意。

国际清洁能源论坛（澳门）理事长

九至十二届全国政协委员

葡萄牙驻香港名誉领事

苏树辉

2019 年 10 月吉日

Contens

Abstract: The ultimate goal of China's Power Market Reform is to optimize the allocation of resources. China's Power Market Reform should draw lessons from the reform experience of foreign developed countries, and combine with the actual situation of our country, put forward the target model of power reform which is in line with our national conditions and suitable for the sustainable development of the power industry. After the Power Market Reform in 2002, the market model of our country has initially realized the separation of power plants and power grids. In 2015, China began to implement a new round of electricity market reform, which will gradually transit to the wholesale and retail market model, open up the electricity-selling side market, and introduce more market players downstream. The following is a detailed study of the target model of China's Power Market Reform from three aspects: the overall framework, the market structure and the main body's rights and responsibilities.

Key words: Power Market Reform; Target Model; Architecture Analysis

Abstract: In recent years, the technology level of photovoltaic industry has been continuously improved, and the manufacturing cost has declined rapidly. The application of photovoltaic power in the world has shown a sparkling trend, and emerging markets are surging. The global photovoltaic manufacturing industry continues to move to China and Southeast Asia, and China's position as a major manufacturing country in the global photovoltaic industry continues to consolidate and further strengthen. In 2018, although the demand of photovoltaic application market in China slowed down, the scale of photovoltaic manufacturing industry in all sectors of China maintained growth, and the new and cumulative installed capacity remained the first in the world. Looking forward to 2019, under the guidance of policies, China's photovoltaic industry will shift from extenwve development to a new stage of refined development, from chasing for scale, speed and price to quality, technology and efficiency. Under the new situation, China's photovoltaic industry will further strengthen technological innovation, further speed up the pace of quality improvement, cost reduction and efficiency enhancement, in order to achieve grid parity. This report introduces the development of polycrystalline wlicon, wlicon wafer, cells, and modules in China in 2018, and makes a prospect for 2019.

Key words: Photovoltaic Power Generation; Industry; Application; Policies; Technical

B 3.Development Status and Outlook of Wind Power Industry in China

Shi Pengfei / 041

Abstract: In 2018 the economic benefit of small and medium size wind turbine industry was downward compared to 2017, in general, due to the market demand reduced, both production capability and product value are going down. However, the grid connected wind power industry was keeping stable growth, in 2018 the annual new increased wind power installed capacity was 20.59GW, and the cumulative installed capacity reached 184GW by the end of the year, electricity generated by wind are

366TWh during the year. The proportion of wind power in the whole country electric power industry to be increase year by year, in 2018 the installed capacity up to 9.7% and the electricity generated up to 5.2%, it is still the third power source after thermal power and hydro-power. The regional distribution of wind power installation is moving to the area of power load center, the proportion in regions of central and southern China are growing up. The development of offshore wind power made a breakthrough, in 2018 the annual new increased offshore wind power installed capacity was 1.66GW, and the cumulative installed capacity reached 4.44GW. The annual new increased wind power installed capacity in 2018 was 45% of the global market, and China is the biggest wind power market in the world.

In this paper a brief description on the status of wind farm developers and wind turbine generator manufactures, the trend of average rated power of wind turbine generator keeping growth continuously, and opportunities of wind power post-market to be presented. The paper also introduce policies and measures to solve the problems in wind power development, such as to ease the curtailment of wind generated electricity, to promote the distributed wind power development, to cut down the non-technical cost in wind power projects, approval wind power projects by competitive bidding, and actively promote work related to wind power feed into grid parity with coal power without subsidy.

Due to the gradual implementation of various policies to promote the healthy development of wind power, the development goals of the 13th five-year plan for wind power could be achieved ahead of schedule. With the obvious ease the curtailment of wind generated electricity, decrease of the project cost, the development of distributed wind power will be accelerated. The development of offshore wind power will be active and steady. In areas with rich wind energy resources, the wind power projects available feed into power grid parity with coal power will be launched, taking the lead in entering new era of parity wind power without subsidy.

Key words: Wind power; Wind turbine generator; Offshore wind power; Curtailment of wind generated electricity; Related policies

Abstract: Energy and environment are the two major problems facing the society. To mitigate climate change, ensure energy security and sustainable development, it is urgent to adjust the energy structure. The development and utilization of renewable energy has the most promising prospects. As a renewable and clean energy source, geothermal resources are one of the most realistic and competitive resources. They are currently receiving unprecedented attention from the international community. The development and utilization of geothermal resources has national energy structure adjustment, energy conservation and emission reduction and environmental improvement. Important practical significance and far-reaching impact, it is estimated that during the "13th Five-Year Plan" period, the geothermal heating area will increase by 1.1 billion square meters in China. However, with the upsurge in the development of geothermal energy in China, a series of problems have arisen, especially the development of ideas is unclear, and systematic research is urgently needed. This paper firstly summarizes the development of geothermic and the application of geothermal resources in China, then analyzes the advantages of geothermal energy, focuses on the distribution characteristics of geothermal resources in China, and finally according to the distribution characteristics of geothermal resources in China, based on the needs of the country, the development ideas of geothermal resources are proposed for reference by the management department and the geothermal industry.

Key words: Geothermal Resources; Distribution Tendency; Exploitation and Utilization; Development Trend

571

🔢 5.Development Status and Prospect of China's Natural Gas Market

Huang Qing, Hou Xinming / 076

Abstract：China's National Oil & Gas Pipeline Network Company will be established in October 2019, and the gas market deregulation enters a critical stage. National Pipeline Network Company is expected to establish X+1+X market-oriented operation system, which is a new model of controlling the middle and opening up the two ends of the industry. This provides market players to gain more investment opportunities in China gas market. China natural gas consumption will show a rapid growth trend in the next 10 years. With the structural reform of the state-owned enterprise system and the opening of foreign investment, the development of China natural gas industry breeds new vitality. Under the dividend policy, the speed of natural gas infrastructure investment is expected to accelerate in 14th Five-Year. Relying on a strong infrastructure network，China is expected to build a fair, open, marketized transaction system and price center.

Key words：Natural Gas；LNG；China；Demand；Supply；Import；Policy；Investment

🔢 6.The outlook for China's nuclear power industry development in "14th-Five-Year Plan"

Wu Ke / 091

Abstract：The world today is undergoing a major change in the past 100 years. China's energy development is in a critical period of transformation and transformation, facing unprecedented opportunities and challenges. The "Twelfth Five-Year Plan" is a period of historical convergence of China's "two hundred years" struggle goal, and it is also an important period of opportunity to fully open a new journey of building a socialist modernization and strengthening power. As an important part of the "clean, low—carbon, safe and efficient" modern energy system, the high—quality development of nuclear energy in China has entered the stage of strategic opportunities. However, nuclear energy development still faces many uncertain factors. In view of the current uncertainties in the world's energy landscape and nuclear energy development, it is foreseeable that during the "14th Five—Year Plan" period, nuclear power development will face a more complex domestic and international environment, and will also face an important strategic opportunity period with both opportunities and challenges. 2019 is the start—up year of the "14th Five—Year Plan", and 2019 is also the restart year for the normal approval of China's nuclear power projects. Looking ahead to the "14th Five—Year Plan", China's nuclear power industry is still promising.

Key Words: China; Nuclear Power; 14th Five—Year Plan; Outlook

7.Accelerating Nuclear Energy Development to Promote "Energy Supply Side Structure Reforms"

Li Yong, Chen Hongtao, Yin Xiangyong / 107

Abstract: The Report of 19th CPC National Congress states that develop China into a great modern socialist country that is prosperous, strong, democratic, culturally advanced, harmonious, and beautiful by the middle of the 21st century, speed up reform of the system for developing an ecological civilization, and building a beautiful China, promote green development, spur the development of clean energy industries, promote a revolution in energy production and consumption, and build an energy sector that is clean, low—carbon, safe, and efficient. This paper analyzes the background of "Energy Supply—side Structural Reform" and nuclear energy development situation; suggest that we should develop more nuclear power to promote "energy supply side structure reforms"

Key words: Energy Supply—side Structural Reform; Nuclear Energy; Policy Proposal

Abstract：China, whose power system accounts for about 13% of global energy-related CO2 emissions, has begun implementing market-based power-sector reforms. This paper simulates power system dispatch in China's Southern Grid region and examines the economic and environmental impacts of market-based operations. We find that market-based operation can increase efficiency and reduce costs in all Southern Grid provinces—reducing wholesale electricity costs by up to 35% for the entire region relative to the 2016 baseline. About 60% of the potential cost reduction can be realized by creating independent provincial markets within the region, and the rest by creating a regional market without transmission expansion. The wholesale market revenue is adequate to recover generator fixed costs; however, financial restructuring of current payment mechanisms may be necessary. Electricity markets could also reduce the Southern Grid's CO2 emissions by up to 10% owing to more efficient thermal dispatch and avoided hydro/renewable curtailment. The benefits of regional electricity markets with expanded transmission likely will increase as China's renewable generation increases.

Key words: China; Southern Grid; Power Market Reforms; Dispatch Modeling; CO2 Emissions

Abstract: The heating energy structure dominated by coal in winter in northern China is one of the major reasons affecting the regional air quality. In order to effectively improve the quality of the regional atmospheric environment, China has carried out large-scale clean heating renovation work in Beijing-Tianjin-Hebei region and nearby cities (together known as the "2+26 cities"). This paper summarizes the overall implementation of clean heating policies and the application of clean heating technologies at the "2+26" cities, sorts out the current fiscal subsidy policies, analyzes the main issues of current clean heating renovation in northern rural areas, and calculates the scale of financial subsidies required for clean heating in the "2+26" cities and the entire northern rural areas under different technical approaches. The research results will provide reference for the optimal technical approach selection and the subsidy policymaking for clean heating in the future. The calculation results show that under the current subsidy standards, the difference in the amount of subsidy investment mainly comes from the different clean heating technology approaches and the difference of building energy conservation performance. The application of heat pump equipment in existing building energy conservation renovation has a positive impact on reducing the investment of subsidy funds. The financial support from the central government is of great significance for alleviating the pressure on local financial funds. For areas that have already promoted rural clean heating renovation and brought in subsidy policies, it is necessary to ensure the continuity of new subsidy policies. The subsidies could be gradually reduced under the premise that it is acceptable to the rural residents and affordable to the government.

Key words: Air Pollution Control; Clean Heating; Subsidy Policy; Rural Areas in the North

📋 10.Thoughts and Suggestions on Industrial Development of Hydrogen Energy and Fuel Cell in China

Gao Yong / 162

Abstract： As an old and emerging method of using energy, fuel cell was born for 180 years. Over hundreds of years of exploration, the unchanged selection explains what technology is indispensable. As the only technology with unique charms and combined advantages, fuel cell is proven to be an ideal technical approach to satisfy the needs of human survival and development.

The one of core values of hydrogen energy is to elevate utilization rate of sustainable energy which will then become safest and most vital part in national energy structures. Along with acceleration of optimization and improvement of all sorts of technologies and processes on the industrial chain, the cost de-escalation of fuel cell products of utilities and automotive powers is to evolve accordingly in 5 to 10 years: $\rightarrow$ ￥1,500/kW $\rightarrow$ ￥500/kW or lower. An energy revolution is going to sweep across the whole world. This article proposes five suggestions: (1) Have global vision, integrate all sources; (2) Establish development goals; (3) Set up paths and steps; (4) Ensure policy consistency and sustainability; and (5) Complete legislations and regulations.

Key words： Clean Energy, Hydrogen Energy, Energy Revolution, Fuel Cell, Renewable Energy, Power Supply, Energy Storage, Power

📋 11.Current Situation and Prospect of Global Natural Gas

Wang Nengquan / 199

Abstract: In 2018, natural gas accounted for 23.87 percent of the world's total primary energy consumption. It is the third largest source of energy for human society, the fastest growing traditional energy source and the largest primary energy source in terms of consumption growth. It has made an important contribution to environmental protection for human society.

China and the United States determine the current global gas situation and future trends. In 2018, the United States was the world's largest producer and consumer of natural gas, while China was the world's largest importer. Over the next 30 years, the United States is expected to continue to grow and become a major exporter of natural gas, while China will remain a major contributor to the growth of global natural gas consumption.

Traditional gas exporters such as Russia, Qatar and Australia have been expanding production and export capacity in an effort to maintain their position in the global gas industry. Emerging gas exporters such as the United States and Argentina accelerated their entry into the international market. The international natural gas market will be well supplied for a long time to come, and competition for market share has become the primary task of exporting countries. The international natural gas market is being transformed from a regional market dominated by pipeline transportation to a market equally important for pipeline transportation and shipping liquefaction. The natural gas trade contract mode and pricing method are also changing fundamentally. The global natural gas market is accelerating to form. The need for environmental protection, huge investment and intense competition are driving the natural gas industry into a "Golden Age'.

Key words: Global Energy Transition; Natural Gas; Liquefied Natural Gas; International Natural Gas Market; the Golden Age of Natural Gas Industry

⒝ 12.The World Nuclear Industry Status Report 2019

Mycle Schneider / 223

Abstract: Every year, the World Nuclear Industry Status Report (WNISR) provides a comprehensive overview about planning, investment, construction and operation of nuclear power globally. As in previous editions, WNISR2019 provides a Fukushima

Status Report, a Decommissioning Status Report, a comparative analysis of Nuclear Power vs. Renewable Energy Deployment and an update on the status of Small Modular Reactor programs around the world. WNISR2019 carries for the first time a focus chapter on Climate Change and Nuclear Power that illustrates increasing difficulties for nuclear power to compete with renewables not only in the new-build market but also in competitive markets for operating units.

Key words: World; Nuclear Power; Reactor; Climate Change; Renewable Energy

B.13.International Renewable Energy Development Status and Outlook

Lin Jian, Li Li, Wu Nianyuan, Zhao Yingru / 263

Abstract: With the continuous growth of energy demand and the increasingly prominent problems caused by climate change and environmental pollutions, major economies around the world have introduced relevant policies and supporting strategies to accelerate the development of renewable energy. By collecting the research results released by relevant statistical departments and authoritative institutions, this paper first summarizes the international energy development situation, systematically organizes the energy development situation of the European Union, United States, Australia, India, Brazil and other countries, and then focuses on the renewable energy sector, summarizes the development trend of wind, solar, biomass, geothermal, ocean and hydrogen energy. At the same time, this paper analyzes in detail the energy transformation practices of the five major economies of the European Union, United States, Australia, India, and Brazil, summarize the experience of international energy development, and offer beneficial reference and revelation for the planning and policy formulation of energy development in China.

Key words: Global Energy Transformation; Renewable Energy; Energy

Abstract: In today's world, there are close to 840 million people without electricity access worldwide and 750 million who live below the international poverty line. Meanwhile, there are 47 least developed countries (LDCs) with a per capita GDP less than USD 1,000. In addition, human health is also seriously threatened by energy poverty, environmental pollution and climate change. First, analyzes the countries or regions who have an irrational energy development mode are more likely to have large portions of their population who have minimal electricity access, poverty and health issues. Second, analyzes the key role of specific country's and region's energy development mode in the electricity access, poverty and health issues, expounds the general ideas, implementation approach and development benefits of GEI in achieving universal access to electricity and eradicating poverty and health issues. Last, proposes global actions and international mechanisms to comprehensively establish GEI. Promoting establishment of GEI can help achieve universal access to clean, safe, cheap and efficient modern energy, completely achieve universal access to electricity; remove the energy resource bottleneck for economic development and effectively reduce the number of poverty-stricken areas; accelerate the transition to a green and low-carbon development mode of global energy, and create an ecosphere with benign development. Doing so will mitigate climate change and improve human's adaptability to climate change, and enable humans to have better health conditions.

Key words: Global Energy Interconnection; Clean Energy; Electricity Access; Poverty; Health

Ｂ 15.Shifts in International Energy Geopolitics: Focusing on Renewable Energy

Zha Daojiong, Dong Ting / 316

Abstract：Practices of energy geopolitics are witnessing major and even fundamental shifts worldwide. The prevailing consensus is to speed up energy transition, from focusing on development of fossil fuels to that of non-fossil fuels and from meeting demand to promoting efficiency and low-carbon growth. Ironically, international trade and investment associated with the growth of renewable and cleaner energy industries are becoming a new domain of frictions. China is increasingly being treated as a competitor, resulting from both its enhanced profile in the global renewable energy industry chain and its efforts to secure external resources, material and knowledge, as well as markets for renewable energy. In the foreseeable future, China is more likely than not going to face stiff competition globally as part of the continuing shift in renewable energy geopolitics. Conceptually, how should Chinese entities make use of the evolving dynamics of renewable energy geopolitics? Policy-wise, what can Chinese entities do to minimize external political resistance to its export of renewable energy equipment and services? This article is premised on the notion that further internationalization—through foreign direct investment and cross-border technological cooperation—of the renewable energy industry chain is a desirable goal. After a review of contours of geopolitical thinking, especially as it applies to renewable energy, the paper points readers to the impact of economic sanctions on market opportunities, which tends to be ignored by Chinese industry practitioners. In a nutshell, the paper reminds China's corporate entities entering the world's renewable energy markets of the necessity to factor in economic sanctions down the road, be they direct or indirect, overt or covert.

Key words: Renewable Energy; Geopolitics;Economic Sanctions; Trade Sanctions

Abstract: Until 2019, The Belt and Road Initiative (BRI) has been launched for six years and promoted the economic and social development of the BRI countries in various fields. The development of power industry is critical for infrastructure construction, social production, and environmental governance. Therefore, green power cooperation has always been the focus of the BRI. During 2013–2018, China participated in about 120 GW of coal–fired power projects and 12.6 GW of renewable energy projects, which greatly accelerated the national power development process of BRI countries. Firstly, this paper briefly describes the general progress of BRI power cooperation. Secondly, the comprehensive evaluation system is constructed, and the risk model of hybrid ANP–Entropy–TODIM is applied to evaluate the power investment risks of the 21 typical BRI countries. Finally, taking Indonesia and Vietnam as an example with China's high participation rate and large volume of coal and electricity investment, the national research is carried out to analyze the national, market and environmental risks faced by Chinese enterprises in BRI power cooperation. The results show that the political risk and Chinese factors have a high weight in the macro–evaluation system of power cooperation; the potential of power development and environmental constraints have a significant impact on power investment; the risk of power cooperation in Southeast Asian countries is generally low; Indonesia and Vietnam are both facing the dilemma of backward coal–fired power technology and poor renewable energy development. Chinese enterprises should pay special attention to market, regulatory and environmental/climate risks in the medium to long term when investing in power, especially coal power projects.

Key words: The Belt and Road Initiative; Green Power Cooperation; Risk Assessment; Country–Specific Research

B 17.The Australian Renewable Energy Certificate Market： The Development Process, Dynamic Status and Trends

Liu Ximei / 352

Abstract: The Australian has been one of the most active countries in climate change mitigation and renewable energy development, with ambitious renewable energy and emission reduction targets proposed as early as in the beginning of 21st century. In recent years, it has been vigorously promoting energy transformation, with rich experience in the construction of green power market trading rules and regulations systems. In particular, the renewable energy certificate market provides the market foundation and reliable guarantee for the green transformation and competitiveness of its energy economy.

Firstly, this paper explains the current situation of renewable energy development motivation and energy structure transformation in Australia; Secondly, it combs the dynamic evolutionary process of its renewable energy target and green energy certificate market, then analyzes the current situation and effectiveness of the green certificate market, and finally basing on China' s response to climate change, the transformation of green energy economy and market construction, some enlightenments are given.

Key words: Australia ； Renewable Energy Certificate ； Market Trading； Energy Green Transformation

B 18.Experience of low-carbon and clean energy system construction in Israel

Song Mei, Wu Jin, Feng Yunan / 369

Abstract: Israeli government has gradually established an energy policy system for solving the problem of coal and oil shortage, and revised a series of policies and regulations to encourage the development of natural gas and renewable energy, comply with the energy development trend. On the basic study of the development history and current situation of the Israeli energy system, this paper emphatically analyzes how Israeli government improved energy security and how to build an low-carbon, clean and high-quality energy system, including specific practices and key factors in technological innovation, personnel training and international cooperation. We hope this paper can provide some references for China in developing a low-carbon, clean and high-quality energy system based on technological innovation, professional talent cultivation and international energy cooperation.

Key words: Israel; energy security; low-carbon energy system; technological innovation; professional talent development

19.Progress in the Construction of Qinghai Clean Energy demonstration Province

Xie Xiaoping / 395

Abstract: In 2018, the State approved the establishment of a national clean energy demonstration province in Qinghai, which was incorporated into the national energy development strategy and supported and guaranteed major renewable energy projects, industrial policies and institutional reform. The proportion of renewable energy installed in Qinghai Province, the proportion of electricity generation, the proportion of consumption in the forefront of the country, clean power delivery of more than 10 billion kilowatt-hours, set a new world record of 216 hours of 100% clean power supply, approved the construction of the world's first long-distance (Qinghai to Henan) transmission of new energy UHV DC project, energy development fruitful. At the same time, clean energy and electricity consumption exists. Some new and old problems, such as the difficulty of stage, the heavy task of general service of electric power in Tibetan area and the lack of innovation ability of energy technology, coexist with each other. Generally speaking, two years after the 13th five-year Plan, Qinghai Province's energy development opportunities and challenges coexist, hope and difficulties, broad prospects but a long way to go.

The subject is divided into seven chapters, After Qinghai Province has been approved as a clean energy demonstration province,focusing on the current situation of energy development in Qinghai Province in 2018, From the five aspects of energy comprehensive, energy consumption, energy supply , energy technology and energy policy, this paper carries out in-depth research, and further promotes and develops Qinghai clean energy through a series of energy industry policy analysis of the provincial government. This paper puts forward some action plans and suggestions on the problems to be solved urgently in the development of clean energy.

Key words: Clean Energy; Resource Superiority; Demonstration; Energy Development

20.Shanxi Is Striving to Be the Leader of the Energy Production and Consumption Revolution, Promoting the Progress of Energy Transformation and Clean Energy Development

Xiao Xinjian, Wang Hongying / 410

Abstract: As a national comprehensive energy development base, a major energy production province and a major coal consumption province, Shanxi Province is striving to be the leader of the energy production & consumption revolution, which is of great significance to the national energy revolution, and also of typical demonstrative significance to the transformation of resource-based areas. However, Shanxi Province is also facing severe challenges and problems in promoting the energy revolution, which need to be actively dealt with and strengthened to resolve. In recent two years, Shanxi Province has made major attempts and pilot projects in promoting the energy revolution and transformation development. Around the goal of building a leading force in the energy revolution, Shanxi has made remarkable achievements and progress in five aspects: energy supply, consumption, technology, institutional revolution and energy cooperation.

Key words: Shanxi Province; The Leader of the Energy Revolution; Energy Transformation and Development; Effectiveness and Progress

Ｂ 21.Solar for Solar

Wang Yuansheng / 427

Abstract: Transitional consumption of fossil energy produces a large amount of carbon emissions, resulting in rising global temperatures and frequent natural disasters. With the signing of the Paris Accord in 2015, the world has set a temperature control target of 2 degrees Celsius, and replacing fossil energy with clean energy has been recognized as the best way to curb carbon emissions. Clean energy is mainly composed of hydropower, wind power and photovoltaic power generation, among which photovoltaic power generation is the most noticeable development.

China has the most complete photovoltaic industry chain in the world. The output of each link of the industry chain accounts for more than 70% of the global output. Over the past decade, the cost of photovoltaic power generation in China has dropped by 90%. In the future, China's photovoltaic technology and cost will continue to lead the world. It is predicted that the world will achieve 100% clean energy by 2050, and photovoltaic power generation accounts for 69%. Photovoltaic power generation has obvious advantages over other energy sources. Firstly, photovoltaic power generation resources are infinite, and the solar energy in one year has exceeded the total amount of all types of energy on the earth. In addition, the global distribution of light resources is balanced, where there is sunshine, photovoltaic power generation can be used. Only 1% of the world's desert area is used to generate photovoltaic power, which can be used by all mankind.

"Photovoltaic + energy storage" can solve the sustainability problem of photovoltaic power generation. In the daytime, photovoltaic power generation ensures the demand for electricity in the city, and excess power is stored for night use to solve the problem of continuous power supply in cloudy days and at night. Through the application modes of "photovoltaic + pumped storage", "photovoltaic + electric vehicle energy storage" and global energy internet, photovoltaic power generation can meet the global day and night power demand.

Longi combines the sustainability of photovoltaic power generation with the industrial chain perfectly, and takes the lead in proposing the production mode of "solar energy manufacturing". Using photovoltaic power to make photovoltaic equipment is also Longi's production mode of "making solar energy with solar energy", and the whole process of carbon emissions are completely zero. With the vigorous development of photovoltaic power generation, it can not only effectively curb carbon emissions, but also restore the earth's ecology. It is estimated that when 70% of the earth's desert becomes oasis, it will absorb all the carbon emissions created in the history of human activities and achieve real negative carbon development.

Key words: Carbon Emission; Photovoltaic Power Generation; Photovoltaic + Energy Storage; Solar for Solar; Negative Carbon

B 22. Hybrid Photovoltaic-Thermal System

Peng Hao, Shou Chunhui, Wu Rongmin / 450

Abstract: The developing economy and society and the improving urbanization rate promote the increment of building energy consumption. Electricity and thermal load account for the majority of urban building energy consumption. Increasing the proportion of renewable energy in building energy consumption is in line with the development theme of actively promoting the construction of ecological civilization in China. The utilization of solar energy per unit area can be improved by using photovoltaic–thermal (PVT) technology, which can produce domestic hot water while increasing the output of photovoltaic power. It is very suitable for cities with increasingly tense land area and remote areas where energy supply is inconvenient. This paper first introduces the basic principle of PVT technology. Then the research status of various PVT technologies has been introduced, including experimental data, key technologies and system application cases. In the end, the future development direction of PVT technology has been discussed.

Key words: PVT; Photo–thermal Efficiency; Total Efficiency of Photoelectric and Photo–thermal; Building integration

23.Development and Application of Dong Fang Boiler' s Receiver in Solar Thermal Power Generation

Ding Lu, Hua Wenhan, Sun Dengke / 466

Abstract: Tower solar thermal power generation system, as an important technology for large–scale development and utilization of solar energy, has attracted more and more attention due to its high operating temperature, high efficiency of thermo–electric conversion, and obvious trend of cost reduction. In tower solar thermal power generation system, receiver (solar boiler) is one of the key technologies to realize solar thermal power generation. It is to convert the high heat flux solar energy tracked by heliostats into high–temperature heat energy which can be efficiently utilized through medium, and provide the thermal power needed for generating units, so as to realize solar thermal power generation, This paper introduces the development process, structural evolution and engineering application of receiver, and shows the development process and engineering application of the Dong Fang Boiler' s receiver in the field of solar thermal power generation.

Key words: Solar Power; Receiver; Dong Fang Boiler Group Co., Ltd.

24.Thoughts and Measures to Carry Out Digital Transformation of Power Grid in the New Era

Liu Sen / 483

Abstract：The country is vigorously promoting the construction of "Digital China" and the development of "Digital Economy". Digital technology is leading the fundamental innovation and development. Digitalization is a great opportunity for the development of the energy industry. In the new era, we should focus on implementing the concept of innovation and development, actively use the new generation of digital and intelligent technologies to provide power supply for economic growth, accelerate the transformation of the energy industry, and promote the reform and development of the power industry with technological innovation. This paper starts from the national policy requirements, power market reform, new technology impact, combined with the reform and development needs of China Southern Power Grid Corporation, clarifies the necessity and importance of digital transformation, describes and analyses the current situation and difficulties of digitalization construction of power grid, and points out the essence of digitalization transformation of power grid. At the same time, based on the actual situation of the company's business, this paper innovatively summarizes the "1334" method of realizing the digital transformation of the power grid, that is, implementing a strategy, implementing three safeguard mechanisms, adhering to the three construction principles and doing four key measures. At the end of the paper, the key path of the realization of digital transformation of power grid is pointed out, and a case of transformation expectation of digital employees of China Southern Power Grid is given.

Key words: Digital Transformation; Digital South Network; Grid Digitization

B 25.Trina Energy IOT Integrated Solution and Typical Cases

Jiang Song, Fang Bin, Jia Pengfei, Li Xingyi / 499

Abstract: With China's energy transformation and the development of renewable energy, Trina Solar is looking forward to the times, facing the future energy development layout and building an energy IoT ecosystem. Creating a Solution of Cloud Integrated Energy Internet of Things for power generation, Storage, energy distribution and utilization, achieve one-stop control of energy interconnection, and promote new technologies, new models and new formats for smart energy development.

Based on the sensing layer, network layer, platform layer and application layer, Trina Energy IoT has designed a four-layer architecture. According to the energy operation, service objects and functional requirements of each scenario, the IOT platform Carry out basic functions such as energy information collection, storage, display, and realize functions such as energy visualization, intelligent operation and maintenance, power quality monitoring, energy consumption analysis, load forecasting, and multi-energy linkage.

This paper describes the development of Trina IoT business and the construction of ecological circle, and builds an integrated energy IoT solution for "power generation, Storage, energy distribution and utilization", including TrinaBlue, TrinaBess, TrinaPro, TrinaMOTA, TrinaAurora and other energy IoT integration solutions. The traditional energy network, energy-using terminals, and energy supplied facilities will be fully integrated into information, and the complementary value of multi-energy resources will be fully released. Finally, it introduces the overall solution capabilities and the demonstration projects under its support to provide energy users with comprehensive energy technology support and services.

Key words: Trina IoT; Energy Visualization; Multi-energy Linkage; TrinaAurora cloud platform

B 26.The Development Tendency of Adsorbed Natural Gas Vehicles with Low Pressure in Future

Liu Manying, Liu Qingsong, Zheng Jun, Tan Bien / 527

Abstract：Natural gas, primarily composed of methane, used as a promising clean energy source due to its advantages of abundant reserves, low cost, little environmental impact and safer use. At present, the application of natural gas has been restricted seriously by the meager technology of storage and release of methane, especially for vehicles. Therefore, natural gas adsorption storage technology has been of high preference as compared with the compressed and liquefied storage technology, as it prevails the mild storage conditions and presents great application prospects. Adsorbed natural gas technology is a development tendency in future. This review mainly focuses on the adsorbed natural gas technology, which summarizes the research progress of adsorbent materials such as active carbon, metal-organic frameworks (MOFs) and microporous organic polymers (MOPs). In addition, detailed prospects of storage systems and the development in related fields have been documented.

Key words：Nature Gas; Adsorbed Natural Gas; Natural Vehicle; Environmental Pollution

B 27.Development, Application and Promotion Prospects of Non-interfering Geothermal Heating Technology

Li Jianfeng, Jin Aiwei, Tao Ye / 553

Abstract：The development of geothermal resources is an important option to resolve the contradiction between winter heating and ecological environment. This paper takes the non-interfering geothermal heating technology as the research object, and analyzes the key theories, technical characteristics, application status and promotion prospects. The non-interfering geothermal heating technology is a new technology that uses geothermal gradient thermal energy theory to provide sustainable and green heat sources for ground buildings by using medium and deep geothermal heat sources. It has the characteristics of universal application, high efficiency and environmental protection, and can be used for heating in commercial buildings, civilian houses, government, schools and other fields on a large scale.

Shaanxi Sijichun Clean Energy Co.,Ltd., as the owner of this technology, has formed a number of innovations in key areas such as geothermal utilization theory, ultra–long heat exchangers and backfill materials, medium–deep geothermal heat pump units, and drilling technology. Go to the project. On the whole, the non–interfering geothermal heating technology is expected to lead the geothermal energy utilization industry to a new level, becoming one of the important means of clean heating, energy saving and emission reduction, and has a broad market space.

Key words： Non–interfering Geothermal Heating Technology; Clean Heating Technology; Application Prospects